L'UNIVERS.

HISTOIRE ET DESCRIPTION
DE TOUS LES PEUPLES.

ANNALES HISTORIQUES
DE
LA FRANCE.

Tome Premier.

TYPOGRAPHIE DE FIRMIN DIDOT FRÈRES,
RUE JACOB, n° 56.

FRANCE.

ANNALES HISTORIQUES,

PAR

M. PH. LE BAS,

MEMBRE DE L'INSTITUT (ACADÉMIE DES INSCRIPTIONS ET BELLES-LETTRES),
MAITRE DE CONFÉRENCES A L'ÉCOLE NORMALE, ETC.

TOME PREMIER.

PARIS,
FIRMIN DIDOT FRÈRES, ÉDITEURS,
IMPRIMEURS-LIBRAIRES DE L'INSTITUT DE FRANCE,
RUE JACOB, N° 56.

M DCCC XL.

LA FRANCE,

PAR M. PH. LE BAS,

MEMBRE DE L'INSTITUT (ACADÉMIE DES INSCRIPTIONS ET BELLES-LETTRES),
MAÎTRE DE CONFÉRENCES A L'ÉCOLE NORMALE, ETC.

FAISANT PARTIE

DE L'UNIVERS PITTORESQUE.

PREMIÈRE PARTIE.

ANNALES.

LIVRE PREMIER.

GAULE INDÉPENDANTE. — GAULE ROMAINE. — FRANCE MÉROVINGIENNE. — FRANCE CARLOVINGIENNE.

(1600 av. J. C. — 987 ap. J. C.)

CHAPITRE PREMIER.
LA GAULE INDÉPENDANTE.
(1600-58 av. J. C.)
§ I. *Populations de la Gaule.*

La Gaule des anciens comprenait toutes les provinces renfermées aujourd'hui dans les limites de la France continentale, plus les pays situés sur la rive gauche du Rhin et une partie de la Suisse. Ses frontières étaient donc à peu près les mêmes que celles de la France dans les dernières années du dix-huitième siècle. Défendue au nord et à l'ouest par l'Océan, au sud par les Pyrénées et le golfe de Gaule, elle trouvait dans la chaîne centrale des Alpes qui la bornait au sud-est, depuis les Alpes maritimes jusqu'au Saint-Gothard, une barrière formidable. Enfin le cours du Rhin la séparait à l'est de la Germanie.

Les habitants de la Gaule ne se désignaient point eux-mêmes par un nom générique; chaque tribu avait le sien; cependant leurs nombreuses peuplades peuvent se diviser en trois grandes familles qui se partageaient inégalement le territoire gaulois. Au sud-ouest se trouvaient les AREMORICI dont le nom fut traduit par les Romains en celui d'AQUITANI; au sud-est les LIGURES ou LIGYES s'étendaient des Bouches-du-Rhône à la frontière de l'Étrurie dans la péninsule Italique, et de la Méditerranée à la Durance. Entre ces deux peuples de race ibérienne, habitaient depuis les Pyrénées orientales et la Garonne jusqu'aux rives de la Seine et de la Marne, les riches et belliqueuses tribus des CELTES; enfin les BELGES, peuples formés par un mélange de Celtes et de Germains, possédaient les pays compris entre la Marne et le Rhin. A ces nations indigènes il faut joindre les Phocéens fondateurs de la ville de Marseille. Survivant, grâce à l'alliance de Rome, à toutes les puissances commerciales de l'antiquité, Marseille couvrit peu à peu de comptoirs toute la côte gauloise de la Méditerranée, depuis Empories en Espagne jusqu'à Nice en Italie.

1ʳᵉ *Livraison.* (ANNALES DE L'HIST. DE FRANCE.) 1

Soixante ans environ avant notre ère, les quatre cents peuples et les huit cents villes, qui, au dire d'Appien, couvraient alors la Gaule, formaient des confédérations où les plus faibles s'étaient groupés à divers titres comme sujets ou comme clients autour des plus puissants. Plusieurs de ces confédérations s'unissaient même parfois en de grandes ligues, qui embrassaient alors une partie considérable de la Gaule : celle des BELGES, par exemple, qui rassemblèrent 280,000 hommes contre César; celle des ARMORIQUES ou *tribus maritimes*, qui comprenaient tous les peuples de la péninsule de Bretagne; les ARVERNES ou hommes *des hautes terres* dans la contrée montagneuse, qui porte encore aujourd'hui leur nom; les ALLOBROGES ou habitants des *hauts villages*, de l'autre côté de la vallée du Rhône, sur le versant occidental des Alpes; les HELVÈTES, qui possédaient le *pays des pâturages*, les SÉQUANES sur les rives de la *Seine*; les ÉDUES dont les nombreux troupeaux de moutons pâturaient dans les vallées de la Saône et de la haute Loire; enfin les BITURIGES qui avaient pour demeure le territoire qu'enferment la Loire, l'Allier et la Vienne.

L'histoire intérieure de la Gaule nous est peu connue jusqu'à l'époque où les Romains tournèrent leur attention vers ce pays pour en faire la conquête. Son étrange destinée a voulu que celui qui lui enleva son indépendance, ses lois, sa religion et ses mœurs, c'est-à-dire tout ce qui constitue le caractère distinctif d'un peuple, ait été le premier et presque le seul à décrire l'organisation politique qu'il avait lui-même détruite. Grâce aux Commentaires de César, nous connaissons l'état de la Gaule durant le siècle qui précéda notre ère, c'est-à-dire au dernier moment de son existence comme nation et lorsque les traits primitifs de sa physionomie sociale étaient déjà sans doute bien changés. Quant aux époques antérieures, une obscurité impénétrable les enveloppe et semble ne devoir jamais être dissipée.

Mais ce n'est pas dans la Gaule même qu'il faut chercher l'histoire de ses turbulentes tribus; à plusieurs reprises elles se sont répandues au dehors, et la terreur des nations plus civilisées qu'elles dépouillèrent ou menacèrent, nous a conservé quelques détails sur leurs audacieuses expéditions. Ce que les Germains ont été en effet au cinquième siècle pour l'empire romain, les Galls ou Gaulois le furent pour l'ancien monde, pour l'Italie, la Grèce et l'Asie Mineure, pour Carthage, pour Rome républicaine qu'ils incendièrent, pour les successeurs d'Alexandre dont ils formèrent la garde et les armées.

§ II. *Émigration des Gaulois en Espagne, en Italie, en Illyrie, en Asie, etc.*

(1600-58 av. J. C.)

1600-1500 av. J. C.

L'Espagne, peuplée de nations ibériennes, fut la première exposée aux invasions galliques. Des Celtes franchirent les Pyrénées, entrèrent dans la vallée de l'Èbre, et, après de longs combats contre les Ibères, se mêlèrent avec eux, et formèrent, au centre de la Péninsule, dans les monts Ortospeda, cette belliqueuse nation des Celtibériens qui brava pendant soixante-dix ans tous les efforts de Rome. D'autres Celtes (*Celtici*) s'établirent sur les bords de la Guadiana; enfin des Galls, sous leur nom national, occupèrent les montagnes et la côte du nord-ouest, qui, aujourd'hui encore, s'appellent la Galice.

Mais, tandis que les Galls prenaient ainsi possession du nord, du centre et de l'ouest de la Péninsule, les tribus ibériennes qu'ils avaient dépossédées sortaient de l'Espagne par l'autre passage des Pyrénées, et pénétraient jusqu'en Italie, sous les noms de Sicanes et de Ligures. Ceux-ci occupèrent en outre dans la Gaule toute la côte de la Méditerranée.

1400.

Un siècle environ après ces dernières invasions, les Ambra, c'est-à-dire les vaillants ou les nobles, horde nombreuse, composée de Galls appartenant à diverses tribus, passèrent l'autre chaîne de montagnes qui bornent la Gaule au sud-est et descendirent dans la riche vallée du Pô; les Sicules, qui en étaient possesseurs, voulurent résister au torrent; mais ils furent rejetés jusqu'au delà du Tibre, du Nar et du Trento. Dans toute la haute Italie, les Ligures au sud-ouest, et les Vénètes à l'est, échappèrent seuls au joug des Ambra ou Ombriens. Le vaste territoire dont ils s'étaient emparés fut partagé en trois provinces : la basse Ombrie qui comprit les plaines que traverse le Pô; la haute Ombrie entre l'Adriatique et les Apennins; enfin, l'Ombrie maritime entre les Apennins, le Tibre, l'Arno et la mer de Toscane. De nombreuses villes s'y élevèrent, dont les principales furent Ravenne au sud du Pô, Rimini, et Almeria, bâtie, au dire de Pline, 381 ans avant Rome.

Après avoir joui paisiblement pendant trois siècles de leurs conquêtes, et exercé leur influence sur toute la péninsule, les Ombriens furent dépossédés par les Etrusques, qui leur enlevèrent d'abord les trois cents villes ou bourgades qu'ils avaient bâties dans la vallée du Pô, et les chassèrent des pays situés entre l'Arno et le Tibre. Dès lors, réduits à la possession du canton montagneux qui s'étend entre la rive gauche du Tibre et l'Adriatique, les Ombriens cessèrent de former une nation redoutable.

1200-900.

C'est dans cette période que se placent les voyages et les exploits de l'Hercule tyrien, c'est-à-dire, l'établissement de relations commerciales entre les Phéniciens et les peuples de la vallée du Rhône, et la fondation de quelques villes, telles que Nemausus (Nîmes) et Alesia sur le territoire des Edues, qui devaient servir de comptoirs aux négociants phéniciens.

900-600.

Après les Phéniciens, les Rhodiens parurent sur les côtes de la Gaule, et y fondèrent quelques villes, entre autres, Rhoda ou Rhodanousia, à l'embouchure du Rhône; mais leur prospérité fut de courte durée et bien vite éclipsée par celle de Massalia.

600.

Un marchand phocéen, Euxène, ayant abordé un jour au fond d'un golfe à l'est du Rhône sur le territoire des Ségobriges, le chef de ce peuple l'accueillit avec amitié et l'invita à prendre part au festin qu'il allait célébrer pour le mariage de sa fille. Lorsque, selon l'usage des peuplades ibériennes, la jeune fille entra à la fin du repas, et fit le tour de la table en tenant la coupe pleine qu'elle devait présenter à celui qu'elle choisissait pour époux, elle s'arrêta devant le chef phocéen. Le père, croyant reconnaître dans ce choix un ordre des dieux, accepta l'étranger pour gendre, et lui donna en dot le golfe où il avait débarqué. Euxène y jeta aussitôt les fondements d'une ville (Marseille) qui devait croître chaque jour en richesses et en puissance.

Vers le même temps, le nord de la Gaule était le théâtre de graves événements. Hu le Puissant, chef d'une horde de Kymris qu'un grand mouvement des nations scythiques avait refoulés vers l'occident, passa le Rhin, et, repoussant à son tour la population celtique dans la partie montagneuse de la Gaule, couvrit de ses nombreuses tribus les plaines qui s'étendent depuis les landes de Bordeaux jusqu'à l'embouchure du Rhin, entre l'Océan à l'ouest, et à l'est les Vosges, le plateau de l'Auvergne, et les dernières collines qui descendent des Pyrénées et des Cévennes.

587.

Cette invasion nécessita bientôt des émigrations nouvelles, pour dégager la partie orientale de la Gaule du surcroît de population qu'y avait causé l'accumulation des tribus gauloises repoussées de l'ouest à l'est par l'invasion kymrique. Trois cent mille âmes partirent alors sous la conduite de deux chefs, Sigovèse, qui prit sa route par la forêt Hercynienne, et alla se

1.

fixer le long du Danube dans les montagnes de l'Illyrie; Bellovèse, qui se dirigea vers l'Italie et franchit les Alpes par le mont Genèvre. Traversant les terres des Ligures Taurins, le chef gaulois écrasa une armée étrusque sur les bords du Tésin. Tout le pays situé entre ce fleuve, le Pô et le Sério, tomba aux mains des conquérants, qui prirent d'une tribu ombrienne, échappée à la domination étrusque, le nom d'Insubres. Au centre d'une plaine fertile baignée par l'Adda et le Tésin, Bellovèse fonda la grande ville de Médiolanum (Milan), tandis qu'une de ses tribus, les Orobiens, bâtissait Como et Bergame.

587-521.

L'exemple donné par Bellovèse aux tribus gauloises fut bientôt suivi, et, dans l'espace de soixante-six ans, toute l'Italie du nord reçut de nouveaux habitants. D'abord, une horde d'Aulerques, de Carnutes et de Cénomans, chassa les Étrusques du reste de la Transpadane, et s'étendit dans le pays compris entre les frontières des Insubres et celles des Vénètes. Brixia et Vérone furent leurs principales villes. Peu de temps après, des Ligures Salyens, les Læves et les Libices, vinrent se fixer à l'ouest des Insubres sur la rive droite du Tésin. La Cispadane restait encore aux Étrusques; mais des Boies, des Cénomans et des Lingons descendirent bientôt des Alpes Pennines, et trouvant la Transpadane occupée déjà par leurs compatriotes, franchirent le Pô et se fixèrent : les Cénomans sur le territoire de Plaisance; les Lingons à l'embouchure du Pô; les Boies, la plus puissante des trois tribus, entre le Taro et le Montone. Enfin arrivèrent les Sénons, qui s'établirent aux dépens des Ombriens entre le pays des Lingons et le fleuve Æsis.

391.

Ce furent les Sénons qui eurent la gloire de prendre Rome. « Les Gaulois de l'Italie, dit Polybe, faisaient leurs demeures dans des bourgs sans murailles, manquant de meubles, dormant sur l'herbe ou sur la paille, ne se nourrissant que de viande, ne s'occupant que de la guerre et d'un peu de culture : là se bornaient leur science et leur industrie. L'or et les troupeaux constituaient à leurs yeux toute la richesse, parce que ce sont les seuls biens qu'on peut transporter avec soi à tout événement. » Ces peuples à demi nomades envoyaient tous les ans des bandes d'aventuriers piller les villes opulentes de l'Italie, et surtout celles de la Grande-Grèce. Vers 391, une de ces bandes se jeta sur l'Étrurie : c'étaient trente mille guerriers sénons qui, se trouvant trop à l'étroit dans leur pays, vinrent demander des terres aux habitants de Clusium. Ceux-ci implorèrent l'assistance de Rome, qui envoya d'abord trois députés. L'un d'eux demandant au chef gaulois quel droit il avait sur les terres d'autrui, « Ce droit, « reprit le chef ou Brenn, c'est celui « que vous faites valoir vous-mêmes sur « les biens de vos voisins; c'est le droit « du plus fort. Nous le portons à la poin- « te de nos épées. » Au sortir de cette conférence, les Romains, oubliant leur caractère d'ambassadeurs, dirigèrent eux-mêmes une attaque des habitants sur le camp ennemi. C'était une évidente violation du droit des gens. Les Gaulois en demandèrent réparation, et, sur le refus du sénat, ils marchèrent aussitôt vers Rome. Ils trouvèrent l'armée romaine campée sur les bords de l'Allia, à douze milles de la ville (16 juillet 390). Ce fut moins une bataille qu'une déroute. Effrayés de l'aspect et des cris sauvages des Gaulois, les Romains prirent la fuite dès le commencement de l'action. L'aile gauche presque intacte se retira à Véies, l'aile droite à Rome; quant au centre, il fut écrasé entre l'armée barbare et le fleuve. Cependant un grand nombre de fuyards ayant devancé l'armée dans Rome, la consternation fut à son comble. Les vestales, les vieillards, les femmes, les enfants, se réfugièrent dans les villes voisines. Quelques troupes seulement s'enfermèrent dans le Capitole.

Trois jours après la bataille, le Brenn

arriva près de Rome avec son armée. A la vue des portes ouvertes et des murailles sans gardes, il soupçonna d'abord quelque ruse ; mais, lorsqu'il se fut assuré de la vérité, il prit possession de la ville, fit cerner le Capitole par un corps d'élite, et conduisit le reste sur le Forum, d'où les Gaulois se répandirent dans les rues et les maisons voisines. Là, un spectacle extraordinaire frappa leurs yeux. Devant les maisons patriciennes ils virent de nobles vieillards revêtus d'ornements consulaires et immobiles sur leurs chaires d'ivoire. C'étaient des sénateurs qui avaient préféré la mort à la fuite. Ne sachant si c'étaient des dieux ou des hommes, les Gaulois n'osèrent longtemps faire un pas en avant ; enfin, l'un d'entre eux s'étant hasardé à s'approcher de Manius Papirius, lui passa doucement la main sur sa longue barbe ; mais Papirius l'ayant frappé de son bâton et blessé à la tête, le barbare tira son épée et le tua. Dès lors le massacre commença. Après avoir passé plusieurs jours à piller et à saccager la ville, les Gaulois finirent par y mettre le feu.

Cependant le siège du Capitole traînant en longueur, les Gaulois, qui commençaient à manquer de vivres, changèrent le siège en blocus, et ravagèrent les contrées voisines. Camille, alors exilé, mais toujours dévoué à son ingrate patrie, engagea les Ardéates à prendre les armes contre les barbares, auxquels il fit essuyer plusieurs défaites. Toutefois ceux qui campaient au pied du Capitole tentèrent de s'en emparer par une attaque nocturne, et peu s'en fallut qu'ils ne surprissent les Romains plongés dans le sommeil ; mais les oies consacrées à Junon donnèrent l'alarme, et Manlius repoussa les barbares qui, découragés, ne recevant point de renforts, et décimés d'ailleurs par des chaleurs pestilentielles, qui, aujourd'hui encore, rendent si dangereux le séjour de Rome et surtout de sa campagne, consentirent à se retirer moyennant mille livres d'or. S'il faut en croire une tradition contredite par de graves historiens, Camille, nommé dictateur, arriva au moment où le Brenn pesait l'or, et ajoutait aux poids son épée avec le baudrier, en s'écriant : Malheur aux vaincus ! « La coutume des « Romains, dit Camille, est de ra- « cheter leur patrie avec le fer et non « avec de l'or. » Et alors la guerre recommence, et le dictateur, dans un combat aussi long que terrible, met les Gaulois en déroute et en fait un horrible carnage. Mais cette tradition, que l'orgueil national dut préférer, est assez peu vraisemblable ; et il est beaucoup plus naturel de croire que les Romains durent leur salut autant à leur or qu'à leur opiniâtreté et à leur courage.

Quoi qu'il en soit, les barbares reparurent encore quatre fois dans l'espace de quarante ans ; mais les Romains s'étaient habitués à leur manière de combattre ; l'habileté de Camille, qui écrasa une armée gauloise sur les bords de l'Anio (367), celle de C. Sulpicius et de Popilius Lænas, qui battirent aussi deux fois les barbares (358 et 350), enfin les exploits de Manlius Torquatus et de Valérius Corvus, qui tuèrent en combat singulier deux Gaulois de taille gigantesque, délivrèrent Rome des craintes que lui avaient inspirées ces terribles ennemis.

VERS 350.

C'est à cette époque, selon l'opinion la plus vraisemblable, que se rapporte l'invasion des Belges dans le nord de la Gaule. Ils ne purent dépasser la chaîne des Vosges ni le cours de la Marne et de la Seine ; mais deux de leurs tribus, les Arécomiques et les Tectosages, pénétrèrent à travers le territoire gaulois jusqu'aux Pyrénées orientales, où Toulouse devint leur capitale.

281.

Ce fut de cette ville que partit, en 281, une horde nombreuse qui, traversant la forêt Hercynienne et longeant la rive droite du Danube, rencontra en Illyrie les anciens compagnons de Sigovèse. Dans cet intervalle de trois siècles, ceux-ci s'étaient prodigieusement multipliés et s'étaient étendus jusqu'aux frontières de l'Épire, de la Macédoine et de la Thrace. Vers l'an 335, quelques-uns de leurs députés s'étaient rendus au camp d'Alexandre, sur la frontière de Thrace ; pour voir le héros macédonien : « Que craignez-vous? leur demanda le futur conquérant de la Perse. » — « Que le ciel ne tombe, avaient-ils répondu. » — « Voilà un peuple bien fier, dit-il. » Cependant il fit alliance avec eux. Quand la mort d'Alexandre et les querelles de ses successeurs eurent laissé la Grèce et l'Asie sans défense, les anciens émigrants gaulois et les nouveaux venus s'unirent pour profiter de ces discordes, et trois cent mille barbares se jetèrent sur la Grèce : ils étaient divisés en trois corps. L'un, commandé par Cérétrius, envahit la Thrace, et l'enleva pour jamais à la Macédoine. Le second, commandé par Belgius, entra en Macédoine et défit Ptolémée Céraunus dans un combat où ce prince fut tué (279). Alors les Macédoniens mirent à leur tête un noble nommé Sosthènes, qui vainquit à son tour et repoussa les Gaulois. Mais, l'année suivante (278), le troisième corps, sous les ordres du Brenn lui-même et d'Acichorius, vint fondre sur la Macédoine, écrasa en passant Sosthènes et son armée, et se dirigea sur Delphes. Les Grecs les attendaient aux Thermopyles. Les Étoliens, les Phocéens, les Locriens, les Béotiens, les Mégariens et les Athéniens s'étaient réunis, et avaient rassemblé vingt mille hommes. Les Gaulois, repoussés d'abord avec perte, pénétrèrent en Phocide par le même sentier qu'avait suivi autrefois Xerxès. Arrivés près de Delphes, un tremblement de terre et une tempête mirent la consternation et le désordre dans leur armée, et les Grecs en profitèrent pour les tailler en pièces. Le Brenn, désespéré, se tua lui-même, et les débris de son armée périrent dans leur retraite par la faim, la fatigue et le fer des Grecs.

278.

Plusieurs corps échappèrent cependant et allèrent, sous la conduite de **Léonor et de Luther**, ravager la Thrace. Après des courses nombreuses, ils s'emparèrent de la Chersonnèse et de Lysimachie : de là, ils apercevaient l'Asie où les attendaient tant de richesses, qu'ils ne pouvaient atteindre faute de vaisseaux. Heureusement Nicomède, roi de Bythinie, vivement pressé par un compétiteur et par les Syriens, les prit à sa solde, leur fit passer le détroit, et, en récompense de leurs services, leur donna des terres considérables, où ils formèrent, entre le Pont, la Paphlagonie, la Cappadoce et les royaumes de Bythinie, de Pergame et de Syrie, un nouvel État puissant et redouté de ses voisins. En effet, campés pour ainsi dire au centre de l'Asie Mineure, les Galates (*) la pillèrent à loisir, sans distinction d'amis ou d'ennemis. Le bruit de leurs cruautés et de leurs rapines jeta bientôt un tel effroi dans cette population dégénérée et sans courage, qu'à leur approche tous fuyaient, et que les femmes mêmes se tuaient pour ne pas tomber entre leurs mains.

Pour prévenir ces ravages, il fallut que de toutes parts les villes libres et les royaumes consentissent à payer tribut ; le roi de Syrie lui-même, si l'on en croit Tite-Live, se soumit à leur fournir une solde de guerre, malgré la victoire qu'il remporta sur eux en 277, grâce à ses éléphants, et qui lui valut de la reconnaissance de l'Asie le surnom de *Sauveur*.

Quand les Gaulois eurent cessé d'errer dans l'Asie Mineure, leurs bandes exploitèrent encore la faiblesse des rois asiatiques en se mettant à leur solde, et, suivant l'expression de Justin, ils se répandirent comme un essaim dans l'Asie. Ils devinrent bientôt la milice nécessaire de tous les États de l'Orient, belliqueux ou pacifiques, monarchiques ou républicains. L'Égypte, la Syrie, la Cappadoce, le Pont, la Bythinie en entretinrent des corps à leur solde ; ils trouvèrent surtout un emploi lucratif de leur épée chez les petites démocra-

---

(*) C'est ainsi que les Grecs avaient modifié le nom de Gaulois.

tiés commerçantes, qui, trop faibles en population pour suffire seules à leur défense, étaient assez riches pour les bien payer.

Durant une longue période de temps, il ne se passa guère dans toute l'Asie d'événement tant soit peu remarquable où les Gaulois n'eussent quelque part. « Tels étaient, dit encore Justin, la terreur de leur nom et le bonheur constant de leurs armes, que nul roi sur le trône ne s'y croyait en sûreté, et que nul roi déchu n'espérait d'y remonter, s'il n'avait pour lui le bras des Gaulois. »

L'influence des milices gauloises ne se borna pas aux services du champ de bataille; elles jouèrent un rôle dans les révoltes politiques, et, plus d'une fois, on les vit fomenter des soulèvements, rançonner des provinces, assassiner des rois, disposer des plus puissantes monarchies. Ainsi quatre mille Gaulois en garnison dans la province de Memphis, profitant de l'absence du roi Ptolémée-Philadelphe, occupé à combattre une insurrection à l'autre bout de son royaume, complotèrent de piller le trésor royal et de s'emparer de la basse Égypte; mais Ptolémée, prévenu à temps, les fit passer, sous un prétexte spécieux, dans une île du Nil, où il les laissa mourir de faim. En Bythinie, le roi Ziélas, fils de Nicomède, soupçonnant, de la part des Gaulois à sa solde, quelque machination pareille, résolut de faire assassiner tous leurs chefs dans un grand repas où il les invita; mais ceux-ci, avertis à temps, le prévinrent en l'égorgeant à sa table même.

Une autre fois, le bruit se répandant de la mort de Séleucus, compétiteur de son frère Antiochus au trône de Syrie, les Gaulois auxiliaires de ce dernier résolurent de tuer eux-mêmes Antiochus; ils espéraient qu'au milieu des troubles qui suivraient l'extinction des Séleucides, ils pourraient plus librement ravager la Syrie. Ils s'emparèrent donc d'Antiochus, qui ne parvint à conserver la vie qu'en se rachetant, dit Justin, comme un voyageur se rachète des mains des brigands, à prix d'or.

273.

Les rois d'Asie n'étaient pas les seuls à louer des mercenaires gaulois; Pyrrhus en avait toujours un grand nombre à sa solde dans sa carrière aventureuse; il en était surtout entouré dans ses dernières guerres. Ainsi ce furent les Gaulois qui seuls, entre toutes ses troupes, essayèrent d'enlever Sparte d'assaut; ce furent deux mille d'entre eux qui sauvèrent son armée en se faisant tuer jusqu'au dernier sur la route d'Argos; ce fut enfin avec ce qui lui en restait qu'il entra dans Argos, où il reçut la mort de la main d'une vieille femme.

241-237.

Mais c'était la riche république de Carthage qui dépensait le plus d'or à solder des mercenaires; ses armées en étaient uniquement composées, et les Gaulois y comptaient toujours pour un grand nombre. Mais autant l'on pouvait être sûr de leur courage, autant il fallait redouter leur mécontentement quand la solde s'arriérait ou que la disette se faisait sentir. Carthage en fit une cruelle expérience, après la première guerre punique, lorsque, son trésor se trouvant vide, elle ne put satisfaire à leurs exigences; ils coururent aux armes, entraînèrent dans leur révolte les mercenaires des autres nations, et commencèrent, sous la conduite du Campanien Spendius, de l'Africain Mathos, mais surtout du Gaulois Autarite, cette guerre sanglante que l'antiquité nomma la *guerre inexpiable*, et qui réduisit pendant quelque temps la puissante Carthage à ses seules murailles.

237-222.

L'année même où se terminait la guerre inexpiable, Rome commença sa longue lutte contre les Gaulois cisalpins. Les incursions de ces peuples dans l'Italie centrale avaient laissé un terrible souvenir. Aussitôt que l'on apprenait à Rome une nouvelle prise d'armes des Gaulois, la terreur était à son comble; on déclarait qu'il y avait *tumulte*, et alors il fallait que tous, jusqu'aux prêtres, prissent les armes. Quand les Romains virent toute l'Italie autour d'eux parfaitement docile au joug, ils songèrent à ces terribles ennemis du nord de l'Italie, et entreprirent d'en débarrasser la péninsule, mais en les attaquant prudemment les uns après les autres, et en semant la division parmi eux. Rome commença par les Gaulois boïens et les Liguriens. Cette première guerre fut heureuse, grâce à des dissensions intestines. Les Boïens firent peu de résistance. Rome crut un instant que les terribles Gaulois avaient perdu leur ancien courage, et ne poussa pas plus loin la guerre contre eux; elle crut même pouvoir poser les armes, et fermer le temple de Janus pour la première fois depuis Numa (235).

Mais cette paix fut de peu de durée; bientôt il fallut de nouveaux combats pour rejeter les Liguriens dans les Apennins. Dans le même temps, le tribun Flaminius ayant proposé de distribuer au peuple les terres enlevées aux Sénons en 283, après la destruction de cette peuplade, les Boïens prirent les armes et essayèrent de former une ligue entre toutes les nations de l'Italie septentrionale; mais les Vénètes, ennemis des Gaulois et d'origine différente, refusèrent d'y entrer. Les Liguriens étaient épuisés; les Cénomans, jaloux sans doute des Insubres et des Boïens, avaient vendu leur alliance à Rome. Les Boïens et les Insubriens restés seuls appelèrent à leur secours les Gésates. Le sénat s'alarme à cette nouvelle, et déclare qu'il y a tumulte; sept cent mille fantassins et soixante-dix mille cavaliers se tiennent prêts à repousser l'invasion de ces redoutables ennemis. Déjà l'armée gauloise était en Étrurie et cinquante mille Romains avaient été détruits près de Clusium, quand le hasard fit débarquer sur ses derrières les légions qui revenaient de la Sardaigne, tandis que l'armée consulaire lui barrait le chemin de Rome. La victoire de Télamone (225) sauva Rome; celle de l'Adduu (223), la prise de Milan, la défaite des Gésates, et la mort de leur roi Viridomare, tué par Marcellus, qui remporta les troisièmes dépouilles opimes, assurèrent aux Romains la soumission apparente de toute l'Italie gauloise.

200 à 190.

Sitôt que Rome fut débarrassée d'Annibal, dont l'armée était presque toute gauloise (*), elle s'occupa de mettre fin à ses terreurs, en accablant les Cisalpins. Ceux-ci la prévinrent par un soulèvement général. L'incendie de Plaisance et l'attaque de Crémone annoncèrent leur prise d'armes; mais le consul Furius parut bientôt avec une armée romaine, et trente-cinq mille Gaulois restèrent sur le champ de bataille. Une perte de six mille hommes, éprouvée l'année suivante par les Romains, ranima le courage des Gaulois, qui, pendant deux ans, tinrent tête aux deux consuls; mais la défection des Cénomans, au moment d'un combat décisif, fit éprouver aux Insubriens un revers sanglant. Une seconde défaite, qui leur coûta quarante mille guerriers, la ville de Como et vingt-huit châteaux forts, les obligea à demander la paix. Les Boïens résistèrent encore pendant cinq années; mais incapables de lutter contre une puissance qui pouvait disposer de huit cent mille soldats, ils préférèrent, plutôt que de partager le joug des autres Cisalpins, quitter leur patrie, et allèrent chercher sur les bords du Danube un pays où ils pussent vivre libres, et qui reçut d'eux le nom de *Boïohemum* (Bohême). Plus tard, ils quittèrent encore les bords du fleuve pour se fixer dans la contrée appelée de leur nom *Boïaria* (Bavière).

189.

Dans le même temps où Rome étendait sa domination sur les Gaulois de l'Italie, elle accablait ceux de l'Asie Mineure. Le consul Manlius les força dans les défilés du mont Olympe, et les contraignit de renoncer à leurs

(*) A Cannes il perdit 5,500 hommes dont 4000 Gaulois et seulement 1500 Africains ou Espagnols.

brigandages. Ainsi, Rome retrouvait partout les mêmes ennemis et partout les accablait.

113.

Ceux des bords du Danube, sous le nom de Scordisques, furent attaqués en 115 par le consul Caton, qui échappa seul à la destruction de son armée. Mais les consuls des deux années suivantes exercèrent contre eux de sanglantes représailles. Ainsi, toutes ces hordes, sorties de la Gaule, avaient été détruites ou asservies, et il ne restait plus d'elles que le souvenir de leurs terribles dévastations.

109-102.

La Gaule elle-même avait déjà été envahie; à la sollicitation des Massaliotes, Rome avait attaqué et vaincu les Vocontiens et les Salyens, et fondé en 124 la ville d'Aix pour surveiller les peuples qu'elle venait de soumettre; mais ce voisinage effraya les Arvernes et les Allobroges, qui s'unirent pour chasser les nouveaux venus. Une sanglante défaite, éprouvée sur les bords du Rhône, mit fin à cette ligue et à l'indépendance des Allobroges, dont le territoire, joint à celui des peuplades liguriennes déjà soumises, forma une province romaine (121), qui, par la fondation de Narbonne en 119, s'étendit entre les Pyrénées, les Cévennes, le Rhône et les Alpes. L'invasion des Cimbres, qui traversèrent toute la Gaule et pénétrèrent jusqu'en Espagne, faillit envelopper les vainqueurs et les vaincus dans une commune ruine; mais leur défaite par Marius, près d'Aix, délivra les Gaules et la Province (102).

§ III. *Guerre de l'indépendance.*

(58-48.)

Mais le temps approchait où Rome allait tenter la conquête de la Gaule entière. Après avoir, pendant quinze siècles, porté la guerre avec l'effroi de leur nom dans toutes les contrées de l'ancien monde, les Gaulois la reçurent enfin, un demi-siècle avant notre ère, au sein de leur patrie, grâce à l'ambition d'un Romain qui avait besoin d'une guerre glorieuse pour s'enrichir et s'assurer une armée nombreuse et dévouée. Voici quelle était à cette époque la situation de la Gaule : au sud-est la province romaine, comprenant le territoire de Marseille et plusieurs pays entre les Alpes, le Rhône et les Cévennes, que les Romains avaient successivement conquis; au sud-ouest, l'Aquitaine et ses vingt peuplades; sur le Rhône supérieur, les Édues; à leur gauche, dans le Jura, les Séquanes; à leur droite, dans les Cévennes, la puissante confédération des Arvernes; au nord-est, les Belges, les plus belliqueux et les plus opiniâtres des Gaulois; à l'ouest, la confédération des cités armoricaines, où les Vénètes, puissants par leur marine, tenaient le premier rang; enfin au nord, les Morins, et entre la Seine et la Loire, divers peuples, parmi lesquels dominaient les Carnutes, dont le pays était le centre de la religion druidique.

Depuis l'invasion des Cimbres, les peuplades germaniques jetaient des yeux d'envie sur la Gaule, et se pressaient sur les bords du Rhin; les Suèves surtout n'attendaient qu'une occasion de saisir cette proie : elle se présenta bientôt. Un jour, ils virent arriver au milieu d'eux des Gaulois implorant leur secours : c'étaient des députés des Séquanes qui, opprimés par les Édues, *alliés et amis* du peuple romain, voulaient opposer à cette alliance celle des barbares d'au delà du Rhin. Arioviste, chef de plusieurs tribus suéviques, les accueillit avec empressement, et passa le Rhin avec quinze mille guerriers. Deux batailles suffirent pour ruiner la puissance des Édues. Mais les Suèves oublièrent bientôt qu'ils n'étaient entrés dans la Gaule qu'à titre d'alliés des Séquanes : une fois au milieu de ces riches contrées, ils ne voulurent plus les quitter, prirent le tiers du territoire des Séquanes, exigèrent de nombreux otages, et formèrent à deux pas des frontières romaines une puissance défendue par deux cent mille guerriers.

La Gaule allait devenir Germanie; tous alors s'adressèrent à Rome.

58.

César, qui, comme nous l'avons déjà dit, avait besoin de glorieuses entreprises pour préparer le succès de ses desseins ambitieux, se fit charger du gouvernement de la Province cisalpine et de la narbonnaise. Là il se trouva sur les frontières de la Gaule, et en médita aussitôt la conquête; mais il comprit qu'il fallait avant tout en fermer l'entrée aux barbares de la Germanie : aussi refoula-t-il d'abord dans leurs montagnes les Helvétiens qui, fatigués des continuelles incursions des Suèves, leurs voisins, voulaient aller chercher sur les côtes du grand Océan un climat plus doux et une vie moins rude.

Cette première expédition achevée, il marcha contre les Suèves, qu'il rencontra à deux lieues des bords du Rhin. La bataille fut acharnée; cependant la discipline romaine l'emporta. Tout ce qui ne fut point tué sur le champ de bataille fut poursuivi jusqu'au Rhin et périt dans le fleuve. Arioviste, avec un petit nombre, échappa dans une barque qu'il trouva par hasard sur la rive; mais il ne survécut pas longtemps à la honte de sa défaite ou à ses blessures. César apprit bientôt sa mort avec la nouvelle que les Suèves effrayés s'éloignaient des bords du Rhin et regagnaient leurs forêts. L'invasion de la Gaule par les Germains fut retardée de quatre siècles.

57.

Par la défaite des Helvétiens et des Suèves, César dominait dans tout le sud-est de la Gaule; ses légions campaient sur les frontières des Belges. Ces peuples, alarmés de ce dangereux voisinage, formèrent une vaste coalition contre les Romains. Mais là aussi se trouva un peuple qui trahit les intérêts communs; les Rèmes jouèrent dans la Belgique le même rôle que les Édues dans la vallée du Rhône; ils se détachèrent de la ligue, qui fut rompue par cette défection. César n'eut plus qu'à attaquer ces peuples les uns après les autres. Ce fut toutefois une rude guerre : les Belges passaient pour les plus belliqueux de tous les Gaulois; leur pays d'ailleurs, entrecoupé de marais et de forêts impénétrables, était éminemment propre à une guerre défensive; il fallut souvent que les légions s'ouvrissent un passage avec la hache à travers ces bois que la main de l'homme avait encore rendus impraticables; car là où se trouvaient des clairières, où la forêt était moins épaisse, ils recourbaient de jeunes arbres, et les replantaient en terre pour se faire ainsi des barrières naturelles. Une première victoire remportée sur l'Axona (l'Aisne) lui soumit les Suessions, les Bellovaques et les Ambiénois (les peuples de Soissons, de Beauvais et d'Amiens), c'est-à-dire, les Belges de l'ouest. Restaient ceux de l'est ; c'étaient les plus terribles. Les Nerviens se firent tous tuer jusqu'au dernier, mais après avoir mis en grand péril l'armée romaine, dont plusieurs légions furent écrasées. César lui-même fut obligé de combattre comme un simple légionnaire. La soumission des Atuatiques, qui furent tous vendus comme esclaves au nombre de cinquante mille, assura aux Romains la possession de la Belgique orientale. Pendant ce temps, le jeune Crassus soumettait les pays maritimes entre la Loire et la Seine. César, de son côté, dompta les Morins; enfin, durant l'hiver, Sergius Galba écrasa les populations du haut et bas Valais, afin d'assurer à César les importantes positions des hautes Alpes et les communications entre l'Italie et la Gaule.

56.

La troisième campagne fut employée tout entière à recommencer la conquête de l'Armorique (la Bretagne et la Normandie). Les diverses cités de cette péninsule formaient une puissante confédération, à la tête de laquelle se trouvaient les Vénètes. Il fallut pour combattre leurs grands vaisseaux, dont les cordages étaient des chaînes et les voiles des peaux de bêtes préparées, inventer une tactique nouvelle. Après une vive résistance, ils furent vaincus dans un grand combat naval ; leur soumission amena celle du reste de la confédération, et par contre-coup, celle aussi des peuples de la Normandie actuelle. Pour achever la conquête du littoral, César envoya Crassus s'emparer de l'Aquitaine.

55.

César, comme nous l'avons dit, voulait isoler la Gaule de la Germanie. Lorsqu'il se trouva maître de toute la Gaule orientale, après son expédition contre les Belges, il voulut assurer ses nouvelles conquêtes du nord, comme il l'avait fait pour celles du midi, en éloignant des bords du Rhin les peuplades germaniques. D'ailleurs, ce que les Suèves avaient tenté, deux nouvelles tribus voulaient le faire. La défaite d'Arioviste n'avait pu ébranler la puissance de la ligue des Suèves ; elle faisait encore en Germanie tout trembler devant elle, forçant les peuplades voisines à payer tribut ou à chercher au loin de nouvelles demeures. Les Usipiens et les Tenctères, après une vive résistance, avaient été chassés de leurs terres, et poussés pendant trois années de canton en canton à travers les forêts de la Germanie ; ils étaient enfin arrivés, au nombre de quatre cent trente mille, à l'embouchure du Rhin. La tribu gauloise des Ménapes se retira à leur approche sur la rive gauche, pour défendre le passage. Trompés par un stratagème des Germains qui, après s'être éloignés du fleuve pendant trois jours, tombèrent à l'improviste sur leurs ennemis, les Ménapes perdirent une partie de leurs guerriers, et les Germains se trouvèrent encore une fois au delà du Rhin, au milieu des peuplades récemment soumises par César.

La terreur se répandit sur toute la Gaule. Heureusement pour César, les Gaulois redoutaient plus encore la férocité des Germains que le joug dont Rome les menaçait. La plupart se réunirent à lui, et une nombreuse cavalerie vint se joindre aux légions. Comme les Cimbres, comme Arioviste, les nouveaux envahisseurs ne demandèrent à César que de les laisser s'établir paisiblement sur les terres qu'ils avaient conquises. « Nous ne le cédons, « disaient-ils, qu'aux Suèves seuls, à « qui les dieux mêmes ne résisteraient « pas ; quant à tout autre ennemi, il « n'en est pas sur la terre qui ne doive « trembler devant nos armes. »

César fut plus heureux encore cette fois que contre Arioviste. Les barbares, surpris par l'armée romaine, au moment où ils attendaient le retour de leurs envoyés, eurent à peine le temps de saisir leurs armes ; rompus par les légions, ils s'enfuirent jusqu'au confluent de la Meuse et du Rhin. Toute la horde périt entre les deux fleuves.

Profitant de cette victoire inespérée, le proconsul jeta en dix jours un pont sur le Rhin, non loin de Cologne, alla chercher lui-même les barbares jusque dans leurs forêts, et revint sans avoir rencontré l'ennemi.

Ces deux victoires de César arrêtèrent le mouvement qui poussait les peuplades germaniques sur la Gaule ; elles avaient été reçues si rudement lorsqu'elles s'étaient aventurées au delà du fleuve, qu'elles désespérèrent de franchir cette frontière.

La même année, César passa en Bretagne (l'Angleterre), d'où il revint après une absence de dix-sept jours seulement.

54.

C'était presque une fuite ; aussi César reconnut-il la nécessité d'y faire, l'année suivante, après avoir réprimé les Pirustes en Illyrie, et les Trévires en Gaule, une nouvelle expédition qui, mieux préparée lui permit cette fois de conquérir une partie du pays, et d'imposer aux habitants l'obligation de payer un tribut annuel.

La Bretagne n'était pas conquise, mais César avait atteint son but : l'île était effrayée, il pouvait donc revenir maintenant achever son ouvrage en Gaule.

Lors de la seconde expédition de César dans la Bretagne, un chef éduen qui lui avait jusqu'alors, dans toutes les guerres de Gaule et de Germanie, servi de guide et d'interprète, avait refusé de passer avec lui dans l'île, disant que la religion l'empêchait de le suivre. Ce refus fut comme l'annonce des combats que César allait avoir à livrer. La vraie guerre des Gaules, la guerre de l'indépendance, n'avait pas encore commencé. Jusqu'alors on s'était battu sur divers points, et pendant que César écrasait telle ou telle nation gauloise, il s'en trouvait une autre qui applaudissait à la chute d'une rivale; mais maintenant les illusions sont dissipées : tous voient bien que Rome veut asservir la Gaule entière. Cette pensée va réunir les Gaulois, et former ces coalitions formidables que César ne dissipera qu'à force de génie et de courage.

César avait été forcé par la disette de disperser ses légions; les Gaulois du nord croient l'occasion favorable, et les Éburons massacrent la légion qui campait au milieu d'eux; les Atuatiques et les Nerviens en assiégent une autre, commandée par Q. Cicéron, le frère de l'orateur. Ce digne chef fait une résistance opiniâtre, qui donne le temps à César de venir le délivrer : le proconsul s'était fait jour avec huit mille hommes à travers soixante mille Gaulois. Dans le même temps, Labienus, le plus habile de ses lieutenants, battait les Trévires dans le pays rémois, et dispersait les Atuatiques et les Nerviens. La coalition du nord parut dissoute, et César voulut que la Gaule entière avouât solennellement qu'elle se reconnaissait vaincue : il convoqua à Lutèce les états de la province. Tous y vinrent, à l'exception des Sénonais, des Carnutes et des Trévires. Mais ces peuples attaqués séparément furent accablés. Les Trévires seuls firent une vive résistance, guidés par leur chef Ambiorix, qui, voyant toute l'armée romaine réunie contre lui, dispersa ses troupes et se jeta dans la profonde forêt des Ardennes. Les Germains d'au delà du Rhin s'étaient rapprochés du fleuve pour donner assistance aux Trévires; César, pour les chasser de la frontière gauloise, passa le fleuve une seconde fois, mais sans pouvoir joindre l'ennemi. A son retour, il fit traquer dans les bois, par divers corps de Gaulois, l'infatigable Ambiorix; mais, soit la difficulté de la poursuite, soit le mauvais vouloir des troupes gauloises qui en étaient chargées, Ambiorix échappa à toute recherche. Dans le même temps, César fit condamner à mort et exécuter Acco, le chef des Sénonais.

52 - 48.

Alors la Gaule du midi s'ébranla, et entraîna dans son mouvement le pays tout entier. L'auteur de cette révolution était un jeune Arverne, dont le père avait exercé jadis une sorte de dictature sur la Celtique. Héritier de sa fortune, de son influence et de son ambition, le fils de Celtille saisit une occasion honorable de ressaisir le rang que son père avait perdu; il entraîne dans ses projets la multitude qu'il n'a cessé d'exciter contre Rome, et se fait décerner la conduite de la guerre, avec le titre de Vercingétorix. Presque tous les peuples répondent à son invitation, et il se trouve bientôt à la tête d'une innombrable armée. Avant tout, il veut écraser les traîtres à la patrie; Lucterius est chargé par lui de forcer les Ruthènes à rentrer dans la ligue, tandis qu'il attaque lui-même les Bituriges, qui lui livrent leurs troupes; les Ruthènes, les Nitiobriges, les Gabales, donnent aussi des otages à Lucterius, qui menace déjà la province romaine, lorsque César arrive tout à coup de la Cisalpine. Le danger était grand, et la Narbonnaise s'effrayait; mais le proconsul rassure les esprits et met le pays à l'abri d'un coup de main. Lucterius, intimidé, recule à son tour, et laisse César franchir les Cévennes et se jeter audacieusement entre les deux armées gauloises, pour aller ravager le pays des Arvernes, le pays d'où la guerre est partie. A cette nouvelle, le Vercingétorix revient sur ses pas. C'était ce que demandait César. Laissant le jeune Brutus faire face à l'ennemi, il se rend à Vienne, prend ce qu'il y trouve de cavalerie, court à

Langres où sont deux légions, réunit les troupes éparses sur la route, et recompose ainsi son armée qui, se trouvant dispersée au commencement de la campagne, aurait pu être détruite légion par légion.

Mais le Vercingétorix égale le proconsul en activité; ne le trouvant plus à son retour chez les Arvernes, il poursuit son premier plan d'écraser les amis de Rome. Il attaque la ville éduenne de Gergovie; mais César a maintenant ses légions sous la main, et les villes tombent une à une sous ses coups. Déjà Vellaudunum a capitulé, Genabum est prise, pillée, détruite; Noviodunum ouvre ses portes. Alors le chef des Arvernes déclare qu'il n'y a qu'un moyen d'anéantir l'armée romaine, c'est de faire un désert autour d'elle; on l'approuve, et les villages, les fermes sont brûlés par les Gaulois eux-mêmes. Vingt villes deviennent la proie des flammes; mais les habitants d'Avaricum demandèrent grâce pour leur cité, l'ornement et le boulevard de la Gaule; le Vercingétorix y consentit à regret. Avaricum n'en tomba pas moins au pouvoir des légions, qui s'opiniâtrèrent avec une admirable constance. Cependant ce succès est funeste à César, car il détermine les Édues, jusqu'alors fidèles, et du pays desquels il tirait tous ses vivres, à entrer dans la confédération gauloise. Noviodunum, où sont les magasins et le trésor, est prise et pillée. César voit toute la Gaule en armes. Son lieutenant Labienus est pressé et presque accablé dans le nord; il semble qu'il n'y ait plus qu'à regagner en toute hâte la Province. Au contraire, César s'enfonce audacieusement vers le nord, et se jette au milieu de ses ennemis; il opère sa jonction avec Labienus, qui vient de se dégager par une pénible victoire, entre Lutèce et Melun, et répand partout le bruit qu'il fuit au delà du Rhin. Ce fut contre cette ruse que vint échouer la prudence des Gaulois; ils le poursuivent et l'atteignent près du pays des Lingons. Une bataille seule pouvait sauver César; il l'accepte avec joie. Les cavaliers gaulois avaient juré de ne point rentrer sous leurs toits, de ne point revoir leurs femmes et leurs enfants, qu'ils n'eussent deux fois traversé à cheval les rangs romains; ils tinrent parole. Le combat fut terrible; César lui-même perdit son épée dans la mêlée; mais la tactique romaine l'emporta. La meilleure partie de l'armée gauloise resta sur le champ de bataille. Le Vercingétorix, encore à la tête de quatre-vingt mille guerriers, vint chercher un refuge sous les murs de la ville forte d'Alesia. César l'y suivit et n'hésita point à assiéger cette grande ville défendue par une armée de quatre-vingt mille hommes. Il y eut là des efforts gigantesques.

Alesia était située sur le sommet d'une colline élevée, au pied de laquelle coulaient deux rivières en sens divers. Devant la ville s'étendait une plaine d'environ trois milles de long; de tous les autres côtés, des collines peu éloignées et d'une égale hauteur entouraient la place. L'ennemi était campé au pied des murs du côté qui regarde l'orient, et avait devant lui un fossé et une muraille haute de six pieds. César fit tirer une ligne de circonvallation de onze milles d'étendue; son camp, avantageusement situé, fut défendu par vingt-trois forts. Pendant que les Romains achevaient ces travaux, un combat de cavalerie s'engage; les Gaulois sont mis en déroute, et ne regagnent leur camp qu'avec peine. Le Vercingétorix, profitant de ce que les Romains n'avaient point encore achevé leurs retranchements, renvoie sa cavalerie pendant la nuit, ordonnant à chacun de retourner dans son pays pour lui ramener des renforts. Il a encore des vivres pour trente jours, et pourra tenir un peu plus longtemps en les ménageant; mais s'ils tardent à revenir, c'en est fait de lui et des quatre-vingt mille hommes d'élite qu'il commande.

César, instruit de la résolution de son ennemi, croit devoir ajouter à ses moyens de défense et d'attaque. D'abord on creusa un fossé à angles droits de vingt pieds de largeur et de profondeur, puis deux autres de quinze pieds, dont le premier fut rempli des eaux de la rivière qu'on y détourna. Derrière ces fossés on éleva une terrasse et un rempart de douze pieds de haut, garni d'un parapet à créneaux et de gros troncs d'arbres fourchus plantés à la jonction du parapet et du rempart, afin d'empêcher l'ennemi de monter. Le tout est flanqué de tours placées à quatre-vingts pieds l'une de l'autre.

Ces précautions n'arrêtant point encore les attaques des Gaulois, César fit creuser en avant de ses lignes un nouveau fossé de cinq pieds, puis huit rangs de fossés moins profonds, dont le fond était hérissé de pieux durcis au feu, qui ne sortaient de terre que de quatre pouces, et qu'on recouvrit de ronces et de broussailles. Tous ces travaux, César les fit répéter du côté de la campagne dans une étendue de quatorze milles, pour se mettre à l'abri des attaques du dehors. Et pour de pareils prodiges, César n'eut besoin que d'un mois et de soixante mille hommes.

Cependant la Gaule entière s'était levée à la voix du Vercingétorix. Huit mille cavaliers, deux cent quarante mille fantassins accoururent au secours d'Alesia. Mais les efforts réunis des assiégés et de leurs auxiliaires sont impuissants; trois cent mille hommes vinrent se briser contre les retranchements de César et le courage des légions. Le Vercingétorix, l'âme de cette guerre, voyant qu'il faut céder au sort, se couvre de ses plus belles armes, sort de la ville sur un cheval magnifiquement enharnaché, et, après l'avoir fait caracoler autour de César, qui était assis sur son tribunal, il met pied à terre, se dépouille de toute son armure, et va s'asseoir en silence aux pieds du général romain, qui le remet à ses soldats pour servir d'ornement à son triomphe.

Ce fut le dernier effort de la Gaule; il y eut bien encore des résistances partielles qui éclatèrent l'année suivante (51); mais elles n'eurent rien de sérieux. L'indépendance gauloise avait décidément péri sous les murs d'Alesia. Pour éviter que ces résistances isolées se prolongent, César les punit avec la dernière sévérité. Les habitants d'Uxellodunum ayant été pris d'assaut, César fait couper le poing à tous les prisonniers, et les disperse par toute la Gaule. Le pays des Trévires et des Éburons fut encore une fois ravagé; les Bituriges et les Carnutes, qui avaient remué, firent leur soumission; les Bellovaques furent également contraints à fléchir sous le joug. Enfin la révolte de l'Aquitaine fut réprimée; et la soumission des Atrébates fut le dernier acte de la guerre des Gaules.

Dès lors César changea de conduite à l'égard des vaincus, il ne parut plus occupé qu'à fermer les blessures faites par la victoire. Il employa le dernier hiver qu'il passa au delà des Alpes (50) à parcourir l'une après l'autre les cités gauloises. Point de confiscations, de colonies militaires; aucune mesure violente. Il leur laissa toute liberté dans leur gouvernement intérieur, ne leur demandant qu'un impôt de quarante millions de sesterces, qui encore fut déguisé sous le nom moins humiliant de solde militaire. Les meilleurs guerriers de la nation entrèrent même dans ses troupes, et formèrent la légion de l'*Alauda*, qui lui rendit tant de services durant la guerre civile. Ce ne fut pas tout : il enrôla à titre d'auxiliaires des corps choisis dans les différentes armes où la Gaule excellait, de l'infanterie pesante de la Belgique, de l'infanterie légère de l'Aquitaine et de l'Arvernie, des archers ruthènes, etc. Les ailes de ses légions se composèrent presque uniquement de cavalerie tirée de l'une et de l'autre province transalpine. Aussi ce ne fut pas seulement, comme on l'a dit, avec l'or des Gaulois qu'il conquit Rome, mais aussi avec leurs armes; car les vétérans gaulois payèrent de leur sang toutes les victoires du dictateur sur les Pompéiens.

CHAPITRE II.

LA GAULE ROMAINE.

(48 av. J. C. — 481 ap. J. C.)

§ Ier. *Organisation de l'administration impériale dans la Gaule, tentatives de révolte, etc.*

(48 av. J. C. — 240 ap. J. C.)

27.

Lorsque, après la mort de César, le calme eut été rétabli dans la république, quand Auguste se trouva seul maître du monde, il appliqua à la Gaule le système d'administration qu'il avait étendu déjà sur tout l'empire. La Gaule, cette dernière conquête des Romains, n'était pas encore façonnée au joug; il fallait soumettre ces populations à une forte unité politique qui rompît les habitudes et l'esprit de l'ancien ordre social, qui fît disparaître les traditions nationales, et surtout les souvenirs héroïques de la dernière guerre. Pour y parvenir, Auguste établit une nouvelle division territoriale, fonda un grand nombre de villes nouvelles, qui, sans passé, sans histoire, ne connurent que la main qui les avait élevées, et grandirent sous la protection impériale, tandis qu'à côté d'elles, les villes qui se recommandaient le plus au respect de la Gaule, par la double illustration d'une grande constance avant la conquête, et d'un noble rôle pendant la lutte, étaient frappées de proscription, privées de leurs prérogatives, ruinées dans leur commerce et condamnées à périr, comme la capitale des Bellovaques et celle des Arvernes. D'autres changèrent leur nom pour celui d'Augusta, comme la capitale des Suessions et celles des Véromanduens, des Tricasses, des Rauraques, des Trévires; Bibracte elle-même, si célèbre jadis, devint Augustodunum; puis les priviléges furent inégalement répartis pour rendre impossible toute coalition nouvelle. « Les centres d'autorité et d'influence furent changés ou rattachés à des idées d'un autre ordre; l'institution de la clientelle, source de la puissance des grandes cités, n'exista plus; le territoire même de ces cités fut souvent morcelé, leurs tribus éparpillées; plus de barrière entre les confédérations politiques, entre les races, entre les langues diverses; tout gît confondu pêle-mêle sous le niveau de l'administration romaine (*). »

Le centre de cette administration siégea dans Lugdunum, qui, par son admirable position, dominait une grande partie de la Gaule. Enfin la population gauloise fut désarmée, et les légions qui campaient sur le Rhin veillèrent également sur la Germanie et sur la Gaule.

Ce n'était pas tout que d'être maître du territoire par la force ou par la politique, il fallait encore gagner les esprits. Une école fut fondée à Autun, d'autres s'élevèrent à Toulouse, Arles, Vienne, etc., et bientôt Rome se vit inondée de rhéteurs gaulois.

Quant à la religion, Auguste se conduisit avec la même prudence; il accepta les divinités gauloises, mais proscrivit leurs prêtres, les druides ou *hommes des chênes* qui entretenaient et ranimaient au nom des dieux le patriotisme mourant des nations gauloises. Vivant solitaires au fond des épaisses forêts qui couvraient le pays, ils paraissaient rarement au milieu du peuple, et le mystère dont ils enveloppaient leur vie et leurs doctrines augmentait encore leur influence. Puissants avant la conquête romaine, ils ne pouvaient se résigner à la perte de cette influence et fomentaient la révolte au nom des dieux. Auguste et ses successeurs portèrent contre eux des lois sévères; mais en même temps, pour éviter de blesser les sentiments religieux des vaincus, ils associèrent leurs divinités aux honneurs du culte romain. De toutes parts s'élevèrent des temples où l'identité des deux cultes fut publiquement consacrée, et où accoururent en foule tous ceux qui ne demandaient qu'un prétexte pour accepter la religion et le joug des vainqueurs.

Enfin, pour achever ce grand œuvre de la régénération de la Gaule, Auguste écrasa les peuplades des Alpes, et fit

(*) Amédée Thierry, Histoire des Gaulois.

construire à travers les montagnes plusieurs routes qui rendirent promptes et faciles les communications de la Gaule avec l'Italie.

Ces habiles mesures réussirent. La Gaule soumise au joug devint la plus docile des provinces de Rome, et après les vaines tentatives d'insurrection de Julius Florus et de Sacrovir, elle n'eut pendant quatre siècles d'autre histoire que celle de l'Empire.

12 avant J. C.

Drusus, qui avait été chargé par Auguste de faire le dénombrement des habitants, convoqua à Lyon les députés de toute la Gaule à une assemblée solennelle qui institua le culte de Rome et d'Auguste. Un temple magnifique s'éleva au confluent de la Saône et du Rhône; sur l'autel furent gravés les noms des soixante principales villes qui avaient contribué à son érection, et dont les statues furent placées autour d'un colosse représentant la Gaule elle-même.

8 avant J. C.

Les Cattes s'établissent dans l'île des Bataves, comprise entre les deux bras du Rhin, vers son embouchure.

21 depuis J. C.

Révolte du Trévire Julius Florus et de l'Éduen Sacrovir; leurs projets, découverts par la précipitation des Andegaves et des Turons à prendre les armes, sont déjoués par les Romains. Florus, qui devait soulever la Gaule belgique, est réduit à se donner lui-même la mort; Sacrovir résiste plus longtemps, prend Autun et réunit quarante mille hommes; mais, vaincu par les légions, il s'enferme avec ses amis dans sa demeure, y met le feu et se poignarde au milieu de l'incendie. Le dernier défenseur de la Grèce, Diæus, avait ainsi péri.

39 depuis J. C.

La Gaule, que ne visita pas Tibère devenu empereur, vit les folies et les cruautés de Caligula. Un jour qu'il jouait aux dés, la chance lui étant contraire, il se fit apporter les registres de la province, marqua les noms des plus imposés, et prononça contre eux une sentence de mort; puis revenant vers les joueurs : « Vous jouez, leur dit-il, pour quelques misérables drachmes; moi, d'un seul coup, je viens d'en gagner cinquante millions. »

A Lyon, il fit vendre, sans respect pour ses ancêtres, le mobilier des villa d'Auguste et de Germanicus; lui-même présidait aux enchères et haussait les prix. « Ceci, disait-il, appartenait à Ger-
« manicus, mon père; voici qui me vient
« d'Agrippa; ce vase égyptien servait à
« Antoine; Auguste le conquit à la ba-
« taille d'Actium. » Et il fallait acheter et payer à raison de la dignité du vendeur et des souvenirs qu'il invoquait. Caligula amassa par ce nouveau genre de contributions des sommes énormes, qu'il dépensa aussitôt en faisant célébrer dans la même ville des jeux, où il établit ces concours d'éloquence grecque et latine dont les règles étranges montraient la bizarrerie de son esprit : les vaincus devaient composer en vers ou en prose l'éloge des vainqueurs et payer leurs prix; l'auteur d'un mauvais ouvrage devait l'effacer avec sa langue ou avec une éponge, à moins qu'il ne préférât être frappé de la férule ou plongé dans le Rhône.

C'était s'exposer à bien des sarcasmes que de se montrer ainsi au milieu d'un peuple déjà frondeur. Un jour, qu'assis au milieu de la place sous le costume de Jupiter, Caligula rendait des oracles à la foule étonnée, un pauvre cordonnier, fendant la presse, vint se placer en face de son trône et resta immobile, les yeux fixés sur lui. « Que te semblé-je donc? » demanda l'empereur, qui croyait voir dans cet étonnement un hommage rendu à sa divinité. « Tu me parais, dit le Gaulois, une grande extravagance. » Il risquait sa tête; mais le dieu était ce jour-là en humeur d'indulgence : il laissa aller le Gaulois.

43.

L'empereur Claude, né à Lyon, persécute les druides.

48.

Il accorde à la Gaule le droit de

fournir des membres au sénat de Rome.

64.

Incendie de Lyon, la métropole romaine de la Gaule (*Caput Galliarum*).

68.

Révolte de l'Aquitain Vindex contre Néron, non dans le but de rendre à la Gaule son indépendance, mais pour renverser un empereur devenu odieux par ses folies et ses cruautés.

69.

Le Batave Civilis veut *transférer l'Empire*. Profitant des guerres civiles qui suivirent l'avénement de Vespasien, il leva l'étendard de la révolte, et trouva assistance parmi plusieurs peuples de la rive gauche du Rhin. Les légions qui gardaient ce fleuve furent vaincues ou gagnées, et bientôt l'on vit ces mots écrits sur les bannières de Civilis : *Empire gaulois;* enfin un chef gaulois, Sabinus, qui prétendait descendre de César, prit la pourpre impériale. Mais trop de peuples dans la Gaule étaient déjà façonnés à la domination romaine, pour que cette tentative pût réussir. Tout alla bien tant que Vitellius disputa l'Italie à Vespasien; mais lorsque celui-ci se trouva seul maître de l'Empire, il envoya une armée qui eut bientôt rétabli tout sur l'ancien pied. Civilis, enfermé dans l'île des Bataves, fit sa soumission (70). Quant à Sabinus, ayant fait courir le bruit de sa mort, il se cacha dans un souterrain, où il demeura neuf ans avec sa femme et ses enfants; découvert enfin, il fut conduit à Rome et mis à mort, malgré les larmes de la fidèle Éponine.

Ce fut la dernière tentative faite par la Gaule pour repousser le joug qui s'appesantissait sur elle; dès lors, abdiquant sans retour toute espérance, elle se fit romaine de mœurs et de langage, et son histoire n'est plus que celle de l'Empire même, aux destinées duquel elle est enchaînée pour quatre siècles. Comme l'Italie, elle se couvrit de municipes et de voies militaires; elle eut ses gymnases et ses écoles qui rivalisèrent avec ceux de la Grèce, et les rhéteurs d'Arles, de Marseille, d'Autun et de Toulouse, allèrent donner des leçons aux descendants de Cicéron et d'Hortensius. L'un d'eux, Trogue Pompée, du pays des Voeontiens (département de la Drôme), eut la gloire de composer la première histoire universelle qui ait été écrite, et dont Justin nous a conservé l'abrégé.

La haute classe, qui, après l'énergique et inutile résistance faite à César, avait facilement accepté la domination romaine, « sépara chaque jour davantage ses intérêts et ses sentiments des sentiments et des intérêts de la masse. Les druides eux-mêmes firent leur paix; ils s'éclairèrent et devinrent professeurs de la science romaine, prêtres du polythéisme gallo-romain. L'amour de l'ordre s'insinua peu à peu dans tous les esprits, et la Gaule fut résignée; vint bientôt le christianisme qui accéléra et consolida l'ouvrage.

« De cette situation nouvelle sortit une nation qui ne manqua point d'originalité. Le rôle que joua la Gaule comme province de l'Empire romain est plein de grandeur et d'intérêt. Ce besoin de mouvement et de liberté que nous avons vu tout à l'heure ébranler un gouvernement contesté ne s'éteignit point; quand ce gouvernement fut consenti, il s'exerça dans les limites de la constitution et des coutumes romaines; il prit le caractère d'opposition, non celui de révolte. Sous cette forme, la Gaule arracha de grandes concessions à la puissance impériale, cassa plusieurs empereurs, en imposa d'autres à l'Italie, et s'établit même pendant quelques instants métropole de tout l'Empire. Mais ces événements curieux, quelque place qu'y occupe l'élément gaulois, appartiennent à l'histoire de Rome, et ne sauraient en être détachés (*). »

Nous imiterons les annalistes de l'Empire, qui semblent oublier la Gaule jusqu'au moment où le Rhin fut franchi pour la première fois par les Germains.

(*) Am. Thierry, t. III, p. 507.

2ᵉ *Livraison.* (ANNALES DE L'HIST. DE FRANCE.)

§ II. *La Gaule depuis les premières invasions des barbares jusqu'à la fondation de l'empire des Francs. Julien. — Attila, etc.*

(240-481.)

240.

Dans la carte de l'empire romain dressée sous Théodose ou Honorius, on trouve entre le Rhin, le Mein et le Wéser, un pays qui porte le nom de Francia. Sous ce nom de Francia, dénomination générique de la contrée, on lit : *Chauci Anisibarii, Cherusci, Chamavi, qui et Franci*. Les Francs (hommes libres) sont donc une de ces confédérations auxquelles donnait naissance la guerre continuelle contre les Romains. Plusieurs tribus errantes de ces contrées, les Bructères, les Cattes, les Attuariens, les Sicambres, paraissent avoir aussi fait partie de la confédération des Francs.

La date de la formation de cette ligue n'est point connue; quelques-uns la placent après les guerres de Civilis; d'autres après les expéditions de Maximin (235-238). Ce qu'il y a de certain, c'est que le nom de Francs se trouve pour la première fois dans les historiens latins vers l'année 240. Aurélien, n'étant encore que simple tribun de légion, battit les Francs, leur tua sept cents hommes, en vendit trois cents; et, comme les légions allaient marcher contre les Perses, les soldats firent une chanson militaire, dont le biographe d'Aurélien nous a conservé le refrain :

Mille Francos, mille Sarmatas occidimus,
Mille, mille, mille, mille Persas quærimus.

256.

Une troupe considérable de Francs, partie de la rive droite du Rhin, pénétra dans la Gaule, ravagea cette province sous les yeux de Gallien, depuis l'Océan du nord jusqu'aux Pyrénées, passa les montagnes, dévasta, pendant douze années, l'Espagne, où l'on voyait encore au sixième siècle les ruines qu'ils avaient faites à Tarragone, et alla jusqu'en Afrique effrayer les habitants de la Mauritanie, qui pouvaient se croire cependant à l'abri de la fureur des Francs.

277.

Les Francs, les Lygiens, les Bourguignons et les Vandales, qui avaient envahi la Gaule, pris et pillé soixante-dix villes gauloises, furent rejetés au delà du Rhin par Probus, qui leur tua, dit-on, quatre cent mille hommes, et fit construire ou réparer en Germanie, du Rhin au Danube, une muraille de soixante lieues, afin de protéger la Gaule contre de nouvelles invasions. Pour la mieux garantir encore, il transporta des bords du Rhin sur ceux du Danube et du Pont-Euxin un corps nombreux de Francs; mais ces derniers s'étant emparés dans la mer Noire d'un certain nombre de vaisseaux, se décidèrent à regagner leur patrie. Ils se jetèrent audacieusement dans une route qui leur était inconnue, traversèrent la Méditerranée, firent de fréquentes descentes sur les côtes d'Asie, de Grèce et d'Afrique, et pillèrent Syracuse; puis, franchissant les colonnes d'Hercule, ils revinrent triomphants aux bouches du Rhin, raconter à leurs compatriotes la faiblesse du grand empire dont ils avaient impunément ravagé les provinces centrales.

285.

Dans les troubles qui avaient agité la Gaule depuis Gallien jusqu'à Dioclétien, les paysans, ou plutôt les serfs, opprimés par leurs maîtres, et dépouillés par le fisc du peu qu'ils possédaient, étaient tombés dans la dernière misère. N'écoutant que leur désespoir, ils se révoltèrent sous le nom de Bagaudes, et firent prendre la pourpre à leurs deux chefs Ælianus et Amandus, qui pendant quelque temps régnèrent d'une extrémité à l'autre de la Gaule; mais Maximien, envoyé contre eux, dispersa facilement leurs bandes indisciplinées. Les débris de leur armée se réfugièrent dans un château qui s'élevait sur la presqu'île formée par la Marne à une lieue de Paris. Après un siège très-pénible, Maximien emporta la place, et fit raser le château, dont les fossés subsistèrent longtemps encore comme pour rappeler cette *jacquerie* des Gallo-Romains :

c'est ce qu'on appelle aujourd'hui les fossés Saint-Maur.

292.

Dans le partage que Dioclétien fit de l'Empire, il forma de la Gaule, de l'Espagne et de la Bretagne, un gouvernement qui fut confié à Constance Chlore, et plus tard à son fils Constantin. Tous deux surent gagner l'affection des Gaulois par leur désintéressement et les soins qu'ils prirent pour protéger leur pays contre les Germains.

310.

Importante victoire de Constantin sur les Francs.

355-361.

Le successeur de ce prince, Constance, tout occupé des querelles des Ariens et des affaires d'Orient, laissa les Germains ravager la Gaule. Quand Julien y arriva, elle était impitoyablement dévastée par les Germains : quarante-cinq villes florissantes avaient été saccagées. Les barbares, regardant le pays comme conquis, s'établissaient sur les bords du Rhin; les Alemans campaient en Gaule, dans la Germanie supérieure, et les Francs occupaient la Belgique. Toutes les villes ouvertes de la Gaule septentrionale étaient abandonnées; ce qui restait de soldats, mal payés, sans provisions, sans armes, sans discipline, tremblait au seul nom des barbares.

Lutter contre de tels obstacles, c'était une rude tâche pour un élève de Platon; cependant Julien se mit hardiment à l'œuvre; d'abord il rappela parmi ses soldats la tempérance, la discipline et le courage, dont lui-même donnait l'exemple. Une première action contre les Alemans lui réussit mal, il fut plus heureux une seconde fois; cependant l'hiver le chassant des bords du Rhin, il se retira vers Sens. La seconde campagne fut signalée par d'importants succès. Il ne tint pas, du reste, à l'un des généraux de l'empereur que son lieutenant ne restât au milieu des barbares. Barbation, qui devait seconder par une puissante diversion les opérations de Julien, fit retraite tout à coup, et le laissa exposé aux efforts de sept rois barbares. Julien n'avait que treize mille soldats à opposer à leurs trente-cinq mille hommes; mais la glorieuse bataille de Strasbourg le tira de danger et fonda sa réputation. Six mille Alemans furent tués, et Chnodomard, le plus brave de leurs rois, fut pris.

Les provinces du haut Rhin étaient délivrées, mais les Francs occupaient toujours les parties inférieures du fleuve. Trois mois après la victoire de Strasbourg, Julien, en retournant dans ses quartiers d'hiver, rencontra un corps assez considérable de Francs qui, le croyant encore bien loin, ravageaient les bords de la Meuse. Incapables de lui tenir tête en rase campagne, ils se réfugièrent dans deux forts voisins du fleuve, y résistèrent deux mois, et ne crurent pas se déshonorer en se rendant à Julien. C'étaient les premiers prisonniers faits sur cette nation qui s'était constamment imposé la loi de vaincre ou de mourir. Julien les envoya à Constance, qui les incorpora dans les troupes de l'Empire comme autant de *remparts inexpugnables.*

Julien revint ensuite achever dans sa *chère Lutèce* l'hiver de 358; puis, se remettant en campagne vers le printemps, il défit successivement les Saliens et les Chamaves, passa le Rhin à diverses reprises, construisit plusieurs places fortes au delà de ce fleuve, mit pour condition à la paix que sollicitaient les Alemans la reddition de tous les prisonniers romains qu'ils avaient encore en leur pouvoir; et, après avoir recouvré ainsi vingt mille légionnaires, revint à Paris en 360, où il habitait le palais des Thermes dont on voit encore les ruines.

365-368.

A la mort de Julien, les barbares reparurent. Dès l'année 365, Valentinien fut obligé de venir à Paris pour veiller sur les mouvements des Alemans, qui avaient pénétré dans la Gaule. Repoussés une première fois, ils profitèrent du froid de l'hiver qui tenait les troupes dispersées, pour faire une nouvelle tentative. Deux comtes furent tués, et les corps des Hérules et des Bataves perdirent même leurs drapeaux. Valentinien en prit occasion de rappeler sévèrement ses troupes à l'ancienne discipline. Les Bataves furent dégradés, privés de leurs armes en face de toute l'armée; et il les aurait vendus comme esclaves sans les prières de toutes les légions. Il pardonna, et cette clémence politique ne contribua pas peu sans doute aux succès de la campagne. Les Alemans furent rejetés avec grande perte au delà du Rhin; mais, pendant qu'on se réjouissait à Paris de ce succès, on apprit tout à coup la surprise de Mayence par les barbares. Pour les punir du sac de cette ville, Valentinien passa lui-même le Rhin; et, afin de prévenir toute nouvelle incursion depuis les sources du Rhin jusqu'à l'Océan, il fit construire sur les bords du fleuve une chaîne de forts et de tours destinés à défendre la Gaule. Il fit mieux encore: reprenant la politique de Dioclétien, il suscita des querelles intestines entre les Alemans et les Bourguignons.—Les Saxons qui, sous la conduite de leurs *rois de la mer*, ravageaient déjà les rivages de la Gaule, furent aussi vaincus et exterminés.

375-395.

Depuis la mort de Valentinien, l'Occident fut en proie à des troubles continuels dont la Gaule fut presque toujours le principal théâtre. Les chefs des barbares, admis à la cour impériale, revêtus de hautes dignités et comblés de richesses, étaient moins pressés que jadis de conduire leurs peuples au pillage de l'Empire. Il semblait que l'invasion allait se faire par des voies pacifiques, et que l'héritage des empereurs allait tomber sans bruit et sans guerre aux mains des barbares devenus leurs officiers, comme celui des califes passa plus tard aux Turcs qui composaient leur garde. Déjà, sous Gratien, le Franc Mellobaudès avait reçu le titre de comte des domestiques; sous Valentinien II, un autre Franc, Arbogast, fut nommé maître général de l'armée des Gaules. Arbogast profita de sa charge pour donner dans ses troupes tous les commandements à des Francs; tous les offices, même ceux du gouvernement civil, furent confiés à des barbares. Valentinien se trouva comme prisonnier dans son palais de Vienne sur le Rhône. Cependant il se faisait encore illusion sur sa faiblesse réelle. Il crut pouvoir déjouer les desseins du barbare en lui ôtant tous ses emplois. Un jour, il le fit venir devant lui, le reçut assis sur son trône, et lui annonça qu'il devait, dès ce moment, remettre à d'autres le commandement de l'armée. « Mon pouvoir, répliqua Arbogast, ne dépend ni du bon plaisir, ni de la colère d'un prince. » Et il jeta à ses pieds, avec mépris, l'édit impérial où lui était signifiée sa disgrâce. Valentinien indigné saisit l'épée d'un de ses gardes pour tuer le comte (*). Quelques jours après, l'empereur fut trouvé étranglé dans son lit.

Arbogast ne voulut pas prendre pour lui la couronne impériale; il la mit sur la tête d'un de ses secrétaires, le rhéteur Eugène; et, pendant trois ans, l'empereur d'Occident, Théodose, n'osa attaquer ce fantôme d'empereur. Cependant la bataille d'Aquilée (394) rétablit l'unité de l'Empire, et la Gaule fut une dernière fois rattachée à la monarchie de Constantin.

406.

La mort de Théodose, le partage de l'Empire entre ses deux fils Arcadius et Honorius, amenèrent enfin la chute du colosse: toutes les frontières furent franchies; Rome elle-même fut obligée d'ouvrir ses portes à Alaric, et les provinces virent s'élever des royaumes barbares. La Gaule tomba en partage à plusieurs peuples. Le 31 décembre 406, des Suèves, des Vandales, des

---

(*) Ce titre désignait déjà les principaux officiers de l'empereur, soit dans l'administration militaire, soit dans l'intérieur du palais.

Alains et des Bourguignons passèrent le Rhin ; mais les Bourguignons s'arrêtèrent seuls dans la Gaule, à l'ouest du Jura, depuis le lac de Genève jusqu'au confluent de la Moselle et du Rhin ; les autres passèrent en Espagne.

412.

Ataulf, frère d'Alaric, ayant mis ses Visigoths à la solde d'Honorius, renversa Jovin et Sébastien, qui avaient pris la pourpre dans les Gaules et reçut en récompense de ses services les provinces méridionales, avec les villes de Narbonne, Toulouse et Bordeaux. Au nord-est, les Francs s'étaient établis entre la Meuse et l'Escaut : au centre, Stilicon, général de l'empereur, avait placé des Alains sur le territoire de Valence et d'Orléans ; enfin, à l'ouest, l'ancienne confédération des cités armoricaines s'était détachée de l'Empire.

418.

Pour tenter de rendre à cette vaste contrée, qui lui échappait ainsi pièce à pièce, une vie politique commune, Honorius adressa, le 17 avril 418, au préfet du prétoire des Gaules, un édit ordonnant la convocation d'une assemblée annuelle de sept des provinces des Gaules qui devait se réunir dans la ville d'Arles, du 13 août au 13 septembre, sous la présidence du préfet du prétoire. Cette assemblée devait se composer des juges, des officiers de chaque cité et des députés des propriétaires. Mais il était trop tard pour chercher à intéresser les Gaulois à la conservation de l'Empire. Malgré l'amende de trois livres d'or portée contre ceux qui refuseraient de se présenter, cet essai de gouvernement représentatif échoua, et l'assemblée n'eut pas lieu ou resta sans effet.

428-450.

Commandement d'Aétius dans les Gaules. — Ce grand général, fils d'un Scythe mort au service de l'Empire, et élevé lui-même à la dignité de patrice, fait revivre et respecter dans les Gaules l'autorité impériale. En 428, il bat les Francs près de Reims ; en 434 et 436, il bat les Bourguignons et les refoule vers les montagnes de la Savoie ; en 436, il fait lever aux Visigoths le siége de Narbonne ; et, quelque temps après, défait, près de Tours et de Chinon, les Bagaudes de nouveau révoltés, et peut-être les troupes des cités armoricaines.

451.

Invasion d'Attila. — Ce fut vers le confluent du Rhin et du Necker que le roi des Huns passa le Rhin. Aussitôt sa cavalerie porta le ravage dans toutes les provinces voisines. Strasbourg, Tongres, Mayence, Metz furent ruinées, leurs habitants massacrés, et la place qu'occupait la dernière de ces villes ne fut plus indiquée que par une chapelle échappée seule à l'incendie. Aétius recula d'abord devant ce torrent, jusqu'à ce qu'il fût parvenu à réunir contre Attila les barbares déjà cantonnés dans la Gaule, et pour qui l'invasion des Huns n'était pas moins redoutable que pour les Romains. Tous, en effet, vinrent, ralliés aux débris de l'Empire, combattre les barbares de l'Asie et ceux de leurs frères qui s'étaient associés à leurs projets. Les Francs, les Alains, les Burgondes, les Saxons établis déjà à Bayeux, mais surtout les Visigoths de Toulouse, s'armèrent pour délivrer Orléans assiégé par les Huns.

Attila recula devant ces forces redoutables jusque dans les plaines de la Champagne, où l'on croit voir encore, dans les environs de Châlons, les restes du camp qu'il y avait tracé. La bataille fut acharnée : elle commença par un combat entre un corps de Francs et les Gépides ; cinquante mille barbares restèrent sur le champ de bataille. Cependant Attila hésitait ; il consultait les victimes pour connaître l'issue de la journée ; mais, quelle que fût la réponse des prêtres, il fallait combattre, car il s'était avancé trop loin pour reculer sans danger devant la nombreuse armée qui voulait lui fermer la Gaule. Enfin une effroyable mêlée s'engagea, et le roi des Huns, vaincu, quitta la Gaule et se jeta sur l'Italie, qui n'avait pas de barbares pour la défendre. Cent soixante-deux mille morts étaient restés, dit-on, sur le champ de bataille de Châlons.

451-481.

Pendant ces trente années, la Gaule flotta incertaine entre les diverses dominations qui se partageaient encore son territoire. La cour des rois visigoths jetait quelque éclat à Toulouse, et donnait asile aux derniers restes de la civilisation romaine; mais l'accueil favorable fait par ces rois aux derniers poëtes de Rome, ne les empêchait pas d'étendre leur nouveau royaume des bords de la Garonne à ceux de la Loire. Les Bourguignons augmentaient aussi leurs possessions, et, tout en protestant de leur fidélité à l'Empire, s'emparaient de la Séquanaise, de la première Lyonnaise, et de plusieurs cantons de la Viennoise et de la première Aquitaine. Les Armoricains conservaient leur indépendance, et ce qui restait encore de Gallo-Romains libres entre la Somme et la Loire obéissait à des gouverneurs qui, bien que portant des titres romains, avaient complétement oublié l'empereur et l'Empire. La situation du comte Syagrius, à Soissons, différait peu de celle de Clovis à Tournai, et Grégoire de Tours lui donne le titre de roi comme au chef des Francs.

Établis d'abord d'une manière fixe entre l'Escaut et la Meuse, les Francs s'étaient peu à peu étendus à l'ouest de ce fleuve. Sous Clodion, une de leurs tribus s'avança jusqu'à la Somme et prit Cambrai. Ce chef, mort vers 449, eut pour successeur Mérovée, qui combattit à la bataille de Châlons, et étendit dans la Gaule septentrionale la domination des Francs saliens. Son fils Childéric se fit chasser par les Francs à cause de ses désordres; rappelé sept ans après, il laissa son pouvoir à son fils Clovis, en 481. Clovis, alors âgé de quinze ans environ, se trouva chef d'une petite armée de trois à quatre mille guerriers et maître de la ville de Tournai.

CHAPITRE III.
FRANCE MÉROVINGIENNE.
(481-752.)

§ Ier. *Clovis et ses fils.*
(481-561.)

486.

Uni à Ragnacaire, chef des Francs de Cambrai, Clovis défit Syagrius à Soissons, le fit décapiter, et se trouva, par la mort du général romain, libre de rançonner les pays situés entre la Loire et la Somme.

492.

Soumission des Tongriens par Clovis.

493.

Il épouse Clotilde, fille d'un roi des Bourguignons. Chrétienne et orthodoxe, Clotilde prépare la conversion de son époux, et obtient de faire baptiser ses deux enfants.

496.

Les Alemans, attirés par l'espoir de partager avec les Francs le pillage de la Gaule, traversent le Rhin. Clovis se retourne contre eux et les rencontre à Tolbiac, à quatre lieues de Cologne. La bataille fut sanglante et d'abord indécise; mais, au milieu du danger, il invoque le dieu des chrétiens, et promet de se convertir s'il est vainqueur. La fortune change à l'instant, et les Alemans sont vaincus. Le roi franc tint sa promesse et se fit baptiser. Trois mille de ses soldats, qui formaient la moitié de son armée, suivirent son exemple.

495-500.

La conversion de Clovis eut d'importants résultats, car, par un singulier hasard, il se trouva, parmi tous les princes contemporains, le seul dont la foi ne fût pas entachée d'hérésie; aussi le clergé des Gaules seconda-t-il puissamment les progrès de ses armes. Vainqueur des Alemans, maître des provinces centrales, Clovis, dont le renom augmentait chaque jour, voyait les guerriers des autres rois francs établis à Cambrai, à Cologne, à Saint-Omer et au Mans, accourir en foule sous ses drapeaux; aussi fut-il bientôt en état de tourner ses armes contre les grandes monarchies des Visigoths et des Bourguignons. Ceux-ci, attaqués les premiers, furent soumis à un tribut annuel.

507.

Guerre contre les Visigoths. — Un jour, Clovis dit à ses soldats : « Je sup- « porte avec grand chagrin que ces « Ariens possèdent la meilleure partie « des Gaules. Marchons avec l'aide de « Dieu, et, après les avoir vaincus, « réduisons le pays en notre pouvoir. » Ce discours *ayant plu* à tous les guerriers, l'armée se mit en marche et se dirigea vers Poitiers. Ce fut dans le voisinage de cette ville, à Vouglé, que les Francs en vinrent aux mains avec l'armée d'Alaric. Ce prince fut tué dans le combat, et toutes les possessions des Visigoths dans la Gaule tombèrent au pouvoir de Clovis.

508.

Maître de presque toutes les provinces entre les Pyrénées et la Loire, Clovis veut attaquer la Provence; mais Théodoric bat son armée devant Arles, et la Provence avec une partie de la Septimanie (c'est-à-dire le territoire des sept villes épiscopales appartenant au diocèse métropolitain de Narbonne, Beziers, Maguelonne, Nîmes, Agde, Lodève, Carcassonne et Elne) reste au pouvoir des Goths.

510.

Clovis fait tuer les rois francs de Saint-Omer, de Cambrai, de Cologne et du Mans, pour s'emparer de leurs trésors et commander à leurs guerriers.

511.

Mort de Clovis. — Il fut enterré dans l'église de Sainte-Geneviève, qu'il avait lui-même fait bâtir, et qui alors était consacrée à saint Pierre et à saint Paul. Ses quatre fils se partagèrent son royaume : Thierry, l'aîné, eut l'ancien pays des Francs sur le bas Rhin, avec les contrées que traversent la Moselle et la Meuse, et Metz devint la capitale de son royaume, qui prit bientôt le nom d'Ostrasie, parce qu'il était situé à l'est des autres provinces conquises par les Francs. Depuis Thierry, le royaume d'Ostrasie eut presque toujours des rois particuliers, et s'étendit peu à peu sur une grande partie de l'Allemagne. Clothaire résida à Soissons, Childebert à Paris, Clodomir à Orléans. Les trois derniers se partagèrent en outre les cités de l'Aquitaine, de même que Thierry avait joint l'Auvergne à ses autres possessions. Ainsi aucun d'eux ne s'établit au delà de la Loire. Tous les guerriers francs étant demeurés au nord de ce fleuve, celui des quatre rois qui aurait voulu prendre Toulouse ou une autre ville du midi pour capitale, se serait trouvé isolé et sans force au milieu de la population gallo-romaine.

523-524.

Les fils de Clovis continuent ses conquêtes. Clodomir fait prisonnier Sigismond, roi des Bourguignons, et ordonne qu'il soit jeté dans un puits; mais il est tué lui-même, à Véseronce, par Gondemar, qui a succédé à Sigismond.

526.

Childebert et Clothaire assassinent eux-mêmes les enfants de Clodomir, et partagent avec Thierry le royaume de leur père.

530.

Thierry, aidé par Clothaire, se débarrasse par trahison du roi de la Thuringe, et réunit cette contrée à ses États.

531.

Childebert ravage la Septimanie pour venger les outrages faits par le roi des Visigoths à sa sœur, que celui-ci avait prise pour épouse.

534.

Thierry laisse, en mourant, l'Ostrasie et la Thuringe à son fils Théodebert, qui, dès l'année précédente, avait conquis sur les Visigoths le Velay, le Rouergue et le Gévaudan. Avant la mort de Thierry, ses deux frères avaient mis fin au royaume de Bourgogne par la défaite et la mort de Gondemar.

539.

Expédition de Théodebert en Italie. — Les Grecs et les Ostrogoths se disputaient alors l'Italie. Les deux peuples s'efforcèrent d'attirer les Francs dans leur alliance. Théodebert, à qui ils s'étaient adressés, promit tout, et reçut de l'argent des deux mains. A sa descente en Italie, il battit les Ostrogoths, qui le croyaient pour eux; les Grecs s'avançant alors à sa rencontre, comme amis et alliés, il en fit un horrible carnage, puis il ravagea toute la Lombardie avec tant de fureur, qu'il se trouva quelque temps affamé lui-même dans les plaines si fertiles des bords du Pô. Un grand nombre de Francs y périrent; mais ceux qui repassèrent les monts rapportèrent avec eux tant d'or et tant d'argent, que, sans compter combien il en manquait au retour, ils ne songèrent plus qu'à faire une expédition nouvelle.

Justinien et Vitigès, qui avaient tour à tour traité avec Théodebert, leur avaient abandonné l'un et l'autre tous leurs droits sur les Gaules. Depuis ce temps, dit Procope, les Francs furent les maîtres légitimes de la Provence et de Marseille. Déjà, après la victoire de Vouglé, l'empereur Anastase avait envoyé à Clovis les insignes de la puissance consulaire. Ces concessions ont souvent été regardées comme les véritables titres des Francs à la possession de la Gaule, par les érudits, qui croyaient avoir besoin de légitimer la conquête, et de faire sortir d'une manière légale le pouvoir des conquérants du pouvoir même des empereurs.

543.

Mort de Clotilde (peut-être en 548). Guerre de Childebert et de Clothaire contre les Visigoths; ils assiégent Saragosse, mais sont contraints de se retirer avec perte.

547.

Mort de Théodebert. Son fils Théodebald règne paisiblement sept années et meurt en 553.

555.

Clothaire, qui, à la mort de Théodebald, s'était emparé de tous les Etats de ce prince, veut contraindre les Saxons à le reconnaître, et les bat sur les bords du Wéser, mais il est défait dans une seconde rencontre.

556.

Chramne, fils de Clothaire, se révolte contre son père, à l'instigation de son oncle. Clothaire, ayant dissipé ses partisans en 560, le fait brûler, avec sa femme et ses enfants, dans une cabane où il s'était réfugié.

558.

Clothaire, par la mort de Childebert, réunit tout l'empire de Clovis, mais ne règne comme seul roi que trois ans.

§ II. *Depuis le second partage de l'empire des Francs jusqu'à la mort de Dagobert, qui en avait encore une fois réuni toutes les parties.*

(561-638.)

561.

Mort de Clothaire. Ses quatre fils règnent : Caribert à Paris, dans le Quercy, l'Albigeois, et toute la partie de la Provence située entre la Durance et la mer; Gontran à Orléans, dans la Bourgogne, le Vivarais, et les pays situés au delà du Rhône, entre ce fleuve et la Durance; Chilpéric Ier à Soissons, et Sigebert à Metz. Ainsi rapproché du Rhin, pouvant appeler à son aide les tribus germaniques restées au delà du fleuve, Sigebert devait tôt ou tard l'emporter sur ses frères. Sous ce prince commença la longue lutte de l'Ostrasie et de la Neustrie, représentée par la rivalité de deux femmes, Frédégonde et Brunehaut. Cette longue rivalité ne prit pas seulement sa source dans les haines de ces deux reines, mais dans le caractère et les intérêts différents des deux pays. La Neustrie, en effet, était plus romaine, tendait davantage à reconstruire l'administration impériale; l'Ostrasie, au contraire, conserva plus longtemps la séve barbare, elle resta plus germanique; aussi verrons-nous qu'elle l'emportera sur la Neustrie, comme les Francs l'avaient emporté déjà sur les Visigoths, sur les Germains *romanisés*.

563.

Guerres de Sigebert en Germanie contre les Avares. Pendant qu'il les repousse vers le Danube, Chilpéric lui enlève la ville de Reims.

565.

Sigebert épouse Brunehaut, fille d'Athanagilde, roi des Visigoths.

567.

Chilpéric, jaloux de contracter aussi une union avec une femme de sang royal, épouse Galsuinthe, sœur aînée de Brunehaut; mais, peu après, il la fait assassiner, à l'instigation de sa maîtresse Frédégonde.

Après la mort de Caribert (567), ses frères partagent ses possessions; chacun obtient un tiers de Paris; Marseille et d'autres villes ont deux chefs; l'Aquitaine est tellement démembrée, qu'il en résulte des guerres perpétuelles et de nouveaux partages; cependant quelques-uns de ces changements ont une certaine durée.

567-571.

La Bourgogne est attaquée par les Lombards récemment établis en Italie; le duc Mummolus les bat près d'Embrun.

571-575.

Brunehaut excite Sigebert à venger la mort de sa sœur. Aidé par des peuples germaniques qu'il appelle sur les bords du Rhin, Sigebert s'empare de presque tout le royaume de Soissons, est proclamé roi des Neustriens, et se prépare à assiéger son frère, réfugié dans Tournai, lorsqu'il est assassiné par des émissaires de Frédégonde.

576-584.

Brunehaut, emprisonnée à Rouen, épouse Mérovée, fils de Chilpéric, qui, irrité de cette union, le fait ordonner prêtre. Childebert, âgé de cinq ans, succède à son père en Ostrasie. Brunehaut délivrée gouverne en son nom. Ce qui suit n'est plus qu'une longue série de meurtres et de guerres intestines qui désolent la Gaule. D'abord Frédégonde fait tuer le fils de son mari, qui avait eu, comme nous l'avons dit, l'imprudente audace d'épouser Brunehaut; elle fait tuer aussi saint Prétextat, évêque de Rouen, qui avait célébré ce mariage; puis éclate entre la Neustrie et l'Ostrasie, une guerre qui n'est arrêtée que par l'intervention du débonnaire Gontran, roi de Bourgogne. On lui en montre peu de reconnaissance; car Brunehaut s'unit un moment avec Chilpéric pour attaquer la Bourgogne, qui n'est sauvée que par l'habileté du patrice Mummolus. Les troupes de Brunehaut et de Chilpéric sont vaincues; ce dernier périt lui-même bientôt après, assassiné par Landri, amant de Frédégonde, ou peut-être par un émissaire de Brunehaut.

584.

Frédégonde, restée sans défense, fut obligée de recourir au roi de Bourgogne; elle se plaça elle et son fils, le jeune Clothaire II, sous la protection de Gontran.

587.

Brunehaut conclut avec Gontran le traité d'Andelot, qui fixe les limites de l'Ostrasie et de la Bourgogne.

593-597.

Mort de Gontran à Châlons-sur-Saône, sa résidence habituelle. Childebert se met en possession de la Bourgogne, et menace la Neustrie; mais son armée, trompée par une ruse grossière, est battue près de Soissons. Cependant les Neustriens ne purent poursuivre leurs succès, et la mort de Frédégonde (597) empêcha son fils de songer à faire de nouvelles conquêtes. L'année précédente, Childebert, roi d'Ostrasie, était mort laissant deux fils en bas âge : Thierry, qui régna sur la Bourgogne, et Théodebert II sur l'Ostrasie, sous la tutelle de Brunehaut.

597-613.

Si les deux fils de Childebert s'étaient réunis contre Clothaire II, celui-ci aurait pu difficilement résister. Brunehaut y songeait peut-être; mais des injures plus récentes firent bientôt oublier à la vieille reine celles qu'elle avait à venger sur les fils de Frédégonde. Pour mieux régner sous son petit-fils Théodebert, elle l'avait livré à des plaisirs prématurés. Elle en fut bientôt punie. Une jeune esclave qu'elle avait elle-même placée près du prince la chassa d'Ostrasie. Réfugiée près de son autre petit-fils qui régnait en Bourgogne, elle obtint sur lui, malgré les grands de cette contrée, l'ascendant qu'elle avait eu jadis en Ostrasie, et parvint à exciter une guerre entre les deux frères. Les commencements n'en furent pas heureux pour les Bourguignons, qui perdirent le Sundgau, le Turgau et l'Alsace. Les Ostrasiens étendirent même leurs ravages dans la Champagne, et jusqu'au lac de Genève et de Neufchâtel. Mais les Bourguignons eurent bientôt leur tour. Thierry, ayant réuni une armée considérable, battit son frère près de Toul et de Tolbiac, et bientôt après le fit mettre à mort avec ses enfants (612). Maître de l'Ostrasie, Thierry se préparait à attaquer Clothaire, quand il mourut à Metz (613) presque subitement. Encouragé par cet événement inattendu, et appelé par les grands, qui craignaient de voir Brunehaut ressaisir encore une fois le pouvoir durant la minorité des fils de Thierry, Clothaire prit les armes. Les Bourguignons et les Ostrasiens, sous les ordres de Varnachaire, maire de Bourgogne, et de Pepin, chef d'une puissante famille ostrasienne, marchèrent à sa rencontre jusque sur les bords de l'Aisne. Quand Brunehaut fit donner le signal du combat, ses troupes, que les grands avaient séduites, tournèrent le dos, et la vieille reine, âgée de plus de quatre-vingts ans, tomba aux mains du fils de Frédégonde. Il lui reprocha la mort de dix rois ou fils de rois, et, après l'avoir livrée pendant trois jours aux outrages de ses soldats, il la fit lier par les cheveux, un pied et un bras à la queue d'un cheval indompté. Clothaire fit aussi mourir deux des quatre fils de Thierry et raser le troisième; quant au quatrième, il disparut le jour même de la bataille, sans qu'on pût jamais retrouver ses traces.

613.

Les grands avaient fait leurs conditions avant d'abandonner Brunehaut. Varnachaire eut à vie la mairie de Bourgogne, Radon celle d'Ostrasie, et Gundeland celle de Neustrie.

614.

Réunion à Paris de soixante dix-neuf évêques et d'un grand nombre de seigneurs. Cette assemblée fait une ordonnance générale pour le royaume, qui augmente les priviléges des clercs et diminue les tributs.

617.

Clothaire dispense les Lombards d'un tribut de douze mille sous d'or auquel ils s'étaient soumis.

622.

Clothaire donne pour roi aux Ostrasiens son fils Dagobert, âgé alors de quinze ans, sous la tutelle de saint Arnolphe, évêque de Metz, et de Pepin de Landen, dont les grandes possessions s'étendaient entre la Meuse et le Rhin, dans les pays de Liége et de Juliers. Celles d'Arnolphe comprenaient presque tout le pays Messin. Un fils de ce dernier, Ansigise, épousa une fille de Pepin, et de ce mariage naquit Pepin d'Héristal, qui devait hériter des biens des deux maisons. Clothaire détacha alors de l'Ostrasie la Provence et l'Aquitaine, lui donna pour limites, au sud et à l'ouest, les Vosges et les Ardennes, mais y laissa réunis les pays des Alemans, des Bavarois, des Thuringiens, des Frisons et des Saxons, dont la dépendance à l'égard des Francs n'était toutefois que précaire.

628.

Mort de Clothaire II, le troisième des rois mérovingiens qui ait réuni toute la monarchie sous son sceptre. Dagobert lui succéda, et, comme son père, posséda tout l'empire des Francs, qui s'étendait alors de l'Elbe aux Pyrénées, et de l'Océan occidental jusqu'aux frontières de la Bohême et de la Hongrie; mais il confère la même année l'Aquitaine à son frère Caribert, qui fit de Toulouse sa capitale. Caribert mourut peu après, et son fils aîné fut reconnu roi; mais Dagobert le fit empoisonner, donna l'Aquitaine, à titre de duché héréditaire, à un autre fils de son frère, Boggis, qui devint la tige d'une longue suite de princes mérovingiens dont la race s'éteignit, en 1503, dans la personne de Louis d'Armagnac, duc de Nemours, tué à la bataille de Cérignolles.

Dagobert fut le Salomon des Francs : comme le roi des Juifs, il fut sage et juste; comme lui, il aima la magnificence des palais, et il enrichit l'Église par de nombreuses donations. Sous ce prince, la monarchie des Francs mérovingiens jeta un dernier éclat. Dagobert fut l'allié des empereurs de Constantinople; ainsi que le roi des Ostrogoths, Théodoric, il joua le rôle de chef des barbares; comme tel, il intervint dans les affaires des Visigoths, auxquels il donna un roi, et dans celles des Lombards, qu'il força de respecter leur reine Gondeberge, sa parente, et d'attaquer les Vénèdes, ses ennemis. Enfin c'est sur les terres des Francs que les Bulgares fugitifs vinrent chercher un asile.

Cependant, dans la Germanie, plusieurs peuplades se détachèrent des Francs; les Saxons refusèrent de payer le tribut de cinq cents vaches, auquel ils avaient été autrefois soumis; les Thuringiens voulurent avoir un duc; et, pendant que cette défection avait lieu au nord, au midi, sur les bords du Danube, un État nouveau, celui des Vénèdes se formait et allait menacer l'empire des Francs.

Cependant ce règne, qui fut pour la royauté mérovingienne comme un moment d'arrêt entre la période de conquête et celle de décadence, fut un règne pacifique. Dagobert, faisant le tour de ses royaumes sur un char attelé de bœufs à pas graves et lents, ne ressemble point à un conquérant, ni même à un roi barbare des temps qui suivirent l'invasion : c'est un justicier, un législateur; il cherche à organiser son empire; il voudrait en être le Justinien, et, comme l'empereur grec, il fait rédiger toutes les lois de ses peuples.

631.

Un marchand franc, nommé Samon, qui s'était rendu célèbre par son courage, avait été choisi pour chef par les Vénèdes. Samon étendit son royaume sur les bords du Danube, et l'affermit par des guerres heureuses. Dagobert l'ayant attaqué, il le vainquit et porta ses ravages jusque dans la Thuringe. Dagobert ne vengea point cette défaite; il se contenta de la promesse que lui firent les Saxons, de s'opposer avec zèle et courage aux Vénèdes, et de garder de ce côté la frontière des Francs.

Ainsi, malgré ses efforts, Dagobert vit commencer la décadence de la monarchie de Clovis. Clothaire II, son père, avait déjà été contraint de remettre le tribut jadis imposé aux Lombards; les Saxons avaient refusé de payer celui qu'ils devaient aux rois ostrasiens; la monarchie des Vénèdes s'était élevée au sein de l'Allemagne, et leurs chefs avaient battu l'armée de Dagobert; les Aquitains, enfin, avaient obtenu un chef indépendant dans la personne de son frère, Caribert II. Mais c'était surtout au sein de l'empire que fermentaient les éléments d'une dissolution prochaine. Clothaire II n'avait pu l'emporter sur Brunehaut qu'avec l'appui des grands de Bourgogne et d'Ostrasie. Les maires du palais de ces deux royaumes s'étaient fait confirmer pour leur vie dans leur charge; les évêques et les barons avaient demandé et obtenu la consécration de priviléges étendus, et l'autorité dont le roi de Neustrie jouissait sur les deux autres royaumes francs se trouvait fort limitée par cette concession. L'Ostrasie surtout comptait bien ne pas se soumettre au bon plaisir du roi de Paris. Nous l'avons déjà dit, entre la Neustrie et l'Ostrasie, il y avait une rivalité dont la lutte de Frédégonde et de Brunehaut n'est que le symbole; la Neustrie était plus romaine, plus ecclésiastique; elle accordait davantage à ses rois, qui cherchaient à y rétablir le fisc impérial; l'Ostrasie, au contraire, presque abandonnée des colons romains au moment de la conquête, avait été repeuplée par les tribus germaniques : là s'était formée une aristocratie plus nombreuse, plus forte, plus inquiète des droits de l'autorité royale; et, ce qui la rendait plus redoutable encore, c'est qu'elle avait un chef dans la personne des maires du palais.

638.
Mort de Dagobert Ier.

§ III. *Depuis la mort de Dagobert jusqu'à la bataille de Testry. — Rois fainéants.*

(638-688.)

Jusqu'à la mort de Dagobert, les Mérovingiens ont au moins régné par eux-mêmes. Si les conquêtes se sont arrêtées, si les guerres civiles ont désolé le territoire des Francs, leurs princes au moins paraissaient sur les champs de bataille; mais nous allons avoir maintenant le spectacle d'une honteuse dégradation : les rois mérovingiens, renfermés dans leurs demeures, laisseront croître à côté du trône la puissance des maires du palais, qui doit dans un siècle les dépouiller.

638.
Dagobert avait laissé en mourant deux fils encore enfants : Sigebert II, qui régnait en Ostrasie depuis 632 sous l'administration de Pepin, et Clovis II, qui régna en Neustrie et en Bourgogne sous la tutelle du maire Æga, puis, en 640, sous celle d'Erchinoald, maire de Neustrie, et de Flaochat, maire de Bourgogne.

639.
A la mort de Pepin, son fils Grimoald hérite de la mairie d'Ostrasie par l'appui des grands, et surtout de Leutharis, duc des Alemans.

640.
Révolte des Thuringiens; leur duc, vainqueur des Ostrasiens, consent cependant à reconnaître encore Sigebert pour suzerain.

656.
Mort de Sigebert. Grimoald se croit assez fort pour envoyer en Irlande le jeune fils du roi, et placer la couronne sur la tête de son propre fils; mais, sept mois après, le nouveau roi est renversé par les Neustriens, et Grimoald paye de sa tête son ambition prématurée. Clovis II réunit encore une fois les trois royaumes francs, mais il meurt deux mois après.

656-670.
Clothaire III règne en Neustrie jusqu'en 670, d'abord sous la régence de la pieuse reine Bathilde, puis sous l'administration d'Ébroïn; Childéric II en Ostrasie, jusqu'en 673, sous la tutelle du maire Wulfoald.

670-681.
Après la mort de Clothaire, Ébroïn proclame, sans le concours des grands, Thierry III, fils de Clothaire, puis s'efforce de rétablir dans tous ses droits l'autorité royale; il veut abaisser les grands, et refuse de donner les charges de ducs et de comtes à ceux qui possédaient de grands biens dans les provinces dont ils demandaient le gouvernement; aussi les seigneurs de Neustrie, s'alliant secrètement avec ceux d'Ostrasie (673), les sollicitèrent de venir les délivrer de la tyrannie d'Ébroïn. L'armée qu'Ébroïn conduisit contre eux l'abandonna au moment de la bataille; lui-même, fait prisonnier, fut enfermé dans le monastère de Luxeuil. Il est vrai qu'il en sortit bientôt; car le roi d'Ostrasie, Childéric II, que les Neustriens avaient accepté après la chute d'Ébroïn, n'ayant pas compris que les grands n'avaient mis sur sa tête une double couronne qu'à la condition qu'il respecterait leurs usurpations, avait fait punir l'un d'entre eux d'un châtiment servile. Peu de temps après, il fut tué un jour qu'il chassait dans la forêt de Chelles, et l'on n'épargna pas même sa femme qui était enceinte. A la faveur des troubles qui suivirent, Ébroïn sortit de sa prison. D'abord il opposa à Thierry III, que les Neustriens avaient eux-mêmes rétabli après la mort de Chilpéric II, un fils supposé de Clothaire III; puis il accepta Thierry, qui lui laissa reprendre son ancien pouvoir en Neustrie. Alors, continuant la politique qu'il avait déjà suivie, il se fit l'adversaire des grands et du maire du palais d'Ostrasie. Le maire Martin, qui avait pris le titre de duc de France, appelé

par lui à une conférence, fut assassiné; mais Ébroïn ne put recueillir lui-même le fruit de ce meurtre; il fut tué quelques jours après par un Franc, qui voulait venger sur lui une injure personnelle.

681-687.

Les hostilités continuèrent après la mort d'Ébroïn, mais sans qu'il se passât rien de décisif jusqu'à la bataille de Testry. Pepin, qui avait succédé à Martin et dont l'autorité avait augmenté sans cesse dans cette lutte du parti aristocratique contre la royauté, défendue par Ébroïn, fut bientôt en état de trancher la question. Les Neustriens furent complétement battus à Testry (687). « Pepin prit avec lui, dit Frédégaire, le roi Théodoric III, avec ses trésors, et s'en retourna en Ostrasie. » Il ne dépouilla pas les vaincus, il ne leur prit point leurs terres, et aucun de ses guerriers ne s'établit de force parmi eux; seulement la royauté de Neustrie fut effacée de fait; la domination passa des bords de la Seine aux bords du Rhin. S'il y eut encore des rois mérovingiens, c'est que les maires ostrasiens trouvaient utile de pouvoir montrer, de temps à autre, aux peuples un roi chevelu de la race de Clovis, afin de légitimer en quelque sorte, à leurs yeux, l'autorité qu'ils exercèrent jusqu'au moment où la main du vicaire de Dieu vint imprimer sur leurs fronts un caractère nouveau et sacré.

Depuis la bataille de Testry jusqu'au sacre de Pepin (752), le titre de roi, mais sans le pouvoir et même sans les honneurs de la royauté, fut encore porté par des princes mérovingiens, qui passaient obscurément sur le trône. Dans cet espace de soixante-huit ans, aucune réclamation ne s'éleva en faveur de cette race si abâtardie et si dégénérée, qu'elle semble avoir peine à se reproduire; ils meurent, en effet, presque tous adolescents : Charibert II à vingt-cinq ans, Sigebert II, Clovis II à vingt-quatre, Clotaire III à dix-huit, Dagobert à vingt-six ou vingt-sept, etc.

Pour nous débarrasser de suite de ces rois fainéants, nous donnerons leurs noms et la date de leurs règnes.

Thierry III meurt en 690, Clovis III en 695, Childebert III en 711, Dagobert III en 715 (de 673 à 678, Dagobert II, fils de Sigebert, avait été rappelé d'Irlande pour régner sur l'Ostrasie), Chilpéric en 720 (Charles Martel lui oppose, en 719, Clothaire IV, qui meurt peu après), Thierry IV en 737; de 737 à 742, interrègne; Pepin proclame, en 742, Childebert III, qui meurt dans un monastère en 754.

§ IV. *Depuis la bataille de Testry jusqu'au couronnement de Pepin.*

(688-752.)

Au septième siècle, par suite de la décadence de la famille de Mérovée, de l'affaiblissement de la Neustrie, de l'ambition des maires du palais, et des grands propriétaires ostrasiens qui ne songeaient qu'à vivre indépendants sur leurs terres, la monarchie des Francs s'en allait par lambeaux; la Germanie, qu'ils avaient réunie tout entière, se divisait en six ou sept principautés : ainsi les Vénèdes avaient formé un royaume en Bohême et en Carinthie; les Serbes avaient choisi Derwan pour prince, et faisaient de continuelles incursions en Thuringe; les Thuringeons eux-mêmes s'étaient révoltés; les Saxons refusaient le tribut; les Frisons se donnaient un duc, et les ducs des Bavarois et des Alemans profitaient de la rivalité des maires de Neustrie et d'Ostrasie pour restreindre les droits des rois francs à une suprématie purement nominale. Mais les Carlovingiens vont arrêter ce démembrement prématuré, d'abord comme ducs et princes des Francs, titres pris par Pepin et Martin avant même la bataille de Testry, puis comme rois sous Pepin le Bref et Charlemagne.

688-714.

« Pepin fit beaucoup de guerres contre Radbod, duc païen, et d'autres princes, contre les Suèves et plusieurs autres nations, et dans ces guerres il fut toujours vainqueur (*). » Pendant qu'il tâ-

(*) Vie du bienheureux Pepin.

chait ainsi de rattacher à la monarchie les peuples germains voisins de l'Ostrasie, il avait soin d'assurer au dedans la puissance de sa maison, en faisant l'un de ses fils duc de Champagne, un autre maire du palais de Childebert III, et son petit-fils Theudoald, encore enfant, maire du palais de Dagobert III.

714.

Mort de Pepin d'Héristal.

715-717.

Plectrude, veuve de Pepin, veut conserver à son petit-fils la double mairie de Neustrie et d'Ostrasie; mais les peuples refusent de reconnaître l'autorité d'une femme et d'un enfant. Les Neustriens choisissent un maire, Rainfroi, et attaquent l'Ostrasie, que les Frisons et les Saxons ravagent au nord et à l'est. Les Ostrasiens, ainsi pressés de toutes parts, mettent à leur tête un fils naturel de Pepin, Charles Martel, qui bat les Neustriens à Vincy, et les Aquitains, leurs alliés, à Soissons.

719-739.

Maître du nord-ouest de la France, Charles attaqua les peuples d'au delà du Rhin; par des expéditions souvent répétées, il contraignit les Alemans, les Bavarois et les Thuringiens à reconnaître de nouveau la suprématie des Francs; la Frise entière redevint, en 734, une province de l'empire ostrasien; enfin les Saxons, contre lesquels il dirigea six expéditions, furent repoussés dans leurs forêts, et les contrées situées près des rives de la Lippe furent rendues tributaires. Mais le plus grand succès de Charles fut sa victoire sur les Sarrasins qui avaient pénétré jusqu'à Poitiers (732). Sept ans plus tard, il leur enleva les places qu'ils avaient conquises en Provence.

740.

Le pape lui envoie les clefs du sépulcre de Saint-Pierre, et réclame ses secours contre Liutprand, roi des Lombards, oubliant, dans sa détresse, que Charles avait payé avec les biens des moines les services de ses soldats.

741-745.

Mort de Charles. Pepin le Bref a la Neustrie, la Bourgogne et la Provence; Carloman l'Ostrasie, avec le pays des Alemans et celui des Thuringiens: Griphon, le troisième de ses fils, n'obtenant dans ce partage que quelques districts peu étendus; soulève les ducs éloignés, ce qui engage ses frères à couvrir leur autorité d'un nom de roi. Ils placent sur le trône Childéric III (742), battent Hunald, duc d'Aquitaine, et forcent les Alemans, les Bavarois et une partie des Saxons à se soumettre (745).

747.

Carloman se retire au mont Cassin.

748-749.

Griphon soulève de nouveau les Saxons et les Alemans, et s'empare de la Bavière; mais il est défait par Pepin, et contraint de le laisser seul maître de tout l'empire.

751.

« Burchard, évêque de Würtzbourg, et Fulrad, prêtre chapelain, furent envoyés à Rome, au pape Zacharie, afin de consulter le pontife touchant les rois qui alors étaient en France, et qui n'en possédaient que le nom sans en avoir en aucune façon la puissance. Le pape répondit, par un messager, qu'il valait mieux que celui qui possédait déjà l'autorité de roi le fût en effet, et, donnant son plein assentiment, il enjoignit que Pepin fût fait roi.

752.

« Dans cette année, d'après la sanction du pontife romain, Pepin fut appelé roi des Francs, oint pour cette haute dignité de l'onction sacrée(*) par la sainte main de Boniface, archevêque et martyr d'heureuse mémoire, et élevé sur le trône, selon la coutume des Francs, dans la ville de Soissons. Quant à Chilpéric, qui se

(*) Les rois de la première race n'avaient point eu recours au sacre. Pepin avait besoin de cette consécration, qui, lui donnant un caractère religieux, le tirait sans retour du rang des leudes, et le faisait paraître aux yeux des peuples comme l'*oint du Seigneur*.

parait du faux nom de roi, Pepin le fit mettre dans un monastère (*). »

« Les trésors et les forces du royaume étaient passés aux mains des préfets du palais, qu'on appelait maires du palais, et à qui appartenait réellement le souverain pouvoir. Le prince était réduit à se contenter de porter le nom de roi, d'avoir les cheveux flottants et la barbe longue, de s'asseoir sur le trône et de représenter l'image du monarque. Il donnait audience aux ambassadeurs de quelque lieu qu'ils vinssent, et leur faisait, à leur départ, comme de sa pleine puissance, les réponses qui lui étaient enseignées ou plutôt commandées. A l'exception du vain nom de roi et d'une pension alimentaire mal assurée, et que lui réglait le préfet du palais selon son bon plaisir, il ne possédait en propre qu'une seule maison de campagne d'un fort modique revenu, et c'est là qu'il tenait sa cour, composée d'un très-petit nombre de domestiques chargés du service le plus indispensable et soumis à ses ordres. S'il fallait qu'il allât quelque part, il voyageait monté sur un chariot traîné par des bœufs, et qu'un bouvier conduisait à la manière des paysans. C'est ainsi qu'il avait coutume de se rendre au palais et à l'assemblée générale de la nation, qui se réunissait une fois chaque année pour les besoins du royaume; c'est encore ainsi qu'il retournait d'ordinaire chez lui. Mais l'administration de l'État, et tout ce qui devait se régler et se faire au dedans comme au dehors, était remis au soin du préfet du palais (**). »

CHAPITRE IV.

FRANCE CARLOVINGIENNE,
(752-987.)

§ Ier. *Rois carlovingiens de France et d'Allemagne réunies. Pepin et Charlemagne.*

(752-800.)

PEPIN.

(752-768.)

Pepin commence, l'an 752, cette

(*) Éginhard, Annales.
(**) Éginhard, Vie de Charlemagne.

seconde dynastie qui devait opérer de si grandes choses, rétablir la suprématie des Francs en Europe, renouveler l'empire d'Occident, constituer l'antagonisme fécond du pouvoir temporel et du pouvoir spirituel, et amener enfin par ses concessions la formation du régime féodal. Sous les Mérovingiens, l'ancienne société romaine avait achevé de se dissoudre; sous les Carlovingiens, une société nouvelle commença à se reformer, et, quand leur race s'éteignit, le moyen âge avait déjà commencé.

La réponse de Zacharie aux envoyés de Pepin, le renouvellement en sa faveur de la cérémonie hébraïque du sacre par l'huile sainte, constatent l'intime union qui existait alors entre le pape et l'ancien maire du palais d'Ostrasie. Tous deux avaient besoin l'un de l'autre : l'évêque de Rome désirait se soustraire au joug des empereurs de Constantinople, protecteurs de l'hérésie des iconoclastes, et à l'oppression des Lombards, qui jetaient toujours un œil d'envie sur l'ancienne capitale du monde romain. D'autre part, la sanction du pontife ne semblait pas inutile au maire du palais, pour consacrer aux yeux des Francs son droit à porter le titre de roi. L'autorité du pontife de Rome commençait en effet à s'étendre au delà des monts : il n'était point encore considéré comme le seul représentant de Dieu sur la terre, comme le pontife infaillible dont la parole pouvait enlever ou donner les couronnes; mais il était l'évêque de Rome, de la métropole de l'ancien monde; on le reconnaissait pour le successeur de saint Pierre; les évêques d'Espagne lui accordaient déjà une sorte de suprématie, au moins comme au patriarche d'Occident; si ailleurs dominait encore dans l'Église le gouvernement aristocratique, c'est-à-dire, si les évêques ne reconnaissaient point de supérieur, bien des causes militaient en faveur du pontife romain pour que son autorité s'établît bientôt sur eux. Le maire du palais se trouvait presque, pour l'ordre civil, dans une position analogue. Nous l'avons vu, en effet, s'élever peu à peu au-dessus des leudes, dominer les grands dont il n'était d'abord que le pair et le représentant, puis dépouiller les rois à son profit, et se mettre enfin à leur place, tout en paraissant respecter les droits de l'aristocratie.

Ce fut surtout l'introduction du christianisme en Allemagne qui rapprocha l'une de l'autre ces deux puissances nouvelles. Pour travailler avec fruit à la conversion des païens, les moines envoyés par le pape avaient en effet besoin de trouver derrière eux, quand ils s'avançaient à la conquête spirituelle de la Frise et la Saxe, une terre amie qui fût comme le centre de leurs opérations, leur point de départ et leur refuge en cas de revers. De leur côté, les chefs de l'Ostrasie comprirent quels avantages ils pouvaient retirer de ces missions. Ces peuplades, si incommodes et si remuantes, le christianisme allait les fixer, leur faire tomber les armes des mains, les conduire dans une voie nouvelle de paix et de civilisation. Toutes les conquêtes du christianisme devaient être pour eux autant de victoires; aussi y aidèrent-ils puissamment. Saint Boniface, aux efforts duquel était réservée la gloire de fonder l'Église d'Allemagne, trouva toujours, dans les Carlovingiens, appui et protection pour les travaux périlleux de sa mission.

Il semble que Pepin ait compris que cette œuvre de paix et de civilisation ne pouvait s'accomplir au milieu du bruit des armes : son règne est rempli par des guerres continuelles, et cependant il ne fit que deux campagnes dans la Saxe. Laissant les missionnaires travailler pour la foi chrétienne et pour lui-même en Allemagne, il tourna toute son attention et tous ses efforts vers le midi de la Gaule et l'Italie, où le pape l'appelait contre les Lombards.

752.

Pepin enlève aux Arabes leurs possessions en Languedoc, c'est-à-dire, Nîmes, Maguelonne, Agde et Beziers. Narbonne résista pendant sept ans, mais fut prise en 759.

754-755.

Guerre de Lombardie. — Les Lombards, ce peuple jadis si terrible, avaient bien vite oublié sous le soleil énervant de l'Italie, le courage qu'ils avaient apporté des forêts de la Germanie. Cependant Astolphe, qui possédait alors la couronne de fer, montrait une activité et une ambition qui effrayèrent les Romains, et le pape Étienne II ayant vainement imploré les secours de l'empereur grec, vint chercher lui-même en France un appui plus sûr.

Pepin le reçut avec de grands honneurs, se fit sacrer une seconde fois par lui à Saint-Denis avec ses deux fils Charles et Carloman, accepta pour lui-même et pour ses enfants le titre de patrice, et fit d'avance cession au saint-siège de l'exarchat et de la Pentapole qu'il promit d'enlever aux Lombards. En effet, la même année 754, il marcha contre les Lombards; « ceux-ci résistèrent, et comme ils étaient maîtres des clefs de l'Italie, il se livra un combat sanglant dans les défilés des montagnes appelés *Cluses*. Les Lombards se retirèrent; et malgré la difficulté du chemin, les Francs passèrent sans beaucoup de peine. Astolphe, roi des Lombards, n'osant engager la bataille, fut assiégé dans Pavie, par le roi Pepin, qui refusa de lever le siège avant d'avoir reçu quarante otages qui lui donnassent la certitude que les possessions enlevées à l'Église romaine lui seraient rendues. Les otages lui furent remis et la paix jurée. Pepin retourna alors dans son royaume, et renvoya à Rome le pape Étienne avec un corps nombreux de troupes franques (*). » Mais le roi des Lombards n'exécutant pas ses promesses, Pepin franchit une seconde fois les Alpes, et le força de mettre le pape en possession des dix-sept villes de l'exarchat, de la Pentapole et de Narni que le duc de Spolète avait enlevé.

Il est difficile de dire à quelles conditions Pepin fit cette donation. Donna-t-il l'usufruit de ces deux provinces en s'en réservant la propriété réelle, ou les céda-t-il en toute souveraineté?

(*) Éginhard, Annales.

Peut-être n'y eut-il alors rien de précis, mais les événements postérieurs placèrent le pape dans une sorte de vasselage des rois francs, et donnèrent à la dotation de Pepin le caractère d'un fief accordé par le suzerain à son *fidèle*.

759-768.

Guerre d'Aquitaine. — Le duc d'Aquitaine, Waïfre, arrière-petit-fils du roi Charibert II, possédait l'Aquitaine, et refusait de reconnaître l'autorité de l'ancien maire du palais d'Ostrasie devenu roi; Pepin l'attaqua. Ce fut une guerre impitoyable, une dévastation méthodique, de la Loire à la Garonne; tout fut ravagé entre les deux fleuves. Les maisons étaient brûlées, les arbres coupés; chaque année, la dévastation s'étendait. Ce fut d'abord Bourges et les environs, puis l'Auvergne, le Limousin, puis le Quercy. Pepin y employa neuf campagnes. A la fin, l'opiniâtreté des Francs l'emporta, les Aquitains épuisés se soumirent. Le duc Waïfre venait d'être tué, et il ne restait plus dans toute la nation un seul chef capable d'organiser et de continuer la résistance.

768.

Pepin revenait de sa dernière expédition au midi, lorsqu'il mourut à Paris, le 24 septembre 768. «Son corps fut inhumé dans la basilique du bienheureux Denis, martyr. Ses fils, Charles et Carloman, furent faits rois par le consentement des Francs (*). »

CHARLEMAGNE roi.
(768-800.)
768-771.

Pepin avait partagé son royaume entre ses deux fils, Charles et Carloman; leur premier soin fut de terminer cette guerre d'Aquitaine qui avait si longtemps occupé leur père. Le vieil Hunald, qui depuis vingt-trois ans s'était retiré dans un monastère, venait de reparaître tout à coup au milieu des Aquitains pour les soulever (769). Mais ceux-ci avaient déjà trop souffert, ils se lassèrent promptement, et livrèrent à Charles le malheureux Hunald, qui, emprisonné dans un couvent, s'en échappa pour aller se réfugier chez les Lombards, au milieu des ennemis des Francs. Afin de prévenir toute nouvelle révolte, Charles bâtit un château fort sur les bords de la Dordogne, et nomma pour duc Loup, dont le père avait été horriblement mutilé par Hunald. Plus tard, afin de paraître rendre aux Aquitains leur indépendance et leur nationalité, il leur envoya son fils encore enfant, pour qu'il fût élevé au milieu d'eux, et rétablit en sa faveur le royaume d'Aquitaine, qui s'étendit de la Loire jusqu'au delà des Pyrénées.

Cependant la bonne intelligence ne régnait pas entre les deux frères. Au milieu de la guerre d'Aquitaine, Carloman avait tout à coup retiré ses troupes, laissant son frère exposé à quelques dangers. S'il eût vécu plus longtemps, une rivalité funeste aurait sans doute affaibli les deux royaumes; mais une maladie l'emporta après un règne de trois ans, et Charles, sans se soucier des droits que son frère laissait à ses fils, se fit donner son héritage par les grands, réunis en assemblée dans les Ardennes.

772-773.

Commencement de la guerre de trente-trois ans contre les Saxons. La religion en fut le premier prétexte. Irrités contre les missionnaires, qui mêlaient les menaces aux exhortations, les Saxons brûlèrent l'église de Deventer, et faillirent massacrer les prêtres qui étaient venus au milieu d'eux. A cette nouvelle, Charles, après avoir tenu une assemblée à Worms, résolut de porter la guerre en Saxe (772); il dévasta tout par le fer et le feu, prit le château fort d'Ehresbourg, et renversa l'Hermann-Saül, la principale idole des Saxons.

773-774.

La veuve de Carloman s'était retirée avec ses deux fils auprès de Didier, roi des Lombards, que Carl venait tout récemment d'outrager, en lui ren-

(*) Éginhard, Annales.

voyant honteusement sa fille, après une année de mariage. Une guerre au delà des Alpes devenait inévitable. Didier pressait déjà le pape de sacrer rois des Francs les deux fils de Carloman : Charles, averti par Adrien, fit décréter, non sans quelque peine, une expédition contre les Lombards, et franchit les Alpes (773). Les passages des montagnes ne furent pas même défendus ; les Lombards étaient si faibles déjà, qu'ils n'osèrent point hasarder une bataille. Le roi s'enferma dans Pavie; son fils défendit Vérone; toutes les autres villes, tout le pays plat furent abandonnés aux Francs. Les deux siéges furent longs; Charles eut le temps d'aller à Rome confirmer la donation de Pepin, et recevoir de la reconnaissance du pape et du peuple romain les titres et les honneurs qui avaient déjà été décernés à son père.

Cependant les habitants de Pavie, fatigués d'un siége de deux ans, ouvrirent leurs portes. Didier, sa femme et ses enfants furent enfermés dans un monastère; celui qui défendait Vérone s'enfuit à Constantinople, et les Lombards ne conservèrent plus que le duché de Bénévent. Charles prit le titre de roi des Lombards et la couronne de fer que la reine Théodelinde avait fait fabriquer avec un clou de la sainte croix.

774-776.

La première expédition de Charlemagne contre les Saxons les avait fait tenir en repos deux années; mais, en 774, pendant que Charles était en Italie, ils se jetèrent sur la Hesse, et essayèrent, mais vainement, de brûler l'église de Fritzlar.

Charles, de retour, voulut presser cette guerre; il s'établit lui-même sur le Rhin, à Aix-la-Chapelle, dont il fit sa résidence; et, pour tenir en bride les Saxons, fortifia, dans la Saxe même, le château d'Ehresbourg; il voulait les enfermer dans une ceinture de places fortes, qu'il pousserait peu à peu jusqu'au centre même de leurs forêts (775).

La soumission d'une partie des Saxons marqua cette campagne; mais à peine Charles, averti par le pape Adrien, s'était-il éloigné pour punir la révolte de Rotgaud, duc de Frioul, qui voulait rappeler de Constantinople le fils de Didier, que les Saxons avaient déjà repris les armes et attaqué les deux châteaux d'Ehresbourg et de Siegbourg. Cette fois, Charles pénétra jusqu'aux sources de la Lippe et bâtit un fort. Les Saxons orientaux parurent se soumettre, et vinrent en foule recevoir le baptême (776). Les Saxons angrariens et occidentaux imitèrent cet exemple.

778.

Guerre d'Espagne. — Pendant que Charles recevait à Paderborn la soumission des Saxons, « un Sarrasin, nommé Ibn-al-Arabi, venu d'Espagne avec plusieurs autres, se donna à Charles; ainsi que les villes dont l'avait fait chef le roi des Sarrasins.

« Concevant, et avec raison, par les discours d'Ibn-al-Arabi, l'espoir de s'emparer de quelques villes d'Espagne, le roi assembla son armée et se mit en marche; il traversa les sommets des Pyrénées, par le pays des Gascons, attaqua Pampelune, ville de Navarre, et la força à se rendre. De là, passant à gué l'Ebre, il s'avança vers Saragosse, ville considérable de ce pays, reçut les otages que lui amenèrent Ibn-al-Arabi, Abithaür et plusieurs autres Sarrasins, et revint à Pampelune. Il rasa les murs de cette ville pour l'empêcher de se révolter à l'avenir, et, voulant retourner en France, il entra dans les gorges des Pyrénées; mais il eut à y souffrir un peu de la perfidie des Gascons. Dans sa marche, l'armée défilait sur une ligne étroite et longue, comme l'y obligeait la nature d'un terrain resserré. Les Gascons s'embusquèrent sur la crête de la montagne, qui, par le nombre et l'épaisseur de ses bois, favorisait leurs artifices; de là, se précipitant sur la queue des bagages et sur l'arrière-garde destinée à protéger ce qui la précédait, ils les rejetèrent dans le fond de la vallée, tuèrent, après un combat opiniâtre, *tous les hommes jusqu'au dernier*, pillèrent les bagages, et, protégés par les ombres de la nuit, qui déjà s'épaississaient, s'éparpillèrent en divers lieux avec une extrême célérité. Les Gascons avaient pour eux dans cet engagement la légèreté de leurs armes; la pesanteur des armes et la difficulté du terrain rendaient au contraire les Francs inférieurs en tout à leurs ennemis. Egghiard, maître-d'hôtel du roi, Anselme, comte du palais, Roland, commandant des frontières de Bretagne, et plusieurs autres, périrent dans cette affaire. Tirer vengeance sur-le-champ de cet échec ne se pouvait pas. Le coup fait, ses auteurs s'étaient tellement dispersés, qu'on ne put recueillir aucun renseignement sur les lieux où l'on devait les aller chercher (*). »

778-780.

Pendant que Charles était occupé de l'autre côté des Pyrénées à combattre les Sarrasins, il apprit que Witikind, le plus célèbre des chefs saxons, avait reparu au milieu de ses compatriotes, et que les nouveaux chrétiens des pays situés entre le Rhin et le Wéser avaient dévasté, par le fer et le feu, les villes et les villages qui se trouvaient depuis Cologne jusqu'à l'embouchure de la Moselle. Il lui fallut revenir en toute hâte sur le Rhin. Witikind fut, il est vrai, atteint et battu à Bucholt, sur les bords de la Lippe; mais sa défaite ne pouvait compenser les ravages qu'il avait exercés sur toute la rive droite du Rhin. Cependant Charles, parvenu sur l'Elbe, limite des Saxons et des Slaves, s'occupa d'établir l'ordre dans le pays qu'il croyait avoir conquis; il reçut de nouveau les serments des Saxons à Orheim, les baptisa par milliers, et chargea l'abbé de Fulde d'établir un système régulier de conversion, de conquête religieuse. Une armée de prêtres vint après l'armée de soldats.

780-785.

Witikind, qui avait encoré une fois reculé devant Charlemagne, revint du Danemark aussitôt que le roi des Francs se fut éloigné, et battit ses lieutenants à Sonnethal. Charles s'en vengea d'une manière sanglante : quatre mille cinq cents Saxons furent décapités en un même jour à Verden. Witikind développe alors toutes les ressources d'un esprit infatigable; il parcourt la Saxe, excite ses compatriotes à faire un dernier effort, à lasser les Francs à force d'opiniâtreté. Trois fois, à la tête des siens, il ose livrer bataille en plaine aux troupes de Charles; vaincu trois fois par la supériorité du nombre et de la discipline, il comprend qu'il ne peut lutter contre eux en rase campagne, et commence une guerre de surprises, d'attaques inopinées, que favorise la nature d'un pays hérissé de montagnes et de forêts profondes. Cela dura jusqu'en 785; mais alors les deux partis, également épuisés, songèrent à poser les armes. Des évêques furent envoyés à Witikind pour traiter avec lui, et bientôt l'on vit arriver à Attigny l'indomptable chef des Saxons. Sa soumission mit réellement fin à la grande guerre de Saxe; il y eut bien encore des révoltes, des batailles à livrer contre eux jusqu'en 803; mais ce fut comme les dernières protestations de ce peuple au nom de son antique liberté.

787-788.

Quelques-uns des princes tributaires, fatigués de servir la grandeur de Charles, formèrent contre lui une vaste conspiration. Le plus puissant d'entre eux, Tassilon, duc de Bavière, donna l'exemple; il forma une ligue secrète avec les Grecs et le duc lombard de Bénévent. Ceux-ci devaient se jeter sur l'Italie, tandis que lui-même, aidé des Avares, attaquerait l'Ostrasie; mais ce secours odieux le perdit : les Bavarois vinrent accuser leur duc de trahison devant la diète de Mayence. Charles le fit enfermer dans un monastère; et, après avoir enlevé la Bavière à l'antique famille des Agilolfinges, il organisa ce duché comme les autres provinces de son empire; puis il marcha contre les Avares.

788-796.

Ce peuple, qui avait été longtemps

(*) Éginhard.

la terreur de Constantinople, possédait encore la Pannonie, la Moravie et la Dacie, lorsque son alliance avec Tassilon attira sur lui les armes de Charlemagne ; celui-ci les attaqua avec trois armées, parcourut et ravagea une grande partie de la Pannonie ; mais sa cavalerie ne put se tirer des immenses marais qui couvraient tout ce pays ; l'armée y laissa ses chevaux.

Charles ne retourna plus contre les Avares. Son fils Pepin, qu'il avait fait roi d'Italie, chargé de continuer la guerre, pénétra jusqu'à la résidence du chagan, et mit la main sur les immenses richesses que les Avares y avaient entassées. « De mémoire d'homme, dit Éginhard, les Francs n'avaient fait un butin plus abondant, si bien qu'auparavant ils étaient pauvres en comparaison de ce qu'ils furent dès lors. »

Cette nation des Avares, autrefois si redoutable, tomba si bas après sa défaite, que ce qui en restait fut obligé de venir demander à Charlemagne asile et protection contre les Slaves. Il en établit en Bavière, et leur fit prêcher le christianisme.

Par la ruine de la puissance des Avares, la domination de Charlemagne s'étendit tout le long du cours du Danube, jusqu'à l'embouchure de la Save, et, dans la Pannonie supérieure, jusqu'au Raab, au milieu de la Hongrie actuelle. En 796, Charlemagne y fonde les évêchés de Nitra et de Faviana.

789.

Il semble que Charlemagne ait poussé en quelque sorte parallèlement ses conquêtes dans le nord et dans le sud de l'Allemagne ; derrière la Bavière, il a trouvé les Avares ; derrière la Saxe, il rencontre les Slaves ; et, maintenant qu'il est maître de la Saxe jusqu'à l'Elbe, il lui faut, pour assurer ses frontières, pousser à travers les Slaves jusqu'à l'Oder, comme il a poussé jusqu'au Raab pour garantir la Bavière contre les incursions des Avares (*).

(*) Entre les Slaves, voisins des Saxons, et les Avares, se trouvait ce triangle de montagnes qui enferme et protége la Bohême.

Cette expédition, qui eut pour résultat la soumission des Wiltzes, ne fut pas la seule que Charles entreprit de ce côté ; il lui fallut plusieurs fois marcher au secours de ses nouveaux tributaires attaqués par les peuples voisins, et surtout par les Danois d'au delà de l'Eyder. Aussi, sa domination, qu'il essaya d'assurer en construisant plusieurs forteresses sur le cours de l'Elbe, ne fut jamais établie d'une manière sérieuse au delà de ce fleuve, sur les pays situés entre l'Elbe et l'Oder.

789 et suiv.

Introduction du chant grégorien. Ordre d'établir des écoles dans tous les couvents et tous les évêchés. Charlemagne devient lui-même l'élève d'Alcuin, et fonde l'école du palais. Il écrit, en 792, contre le culte des images, qui est défendu, en 794, au synode de Francfort sur le Mein.

793.

Tentative de joindre le Rhin au Danube par un canal qui aurait réuni la Rednitz et l'Altmuhl.

798.

Les Saxons nordalbingiens, battus par les Francs, acceptèrent une paix dont Charles profita pour fonder avec de riches dotations, les évêchés de Minden, Seligenstadt (plus tard Halberstadt), d'Osnabruck, de Verden, de Brême, de Paderbon, d'Else (dans la suite Hildesheim), et enfin celui de Munster, établi en 805.

799.

En Espagne, les Francs, constamment appelés par les gouverneurs qui voulaient se rendre indépendants du calife de Cordoue, prirent Lérida, pillèrent le territoire d'Huesca, et assiégèrent Barcelone tandis que leur flotte s'emparait des Baléares.

Charles essaya aussi de le soumettre, afin que les pays de sa domination ne fussent point séparés par des contrées indépendantes. Il y fit deux expéditions, mais qui n'eurent pour résultat que la dévastation de la Bohême.

§ II. *Empereurs carlovingiens de France, d'Allemagne et d'Italie réunies. — Charlemagne et Louis le Débonnaire.*

(800 - 840.)

CHARLEMAGNE *empereur*.

(800 - 814.)

800.

Ce fut au commencement de la première année du neuvième siècle que Charles reçut du pape le titre d'empereur. Il s'était rendu à Rome sous prétexte de rétablir le pape Léon, qui en avait été chassé : aux fêtes de Noël, pendant qu'il était absorbé dans la prière, le pape lui mit sur la tête la couronne impériale aux acclamations de tout le peuple, et le proclama Auguste. Ainsi l'empire d'Occident était renouvelé au profit des Francs qui devaient le transmettre aux rois de la Germanie. Charles n'avait pas besoin de ce titre pour paraître le chef de l'Occident. L'étendue de son empire, qui avait pour frontières l'Èbre en Espagne, le Raab en Hongrie, le Garigliano en Italie, et l'Eyder en Danemark; les forces dont il disposait, sa renommée de sagesse lui attiraient les hommages de tous les princes. Le roi de Galice, les Édrissites de Fez, les rois des Anglo-Saxons, les empereurs d'Orient, les califes de Cordoue et de Bagdad recherchèrent son alliance ou son amitié. Haroun-al-Raschid crut devoir entretenir avec lui des relations amicales, et lui envoya une magnifique ambassade chargée de lui offrir en présent un éléphant, animal inconnu des Francs, une horloge, une tente splendide, et ce qui devait flatter le plus la piété de Charles, les clefs du saint sépulcre.

800 - 814.

Depuis son couronnement comme empereur jusqu'à sa mort, de 800 à 814, Charles fit peu de guerres nouvelles. En 802, les peuples qui habitaient au delà de l'Elbe s'étant révoltés, furent réprimés de nouveau. Un grand nombre de Saxons des deux bords du fleuve furent dispersés en d'autres contrées, et le reste de la nation fit enfin sa soumission par la paix de Salz, en 804. Mais un grand nombre, préférant l'exil à la servitude, se réfugièrent chez les Danois et les Slaves qu'ils excitèrent à la guerre.

Elle éclata, de 808 à 810, avec Gœttrik, roi du Jutland méridional (Sleswick), et fut marquée, en 809, par la fondation de Hambourg. La paix conclue en 811 donna l'Eyder pour frontière du nord à l'empire des Francs. Au nord-est, plusieurs combats livrés par le prince Charles, fils aîné de l'empereur, amenèrent la soumission des Slaves Tchèques et des Wiltzes. Enfin, au sud, un traité conclu, en 804, avec Nicéphore, donna aux Francs l'Illyrie maritime. Dès l'année 789, les îles Baléares avaient été conquises; mais, en 810, la Corse et la Sardaigne furent occupées par les Sarrasins. Venise refusa de reconnaître l'autorité de Pepin, que son père avait fait roi d'Italie; et, en 812, les villes maritimes de l'Illyrie furent restituées à l'empire d'Orient.

La même année, il fit construire à Boulogne une flotte contre les Northmans ou Normands, qui déjà venaient pirater sur les côtes du grand empire des Francs; Charles prévit les ravages qu'ils y exerceraient un jour; et, pour les prévenir autant qu'il lui était possible, il visita les ports et fit garder toutes les embouchures des fleuves, depuis le Tibre jusqu'à l'Elbe, par des vaisseaux armés.

28 janvier 814.

Mort de Charlemagne au palais d'Aix-la-Chapelle, qu'il avait fait construire.

La grandeur de Charles n'est pas seulement dans ses conquêtes, mais dans ses efforts pour donner à ses Francs encore barbares, aux Thuringiens, aux Saxons à peine convertis, une législation régulière, pour organiser l'administration de son vaste empire, pour établir partout la paix et la sûreté, enfin pour répandre les lumières en créant dans les évêchés et les monastères des écoles où les débris de la civilisation antique trouvèrent un asile et furent conservés pour des temps meilleurs. Mais c'était se mettre trop tôt à relever les ruines que les Barbares avaient faites dans leurs invasions. Avant que la société pût se reconstruire, elle devait passer encore par de plus rudes épreuves. Charles vit lui-même ceux qui devaient renverser son ouvrage.

« Un jour qu'il était arrêté dans une ville des côtes de Provence, des barques scandinaves vinrent pirater jusque dans le port; les uns croyaient que c'étaient des marchands juifs africains, d'autres disaient bretons; mais Charles les reconnut à la légèreté de leurs bâtiments. « Ce ne sont pas là « des marchands, dit-il, ce sont de « cruels ennemis. » Poursuivis, ils s'échappèrent, mais l'empereur, s'étant levé de table, se mit, dit le chroniqueur, à la fenêtre qui regardait l'orient, et demeura très-longtemps le visage inondé de larmes. Comme personne n'osait l'interroger, il dit aux grands qui l'entouraient : « Savez-vous, « mes fidèles, pourquoi je pleure amè- « rement? Certes, je ne crains pas « qu'ils me nuisent par ces misérables « pirateries; mais je m'afflige profon- « dément de ce que moi, vivant, ils ont « été près de toucher ce rivage, et je « suis tourmenté d'une violente dou- « leur; quand je prévois ce qu'ils feront « de maux à mes neveux et à leurs « peuples (*). »

LOUIS LE DÉBONNAIRE.
(814 - 840.)
817-818.

Louis le Débonnnaire était âgé de trente-six ans lorsque la mort de son père l'appela au gouvernement du vaste empire que Charlemagne avait créé. Juste, mais faible, éclairé, mais partial, et se laissant gouverner par les Aquitains au milieu desquels il avait été élevé, et par sa femme qui lui fit accumuler fautes sur fautes, le nouveau prince signala son avénement par des mesures qui durent paraître impolitiques aux vieux conseillers de son père. Le droit d'hériter fut rendu aux Frisons et aux Saxons, et Louis laissa les Romains élire un pape sans son aveu. En même temps, il introduisit une réforme sévère dans le palais, où de grands désordres avaient troublé la vieillesse de Charlemagne, et dans les monastères où les moines avaient déjà oublié la règle de Saint-Benoît.

Par un partage prématuré et dangereux de l'empire entre ses fils, Louis le Débonnaire créa Pepin roi d'Aquitaine, Louis roi de Bavière, et donna à Lothaire le titre d'empereur; mais le fils de Pepin, fils aîné de Charlemagne, Bernard, qui gouvernait l'Italie, et qui, d'après les règles établies aujourd'hui pour les successions, aurait dû hériter seul de la couronne impériale, se montra mécontent de ce partage; il se fit prêter serment par toutes les cités de la Péninsule, et occupa les passages des Alpes. Louis ayant réuni à Châlons les forces de la Germanie et de la Gaule, Bernard se vit peu à peu abandonné de tous les siens, et réduit à venir se livrer lui-même. Louis, excité par sa femme, lui fit crever les yeux (818), et l'opération fut faite si cruellement, que Bernard en mourut.

818-819.

Répression des peuples tributaires ou ennemis, Basques, Sarrasins d'Espagne, Bretons et Obotrites. Louis épouse en secondes noces Judith de Bavière.

820.

Cession de l'Italie à Lothaire. Treize vaisseaux normands ravagent trois cents lieues de côtes.

822.

Pénitence publique de Louis. « L'an 822, dit l'Astronome, il convoqua une assemblée générale en un lieu nommé Attigny. Ayant appelé dans

---
(*) Michelet, Histoire de France, d'après le moine de Saint-Gall.

cette assemblée les évêques, les abbés, les ecclésiastiques, les grands de son royaume, son premier soin fut de se réconcilier avec tous ceux auxquels il crut avoir fait quelque offense. Après quoi, il fit une confession publique de ses fautes; et, imitant l'exemple de l'empereur Théodose, il subit de son gré une pénitence pour tout ce qu'il avait fait tant envers son neveu Bernard qu'envers les autres; puis, réparant ce qui avait pu être fait de mal par lui-même ou par son père, il s'efforça d'apaiser la Divinité par de si abondantes aumônes, par les prières ardentes que firent pour lui les serviteurs de Jésus-Christ, et par une telle exactitude dans ses devoirs, qu'on eût cru que toutes les peines qui avaient légitimement frappé chaque coupable, avaient été l'œuvre de sa cruauté (*). »

824.

L'armée des Francs ayant envahi la Navarre fut battue; et, quelque temps après, les Navarrais se donnèrent un roi.

830.

La naissance de Charles, connu plus tard sous le nom de Charles le Chauve, était venue, en 823, déranger le partage de 817. Dès 829, Lothaire avait consenti à ce que son père abandonnât à Charles l'Alsace, la Souabe, la Bourgogne et la Rhétie; mais bientôt il se repentit de cette concession, et s'unit avec ses frères contre Louis, son fils Charles, et l'Aquitain Bernard qui le gouvernait. Louis fut contraint de se retirer dans un couvent.

831-833.

La division s'étant mise entre ses fils, Louis en profita pour ressaisir l'autorité. Mais deux ans ne s'étaient pas écoulés que ses efforts pour accroître la part de son plus jeune fils firent encore une fois prendre les armes aux aînés. Le vieil empereur se vit abandonné tout à coup de ses troupes à Rothfeld, appelé depuis

(*) L'Astronome, Vie de Louis le Débonnaire.

Lugenfeld (*le champ de Mensonge*), et forcé de se livrer à Lothaire. Celui-ci en usa sans générosité avec son père. Il voulut le déshonorer à tout jamais en le forçant de faire, revêtu d'un habit de pénitent, une confession publique de ses fautes. Les évêques de son parti vinrent enlever à l'empereur son baudrier militaire et le contraindre de signer une liste de ses prétendus crimes. Il s'y accusait d'avoir fait tuer son neveu Bernard; d'avoir exposé le peuple à des parjures, en formant des divisions nouvelles dans l'empire; d'avoir fait la guerre en carême; d'avoir été trop sévère envers les partisans de ses fils; d'avoir exposé l'État aux meurtres, aux pillages et aux sacriléges, en excitant la guerre civile par des divisions arbitraires de l'empire.

834-840.

Cependant Lothaire était allé trop loin : on se sentit de la pitié pour le vieil empereur; il fut une seconde fois rétabli (834.). Mais Louis était plus que jamais incapable de se conduire par lui-même; il céda encore une fois à l'influence de Judith, et troubla de nouveau tout l'empire pour augmenter les domaines du jeune Charles. Son fils Pepin, roi d'Aquitaine, étant mort, Charles fut à l'instant investi de ce royaume au détriment des enfants que Pepin avait laissés. Pour un moment, Lothaire s'accorda avec son père; gagné par Judith, il lui promit de protéger son fils, et, en récompense, reçut de la libéralité aveugle du Débonnaire tout l'orient de l'empire : l'occident devait former le patrimoine de Charles. Dans ce partage, Louis de Bavière et les fils de Pepin étaient complétement sacrifiés; ils en appelèrent aux armes, et l'empereur passa ses dernières années à combattre son fils et son petit-fils. L'Aquitaine fut à peu près soumise, mais la guerre contre Louis était plus difficile. Ce prince possédait depuis longtemps la Bavière; il avait toujours vécu parmi les peuplades germaniques; elles le connaissaient et lui étaient attachées. Aussi, quand la guerre éclata, les

Saxons et les Thuringiens vinrent augmenter son armée. C'est durant cette expédition que Louis le Débonnaire mourut, à l'âge de cinquante-deux ans, dans une île du Rhin près de Mayence (840). Avec lui disparut l'unité de l'empire.

§ III. *Rois carlovingiens de France.*
(840-887.)

CHARLES LE CHAUVE.
(840-877.)

840-843.

Le fils aîné de Louis le Débonnaire, Lothaire, qui succéda au titre d'empereur, ne pouvait espérer d'en exercer tous les droits; la France et la Germanie voulaient sérieusement des rois particuliers. Ce fut à Fontanet, près d'Auxerre, que la question fut vidée. Les peuples de la Germanie et ceux de la Gaule combattirent sous les mêmes drapeaux pour le renversement du système politique fondé par Charlemagne. Lothaire, le représentant de l'unité de l'empire, fut vaincu (841), et contraint, deux ans plus tard, de faire la paix. Le traité de Verdun (843) consacra un premier démembrement; mais il était difficile de le faire avec équité, car on connaissait trop peu l'exacte étendue de l'empire pour se prononcer sans craindre de commettre de graves erreurs. Il fallut que cent dix commissaires parcourussent toutes les provinces, et en dressassent un tableau : ce ne fut qu'après cette opération que l'on procéda à un partage définitif. Tout ce qui se trouvait à l'occident de la Meuse, de la Saône et du Rhône, devint la part de Charles le Chauve; la Germanie tout entière jusqu'au Rhin fut abandonnée à Louis le Germanique; enfin Lothaire eut l'Italie et toute la partie orientale de la Gaule comprise, au sud, entre le Rhône et les Alpes; au nord, entre le Rhin et la Meuse, et entre la Meuse et l'Escaut, jusqu'à l'embouchure de ces fleuves. Ce royaume fut appelé, du nom de Lothaire, Lotharingia, d'où nous avons fait Lorraine.

843-870.

Ravages des Normands. — Déjà, sous Louis le Débonnaire, les pirates normands s'étaient établis, en 830, à l'embouchure de la Loire, dans l'île de Noirmoutier. Sept ans plus tard, Lothaire leur avait abandonné les îles de Betau et de Walcheren en face de l'Escaut. En 841, ils remontèrent la Seine et pillèrent la ville de Rouen. Ainsi ils s'établissaient à l'embouchure des grands fleuves pour pénétrer, sur leurs barques, jusque dans le cœur des provinces, en remontant le fleuve principal ou ses affluents. En 845, tandis que Hambourg était prise et pillée par les Normands, une autre troupe, portée sur cent vingt navires, parut sous les murs de Paris. Charles, au lieu de combattre, paya leur retraite au prix de sept mille livres d'argent, ce qui les engagea à revenir en 856 et 861. Ceux qui campaient dans l'île de Noirmoutier, conduits par Hastings, pillèrent Amboise en 838, prirent Nantes en 843, et de là désolèrent la Bretagne et les provinces que baigne la Loire. A la même époque, d'autres chefs entrèrent dans la Charente et la Garonne, pillèrent Bordeaux, Saintes, vinrent brûler les faubourgs de Toulouse et Bayonne, Oléron, Tarbes et Bigorre.

En 866, Hastings, à la tête d'une troupe peu nombreuse, pénétra jusqu'au Mans, tua dans une rencontre le comte de la marche angevine, Robert le Fort, tige de la maison capétienne, et pénétra jusqu'en Auvergne, où il saccagea la ville de Clermont. C'est ce même chef qui eut le premier l'audace de franchir avec ses pirates le détroit de Gibraltar, et d'aller piller la Toscane et la Provence. Cependant, en 870, Charles le Chauve cerna près d'Angers une de leurs troupes qu'il força de capituler; mais ce faible succès ne put effacer la honte de tant de villes abandonnées à la fureur des Normands.

845-852.

Guerre d'Aquitaine. — Les pirates normands, tout en pillant pour leur propre compte, s'unirent parfois aux ennemis de Charles, aux Bretons qu'il voulait soumettre, à Pepin II qu'il voulait dépouiller de l'Aquitaine. Ce fils d'un frère aîné de Charles le Chauve, dépouillé par le traité de Verdun, s'unit à Bernard, duc d'Aquitaine, et à Sanche Sancion, duc des Basques, battit un fils naturel de Charlemagne près d'Angoulême, et força son oncle, en 845, à lui céder tous les pays au delà de la Loire, à l'exception du Poitou, de la Saintonge et de l'Angoumois qui furent donnés au comte Rainulf Ier avec le titre de duc d'Aquitaine; mais bientôt une nouvelle guerre éclata, et Charles entra dans Bordeaux, Toulouse et Narbonne. Pepin recourut alors aux Normands et aux Sarrasins.

Un tel secours le rendit odieux, et, après de nombreuses vicissitudes, il tomba aux mains de son oncle, qui l'enferma dans un cloître (852). Charles put se croire maître du midi de la France; mais au-dessous de Pepin, qu'il avait renversé, étaient les puissants comtes de Poitiers, de Toulouse et de Barcelone, qui se trouvaient les véritables maîtres du pays.

845-874.

Guerre de Bretagne. — A l'ouest, dans la péninsule armoricaine, Charles soutint aussi une guerre difficile. Noménoé, duc des Bretons, s'était emparé, en 845, de Nantes, de Rennes, d'Angers et du Mans, après avoir vaincu Charles à Ballon; il avait établi de sa propre autorité un archevêché à Dol, et contraint le prélat qu'il y nomma de le couronner roi. Une tentative faite par le roi de France pour déposséder le fils de Noménoé réussit mal; Charles, de nouveau vaincu dans une sanglante bataille, fut forcé d'abandonner à Érispoé, puis à son frère Salomon III, toutes les usurpations de leur père. Cependant la mort violente de Salomon, assassin de son frère, ayant été le signal de grands troubles en Bretagne (874), ce pays parut rentrer sous la suzeraineté de la France. Ainsi l'ouest et le sud semblaient rattachés à la nouvelle monarchie française.

869-877.

Guerres pour la succession de Lorraine et d'Italie. — A l'est, Charles fit aussi de grandes acquisitions; en 869, après la mort de son neveu Lothaire II, il s'empara de ses États, aux dépens de Louis II, alors occupé dans l'Italie méridionale à combattre les Arabes; mais Louis le Germanique voulut entrer en partage dans cette spoliation, et força son frère à lui céder, par le traité de Mersen (9 août 870), la moitié de l'héritage de Lothaire. Charles ne garda que la partie *occidentale et méridionale de la Lorraine*, où étaient situées les villes de Lyon, Besançon, Vienne, Viviers, Usez, Toul, Verdun et Cambrai; mais il se dédommagea en enlevant à l'empereur Louis II la province viennoise; et lorsque ce prince mourut, en 875, il se fit couronner à Rome empereur, et prit à Pavie la couronne de fer des rois lombards. Encouragé par le succès de tant d'usurpations, il essaya de priver de leur héritage les fils de Louis le Germanique, mort en 876; mais sa défaite à Andernach enleva pour mille ans à la France la rive gauche du Rhin. Charles mourut lui-même l'année suivante dans une vallée des Alpes, en fuyant honteusement de l'Italie devant une armée du roi de Bavière Carloman (877). Avant de tenter cette expédition d'Italie, il avait été contraint, dans l'assemblée de Kiersy, de permettre à ses vassaux de transmettre leurs *honneurs* à leurs enfants ou à leurs proches, et d'assurer aux fils des comtes qui le suivraient en Italie la charge de leurs pères. Déjà l'édit de Mersen avait reconnu l'inamovibilité des bénéfices et obligé les hommes libres de se *recommander* à un seigneur de leur choix. Ainsi la propriété bénéficiaire devenait héréditaire, les hommes libres étaient contraints de changer leurs alleux en bénéfices, et les comtes pouvaient transmettre héréditairement à leurs fils la part d'autorité royale dont ils étaient investis; c'est dire que la féodalité se trouvait déjà constituée dans ses éléments les plus essentiels.

LOUIS II, DIT LE BÈGUE.
(877-879.)

Le successeur de Charles fut son fils Louis II, surnommé le Bègue, et couronné depuis dix ans comme roi d'Aquitaine; mais il ne se maintint sur le trône qu'en jurant l'observation des ordonnances antérieures, et en entrant plus avant encore dans ce système de concessions aux grands que son père avait commencé; il lui fallut acheter, pour ainsi dire, sa couronne aux dépens du domaine royal, qu'il démembra pour se faire des partisans. De là, dit le président Hénault, tant de seigneuries, de duchés, de comtés, qui furent possédés par des particuliers.

LOUIS III.
(879-882),
ET CARLOMAN.
(879-884.)

La mort prématurée de Louis le Bègue (879) laissa le royaume de France à ses deux fils Louis et Carloman. Menacés par les grands, qui ne songeaient qu'à affaiblir encore la royauté, par le duc Boson, qui se fit proclamer par les évêques de l'ancienne Bourgogne roi de Provence (879), par les Normands enfin, qui, las de pillage, songeaient à faire des établissements durables, les nouveaux rois ne voyaient que danger autour d'eux. Une victoire remportée à Fontevrault, par les deux frères, sur les pirates du nord, une seconde gagnée à Saucourt par Louis III, les succès de Carloman sur Boson, qui perdit Mâcon, Lyon et Vienne, enfin la concorde des deux frères et leur alliance avec les Carlovingiens de Germanie, semblaient promettre un règne brillant; mais tous deux moururent, Louis en 882, et Carloman en 884; et les grands, oubliant les droits d'un fils posthume de Louis le Bègue, Charles le Simple, offrirent la couronne au seul fils de Louis le Germanique qui eût survécu à ses frères, et tout l'empire de Charlemagne se trouva une dernière fois réuni dans les mains impuissantes de Charles le Gros (884).

CHARLES LE GROS.
(884-887.)

Charles le Gros, fils de Louis le Germanique, avait successivement réuni sous son sceptre, par la mort des Carlovingiens d'Allemagne et d'Italie, tous les royaumes démembrés de l'empire; il y avait joint encore la couronne impériale : mais des titres si pompeux, des États si vastes ne servirent qu'à mettre plus au jour sa faiblesse et son incapacité. Il laissa les Normands piller et réduire en cendres toutes les villes des bords du Rhin, et, au lieu de combattre, donna la Frise occidentale et deux mille quatre cents livres pesant d'argent à l'un de leurs chefs, Gotfried, qu'il aurait pu accabler. Cependant, de toute la dynastie de France, il ne restait qu'un fils posthume de Louis le Bègue, Charles, depuis surnommé le Simple. Il fallait pourtant un chef; les grands crurent que Charles le Gros pourrait mieux qu'un enfant protéger la France contre les Normands. Toutefois, malgré ses six couronnes, Charles laissa assiéger Paris; et cette ville eût été prise, si le comte Eudes, fils de Robert le Fort, l'évêque Gozlin et l'abbé de Saint-Germain des Prés ne l'eussent courageusement défendue. Il s'approcha cependant de la ville assiégée avec une armée; mais, au lieu de combattre, il acheta la retraite des Normands, et leur abandonna même la Bourgogne à piller.

Les peuples à la fin, lassés de ce dernier et inutile essai de la puissance impériale, la rejetèrent pour toujours. Charles fut déposé à la diète de Tribur (887).

§ IV. *Tentatives pour substituer une dynastie nouvelle à celle des Carlovingiens.*
(887-987.)

La déposition de Charles le Gros amena le démembrement définitif de l'empire carlovingien. La Germanie, sous Arnulf de Carinthie; l'Italie, sous Gui et Bérenger; la France, sous Eudes, forment d'abord trois grandes divisions; puis, autour de ces masses imposantes, s'élèvent, dans les *marches* de l'ancien empire, des royaumes secondaires : entre la France, l'Allemagne et l'Italie, le royaume de Bourgogne cisjurane et celui de Bourgogne transjurane, qui seront plus tard (930) réunis sous le nom de royaume d'Arles ; dans les Pyrénées et au sud de cette chaîne, la Navarre qui, démembrée à son tour, donnera naissance (1033) au royaume de Castille et Léon, et, deux ans après, à celui d'Aragon. L'Allemagne se borde de même, à l'orient, d'une ceinture de royaumes, tels que la Hongrie, la Bohême et la Pologne. Ainsi dix rois se partageaient l'héritage du dernier chef des Francs.

EUDES.
(888 - 898.)
888 - 893.

Après la déposition de Charles le Gros, il ne se trouva pas en France, entre tant de seigneurs également indépendants, un prince capable de saisir le sceptre et de faire respecter son pouvoir. Cependant le souvenir des exploits du défenseur de Paris, du comte Eudes, fils de ce Robert le Fort qui avait mérité le surnom de Machabée pour ses succès contre les Normands, décida la plupart des évêques et des seigneurs de la France romaine ou de Neustrie à le proclamer roi. Il restait encore en France un descendant de Charlemagne, Charles IV, fils posthume de Louis le Bègue ; mais, exclu sous prétexte de sa grande jeunesse, de tous les trônes carlovingiens auxquels il aurait pu prétendre, il vit ses droits méconnus, comme ils l'avaient été déjà quand ses frères Louis le Bègue et Carloman avaient refusé de l'admettre au partage de l'héritage paternel.

Eudes avait deux autres compétiteurs plus redoutables qui descendaient de Charlemagne du côté des femmes. C'était Gui ou Guido, duc de Spolète, et le roi de Germanie, Arnulf, bâtard de Carloman ; mais l'éloignement de ces deux princes, forcés d'ailleurs de donner toute leur attention aux affaires d'Italie et d'Allemagne, laissa le nouveau roi tranquille possesseur de sa couronne ; toutefois, Eudes fit assurer Arnulf que si sa nomination pouvait causer des troubles en France, il était prêt à se désister. Il alla même le trouver à Worms et lui remit la couronne, le sceptre et tous les ornements de la royauté, en jurant qu'il ne les voulait porter que de son consentement. Le roi de Germanie, flatté de cette déférence, les lui rendit, et cette entrevue se termina par un traité. Cependant toute la France n'obéissait pas au nouveau prince. Vingt-neuf petits États, ou principautés féodales, s'y étaient déjà formés et se regardaient comme à peu près indépendants. Le comte de Poitiers, duc d'Aquitaine, portait même le titre de roi. Le duc de Bretagne affectait l'autorité royale. Il en était de même du duc de Gascogne, des comtes de Flandre, de Vermandois, d'Anjou, et du duc de Bourgogne. Mais Eudes justifia le choix de ses vassaux en délivrant Paris assiégé de nouveau, et en battant, à la sanglante journée de Montfaucon, en Argonne, les Normands, qui perdirent dix-neuf mille hommes. Enhardi par ce succès, il força le comte de Flandre à le reconnaître ; et, profitant des discordes qui s'élevèrent entre le fils et le frère du comte de Poitiers, qui venait de mourir, il donna le Poitou à l'un de ses neveux, et le duché d'Aquitaine à Guillaume le Pieux.

893-896.

Durant cette expédition, un parti puissant, attaché au sang de Charlemagne, ou ne voulant que susciter des troubles pour en profiter, fit couronner Charles le Simple ; et, comme l'incapacité du nouveau roi le fit bientôt abandonner d'un grand nombre de ses partisans, il se réfugia en Germanie auprès d'Arnulf. L'armée que celui-ci lui donna pour rentrer en France se dissipa, il est vrai, au moment de combattre ; mais le roi de Germanie, fort de la suprématie qu'il s'arrogeait sur le royaume de France, somma les deux prétendants Eudes, et Charles IV, de se rendre auprès de lui à la diète de Worms. Eudes y vint seul et fut confirmé par Arnulf, mais à condition de lui céder la Lorraine, dont l'empereur fit un apanage pour son fils Zwentebald.

896-898.

Les mécontents, abandonnant Charles dont l'incapacité décourageait leur zèle ou leur ambition, offrirent la couronne au nouveau duc de Lorraine ; et Charles, craignant de se voir entièrement dépouillé, se réconcilia avec Eudes, et consentit à recevoir de lui un apanage. Cette réconciliation fut sincère ; et, lorsque Eudes mourut quelque temps après, il désigna Charles pour son successeur.

CHARLES LE SIMPLE.
(898 - 929.)
898-923.

Les douze années qui suivirent la mort de Eudes nous sont entièrement inconnues, et l'on ne sait de cette époque que les ravages des Sarrasins et des Normands (911-923). Le roi de Germanie Louis IV, dit l'Enfant, fils d'Arnulf et dernier carlovingien d'Allemagne, étant mort, les Lorrains ne voulurent pas reconnaître Conrad, son successeur, et appelèrent Charles le Simple, dont l'armée, soutenue par les révoltés d'Allemagne, fit de rapides progrès en Lorraine. Mais, lorsque Henri l'Oiseleur eut succédé à Conrad, le duc que Charles avait donné aux Lorrains appela le nouveau roi de Germanie, et Charles faillit perdre non-seulement la Lorraine, mais encore les provinces de France dont il était maître. Ce prince faible obéissait alors aux conseils d'un favori nommé Haganon ; les grands, irrités de son crédit, complotèrent, à Soissons, pour déposer le roi. Si cette résolution ne fut point suivie, les seigneurs ne s'en conduisirent pas moins avec Charles comme s'il eût réellement perdu ses droits à leur soumission, et il se vit réduit à la propriété du seul comté de Laon ; encore ne tarda-t-on pas à lui disputer ce faible débris de son royaume.

Hugues, comte de Paris, surnommé le Blanc pour la couleur de ses armes, et l'Abbé à cause de ses nombreuses abbayes, attaqua Charles le Simple, et le força de s'enfuir en Lorraine. Le parti vainqueur, ne rencontrant plus d'obstacles, proclama roi le duc de France Robert, père de Hugues l'Abbé, et frère du roi Eudes. Charles revint bientôt à la tête d'une armée de Lorrains revendiquer ses droits ; vaincu près de Soissons dans une bataille où Robert Ier fut tué, les uns disent d'un coup de sabre dont le comte Fulbert lui fendit la tête, selon d'autres, d'un coup de lance que le roi lui porta dans la bouche, il vit sa couronne donnée au duc de Bourgogne Raoul, gendre de Robert ; et, pour obtenir de l'Allemagne quelques secours qui contribuèrent à le rendre plus odieux encore aux seigneurs de la France, il céda à Henri l'Oiseleur ses prétentions sur la Lorraine (923).

923-929.

Cette alliance fut inutile au malheureux prince ; peu de temps après, Charles, dont il semblait que la destinée fût de mourir victime d'une perfidie, fut arrêté en trahison par Herbert, comte de Vermandois. Ce seigneur lui ayant envoyé le comte de Senlis pour lui déclarer qu'il était prêt à se déclarer pour lui avec tous ses vassaux, le prince fugitif, surpris de cette nouvelle et n'ayant d'ailleurs aucune raison de se défier du comte son parent, se rendit à Saint-Quentin, où son nouvel allié l'attendait. En l'abordant, Herbert se jeta à ses pieds, embrassa ses genoux, et, voyant que son fils recevait debout le baiser du prince, « Sachez, lui dit-il, en le frappant ru-« dement, que cette posture est peu « propre à reconnaître une si grande « marque de la bonté de son roi et sei-« gneur. » Charles, désormais sans inquiétude, se laissa conduire où l'on voulut, et consentit même à renvoyer ceux qui l'avaient accompagné. Mais, la nuit suivante, Herbert le fit enlever et conduire secrètement à Château-Thierry, où il le retint prisonnier. Puis il se rendit à la cour de Bourgogne pour instruire le nouveau monarque du succès de sa trahison ; mais , peu de temps après, Herbert ayant demandé à Raoul le comté de Laon qui venait de vaquer par la mort de Rotgaire, le monarque le lui refusa pour le donner au fils aîné du défunt. Irrité de ce refus , le comte résolut de s'en venger. Le roi de Germanie Otton le Grand et le duc de Normandie entrèrent dans son ressentiment ; tous lui jurèrent de l'aider de leur pouvoir à remettre le descendant de Charlemagne sur le trône. Le pape même intervint par de pressantes sollicitations en sa faveur, menaçant d'excommunier quiconque s'opposerait au rétablissement de l'héritier légitime. Charles fut donc tiré de sa prison, conduit à Saint-Quentin où il fut reçu aux acclamations de tout le peuple , et de là à la ville d'Eu, où le duc de Normandie lui fit hommage. Ainsi, presque tout le nord de la France se déclara hautement pour le légitime souverain. La guerre civile allait éclater, lorsque Raoul, pour conjurer l'orage, offrit de céder à Herbert la ville de Laon. C'était le véritable motif de la guerre ; le rétablissement de Charles n'en avait été que le prétexte. Ce malheureux prince , sacrifié de nouveau, fut renfermé à Péronne, où il mourut quelque temps après, dans la cinquantième année de son âge et la trentième de son règne. Il avait eu deux enfants, Louis d'Outre-mer, qui lui succéda, et une fille du nom de Gisèle , qui fut mariée à Rollon , premier duc de Normandie.

Rollon était le fils d'un jarl ou duc norwégien. Proscrit dans sa patrie, il s'était fait roi de la mer, et, après de nombreuses courses, s'était arrêté, fatigué de sa vie errante , sur les bords de la Seine, dans cette partie de la Neustrie qui prit le nom de Normandie. En 912, Charles avait conclu à Saint-Clair-sur-Epte un traité par lequel la Normandie fut cédée à Rollon, à titre de fief et de duché de la couronne de France, avec le droit de suzeraineté sur les comtes de Bretagne. Le nouveau duc, qui s'était fait chrétien , établit dans ses États une police sévère, releva les villes ruinées , encouragea l'agriculture et le commerce, et bientôt la Normandie fut le pays le plus prospère et le plus civilisé de toute la France.

Rollon n'était pas le seul chef normand établi en France. Avant lui, Gerlon avait obtenu des fils de Louis le Bègue le comté de Tours, et Charles le Gros avait cédé la seigneurie de Chartres à Hastings qui , bien vite ennuyé de la vie sédentaire, vendit son comté à Gerlon. Raynold , autre chef normand, occupait une partie de la basse Bretagne, Herbert recevait de Charles le comté de Senlis, et Gerlon, ajoutant la ville de Blois à celles de Chartres et de Tours qu'il possédait déjà, fondait une puissante famille de comtes.

RAOUL.
(929-936.)

Charles était mort en 929, et Raoul put régner désormais sans compétiteur, mais non sans avoir à lutter chaque jour contre l'ambition des grands vassaux, qui, après avoir privé la royauté de ses domaines, voulaient lui enlever ce qui lui restait encore de priviléges. Cependant les seigneurs d'au delà de la Loire reconnurent la suzeraineté nominale de Raoul, et l'alliance de Hugues le Grand, duc de France, lui permit de réduire le turbulent Herbert, comte de Vermandois ; mais la France, démembrée déjà en principautés féodales, affaiblie par toutes ces guerres, se vit, sous le règne de ce prince, menacée par de nouveaux barbares. En 923, Raoul repoussa les Hongrois ; mais, trois ans plus tard, ils reparurent, et répandirent la dévastation jusque sur les bords de l'Aisne et sur les rives de l'Océan.

LOUIS IV D'OUTRE-MER.
(936 - 954.)
936-939.

Lorsque Raoul mourut, en 936, un des seigneurs de la France neustrienne surpassait tellement les autres en puissance, qu'il semblait seul maître de disposer de la couronne; c'était Hugues, comte de Paris, fils du roi Robert Ier, neveu du roi Eudes, beau-frère du roi Raoul et petit-fils de Robert le Fort; il gouvernait, sous le nom de duché de France, presque tout le pays situé entre la Loire et la Marne jusqu'aux frontières de la Normandie et de la Bretagne, et avait en outre des prétentions au duché de Bourgogne; enfin il était abbé de Saint-Martin de Tours, de Saint-Denis et de Saint-Germain des Prés, c'est-à-dire qu'il pouvait disposer des nombreux domaines et des revenus de ces riches fondations. Il était si près du trône sur lequel son père s'était placé, et qu'occupa son fils Hugues Capet, qu'on fut étonné de le voir appeler à la couronne le fils de Charles le Simple. De concert avec Guillaume Longue Épée, duc de Normandie, et avec quelques autres seigneurs neustriens, Hugues fit venir d'Angleterre le fils de Charles le Simple, Louis IV, dit d'Outre-Mer, que sa mère ne livra qu'après que les seigneurs se furent engagés, par serment, à respecter sa vie et sa liberté. L'investiture du duché de Bourgogne était la condition mise au rétablissement du fils de Charles le Simple : il n'avait élevé ce fantôme de roi que pour lui faire légaliser cette usurpation; mais la possession de ce duché lui fut vivement disputée par deux compétiteurs, et il ne put en obtenir d'abord qu'une partie. Il espérait au moins disposer à son gré du jeune roi et l'opposer aux grands, ses rivaux; mais Louis, élevé à l'école de l'adversité, montra une activité et une vigueur qu'on n'attendait pas du fils de Charles le Simple. Peu à peu il s'éloigna de Hugues le Grand, et chercha, par de petites guerres contre les seigneurs du voisinage, à relever son autorité. Les grands, effrayés du courage imprévu de leur roi, s'unirent pour réprimer une activité qui inquiétait leur ambition.

939-946.

Bientôt Louis s'engagea dans une querelle dangereuse avec l'empereur d'Allemagne, Otton le Grand, en acceptant l'hommage du duc de Lorraine Giselbert. Otton battit les Lorrains à Brisach (939), et, appelé par Hugues et Herbert, il vint au palais d'Attigny recevoir leurs serments. Heureusement pour Louis, les affaires d'Allemagne forcèrent Otton de repasser le Rhin, et Louis resta libre de se venger du comte de Vermandois et du duc de France. Aidé par les secours des comtes de Poitiers et de Vienne, par ceux des seigneurs aquitains qui vinrent (942) lui jurer fidélité dans la cité de Vienne, il reprit une grande influence au nord de la Loire, reçut à Rouen les hommages des Bretons et des Normands, et se vit en état de lutter contre ses adversaires. La mort d'Herbert (943), et le partage de sa succession entre ses quatre fils, le délivra d'un ennemi dangereux; celle de Guillaume Longue Épée, arrivée la même année, lui donna encore de plus grandes espérances. Ce duc ayant été assassiné par le comte de Flandre, le roi de France essaya de profiter de la minorité de son fils, Richard Sans-Peur, qui n'avait alors que dix ans, pour démembrer son héritage. Il convint avec Hugues le Grand, pour s'assurer ses secours, de partager avec lui la Normandie; puis, sous prétexte de faire élever le jeune duc à Laon, dans les mœurs des Français et dans l'élégance de la cour, il le retint prisonnier; mais un fidèle serviteur délivra Richard, et les Normands, ayant leur jeune duc à leur tête, ne cherchèrent plus qu'à diviser les deux ennemis qui se disputaient leur pays. Ils firent espérer d'abord à Louis de le mettre seul en possession de leurs villes, et le reçurent dans les murs de Rouen; mais ce fut pour l'y garder prisonnier, et il fallut l'intercession de plusieurs princes, les prières même de Hugues le Grand pour les décider à relâcher le roi, qui fut remis entre les mains du duc de France. Ce n'était pour lui que changer de prison; car Hugues ne le relâcha que quand le roi lui eut livré la ville de Laon, la seule qui lui restait.

La détresse dans laquelle se trouvait en France le descendant de Charlemagne n'était pas seulement, il faut le dire, le résultat de l'ambition du comte de Paris et de quelques autres seigneurs ; la déchéance des Carlovingiens avait des causes plus générales et plus profondes. Hugues n'était que le représentant de l'antipathie nationale qui s'était peu à peu formée dans la France du nord contre les indignes successeurs de Charlemagne. Ceux-ci, en souvenir de leur origine teutonique, tournaient constamment leurs regards vers l'Allemagne, où ils espéraient trouver toujours aide et protection. Ainsi Louis, comme son père, implora l'assistance du roi de Germanie.

946-954.

Deux conciles furent tenus par les évêques de Germanie, à Trèves et à Ingelheim, pour examiner, par ordre du pape et de l'empereur, les griefs de Louis IV. Assis à côté de l'empereur, il exposa ses plaintes contre le comte de Paris, qui fut excommunié, mais tint tête aux menaces ecclésiastiques, comme à celles d'Otton, jusqu'en 950, où il consentit à se réconcilier avec Louis IV. Ce prince, toujours réduit à la possession de la seule ville de Laon, passa les dernières années de sa vie à parcourir la France du midi, se consolant sans doute de ses longues disgrâces par l'apparente déférence des seigneurs aquitains.

LOTHAIRE.
(954-986.)

Son fils Lothaire, âgé seulement de treize ans, lui succéda, car Hugues le Grand dédaignait de prendre pour lui-même une couronne si misérable. Deux ans après, Hugues mourut, laissant à son fils Hugues Capet le duché de l'Ile-de-France. Les deux enfants se trouvèrent sous la tutelle de leurs mères Hedwige et Gerberge, toutes deux sœurs d'Otton le Grand. Lorsqu'il fut en âge de régner par lui-même, le nouveau roi chercha à reconquérir quelque popularité en se déclarant contre les Germains. Il essaya de reprendre la Lorraine, et, entrant à l'improviste sur les terres de l'Empire, il pénétra jusqu'à Aix-la-Chapelle. Mais cette expédition aventureuse ne servit qu'à amener soixante mille Allemands jusqu'à Paris, où ils chantèrent en chœur, sur les hauteurs de Montmartre, un verset du *Te Deum*. Toutefois ils furent battus dans leur retraite au passage de l'Aisne. Malgré ce succès, Lothaire renonça, par le traité de Reims, à la possession de la Lorraine. Ce prince ne put, quelque activité qu'il montrât, prévenir la ruine de sa maison. Lorsqu'il mourut, en 986, il laissa son titre à Louis V, que son indolence, la faiblesse de son autorité et le peu de durée de son règne ont fait surnommer le Fainéant.

LOUIS V, LE FAINÉANT.
(986-987.)

Tout ce qu'on sait en effet du règne de ce prince, c'est qu'il fut en mésintelligence avec la reine Emma, sa mère ; que cette femme, dont la conduite était aussi déréglée que son cœur était dénaturé, soutint une sorte de guerre contre son beau-frère, Charles, duc de la basse Lorraine. Le jeune Louis paraît être resté entièrement étranger à cette guerre ; il mourut peu après, âgé de vingt ans, et fut enterré dans l'église de Saint-Corneille de Compiègne, où il avait été couronné du vivant même de son père. On prétend qu'il fut empoisonné par Emma, sa mère, ou par Blanche, sa femme, qui ne l'aimait point. Avec lui s'éteignit en France la dynastie des Carlovingiens, après avoir occupé le trône pendant une période de deux cent trente-six ans, et avoir donné douze rois à la France.

LIVRE II.
(987-1481.)
INTRODUCTION.
FRANCE FÉODALE.
DE L'AVÉNEMENT DE HUGUES CAPET A LA MORT DE LOUIS XI.

A la fin du dixième siècle, avec l'avénement des Capétiens et par la répudiation de la dynastie germanique des Carlovingiens, commencent la

France et la civilisation française.
« Jusque-là nous avons parlé de la civilisation gauloise; romaine, gallo-romaine, franque, gallo-franque; nous avons été obligés d'allier des noms étrangers, des noms qui ne sont pas le nôtre, pour exprimer avec quelque justesse une société sans unité, sans fixité, sans ensemble. A partir de la fin du dixième siècle, il n'y a plus rien de semblable; c'est maintenant des Français, de la civilisation française que nous avons à nous occuper. Et pourtant c'est à cette même époque que toute unité nationale et politique disparaît de notre territoire. Ainsi le disent tous les livres, ainsi le montrent tous les faits. C'est l'époque où prévaut complétement le régime féodal, c'est-à-dire le démembrement du peuple et du pouvoir. Au onzième siècle, le sol que nous appelons français est couvert de petits peuples, de petits souverains à peu près étrangers les uns aux autres, à peu près indépendants les uns des autres. L'ombre même d'un gouvernement central, d'une nation générale semble avoir disparu. Comment se fait-il que la civilisation et l'histoire vraiment française commencent précisément au moment où il est presque impossible de découvrir une France?

« C'est que, dans la vie des peuples, l'unité extérieure, visible, l'unité de nom et de gouvernement, bien qu'importante, n'est pas la première, la plus réelle, celle qui constitue vraiment une nation. Il y a une unité plus profonde, plus puissante: c'est celle qui résulte non pas de l'identité de gouvernement et de destinée, mais de la similitude des institutions, des mœurs, des idées, des sentiments, des langues; l'unité qui réside dans les hommes mêmes que la société réunit, et non dans les formes de leur rapprochement; l'unité morale enfin, très-supérieure à l'unité politique, et qui peut seule la fonder solidement.

« Eh bien! c'est à la fin du dixième siècle qu'est placé le berceau de cet être unique et complexe à la fois qui est devenu la nation française. Il lui a fallu bien des siècles et de longs efforts pour sortir de là, et se produire dans sa simplicité et sa grandeur. Cependant, à cette époque, ses éléments existent, et l'on commence à entrevoir le travail de leur développement. Dans les temps que nous avons étudiés, du cinquième au dixième siècle, sous la main de Charlemagne, par exemple, l'unité politique extérieure a été souvent plus grande, plus forte qu'à l'époque dont nous allons nous occuper. Mais, si vous regardez au fond des choses, à l'état moral des hommes mêmes, l'unité y manque complétement. Les races sont profondément diverses et même ennemies; les lois, les traditions, les mœurs, les langues diffèrent et luttent également; les situations, les relations sociales n'ont ni généralité, ni fixité. A la fin du dixième et au commencement du onzième siècle, il n'y a point d'unité politique pareille à celle de Charlemagne; mais les races commencent à s'amalgamer; la diversité des lois selon l'origine n'est plus le principe de toute la législation. Les situations sociales ont acquis quelque fixité; des institutions, non pas les mêmes, mais partout analogues, les institutions féodales ont prévalu, ou à peu près, sur tout le territoire. Au lieu de la diversité radicale, impérissable, de la langue latine et des langues germaniques, deux langues commencent à se former, la langue romane du midi et la langue romane du nord; différentes sans doute, cependant de même origine, de même caractère, et destinées à s'amalgamer un jour. Dans l'âme des hommes, dans leur existence morale, la diversité commence aussi à s'effacer. Le Germain est moins adonné à ses traditions, à ses habitudes germaniques; il se détache peu à peu de son passé pour appartenir à sa situation présente; il en arrive autant du Romain : il se souvient moins de l'ancien empire et de sa chute, et des sentiments qui en naissaient pour lui. Sur les vainqueurs et sur les vaincus, les faits nouveaux, actuels, qui leur sont communs, exercent chaque jour plus d'empire. En un mot, l'unité politique est à peu près nulle, la diversité réelle encore très-grande; cependant il y a au fond plus d'unité véritable qu'il n'y en a eu depuis cinq siècles. On commence à entrevoir les éléments d'une nation; et la preuve, c'est que, depuis cette époque, la tendance de tous ces éléments sociaux à se rapprocher, à s'assimiler, à se former en grandes masses, c'est-à-dire, la tendance vers l'unité nationale, et, par là, vers l'unité politique, devient le caractère dominant, le grand fait de l'histoire de la civilisation française (*). »

Mais il a fallu cinq siècles pour que ces éléments pussent se rapprocher et former cette forte et puissante agrégation qu'on nomme la France. Pendant ces cinq siècles, la royauté, privée de tous ses droits utiles, réduite à de vains titres et à la possession d'un domaine moins étendu et moins riche que celui de la plupart des grands fiefs, resta longtemps comme endormie et s'oubliant elle-même, jusqu'à ce que Louis VI et Philippe - Auguste la tirassent de sa torpeur pour la faire lutter hardiment contre les grands vassaux. De Philippe-Auguste à Philippe de Valois, la royauté triomphe, couvre la France de ses officiers, attire à elle presque toutes les juridictions féodales, se crée enfin pouvoir central et unique, exerçant librement et sans crainte son action absolue sur toute la surface du territoire.

Alors commence la guerre contre l'Angleterre; alors arrivent les désastres de Crécy, de Poitiers et d'Azincourt; et les descendants de Hugues Capet, vaincus, fugitifs et détrônés, se trouvent, comme les derniers Carlovingiens, ne posséder plus que quelques villes; alors aussi commence une féodalité nouvelle : tout ce qui restait encore de vassaux puissants ressaisissent leurs droits perdus et font revivre leurs prétentions; les princes du sang démembrent le territoire, et les principautés féodales reparaissent, comme quatre siècles auparavant, plus formidables même et plus hostiles à la royauté, parce qu'elles prétendent à l'indépendance et à l'exercice des mêmes droits. Mais la nation, qui s'est reconnue elle-même dans cette lutte d'un siècle contre l'Anglais, l'ennemi commun, qui a marché sous la bannière royale à la délivrance du territoire, ne peut plus consentir, pour satisfaire quelques ambitions privées, à un nouveau morcellement de la France; aussi aidat-elle le roi dans sa lutte contre la nouvelle aristocratie princière; et un règne suffit, celui de Louis XI, le *compère* des bourgeois de Paris, pour rétablir, mais d'une manière durable, le pouvoir absolu de la royauté.

Durant la première de ces périodes, de Hugues Capet à Philippe-Auguste, les Capétiens ne règnent que sur les comtés de Paris et d'Orléans. Si donc l'on devait réduire l'histoire de la France à celle de la dynastie royale, il faudrait oublier la nation pendant deux ou trois siècles, pour ne recueillir que les détails insignifiants de l'obscure biographie des princes de la nouvelle race. Il est plus juste, puisque la France s'est morcelée en soixante ou quatre-vingts États, d'étudier ce morcellement qui laissa si longtemps des traces profondes.

Les titres de duc et de comte, fort usités dans l'empire romain à partir de Constantin, avaient été adoptés par les conquérants germains, qui y avaient ajouté ceux de vicomte et de margrave. Durant la décadence de l'empire carlovingien, les ducs ou commandants militaires de plusieurs comtés réunis, les comtes ou administrateurs et juges d'une ville et de son territoire, les margraves enfin, chefs d'un pays frontière, s'attribuèrent à titre héréditaire la charge qu'ils exerçaient au nom du souverain et comme ses lieutenants, avec les divers droits régaliens qui y étaient attachés. Quand le temps eut consommé cette usurpation, il se trouva en France autant de rois qu'il y avait eu jadis de lieutenants du roi. Cependant ces anciens officiers royaux, qui avaient dépouillé leur chef de ses domaines aussi bien que de son autorité, conservaient

(*) Guizot, vol. IV, Cours de 1830, p. 3.

encore quelque respect pour sa dignité: ils consentaient à le reconnaître pour leur suzerain; à lui prêter hommage lorsqu'il était assez fort pour l'exiger; à suivre sa bannière pendant vingt ou quarante jours lorsqu'il était en guerre avec quelqu'un de ses voisins; à fournir enfin des *aides* pour payer sa rançon lorsqu'il était prisonnier, pour armer son fils aîné chevalier ou pour marier sa fille. Eux-mêmes se soumettaient à une sorte de hiérarchie politique, où chacun prenait sa place, plus haut ou plus bas, selon la part d'autorité que lui ou son père avait jadis usurpée. Ainsi, au-dessous d'un duc il y avait des comtes; au-dessous d'un comte, des vicomtes; puis de simples seigneurs. C'est la réunion de ces propriétaires souverains, dont quelques-uns étaient vassaux immédiats du roi, et le reste vassaux des possesseurs de grands fiefs, qui forma la société féodale (*).

CHAPITRE PREMIER.
CHRONOLOGIE HISTORIQUE DES GRANDS FIEFS.

§ I. *Sud-ouest de la France. Fiefs de l'ancien royaume d'Aquitaine restés français entre la Loire, le Rhône inférieur, les Pyrénées et l'Océan. (Navarre, Gascogne, Béarn, Foix, Languedoc, Roussillon, Guyenne, Poitou, Auvergne, Angoumois, Saintonge, Périgord, Marche, Limosin, Berry et Bourbonnais.)*

COMTÉ, PUIS ROYAUME DE NAVARRE.
Fondé en 860; réuni à la France en 1591. Capitale Pampelune.

860-1234.

Soumis par Charlemagne, qui avait établi des margraves à Jaca et à Pampelune, les Navarrais s'étaient séparés sous ses débiles successeurs de l'em-

(*) La nature du système féodal, sa formation, sa durée et sa chute, les obligations réciproques de ses membres, ses résultats, etc., seront longuement examinés ailleurs, ainsi que toutes les questions politiques, administratives, philosophiques et littéraires que peut présenter l'histoire de France.

pire des Francs. Dès l'an 858, on trouve un prince du nom de Garcie désigné comme roi de Pampelune. Ses successeurs sont : Garcie (880-905), qui se retira dans un monastère pour céder le trône à son frère Sanche Ier, lequel battit les Sarrasins près de Pampelune, en 907, et, pour réparer la perte de la grande bataille de la Jonquera, sortit du couvent, où, après un règne glorieux, il s'était enfermé à l'exemple de Garcie Ier; Garcie II (926 à 970); Sanche II (970-994), qui épousa l'héritière du comté de Jaca ou d'Aragon; Garcie III (994-1000), surnommé le Trembleur, malgré sa bravoure; enfin Sanche III (1000-1035), qui réunit, du chef de sa femme, la Castille à son royaume héréditaire, mais fit bientôt de cette contrée l'apanage de son second fils Ferdinand, auquel il donna le titre de roi. Lorsqu'il mourut, il laissa à l'aîné de ses fils, Garcie IV, la Navarre avec les provinces de Biscaye, d'Alava et de Rioja; deux autres, Gonzalès et Ramire, se partagèrent le comté d'Aragon, qui forma ainsi le royaume de Sobrarve et de Ribagorce, et celui d'Aragon. Quant au second de ses fils, Ferdinand, il possédait déjà le royaume de Castille, auquel il joignit celui de Léon, après la mort de son beau-frère Bermude III. Ainsi la maison de Navarre occupait les quatre trônes d'Espagne, réduits à trois, lorsqu'en 1038, la mort de Gonzalès, roi de Sobrarve et de Ribagorce, réunit tout l'ancien comté d'Aragon dans les mains de Ramire. Mais la Navarre, qui donnait au onzième siècle des rois à toute l'Espagne chrétienne, vit s'éteindre au treizième sa dynastie nationale, à la mort de Sanche VII, dernier roi de la race d'Aznar.

1234.

Thibaut IV, comte de Champagne, hérita alors de cette couronne du chef de sa mère Blanche, sœur du dernier roi.

1284.

A la dynastie de Champagne succéda la dynastie des Capétiens, par suite du mariage de Jeanne Ire avec le deuxième fils de Philippe le Hardi. L'année suivante, le nouveau roi de Navarre monta sur le trône de France sous le nom de Philippe IV le Bel. Jeanne, du consentement de son époux, conserva l'administration de ses États. Elle chassa les Aragonais et les Castillans de la Navarre, y établit des gouverneurs d'une sagesse éprouvée, et fit jouir ses sujets d'une tranquillité dont ils étaient privés depuis longtemps. « Cette reine, dit Mézeray, tenait tout le monde enchaîné par les yeux, par les oreilles, par le cœur, étant également belle, éloquente, généreuse et libérale. » C'est elle qui fonda, en 1304, le collège de Navarre et de Champagne dans l'université de Paris.

1305-1328.

Jeanne Ire meurt en 1305. Ses trois fils lui succèdent, Louis le Hutin jusqu'en 1316, Philippe le Long jusqu'en 1322, et Charles le Bel jusqu'en 1328. A la mort de ce dernier, Jeanne II, fille de Louis le Hutin, qui avait été dépouillée, par ses deux oncles, moyennant une indemnité de cent cinquante mille livres et une rente de quinze mille, de son royaume de Navarre, ainsi que des comtés de Champagne et de Brie, rentra en possession de ses droits, et se fit proclamer, à Pampelune, avec son époux Philippe, comte d'Évreux, petit-fils de Philippe le Hardi, et chef de la quatrième dynastie navarraise, dite d'Évreux. Les cortès, avant la cérémonie, firent jurer aux deux époux qu'ils ne feraient battre une nouvelle monnaie qu'une seule fois pendant leur règne, qu'ils ne confieraient qu'à des indigènes la garde des forteresses, qu'ils n'engageraient ni aliéneraient le domaine royal, et qu'enfin ils laisseraient le gouvernement à leur fils aîné dès qu'il aurait vingt ans accomplis. Les Navarrais étaient déclarés libres de leur serment de fidélité si ces engagements étaient violés.

1331.

Philippe d'Évreux, de concert avec les États, établit un parlement en Navarre.

1336.

Guerre de Philippe avec le roi d'Angleterre, au sujet d'une abbaye sur les frontières de la Navarre et de la Gascogne. Jean de Vienne, archevêque de Reims, envoyé sur les lieux par le roi de France, accommode ce différend. Philippe n'en reste pas moins opposé aux Anglais, et se distingue dans les guerres de la France contre Édouard III.

1343.

Philippe secourt Alphonse XI, roi de Castille, contre les Mores; il meurt au siège d'Algésiras.

1349.

Jeanne II meurt à Conflans, près de Paris. Elle a pour successeur Charles II, dit le Mauvais, « prince, dit Mézeray, qui avait toutes les bonnes qualités qu'une méchante âme rend pernicieuses : l'esprit, l'éloquence, l'adresse, la hardiesse et la libéralité. » Sa vie, qui ne fut qu'un tissu de perfidies, de trahisons et d'assassinats, appartient à l'histoire de France plutôt qu'à celle de la Navarre. On verra plus loin tous les maux qu'il causa à la France sous les règnes de Jean II et de Charles V.

1387.

Mort de Charles le Mauvais. Un drap imbibé d'eau-de-vie, dans lequel on l'avait enveloppé pour ranimer ses forces épuisées par les débauches, ayant pris feu par l'imprudence de son valet de chambre, il périt dans les plus horribles douleurs. Son successeur fut Charles III, dit le Noble, qui possédait toutes les vertus opposées aux vices de son père.

1404.

Charles III fait avec Charles VI, roi de France, un traité par lequel il renonce à toutes ses prétentions sur les comtés de Champagne, de Brie, d'Évreux, etc., pour douze mille livres sur différentes seigneuries que le roi érige en sa faveur en duché-pairie, sous le nom de duché de Nemours. A partir de ce règne, l'héritier présomptif du trône de Navarre prend le titre de prince de Viane.

4.

1425.

A Charles III succéda Jean II, fils de Ferdinand, roi d'Aragon. Ce prince fut redevable de la couronne de Navarre à Blanche, fille de Charles III, qu'il avait épousée en 1419.

1429.

Jean est couronné à Pampelune. Le roi et la reine prêtent les serments accoutumés, et, suivant un usage maintenu depuis le temps des Goths, ils sont montrés au peuple sur un bouclier soutenu par les députés des principales villes du royaume.

1434.

Jean s'étant rendu en Sicile auprès du roi d'Aragon, Alphonse le Sage, son frère, est fait prisonnier, à la bataille navale de Gaëte, par la flotte du duc de Milan, mais il est renvoyé libre sans rançon.

1441.

La reine Blanche meurt, laissant la couronne de Navarre, qui lui appartenait, à son fils aîné, Don Carlos, prince de Viane, âgé de vingt ans; mais Jean II ne peut se résoudre à la lui abandonner. Il en résulte une guerre civile, dans laquelle Don Carlos, vaincu par son père à la bataille d'Estella, se retire en Italie, 1457, auprès de son oncle Alphonse. Celui-ci, en mourant, 1448, laisse à Jean les trônes d'Aragon et de Sicile.

1460.

Don Carlos se soumet à son père, qui le fait arrêter d'une manière perfide. Il meurt l'année suivante sans laisser d'enfants légitimes.

1462.

Jean déshérite Blanche, sœur de Don Carlos, héritière légitime du trône de Navarre, et substitue aux droits de cette princesse sa fille cadette, Léonore, femme du comte de Foix, et au défaut de Léonore, Gaston, fils de la comtesse. Blanche, livrée à ses ennemis par son père, et enfermée au château d'Orthès, y meurt le 2 décembre 1464, empoisonnée, dit-on, par Léonore.

1479-1483.

Jean, qui avait toujours conservé la Navarre, meurt le 19 janvier 1479. Léonore, veuve depuis 1472, lui succède dans le royaume de Navarre; mais, au bout de vingt-quatre jours, la mort lui enlève une couronne qu'elle avait peut-être achetée par un crime. François Phœbus, son petit-fils, lui succède sous la régence de sa mère Madelaine de France, fille de Charles VII. Cette princesse met un terme aux troubles qui, sous le règne de Jean, avaient rempli le royaume, par suite de la rivalité qui existait entre les deux puissantes familles de Beaumont et de Grammont. Le jeune roi, couronné à Pampelune en 1481, meurt à Pau le 30 janvier 1483.

1483-1517.

Catherine, sa sœur, régna après lui, également sous la régence de sa mère; mais la couronne de Navarre, aussi bien que le comté de Foix et les vicomtés de Béarn et de Bigorre qui y appartenaient, lui furent disputés par son oncle Jean de Foix, vicomte de Narbonne. Il y eut à ce sujet une guerre civile, suivie de plusieurs transactions. La contestation ne fut définitivement décidée en faveur de Henri d'Albret, fils de Catherine, qu'en 1517, par un arrêt du parlement de Paris.

Catherine avait été fiancée, en 1484, à Jean d'Albret, fils d'Alain le Grand, qu'elle épousa en 1494, et qui fut couronné avec elle. Jean II était un prince d'un caractère doux, enjoué et libéral, mais frivole, et n'aimant pas les occupations sérieuses. Populaire à l'excès, il allait dîner sans cérémonie chez tous ceux qui l'invitaient, prenait part à tous les divertissements de ses sujets, et dansait souvent sur la place publique avec leurs femmes ou leurs filles. Le pauvre roi, lui aussi *dansait sur un volcan* : en 1512, Ferdinand le Catholique, roi d'Aragon, sous prétexte que Jean était l'allié de la France, et qu'il avait été excommunié par le pape, s'empara de toute la partie de la Navarre située au sud des Pyrénées. Jean et Catherine ne purent conserver que la basse Navarre, située sur la pente septentrionale des Pyrénées, et la principauté de Béarn. Toutes les tentatives que fit Jean pour arracher à l'usurpateur Pampelune et la haute Navarre restèrent sans succès, et, en 1515, Ferdinand réunit pour toujours ce royaume à la Castille. Jean, l'année suivante, tenta un dernier effort, et essuya une nouvelle défaite. Ce fut alors que Catherine lui dit : « Si le ciel « nous eût fait naître, vous Catherine « et moi Don Juan, nous n'aurions pas « perdu la Navarre. » Les deux époux ne survécurent pas longtemps à ce malheur. Jean II mourut le 24 juin 1516; Catherine le 11 février 1517.

1517-1555.

Henri II, leur fils, âgé de treize ans, leur succéda. On verra dans la chronologie des rois de France les tentatives qui furent faites par François Ier pour lui rendre ses États héréditaires. Henri suivit le roi de France dans son expédition d'Italie, et fut fait prisonnier avec lui à la bataille de Pavie; mais une ruse de son page Vivès lui fournit le moyen de s'évader. L'an 1526, il épousa Marguerite de Valois, duchesse d'Alençon, sœur de François Ier, princesse célèbre pour son esprit et ses talents. Par suite de ce mariage, le roi de France donna toute la succession d'Armagnac à Henri, qui se trouva ainsi possesseur de presque toute la Guyenne. Henri mourut à Pau, le 25 mai 1555, ne laissant qu'une fille, Jeanne d'Albret, qui lui succéda avec son second époux, Antoine de Bourbon, duc de Vendôme.

1555-1572.

Antoine, s'il faut en croire quelques historiens, imagina un singulier moyen pour recouvrer la haute Navarre. Il envoya une ambassade en Afrique, au roi de Fez, pour lui proposer une alliance, s'engageant à lui faciliter les moyens de recouvrer le royaume de Grenade, que ses ancêtres avaient possédé, à la condition que, de son côté, il lui ferait restituer la Navarre ou l'aiderait à s'en emparer. On conçoit qu'un tel projet resta sans exécution. Antoine et Jeanne, qui embrassèrent avec zèle le calvinisme, jouèrent un rôle important dans les troubles de religion qui désolèrent la France. Il suffira de dire ici qu'Antoine mourut en 1562, des suites d'une blessure qu'il avait reçue au siège de Rouen, et que Jeanne fut, dit-on, empoisonnée à Paris, en 1572, au moyen d'une paire de gants parfumés que lui avait vendue un Italien de la cour de Catherine de Médicis.

1572-1607.

Henri III, son fils, âgé de dix-neuf ans, lui succéda, et prit le titre de roi de Navarre. Né à Pau le 13 décembre 1553, il fut d'abord nommé comte de Viane. Son aïeul, Henri II, en le voyant naître, s'écria : « Voilà mon vengeur ! » et ne négligea rien pour que cette prédiction pût se réaliser un jour. En 1589, Henri III monta sur le trône de France sous le nom de Henri IV. La courageuse opposition du procureur général la Guesle, qui, malgré trois lettres de jussion, engagea le parlement à refuser l'entérinement des lettres par lesquelles Henri déclarait que ses biens patrimoniaux restaient séparés du domaine royal, força ce prince à les réunir aux possessions de la couronne, par l'édit de 1607, confirmatif de l'arrêt de 1591. Henri augmenta ainsi son nouveau royaume du vicomté de Béarn, du royaume de basse Navarre, des comtés d'Armagnac, de Foix, d'Albret, de Bigorre, du duché de Vendôme, du comté de Périgord et du vicomté de Limoges.

DUCHÉ DE GASCOGNE.

Fondé vers 628, réuni au duché de Guyenne en 1052. Capitale Bordeaux.

628-735.

Les Basques, nommés aussi Vascons et Gascons, ne furent jamais complétement soumis, ni par les Romains, qui placèrent une garnison à Bayonne pour défendre l'Aquitaine contre leurs incursions, ni par les Visigoths, qui dominèrent des deux côtés des Pyrénées, ni enfin par les Francs mérovingiens, qui ne firent que de courtes et rares expéditions dans le midi de la Gaule. En 628, un de leurs chefs nationaux, Amand, donna sa fille en mariage à Caribert, qui venait de recevoir de son frère Dagobert le royaume de Toulouse ou d'Aquitaine. De ce mariage, qui mêlait le sang des Mérovingiens avec celui du plus ancien peuple de la Gaule, naquirent deux fils, Boggis et Bertrand, qui héritèrent de leur aïeul le duché de Gascogne, et de leur père l'Aquitaine. De leurs deux fils, l'un Hubert, si célèbre comme patron des chasseurs, devint évêque de Liége; l'autre, Eudes ou Odon, régna sur les pays situés entre la Loire, l'Océan, les Pyrénées, la Septimanie et le Rhône. Reconnu pour roi d'Aquitaine par Chilpéric II, en 717, il fut battu, en 719, par Charles Martel, qu'il fut contraint plus tard d'appeler contre les Arabes.

735-1052.

Son fils Hunald lui succéda en 735, à titre de duc de Gascogne et d'Aquitaine, mais sous la condition de l'hommage aux maires carlovingiens; ceux-ci, qui se préparaient à priver enfin de la couronne les descendants de Clovis, ne pouvaient voir sans crainte s'affermir, entre la Loire et les Pyrénées, une dynastie mérovingienne qui serait peut-être un jour tentée de revendiquer ses droits sur le reste des pays soumis à la domination des Francs. C'est là le secret de cette haine héréditaire des deux maisons, l'explication des guerres sanglantes de Charles Martel, de Pepin et de Charlemagne, et de la persécution qui poursuivit Hunald, tué dans Pavie par les Pavesans qu'il excitait contre les Francs; son frère Remistan, mis à mort par Pepin; son fils Waïfre, assassiné par les agents de l'ancien maire du palais; son petit-fils Loup, le vainqueur de Roncevaux, pris et condamné par Charlemagne à être pendu.

A la mort de Waïfre, Charlemagne avait réuni l'Aquitaine au reste de sa monarchie, et donné, en 768, la Novempopulanie (entre les Pyrénées et la Garonne) à Loup Ier, neveu de Hunald, avec le titre de duc héréditaire des Gascons, dont il jouit jusqu'en 774. Loup Ier étant mort à cette époque sans laisser d'enfants, Loup II, fils de Waïfre obtint de Charlemagne le duché de Gascogne. Loup, associant à ses haines de famille la haine des Basques contre tous les conquérants des Gaules, Celtes, Romains, Visigoths ou Francs, prépara l'embûche de Roncevaux, où périt l'arrière-garde de Charlemagne à son retour d'Espagne. Nous avons dit plus haut que Charlemagne le fit pendre. Ses deux fils, Adalric et Loup Sanche, obtinrent cependant le duché de Gascogne, moins le comté de Fezensac que Charlemagne en détacha (778).

Fidèle à ses souvenirs, cette famille continua la guerre contre les Carlovingiens jusqu'à l'année 819, où un petit-fils d'Adalric, Loup Centule, fut contraint de se retirer en Castille auprès d'Alphonse le Chaste. Totilon, parent de Louis le Débonnaire, fut nommé par ce prince duc de Gascogne, avec les comtés de Fezensac et de Bordeaux. Pendant cinquante-trois ans, le duché fut ainsi administré par des chefs amovibles; mais, en 872, les Basques allèrent chercher en Castille un descendant de Loup Centule, Sanche le Montagnard, qui régna sur la Gascogne comme duc héréditaire, sans vouloir reconnaître l'autorité des rois de France, et fit de Bordeaux la capitale de son duché. Au-dessous de lui étaient les comtes des Basques, de Béarn, d'Aire, de Dax, de Bigorre, de Fezensac, de Lectoure et de Bordeaux. Cette nouvelle dynastie mérovingienne subsista jusqu'en 1032, époque où Sanche-Guillaume mourut sans laisser de fils. Bernard II, comte d'Armagnac et descendant, comme Sanche-Guillaume, des anciens ducs mérovingiens de Gascogne, s'en empara, de 1040 à 1052; mais Gui-Geoffroi, fils de Guillaume V, comte de Poitiers, le força de le lui vendre moyennant la somme de quinze mille sous. Depuis cette époque, le duché de Gascogne et le comté de Bordeaux furent réunis au duché de Guyenne ou d'Aquitaine.

VICOMTÉ DE BÉARN.

Fondée en 819. Réunie aux comtés de Foix et d'Armagnac en 1290. Capitale Morlas, puis Pau.

819-1134.

Le Béarn, borné au nord par la Chalosse, le Tursan et l'Armagnac, au sud par les Pyrénées, à l'est par le Bigorre, à l'ouest par le pays de Soule et la basse Navarre, et d'une étendue de seize lieues de long sur quinze de large, fut donné, en 819, au second fils du duc de Gascogne, Loup Centule, sous la suzeraineté des ducs alors amovibles de Gascogne. Mais Centule-Gaston II, qui régna de 1012 à 1058, affranchit sa vicomté de cette dépendance. Son fils, Centule IV, réunit au Béarn la vicomté de Montaner. Ayant épousé Gisle, sa proche parente, il fut forcé par Grégoire VII de la répudier, et, en réparation de cette faute, abandonna à l'abbaye de Cluni la dixième partie de son droit seigneurial sur la monnaie de Morlas, alors capitale du Béarn, et où l'on fabriquait des espèces de cuivre, d'argent et même d'or, qui avaient cours dans toute la Gascogne, et valaient trois fois autant que la livre de Tours, tandis que la livre de Paris n'excédait cette dernière que d'un cinquième. Centule IV hérita, en 1080, du Bigorre, qui relevait alors des rois aragonais. Son fils, Gaston IV (1088-1130), s'illustra durant la première croisade de Jérusalem, conquit à son retour la vicomté de Dax, et, depuis l'an 1114 jusqu'à sa mort, ne cessa de combattre les Mores d'Espagne au profit du roi d'Aragon Alphonse, qui donna à Gaston le titre de seigneur de Saragosse et de premier *rico hombre* d'Aragon. Il fut enterré à Sainte-Marie de Saragosse, où l'on montre encore ses éperons et son cor de guerre. Avec Centule V, son successeur, tué devant Fraga, qu'assiégeait Alphonse le Batailleur, s'éteignit la ligne mâle des vicomtes mérovingiens de Béarn.

1134-1290.

Pierre, fils d'une sœur de Centule V, hérita du Béarn, auquel il réunit la vicomté de Gavaret et la seigneurie d'Huesca (1134). Lorsque son fils et successeur Gaston IV mourut, en 1170, il laissa grosse sa femme Léofas, fille de Garcie-Ramire, roi de Navarre, laquelle accoucha d'un avorton, dit une vieille chronique. A cette nouvelle, la consternation se répandit dans tout le pays; cet événement semblait le présage des plus terribles malheurs; on s'en prit à la vicomtesse, qu'on accusa d'être l'auteur de son avortement, et le roi de Navarre, son frère, la condamna à l'épreuve de l'eau froide. Elle fut jetée pieds et poings liés du haut du pont de Sauveterre dans le torrent qui coulé au-dessous; mais Léofas, ayant imploré l'assistance de la Vierge, fut portée sur les eaux à la distance de trois jets d'arc, et déposée saine et sauve sur le sable. Son innocence ayant été ainsi miraculeusement prouvée, elle fut rapportée chez elle en triomphe.

Une sœur de Gaston IV ayant épousé le fils du sénéchal d'Aragon, Guillaume de Moncade, famille ancienne et puissante de Catalogne, la vicomté de Béarn passa dans cette maison, qui la posséda jusqu'à la mort de Gaston VI, *moult vaillant homme d'armes*, dit Froissard, *grand de corps et puissant de membres*, dont la vie se passa en combats contre tous ses voisins, et en démêlés avec la maison de France et d'Angleterre, qu'il servit tour à tour durant les règnes de saint Louis et de Philippe III en France, de Henri III et d'Édouard Ier en Angleterre. Le Béarn passa alors au comte de Foix, Roger-Bernard (1290).

SEIGNEURIE, PUIS DUCHÉ D'ALBRET.

Fondée vers 802. Réunie au domaine royal en 1591.
Capitale Nérac.

802-1368.

Ce domaine, qui tire son nom du bourg d'Albret, dans les landes de Gascogne, fut longtemps de peu d'étendue; plus tard, il comprit les villes de Nérac, Castel-Jaloux, Montréal, etc., avec leurs territoires. Suivant des généalogies contestables, les sires d'Albret descendaient des rois de Navarre ou des comtes de Bigorre; le second fils d'un comte de Bigorre, mort en 802, aurait commencé cette dynastie, qui fournit grand nombre de *moult preux et hardis chevaliers*, lesquels menèrent aux Sarrasins dure et forte guerre. Lorsque les guerres entre la France et l'Angleterre éclatèrent, les sires d'Albret, comme tous les seigneurs de la Gascogne et des Pyrénées, levèrent leur bannière, tantôt pour un parti et tantôt pour l'autre; ainsi Bernard-Ézi II, qui commença à régner en 1324, « se montra d'abord grandement affectionné au service du roi d'Angleterre, lui rendit aveu de ses terres, tint de lui en don deux mille livres sterlings de rente annuelle et perpétuelle, qu'il devoit faire asseoir sur les péages et coustumes du pont de Londres. Depuis il quitta le service de l'Anglois, et fut reconnu tellement affectionné et fidèle à l'État, qu'en l'année 1332, Philippe de Valois, ayant résolu de faire le voyage d'outre-mer, désira que Bernard de le Bret (sic) fît serment de fidélité à Jehan de France, son fils, ce qu'il jura en la Sainte-Chapelle de Paris, sur les reliques, et promit, au cas que Philippe de Valois décédast en ce voyage, tenir ledit Jehan, son fils aîné, pour roi (*). » En 1338, Bernard hérita de la vicomté de Tartas.

Son fils Arnaud Amanieu passa de même, tour à tour, du service de France à celui d'Angleterre. Édouard III ayant saisi ses domaines, Philippe de Valois lui donna, pour l'indemniser, une pension de dix-sept cent cinquante livres, montant du revenu de ses terres. Mais bientôt il se réconcilia avec Édouard. Froissard explique ces continuels changements des seigneurs gascons, amis des rois de France, pour l'indépendance qu'ils leur laissaient; amis des rois anglais, parce qu'ils pouvaient piller, sous leur bannière, les riches provinces du Midi : « J'ouïs une fois dire au seigneur d'Albret, dit Froissard, étant à Paris, une parole que je notai bien, quoiqu'il semblast la dire pour plaisanter. Un chevalier de Bretagne lui ayant demandé des nouvelles de son pays, et s'il persisteroit longtemps dans le service de la France, il lui répondit qu'il le pensoit ainsi, et qu'il se trouvoit assez bien. « Cependant, ajouta-t-il, j'avois plus

(*) Galland, manuscrits du roi, n° 387, cité dans l'Art de vérifier les dates.

« d'argent, et mes gens aussi, quand je « faisois la guerre pour le roi d'Angle- « terre, que je n'en ai maintenant; car, « quand nous chevauchions à l'aventure, « nous trouvions toujours quelque riche « marchand de Toulouse, de Condom, « de la Réole ou Bergerac; il se passoit « peu de jours que nous ne fissions quel- « ques bonnes prises ; et maintenant « tout nous est mort. » Alors le Breton se prit à rire, et lui dit : « C'est donc la vie des Gascons. » Pour moi, qui entendis cette parole, je vis que le sire d'Albret commençoit à se repentir d'être François ; et, peu après, on apprit que le sire de Muciden, le seigneur de Rosen, le sire de Duras et le sire de Langoiran, quoique comblés des bienfaits du roi, dont ils avoient imploré le secours, étoient rentrés au service des Anglois. Telle est la nation des Gascons. Ils ne sont point stables. Mais encore aimeroient-ils plus les Anglois que les François; car leur guerre est plus belle sur les François que sur les Anglois. »

1368-1591.

Aussi tous les habitants de cette partie de la France ne vivaient que de la guerre ; et il n'y avait pas de si petit seigneur qui n'eût presque une armée. En 1366, le prince de Galles, nommé duc de Guyenne par son père Édouard III, ayant voulu lever des troupes pour rétablir sur le trône de Castille Pierre le Cruel, que du Guesclin en avait chassé au profit de Henri de Transtamar, allié de Charles V, manda, à sa cour de Bordeaux, les principaux seigneurs qui relevaient des ducs de Guyenne, pour savoir d'eux quel nombre d'hommes d'armes ils pourraient fournir. Ayant interrogé sur ce point le sire d'Albret : « Sire, répondit « celui-ci, si je vouloir prier tous féaulx, « j'aurois bien mille lances (cinq à six « mille hommes) et toute ma terre gar- « dée. » — « Par ma foi, dit le prince, on « doit bien aimer une terre où l'on a un « tel baron qui peut bien servir son sei- « gneur avec mille lances. » Mais cette puissance l'effraya ; et le sire d'Albret, piqué des craintes et des soupçons qu'on laissa percer, se joignit, en 1368, au comte d'Armagnac et à plusieurs autres seigneurs gascons pour en appeler au parlement de Paris des vexations que le prince de Galles exerçait en Guyenne. Charles V profita habilement de ce mécontentement pour recouvrer toute la province ; et, afin de s'assurer le sire d'Albret, il lui fit épouser la sœur de la reine et lui donna les terres du sire de Poyanne. Plus tard, il obtint encore le comté de Dreux et la dignité de grand chambellan. Son fils, Charles Ier, hérita de toutes ces terres et reçut encore la charge de connétable ; c'est le même qui se rendit si tristement célèbre par la perte de la bataille d'Azincourt, où il commandait l'avant-garde. Mais Charles II, qui lui succéda en 1415, rendit d'importants services à Charles VII, qui lui donna le comté de Gaure. Le petit-fils (1471-1522) de ce dernier, Alain, surnommé le Grand à cause des grands biens que sa maison devait à la munificence des rois de France, troubla le royaume, sous Charles VIII, par ses efforts pour épouser l'héritière du duché de Bretagne, que recherchaient aussi le roi des Romains, Maximilien d'Autriche, et le roi de France lui-même Charles VIII. Dans ses actes, Alain le Grand se qualifie de seigneur de Lébret, comte de Dreux, de Gaure, de Penthièvre et de Périgord, vicomte de Limoges et de Tartas, captal de Buch et seigneur d'Avesmes. Son fils aîné, Jean, qu'il fit comte de Gaure et de Périgord, vicomte de Limoges et de Tartas, devint comte de Foix et roi de Navarre ; mais il mourut avant son père. Ce fut son fils, Henri Ier, qui succéda, en 1522, à Alain le Grand, dans la seigneurie d'Albret, et à Jean dans le royaume de Navarre. En 1550, le roi de France, Henri II, érigea la terre d'Albret en duché. De son mariage avec Marguerite d'Orléans, le nouveau duc ne laissa qu'une fille, qui porta les riches possessions de son père dans la maison de Bourbon, en donnant sa main, le 20 octobre 1548, à Antoine de Bourbon, duc de Vendôme. C'est cette Jeanne d'Albret, mère de Henri IV, qui montra tant de courage durant les guerres civiles de France. Par l'extinction de la branche des Valois, son fils Henri, descendant de Robert, comte de Clermont, sixième fils de saint Louis, parvint à la couronne de France, à laquelle il réunit le duché d'Albret et tous ses autres domaines (1591) (*).

En 1652, Louis XIV donna le duché d'Albret avec ses dépendances au duc de Bouillon, en échange de Sedan et de Raucourt.

COMTÉ DE COMMINGES.
Fondé vers 900, réuni au domaine royal en 1443 et en 1540.

Ce comté, borné au nord-est par le Languedoc, au sud par l'Aragon et la Catalogne, à l'est par le pays de Foix et de Consérans, à l'ouest par le Nébouzan, le pays de Quatre-Vallées et l'Astarac, s'étend sur dix-huit lieues de long et quinze de large. Vers 900, on trouve un comte, Asnarius, qui vint faire hommage en 932 au roi Raoul ; mais l'origine et l'histoire de ces premiers comtes de Comminges sont également incertaines jusqu'à Bernard III, 1120-1150, qui commença la longue lutte des comtes de Comminges contre les évêques de Consérans. La guerre des Albigeois leur fut fatale ; ils perdirent d'abord une partie de leurs possessions, et, pour les recouvrer, il fallut que Bernard V, puis son fils Bernard VI, fissent hommage-lige aux rois de France, Louis VIII et saint Louis, quoique leur terre eût été, est-il dit dans l'acte de l'hommage, tenue de temps immémorial en franc alleu. Des querelles de famille, qui durèrent jusqu'au milieu du quatorzième siècle, affaiblirent encore cette maison. L'acte par lequel les divers compétiteurs demandèrent à leur suzerain, Philippe VI, que les officiers royaux ne recherchassent point les délits commis par eux dans cette lutte, donne une idée de la manière dont la guerre se faisait alors. Ils demandèrent rémission de plusieurs *malfaçons, injures, roberies, arsins, navreures, mutilations et occisions, désobéissances, rebellions, portements d'armes, guer-*

(*) Voyez p. 53, col. 2.

res publiques, séditions des peuples, robements des marchands, recceptation des bannis, violences, sauvegardes tant espéciaux comme autres brisées, combattements de châteaux, boutements de feu.... et tout plein d'autres méfaits, crimes et cas criminels et civils. Il faut vraiment admirer la richesse de la langue du moyen âge, pour exprimer tous les genres de désordre. C'est là un indice certain de l'état de cette société livrée à toutes les violences.

Marguerite, fille de Pierre Raymond II, étant morte en 1443 sans lignée, le comté de Comminges fut réuni à la couronne; mais Louis XI en fit don à Odet d'Aydie, sire de Lescun, conseiller et favori du duc de Bretagne, qu'il gagna en le comblant de biens, de charges et d'honneurs. L'aîné des fils d'Odet de Lautrec étant mort sans postérité en 1540, le comté de Comminges retourna à la couronne.

####### COMTÉ DE BIGORRE.

Fondé vers 820, réuni à la vicomté de Béarn en 1425. Capitale Tarbes.

Le Bigorre est borné au nord par l'Armagnac, au midi par les Pyrénées, à l'est par le pays de Quatre-Vallées, le Nébouzan et l'Astarac, à l'ouest enfin par le Béarn. Il ne compte qu'environ quinze lieues et demie de longueur sur environ sept de large. Vers 820, Louis le Débonnaire établit comte de Bigorre un fils du duc de Gascogne, Loup Centule. Comme les autres seigneurs des Pyrénées, les comtes de Bigorre oublièrent peu à peu qu'ils tenaient leurs possessions des rois de France, successeurs de Charlemagne, et portèrent leur hommage aux maîtres des nouveaux royaumes qui s'élevèrent peu à peu au delà des Pyrénées dans les anciennes marches du grand empire. Ce fut ainsi que Centule II, qui régna de 1113 à 1127, fit hommage au roi d'Aragon dans la cité de Morlas, et reçut de ce prince des terres en Espagne, la ville de Rode avec la moitié de Taracona et de ses dépendances. Un de ses successeurs obtint d'un autre roi d'Aragon la vallée d'Aran et la seigneurie de Bordéras. La ligne masculine des comtes de Bigorre s'étant de bonne heure éteinte, le pays fut désolé par les guerres continuelles que suscitèrent les prétentions rivales de plusieurs maisons, jusqu'à ce qu'un arrêt du parlement de Paris l'eût donné au comte de Foix, maître déjà de la vicomté de Béarn et de Marsan, 1425. Depuis lors, le Bigorre, réuni au Béarn, en a suivi les destinées.

####### COMTÉ DE FEZENSAC.

Fondé en 920, réuni au comté d'Armagnac en 1140. Capitale Vic-de-Fezensac.

Ce pays comprenait primitivement l'Armagnac et l'Astarac. Garcie Sanche le Courbé, duc de Gascogne, l'érigea en comté héréditaire en faveur de son second fils, Guillaume Garcie. Celui-ci partagea à son tour son héritage entre ses trois enfants, dont l'aîné eut le Fezensac, le second l'Armagnac, et le troisième le comté de Gaure. Le fils puîné d'un comte de Fezensac fonda la maison de Montesquiou, qui peut ainsi revendiquer une origine mérovingienne. En 1140, les deux lignes masculine et féminine des comtes de Fezensac s'étant éteintes, ce domaine passa dans la maison d'Armagnac.

####### COMTÉ D'ARMAGNAC.

Fondé en 960, réuni au domaine en 1481. Capitale Auch.

960-1285.

L'Armagnac se divisait en deux parties, le haut ou le blanc Armagnac, où se trouve la ville d'Auch, et le bas ou noir Armagnac dont la capitale était Nogaro. En étendant ce nom aux possessions ajoutées successivement au comté primitif, l'Astarac, le Brulhois, l'Eausan, le Gaure, le pays de Verdun et celui de Rivière-Basse, la Lomagne, etc., la longueur de l'Armagnac était de trente-six lieues de long sur vingt-cinq de large. Ce fut Géraud III qui hérita en 1140 du comté de Fezensac. Ces princes montrèrent de bonne heure assez peu de respect pour les biens de l'Église. Bernard IV (1160-1190) pilla les possessions de l'église d'Auch, s'empara des meubles de l'archevêque et des chanoines, détruisit les fortifications qui protégeaient le cloître et même une partie de l'église; enfin, il rendit la vie si dure à l'archevêque, que celui-ci préféra quitter son diocèse et s'en aller mourir en Palestine. Son fils, Géraud IV, dit Trancaléon, imita sa rapacité; mais l'arrivée des croisés qui marchaient contre les Albigeois, l'engagea à plus de prudence : il fit même hommage à Simon de Montfort leur chef, et promit de le suivre dans la guerre qu'il aurait dans le Toulousain, l'Agenois, l'Eausan et tout le pays situé en deçà de Montpellier.

Lorsque, par suite de cette croisade, le comté de Toulouse fut tombé aux mains du roi de France, les comtes d'Armagnac se mirent d'abord peu en peine du pouvoir de leur nouveau voisin, et Géraud V fit même hommage au roi d'Angleterre; mais le sénéchal de Carcassonne marcha aussitôt contre lui et le força à se soumettre. Cependant, peu de temps après, une guerre privée s'étant élevée entre lui et Géraud de Casaubon, ce dernier se mit sous la protection du roi. Mais Géraud n'en attaqua pas moins toutes les places, qu'il enleva sans respect pour les pennonceaux du roi, que le sénéchal avait fait apposer sur le château principal; plus tard il fit fortifier la ville d'Auch malgré toutes les défenses du sénéchal de Toulouse, qui se décida à lui faire, enfin, sentir le poids de l'épée royale. Le comte d'Armagnac, battu et fait prisonnier, fut enfermé pendant deux ans dans le château de Péronne.

1285-1369.

Sous Bernard VI commencèrent les guerres des comtes d'Armagnac contre ceux de Foix, dont Froissard raconte ainsi l'origine. « Vous devez savoir que anciennement, et à présent, il peut avoir environ cent ans, il y ot un seigneur en Berne (Béarn) qui s'appeloit Gaston, moult vaillant homme aux armes durement, et fut ensepveli en l'église des frères mineurs moult solennellement à Ortais, et là le trouverez et verrez comme il fut grand de corps et comme puissant de membres il fut, car en son vivant en beau letton il se fit former et tailler.

« Cil Gaston, seigneur de Berne, avoit deux filles dont l'aînée il donna par mariage au comte d'Ermignac qui pour le temps étoit, et la mainsnée au comte de Foix qui nepveu étoit du roi d'Arragon. Avint que ce seigneur de Berne ot une dure guerre et forte au roi d'Espaigne qui pour ce temps étoit, et vint cil roi parmi le pays de Bisquaie à grand gent entrer au pays de Berne. Messire Gaston de Berne qui fut informé de sa venue, assembla ses gens de tous les points et costés, là où il pouvoit avoir, et escripsit à ses deux fils le comte d'Ermignac et le comte de Foix, que ils le vinssent, à toute leur puissance, servir et aider à défendre et garder leur héritage. Ses lettres vues le comte de Foix, au plus tost qu'il put, assembla ses gens et pria tous ses amis, et fit tant que il ot cinq cents chevaliers et écuyers, tous à heaumes, et deux mille varlets, à lances et à dards et pavois, tous de pied; et vint au pays de Berne ainsi accompagné, servir son seigneur de père, lequel en ot moult grand joie; et passèrent toutes ses gens au pont à Ortais la rivière Gave, et se logèrent entre Sauverne et l'Hospital; et le roi d'Espaigne, à tout bien vingt mille hommes, étoit logé assez près de là.

« Messire Gaston de Berne et le comte de Foix attendoient le comte d'Ermignac et cuidoient que il dust venir et l'attendirent trois jours. Au quatrième jour le comte d'Ermignac envoya ses lettres par un chevalier et un herault à messire Gaston de Berne, et lui mandoit que il n'y pouvoit venir, et que il ne lui en convenoit pas encore armer pour le pays de Berne, car il n'y avoit rien.

« Quand messire Gaston ouït ces paroles d'excusance, et il vit que il ne seroit point aidé ni conforté du comté d'Ermignac, si fut tout ébahi et demanda conseil au comte de Foix et aux barons de Berne comment il se maintiendroit. « Monseigneur, dit le comte de Foix, puisque nous sommes

« ci assemblés, nous irons combattre vos ennemis. »

« Ce conseil fut tenu et le comte de Foix cru. Tantost ils s'armèrent et ordonnèrent leurs gens, lesquels étoient environ douze cents hommes à heaumes, et six mille hommes de pied. Le comte de Foix prit la première bataille et s'en vint courir sur le roi d'Espaigne et ses gens en leur logis; et là ot grande bataille et felonnesse, et morts plus de dix mille Espaignols. Et prit le comte de Foix, le fils et le frère du roi d'Espaigne, le comte de Médine et d'Osturem, et grand foison d'autres barons et chevaliers d'Espaigne, et les envoya devers son seigneur, messire Gaston de Berne qui étoit en l'arrière garde. Et furent là les Espaignols si déconfits que le comte de Foix les chassa jusques au port de Saint-Andrieu en Bisquaie. Et se bouta le roi d'Espaigne en l'abbaye et vestit l'habit d'un moine, autrement il eust été pris aux poings. Et se sauvèrent par leurs vaisseaux ceux qui sauver se purent et se boutèrent en mer. Adonc retourna le comte de Foix devers monseigneur Gaston de Berne qui lui fit grand chère et bonne; ce fut raison, car il lui avoit sauvé son honneur, et gardé le pays de Berne qui lui eut été perdu.

« Par celle bataille et celle déconfiture que le comte de Foix fit en ce temps sur les Espaignols, et par la prise qu'il eut du fils et du frère au roi d'Espaigne, vint à paix le sire de Berne envers les Espaignols, ainsi comme il la voult avoir. Quand messire Gaston de Berne fut retourné à Ortais présents tous les barons de Foix qui là étoient, il prit son fils le comte de Foix et dit ainsi : « Beau fils, vous
« êtes mon fils, bon, certain et loyal,
« et avez gardé à toujours mais mon
« honneur et l'honneur de mon pays.
« Le comte d'Ermignac, qui a l'ainsnée
« de mes filles, s'est excusé à mon grand
« besoin, et n'est pas venu défendre ni
« garder l'héritage où il avoit part; pour-
« quoi je dis que telle part qu'il y atten-
« doit de la partie ma fille, sa femme,
« il l'a forfaite et perdue; et vous en hé-
« rite de toute la terre de Berne, après
« mon décès, vous et vos hoirs à tou-
« jours mais; et prie, et veuil et com-
« mande à tous mes habitants et subgiets
« que ils scellent et accordent avecques
« moi celle ahéritance, Jean, fils de
« Foix que je vous donne. » Tous répon-
« dirent : « Monseigneur, nous le fe-
« rons volontiers (*). »

Telle fut l'origine de ces longues guerres qui désolèrent pendant deux siècles toute la Gascogne. L'intervention de la France et une sentence arbitrale du roi de Navarre suspendirent momentanément ces querelles en 1329; mais elles recommencèrent avec une nouvelle violence en 1358, et se terminèrent encore une fois, quatre ans après, par la bataille de Launac, célèbre dans tout le Languedoc et gagnée par le comte de Foix, Gaston-Phœbus, qui fit prisonnier le comte d'Armagnac, Jean Ier. Remis bientôt après en liberté par un traité aussi peu durable que les précédents, le comte d'Armagnac se mit à la tête des seigneurs gascons qui portèrent plainte à Charles V contre les vexations du prince de Galles. « Les Gascons soigneusement disoient au roi de France : « Cher
« Sire, nous tenons à avoir notre res-
« sort en votre cour; si vous supplions
« que vous nous faites droit et loi, si
« comme votre cour est la plus droitu-
« rière du monde, du prince de Galles,
« sur les grands griefs qu'il nous veut
« faire et à nos gens, et si vous nous
« faillez de faire droit, nous nous pour-
« chasserons ailleurs, et rendrons et
« mettrons en cour de tel seigneur qui
« nous fera avoir raison, et vous perdrez
« votre seigneurie. » Le roi de France, qui envis eut ce perdu, car à grand blasme et préjudice lui fust tourné, leur répondit moult courtoisement que ja par faute de loi et de conseil ils ne se trairoient en autre cour que en la sienne; mais il convenoit user de telles besognes par grand avis. Ainsi les démena-t-il près d'un an, et les fesoit tenir tous cois à Paris; mais il payoit leurs frais et leur donnoit encore grands dons et grands joyaux, et toudis en-

(*) Froissard, livre III, ch. 12.

quéroit secrètement si la paix étoit brisée entre lui et les Anglois et si ils la maintiendroient. Et ils répondoient que ja de la guerre au lez de delà ne lui faudroit ensoinnier; car ils étoient assez forts pour guerroyer le prince et sa puissance. Tant fut le roi de France conseillé et ennorté de ceux de son conseil et soigneusement supplié des Gascons que un appeau fut fait et formé pour aller en Aquitaine appeler le prince de Galles en parlement à Paris. Et s'en firent le comte d'Armagnac, le sire de Labrèth, le comte de Pierregord, le comte de Comminges, le vicomte de Carmaing, le sire de la Barde, messire Bertrau de Terride, le sire de Pincornet et plusieurs autres, cause et chef. Et contenoit ledit appel comment sur grands griefs, dont iceux seigneurs se plaignoient que le prince de Galles et d'Aquitaine vouloit faire à eux et à leurs terres, ils appeloient et en traioient à ressort au roi de France, lequel, si comme de son droit, ils avoient pris et ordonné pour leur juge. Quand ledit appel fut bien fait, écrit et formé, et bien corrigé et examiné au mieux que les sages de France sceurent et purent faire, et plus doucement toutes raisons gardées, on le chargea a un clerc de droit bien enlangagé pour mieux exploiter de la besoigne, et à un chevalier de Beauce que on appeloit messire Capponel de Chaponval. Ces deux, en leur arroy et avec leurs gens, se départirent de Paris et se mirent au chemin par devers Poitou, et exploitèrent tant par leurs journées qu'ils passèrent Berry, Touraine, Poitou et Xaintonge, et vinrent à Blayes, et là passèrent la rivière de Garonne et arrivèrent à Bordeaux, où le prince et madame la princesse pour le temps de lors se tenoient plus que autre part. Et partout disoient les dessus dits que ils étoient messagers au roi de France. Si étoient et avoient été partout les biens venus, pour la cause dudit roi de qui ils se renommoient. Quand ils furent entrés en la cité de Bordeaux, ils se trairent à hostel; car ja étoit tard, environ heure de vespre. Si se tinrent là tout ce jour jusques à lendemain, que à heure compétente ils s'en vinrent vers l'abbaye de Saint-André, où ledit prince se logeoit et tenoit son hostel. Les chevaliers et les écuyers du prince les recueillirent moult doucement, pour la révérence du roi de France de qui ils se renommèrent. Et fut ledit prince informé de leur venue et les fit assez tost traire avant. Quand ils furent parvenus jusques au prince, ils s'inclinèrent moult bas et le saluèrent et lui firent toute révérence, ainsi comme à lui appartenoit, et que bien le savoient faire, et puis lui baillèrent lettres de créance. Le prince les prit et les lut, et puis leur dit : « Vous nous soyez les « biens venus ! or nous dites avant ce « que vous voulez dire. » — « Très-cher « Sire, dit le clerc de droit, veci mes let- « tres qui nous furent baillées à Paris de « notre sire le roi de France, lesquelles « nous promîmes par nos foi que nous « publierions en la présence de vous, « car elles vous touchent. » Le prince lors mua couleur, qui adonc fut tout émerveillé que ce pouvoit; et aussi furent aucuns chevaliers qui de lez lui étoient; néanmoins il se réfréna, et dit : « Dites, dites; toutes bonnes nouvelles oyons-nous volontiers. » Adonc prit ledit clerc la lettre, et la lut de mot à mot, laquelle lettre contenoit :

« Charles, par la grâce de Dieu roi « de France, à notre neveu le prince de « Galles et d'Aquitaine, salut. Comme « ainsi soit que plusieurs prélats, ba- « rons, chevaliers, universités, com- « munes et colléges des marches et « limitations de Gascogne, demeurants « et habitants ès bondes de notre royau- « me, avec plusieurs autres de la duché « d'Aquitaine, se soient traits en notre « cour, pour avoir droit sur aucuns « griefs et molestes indues, que vous « par foible conseil et simple informa- « tion leur avez proposé à faire, de la- « quelle chose nous sommes tout émer- « veillés. Donc pour obvier et remédier « à ces choses, nous nous sommes ahers « avec eux et aherdons, tant que, de « notre majesté royale et seigneurie, « nous vous commandons que vous ve- « nez en notre cité de Paris en propre

« personne, et vous montrez et présen-
« tez devant nous en notre chambre des
« pairs, pour ouïr droit sur lesdites
« complaintes et griefs émus de par
« vous à faire sur votre peuple qui
« clame à avoir ressort en notre cour
« et à ce n'y ait point de défaut, et
« soit au plus hastivement que vous
« pourrez après ces lettres vues. En
« témoin de laquelle chose nous avons
« à présentes mis notre scel. Données
« à Paris le vingt-cinquième jour du
« mois de janvier (*). »

Cet appel des seigneurs gascons fut le signal de la guerre entre la France et l'Angleterre. La lutte ne pouvait être douteuse du moment que le roi de France avait pour lui le comte d'Armagnac, le siré d'Albret, etc. Aussi les Anglais se virent-ils bientôt réduits à la possession des seules villes de Bayonne et de Bordeaux. En récompense, le comte d'Armagnac fut établi, en 1369, lieutenant général de Rouergue, pour le roi, et son fils Jean II, dit le Bossu, reçut les quatre châtellenies de cette province en échange de ses prétentions sur le Bigorre.

1369-1481.

Dès lors, les comtes d'Armagnac se mêlèrent chaque jour davantage des affaires générales du royaume. C'est ainsi que Jean III força les routiers qui occupaient une partie des provinces méridionales, à les évacuer, et reçut en récompense deux cent cinquante mille livres; ce même prince emmena, en 1391, les compagnies qui désolaient le Limosin, le Quercy, le Rouergue, l'Angoumois, le Périgord et l'Agenois, et les conduisit en Italie où il comptait remettre Charles Visconti, son beau-frère, sur le trône ducal de Milan ; mais il périt dans cette expédition. Son frère, Bernard VII, lui succéda, et s'intitula comme lui comte *par la grâce de Dieu*, se déclarant par là prince indépendant. Toutefois il suivit la politique de sa maison, en luttant contre les Anglais, auxquels il enleva dix-huit places en Guyenne. Mais ayant

(*) Froissard, livre I, partie II, ch. 254-256.

pris, après l'assassinat du duc d'Orléans, par Jean sans Peur, la défense des enfants de ce prince, dont l'aîné épousa une de ses filles, il devint le chef de l'un des deux partis, qui, durant la démence de Charles VI, se partagèrent la France. Le 30 décembre 1415, il reçut l'épée de connétable, et régna, pendant trois années, sous le nom du malheureux roi; mais les Bourguignons ayant surpris Paris dans la nuit du 28 au 29 mai 1418, il fut massacré le 12 juin suivant, avec plusieurs évêques et grand nombre de ses partisans. Son fils aîné lui succéda dans les comtés d'Armagnac, de Fezensac, de Rhodez, de Pardiac, de l'Île Jourdain, dans les vicomtés de Fezensaguet, de Lomagne et d'Auvillars, auxquels il joignit la vicomté de Gimond, la chatellenie de Lorde, le comté de Bigorre, et enfin celui de Comminges, dont il s'empara en 1443, malgré la donation qui en avait été faite, au roi Charles VII, par la comtesse Marguerite.

Mais la lutte d'un siècle, que la France avait soutenue contre l'Angleterre, et qui avait tant favorisé les progrès des seigneurs du Midi, tour à tour alliés des deux partis, touchait à sa fin. Charles VII, naguère encore roi de Bourges, était redevenu roi de France, et, après avoir recouvré son royaume sur les Anglais, il songeait à ressaisir ses droits usurpés par les seigneurs. Le comte d'Armagnac, surtout, qui affectait l'indépendance, se conduisait en véritable tyran. Charles fit instruire un procès contre lui, et il fut prouvé qu'il persistait, malgré les défenses du roi, à se dire comte *par la grâce de Dieu*, qu'il donnait *grâces et rémissions* comme un souverain, *et les enterinoit*; qu'il mettait *tailles en ses terres deux ou trois fois par an*; qu'il avait fait *pendre à Nismes ung huissier du parlement de Tholose, nommé Noël, qui venoit exécuter contre lui*; qu'il tenait *trente ou quarante Ribaux ès places de Magniers* (Mayreville), *de Saint-Varin et de la Fare, que par force il avoit ostées aux seigneurs, lesquels pilloient et rançonnoient chascun; qu'il avoit détroussé les gens de mon-*

seigneur (l'évêque) *de Lodève, et osté leurs chevaux, et tenoit leurs places en bénéfices;* qu'il avait *battu, pillé et emprisonné divers ecclésiastiques;* qu'il *battoit son confesseur quand il ne vouloit l'absoudre;* qu'il *avoit eu cinq chasteaux, de la détrousse que ses gens avoient fait faire sur les chemins en droit Saint-Romain à messire Jean Taure, chevalier de Montpellier;* qu'il *tenoit frontière pire au peuple que Anglois, et prenoit vivres, blé, moutons, bœufs, vaches, mulets, pourceaux, s'ils n'avoient de lui sauf-conduit.* Pendant ce temps, des troupes s'étaient emparées de toutes ses possessions et l'avaient fait lui-même prisonnier; mais les prières des ducs d'Orléans, d'Alençon, etc., lui firent obtenir la liberté et des lettres d'abolition.

Son fils Jean V, qui lui succéda vers 1450, surpassa tous ses méfaits; il corrompit un référendaire du pape, et fit fabriquer par lui une bulle qui l'autorisait à épouser sa sœur Isabelle, dont il avait déjà plusieurs enfants; puis, il fit célébrer publiquement ce mariage incestueux. Un tel scandale obligea Charles VII à envoyer une armée qui chassa le comte de toutes ses possessions; mais il fut rétabli plus tard par Louis XI dont il avait secondé la révolte. Il n'en entra pas moins dans la *Ligue de bien public* et dans tous les projets formés contre le roi par son frère le duc de Guyenne, par le duc de Bourgogne, par celui de Bretagne et par tous les mécontents du royaume. Mais Louis, décidé à punir toutes ces trahisons, envoya en 1473 une armée qui s'empara de Lectoure après trois jours de siège. Un traité fut conclu et juré sur le saint sacrement; mais le surlendemain, Robert de Balzac, qui commandait une partie des troupes royales, pénétra avec des gens armés dans l'appartement du comte, le poignarda dans les bras de sa femme, Jeanne de Foix, alors enceinte, et qui mourut peu de jours après d'un breuvage empoisonné qu'on lui donna pour la faire avorter.

Jean V laissait un frère, Charles, vicomte de Fezensac, qui pouvait réclamer son héritage. Louis XI l'avait déjà fait saisir et enfermer à la Bastille, où, pendant quatorze ans, il subit d'incroyables tortures, et d'où il sortit fou en 1484, après la mort du roi. Dès 1481, l'Armagnac avait été déclaré confisqué et réuni au domaine. Cependant François 1er le rendit au duc d'Alençon, petit-fils d'une sœur de Jean V, et la femme de ce prince le porta dans la maison de Navarre, d'où il passa dans celle de France à l'avénement de Henri IV. En 1645, Louis XIV donna le comté d'Armagnac, réduit à une étendue de quinze lieues en longueur sur dix de large, à Henri de Lorraine, comte d'Harcourt, dont la postérité le posséda jusqu'à la révolution.

VICOMTÉ DE FEZENSAGUET.
Fondée en 1163, réunie au comté d'Armagnac en 1404.

Ce pays, situé à l'orient de l'Armaguac, dont il faisait d'abord partie, en fut détaché, en 1163, en faveur d'un fils puîné d'un comte d'Armagnac. Les possessions des vicomtes de Fezensaguet s'accrurent successivement de la vicomté de Brulhois, des baronnies de Creisseil, de Roquefeuil, de Persain, et du comté de Pardiac; mais ses derniers possesseurs finirent misérablement. Géraud III, fait prisonnier par Bernard d'Armagnac, le même qui fut connétable de France, fut enfermé dans une citerne, où il périt au bout de dix à douze jours. De ses deux fils, l'un, conduit à la prison de son père, tomba mort en arrivant, l'autre, privé de la vue, mourut accablé de misère.

COMTÉ DE LECTOURE.
Fondé vers le commencement du neuvième siècle, réuni au domaine en 1591. Capitale Lectoure.

Les possessions des comtes de Lectoure et de Lomagne avaient pour bornes, à l'est, la principauté de Verdun et la châtellenie de l'Ile-Jourdain; au sud, les comtés de Fezensaguet, d'Armagnac, de Fezensac et de Gaure; à l'ouest, l'Eausan, le Gavardan et le Bazadois; au nord enfin, la Garonne qui les séparait du comté d'Agen. Les comtes de Lectoure, dont l'existence est constatée vers le commencement du neuvième siècle, portèrent jusqu'au milieu du quinzième le titre de vicomte de Gascogne, puis celui de vicomte de Lomagne et d'Auvillars *par la grâce de Dieu*. La vicomtesse Philippe, héritière de ces biens, les porta, par son mariage avec Hélie de Talleyrand, dans la maison de Périgord, qui les céda, en 1301, à Philippe le Bel : depuis ils passèrent dans la maison d'Armagnac, puis encore dans celles d'Alençon et d'Albret. Henri IV les réunit définitivement à la couronne. Des vicomtes de Lomagne descendent les barons de Batz.

COMTÉ D'ASTARAC.

Fondé vers le commencement du dixième siècle, il subsista jusqu'au dix-huitième siècle. Capitale Mirande, fondée en 1289.

Ce pays, situé entre l'Armagnac et le Fézensac au nord, le pays de Quatre-Vallées au sud, le Comminges et le pays de Rivière-Verdun à l'est, le Bigorre et l'Armagnac à l'ouest, est d'une étendue de treize lieues en longueur sur onze en largeur. Il fut démembré, vers le commencement du dixième siècle, du duché de Gascogne, pour former la part du troisième fils de Sanche le Courbé. La famille des comtes d'Astarac subsista dans la ligne directe jusqu'en 1511, où Marthe, fille de Jean IV, porta ce comté à Gaston de Foix, comte de Candale et de Benauges, et captal de Buch, par son mariage avec ce prince. Marguerite de Foix, leur arrière-petite-fille, qui épousa en 1587 Jean Louis de Nogaret, marquis de la Valette et duc d'Epernon, leur transmit les domaines de la maison d'Astarac, que les descendants du duc possédèrent jusqu'au milieu du dix-huitième siècle.

COMTÉ DE PARDIAC.

Fondé vers 1025, réuni au domaine royal en 1477. Chef-lieu le château de Mont-Lezun, à trois lieues de Mirande.

Ce petit pays, situé entre le Fezensac et le Bigorre, fut séparé de l'Astarac vers 1025, pour former l'apanage du troisième fils d'un comte d'Astarac. A la mort de Jean Ier, dernier comte de Pardiac de la ligne masculine, en 1380, sa sœur Anne lui succéda et laissa ce fief à Jean II qu'elle avait eu de son mariage avec Géraud, comte de Fezensaguet; mais en 1403, le comte d'Armagnac, Bernard, se saisit du Pardiac, qui devint l'apanage de son second fils Bernard. Le successeur de celui-ci fut l'infortuné Jacques d'Armagnac, duc de Nemours, comte de la Marche, de Pardiac, de Castras, de Beaufort, vicomte de Murat, seigneur de Leuze, de Condé, de Montagu en Combraille, et pair de France, que Louis XI fit décapiter aux halles, pour le punir de ses nombreuses trahisons. Ses trois fils furent placés sous l'échafaud, afin que le sang de leur père ruisselât sur leurs têtes. Ces trois enfants moururent sans postérité, le dernier à la bataille de Cérignoles, en 1503. En lui finit la race mérovingienne, qui s'était continuée depuis Caribert, frère de Dagobert, jusqu'au duc de Nemours, par les ducs de Gascogne et la maison d'Armagnac. En voyant la fin tragique des derniers représentants de cette race de Jean V d'Armagnac qui meurt assassiné, de son fils tué dans le sein de sa mère, enfin de Jacques, duc de Nemours, que Louis XI fit décapiter, on se rappelle la haine et les persécutions des Carlovingiens contre les anciens ducs de Gascogne, et l'on est tenté de croire que la destinée de cette race était d'être détruite par celles qui l'avaient remplacée sur le trône de France.—Henri III fit aussi, plus tard, assassiner le duc de Guise qui prétendait descendre de Charlemagne, comme Bonaparte ordonna la mort du dernier des Condé. Ainsi se détruisent les dynasties.

COMTÉ OU DUCHÉ DE TOULOUSE.

Établi en 778, réuni au domaine en 1361. Capitale Toulouse.

778-1204.

En 778, Charlemagne nomma Chorson comte de Toulouse, lorsqu'il érigea le royaume d'Aquitaine en faveur de son fils Louis le Débonnaire. Mais ce ne fut que sous Raymond Ier (852-864) que le comté de Toulouse devint héréditaire. Raymond y joignit les comtés de Rouergue et de Quercy. C'est de lui que descendent les comtes de Toulouse, desquels relevaient les pays renfermés dans la première Aquitaine et qui dominaient immédiatement sur le Quercy, l'Albigeois, le Rouergue, le Gévaudan et le Velay. Ces comtes devinrent les princes les plus puissants du midi de la France, surtout lorsqu'ils y eurent joint la Provence, qu'Emma, fille de Rodbod, comte de Provence, apporta dans la maison de Toulouse par son mariage avec Guillaume Taillefer. Le plus célèbre de ces comtes de Toulouse est Raymond IV de Saint-Gilles, gendre du roi de Sicile, et ensuite de celui d'Aragon, et le premier des princes qui prit la croix. A la tête de cent mille hommes ; il partit sur la fin d'octobre 1096, franchit les Alpes, traversa la Lombardie, et arriva à Constantinople par le Frioul et la Dalmatie. Il signala, durant la première croisade, son courage et sa libéralité, et aurait été nommé roi de Jérusalem, si ses Provençaux n'avaient répandu à dessein des plaintes contre lui au moment de l'élection, dans la crainte que, s'il était nommé, il ne les retînt en Palestine. Il n'en resta pas moins en Orient jusqu'à sa mort, arrivée en 1105. Les États qu'il abandonnait ainsi en Europe, étaient cependant riches et considérables, car ils s'étendaient depuis la Garonne et les Pyrénées jusqu'aux Alpes, et comprenaient le comté de Toulouse, le duché de Narbonne et le marquisat de Provence. A titre de comte de Toulouse, il possédait, outre les pays compris dans l'ancienne province ecclésiastique de Toulouse, l'Albigeois, le Quercy et le Rouergue, avec la suzeraineté sur le Carcassez et le Rasez. Comme duc de Narbonne, il exerçait une autorité supérieure sur toute l'ancienne Septimanie, composée des diocèses de Narbonne, Béziers, Agde, Carcassonne, Lodève, Magnelone, Nîmes et Uzès, avec la plupart des comtés particuliers du Languedoc. Enfin, en qualité de marquis de Provence, il avait tous les pays compris entre le Rhône, l'Isère, les Alpes et la Durance, c'est-à-dire, une grande partie du diocèse d'Avignon, ceux de Vaison, de Cavaillon, de Carpentras, d'Orange, de Saint-Paul-Trois-Châteaux, de Valence et de Die.

Le comte de Toulouse n'était pas seulement un prince puissant par l'étendue de ses États, mais riche par le grand commerce que faisaient ses bourgeois dans l'intérieur de la France et jusqu'en Orient, où la signature du comte avait plus de crédit que le grand sceau du roi de France. De tout temps, mais surtout au douzième et au treizième siècle, le Languedoc fut habité par une race d'hommes industrieux, spirituels, adonnés au commerce, aux arts, et plus encore à la poésie. Le climat, du reste, y semble favorable au développement rapide de l'intelligence ; car, peu d'années après la conquête de la France méridionale par les Visigoths, ces barbares eurent à Toulouse une cour plus brillante que celle même de Constantinople. Ce fut, on le sait, devant ces rois de Toulouse que se firent entendre les derniers accents des muses latines. Cette activité morale porta les Gaulois du Midi à créer, les premiers, dans l'Europe moderne, une langue et une littérature originales ; mais aussi, en religion, elle les fit aller au delà des croyances de leur temps, et même dépasser les réformes religieuses du seizième siècle.

Les deux hérésies des Albigeois (d'Alby, siège des nouvelles doctrines), et des Vaudois (de Vald, marchand de Lyon), dominaient dans le Languedoc, divisées en sectes nombreuses, résultat inévitable de leur doctrine du libre examen, mais qui toutes se réunissaient en une haine commune contre l'Église romaine. Les uns niaient la révélation ; et, s'appuyant sur la doctrine des deux principes, soutenaient que l'Ancien Testament, où tant de meurtres sont accumulés, avait été dicté par le principe du mal ; d'autres niaient la présence réelle. Ces doctrines n'étaient point partagées seulement par les séculiers : des prêtres, des évêques même étaient tombés dans l'hérésie. Aussi, quand le jeune pape Innocent III, effrayé des progrès du mal,

5ᵉ *Livraison*. (ANNALES DE L'HIST. DE FRANCE.)

songea à le combattre, il sentit qu'il ne suffirait plus des armes spirituelles, et que là où tout un peuple était hérésiarque il fallait faire passer le fer et le feu. Ce fut donc une croisade qu'Innocent III voulut diriger contre ces riches provinces. Il ne recula pas devant l'idée d'envoyer des hordes fanatiques et barbares contre le siége unique alors de la civilisation; car l'exemple était contagieux, donné, comme il l'était, aux portes mêmes de cette Italie déjà si peu religieuse. Peu importait qu'une population entière fût détruite, pouvu que la foi fût sauvée.

1204.

D'abord Innocent III envoya des commissaires chargés de faire brûler les *hérétiques*, et voulut contraindre les seigneurs, sous peine d'excommunication, de dénoncer eux-mêmes leurs sujets. Parmi les moines envoyés par le pape se trouvait saint Dominique, le *fondateur de l'inquisition*, de cet ordre dont les membres étaient chargés d'épier les consciences, de surprendre les paroles échappées dans l'intimité de la vie privée. Toutefois, malgré cette nouvelle institution, la conversion n'avançait point; car un grand nombre de seigneurs, loin de favoriser les prédicateurs, leur suscitaient mille obstacles. Raymond, comte de Toulouse et beau-frère du roi d'Aragon, le plus puissant des seigneurs de cette contrée, fut aussi celui que le légat Castelnau attaqua avec le plus de violence. Il était alors en guerre avec quelques barons des bords du Rhône : le légat voulut l'obliger à signer la paix, et, sur son refus, l'excommunia. Effrayé de cette mesure, et d'une lettre que lui écrivit Innocent III, le comte s'engagea à exterminer les hérétiques de ses États.

1208.

Mais un événement inattendu vint décider enfin du sort de la Gaule du Midi : le légat de Pierre Castelnau fut assassiné, et Raymond VI, accusé à tort de ce meurtre, fut de nouveau excommunié; puis des bulles, adressées à tous les seigneurs d'au delà de la Loire, les appelèrent à une croisade contre Raymond. Outre les indulgences promises, et qui étaient aussi grandes que celles qu'on obtenait par le long et périlleux voyage de la terre sainte, cette croisade avait encore de plus l'attrait de promettre un riche butin et de beaux fiefs à ces pauvres gentilshommes du Nord, qui, pour tout bien, n'avaient souvent que leur armure et quelque tour nue et démantelée.

L'époque, d'ailleurs, était malheureusement favorable pour cette croisade de chrétiens contre chrétiens. Les conquêtes des rois de France en Normandie, en Anjou et en Aquitaine, avaient fait déposséder ou bannir beaucoup d'hommes de ces divers pays, et augmentait prodigieusement le nombre des gens d'armes et des chevaliers *sans avoir*, obligés de courir les aventures pour vivre, et disposés à prendre part à toutes les entreprises hasardeuses. Aussi partirent-ils en foule pour cette facile et productive croisade.

1209.

Avant leur arrivée, Raymond VI, frappé de terreur, se soumit à toutes les conditions que voulut lui imposer le pape. Il lui livra sept de ses meilleurs châteaux, délia ses sujets de leurs serments, s'il manquait à ses promesses envers le pape; se soumit d'avance au jugement qu'il plairait au légat de porter contre lui, et enfin se laissa conduire à l'église, la corde au cou, et reçut la discipline autour de l'autel, sur ses épaules nues. Son neveu Raymond Roger montra plus de courage : après avoir vainement demandé justice, il vit que sa perte était résolue d'avance, et se prépara à une vigoureuse défense.

A l'approche des croisés, qui avaient descendu par la vallée du Rhône, tous les seigneurs s'enfermèrent avec leurs paysans dans les châteaux les mieux fortifiés, laissant déserts ceux aux murailles desquels on ne pouvait se fier pour une longue défense. Les premiers chrétiens que les croisés rencontrèrent furent livrés aux flammes. A Chasseneuil tous les habitants, hommes et femmes, furent précipités dans les flammes. Cependant Raymond Roger avait fortifié ses deux places les plus importantes, Béziers et Carcassonne : la première fut attaquée d'abord par les croisés, à la tête desquels marchait, à côté du légat, l'évêque même de la ville assiégée, qui était venu apporter la liste de celles de ses ouailles qu'il désirait voir livrer aux flammes. Toutefois les bourgeois ne perdirent pas courage; mais, dans une sortie malheureuse, ils furent repoussés jusque dans la ville où les croisés entrèrent avec eux. Toute la population sédentaire de Béziers, au nombre de 15,000 personnes, fut égorgée, ainsi que tous les paysans qui s'étaient réfugiés dans la ville : dans le seul temple de la Madeleine, on compta 7,000 cadavres. Avant de commencer ce massacre, le légat, consulté sur les moyens de reconnaître les hérésiarques des catholiques, avait répondu : « Tuez-les tous; « le Seigneur saura bien distinguer ceux « qui sont à lui. »

De Béziers, les croisés marchèrent sur Carcassonne. Après de longs combats, le légat offrit au vicomte de le laisser sortir, lui treizième, de la ville : « Je me laisserais plutôt écorcher vif, » répondit le vicomte; et les attaques recommencèrent. Cependant l'eau était près de manquer : Raymond demanda une conférence; mais le légat, bien pénétré de cette maxime d'Innocent III, que c'est manquer à la foi que de garder la foi à ceux qui n'ont pas la foi, fit arrêter le jeune comte avec les trois cents chevaliers qui l'avaient suivi. Il put espérer alors de se rendre maître des bourgeois de Carcassonne; mais, durant la nuit, tous s'enfuirent par un souterrain de trois lieues de longueur. La cruauté du légat ne fut cependant pas trompée. Parmi les fugitifs que ses coureurs avaient pu lui ramener et les trois cents chevaliers du vicomte, il fit choix de 450 hommes ou femmes qu'il fit brûler vifs ou pendre.

La croisade était achevée, le comte de Toulouse et le vicomte de Narbonne s'étaient soumis, celui de Béziers était prisonnier; alors, pour continuer la persécution, le légat voulut disposer des conquêtes, et les fit accepter à Simon de Montfort, homme fanatique et cruel, mais bon soldat et austère dans ses mœurs. Cependant le plus grand nombre des croisés abandonnait successivement l'armée, et Simon de Montfort, forcé de guerroyer sans cesse contre les vassaux insoumis de ses vicomtés de Béziers et de Carcassonne, fut obligé de signer la paix avec le comte de Foix; mais, craignant les droits et la popularité de son prisonnier, Raymond Roger, il donna les ordres nécessaires pour que ce prince mourût de dyssenterie. Toutefois, malgré les secours de nouveaux croisés, Montfort ne put faire face à une révolte générale, et bientôt il ne lui resta plus que huit villes ou châteaux, tandis que d'abord il en avait eu près de deux cents.

1210.

Raymond de Toulouse craignant encore qu'on ne l'accusât de susciter ou de favoriser les révoltés, se rendit auprès d'Innocent III, qui, éprouvant alors de la résistance de la part des rois de France et d'Angleterre, et de l'empereur Otton, renvoya Raymond devant un concile provincial. Le comte y parut pour se justifier; mais le légat, malgré ses larmes, refusa de l'entendre. « Quelque grand que soit le dé- « bordement des eaux, dit-il en tour- « nant ses larmes en dérision, elles « n'arriveront pas jusqu'à Dieu. » Et il l'excommunia de nouveau. C'étaient les succès de Simon qui avaient rendu cette assurance au légat. Mais avec les succès de Simon semblait croître aussi sa cruauté : après la prise de Brou, il fit arracher les yeux et couper le nez à plus de cent malheureux, et les renvoya, sous la conduite d'un borgne, au château de Cabaret, pour annoncer à la garnison le sort qui l'attendait. Quand les croisés entrèrent dans le château de Minerve, cent quarante prisonniers, hommes et femmes, furent brûlés vifs.

1212.

Ce fut bientôt le tour du comte de Toulouse. Un concile provincial avait communiqué au comte une note en treize articles, moyennant l'acceptation et l'exécution desquels ses terres et seigneuries devaient lui être rendues. Ces conditions étaient si insolentes, qu'elles rendirent quelque énergie au faible comte de Toulouse. Mais il était trop tard pour pouvoir résister avec avantage : Montfort avait enlevé tous les châteaux qui séparent le diocèse de Carcassonne de celui de Toulouse, et il était venu mettre le siége devant Lavaur, à cinq lieues de cette dernière ville. Les maîtres de ce château professaient les nouvelles doctrines, et les hérétiques s'étaient réfugiés en grand nombre auprès d'eux. Après un long siége, que le comte de Toulouse n'osa cependant troubler qu'en empêchant de porter des vivres aux assiégeants, tous les défenseurs du château furent égorgés ou brûlés.

1212.

Quand Montfort eut terminé ce siége et celui de quelques châteaux peu importants du domaine du comte de Toulouse, il vint assiéger Toulouse elle-même; mais il fut contraint, au bout de quelques mois, de se retirer, malgré les intrigues de l'évêque Fouquet, qui ordonna à tout son clergé de sortir processionnellement de la ville. A son tour, Montfort fut assiégé dans Castelnaudary, et perdit une partie de ses châteaux; mais de nouvelles bandes de croisés vinrent rétablir ses affaires. Au mois de novembre, il tint un parlement à Pamiers, où, entre autres articles, il fut décrété que les veuves des hérétiques possédant des *fiefs nobles ne pourraient épouser que des Français durant les dix années à venir.* Ces mariages, joints aux confiscations et aux inféodations nouvelles à des seigneurs du nord de la France, éteignirent les vieilles familles, et avec elles la littérature du pays. De plus, il fut défendu aux chevaliers dépossédés de s'approcher, sous peine de mort, des lieux fortifiés, et de monter un cheval de guerre.

1213.

Le comte de Toulouse, alarmé des nouvelles attaques de Montfort, se réfugia auprès du roi d'Aragon, dont les remontrances firent ouvrir les yeux à Innocent sur la conduite de ses légats et l'ambition de Montfort. Aussi, vers le commencement de l'année 1213, le pape fit entendre, dans ses lettres au légat et à Montfort, un langage sévère auquel ils n'étaient pas habitués; mais, cette fois, Innocent III ne trouva pas une obéissance passive dans ses subordonnés, dont il menaçait les intérêts temporels. Malgré ses ordres précis, le concile provincial de Lavaur refusa d'entendre la justification de Raymond, et, surprenant encore une fois la religion du pontife, lui fit confirmer l'excommunication qu'il avait lancée contre les comtes de Toulouse, de Comminges et de Foix, et contre le vicomte de Béarn.

Cette fois, le roi d'Aragon prit les armes en faveur de son beau-frère. C'était vers lui, beaucoup plutôt que vers la cour de France, que se tournaient les regards des seigneurs languedociens et provençaux, dont grand nombre le reconnaissaient pour leur seigneur. Bon chevalier, brillant troubadour, catholique assez peu zélé, don Pédro était le véritable chef des seigneurs du Midi. Aussi, après avoir hésité quelque temps, dans la crainte de voir la croisade l'atteindre, il résolut enfin d'arrêter cette ambition croissante de Montfort, et vint au secours des comtes excommuniés avec mille chevaliers aragonais. Les alliés mirent le siége devant la petite ville de Muret, à trois lieues de Toulouse. Simon, pour la délivrer, engagea la bataille, et son habileté militaire, aussi bien que la force et le courage supérieurs des chevaliers français, lui donnèrent une victoire complète : don Pédro lui-même perdit la vie dans le combat.

1215.

Du reste, Simon ne tira d'autres avantages de cette victoire que de déconcerter les desseins de ses adversaires; car ses alliés, croyant que tout était fini par une bataille gagnée, et ayant d'ailleurs terminé leur service féodal, se hâtaient de regagner leurs foyers, la conscience légère et de leurs fautes passées et de leur cruauté dans la guerre sainte, car la croisade avait tout effacé. Montfort, réduit à un petit nombre de chevaliers attachés à sa personne et à sa fortune, s'en alla guerroyer dans l'Agenois, puis essaya en vain de surprendre Montpellier qui s'était mis sous la protection du roi de France. Toutefois, il obtint d'un concile provincial, réuni dans cette ville, le titre de prince et de monarque du pays.

Le fils de Philippe-Auguste, Louis, surnommé le Lion, voulut aussi gagner les saintes indulgences accordées aux croisés contre les Albigeois. En conséquence, il se dirigea avec une armée vers le midi de la France; mais cette démarche inspira de vives craintes à Montfort, surtout après la déclaration du concile de Montpellier; il craignit que Louis ne voulût défendre ou le comte de Toulouse, son parent, ou les droits de la couronne : mais il supposait des vues trop étendues au faible Louis VIII. Toutefois, Montfort alla à sa rencontre, et ne le quitta pas un instant dans la promenade militaire que le prince français fit par le pays.

Cependant le concile œcuménique que le pape Innocent III avait convoqué pour 1215 se réunit au palais de Latran. Il disposa des pays conquis en les donnant à Montfort, mit fin à la prédication de la croisade, et, par un retour d'humanité, réserva le comté Venaissin et le marquisat de Provence à Raymond VII, fils du comte de Toulouse.

1216-1218.

Le triomphe des persécuteurs des Albigeois était complet; mais, comme il arrive d'ordinaire, les vainqueurs se divisèrent après la victoire. Arnaud de Citeaux, le légat d'Innocent, celui qui, avec Fouquet, évêque de Toulouse, s'était le plus signalé par son fanatisme, voulut, lui aussi, profiter de la croisade, et se fit donner le riche et puissant archevêché de Narbonne, auquel il prétendait que des droits souverains étaient attachés. Cette prétention du légat amena une dispute violente entre les deux anciens amis, et l'on vit, non sans surprise, d'un côté, Simon attaquer et prendre Narbonne, de l'autre, l'archevêque excommunier le héros de la croisade. Narbonne était l'une des capitales des nouveaux États de Montfort; Toulouse était l'autre. Pour calmer les craintes des Toulousains, Simon jura d'une manière assez vague, il est vrai, l'observation de leurs priviléges; mais Toulouse devait bientôt sentir la dure main du maître. Raymond VII, que le concile même de Latran avait reconnu comme marquis de Provence, leva une armée, et attaqua Montfort. D'autre part, Raymond VI descendit des Pyrénées vers Toulouse, avec une armée aragonaise et catalane. Ainsi attaqué de deux côtés, Montfort se hâta de conclure une trêve avec le jeune Raymond, et contraignit, par la supériorité de ses forces, Raymond à se retirer vers les montagnes. Montfort resta maître alors de punir les Toulousains dont les vœux avaient appelé leurs anciens maîtres. De part et d'autre on recourut aux armes; cependant, après quelques escarmouches, un traité fut conclu, tout au désavantage des bourgeois.

Mais la puissance de Montfort ne reposait que sur la terreur qu'inspiraient les croisés, et il était évident que l'obéissance des provinces conquises ne devait lui rester qu'à condition qu'il serait toujours entouré de troupes. De plus, l'attachement du peuple était pour la maison de Saint-Gilles, pour son chef Raymond VI, qui, s'il n'avait pas jusque-là montré une grande fermeté, du moins était un vrai seigneur provençal; et, d'ailleurs, on se souvenait que s'il avait été si longtemps persécuté, c'était pour s'être montré tolérant envers les hérétiques. Aussi l'amour du pays lui était acquis, surtout quand on comparait l'ancienne douceur de son gouvernement avec la cruauté des Montfort qui appesantissaient un sceptre de fer sur ces provinces. Raymond ne tarda pas à se montrer : tandis que Montfort guerroyait sur le Rhône, il rentra dans Toulouse. Montfort vint mettre le siége devant cette ville, mais, durant neuf mois, ses efforts ne purent triompher de la valeur et du nombre des assiégés, dont les sorties journalières inquiétaient son camp et lui faisaient perdre beaucoup de monde. Un jour qu'il entendait la messe, on vint lui annoncer une nouvelle sortie des Toulousains qui voulaient incendier une machine à laquelle il devait déjà la prise de plusieurs villes : Montfort attendit néanmoins jusqu'au moment de l'élévation, et alors il s'écria : « Laisse aller ton serviteur « en paix, car mes yeux ont vu le sa-« lut; » puis il s'élança contre les Toulousains et les repoussa encore une fois. Mais, pendant qu'il était au pied de la tour qu'il venait de reconquérir, une pierre lancée par un mangonneau de Toulouse vint le frapper et l'étendit mort (1218). A cette nouvelle, un cri de joie s'éleva par toute la province, et Amaury de Montfort, fils de Simon, contraint de lever le siége de Toulouse, alla se renfermer dans Carcassonne.

1219-1223.

Un autre événement avait été non moins favorable à la maison de Saint-Gilles. Depuis longtemps la terre sainte était abandonnée; cependant, en 1217, la guerre fut prêchée contre les infidèles, et la croisade reprit son cours vers l'Orient. Cette guerre donna quelque répit aux deux comtes ; ils purent s'affermir dans leur conquête; mais le vingtième des subsides levés en France pour la croisade en terre sainte ayant été assigné par le pape, mécontent de voir l'ouvrage du saint-siége se détruire peu à peu, à une guerre contre les Languedociens, le fils de Philippe-Auguste entreprit cette croisade, dont le résultat, borné à la prise d'un ou de deux châteaux, ne fut pas plus brillant, pas plus utile à Amaury que la première expédition de Louis ne l'avait été à Montfort. Après le départ du prince Louis, les affaires d'Amaury allèrent toujours empirant, malgré les efforts des prêtres : il ne pouvait en effet se fier à aucun homme de langue provençale, tandis que le poignard était suspendu sur la tête de tous les Français. Aussi, découragé et dégoûté de la guerre, effrayé de la haine universelle dont il était l'objet, Amaury envoya à Philippe-Auguste, pour lui offrir la cession de toutes les conquêtes des croisés dans l'Albigeois ; mais Philippe n'avait plus l'ambitieuse activité de sa jeunesse ; il était alors faible, languissant et sur le bord de la tombe, où il descendit bientôt, en 1223, laissant un trésor bien rempli, le domaine royal plus que doublé, et la suprématie du roi sur les grands vassaux affermie et prouvée par de grands exemples.

La mort de Philippe-Auguste ne fut pas favorable aux Albigeois. Sans doute ce prince n'avait ni arrêté ni ralenti les persécutions dirigées contre eux, mais du moins il n'y avait point pris part; son fils, au contraire, avait déjà deux fois visité les belles provinces du Midi, et il était séduit par les offres d'Amaury dont la position devenait chaque jour plus critique. Raymond VI était mort en 1222, et son fils n'avait pu obtenir que le corps de son père fût déposé en terre sainte; d'autre part, Raymond Roger, comte de Foix, le fidèle compagnon de Raymond VI, mourut la même année ; mais il laissait un fils qui plus d'une fois avait déjà combattu à côté de Raymond VII ; et ces deux princes, aussi attachés l'un à l'autre que leurs pères l'avaient été, continuèrent de concert la guerre contre les Français.

1224-1270.

Amaury, perdant tout espoir de leur résister, conclut avec eux un traité par lequel il s'engageait à faire tous ses efforts pour les réconcilier avec le pape et le roi de France. A ce prix, ils consentirent à lui laisser six petits châteaux qu'il possédait encore. Mais les évêques établis par les croisés furent indignés d'une paix qui les laissait seuls en présence d'une famille et d'une population qu'ils avaient si long-temps vouées aux supplices ou au tourment de l'exil;

aussi adressèrent-ils à Louis VIII de pressantes sollicitations pour venir prendre possession des biens que lui offrait l'Eglise. Louis consentit volontiers à une nouvelle expédition, mais il fit de telles conditions, que le pape ne pouvait sans honte y condescendre, au moment où se préparait une croisade en terre sainte. Cependant, après de longues négociations, Louis s'entendit enfin avec le légat pour préparer un formidable armement, et, vers le mois de mai 1226, cinquante mille chevaliers ou écuyers descendirent la vallée du Rhône jusqu'à Avignon, dont les habitants, ne se sentant point en état de résister, consentirent à prêter leur pont sur le Rhône pour que l'armée pût entrer dans le Languedoc. On comptait peu alors sur la foi des traités, et les Avignonais, tout en cédant aux désirs du roi de France, relevèrent leurs murailles, firent des approvisionnements de vivres et d'armes pour ne pas offrir une tentation trop grande à tous ces barons si peu scrupuleux; mais le roi que les Avignonais voulaient bien admettre dans leur ville avec un certain nombre de chevaliers, indigné de ces précautions, prétendit passer par la ville avec toute son armée et la lance sur la cuisse. Les portes d'Avignon furent fermées, et, durant trois mois que les croisés restèrent au pied de ses murailles, les sorties des Avignonais, la famine et la maladie diminuèrent d'une manière effrayante les rangs de l'armée royale; de plus, autour du camp était Raymond VII, toujours prêt à tomber sur les détachements qui s'en écartaient pour aller au fourrage. Enfin Avignon ouvrit, par suite d'un traité, ses portes aux Français; mais un temps précieux avait été perdu, un grand nombre de vassaux s'étaient retirés après leurs quarante jours de service, et le reste de l'armée avait été décimé par les maladies et la famine. Aussi Louis VIII ne put signaler la campagne par aucun fait d'armes utile à ses intérêts, et mourut en reprenant la route de France, à Montpensier en Auvergne (1226).

Il est inutile maintenant de suivre pas à pas les derniers événements de cette guerre des Albigeois. Désormais le sort de ces provinces est décidé; la nationalité de cette contrée est effacée, ses princes indigènes sont dépouillés de leur puissance, ses chevaliers, ses seigneurs contraints de vivre en plaine, condamnés à mort s'ils montent un cheval de guerre, et leurs veuves forcées d'épouser des seigneurs français; tous les liens de cette société ont donc été violemment rompus, et, pour coup de grâce, l'expédition de Louis VIII vient en quelque sorte repasser une dernière fois le niveau sur ce malheureux pays. Cette expédition avait été, il est vrai, peu brillante, car les Français n'avaient nulle part rencontré d'armée devant eux; mais ils détruisirent encore çà et là quelques châteaux, dernières retraites des anciens propriétaires du pays.

Aussi ces provinces désolées furent contraintes de se rattacher à la France. Quelque temps encore Raymond VII essaya de lutter contre les sénéchaux du roi de France; mais il fut bientôt écrasé, et, par un traité conclu en 1228, Raymond donna sa fille en mariage au frère du roi, et par là tous ses droits sur le Languedoc passèrent dans la maison de France. Plus tard, Raymond essaya de revenir sur ce traité; il chercha même à former un nouveau mariage; mais toujours il fut prévenu par les prêtres qui le poursuivirent jusqu'à ses derniers jours de leur haine héréditaire. Le gendre de Raymond, Alphonse de Poitiers, frère de saint Louis, étant mort sans enfants en 1270, Philippe III hérita de la riche succession du comte de Toulouse.

COMTÉ DE ROUERGUE.

Fondé par Charlemagne, réuni en 1302 au comté d'Armagnac. Capitale Rodez.

Cette province, longue de vingt-cinq à trente lieues sur quinze à vingt de largeur, est située entre l'Auvergne, le Languedoc, les Cévennes, le Gévaudan et le Quercy. Charlemagne lui donna un comte, dont le successeur,

Falcoad, jouit aussi du comté de Toulouse. Ces deux comtés furent ainsi réunis jusqu'à Eudes, qui les sépara pour former des apanages particuliers à ses deux fils. En 1066, le comté de Rodez rentra dans la maison de Toulouse, d'où il sortit bientôt, Raymond IV de Saint-Gilles l'ayant aliéné en 1096, avant de partir pour la croisade, en faveur d'un vicomte de Carlat et de Lodève. En 1302, le comté de Rouergue entra dans la maison d'Armagnac par le mariage de l'héritière du Rouergue et de Carlat avec Bernard VI.

COMTÉ DE CARCASSONNE ET DE BÉZIERS.

Établi en 819, réuni au domaine en 1247. Capitale Carcassonne.

On trouve, dès l'année 819, un comte de Carcassonne et de Rasez (capitale Limoux, près d'Albi), Oliba, de la famille de saint Guillaume, duc de Toulouse, dont les descendants possédèrent ces deux comtés jusqu'en 934, où ils passèrent aux comtes de Comminges et de Conserans. En 1070, Raymond-Bérenger Ier, comte de Barcelone, en fit l'acquisition; mais, en 1083, un puîné de la seconde maison des comtes de Carcassonne rentra en possession de ces deux comtés et du Lauraguais, auxquels il joignit les vicomtés d'Albi, de Nîmes, d'Agde et de Béziers; mais les nouveaux maîtres ne portèrent plus que le titre de vicomte, parce qu'ils faisaient hommage aux comtes de Barcelone. En 1159, l'un d'eux, Raymond-Trencavel Ier, qui fut tué plus tard par les bourgeois de Béziers, abolit dans cette ville une coutume qui permettait aux habitants, durant les quinze jours qui suivaient le dimanche des Rameaux, d'attaquer les juifs et d'abattre leurs maisons à coups de pierres. Nous avons vu plus haut la malheureuse destinée du vicomte Raymond-Roger dépouillé par Montfort, et probablement empoisonné par lui. En vain son fils essaya de recouvrer son héritage; Montfort, puis le roi de France restèrent maîtres de tous ses biens. Désespérant de les recouvrer il les céda, en 1247, à saint Louis, en echange d'une rente de six cents livres. « C'est tout ce qui resta, dit don Vaissette(*), à l'héritier des vicomtes de Béziers, de Carcassonne, d'Agde, de Rasez, d'Albi et de Nîmes, de tous les biens que ses ancêtres avaient possédés; et cette ancienne maison, qui, depuis la fin de la seconde race, avait joui des droits régaliens dans ces six vicomtés, jusqu'au moment de la guerre des Albigeois, et qui était la plus puissante de toute la province, après celle des comtes de Toulouse, se vit enfin réduite à la condition d'une des moindres du pays : funeste suite d'une guerre de religion, qui força Trencavel, sans aucune faute de sa part, à porter l'iniquité du vicomte Raymond-Roger, son père! »

VICOMTÉ DE NARBONNE.

Établie vers 802, réunie au domaine en 1507.

Les marquis de Septimanie furent d'abord comtes de Narbonne, qu'ils firent administrer par des vidames ou viguiers, puis par des vicomtes. Le premier que l'on connaisse est Cixilane, qui tint un plaid à Narbonne en 802. Plus tard, les vicomtes passèrent sous la suzeraineté des comtes de Toulouse, mais portèrent souvent aussi leur hommage aux rois d'Aragon, qui, comme comtes de Montpellier et de Barcelone, se mêlaient à toutes les affaires des seigneurs languedociens, et aux rois de France, quand la croisade des Albigeois eut étendu sur les provinces du Midi l'influence royale. En 1447, la vicomté de Narbonne passa dans la maison de Foix, et le dernier qui la posséda fut Gaston II, tué à Ravennes, en 1512, après avoir échangé, en 1507, contre le duché de Nemours, la vicomté de Narbonne, qui fut alors réunie au domaine.

COMTÉ DE LA MARCHE D'ESPAGNE.

Établi en 864, est réuni en 1137 au royaume d'Aragon, mais reste jusqu'en 1258 dans la mouvance de la couronne de France. Capitale Barcelone.

En 817, Louis le Débonnaire sépara du royaume d'Aquitaine la Septimanie

(*) Histoire du Languedoc.

et la Marche d'Espagne, dont il fit un duché; mais Charles le Chauve le divisa, en 864, en deux marquisats : celui de Narbonne, qui, après avoir eu des marquis particuliers jusqu'en 918, tomba dans la maison de Toulouse; celui de Barcelone, dont les possesseurs montèrent, en 1137, sur le trône d'Aragon. Raymond-Bérenger IV, qui recueillit ce riche héritage, se reconnut cependant vassal du roi de France, comme tous ses successeurs, jusqu'à l'année 1258, où saint Louis fit abandon de son droit de suzeraineté sur la Catalogne.

COMTÉ DE FOIX.
Fondé en 1012, réuni à la Navarre en 1471. Capitale Orthez.

Le pays de Foix est borné au nord et à l'est par le Languedoc; au sud, par le Roussillon et les Pyrénées; à l'ouest, par le pays de Comminges. En 1002, le comte de Carcassonne, Roger Ier, donna la terre de Foix à son second fils Bernard. Les nouveaux comtes se trouvaient vassaux des comtes de Toulouse; mais ils portèrent leur hommage, en 1149, aux comtes de Barcelone. Ce fut Roger II, 1070-1125, qui fonda la ville de Pamiers. Raymond-Roger, 1188-1223, fut le plus fidèle allié du comte de Toulouse contre les Montfort, durant la croisade des Albigeois. Roger-Bernard III, le plus turbulent des princes gascons et languedociens, fut tour à tour prisonnier du roi de France et du roi d'Aragon, ennemi du comte d'Urgel et du comte d'Armagnac, contre lequel il se battit, en présence du roi, à Toulouse, en combat singulier, pour la vicomté de Béarn.

Mais le plus fastueux et le plus célèbre des comtes de Foix fut Gaston III, surnommé Phœbus. Froissard, qu'il accueillit dans son château d'Orthez, en 1388, fait une description *de ses grands biens et largesses*, qui donne une idée de la manière de vivre des seigneurs féodaux. « Le comte Gaston dont je parle, en ce temps que je fus devers lui, avoit environ cinquante-neuf ans d'aage. Et vous dis que j'ai en mon temps vu moult de chevaliers, rois, princes et autres; mais je n'en vis oncques nul qui fust de si beaux membres, de si belle forme, ni de si belle taille et viaire bel, sanguin et riant, les yeux vairs et amoureux là où il lui plaisoit son regard à asseoir. De toutes choses il étoit si très parfait, que on ne le pourroit trop louer. Il aimoit ce que il devoit aimer, et hayoit ce qu'il devoit haïr. Sage chevalier étoit et de haute emprise et plein de bon conseil, et n'avoit eu oncques nul marmouset d'encoste lui. Il fut prud'homme en regner. Il disoit, en son retrait planté d'oraisons, tous les jours une nocturne du psautier, heures de Notre-Dame, du Saint-Esprit, de la Croix et Vigilles des morts, et tous les jours faisoit donner cinq francs en petite monnoie, pour l'amour de Dieu, et l'aumosne à sa porte à toutes gens. Il fut large et courtois en don, et trop bien savoit prendre où il appartenoit et remettre où il afféroit. Les chiens sur toutes bestes il aimoit, et aux champs, été ou hiver, aux chasses volontiers étoit; d'armes et d'amour volontiers se déduisoit. Oncques fol outrage ni folle largesse n'aima, et vouloit savoir tous les mois que le sien devenoit. Il prenoit en son pays, pour sa recette recevoir et ses gens servir et administrer, douze hommes notables, et de deux mois en deux mois étoit de deux servi en sa dite recette, et au chef des deux mois ils se changeoient, et deux autres en l'office retournoient. Il faisoit du plus especial homme auquel il se confioit le plus son contrerooleur, et à celui tous les autres comptoient et rendoient leurs comptes de leurs recettes; et cil contrerooleur comptoit au comte de Foix par rooles ou par livres escripts, et ses comptes laissoit par devers le dit comte. Il avoit certains coffres en sa chambre où aucune fois et non pas toudis il faisoit prendre de l'argent pour donner à un seigneur chevalier ou escuyer quand ils venoient par devers lui; car oncques nul sans son don ne se departit de lui; et toujours multiplioit son trésor, pour les aventures et les fortunes attendre que il doutoit. Il étoit connoissable et accointable à toutes gens; doucement et amoureusement à eux parloit. Il étoit bref en ses conseils et en ses réponses. Il avoit quatre clercs secrétaires pour escripre et rescripre lettres; et bien convenoit que ces quatre lui fussent prests, quand il issoit hors de son retrait; ni ne les nommoit ni Jean, ni Gautier, ni Guillaume; mais quand les lettres que on lui bailloit lues il avoit, ou pour escripre aucune chose leur commandoit, Mau-me-sert chacun d'eux il appeloit.

« En cel état que je vous dis le comte de Foix vivoit. Et quand de sa chambre à mie nuit venoit pour souper en la salle, devant lui avoit douze torches allumées, que douze varlets portoient; et icelles douze torches étoient tenues devant sa table, qui donnoient grand clarté en la salle; laquelle salle étoit pleine de chevaliers et de escuyers, et toujours étoient à foison tables dressées pour souper qui souper vouloit. Nul ne parloit à lui à sa table si il ne l'appeloit. Il mangeoit par coutume fors volaille, et en espécial les ailes et les cuisses tant seulement, et guère aussi ne buvoit. Il prenoit en toutes menestrandie grand esbatement, car bien s'y connoissoit. Il faisoit devant lui ses clercs volontiers chanter chansons, rondeaux et virelais. Il séoit à table environ deux heures, et aussi il véoit volontiers étranges entremets, et iceux vus, tantost les faisoit envoyer par les tables des chevaliers et des escuyers.

« Brièvement, et ce tout considéré et avisé, avant que je vinsse en sa cour, je avois esté en moult de cours de rois, de ducs, de princes, de comtes et de hautes dames; mais je n'en fus oncques en nulle qui mieux me plust, ni qui fust sur le fait d'armes plus réjouie comme celle du comte de Foix étoit. On véoit, en la salle et ès chambres et en la cour, chevaliers et escuyers d'honneur aller et marcher, et d'armes et d'amour les oyoit-on parler. Toute honneur étoit là dedans trouvée. Nouvelles de quel royaume ni de quel pays que ce fust là dedans on y aprenoit; car de tous pays, pour la vaillance du seigneur, elles y appleuvoient et venoient (*). »

Malgré les éloges de Froissard, ce Gaston avoit commis de sa main plus d'un meurtre. Étant convenu de livrer au duc d'Anjou le château de Lourdes, que le chevalier Arnaud de Béarn, son parent et son vassal, tenait pour le roi d'Angleterre, il le fit venir à Orthez, l'accueillit « liement, le fit seoir à sa table, et lui montra tous les beaux semblants d'amour qu'il put; » puis il lui demanda de lui remettre son château. « Quand le chevalier ouït celle parole, si fut tout ébahi, et pensa un petit pour savoir quelle chose il répondroit, car il véoit bien que le comte de Foix parloit acertes; toutefois, tout pensé et tout considéré, il dit : « Mon-« seigneur, voirement je vous dois foi-« et lignage, car je suis un povre che-« valier de votre sang et de votre « terre; mais le chastel de Lourdes « ne vous rendrai-je jà. Vous m'avez « mandé, si pouvez faire de moi ce « qu'il vous plaira. Je le tiens du roi « d'Angleterre qui m'y a mis et établi, « et à personne qui soit je ne le rendrai « fors à lui. » Quand le comte de Foix ouït celle réponse, si lui mua le sang en félonnie et en courroux, et dit, en tirant hors une dague : « Ho! faux « traître, as-tu dit ce mot de non « faire? Par cette teste, tu ne l'as pas « dit pour néant! » Adonc férit-il de sa dague sur le chevalier, par telle manière que il le navra moult vilainement en cinq lieux; ni il n'y avoit là baron ni chevalier qui osast aller au devant. Le chevalier disoit bien : « Ha! « monseigneur, vous ne faites pas gen-« tillesse, vous m'avez mandé et si « m'occiez. » Toutes voies point il n'arresta jusques à tant qu'il lui eust donné cinq coups d'une dague, et puis après commanda le comte qu'il fust mis dans la fosse, et il le fut; et là mourut, car il fut povrement curé de ses plaies (**). »

Six ans plus tard, 1382, le comte tua lui-même son fils unique. Ce jeune prince étant allé voir sa mère, retirée

(*) Froissard, livre III, ch. 13.
(**) Froissard, liv. III, ch. 10.

près de son frère Charles le Mauvais, roi de Navarre, celui-ci, qui avait eu plus d'un démêlé avec le comte de Foix, donna au jeune homme une bourse renfermant une poudre qui devait rendre, disait-il, à sa mère tout l'amour du comte de Foix, quand celui-ci en aurait pris mêlée à ses aliments. Gaston revint à Orthez ; mais son père ayant aperçu, un jour qu'il le servait à table, « les pendants de la boursette au gipon de son fils, le sang lui mua, et dit : « Gaston, viens avant, je veuil « parler à toi en l'oreille. » L'enfès s'avança de la table. Le comte ouvrit lors son sein et desnoulla lors son gipon, et prit un coutel, et coupa les pendants de la boursette, et lui demoura en la main, et puis dit à son fils : « Quelle chose est-ce en celle « boursette? » L'enfès, qui fut tout surpris et ébahi, ne sonna mot, mais devint tout blanc de paour et tout éperdu, et commença fort à trembler, car il se sentait forfait. Le comte de Foix ouvrit la bourse et prit de la poudre et en mit sur un tailloir de pain, et puis siffla un lévrier qu'il avoit de lez lui et lui donna à manger. Sitôt que le chien ot mangé le premier morsel, il tourna les pieds dessus et mourut.

« Quand le comte de Foix en vit la manière, si il fut courroucé, il y ot bien cause, et se leva de table et prit son coutel, et voult lancer après son fils, et l'eust là occis sans remede ; mais chevaliers et escuyers saillirent au devant et dirent : « Monseigneur, pour « Dieu merci! ne vous hastez pas, « mais vous informez de la besogne « avant que vous fassiez à votre fils « nul mal. » Et le premier mot que le comte dit, ce fut en son gascon : « O Gaston! traitour, pour toi et pour « accroitre l'héritage qui te devoit re- « tourner, j'ai eu guerre et haine au « roi de France, au roi d'Angleterre, « au roi d'Espagne, au roi de Navarre « et au roi d'Arragon, et contre eux me « suis-je bien tenu et porté, et tu me « veux maintenant murdrir. Il te vient « de mauvaise nature. Sache que tu en « mourras à ce coup. » Lors saillit outre la table, le coutel en la main, et le vouloit là occir. Mais chevaliers et escuyers se mirent à genoux en pleurant devant lui et lui dirent : « Ha! « monseigneur, pour Dieu merci! « n'occiez pas Gaston ; vous n'avez plus « d'enfants ; faites-le garder et infor- « mez-vous de la matière ; espoir ne « savoit il que il portoit, et n'a nulle « coulpe à ce mesfait. — Or tost, dit le « comte, mettez-le en la tour, et soit « tellement gardé que on m'en rende « compte. »

« Lors fut mis l'enfès en la tour de Ortais. Le comte fit adonc prendre grand foison de ceux qui servoient son fils, tous ne les ot pas, car moult s'en partirent ; et encore en est l'évêque de l'Escale, d'encoste Pau, hors du pays, qui en fut soupeconné, et aussi sont plusieurs autres ; mais il en fit mourir jusques à quinze très horriblement ; et la raison que il y met et mettoit étoit telle, que il ne pouvoit estre que ils ne sceussent de ses secrets, et lui dussent avoir signifié et dit : « Mon- « seigneur, Gaston porte une bourse à « sa poitrine telle et telle. » Rien n'en firent, et pour ce moururent horriblement, dont ce fut pitié, aucuns escuyers ; car il n'y avoit en toute Gascogne si jolis, si beaux, si acesmés comme ils étoient ; car toujours a été le comte de Foix servi de frisque mesnée.

« Trop toucha cette chose près au comte de Foix, et bien le montra, car il fit assembler un jour à Ortais tous les nobles, les prélats de Foix, de Berne, et tous les hommes notables de ces deux pays ; et, quand ils furent venus, il leur démonstra ce pourquoi il les avoit mandés, et comment il avoit trouvé son fils en telle deffaute et si grand forfait que c'étoit son intention qu'il mourust, et que il avoit desservi mort. Tout le peuple répondit à cette parole d'une voix, et dit : « Monsei- « gneur, sauve soit votre grâce! nous « ne voulons pas que Gaston muire ; « c'est votre héritier, et plus n'en « avez. »

« Quand le comte ouït son peuple qui prioit pour son fils, si se restreignit un petit, et se pourpensa que il le chastieroit par prison, et le tiendroit en prison deux ou trois mois, et puis l'envoieroit en quelque voyage deux ou trois ans demeurer, tant que il auroit oublié son mautalent, et que l'enfès, pour avoir plus d'aage, seroit en meilleure et plus vive connoissance. Si donna à son peuple congé; mais ceux de la comté de Foix ne se vouloient partir d'Ortais, si le comte ne les asseuroit que Gaston ne mourroit point, tant amoient-ils l'enfès. Il leur ot en convenant; mais bien dit que il le tiendroit par aucun temps en prison pour le chastier. Sur celle convenance, se partirent toutes manieres de gens, et demeura Gaston prisonnier à Ortais.

« Ces nouvelles s'épandirent en plusieurs lieux; et pour ce temps étoit pape Grégoire onzième en Avignon. Si envoya tantost le cardinal d'Amiens en légation, pour venir en Berne et pour amoyenner ces besognes et apaiser le comte de Foix, et oster de son courroux et l'enfant hors de prison. Mais le cardinal ordonna ses besognes si longuement, que il ne put venir que jusques à Béziers, quand les nouvelles lui vinrent là que il n'avoit que faire en Berne, car Gaston, le fils au comte de Foix, étoit mort; et je vous dirai comment il mourut, puisque si avant je vous ai parlé de la matière.

« Le comte de Foix le faisoit tenir en une chambre en la tour d'Ortais, où petit avoit de lumière, et fut là dix jours. Petit y but et mangea, combien que on lui apportoit tous les jours assez à boire et à manger ; mais, quand il avoit la viande, il la détournoit d'une part et n'en tenoit compte, et veulent aucuns dire que on trouva les viandes toutes entières que on lui avoit portées, ni rien ne les avoit amenries au jour de sa mort; et merveilles fut comment il put tant vivre. Par plusieurs raisons, le comte le faisoit là tenir, sans nulle garde qui fût en la chambre avecques lui, ni qui le conseillast ni confortast, et fut l'enfès toujours en ses draps ainsi comme il y entra ; et si se mérencolia grandement, car il n'avoit pas cela appris, et maudissoit l'heure que il fut oncques né ni engendré pour être venu à telle fin.

« Le jour de son trépas, ceux qui le servoient de manger lui apportèrent la viande et lui dirent : « Gaston, vez-ci « de la viande pour vous. » Gaston n'en fit compte et dit : « Mettez-la là. » Cil qui le servoit de ce que je vous dis regarde, et voit en la prison toutes les viandes que les jours passés-il avoit apportées. Adonc referma-t-il la chambre, et vint au comte de Foix, et lui dit : « Monseigneur, pour Dieu merci ! « prenez garde dessus votre fils, car il « s'affame là en la prison où il gist, et « crois que il ne mangea oncques puis « qu'il y entra, car j'ai vu tous les « mets entiers tournés d'un lez dont « on l'a servi. » De celle parole le comte s'enfélonna, et, sans mot dire, il se partit de sa chambre, et s'en vint vers la prison où son fils étoit, et tenoit à la male heure un petit long coutel dont il appareilloit ses ongles et nettoyoit. Il fit ouvrir l'huis de la prison et vint à son fils, et tenoit l'alumelle de son coutel par la pointe, et si près de la pointe que il n'en y avoit pas hors de ses doigts la longueur de l'épaisseur d'un gros tournois. Par mautalent, en boutant ce tant de pointe en la gorge de son fils, il l'asséna ne sais en quelle veine, et lui dit : « Ha, traitour ! pour-« quoi ne manges-tu point ? » Et tantost s'en partit le comte sans plus rien dire ni faire, et rentra en sa chambre. L'enfès fut sang mué et effrayé de la venue de son père, avecques ce que il étoit foible de jeûner, et que il vit ou sentit la pointe du coutel qui le toucha à la gorge, comme petit fut, mais ce fut en une veine, il se tourna d'autre part et là mourut(*). »

Ce Gaston Phœbus, regardé, malgré tous ses méfaits, chose, du reste, alors fort commune, comme l'un des princes les plus accomplis de son temps, écrivit un ouvrage sur la chasse, dans lequel il assure que le bon chasseur va tout droit en paradis ; « car la chasse sert, dit-il, à fuir les péchés mortels :

(*) Froissard, livre III, ch. 13.

or qui fuit les sept péchés mortels, selon notre foy, il doit estre saulve. Doncques bon veneur aura en ce monde joye, léesse et déduit, et après aura paradis encore. »

A la mort de Gaston Phœbus, 1391, ses domaines firent échute à la couronne, en vertu d'une donation faite par Gaston ; mais le duc de Berry, oncle de Charles VI, les aliéna en faveur du vicomte de Castelbon, dont la sœur les porta dans la maison des captals de Buch. Ceux-ci, devenus comtes de Foix, quittèrent le parti des Anglais, qu'ils avaient jusqu'alors soutenus, et ce fut Gaston IV qui s'empara, avec l'aide de Dunois, en 1451, de Bayonne, la seule place qui restât aux Anglais dans la Guyenne. En récompense de ces services, Gaston obtint, en 1455, pour son fils aîné, la main de madame Madeleine, fille de Charles VII, et, en 1458, la dignité de pair. Sa faveur se soutint sous Louis XI, qui lui donna le Roussillon et la Cerdagne ; enfin son mariage avec Léonore, fille de Jean, roi d'Aragon et de Navarre, donna la Navarre à la maison de Foix. Son petit-fils, François Phœbus, réunit ainsi les comtés de Foix et de Bigorre, les vicomtés de Béarn et de Castelbon au royaume de Navarre.

COMTÉS DE MAGUELONE, DE SUBSTANTION ET DE MELGUEIL.

Les comtes de Maguelone (*) paraissent n'avoir subsisté que dans la seconde moitié du huitième siècle, et jusque vers 820. A cette époque, ils disparaissent de l'histoire, et l'on ne trouve plus à leur place que les comtes de Substantion (ville ancienne, qui n'est plus aujourd'hui qu'un petit village à une lieue de Montpellier), et de Melgueil (château à deux lieues de Montpellier), qui se maintinrent jusqu'en 1172. A cette époque, leur domaine fut

(*) Au sixième siècle, Maguelone était ville épiscopale ; mais les Sarrasins s'en étant emparés, Charles-Martel ruina cette ville en 737. Rebâtie en 1037 par l'évêque Arnaud, elle subsista jusqu'en 1530, où l'évêché ayant été transféré à Montpellier, la ville fut peu à peu abandonnée.

réuni au comté de Toulouse. — La monnaie de Melgueil (sous Melgorien) avait autant de cours en Languedoc que celle de Morlas en Gascogne.

SEIGNEURIE DE MONTPELLIER.

Fondée en 975, réunie au domaine en 1349.

Sous la suzeraineté des évêques de Maguelone se trouvait la ville de Montpellier, jadis séparée en deux villages, entre lesquels s'étendait un petit bois. En 975, l'évêque Ricuin donna à Gui Ier l'un de ces deux villages, et le comte de Melgueil y ajouta, en 986, un domaine considérable, qui embrassait la plus grande partie du territoire de Montpellier. En 1204, cette seigneurie, qui s'était fort agrandie, passa à don Pèdre, roi d'Aragon, par le mariage de ce prince avec une fille de Guillaume VIII. En 1293, Philippe le Bel acheta de l'évêque de Montpellier les deux tiers de la ville, et, en 1349, don Jayme III, roi de Majorque, vendit à Philippe VI, au prix de cent vingt mille écus d'or, la seigneurie de Montpellier, dont le revenu était de trente-deux mille huit cents livres tournois, et celle de Lates, qui en valait quatre cent trente-cinq.

COMTÉ DE ROUSSILLON.

Établi vers 820, réuni au domaine en 1659. Capitale Perpignan.

Le Roussillon, province de vingt lieues de long sur neuf de large, était borné à l'est par la Méditerranée ; à l'ouest, par la Cerdagne ; au nord, par le Languedoc ; au sud, par les Pyrénées, qui la séparaient de la Catalogne ; mais le comté proprement dit ne comprenait qu'une partie de la province de Roussillon, dont la capitale, Perpignan, ne se trouve pas nommée avant le dixième siècle. Au commencement du neuvième, le Roussillon avait déjà des comtes particuliers, qui ne devinrent héréditaires qu'au commencement du dixième. En 1172, ce domaine entra dans la maison d'Aragon, de même que les comtés de Cerdagne et de Bezalu, qui avaient été conférés, en 928, par un comte de Barcelone à son second fils. Louis XI profita des embarras de Jean II d'Aragon pour lui acheter, en 1462, au prix de deux cent mille écus, les comtés de Roussillon et de Cerdagne; mais ce ne fut que par la paix des Pyrénées, en 1659, que le Roussillon fut définitivement réuni à la couronne.

COMTÉ DE POITIERS.

Établi en 778, conquis en 1205, réuni au domaine en 1422. Capitale Poitiers.

Lorsque Charlemagne rétablit le royaume d'Aquitaine en faveur de son fils Louis le Débonnaire, il divisa le pays en quinze comtés soumis au duc d'Aquitaine, qui fut en même temps comte de Toulouse. De 778 à 839, Poitiers eut des comtes particuliers, dont le ressort avait une étendue plus grande que la province nommée plus tard Poitou; mais, en 845, Charles le Chauve donna au comte Rainulf Ier le titre de duc d'Aquitaine, que portèrent aussi les comtes de Toulouse, en renfermant le Poitou, la Saintonge et l'Angoumois dans sa juridiction. Après l'usurpation de Hugues Capet, les comtes de Poitiers, toujours ducs d'Aquitaine, étendirent encore leur autorité sur le Limousin et l'Aunis; Guillaume III donna même asile aux fils de Charles de Lorraine, et les proclama rois. Tous les ans, il faisait un pèlerinage à Rome ou à Saint-Jacques de Compostelle en Galice. Honoré de tous les princes de l'Europe, traité comme leur égal, il justifiait cette estime universelle par sa modération, qui lui fit refuser la couronne d'Italie, et par son zèle pour la propagation des lumières. Son second fils, Eudes, qu'il avait eu d'une fille de Sanche-Guillaume, duc de Gascogne, hérita de son duché, qu'il réunit à celui d'Aquitaine à son avénement au comté de Poitou, en 1038. Ce fut surtout à la cour de Guillaume VII, duc d'Aquitaine et de Gascogne (1087-1127), que commença à se développer la littérature nommée provençale. Guillaume était bon troubadour et bon chevalier d'armes, dit une vieille chronique, et il courut longtemps le monde pour tromper les dames. Il reste de lui plusieurs pièces de vers. Malgré son zèle pour la croisade et sa dévotion extérieure, Guillaume avait des mœurs fort dissolues. Ayant appris que l'évêque de Poitiers voulait l'excommunier, il courut à l'église, saisit le prélat aux cheveux, et, le menaçant de son épée: « Tu m'absoudras, cria-t-il, ou tu mourras. » L'évêque demanda à réfléchir un instant, et en profita pour achever la formule d'excommunication, après quoi il présenta sa tête au duc, en lui disant de frapper. « Je ne t'aime pas assez, reprit Guillaume, pour t'envoyer en paradis; » et il se contenta de l'exiler. La petite-fille de ce Guillaume est la célèbre Éléonore, qui, par son mariage avec Louis le Jeune, roi de France, et ensuite avec Henri, roi d'Angleterre, porta successivement dans ces deux maisons son riche héritage, composé du duché d'Aquitaine, qui comprenait les comtés particuliers de Poitou et de Limousin, avec l'autorité suzeraine sur l'Auvergne et le reste de l'ancienne province nommée par les Romains seconde Aquitaine; du duché de Gascogne ou ancienne Novempopulanie, avec les comtés particuliers de Bordeaux et d'Agen; enfin de la partie de la Touraine placée sur la rive gauche de la Loire. Philippe-Auguste ayant fait déclarer par la cour des pairs la confiscation des possessions anglaises du continent, s'empara, en 1205, du Poitou, qui fut donné comme apanage à Alphonse, frère de saint Louis, puis à Philippe le Long, à Jean, duc de Berry, puis enfin, en 1369, au dauphin, nommé depuis Charles VII, qui le réunit à la couronne en 1427.

COMTÉ D'AUVERGNE.

Fondé en 780, réuni au domaine en 1610. Capitale Clermont.

Cette province, de trente lieues de long sur quarante de large, est bornée au nord par le Bourbonnais; au sud, par le Rouergue; à l'est, par le Forez et le Velay; à l'ouest, par le Limousin, le Quercy et la Marche. Elle fit d'abord partie du royaume d'Aquitaine sous les rois et ducs mérovingiens, mais elle avait déjà des comtes particuliers qu'elle conserva sous les Carlovingiens. Ce fut Guillaume le Pieux (886-918), qui fut le premier comte héréditaire d'Auvergne; il était aussi comte de Velay,et marquis de Gothie ou de Septimanie, et Eudes le nomma duc d'Aquitaine. Son fils, Guillaume le Jeune, joignit à ces vastes possessions Bourges et le Berry; mais, après la mort de son frère Alfred, qui lui succéda, le comté d'Auvergne et ses dépendances entrèrent dans la maison de Poitiers (928), puis dans celle de Toulouse (932); enfin un vicomte d'Auvergne commença, en 979, une nouvelle dynastie des comtes d'Auvergne.

Ce fut à Clermont, capitale du comté d'Auvergne, que se tint le concile où fut décidée la première croisade. Le comte Guillaume VII y prit part avec l'élite de la noblesse d'Auvergne, Arnaud de Bréon, seigneur de Mardogne, Arnaud d'Apchon, Jean de Murat, Louis de Pondonas, Louis de Montmorin, Jacques de Tournemire, Léon de Dienne, le seigneur de Beaufort et le baron de la Tour.

De retour de la croisade, Guillaume voulut enlever à l'évêque de Clermont l'autorité temporelle qu'il partageait avec le comte de cette ville : il se saisit de la cathédrale et la fortifia comme une forteresse; mais l'évêque ayant imploré l'assistance de Louis le Gros, ce prince accourut avec une armée, intimida le duc d'Aquitaine qui voulait prendre parti pour son vassal, et obligea le comte de faire un accommodement avec l'évêque.

Au douzième siècle, l'Auvergne fut sur les frontières d'Aquitaine ce que le Vexin était sur celles de la Normandie, une cause de guerres perpétuelles entre les rois de France et les rois d'Angleterre, qui, à titre de ducs d'Aquitaine, exigeaient l'hommage des comtes d'Auvergne. Ces guerres furent peu favorables aux comtes, sur lesquels s'étendit peu à peu l'autorité royale. D'abord les évêques de Clermont leur enlevèrent toute la ville, dont ils restèrent en possession jusqu'en 1552; puis Philippe-Auguste les dépouilla de leur comté, dont la plus grande partie, donnée par saint Louis à son frère Alphonse de Poitiers, fut réunie, en 1271, au domaine, puis érigée, en 1360, en duché, en faveur de Jean, duc de Berry; le reste, c'est-à-dire les châtellenies de Mirefleurs, de la Chypre, de Besse, de Clavières, de Montredon, d'Artonne et de Lezoux, avec la ville de Vic-le-Comte, qui en fut le chef-lieu, et la terre de Combrailles, leur patrimoine, demeura aux anciens comtes. Le comté de Boulogne, dont Robert V hérita en 1277, releva quelque peu sa maison, qui, en 1350, donna une reine à la France, Jeanne, fille et héritière de Guillaume XIII, qui épousa le roi Jean. Philippe de Rouvre, qu'elle avait eu de son premier mari, Eudes de Bourgogne, réunit les comtés d'Auvergne et de Boulogne à ses États héréditaires, le comté et le duché de Bourgogne, et le comté d'Artois; mais, après la mort de ce jeune homme, son riche héritage fut partagé, et un oncle de Jeanne recouvra les comtés d'Auvergne et de Boulogne, qui, en 1422, passèrent par les femmes, avec la baronnie de Montgascon, dans la maison de la Tour.

Le Boulonnais ayant été cédé au duc de Bourgogne par le traité d'Arras de 1435, Louis XI, pour indemniser la maison de la Tour, lui donna le comté de Lauraguais en Languedoc; puis, lorsqu'il eut recouvré, en 1477, le Boulonnais, qui relevait de l'Artois, propriété de la maison de Bourgogne, il transporta l'hommage de ce comté à l'image de Notre-Dame, révérée à Boulogne. La Vierge fut donc déclarée suzeraine du comté, et il se déclara son vassal par le relief d'un cœur d'or du poids de treize marcs, que ses successeurs payeraient à leur avénement au trône. Des lettres patentes enregistrées au parlement consacrèrent cette singulière suzeraineté, qu'il reconnut lui-même solennellement, en prêtant hommage entre les mains de l'abbé de Notre-Dame. Cette comédie juridique avait un but sérieux; en transportant à la Vierge la suzeraineté du Boulonnais, Louis l'enlevait au possesseur de l'Artois, Maximilien d'Autriche, qui aurait eu le droit de l'exercer.

A la mort de Jean III, dernier comte d'Auvergne de la maison de la Tour, Anne, sa fille aînée, déclara sa nièce, Catherine de Médicis, héritière de l'Auvergne. Entrée ainsi dans la maison royale, l'Auvergne ne fut cependant réunie au domaine qu'à l'avènement de Louis XIII. En 1651, la partie de cette province comprise sous le nom de comté d'Auvergne fut cédée au duc de Bouillon, avec les duchés d'Albret et de Château-Thierry et le comté d'Évreux, en échange de Sedan et de Raucourt.

DAUPHINÉ D'AUVERGNE.

Fondé en 1155, réuni au domaine en 1693.

Guillaume VIII ayant été dépouillé par son oncle Guillaume le Vieux du comté d'Auvergne, en 1155, conserva une petite portion de ce pays avec le Velay, c'est-à-dire la châtellenie de la vallée du Diable (Vodable), avec plusieurs terres dans la Limagne, telles que Ludesse, Issoire, le Cheylat, Torzel, Meillaud, Saint-Ilpize, Combronde, Langheac, Saint-Herem, Saligni, etc., et prit dès lors le nom de dauphin d'Auvergne, à cause sans doute de ses armes, qui étaient un dauphin en champ d'or. Sa postérité subsista jusqu'en 1426. A cette époque, Jeanne, fille unique du dauphin Béraud III, lui succéda avec son époux, Louis de Bourbon, comte de Montpensier, par lequel le dauphiné d'Auvergne entra dans la maison de Bourbon. C'est le petit-fils de ce comte Louis qui fut le célèbre connétable de Bourbon. Après sa fuite, François Ier fit confisquer tous ses biens, mais il en rendit à sa sœur et à son neveu, le prince de la Roche-sur-Yon, la plus grande partie. Par un édit enregistré le 25 juin 1561, le prince de la Roche-sur-Yon, déjà duc de Montpensier, fut mis en possession du comté de Forez, de la baronnie de Beaujolais, du Dauphiné d'Auvergne et de la seigneurie de Dombes. Son arrière-petite-fille, Marie de Bourbon, épousa Gaston, frère de Louis XIII, et lui donna la princesse connue sous le nom de mademoiselle de Montpensier, et célèbre par son amour pour le comte de Lauzun, qu'elle épousa en secret et dont elle n'eut point d'enfant. Elle mourut en 1693.

COMTÉ D'ANGOULÊME.

Établi en 839, réuni au comté de la Marche en 1218. Capitale Angoulême.

Le premier comte d'Angoulême que l'on connaisse est Turpion, qui fut établi comte par Louis le Débonnaire, en 839; mais ce ne fut qu'en 866 que Wulgrin, parent de Charles le Chauve, fonda la maison des comtes héréditaires. Son petit-fils Guillaume, pour avoir, dans une bataille contre les Normands, pourfendu le corps d'un roi de ces barbares, malgré la cuirasse dont celui-ci était revêtu, mérita le surnom de Taillefer, que portèrent ses descendants, et qu'ils justifièrent par leur courage, leur force et leur esprit belliqueux. Leur postérité mâle s'étant éteinte en 1218, l'Angoumois passa par les femmes dans la maison des comtes de la Marche. Le comté d'Angoulême ayant été donné en apanage à Louis d'Orléans, frère de Charles VI, fut possédé par Louise de Savoie, femme de son petit-fils Charles d'Orléans et mère de François Ier. Réuni au domaine après la mort de cette princesse, il fut donné à Diane, fille naturelle de Henri II, puis, à la mort de celle-ci, à Charles de Valois, fils naturel de Charles IX et frère utérin de la célèbre duchesse de Verneuil. Sa petite-fille mourut sans postérité, en 1696.

COMTÉ DE PÉRIGORD.

Fondé en 778, réuni au domaine en 1399, donné la même année en apanage, réuni définitivement en 1589.

Le Périgord, borné au nord par l'Angoumois, à l'est par le Quercy et le Limousin, à l'ouest par la Saintonge, au sud par l'Agenois, reçut un comte de Charlemagne, en 778. Une nouvelle dynastie, qui l'obtint en 866, le transmit, au milieu du dixième siècle, aux comtes de la Marche, du nom de Talleyrand, qui conservèrent le Périgord jusqu'en 1399, et méritèrent par leur esprit turbulent la réputation d'une des dynasties féodales les plus belliqueuses. Pendant plus de deux siècles, les nouveaux comtes de Périgord luttèrent contre la commune de Périgueux, sans pouvoir détruire les libertés de ces bourgeois, qui finirent par se mettre sous la protection royale, et amenèrent ainsi la ruine de leurs seigneurs. Archambaud VI ayant essayé d'enlever la fille d'un habitant de Périgueux, un arrêt du parlement le dépouilla de ses biens, qui furent donnés d'abord à Louis d'Orléans, dont le fils les vendit à Jean de Blois, comte de Penthièvre. De cette maison, ils passèrent par les femmes dans celle d'Albret, en 1470, puis dans celle de Navarre, et enfin dans la maison de France, à l'avénement de Henri IV, 1589. Une branche cadette des comtes de Périgord donna naissance aux seigneurs de Grignols, devenus princes de Chalais et de Talleyrand, et desquels descendent les princes de Talleyrand encore aujourd'hui vivants.

COMTÉ DE LA MARCHE.

Fondé vers 968, réuni au domaine en 1308, puis en 1531. Capitales Guéret et Bellac.

La Marche, c'est-à-dire la frontière du Poitou et du Berry, s'étend entre le Berry au nord, l'Auvergne à l'est, le Poitou et l'Angoumois à l'ouest, et le Limousin au sud. Primitivement, la Marche forma deux comtés, celui de haute Marche, capitale Guéret, et celui de basse Marche, capitale Bellac. Le comte Boson le Vieux ayant épousé la fille d'un comte de Périgord, dont tous les fils moururent sans postérité, recueillit son héritage, et légua l'un de ses comtés à son fils aîné, l'autre au cadet. Ce furent ces comtes de la Marche qui furent la première cause des désastres de Jean *sans Terre*. Ce prince ayant enlevé Isabelle d'Angoulême, promise au fils de Hugues IX de la Marche, celui-ci souleva contre le roi d'Angleterre toute la noblesse du Poitou, de l'Anjou et de la Normandie. Avec l'aide de tous ces seigneurs, Philippe-Auguste eut peu de peine à saisir presque toutes les possessions du roi anglais sur le continent. Cependant Hugues X se repentit bientôt d'avoir favorisé les progrès du roi de France, et se ligua tour à tour avec Jean et les barons mécontents de la régence de Blanche de Castille; mais saint Louis le força de se soumettre. Hugues XIII de Lusignan, comte de la Marche et d'Angoulême, étant mort en 1303, sans laisser d'enfants, son frère voulut se mettre en possession de son héritage; mais Philippe le Bel l'ayant fait condamner à douze mille livres d'amende, sous prétexte de trahison, le força de lui abandonner les deux comtés, qui furent réunis au domaine en 1308.

Le comté de la Marche fut donné en apanage, en 1316, à Charles le Bel, qui devint roi en 1322, puis en 1341, à Louis Ier, duc de Bourbon, qui le transmit à son troisième fils, Jacques, duquel descendent tous les princes de la maison de Bourbon qui existent aujourd'hui. Éléonore de Bourbon, héritière de la Marche, épousa Bernard d'Armagnac, comte de Pardiac, qui mourut en 1460; et son fils Jacques III d'Armagnac, duc de Nemours et comte de la Marche, fut décapité à Paris en 1477.

Louis XI confisqua les terres de ce prince, et donna le comté de la Marche à Pierre II de Bourbon, sire de Beaujeu, son gendre, qui mourut en 1503. La fille unique et l'héritière de Pierre II, Suzanne de Bourbon, morte en 1521, épousa Charles de Bourbon, connétable de France, qui fut tué à l'escalade de Rome, le 6 mai 1527.

François Ier confisqua les terres de Charles de Bourbon en châtiment du crime de félonie, dont ce grand feudataire s'était rendu coupable, et pour la quatrième fois le comté de la Marche fut réuni à la couronne en 1531.

VICOMTÉ DE LIMOGES.

Fondée vers 778, réunie en 1522 à la Navarre, et au domaine en 1589.

C'est dans la capitale de ce fief que se faisaient inaugurer les ducs d'Aquitaine, avec un cercle d'or dont on leur ceignait la tête, une chlamyde, l'anneau de sainte Valérie, les éperons d'or, le glaive et l'étendard. Ces ducs établirent d'abord à Limoges des comtes, puis des vicomtes, qui se succédèrent héréditairement, à partir de 887. En 1291, par la mort de l'héritière des vicomtes de la race de Boson, le Limousin entra dans la maison de Bretagne, puis, en 1522, dans celle d'Albret, enfin, en 1589, dans celle de France.

VICOMTÉ DE TURENNE.

Fondée en 767, réunie au domaine en 1738.

La petite ville de Turenne, entre Tulle et Sarlat, n'était qu'un simple château quand Pepin le Bref s'en empara en 767. La position avantageuse de ce lieu engagea Pepin à y transporter une colonie de Français. Les seigneurs de Turenne étendirent peu à peu leurs domaines dans le Limousin, le Périgord et le Quercy, sur un espace de huit lieues de long et sept de large, renfermant treize châtellenies et cent seize paroisses. En même temps que s'agrandissaient leurs domaines, leur autorité s'augmentait aussi par le titre de vicomtes, que les ducs d'Aquitaine leur cédèrent avec les droits régaliens, à la demande de Louis d'Outre-mer. Peu à peu, ils s'affranchirent même de la suzeraineté des ducs d'Aquitaine, et ne relevèrent plus que du roi. Louis XIV confirma cette prérogative en 1656.

Les vicomtes de Turenne, qui descendaient des anciens abbés laïques de Saint-Martin de Tulle, ne sont connus que depuis le règne de Louis le Débonnaire. A la fin du dixième siècle, la ligne masculine s'éteignit, et la vicomté passa par les femmes aux vicomtes de Comborn, puis, en 1311, aux vicomtes de Comminges, qui la vendirent pour cent quarante-cinq mille florins d'or, en 1347, au comte de Beaufort. En 1490, la vicomté de Turenne fut portée dans la maison de la Tour, qui la posséda jusqu'en 1738, où elle fut vendue au roi Louis XV.

COMTÉ DE BOURGES.

Fondé avant 763, réuni au domaine de la couronne en 1100.

Le Berry, borné par l'Orléanais au nord, le Nivernais à l'est, le Bourbonnais au sud, et le Poitou à l'ouest, comprit comme comté une partie du Bourbonnais et de la Touraine. Fondé dès les temps les plus anciens, ce comté exista sous les Visigoths et les Francs mérovingiens. Lorsque Pepin attaqua Waïfre d'Aquitaine, il y avait un comte de Bourges du nom de Chunibert, que Pepin, puis Charlemagne, remplacèrent par des officiers dévoués à leur maison. Le premier des nouveaux comtes dont le nom soit connu est Humbert, établi en 778, par Charlemagne, lorsqu'il érigea l'Aquitaine en royaume. Jusqu'en 927, ces comtes subsistèrent, se mêlant à toutes les guerres qui troublèrent la France pendant le neuvième et la première partie du dixième siècle. Mais à cette époque le roi Raoul supprima le comté de Bourges, déclara que tous les seigneurs de cette province, le prince de Déols, le seigneur de Bourbon, le vicomte de Bourges, qui conservait la propriété de la ville, etc., relèveraient immédiatement de la couronne. Les vicomtes de Bourges subsistèrent jusqu'aux croisades. L'an 1100, le vicomte Arpin vendit Bourges à Philippe Ier pour soixante mille sous d'or.

COMTÉ DE SANCERRE.

Fondé en 1152, réuni au Dauphiné d'Auvergne en 1419.

Cette seigneurie, d'abord peu importante, fut longtemps possédée par les évêques de Beauvais, puis par les comtes de Champagne. En 1152, un cadet de cette dernière maison l'ayant reçue pour apanage, prit le titre de comte de Sancerre, parce qu'il était de race comtale. En 1419, cette terre passa dans la maison des dauphins d'Auvergne; en 1456, dans celle des sires de Breuil, et, en 1640, dans celle de Condé.

BARONNIE, PUIS DUCHÉ DE BOURBON.

Fondée avant 921, réunie au domaine royal en 1527. Capitale Moulins.

Le Bourbonnais, borné au nord par le Nivernais et le Berry, au sud par l'Auvergne, à l'est par la Bourgogne et le Forez, à l'ouest enfin par le Berry, compte vingt-sept lieues en longueur sur onze en largeur. Au dixième siècle, le Bourbonnais était l'une des trois principales baronnies du royaume. La première race de ces barons, qui subsista jusqu'en 1200, prétendait descendre d'un frère de Charles Martel du nom de Childebrand. L'un d'eux, Archambaud VII, fonda, en 1137, la ville de Villefranche, ne se réservant pour lui et ses successeurs que le four banal, les étaux du marché, avec divers droits sur les marchandises qui s'y vendaient, et la connaissance des crimes d'adultère, de rapt et de vol. Béatrix de Bourbon ayant épousé, en 1272, Robert de France, comte de Clermont en Beauvoisis, et sixième fils de saint Louis, leur fils Louis, dit le Grand et le Boiteux, réunit, en 1318, le comté de Clermont à la baronnie de Bourbon, qui fut érigée en duché-pairie le 27 décembre 1327 ; il reçut aussi la charge de grand chambrier, qui fut héréditaire dans sa maison. En 1316, Louis se déclara hautement en faveur de Philippe le Long, et de l'application de la loi salique à la succession de la couronne. Il suivit la même politique à la mort de ce prince, en se prononçant pour Charles le Bel, et plus tard pour Philippe de Valois, « qui perdit en lui l'homme le plus sage de son royaume (1341).

Son fils aîné, Pierre Ier, mourut à Poitiers en couvrant le roi de son corps. Son fils Louis II demeura huit ans prisonnier en Angleterre, comme otage du roi Jean, « auquel pays, dit Christine de Pisan, si gracieusement se contint, que mesmes au roi Édoart, à ses enfans et à tous tant plaisoit, qu'il lui estoit abandonné d'aller esbattre et jouer partout où il lui plaisoit ; et, à brief parler, tant y fit par son sens, courtoisie, peine et pourchas, que grand part de sa rançon, qui montoit moult grand finance, lui fut quittée. » A son retour, il institua, à l'exemple d'Édouard et de Jean, un ordre de chevalerie, celui de l'Écu d'or. Après la cérémonie, son procureur lui ayant apporté le registre des informations qu'il avait faites sur les déprédations commises durant sa captivité par plusieurs de ses vassaux qui se trouvaient alors présents, Louis lui dit : « Avez-vous aussi tenu registre des services qu'ils m'ont rendus ? » et, en même temps, il jeta le livre dans un brasier. Durant la minorité de Charles VI, le duc de Bourbon, oncle maternel du jeune roi, fut le seul qui ne montra pas une odieuse avidité. En 1390, il se mit à la tête des chevaliers anglais et français qui entreprirent une croisade au profit des Génois. « Grand beauté et grand plaisance fut à voir l'ordonnance du partement, comment ces bannières, ces pennons et ces estrannières, armoyés bien et richement des armes des seigneurs, ventiloient au vent et resplendissoient au soleil, et de ouïr ces trompettes et ces claironceaux retentir et bondir, et autres menestrels faire mestier de pipes et de chalumellés et de naquaires, tant que du son et de la voix qui en issoit (*).

« C'étoit grand' plaisance, » dit-il encore plus loin, dans son style pittoresque qui n'a rien de la naïveté qu'on prête si souvent à tort à notre vieille langue, « de voir ces rameurs voguer par mer à force de rames ; car la mer, qui était belle coie et apaisée de tous tourments, se fendoit et bruïssoit à l'encontre d'eux, et montroit par semblant qu'elle avoit grand desir que les chrétiens vinssent devant Auffrique. » Mais l'expédition ne put réussir ; cependant le roi de Tunis s'engagea à rendre la liberté à tous les esclaves chrétiens, à payer les frais de la guerre, et à cesser de faire des courses sur la Méditerranée. Froissard semble accuser le duc de Bourbon de ce mauvais succès. « On eut faict autre chose, dit-il, si le sire de Coucy eût seulement empris le voyage souverainement et été capitaine de tous les autres. Il avoit par especial tout le retour des gentils hommes, et bien sçavoit être et doucement entre eux et avecque eux, trop mieux, sans comparaison, que le duc de Bourbon ne faisoit ; car ce duc estoit haut de cœur, et de manière orgueilleuse et présomptueuse, et point ne parloit si doucement ni si humblement aux che-

(*) Froissard, liv. IV, ch. XIII.

valiers et escuyers estranges que le sire de Coucy faisoit, et séoit ledit duc de Bourbon, par usage le plus du jour, au dehors de son pavillon, jambes croisées, et convenoit parler à lui par procureur et lui faire grand révérence, et ne consideroit pas si bien l'état ni l'affaire des petits compagnons que le sire de Coucy faisoit. »

De retour en France, Louis de Bourbon acquit, en 1400, les seigneuries de Beaujolais et de Dombes et la baronnie de Combraille; en 1402, les châtellenies de Trévoux, d'Amberieux et de Châtelar. En 1409, le duc de Bourgogne, contre lequel il s'était déclaré après l'assassinat de Jean sans Peur, fit faire quelques ravages dans le Beaujolais; mais *c'estoit*, dit Monstrelet, *un pauvre sacquement au regard du duc de Bourbon*. Les pillards en effet s'enfuirent à son approche.

Son fils Jean, qui lui succéda, en 1410, dans le duché de Bourbon, les seigneuries de Combraille, de Beaujolais et de Dombes, et qui de sa mère eut encore le comté de Forez, se signala par son goût pour le faste et son culte pour les usages déjà dénaturés de l'ancienne chevalerie. Le 1er janvier 1414, il publia le cartel suivant :
« Nous, Jean, duc de Bourbonnais, « desirant eschiver oisiveté et explecter « notre personne en avançant notre « honneur par le mestier des armes, y « acquérir bonne renommée, et la grâce « de la très-belle dont nous sommes « serviteur, avons naguères voué et « empris que nous, accompagnés de « seize aultres chevaliers, équiers de « nom et d'armes, porterons à la jambe « chascun un fer de prisonnier, qui « sera d'or pour les chevaliers, d'ar-« gent pour les équiers, par tous les « dimanches de deux ans entiers, com-« mençant le dimanche prochain après « la date des présentes, au cas que « plus tost ne trouverons pareil nombre « de chevaliers et équiers de nom et « d'armes sans reproche, qui tous en-« semblement nous veuillent combattre « à pied jusqu'à outrance, par telles « conditions que ceux de notre part « qui seront outrés seront quittes chas-« cun pour un brasselet d'or aux cheva-« liers et un d'argent aux équiers, pour « donner là où bon leur semblera. »

Jean, fait prisonnier à la funeste bataille d'Azincourt, mourut captif en Angleterre, bien qu'il eût payé trois fois sa rançon, fixée à cent mille écus. Son fils Charles recueillit son riche héritage, accru encore du duché d'Auvergne et du comté de Montpensier, qu'il tenait du chef de sa mère Marie, seconde fille de Jean de France, duc de Berry, et du comté de Clermont en Beauvoisis, dont il rentra en possession après l'expulsion des Anglais. Ses deux fils, Jean II et Pierre II, lui succédèrent en 1456 et 1488. Pierre II, alors qu'il n'était encore que sire de Beaujeu, épousa Anne, fille aînée de Louis XI. Par le contrat de mariage, il avait été convenu que s'ils n'avaient pas d'enfants mâles tous leurs biens feraient retour à la couronne; mais Louis XII abolit cette condition en faveur de leur fille Suzanne, qui épousa Charles, chef de la branche de Bourbon-Montpensier, et fils de Gilbert de Bourbon, comte de Montpensier et dauphin d'Auvergne. Charles, devenu ainsi duc de Bourbon, d'Auvergne et de Châtelleraut, comte de Clermont en Beauvaisis, de Montpensier, de Forez, de la Marche et de Gien, dauphin d'Auvergne, vicomte de Carlat et de Murat, seigneur de Beaujolais, de Combraille, de Mercœur, d'Annonai, de la Roche-en-Regnier et de Bourbon-Lanci, se trouva le prince le plus opulent de l'Europe, après les têtes couronnées. Mais François Ier, *suivant les impressions d'une femme qui n'avait pas plus d'équité que d'honneur*, accabla le duc de vexations et le poussa à la révolte. Après la défection du connétable, le duché de Bourbon fut réuni à la couronne (1527).

§ II. *Sud-est de la France. Fiefs de l'ancien royaume de Bourgogne et d'Arles restés français, entre la Méditerranée, les Alpes, le Rhône inférieur, la Loire, le Jura et les frontières de la Champagne et de la Lorraine (Provence, comtat Venaissin; Dauphiné, Lyonnais, Ni-*

vernais, Bourgogne et Franche-Comté).

ROYAUME DE BOURGOGNE OU D'ARLES.
Fondé en 855.

Lorsque Lothaire, fils aîné de Louis le Débonnaire, partagea, en 855, ses États entre ses fils, Charles, le troisième, eut le Lyonnais, Genève, la Savoie, le Dauphiné et la Provence, avec le titre de roi de Provence, qu'il ne porta que huit années. La mort de ce prince, en 863, trompa les espérances des Bourguignons, qui, soumis à la domination des Francs depuis la conquête de leur pays par les fils de Clovis, avaient vu avec joie la formation d'un nouveau royaume de Bourgogne; mais la faiblesse des héritiers de Charles de Provence favorisa leurs projets d'indépendance, et, en 879, à la mort de Louis le Bègue, les prélats de Bourgogne se réunirent et forcèrent Boson à prendre le titre de roi.

Boson, le fondateur du royaume de Bourgogne cisjurane, était beau-frère de Charles le Chauve, et avait été élevé par lui aux plus hautes dignités de l'État. Nommé successivement comte de Vienne, duc de Provence, duc d'Italie et archi-ministre du sacré palais, il avait obtenu la main d'Hermangarde, fille de l'empereur Louis II. Encouragé par cette princesse, qui rougissait d'être la femme d'un simple comte, il aspira bientôt à porter une couronne, et dans une assemblée générale, tenue à Mantaille, il fut proclamé roi. On voit par l'acte de son élection l'étendue de son nouveau royaume : il comprenait la Franche-Comté, une partie de la Bourgogne, le Dauphiné, la Provence, une partie du Languedoc et la Savoie. Les deux rois de France, Louis et Carloman, essayèrent de réduire Boson au rang de vassal; ils le battirent plusieurs fois, et assiégèrent dans Vienne, sa capitale, la reine Hermangarde, qui s'y était renfermée, et qui ne la rendit qu'au bout de deux ans; mais ils ne purent achever la conquête du royaume de Bourgogne, et Boson en resta paisible possesseur jusqu'à sa mort (887). Son fils Louis lui succéda, sous la tutelle d'Hermangarde, et essaya de soutenir ses droits sur l'Italie, à titre de petit-fils de l'empereur Louis II; mais, fait prisonnier par Bérenger, son compétiteur, il n'obtint sa liberté qu'en renonçant, avec serment, à ses droits sur l'Italie. Plus heureux dans une seconde expédition, il battit Bérenger, et reçut la couronne impériale des mains du pape.

Mais dans une troisième expédition, entreprise quatre ans après, Bérenger le surprit dans Vérone, et ne le relâcha qu'après lui avoir fait crever les yeux. Louis régna cependant encore en Provence jusqu'en 930. Il confia, en mourant, la tutelle de son fils à Hugues, comte d'Arles et de Provence, qui déposséda son pupille, et passa les Alpes, en 926, pour s'emparer de la couronne d'Italie. Maître de la Péninsule, il chercha à s'en assurer la tranquille possession, en cédant à son compétiteur Rodolphe, roi de la Bourgogne transjurane, ce qu'il possédait sur les bords du Rhône.

L'exemple de Boson avait été suivi de près (888) par le gouverneur de la Bourgogne transjurane, Rodolphe, qui, par les femmes, descendait de Charlemagne. Son royaume, situé entre le mont Jura et les Alpes, comprenait la Suisse jusqu'à la Reuss, le Valais et une partie de la Savoie. La mort de Boson fournit à Rodolphe une occasion favorable de reculer ses frontières, et de s'emparer d'une partie du comté de Bourgogne; mais il eut à lutter contre Arnulf, roi de Germanie, qui s'arma deux fois inutilement contre Rodolphe (912).

Rodolphe II, fils du fondateur de ce royaume, lui succéda très-jeune encore. Après une guerre malheureuse contre le duc de Souabe, Burkhard, qui se termina par le mariage de Rodolphe avec la fille du duc, Berthe la *Fileuse*, Rodolphe, appelé par les Italiens contre Bérenger, passa les Alpes, et se fit proclamer roi à Pavie, après s'être emparé de presque toutes les villes de la Lombardie, à l'exception de Vérone, où Bérenger s'était enfermé. Mais, trompé par les artifices de la marquise d'Ivrée, qui mit sur le trône Hugues de Provence, dont elle était la sœur, Rodolphe retourna dans son royaume de Bourgogne transjurane, accru de celui de Provence, que Hugues lui céda, et d'une partie de la Suisse allemande, notamment de Muri et d'Églisau, que Henri l'Oiseleur lui conféra.

Son fils Conrad le Pacifique, proclamé roi à Chavornay, en 937, vit les Hongrois pénétrer à travers la Rhétie jusque dans son royaume, tandis que les Sarrasins, établis à Fraisnet et dans les Alpes, ravageaient la Provence et rançonnaient les voyageurs. Pour se délivrer de ces barbares, il les fit combattre les uns contre les autres, et extermina les débris qui survécurent. Après cette victoire, le long règne de Conrad n'offre aucun événement remarquable, si ce n'est la fondation de l'hospice du Saint-Bernard par un moine de la vallée d'Aoste.

A la mort de Conrad (993), les grands réunis à Lausanne proclamèrent son fils Rodolphe III, prince d'un caractère timide et efféminé, qui passa son règne à enrichir les couvents, et légua ses États à l'empereur d'Allemagne Henri II. Ce prince en prit possession après une victoire remportée près du lac de Genève sur les Bourguignons; mais les trois filles que Conrad avait laissées avaient porté leurs prétentions dans plusieurs maisons qui s'efforcèrent de les faire valoir par les armes. Le résultat de ces longues guerres fut l'établissement, dans le royaume d'Arles, d'une nombreuse noblesse, qui, sous la suzeraineté purement nominale des empereurs allemands, conserva son indépendance, jusqu'à ce que les maisons de France, de Savoie, et les paysans de la Suisse fussent assez forts pour se partager les dépouilles de l'ancien royaume d'Arles. C'est ainsi que l'archevêque de Lyon usurpa le titre d'exarque; l'archevêque de Besançon, et les évêques de Bâle, de Genève, de Lausanne et de Bellai, celui de princes d'empire; l'archevêque d'Embrun et l'évêque de Grenoble, celui de princes; enfin l'archevêque de Vienne, les évêques de Valence, de Gap et de Die, celui de comtes.

COMTÉ DE PROVENCE.
Fondé en 926, réuni au domaine en 1481.

Lorsque Hugues alla prendre possession du royaume d'Italie, en 926, il nomma comte de Provence Boson Ier, dont les possessions s'étendirent entre le Diois, le Graisivaudan, le Briançonnais, les Alpes, la Méditerranée et le Rhône. Dans la suite le Gapençois, l'Embrunois, le comtat Venaissin et le comté de Nice furent démembrés du comté de Provence, qui ne devint héréditaire qu'en 1048, et passa, en 1112, dans la maison de Barcelone. Mais, en 1125, Raymond-Bérenger Ier fut forcé, par le comte de Toulouse, de lui céder la moitié de la Provence, c'est-à-dire, la partie de cette province située entre l'Isère au nord, les Alpes à l'est, la Durance au sud, et le Rhône à l'ouest, comprenant une grande partie du diocèse d'Avignon, avec ceux de Vaison, Cavaillon, Carpentras, Orange, Saint-Paul-Trois-Châteaux, Valence et Die. Ces diocèses formèrent le marquisat de Provence. La ville d'Avignon, les châteaux du Pont de Gorgues, de Caumont, de Tor, et leurs dépendances, furent aussi partagés par moitié entre les deux princes; mais il paraît que Raymond-Bérenger céda peu à peu ses droits, sur la moitié de la ville d'Avignon, au comte de Forcalquier, qui s'intitula dès lors comte de cette ville.

La cour des comtes de Provence de la maison de Barcelone, surtout celle de Raymond-Bérenger IV, qui fonda Barcelonette, en 1230, devint le refuge des prêtres languedociens durant la funeste croisade des Albigeois. Mais sa quatrième fille, Béatrix, qu'il institua son héritière, porta les comtés de Provence et de Forcalquier à Charles, comte du Maine et de l'Anjou, frère de saint Louis, qui conquit, en 1266, le royaume de Naples. Ses successeurs au royaume de Naples, Charles II le Boiteux, Robert, et Jeanne, petite-fille de ce dernier, possédèrent aussi le comté de Provence; mais Jeanne vendit au pape la ville et la seigneurie d'Avignon au prix de quatre-vingt mille florins d'or. Déjà Philippe le Hardi avait cédé à Grégoire IX toute *la terre de Venaissin*, que le saint-siége posséda jusqu'en 1791. Louis d'Anjou, frère de Charles V, que Jeanne avait nommé son héritier, ne put se mettre en possession du royaume de Naples, mais s'assura de la Provence, à l'exception des villes de Nice et de Barcelonette, qui passèrent sous la domination des comtes de Savoie. Les successeurs de Louis furent Louis II, Louis III et René dit le Bon, prince pacifique, qui peignait une perdrix quand on vint lui apprendre la perte du royaume de Naples, et ne suspendit pas son travail en recevant cette nouvelle. N'ayant plus d'enfant, René légua la Provence à son neveu Charles, qui, à sa mort, institua Louis XI son héritier pour la Provence, le Maine et l'Anjou (1481).

COMTÉ DE FORCALQUIER.
Établi en 1054, réuni au comté de Provence en 1208.

Ce comté, nommé primitivement comté de Sisteron, et renfermant tout ce qui est compris entre la Durance, l'Isère et les Alpes, fut établi, en 1054, par un comte de Provence, qui le démembra de son patrimoine en faveur de deux de ses neveux. Ce comté subsista jusqu'au commencement du treizième siècle, où il fut réuni au comté de Provence.

COMTÉ ET PRINCIPAUTÉ D'ORANGE.
Fondé vers 1050, réuni au domaine en 1702.

On trouve, dans la première moitié du onzième siècle, des comtes d'Orange qui restèrent longtemps faibles, à cause des fréquents partages qu'ils firent de leur patrimoine. Ce ne fut qu'en 1308 que tout le comté se trouva réuni entre les mains de Bertrand de Baux, qui porta le titre de prince, que Frédéric Ier avait accordé à ses ancêtres. En 1418, cette principauté fut portée par les femmes dans la maison de Châlons, qui servit fidèlement contre la France les ducs de Bourgogne, puis Charles-Quint. En 1530, à la mort de Philibert de Châlons, qui avait servi de lieutenant au connétable de Bourbon durant le siége de Rome, la principauté d'Orange passa dans la maison de Nassau, d'où elle sortit à la mort de Guillaume III d'Angleterre, pour être réunie au domaine de la maison de France (1702).

COMTÉ ET DAUPHINÉ DE VIENNOIS.
Fondé en 1063, réuni au domaine en 1349.

Lorsque le royaume d'Arles passa aux rois de Germanie, les anciens seigneurs d'Albon, dans le diocèse de Vienne, étendirent peu à peu leurs domaines dans le Graisivaudan (district dont Grenoble est le chef-lieu). En 1063, Guigues II prit le titre de comte de Grenoble, et son petit-fils, Guigues IV, celui de dauphin, sans doute parce qu'il portait un dauphin sur ses armes dans les nombreux tournois où il signala sa force et son adresse; enfin son successeur prit celui de comte de Vienne, en 1155. Sous Guigues VI, (1128-1137), le Dauphiné, alors sous la suzeraineté de l'empereur d'Allemagne, comme les comtés de Provence et de Forcalquier, s'accrut des comtés de Gap et d'Embrun; mais le dernier dauphin, Humbert II, se trouvant sans enfants et accablé de dettes, vendit ses biens à Philippe VI, qui l'engagea à se faire dominicain, et obtint du pape, pour l'empêcher de rentrer dans le siècle, qu'on lui conférerait en un même jour tous les ordres sacrés : il le fit en outre sacrer patriarche latin de Constantinople, et le nomma évêque de Paris en 1354. Dès lors, les fils aînés des rois de France portèrent les armes et le nom de dauphin.

COMTÉS DE VALENTINOIS ET DE DIOIS.
Fondés avant 950. Capitales Valence et Die.

L'existence de ces comtés remonte à une époque reculée; mais l'on ne connaît bien que les princes de la seconde maison qui posséda ces deux fiefs; ils descendaient d'une ligne bâtarde de la maison de Poitiers, et régnèrent de 1115, ou environ, jusqu'en 1420. Charles VII acheta de Louis de Saint-Vallier, en 1423, tous ses droits sur ces deux comtés, et les réunit au Dauphiné. Plus tard, le comté de Valentinois fut érigé, par Louis XII, en duché, en faveur de César Borgia, puis donné à Diane de Poitiers, et enfin à Honoré Grimaldi, prince de Monaco.

COMTÉS DE LYONNAIS ET DE FOREZ.
Capitales Roanne et Montbrison.

Le Forez, long de vingt et une lieues et large de onze, est borné au nord par le Charolais et le Beaujolais; au sud par le Velay et le Vivarais; à l'est par le Lyonnais; et à l'ouest par la rivière d'Anse, qui le sépare de l'Auvergne. Dès l'an 582, le Forez eut des comtes amovibles qui étendaient leur juridiction sur le Lyonnais et le Beaujolais; mais Guillaume fut nommé comte de Lyon, en 870, par Charles le Chauve. Cette première race des comtes de Forez s'éteignit en 1109, et fut remplacée par une branche de la maison du dauphin du Viennois. Sous Guigues III éclatèrent de violents démêlés entre l'archevêque de Lyon, qui se prétendait vassal de l'empereur d'Allemagne et maître absolu dans sa ville (*), et le comte de Forez, qui se disait vassal du roi de France, et voulait exercer dans Lyon une autorité prépondérante. Ces démêlés furent favorables à l'autorité royale, qui intervint entre les deux adversaires. En 1183, Philippe Auguste reçut de l'archevêque l'hommage pour la partie de la ville située sur la rive droite de la Saône. En 1292, Philippe le Bel établit un *gardiateur* de la ville, pour recevoir et juger en son nom les appels des bourgeois; et, en 1298, il voulut contraindre l'archevêque à lui faire hommage pour toutes ses villes, comme à son seul suzerain. Enfin, en 1313, l'archevêque fit l'abandon de tous ses droits en échange de plusieurs terres que lui donna le roi de France. Ainsi rentra sous l'obéissance royale

(*) Le roi de France Lothaire avait cédé Lyon au roi de Bourgogne Conrad en 955; le royaume de Bourgogne ou d'Arles ayant passé, comme on l'a vu plus haut, sous la suzeraineté des empereurs allemands, Lyon devint une ville d'Empire.

cette ville importante qui domine les passages des Alpes et les provinces du Rhône. Quant aux comtes de Forez, leur descendance masculine s'éteignit en 1373, et leur comté entra dans la maison de Bourbon. En 1531, François Ier le réunit à son domaine. Plus tard, il fut donné comme douaire à la veuve de Charles IX; et, depuis elle, toutes les reines veuves l'ont successivement possédé. Ce fut en 1441 que Charles Ier de Bourbon accorda à la ville de Montbrison le titre de capitale du Forez, qu'avait jusqu'alors porté celle de Feurs.

BARONNIE DE BEAUJOLAIS.
Maintenue jusqu'au dernier siècle.

Long de seize lieues et large de douze, le Beaujolais est borné au nord par le Charolais et le Mâconnais; au sud par le Lyonnais et le Forez; à l'est par la Saône, qui le sépare de la principauté de Dombes; et à l'ouest par le Forez, dont la Loire le sépare. Ce pays, dont la capitale fut dans la suite Villefranche, fit d'abord partie du royaume d'Arles et du comté de Lyon ou de Forez; mais les comtes de cette maison le démembrèrent de bonne heure en faveur d'une ligne puînée, et le Beaujolais devint une des trois baronnies de France. « Nota, dit le grand coutumier dans l'édition de 1598, qu'au royaume de France ne souloit avoir que trois baronnies; c'est à savoir Bourbon, Coucy et Beaujeu. On y ajouta ensuite Craon et Sulli, quand Bourbon eut été érigé en duché. » — « Item vrai, dit Duchesne, qu'en ce royaume, ainsi qu'on dit communément, a quatre baronnies notables et principales, lesquelles sont Coucy, Craon, Sulli et Beaujeu. » En 1400, la baronnie de Beaujeu passa dans la maison de Bourbon, puis dans la branche de Montpensier jusqu'à la *grande Demoiselle*, qui céda par testament le Beaujolais à la famille d'Orléans.

SEIGNEURIE DE BRESSE.
Fondée avant 1100, réunie au domaine en 1601.
Capitale Baugé.

Longue de seize lieues et large d'autant, la Bresse est bornée au nord par le duché de Bourgogne et la Franche-Comté; au sud par le Rhône, qui la sépare du Dauphiné; à l'est par le Bugey; à l'ouest enfin par le Lyonnais et la Saône qui la sépare du Lyonnais. Quand la mort du dernier roi de Bourgogne eut livré son royaume à la plus complète anarchie, les seigneurs de la Bresse se partagèrent cette province, comme avaient fait ceux des autres parties de l'ancien royaume, et se déclarèrent indépendants sous la suzeraineté nominale de l'empire germanique. Les principaux d'entre eux furent les sires de Coligny, de Thoire, de Villars et ceux de Baugé, qui exercèrent sur toute la Bresse le droit de suzeraineté. Leurs possessions comprenaient les villes de Baugé, de Bourg, de Châtillon, de Saint-Trivier, de Pont-de-Veyle, de Cuiseri, de Mirbel, et tout le pays appelé basse Bresse, et Dombes, depuis Cuiseri et Baugé jusqu'à Lyon. La ligne masculine des sires de Baugé s'étant éteinte en 1268, leur héritière porta une partie de la Bresse dans la maison de Savoie, qui acquit successivement les biens des autres maisons du pays. Mais, en 1601, le Bugey (capitale Bellay, pays long de seize lieues sur sept de large, séparé par le Rhône du Dauphiné et de la Savoie); le Val-Romei (composé de dix-huit paroisses que l'on considère comme faisant partie du Bugey); le Gex (vingt-cinq paroisses du diocèse de Genève), furent cédés avec la Bresse, par le comte de Savoie, en échange du marquisat de Saluces.

COMTÉ DE MACON.
Fondé vers 820, réuni au domaine en 1239.

Ce comté s'étend, sur dix-huit lieues de long et quatorze de large, entre le Chalonnais au nord, le Beaujolais au midi, le Charollais et le Brionnais à l'ouest; enfin la Saône à l'est, qui le sépare de la Bresse. Ce fut Louis le Débonnaire qui conféra à Warin, déjà comte d'Auvergne, les comtés de Mâcon, d'Autun et de Châlons. Mais le comte de Mâcon ne devint héréditaire que vers 920, au profit d'Alméric Ier, second fils d'un vicomte de Narbonne. En 995, cette terre passa dans la maison des comtes de Bourgogne, qui la possédèrent jusqu'en 1239. A cette époque, leur dernière héritière Alix vendit le Mâconnais à saint Louis. Depuis lors il eut diverses vicissitudes. En 1359, il fut donné comme apanage à Jean, duc de Berry. Réuni au domaine en 1416, à la mort du duc de Berry, il fut cédé par le traité d'Arras en 1435, avec celui d'Auxerre et les seigneuries de Bar-sur-Seine, de Montdidier, de Roye et de Péronne, à Philippe le Bon, pour les tenir en pairie. A la mort de Charles le Téméraire, le Mâconnais fut de nouveau réuni définitivement au domaine royal (1477).

DUCHÉ DE BOURGOGNE.
Établi en 877, réuni à la couronne en 1477.

Ce duché comprenait le Dijonnais (Dijon, Beaune, Nuits, Auxonne, Saint-Jean-de-Losne); l'Autunais (Autun, Montcenis, Sémur en Brionnais, Bourbon-Lanci); le Châlonnais (Semur en Auxois, Avalon, Arnay-le-Duc et Saulieu); le pays de la Montagne, dont la principale ville est Châtillon-sur-Seine.

Richard le Justicier, comte d'Autun, fut nommé au duché de Bourgogne par Charles le Chauve; mais il n'en favorisa pas moins les prétentions d'une maison nouvelle à la couronne de France, et concourut à faire proclamer roi Eudes, comte de Paris. Son fils Raoul obtint même cette couronne; mais, en prenant le titre de roi, il abandonna son duché à son beau-frère Giselbert, comte de Dijon, de Beaune et de Châlons. Après plusieurs querelles entre divers compétiteurs, le duché resta à Hugues le Grand, dit aussi le Blanc et l'Abbé, comte de Paris et duc de France, qui le laissa successivement à ses deux fils, Otton et Henri, dont le dernier commence la liste des ducs propriétaires. A sa mort, le roi Robert, son neveu, se présenta comme son héritier, s'empara de la Bourgogne après douze années de guerre, et la donna à son fils Henri, lequel la céda lui-même, à son avénement, à son frère Robert, en 1032.

1032-1363.

C'est par ce prince que commencent les ducs de Bourgogne de la première race. L'un de ses petits-fils, Henri de Bourgogne, fut la tige des comtes et ensuite des rois de Portugal. Ces ducs capétiens de Bourgogne furent : Robert Ier, dit le Vieux (1032), chef de la race, qui, ayant tué, dans une querelle, son beau-père, seigneur de Sémur, fonda en expiation de son crime le prieuré de Sémur, et fit sculpter sur la porte septentrionale de l'église l'histoire de son parricide; Hugues Ier (1075), qui se retira dans l'abbaye de Cluni malgré les remontrances de Grégoire VII; Eudes Ier, Bovel (1078), qui conduisit en Espagne une armée française au secours d'Alfonse VI, roi de Castille et de Léon ; Hugues II le Pacifique (1102), qui régna quarante ans sans avoir été une seule fois obligé de combattre; Eudes II (1142), qui fut contraint de venir plaider, par-devant le parlement de Louis VII, contre Geoffroi, évêque de Langres; Hugues III, qui prit la croix en 1171, et bâtit la sainte chapelle de Dijon pour accomplir un vœu qu'il avait fait durant une tempête. En 1185, il voulut forcer le sire de Vergi, qui prétendait ne relever que de Dieu et de son épée, à lui rendre hommage; mais celui-ci s'étant *avoué* du roi Philippe Auguste, accourut avec une armée et força le duc à lever le siége. L'année suivante, le roi reparut en Bourgogne sous prétexte de prendre la défense des églises opprimées, et força le duc à quelques réparations. Hugues partit cependant pour la terre sainte avec Philippe Auguste, et ce fut à lui que le roi laissa le commandement des troupes françaises qui demeurèrent en Palestine. Mais la secrète jalousie du duc contre le roi d'Angleterre Richard fit échouer une expédition sur Jérusalem. Aussi, Joinville dit-il que *Hugues fut moult bon chevalier de sa main et chevaleureux; mais qu'il ne fut oncques tenu à saige, ne à Dieu, ne au monde.* Eudes III, 1193, prit part à la croisade contre les Albigeois, et refusa d'accepter l'héritage du vicomte de Carcassonne, qui fut alors adjugé à Simon de Montfort. Quelque temps après, il accompagna Philippe Auguste à la bataille de Bouvines, où il eut un cheval tué sous lui.

Hugues IV (1218) entra dans l'association formée, en 1247, par Pierre Mauclerc, comte de Bretagne, contre les empiétements des ecclésiastiques sur la juridiction des seigneurs séculiers. L'acte de cette singulière association, faite sous le roi le plus pieux, est un des plus curieux monuments de notre histoire. « Nous
« tous, y est-il dit, assemblés pour
« ceste besogne, nous avons eslu par
« le commun assent et octroy de nous
« tous, le duc de Bourgoigne, le comte
« Perrin de Bretaigne, le comte d'An-
« goulesme et le comte de Saint-Pol,
« à ce que si aucuns de ceste commu-
« nité avoit à faire envers la clergie,
« tel ayde comme ces quatre devant
« dits esgardereint qu'à homme luy
« dust faire, nous luy ferions. Et c'est
« à sçavoir, que à ce défendre pour-
« chasser et requérir, chacun de ceste
« communité mettra la centiesme part
« par son serment de la vaillance d'un
« an de la terre qu'il tiendra. Et cha-
« cun riche homme de ceste compagnie
« fera lever ces deniers chacun an à son
« pouvoir à la purification Nostre-Dame,
« et le délivrera où il sera mestier pour
« ceste besogne par lettres pendantes
« de ces quatre avant nommez, ou de
« deux de eux. Et si aucun de ceste
« compagnie estoit excommunié par
« tort cognu par ces quatre, que la
« clergie luy feist, il ne laisseroit al-
« ler son droit ne sa querele pour l'ex-
« communiment, ne pour autre chose
« qu'on luy face, si ce n'est pas l'ac-
« cord de ces quatre ou de deux de
« eux, ains poursuivroit sa droiture.
« Et si les deux des quatre moure-
« roient ou alloient hors de la terre,
« les deux autres qui demeureroient,
« mettroient autres deux en lieu de
« ces deux, qui auroient tel pouvoir
« que est à devant divisé. Et si avenoit
« que les trois et les quatre allassent
« hors de la terre, ou mourissent, les

« douze et les dix des riches de ceste
« communauté esliront autres quatre,
« qui auront ce mesme pouvoir que
« les quatre devant dits. Et si ces qua-
« tre ou aucun de la communité par
« le commandement de ces quatre fai-
« seint aucune besogne qui appartensist
« à ceste communité, la communauté
« l'en délivreroit. »

Hugues suivit saint Louis en Égypte et partagea sa captivité; il mourut, en 1272, au retour d'un pèlerinage à Saint-Jacques de Compostelle.

Robert II (1272) signala son zèle pour Philippe III et Philippe IV, dont il fut successivement le lieutenant dans le Lyonnais et le comté de Bourgogne. Son fils, Hugues V, 1303, lui succéda, encore mineur, et laissa le duché à son frère Eudes IV, qui hérita en 1330 des comtés de Bourgogne et d'Artois, et épousa la fille de Philippe le Long, avec cent mille livres de dot, comme compensation de l'abandon qu'il avait fait des droits de sa nièce Jeanne, fille de Louis le Hutin. Son fils, Philippe de Rouvre, 1350, ne régna que onze années. A sa mort, comme il ne laissait point d'enfants, le roi Jean, son beau-père, saisit le duché de Bourgogne; mais il ne resta réuni à la couronne que trois années, Jean l'ayant conféré, en 1363, à son fils Philippe le Hardi, qui commença la seconde maison de Bourgogne, si puissante par ses riches domaines, et si fatale à la France sous Jean sans Peur et Charles le Téméraire.

1363 - 1477.

Philippe le Hardi (1363-1404), Jean sans Peur (1404-1419), Philippe le Bon (1419-1467), et Charles le Téméraire (1467-1477), accrurent tellement leurs possessions, que le dernier d'entre eux fut considéré comme l'un des princes les plus puissants de l'Europe. Il possédait d'abord le duché et le comté de Bourgogne, la Flandre, l'Artois, le margraviat d'Anvers, la seigneurie de Malines, le comté de Namur, les duchés de Brabant et de Limbourg, une partie de la province de Frise, les comtés de Hainaut, Hollande et Seelande, le duché de Luxembourg; il y ajouta le duché de Gueldre et le comté de Zutphen; de sorte qu'il n'y avait dans les Pays-Bas d'États indépendants du duc de Bourgogne que la ville impériale de Cambrai, les évêchés de Liége, de Cambray, de Tournay, et celui d'Utrecht, le plus puissant, qui comprenait les provinces d'Utrecht, d'Over-Yssel et de Groningue; enfin la plus grande partie des Frisons était indépendante sous la protection de l'Empire. Charles avait encore le Brisgau, et dans l'Alsace le Sundgau et le comté de Ferrette. De toutes ses possessions, la Bourgogne, le Mâconnais, l'Auxerrois, quelques autres dépendances, les comtés d'Artois et de Flandre étaient seuls des fiefs français.

Dès l'année 1224, Joscerand avait vendu la seigneurie de Salins, alors composée des fiefs d'Ornan, de Villafans, de Châteauvillain et de Montrivel, au duc de Bourgogne, qui l'échangea contre le comté de Châlons, possédé par Jean le Sage. A la mort du nouveau seigneur de Salins, cette baronnie fut réunie au comté de Bourgogne.

COMTÉ DE NEUFCHATEL.

Formé vers 1034, réuni au royaume de Prusse en 1773.

Ce comté, formé par un démembrement du royaume de Bourgogne, releva d'abord de l'empereur; mais l'hommage de cette terre fut attribué, en 1288, à la maison de Châlons-Orange, par Rodolphe de Habsbourg, et les diverses branches de cette famille en ont possédé jusqu'à ce jour la suzeraineté. Après être longtemps resté dans la maison française des ducs de Longueville, ce comté entra dans celle de Prusse, qui en fut investie par le traité d'Utrecht, comme héritière des droits de la maison de Nassau-Orange, et par elle de l'ancienne maison de Châlons.

COMTÉ DE MONTBÉLIARD.

Réuni à la France, le 10 octobre 1793.

Ce domaine, placé au pied des Vosges, entre la Franche-Comté, la haute Alsace et l'ancien territoire de Bâle, avait, en 1034, des comtes qui, comme ceux de Bar et de Ferrette, descendaient probablement d'Aldéric, duc d'Alsace. Ainsi que la plupart des provinces de l'ancien royaume de Bourgogne, le comté de Montbéliard resta longtemps étranger à la France. En 1397, il entra dans la maison de Wurtemberg, qui le posséda jusqu'au 10 octobre 1793, où un décret de la Convention le réunit à la France.

COMTÉ DE BOURGOGNE, ET PLUS TARD FRANCHE-COMTÉ.

Fondé en 915, administré par les rois de France de 1295 à 1322, réuni aux domaines de la seconde maison de Bourgogne en 1384, et à la couronne en 1678. Capitale Besançon.

Plusieurs systèmes, qu'il est difficile de concilier, existent sur l'origine de ce comté, qui comprenait l'ancien pays des Séquanais. Quoi qu'il en soit, on sait que, vers 915, un fils puîné de Richard le Justicier, duc de Bourgogne, était comte de Bourgogne, et se reconnaissait vassal du roi de France. Giselbert, son beau-frère, lui succéda en 952, puis Letalde Ier, Albéric Ier, Letalde II et Albéric II; mais ces premiers comtes ne possédaient qu'une partie de la province, qui paraît avoir été partagée entre cinq comtes : celui de Varasque, dominant sur tout le pays d'Ajoie, dont Porentruy est la capitale; celui de Montbéliard, possédant les bailliages de Beaune, d'Ornans et de Pontarlier, avec la partie de ceux de Salins et de Poligni qui se trouve dans la montagne, Poligni lui-même y étant compris; celui de Scodingue, possédant le reste des bailliages de Salins et de Poligni, ceux de Lons-le-Saulnier, d'Orgelet et d'Arbois, avec la terre de Saint-Claude; le comte d'Amous, dominant sur les bailliages de Dôle, de Quingey, et partie de ceux d'Arbois et de Gray; enfin celui de Port, étendant sa juridiction jusqu'aux portes de Besançon, et sur les terres de Lure, de Luxeu, de Vauvillers, le bailliage de Vesoul et une partie de celui de Gray.

Mais, à la fin du dixième siècle, Otte-Guillaume, fils d'Adelbert, roi de Lombardie, se trouva véritablement comte de toute la Bourgogne supérieure, ainsi que son fils Renaud, qui pensa que la fortune de sa maison avait été assez haut portée pour qu'il dédaignât de reconnaître un seigneur : toutefois, ayant été battu par l'armée de l'empereur Henri III, héritier des anciens rois de Bourgogne, il se soumit à lui faire hommage. — Guillaume II, dit l'Allemand, qui régna vers 1100, eut une fin misérable, si l'on en croit Pierre le Vénérable, qui raconte gravement qu'en punition des vexations que Guillaume avait exercées contre les monastères, il arriva que, le jour de la Pentecôte, comme il était assis au milieu de nombreux gentilshommes, dans son palais de Mâcon, un cavalier, que personne ne connaissait, entra subitement dans la cour, demanda à lui parler en secret, et l'ayant fait monter à cheval derrière lui, l'emporta à travers les airs. Son fils fut aussi assassiné plus tard dans une église, à Payerne. Renaud III (1127-1148), qui s'intitulait *très-noble consul*, dominait depuis Bâle jusqu'à l'Isère, et possédait Vienne, Lyon et Besançon. La fille de Renaud épousa l'empereur Frédéric Ier, et le fils qui naquit de ce mariage fut investi par l'empereur du comté de Bourgogne, avec le titre de régent du royaume d'Arles. En 1295, Otton IV ou V, quatrième successeur du fils de Frédéric, signa avec Philippe le Bel le traité de Vincennes, par lequel il promit de livrer incontinent tout le comté de Bourgogne au roi de France, comme légitime administrateur des biens de son fils, le comte de Poitiers, auquel il promettait sa fille Jeanne de Bourgogne. Dès lors, Philippe IV exerça dans le comté de Bourgogne tous les droits de la souveraineté; mais le comte de Poitiers étant monté sur le trône, sous le nom de Philippe V le Long, donna sa fille Jeanne, avec les comtés d'Artois et de Bourgogne, à Eudes, duc de Bourgogne. A la mort de Philippe de Rouvre, petit-fils d'Eudes, Marguerite de France, seconde fille de Philippe V le Long, hérita des comtés d'Artois et de Bourgogne, qui passèrent dans la maison de Flandre par son fils Louis de Male, et plus tard dans celle de Bourgogne et d'Espagne, jusqu'en 1678, où Louis XIV conquit la Franche-Comté, dont le traité de Nimègue lui assura la possession.

COMTÉ DE CHALONS-SUR-SAÔNE.
Fondé vers 783, réuni au duché de Bourgogne en 1237.

Le Châlonnais, que la Saône traverse, comprenait aussi au moyen âge le Charollais. De 763 à 968, il y eut des comtes amovibles de Châlons, qui réunissaient ordinairement ce comté à d'autres qu'ils possédaient déjà, comme Manassès, 886, comte d'Auxois, de Beaune et de Dijon. Lambert fut le premier qui posséda ce fief à titre héréditaire. Son fils Hugues ayant embrassé la vie religieuse, le roi l'obligea de prendre l'administration du Châlonnais, malgré son titre d'évêque d'Auxerre. L'évêque-comte montra une activité et une humeur belliqueuse qui lui attira plus d'une mésaventure. Attaqué par le duc de Normandie Richard, il se vit enlever toutes ses places, et, s'il faut en croire le roman du Rou, il aurait été contraint de se soumettre à la peine du harnescar (*).

> Quant à Richard vint le Quens Hûe,
> Une selle à son col pendue,
> Son dos offrir à chevauchier;
> Ne se pot plus humilier.
> C'en estoit coustume cil jour
> De quere merci à son seignour.

En 1237, le comte Jean le Sage échangea le Châlonnais contre les seigneuries de Salins, de Bracon, de Villafans et d'Ornan, qui lui furent cédées par le duc de Bourgogne.

(*) Ce mot et ses différentes formes *haramscara, harmiscara, harnscar, harmschar*, etc., s'appliquait primitivement à toutes les peines; mais dans quelques documents elle s'entend surtout du fouet, et de l'obligation imposée à certains coupables de la caste nobiliaire de porter un chien ou une selle. Voyez du Cange au mot *Harmiscara*; Grimm, *Deutche Rechts Alterthümer*, p. 681 et 715-720, dont les citations ont été reproduites par M. Michelet, *Origines du droit français*, p. 378-380. On trouvera un autre exemple de cette peine, *Univers pittoresque, Allemagne*, t. I, p. 301, et plus bas au COMTÉ DE VENDÔME.

SEIGNEURIE DE SALINS.
Fondée en 941, réunie au comté de Bourgogne en 1267.

L'an 941, Albéric, comte de Mâcon, ayant acquis du prévôt de l'abbaye de Saint-Maurice d'Agaune le château de Bracon, situé sur l'une des deux montagnes entre lesquelles se trouve la ville de Salins, fonda cette seigneurie, qui resta dans sa maison jusqu'en 1175, où elle passa dans la nouvelle maison des comtes de Mâcon. Marguerite, dernière héritière de cette seigneurie, épousa, en 1221, Joscerand, sire de Brancion, qui fut tué à la bataille de la Mansourah, en Égypte. « Il avoit été, dit Joinville, en trente-six batailles, desquelles, par plusieurs fois, il avoit emporté le prix d'armes, et de mon aage même, ajoute-t-il, j'en ai eu connoissance d'aucunes; car lui estant une fois en l'ost du comte de Mascon, qui étoit son cousin, il s'en vint à moy et à ung mien frère, et, le jour du vendredy-saint, il nous dict : « Mes « neveux, venez moy aider à toute vostre « gent, et allons courir sus aux Alle- « mans, qui abattent et rompent le mous- « tier de Mascon. » Tantoust sur piedz fusmes prestz, et allasmes courir contre lesdits Allemans, et, à grands coups et pointes d'espées, les chassasmes du moustier, et plusieurs en furent tués et navrés; et quand ce fut faict, le bon preud'homme s'agenouilla devant l'autel, et cria à haute voix à Nostre-Seigneur qu'il luy plust avoir pitié de son aame, et qu'il le voulsist oster d'entre les guerres des chrétiens, où il s'estoit trouvé tant de fois, et vu tant de gents mettre à mort, et qu'il luy donnast la grâce de mourir à son service contre les infidèles. »

Nous avons vu plus haut qu'en 1237, le comte Jean le Sage était devenu seigneur de Salins par suite d'un échange fait avec le duc de Bourgogne. A la mort de Jean (1267), ce fief fut réuni au comté de Bourgogne, dont les souverains ajoutèrent dès lors à leurs titres celui de sires de Salins.

COMTÉ DE FERRETTE.

Fondé vers 1103, réuni au landgraviat d'Alsace en 1324 et à la France en 1648.

Ce domaine fut démembré, en 1103, du comté de Montbéliard, pour former, sous la suzeraineté du duc d'Alsace, un comté particulier, composé d'abord des seigneuries de Ferrette, d'Altkirch et de Thann, avec quelques villages situés en Suisse. Vers 1300, il fut augmenté des terres de Florimond et de Rougemont; en 1320, de celle de Dèle, et, vers 1500, de celle de Belfort. La maison d'Autriche ayant acquis le comté de Ferrette, en 1324, par le mariage du landgrave d'Alsace Albert avec Jeanne de Ferrette, y réunit les seigneuries de Landter et de Macevaux, et l'avouerie de Cernai. En 1469, Sigismond engagea le comté de Ferrette, avec les autres domaines de sa maison en Alsace, à Charles le Téméraire. On a conservé le détail du souper que donna le duc d'Autriche aux envoyés de Charles le Téméraire.

« Nouvelles (c'est le titre de la pièce qui se trouve dans les manuscrits de Fontette) envoyées de la comté de Ferrette par ceux qui en ont été prendre possession pour monseigneur le duc. C'est l'assiette du souper de Tanne, faite à heure de quatre heures après-midi, le 21 juin 1469. Premièrement, monseigneur le marquis de Baude (*Bade*), M. de Vaudeville (*Vateville*), monseigneur le maistre d'hôtel, monseigneur le marquis de Rudelin (*Rothelin*), M. le juge de Besançon, M. Jean Carondellet, M. le procureur d'Amont, M. Jean Poinceot. Après l'assiette des dessus dicts, se vint seoir au plus près de mon dict seigneur le marquis de Baude, monseigneur le duc d'Autriche. Sur le banc où estoient assis les dicts duc et marquis, et au plus prêt du dict duc fut mise une petite serviette, et sur quelle deux grosses coupes d'argent doré, couvertes, pesant huit ou dix marcs, toutes pleines de vins.

« Mets du dict souper : un plat plein d'œufs ponchiés (*pochés*) et coqués (*en coque*), mis au milieu de la table qui estoit carrée; après, un plat de vairons cuits en l'eau; après, des chaffots frits, lesquels mon dict seigneur a répandus sur la table; après, un grand plat de raves cuites en l'eau découpées bien menu; après, un plat de petites troites (*truites*) coupées en deux et cuites en l'eau, et deux écuelles pleines de vinaigre pour toute la compagnie; après, un plat de soupe de cerises fortes; après, troites mises en sausse jaune; après, des pois en cosse; après, des troites rosties, et semblablement des bugnets en façon de poires; après, fut apporté à laver à mon dict seigneur d'Autriche seul, et après à messieurs les marquis de Baude et de Rudelin; et, au regard des serviteurs, y avoit un escuyer ayant large couteau à desservir; de chacun mets prenoit les trancheurs de pain, et devant chacun ensemble ce qui estoit demeuré dessus, et les jettoit en un panier à vendangier estant au milieu de la chambre, et après à son dict couteau prenoit nouveaux trancheurs esquels il faisoit prendre un tour sur le dict couteau.

« Le dict escuyer, quand monseigneur d'Autriche vouloit boire, le servoit d'une des dictes coupes sans faire créance; mais, tandis qu'il buvoit, il lui tenoit la couverte de la dicte coupe dessous; et au regard de mon dict seigneur le marquis de Baude, quand il vouloit boire, un autre escuyer le servoit de l'autre des dictes coupes, ainsi que l'on avoit servi le dict duc d'Autriche, excepté que, en buvant, il ne tenoit pas la couverte dessous, mais la tenoit en sa main bien haute, ainsi que l'on tient la platine du calice en plusors grandes messes, depuis l'élévation du *corpus Domini* jusqu'à *Pater noster*, et est à sçavoir que la nappe dont estoit couverte la dicte table carrée et les serviettes estoient de simple toile sans ouvrage. Et si avoit dans la dicte chambre deux autres tables, en l'une desquelles estoient les chevaliers et les gentilshommes, et en l'autre ceux de moindre état, et sur tous les mets avoit de la poudre (de safran) sur les bords des plats bien largement; et nota que au plustost que le plat estoit apporté sur la table, chacun y mettoit la main, et aucunes fois le moindre estoit le premier. Et pareillement est à sçavoir que mon dict seigneur d'Autriche estoit sans chausses, ayant un pourpoint et collet de drap d'argent, et une longue chemise jusqu'aux pieds, et dessus la robe d'esquelette (d'écarlate) qu'il avoit vestu à Arras, et mon dict seigneur de Baude estoit vêtu d'un manteau rouge et d'un petit chaperon découppé et sans cornette. »

Par le traité de Westphalie, le comté de Ferrette fut cédé, avec le landgraviat de la haute Alsace, à Louis XIV, qui gratifia plus tard Mazarin du comté de Ferrette.

§ III. *Nord-est de la France. Fiefs de l'ancien royaume de Lorraine restés français, entre la Meuse et le Rhin (Lorraine et Alsace).*

ROYAUME, PUIS DUCHÉ DE LORRAINE.

Fondé en 843, réuni à la couronne en 1766.

Lorsque le royaume de Lorraine fut formé, en 843, par le traité de Verdun, en faveur de l'empereur Lothaire, fils aîné de Louis le Débonnaire, il comprit les pays situés entre le Rhin et l'Escaut, ceux qui s'étendaient depuis les sources de la Meuse jusqu'au confluent de la Saône et du Rhin, enfin toutes les provinces à l'est de ce dernier fleuve; c'est-à-dire, les Pays-Bas, excepté la Flandre et l'Artois, la Lorraine, l'Alsace, la Franche-Comté, le Valais, le pays de Vaud , la Bourgogne, le Lyonnais, le Dauphiné avec le Vivarais et l'Uzége, la Savoie et la Provence. En 855, Lothaire partagea ce royaume de Lorraine entre ses deux fils, Lothaire II et Charles; le premier eut la Lorraine mosellane et la basse Lorraine (notre ancienne province de Lorraine et les Pays-Bas), l'Alsace, Sion, Genève, Lausanne et le comté de Pépin (tout le pays situé entre les Alpes, l'Aar et le Jura). Mais Lothaire se dépouilla lui-même d'une partie de ses possessions. En 859, il céda à son frère Charles les diocèses de Belley et de Tarentaise, et, l'année suivante, donna à Louis II, son fils aîné, les cantons de Genève, de Lausanne et de Sion, ne gardant dans la Suisse que le comté de Pépin et le couvent de Saint-Bernard, où vint se réunir la commune frontière des trois royaumes des trois fils de Lothaire Ier; enfin il céda encore l'Alsace à son oncle Louis le Germanique. Lorsque Charles mourut, en 863, le roi de Lorraine put se dédommager en partageant avec son frère, l'empereur Louis, le royaume de Provence, et le Rhône servit dès lors de frontière méridionale à ses États. Mais son inconduite amena sur lui des malheurs qui troublèrent toute sa vie. Ayant répudié sa femme Theutberge pour épouser Waldrade, Theutberge demanda justice au pape Nicolas Ier, qui chargea deux légats d'examiner cette affaire avec les évêques de Lorraine. Leur réponse fut favorable à Waldrade ; mais le pape, rejetant leur sentence, déposa ses légats, excommunia les deux archevêques de Trèves et de Cologne, et, bientôt après, le roi lui-même et sa nouvelle épouse. C'était le premier essai que faisait la papauté de sa puissance et de la faiblesse des rois : il réussit. Lothaire passa les monts, et vint à Rome implorer son pardon.

A sa mort, qui suivit de près son voyage à Rome, Charles le Chauve, roi de France, se mit en possession de la Lorraine (869); mais son frère aîné, Louis le Germanique, le força de la partager avec lui; et à sa mort, en 876, l'un de ses trois fils, Louis le Jeune, joignit à la France orientale ou Franconie, et à la Saxe, que lui avait léguées son père, la Lorraine, accrue, en 879, de la partie de cette province qui avait été possédée par Charles le Chauve. Ce ne fut qu'en 895 qu'Arnulf, devenu seul roi de Germanie, rétablit, en faveur de son fils Zwentebald, le royaume de Lorraine, sous la suzeraineté des rois allemands, afin d'opposer une barrière aux incursions continuelles des Normands ; mais Zwentebald mourut en 900 (*), et la Lor-

(*) Quelques miracles opérés, dit-on, par une dent de ce prince qui périt en combattant contre ses sujets révoltés de ses exactions, le firent placer par les bollandistes au nombre des saints.

raine, définitivement réunie à la couronne d'Allemagne, cessa d'exister comme royaume, mais eut des ducs qui prétendirent au double honneur de descendre à la fois de Clovis et de Charlemagne. Les Guises, au seizième siècle, cherchèrent à exploiter cette croyance populaire pour renverser les Capétiens du trône de France.

En 911, les Lorrains se donnèrent à Charles le Simple, qui n'en devint pas plus puissant *par cet accroissement d'héritage*, car le duc Rainier, qu'il établit dans cette province, s'y conduisit bientôt en prince indépendant. Mais s'il échappa au joug de la France, ses successeurs subirent celui de l'Empire. En 953, l'empereur Otton donna le duché de Lorraine à son frère Brunon, déjà archevêque de Cologne, et qui partagea la Lorraine en deux duchés : celui de Lorraine supérieure ou mosellane, et la basse Lorraine ou Lothier, renfermant le Brabant, le Cambrésis, l'évêché de Liége et la Gueldre. Toutefois les territoires de Trèves, de Metz, Toul et Verdun, relevèrent directement de l'empereur, ainsi que la plupart des comtés des deux provinces. Frédéric Ier, comte de Bar, fut investi (959), par l'archiduc Brunon, de la Lorraine mosellane, que sa postérité posséda jusqu'en 1033. Gérard d'Alsace, arrière-petit-fils d'Éberhard IV, qui était parent lui-même, au huitième degré, de Gontran le Riche, comte en Argaw vers 950, et tige de la maison d'Autriche, fut nommé duc de la haute Lorraine par Henri III, et commença la série des ducs héréditaires, qui cessèrent presque entièrement de se regarder comme princes français. Cependant Ferri III souscrivit, comme arrière-vassal de la France, pour quelques fiefs mouvants de la Champagne, la lettre que trente et un barons de France adressèrent, en 1303, au collége des cardinaux, contre Boniface VIII : il signa même immédiatement après les princes du sang ; son fils Thibaut II fut fait prisonnier à la bataille de Courtrai, en voulant dégager le comte d'Artois, qui fut tué à ses côtés ; son petit-fils, Ferri IV *le Luitteur*, succomba à la bataille de Cassel, 1328, en combattant pour Philippe de Valois, et Raoul, successeur de Ferri IV, suivit Philippe de Valois à la guerre de Bretagne (1341), et fut tué à Crécy, où il avait amené l'élite de sa noblesse. Sa femme, fille de Gui de Châtillon Ier, comte de Blois, lui avait apporté en dot le comté de Guise, qui devint l'apanage des cadets de Lorraine. Jean Ier (1346-1391), combattit encore pour la France à la bataille de Poitiers, où il fut fait prisonnier, à celle d'Aurai, où il éprouva le même sort (1364), enfin à Rosebecque (1382), où il eut la plus grande part à la victoire. Il voulut qu'à ses obsèques on conduisît en offrande à l'église trois chevaux, l'un en harnais de guerre, l'autre en harnais de joute, et le troisième en parement de tournoi, *en signe que tout doit retourner à Dieu*.

Charles Ier, fils aîné du duc Jean, se brouilla avec le parlement. Sur les plaintes des habitants de Neufchâteau, Charles avait été cité à comparaître, et, sur son refus, les officiers royaux vinrent apposer sur les portes de la ville les pennonceaux du roi ; le duc les arracha, les fit attacher à la queue de son cheval, et les traîna dans la poussière. Les troubles de la France et l'amitié du duc de Bourgogne empêchèrent qu'on punît cette offense ; mais un jour que le duc de Bourgogne le présentait à Charles VI, Jean Juvénal des Ursins, avocat du roi, éleva la voix, et demanda que le duc de Lorraine fût aussitôt livré au parlement. Il fallut que le duc, s'agenouillant devant le roi, fît amende honorable. Charles ne laissa pas d'enfants mâles, si ce n'est trois fils naturels qu'il avait eu d'Alix du Mai. « La pauvre malheureuse Alison, dit une vieille chronique, elle faisoit du duc ce qu'elle vouloit ; mort il fut, incontinent elle fut prinse et mise sur une charette, par touz les quarts-forts de la ville fut menée ; on lui jettoit de l'ordure au visage ; secrètement on la feit mourir. »

La fille aînée du dernier duc avait épousé René Ier d'Anjou, duc de Bar, fils de Louis II, duc d'Anjou et roi de Naples, qui eut pour successeurs son fils Jean de Calabre et son petit-fils Nicolas, après lequel, en 1473, le duché rentra dans la maison de Vaudemont, branche cadette de la maison de Lorraine, par le mariage d'Yolande d'Anjou avec Ferri II, comte de Vaudemont, lesquels eurent pour fils René II, l'adversaire de Charles le Téméraire. Antoine, successeur de René (1508), combattit à Agnadel et à Marignan, où son frère, le duc de Guise, reçut vingt-deux blessures. En 1542, le duc Antoine conclut un traité avec l'empereur Ferdinand et le corps germanique, par lequel la Lorraine fut déclarée une principauté libre et indépendante. Ce même prince sut garder, entre Charles-Quint et François Ier, une neutralité que n'observèrent point ses successeurs; ils se jetèrent dans le parti de l'Espagne, puis de l'Autriche, et par là perdirent leurs duchés de Lorraine et de Bar, qu'ils furent obligés de céder à Stanislas Leczinski, et qui, après la mort de ce dernier, retournèrent à la France, le 5 février 1766; mais, en échange, le duc François-Étienne obtint le grand-duché de Toscane, puis la main de Marie-Thérèse, et avec elle toutes les possessions de la maison d'Autriche.

COMTÉ DE VAUDEMONT.

Fondé vers 1071, réuni à la Lorraine en 1473.

Vaudemont n'était originairement qu'un château fort bâti par les Romains; c'est maintenant une ville située entre Toul et Nancy, à égale distance de ces deux cités. Un peu après l'an 1071, Henri IV érigea en comté cette terre, avec une partie du Saintois, en faveur d'un second fils de Gérard d'Alsace, duc de Lorraine. En 1351, ce comté passa dans la maison de Joinville; mais il rentra par mariage, en 1416, dans la branche cadette de la maison de Lorraine, qui fut investie de ce duché, en 1473, dans la personne de René II, comte de Vaudemont, de Guise et d'Harcourt.

COMTÉ, PUIS DUCHÉ DE BAR.

Fondé vers 951, réuni à la Lorraine en 1431.

Le comté de Bar, situé entre la Lorraine et la Champagne, fut possédé depuis l'an 951 par les ducs de la basse Lorraine; en 1093, il passa dans la maison des comtes de Mousson et de Montbéliard. Un cadet de cette famille fonda une nouvelle race des comtes de Bar, qui prétendirent posséder leur fief en franc alleu jusqu'à Henri III, qui fut contraint de rendre hommage au roi de France en 1301. En 1354, l'empereur Charles IV érigea en marquisat la seigneurie de Pont-à-Mousson, et l'année suivante le roi de France donna le titre de duc au comte de Bar. En 1415, ce duché, le marquisat de Pont-à-Mousson et la seigneurie de Casal, étant échus par héritage à Louis, cardinal-évêque de Châlons-sur-Marne, le nouveau duc céda ces domaines à son petit-neveu René d'Anjou, qui devint duc de Lorraine en 1431.

DUCHÉ D'ALSACE.

Réuni à la France en 1648.

Sous les Romains, l'Alsace appartenait à deux provinces différentes; la basse ou Nordgau à la première Germanie, la haute ou Sundgau à la *Maxima Sequanorum*. Ces deux parties formèrent deux comtés. Quant au nom d'Alsace, il vient sans doute de la rivière d'Ill ou d'El, qui la traverse, (Elsass). Frédégaire, contemporain de Dagobert, est le premier qui se soit servi de ce nom. Jusqu'à Conrad Ier, l'Alsace resta partagée entre ses deux comtes; mais ce prince rétablit dans cette province la dignité ducale, qui subsista jusqu'à la mort de Conradin, en 1268. Alors l'évêque de Strasbourg, l'abbé de Mourbach, les seigneurs et les villes de la province, affectèrent l'indépendance en se déclarant vassaux immédiats de l'empereur, qui était trop faible pour rendre leur vassalité sérieuse. Cet état dura jusqu'à la paix de Westphalie (1648), où l'Alsace fut cédée à la France; mais les princes et les villes de cette province firent leur conditions, notamment Strasbourg, qui se gouverna, jusqu'à la révolution française, à peu près comme une république indépendante. De 1268 à 1648, et même depuis la réunion à la

France, l'Alsace eut des landvogts, qui, au seizième siècle, furent presque toujours des archiducs d'Autriche.

§ IV. *Nord de la France. Fiefs des provinces de Flandre, d'Artois et de Picardie.*

COMTÉ DE FLANDRE.

Fondé vers 862.

Le nom de Flandre, employé pour la première fois au septième siècle, par saint Ouen, dans la vie de saint Éloi, ne désignait alors que le territoire de Bruges. En 853, la Flandre ne comprenait pas encore le territoire de Courtrai. Le premier comte de Flandre dont l'existence soit authentique est Baudouin Ier dit Bras de Fer, gendre de Charles le Chauve, qui érigea en sa faveur la Flandre en comté. S'il faut en croire un auteur, qui se trompe sans doute sur l'antiquité de l'institution qu'il rapporte, le nouveau comte, « voulant affermir et donner du lustre à son État, y créa divers officiers héréditaires, à guise des rois ses voisins, dont le premier estoit l'évesque de Tournay; et, après luy, le prévost de Saint-Donat de Bruges fut faict héréditaire. Il ordonna de plus douze pairs des premiers seigneurs de son pays, et les honora tous du titre de comtes, dont ceux qui avoient séance à droite du comte Baudouin estoient les comtes de Gand, d'Harlebeke, de Therrouenne, de Tournay, d'Hesdin et de Guise, et, à gauche, les comtes de Blangis, de Bruges, d'Arras, de Boulogne, de Saint-Pol et de Messines(*). »

Son successeur, Baudouin le Chauve, fonda l'abbaye de Berg-Saint-Winoc, et, l'an 903, entoura de murs les villes d'Ypres et de Bruges, et acheva le fort de Saint-Omer commencé par Foulque, archevêque de Reims. Baudouin IV dit le Barbu, 989, acquit de l'empereur Henri III, en fief, Valenciennes, le château de Gand, les îles de Walcheren, et toute la Zeelande en deçà de l'Escaut : c'est de là que naquit la longue querelle des Flamands et des Hollandais. Ce fut Baudouin le Barbu qui entoura Lille(*) de fossés et de murailles, et qui fonda la prospérité de la Flandre en établissant des foires dans plusieurs de ses villes. Baudouin de Lille (1036) obtint de Henri IV le pays situé entre la Dendre et l'Escaut, c'est-à-dire le comté d'Alost et le château de Gand avec les quatre districts. Pour mettre la Flandre à couvert, il fit creuser le fossé neuf qui sépara l'Artois de la Flandre. Son successeur sut si bien établir la paix par tout le pays, qu'une chronique dit : « Cil quens Bauduins fu si doubtés, que nus ne portoit armes en sa terre par paour d'aultruis, ne son huis ne cleoit par larrons. » Mais sa veuve Richilde excita une révolte par ses cruautés. Philippe Ier, roi de France, vint à son aide, et assiégea Saint-Omer, ville du comte de Boulogne, l'un de ses ennemis; mais *li evesque de Paris*, dit une ancienne chronique (**), *qui estoit freres li comte Wistasse de Bouloingne, séjornoit lors à Esperleke. Il envoya à Robert li Frison, et li manda que si il voloit li donner la forest d'Esperleke, il feroit le roi lever dou siége et raler en France. Robert li Frison li octroya voulontiers, donc manda l'evesque au roi privéement que il estoit traïs se il ne s'en aloit. Li roi, qui cuida que il deïst voir, se leva dou siége et s'en alla en France. Robert donna la forest devant dite à l'evesque, et l'evesque la laissa au comte de Bouloingne après son déchief.*

Cette expédition, où le roi de France montra une prudence peut-être excessive, avait été précédée d'un combat où le fils de Richilde avait été tué. Robert le Frison, son oncle et son compétiteur, lui succéda. Cependant le nouveau comte et son fils Robert II, surnommé le Jérosolomitain, ne gar-

(*) L'origine de cette ville, nommée en latin *Isla, Illa* et *Insula*, à cause de sa situation dans un terrain marécageux, ne remonte guère au delà du neuvième siècle.

(*) Fr. Vinchant, Annales du Hainaut, p. 8.

(**) Biblioth. de Saint-Germain des Prés, n° 39. Citée dans l'Art de vérifier les dates,

dèrent pas rancune au roi de France, et ce fut en combattant pour Louis le Gros contre les Anglais que le dernier périt. Baudouin VII, fils du Jérosolomitain, fut reconnu comte, en 1111, dans une assemblée que présidait Louis le Gros, auquel il rendit hommage. Ce prince est célèbre par la sévérité avec laquelle il protégea les pauvres et les marchands contre les brigandages des nobles. Une vieille femme étant venue se plaindre d'un chevalier qui lui avait volé deux vaches, Baudouin monte à cheval, atteint le voleur, l'amène pieds et poings liés dans Bruges, où il le fait jeter dans une chaudière pleine d'eau bouillante, et destinée pour un faux monnayeur. Dix autres gentilshommes avaient détroussé des marchands qui allaient à la foire de Torholt, près de Bruges; le comte en étant informé, se met à leur poursuite avec ses gens, et, près de tomber sur eux, les oblige à se réfugier dans une maison isolée, où il les investit. Les parents de ces malheureux étant venus demander grâce pour eux : « Donnez-moi le loisir, dit-« il, de leur parler. » Il entre dans la maison, et adressant la parole aux coupables : « Que celui d'entre vous, leur « dit-il, qui veut avoir la vie sauve « pende au plancher à l'instant ses ca-« marades. » Un de la bande s'étant chargé de ce funeste ministère, le comte, après l'exécution des neuf, lui ordonne de monter sur un banc et de s'attacher lui-même au cou la corde qui avait étranglé les autres. Cela fait, Baudouin renverse le banc, et laisse ce misérable suspendu à deux coudées de terre. Après quoi étant sorti, il dit aux parents : « Vous pou-« vez entrer présentement et les em-« mener; mais ayez soin de les aver-« tir de ne plus commettre désormais « de semblables désordres dans ma « terre; » et aussitôt il remonte à cheval et part.

Fidèle à son amitié pour Louis le Gros, il le soutint avec zèle contre Henri Ier. Celui-ci l'ayant menacé d'aller l'attaquer jusque dans Bruges, Baudouin répondit qu'il lui épargnerait la peine du voyage; il vint en effet jusqu'à Rouen, et enfonça sa hache d'armes dans une des portes de la ville en signe de défi. Henri n'étant pas sorti, le comte alla assiéger le château d'Eu; mais il y fut tué d'un coup de lance au visage. Son successeur, Charles le Bon, ayant été assassiné dans l'église de Bruges, Louis le Gros fit élire, par les états, Guillaume Cliton. Mais sous Philippe-Auguste commencèrent les démêlés de la Flandre avec les rois de France. Philippe d'Alsace, second successeur de Guillaume Cliton, ayant épousé Isabelle, héritière des comtés d'Amiens et de Vermandois, voulut les conserver à la mort de sa femme, bien qu'elle ne lui eût point laissé d'enfant. Philippe-Auguste les revendiqua à titre de suzerain; mais, aidé des Flamands, alors reconnaissants des efforts qu'il venait de faire pour favoriser leur commerce aux dépens de celui des Hollandais, le comte refusa de les restituer, prit les armes, et reçut les secours des ducs de Bourgogne et des comtes de Champagne et de Blois. Philippe II triompha néanmoins, et le contraignit à lui remettre les pays contestés. A sa mort, en 1191, le roi revendiqua encore l'Artois du chef de sa femme Isabelle, nièce du dernier comte, et le traité d'Arras adjugea au prince royal Louis Arras, Bapaume, Aire, Saint-Omer, Hesdin, Lens, avec les hommages de Boulogne, Guines, Saint-Pol et Ardres. Ce traité fut l'origine de la longue mésintelligence des rois de France et des comtes de Flandre, qui cherchèrent toujours à ressaisir cette partie de leur héritage. Ce fut pour y parvenir que Ferrand, gendre et successeur de Baudouin IX, comte de Flandre et empereur de Constantinople, se ligua avec Jean d'Angleterre et l'empereur Otton; mais il fut pris à Bouvines, et enfermé dans la tour du Louvre. *Nul ne porroit dire ne deviser la grant joye que ceulx de Paris firent au roi Philippe, leur seigneur, après celle victoire, lequel emmenoit Ferrant avecque luy en une litière que portoient deux chevaus pommelés. Si crioit le peuple quand Ferrant passoit, par manière de gobér et mocquer, que deus ferrans* (chevaux arabes) *portoient Ferrant, mais Ferrant estoit enferrez* (*).

Marguerite II, seconde fille de Baudouin IX, succéda, en 1244, à sa sœur aînée et à Ferrand, qui n'avaient pas eu d'enfants; elle en avait elle-même plusieurs nés de deux mariages, l'un avec Bouchard d'Avesnes, et l'autre avec Gui de Dampierre. La rivalité entre les enfants des deux lits amena une suite de guerres qui désolèrent longtemps la Flandre, donnée aux Dampierre, et le Hainaut, adjugé aux d'Avesnes. Le calme était à peine rétabli, que la négociation d'un mariage entre la fille de Gui de Dampierre et un prince d'Angleterre fit éclater une nouvelle guerre entre la France et la Flandre, que Philippe le Bel envahit, en 1297, à la tête de soixante mille hommes. Battu à Furnes et menacé par une nouvelle armée, Gui vint se livrer au roi, qui le retint prisonnier et déclara la Flandre réunie à son domaine; mais les Flamands abandonnés à eux-mêmes chassèrent les Français, dont ils tuèrent vingt mille à Courtrai, (1302). Battus à leur tour à Mons-en-Puelle, ils revinrent au nombre de soixante mille demander paix ou bataille. « N'aurons-nous jamais fait, s'écria le roi; je crois qu'il pleut des Flamands; » et il traita de la paix. Pendant plus d'un siècle, la Flandre vit à plusieurs reprises les armées françaises désoler son territoire; mais les ravages qu'elles y commirent lui furent moins funestes que ses querelles intestines, les rivalités de ses villes, de ses corporations, et ses guerres avec ses comtes, qui, depuis Louis Ier, arrière-petit-fils de Gui de Dampierre, et comte de Nevers et de Rethel du chef de son aïeule Yolande de Bourgogne (1322-1346), embrassèrent constamment le parti de la France, contrairement aux intérêts de leurs sujets, alliés naturels de l'Angleterre à cause de leur commerce. En 1384, Philippe le Hardi, duc de Bourgogne, hérita par mariage de la riche succession des comtes de Flandre, qui passa de la maison de Bourgogne dans celle d'Espagne. Ce ne fut qu'en 1680, par le traité de Nimègue, que Louis XIV rattacha à la France une partie de la Flandre.

COMTÉ D'ARTOIS.

Fondé en 863, réuni au domaine en 1224, donné en apanage en 1237, réuni à la Flandre en 1382, et à la France en 1659.

L'Artois, borné au nord par la Flandre, à l'est par le Hainaut, au sud et à l'ouest par la Picardie, fut uni à la Flandre, en 863, par Charles le Chauve, qui donna cette province en bénéfice à son gendre Baudouin Bras de Fer. Depuis lors, elle resta sous la domination des comtes de Flandre jusqu'en 1180. A cette époque, Philippe d'Alsace la donna à sa nièce Isabelle, qu'il maria à Philippe-Auguste; mais la veuve de Philippe d'Alsace revendiqua l'Artois comme son douaire, et Baudouin IX comme une dépendance de la Flandre. Le roi fut obligé, pour faire taire toutes ces réclamations, de céder au comte, en 1200, les villes d'Aire et de Saint-Omer, qui lui furent toutefois rendues, en 1211, par le comte Ferrand. Par le testament de Louis VIII, l'Artois revenait à son second fils Robert; saint Louis érigea donc la terre d'Artois, *terram Atrebasii*, en comté, en y attachant les hommages de Boulogne, Guines et Saint-Pol. Ce premier comte d'Artois mourut à la bataille de la Mansourah, et le second, son fils, à celle de Courtrai, victimes tous deux de leur courage imprudent. Robert II ne laissa qu'une fille, Mahaut, qui lui succéda dans son comté et sa pairie, siégeant elle-même parmi les pairs au parlement, et soutenant avec eux la couronne sur la tête de son gendre, Philippe le Long, le jour de son sacre. Jeanne, fille de Mahaut et veuve du roi Philippe V, régna sur l'Artois après sa mère, et le laissa à sa fille Jeanne, qui, par son mariage avec Eudes de Bourgogne, porta l'Artois dans cette dernière maison. A la mort de Philippe de Rouvre, Marguerite, seconde fille de

---

(*) Chronique manuscrite citée dans l'Art de vérifier les dates, t. XIII, p. 320.

Philippe V, succéda en Artois et dans le comté de Bourgogne à de Rouvre, son petit-neveu. Sa cruauté lui aliéna le cœur de ses sujets. En 1375, elle fit brûler la dame de Bours pour avoir fait poignarder « un escuyer en son moustier de sa parocke, en un dimanche à la messe, entre les bras dou prestre, auquel il alla se réfugier quand il vit ses ennemis et dessous la casule, et fut bleciés le dict prestre, et l'autel et aournements furent ensanglantés (*). » Plus tard, ayant des contestations avec les habitants d'Arras, elle fit enlever presque tout le conseil municipal de la ville, fit dévaster par des troupes son territoire, et ne rendit les prisonniers, à l'exception de leur chef mort de froid dans ses prisons, que quand les habitants eurent fait leur soumission. Marguerite avait épousé Louis Ier, comte de Flandre. Leur fils, Louis II de Male, réunit encore une fois l'Artois à la Flandre, que sa fille porta, par son mariage avec Philippe le Hardi, dans la maison de Bourgogne. Par le traité des Pyrénées, 1659, l'Artois revint à la France.

COMTÉ DE HESDIN.

Ce comté, fondé vers l'an 1000, fut réuni à la Flandre vers le milieu du douzième siècle. Hesdin obtint alors le droit de commune, qu'une sédition lui fit perdre en 1179, et qui fut transporté à la ville d'Aire.

COMTÉ DE SAINT-POL.

De la Flandre relevait aussi le comté de Saint-Pol dans le Ternois, entre l'Artois et la Picardie. Vers l'an 1030, Saint-Pol n'était encore qu'une forteresse, composée de deux châteaux très-élevés et séparés par un fossé large et profond. La postérité mâle de Roger, le premier comte de Saint-Pol dont l'histoire fasse mention, posséda ce fief jusqu'en 1205. Les plus renommés de ces comtes furent Hugues III, (1130-1141), qui se signala d'abord par ses violences. En 1131, il assiégea la ville de Saint-Riquier, alors l'une des mieux fortifiées de la France, et l'emporta d'assaut, grâce au feu grégéois dont il se servit. Un moine de l'abbaye qui officiait en fut, dit-on, atteint et brûlé vif *au milieu des saints mystères*. Sur les plaintes des églises de l'Artois, Louis VI prépara une expédition contre le comte de Saint-Pol; mais il s'amenda. Hugues IV, arrière-petit-fils du précédent, fut connétable de l'empire latin de Constantinople, après la prise de cette ville par les Francs. Avant de partir pour la croisade, il avait rendu d'utiles services à Philippe-Auguste, qui lui donna les terres de Pont-Saint-Maxence, de Verneuil et de Pontpoint. L'époux de sa fille, Gaucher, fils de Gui II de Châtillon-sur-Marne, commença, 1205, la seconde race des comtes de Saint-Pol. Il alla à la croisade contre les Albigeois, et, comme le duc de Bourgogne et le comte de Nevers, refusa la seigneurie de Carcassonne. Il servit à plusieurs reprises Philippe-Auguste, notamment à la bataille de Bouvines, « où il tant ferit et chapela et lui et les siens à destre et à senestre, qu'il tresperca tout outre la tourbe de ses ennemis, et puis se resery dedens d'autre part et les aclost comme ou milieu de la bataille (*). »

La nouvelle famille posséda le comté de Saint-Pol, fréquemment réuni à d'autres terres, à la vicomté de Dourlens, aux seigneuries d'Encre, de Troissi, de Crécy, etc., jusqu'en 1360, où Mahaut, fille et héritière de Gui V, le porta dans la maison de Luxembourg, qui donna au quatorzième siècle une suite d'empereurs à l'Allemagne. Waleran, fils et successeur du nouveau comte (1371), se trouva comte de Saint-Pol et de Ligni, châtelain de Lille et seigneur de Bouchain. Ces grands biens lui valurent une riche alliance, car, en en 1379, il épousa une sœur utérine de Richard II, roi d'Angleterre. Depuis, il fut connétable de France, et joua un grand rôle dans les querelles des Armagnacs et des Bourguignons. La mort du connétable de Saint-Pol, décapité par ordre de Louis XI, auquel Charles le Téméraire l'avait livré,

---

(*) Jean de Guise.

(*) Ancienne version de Rigord.

amena la ruine de cette puissante maison, 1475. Cependant un édit de Charles VIII rendit aux deux petites filles du connétable les biens de leurs ancêtres. L'aînée, Marie, qui avait eu pour sa part les comtés de Saint-Pol, de Soissons, de Marle, la vicomté de Meaux, etc., les porta dans la maison de Bourbon-Vendôme, d'où le comté de Saint-Pol passa dans celle de Longueville, puis dans celle de Melun, enfin dans celle de Rohan-Soubise, où il resta jusqu'à la révolution française.

COMTÉ DE GUINES.
Fondé en 965, réuni au domaine en 1504.

Ce comté comprenait, outre Guines, Ardres, Hardewic, Brédenarde, Tornehen avec le port de Witzan. Du comté de Guines relevaient douze baronnies avec autant de pairies. Guines fut d'abord possédé par l'abbaye de Saint-Bertin, puis par les comtes de Flandre, qui donnèrent cette terre, vers 965, à Sifrid le Danois, en récompense des secours qu'ils en avaient reçus contre le comte de Ponthieu. La postérité de Sifrid posséda Guines jusqu'en 1293, où Jeanne, fille aînée de Baudouin IV, porta ce comté dans la maison de Brienne, qui possédait déjà le comté d'Eu. Lorsque le connétable Raoul III, comte d'Eu et de Guines, eut été décapité, en 1350, le roi Jean réunit ses biens au domaine; mais ce ne fut qu'en 1504 que Guines, plusieurs fois réuni et démembré, revint pour toujours à la couronne.

COMTÉ DE BOULOGNE.
Fondé au neuvième siècle, passé dans la maison d'Auvergne en 1260.

Ce pays, d'une étendue de douze lieues de long sur huit de large, fut donné par un comte de Ponthieu à son gendre Hernequin, neveu du comte de Flandre Baudouin le Chauve, vers 880; mais ce ne fut qu'en 965 que le Boulonnais eut des comtes héréditaires. Eustache II (1049-1095) se signala dans la conquête de l'Angleterre par les Normands, et obtint de Guillaume le Bâtard de riches possessions en récompense de ses services. Dans le même temps, ses domaines s'accroissaient sur le continent du comté de Lens. Son petit-fils par les femmes, Étienne, devint roi d'Angleterre, mais sans pouvoir transmettre ce titre à son fils Eustache IV, auquel il céda ses comtés de Boulogne et de Mortain. En 1224, Philippe Hurepel, comte de Mortain et de Clermont en Beauvaisis et frère du roi Louis VIII, obtint par mariage le comté de Boulogne, Calais, qui jusqu'alors n'avait été qu'un bourg ouvert, fut fortifié par ce comte dont le prédécesseur avait rebâti la ville d'Ambleteuse.

Hurepel, s'il faut en croire une ancienne chronique, eut une fin tragique. Témoin, dans un tournoi qu'il faisait célébrer, de la passion que sa femme témoigna, pendant les joutes, à Florent, comte de Hollande, le seigneur le mieux fait et le plus adroit de tous les combattants, le comte de Boulogne, s'étant abouché avec le sire de Nesle et quelques autres chevaliers français, attaqua, à leur tête, le comte de Hollande. Celui-ci, persuadé que les jeux continuaient, se laissa renfermer dans un coin de l'arène, où Philippe le perça de sa lance. Le comte de Clèves vengea sur-le-champ la mort de Florent, son frère d'armes, en tuant à son tour l'assassin. Après lui, le comté de Boulogne passa dans la maison d'Auvergne, en 1260.

COMTÉ DE PONTHIEU.
Fondé vers le septième siècle, réuni au domaine en 1309. Capitale Abbeville.

Le Ponthieu comprenait d'abord, sous les Carlovingiens, le Boulonais, dont il est séparé par la Canche; le Vimeu, dont il est séparé par la Somme; le Ternois, Guines, Ardres, Arques, etc. Dès le septième siècle, ce comté était héréditaire, mais on n'a pas la suite de ses comtes. Sous les Carlovingiens, le Ponthieu forma un duché confié successivement à Angilbert, gendre de Charlemagne, à Nithard, son fils, historien de Louis le Débonnaire; enfin à Rodolphe, oncle maternel de Charles le Chauve. Avec Helgaud, 859, que l'on fait descendre de Nithard, commence la suite encore un peu incertaine des comtes de Ponthieu. Son petit-fils, Helgaud II (878), fortifia le bourg de Montreuil, qui devint comme le chef-lieu du comté. En 1100, le Ponthieu entra par mariage dans la maison des comtes d'Alençon de la race de Montgoméry. Une ancienne chronique raconte de Jean Ier, l'un des comtes de cette nouvelle famille, le trait suivant, qui n'a peut-être pas tous les caractères de l'authenticité. La fille du comte, voyageant un jour avec son époux, le seigneur de Dommart, fut arrêtée par des voleurs, qui, après les avoir dépouillés l'un et l'autre, entraînèrent celle-ci dans un bois, où elle eut à subir leurs violences. Informé de cette mésaventure, Jean, à quelque temps de là, invita sa fille à une promenade sur la mer, et, quand ils furent à trois lieues de la côte : « Dame de Dommart, lui dit-il, il faut maintenant que votre mort efface la vergogne que votre malheur apporte à notre race, » et il la fait jeter à la mer enfermée dans un tonneau, puis il regagna le rivage. Mais le tonneau surnagea, et, ayant été aperçu par l'équipage d'un vaisseau flamand, fut tiré à bord et ouvert. La comtesse était mourante; mais elle revint bientôt à la vie, et fut ramenée à son époux, qui pleurait déjà sa mort.

Guillaume III (1191) ne laissa qu'une fille, qui épousa Simon de Dammartin, comte d'Aumale; mais ce seigneur ayant pris le parti du comte de Flandre, Philippe-Auguste confisqua ses biens; la comtesse de Ponthieu fut même forcée d'abandonner à Louis VIII Saint-Riquier, Dourlans, la terre d'Avesnes et ses dépendances, qui furent réunis au bailliage d'Amiens. En 1279, l'héritière du Ponthieu porta ce comté dans la maison royale d'Angleterre; mais Charles V s'en saisit en 1369, et le déclara réuni pour toujours à la couronne : néanmoins il fut donné à plusieurs reprises en apanage.

§ V. *Nord-ouest de la France. Fiefs des provinces de Normandie, Maine, Anjou et Bretagne.*

DUCHÉ DE NORMANDIE.

Fondé en 912, réuni à la couronne en 1204.

Nous avons vu plus haut comment Charles le Simple donna une partie de l'ancienne Neustrie, avec la suzeraineté sur la Bretagne, à Rollon, chef de pirates danois, sous la condition qu'il se ferait baptiser, épouserait la fille du roi et rendrait hommage (*). Mais, comme un des actes de cette cérémonie consistait à baiser le pied du roi, Rollon chargea de remplir cette formalité un de ses officiers, qui leva si haut le pied du monarque qu'il le renversa à terre. Charles était si faible, qu'il fut réduit à considérer cette insolence comme une maladresse. Les successeurs de Rollon gardèrent fidèlement la tradition de ce premier hommage et faillirent plus d'une fois renverser leur suzerain de son trône. En 929, Rollon abdiqua en faveur de son fils Guillaume Ier, dit Longue-Épée, qui laissa, en 943, sa couronne ducale à Richard sans Peur. C'est ce même Richard qui fut enlevé par Louis d'Outremer, que les Normands emprisonnèrent à leur tour dans Rouen, jusqu'à ce que Hugues le Grand le rachetât. Par la paix conclue en 946, la Normandie fut étendue depuis l'Andelle jusqu'à l'Epte, et peut-être même jusqu'à l'Oise. Mais, durant les règnes de Louis IV et de Lothaire, la Normandie fut sans cesse menacée par les rois de France et quelques-uns de leurs grands vassaux, qui ambitionnaient une si riche dépouille. Richard II le Bon, Richard III, Robert Ier, surnommé le Magnifique et le Diable, enfin Guillaume le Bâtard, régnèrent pendant le onzième siècle, de 996 à 1087.

Robert Ier dut son double surnom à sa libéralité et à la vigueur avec laquelle il conduisit toutes ses guerres : il rétablit tour à tour Baudouin IV, comte de Flandre, et Henri roi de France, chassés, l'un par son propre fils, et l'autre par sa mère; toutefois l'assistance qu'il prêta au second lui valut le Vexin français. Robert entreprit dès l'an 1035 un pèlerinage à Jérusalem, qu'il fit en partie nu-pieds. Mais à Rome, à Constantinople, il montra sa magnificence ordinaire : avant

(*) Voyez page 45, col. 1.

d'entrer dans la capitale du monde chrétien, il fit ferrer d'or sa mule, avec défense de ramasser les fers s'ils se détachaient, *comme il avint*. L'empereur grec le reçut assis dans un lieu où aucun siége n'était préparé; mais Robert et ses chevaliers ne tenant aucun compte du cérémonial byzantin, étendirent leurs manteaux à terre et s'assirent : c'était comme l'annonce de tout ce qu'allait faire souffrir à la vanité grecque la fierté des hommes de l'Occident. En traversant l'Asie Mineure il tomba malade, et fut obligé de se faire porter en litière par quatre Maures. Un Normand qu'il rencontra lui demanda quelles nouvelles il fallait mander au pays? « Que tu m'as vu, répondit le duc, porter en paradis par quatre diables. » Il mourut empoisonné à Nicée, en Bithynie, le 2 juillet 1035. Ce fut en 1066 que Guillaume le Bâtard conquit l'Angleterre. Dès lors ses successeurs à cette couronne possédèrent aussi le duché de Normandie jusqu'en 1204, où Philippe-Auguste fit condamner par les pairs Jean sans Terre, coupable du meurtre de son neveu Arthur, et confisqua la Normandie, qui ne fut toutefois définitivement réunie à la couronne que par l'édit de 1261.

COMTÉ D'ALENÇON.

Fondé vers le commencement du onzième siècle, réuni au domaine en 1219. Donné à plusieurs reprises en apanage.

Dès le huitième siècle, Alençon était le chef-lieu d'une *centaine* ou canton comprenant cent lieux. Vers 940, on trouve un Yves de Creil possesseur de Bélesme et du Sonnois. Le fils de cet Yves, Guillaume, en 997, devint comte du Perche, et plus tard d'Alençon, qui lui fut donné, ainsi que le pays de Domfront, par le duc de Normandie Richard II. Mais les nouveaux comtes entrèrent bientôt en guerre avec les ducs de Normandie et les comtes d'Anjou. Robert Ier (1028), fils de Guillaume, fut fait prisonnier par Herbert, comte du Maine; et ses troupes ayant fait pendre un chevalier et deux de ses fils qui étaient tombés entre leurs mains, trois autres fils du chevalier entrèrent dans la prison de Robert et le tuèrent à coups de hache. Son successeur, Guillaume Talvas, étrangla sa femme, et fut chassé en 1048, par son fils Arnoul, qui périt lui-même assassiné par un de ses parents. Son oncle Yves, évêque de Séez, puis sa sœur Mabile, épouse de Roger de Montgommery, lui succédèrent. Mabile, cruelle comme toute sa race, fit périr nombre de personnes par le poison. Le fils de Mabile, Robert II de Bélesme, marcha sur ses traces : la perfidie, la violence, le meurtre, tout servait son ambition ; voulant s'emparer du château de Gilbert de l'Aigle, il le fit assassiner : plus tard il se conduisit avec tant de cruauté dans le comté de Shrewesbury, que le roi d'Angleterre lui avait donné, qu'il fut cité à la cour du roi, pour y répondre sur quarante-cinq chefs d'accusation. Au lieu de comparaître, il s'enferma dans ses châteaux, et soutint plusieurs siéges contre l'armée royale. La défaite, à Tinchebrai, de Robert Court-Heuse qu'il soutenait contre son frère le roi d'Angleterre, ruina enfin sa puissance; et Louis le Gros, dont il avait embrassé le parti, l'ayant envoyé en 1112 comme ambassadeur à Henri Ier, celui-ci le retint prisonnier, contre le droit des gens, le reste de sa vie. « Vous avez connu, dit un contemporain, Robert de Bélesme qui était pour ses prisonniers un Pluton, une Mégère, un Cerbère. Il ne se souciait pas de leur rançon, mais préférait les faire mourir dans les tourments, condamnant les uns, hommes ou femmes, à être empalés, infligeant à d'autres d'autres tortures, et faisant quelquefois lui-même le métier de bourreau, comme le jour où il arracha les yeux avec ses ongles à son filleul (*). » Cette race homicide s'éteignit en 1219, et Philippe-Auguste put alors réunir à son domaine le comté d'Alençon, dont les derniers possesseurs l'avaient au reste servi contre Jean sans Terre.

(*) Henri Huntington.

En 1268, les comtés d'Alençon et du Perche furent donnés en apanage au cinquième fils de saint Louis, et, en 1293, à un frère de Philippe IV, qui fonda la ligne de ducs et pairs d'Alençon de la maison royale, laquelle s'éteignit dans la personne de Charles IV, mort, en 1525, de la honte qu'il ressentit d'avoir fui à la bataille de Pavie. C'est le père de ce prince, René d'Alençon, que Louis XI fit enfermer dans une cage de fer d'un pas et demi de long, d'où il n'était tiré qu'un instant tous les huit jours, et à travers les barreaux de laquelle on lui donnait à manger au bout d'une fourche. Le duché d'Alençon devint ensuite l'apanage d'un frère de Charles IX; plus tard, de Gaston, frère de Louis XIII; plus tard encore, celui du comte de Provence (Louis XVIII).

COMTÉ DU PERCHE.
Fondé au neuvième siècle, réuni au domaine en 1226.

Dès le temps de Louis le Débonnaire, il existait des comtes du Perche; mais ce ne fut qu'en 1028 que Warin, second fils de Guillaume Ier, comte d'Alençon, commença la race des seigneurs héréditaires de Domfront, de Nogent et de Mortagne, qui prirent plus tard le nom de comtes du Perche. Warin ne manqua pas à son origine; aussi Guillaume de Jumiége, qui le représente comme un méchant homme, dit-il qu'il fut étouffé par le diable, pour avoir tué en trahison un brave chevalier qui croyait être son intime ami. Son fils Geoffroi, qui s'intitulait vicomte de Châteaudun, malmena si bien l'évêque de Chartres et ses ouailles, que les Chartrains le poignardèrent, en 1040, au milieu de ses chevaliers. Son successeur, Rotrou Ier, continuant à dévaster les terres de l'évêque de Chartres, celui-ci lança contre le comte une excommunication qui, au dire d'Orderic Vital, le rendit fou jusqu'à la fin de ses jours. La race des comtes du Perche s'étant éteinte en 1226, leur domaine fut réuni à la couronne, et plus tard donné en apanage avec le comté d'Alençon.

COMTÉ, PUIS DUCHÉ D'AUMALE.
Fondé vers 1070, maintenu jusqu'au dix-huitième siècle.

Thibaut III, comte de Blois, s'étant emparé de l'héritage d'Étienne II, comte de Champagne, au détriment de son neveu Eudes, celui-ci se retira auprès de Guillaume le Bâtard, qui lui donna le comté d'Holderness en Angleterre. Sur le continent, Eudes obtint de l'archevêque de Rouen la ville d'Aumale, située sur la Bresle, dans la haute Normandie, et que Guillaume érigea en comté. Sa postérité mâle le conserva jusqu'en 1180; mais le titre de comte d'Albemarle, nom latin de la ville d'Aumale (*Alba-Marla*), fut porté dans la suite par plusieurs seigneurs anglais, notamment par le célèbre Monk. De 1200 à 1252, le comté d'Aumale fut possédé par les comtes de Dammartin, et, de 1252 à 1343, par des cadets de la maison de Castille, qui furent, du chef de leur mère, héritière des comtes de Dammartin et épouse de Ferdinand III, roi de Castille, comtes d'Aumale, barons de Montgomery et de Noyelles, seigneurs d'Épernon, etc. En 1343, Blanche de Castille porta le comté d'Aumale et la baronnie de Montgomery à Jean d'Harcourt, vicomte de Châtelleraut. En 1476, René II, duc de Lorraine, hérita de son aïeule, épouse d'un comte de Vaudemont, Marie d'Harcourt, des comtés d'Aumale, d'Harcourt et de Mortain, qui restèrent dès lors dans la maison de Lorraine. Le comté d'Aumale, érigé en duché-pairie en 1547, fut alors possédé, de 1508 à 1550, par Claude Ier, qui seul peut-être, parmi les princes ses contemporains, regarda la guerre comme une science, et l'étudia non-seulement sur les champs de bataille, mais dans son cabinet. Les mesures qu'il prit pour mettre Paris en sûreté et rassurer ses habitants, après la prise de Château-Thierry par les Impériaux, en 1544, fondèrent la popularité de sa maison dans cette grande ville. C'est en sa faveur que Guise en Picardie fut érigé en duché, et les terres de Mayenne, de Sablé et de Ferté-Bernard, en marquisat de Mayenne. En

1638, le duché d'Aumale passa à une branche cadette de la maison de Savoie, et, en 1675, à Louis-Auguste de Bourbon, duc du Maine, prince légitimé de France.

COMTÉ D'EU.

Fondé en 996, maintenu jusqu'au dix-huitième siècle.

La ville d'Éu, nommée pour la première fois par Frodoard, écrivain du neuvième siècle, est située sur la rive gauche de la Bresle, à cinq lieues nord-est de Dieppe et à une demie de Tréport. En 996, Richard II donna le comté d'Eu à Geoffroi, fils naturel de Richard Ier. Sa postérité le posséda jusqu'en 1227, en y joignant les seigneuries d'Arques, de Driencourt, appelé depuis Neufchâtel, et de Mortemer, que Philippe-Auguste acquit en 1219. La maison de Brienne le tint ensuite jusqu'au supplice de Raoul de Brienne, connétable de France (1352). A cette époque, il fut donné à la maison d'Artois, et passa par héritage dans celle de Clèves (1491), puis dans celle de Lorraine (1633); enfin la *grande demoiselle*, ayant acheté pour deux millions cinq cent mille livres le comté d'Eu, en fit don, en 1682, au duc du Maine, bâtard de Louis XIV.

COMTÉ D'ÉVREUX.

Fondé en 989, réuni en 1200 au domaine, donné à plusieurs reprises en apanage, et maintenu jusqu'au dix-huitième siècle.

Ce fut aussi un bâtard de Richard Ier, duc de Normandie, qui commença la race des comtes d'Évreux, l'an 989. Son père lui donna en même temps l'archevêché de Rouen. « Le comte-archevêque, dit Orderic Vital, comblé de richesses, se livra aux affaires séculières, et ne s'abstint point, comme il convenait à son caractère, des plaisirs de la chair; car il eut, en qualité de comte, une femme nommée Harlève qui lui donna trois fils, Richard, Raoul et Guillaume, entre lesquels il partagea son comté d'Évreux et ses autres biens patrimoniaux, suivant l'usage du siècle. Mais dans sa vieillesse, revenu de ses égarements, il fut saisi d'une grande frayeur à la vue de la multitude des péchés graves dont il était chargé. Pour les expier, il fit d'abondantes aumônes, et entreprit l'édifice de sa cathédrale, qu'il avança beaucoup, et dont il laissa l'achèvement à ses successeurs. »

En 1118, la postérité mâle de l'archevêque-comte étant éteinte, Évreux passa dans la maison de Montfort, qui en hérita du droit des femmes, et céda ce comté, en 1200, à Philippe-Auguste; mais, en 1307, Philippe le Bel donna en apanage, à son frère Louis, le comté d'Évreux, avec les seigneuries d'Étampes, de Meulan, de Gien, d'Aubigni, etc. C'est le petit-fils de ce prince qui est si célèbre dans notre histoire sous le nom de Charles le Mauvais. Sa mère Jeanne, fille unique de Louis le Hutin, devait hériter de la Navarre, de la Champagne et de la Brie; mais elle ne put obtenir de cette riche succession que le royaume de Navarre, dont son époux, Philippe d'Évreux, se mit en possession malgré le roi Philippe VI, et qu'ils laissèrent à leur fils Charles avec leurs biens de Normandie. Les alliances de Charles le Mauvais avec Édouard III, les troubles qu'il suscita dans le royaume, amenèrent la confiscation de ses domaines entre Loire et Seine. Par un traité du 9 juin 1404, son fils Charles III céda au roi de France le comté d'Évreux avec les seigneuries d'Avranches, Pont-Audemer, Passy, Nonancourt, Beaumont-le-Roger, Breteuil, Orbec, Carentan, Valognes, Mortain, Nogent-le-Roi, Mantes et Meulan. En 1569, Évreux fut donné au duc d'Alençon, et, en 1651, au duc de Bourbon.

COMTÉ, PUIS DUCHÉ DE VENDÔME.

Fondé vers 980, réuni au domaine en 1591.

Le château de Vendôme, dont Grégoire de Tours parle pour la première fois au sixième siècle, fut donné avec d'autres terres, par Foulques d'Anjou, à l'un de ses fils, Bouchard, qui, zélé partisan de Hugues Capet, en reçut la ville de Melun, la vicomté de Paris et le comté de Corbeil. En 1031; le nouveau comté fut usurpé par Geoffroi Martel, fils de Foulques Nerra, comte d'Anjou, au détriment de son neveu, Foulques l'Oison. Geoffroi, ayant obtenu de son père la ville de Saumur, entra en guerre avec Guillaume VI, duc d'Aquitaine, le battit et le retint prisonnier trois ans et demi, durant lesquels il exerça l'autorité ducale dans l'Aquitaine. Il ne le relâcha, en 1038, qu'au prix d'une énorme rançon et de la cession des comtés de Saintes et de Bordeaux. Quelque temps après, s'étant brouillé avec son père, celui-ci le poursuivit avec tant de vigueur, que Geoffroi fut contraint à venir lui demander pardon une selle de cheval sur le dos. « Tu es vaincu, tu es donc enfin vaincu, dit Foulques. » — « Oui, je le suis par mon père, mais pour tout autre je suis invincible. » Cette réponse calma aussitôt le ressentiment du vieux Nerra, flatté dans son orgueil de père et de chevalier.

En 1046, Geoffroi, devenu comte d'Anjou, alla rendre visite à l'empereur Henri III, qu'il accompagna à Rome, et dont il reçut un petit vase contenant, disait-on, *une larme de Jésus-Christ*. Le comte en fit présent à l'abbaye de Vendôme(*). A son retour, Geoffroi fonda à Saintes un monastère de femmes, auquel il accorda, entre autres droits, la dîme de tous les cerfs et biches tués dans l'île d'Oleron, pour faire des peaux des couvertures de livres. La charte de fondation accorde aussi à l'abbaye le droit de faire prendre vivants chaque année, dans une forêt voisine, un cerf et une biche, un sanglier et une laie, un chevreuil et un daim avec leurs femelles, enfin deux lièvres, le tout *ad recreandam femineam imbecillitatem*.

En 1085, le comté de Vendôme, que Geoffroi Martel avait rendu à son neveu, passa par mariage dans la famille de Geoffroi de Preuilly, *l'inventeur des tournois*, dont le fils, Geoffroi-Jourdain, épousa l'héritière du Vendômois. Ayant commis des exactions sur les terres de l'abbé de Vendôme, Geoffroi-Jourdain fut excommunié, et n'obtint d'en être relevé qu'en venant nu-pieds demander pardon à l'abbé, qui le lui accorda après qu'il eut porté sur sa tête et déposé sur le grand autel quatre deniers et un couteau. A Geoffroi-Jourdain, mort en Palestine, succéda, 1102, Geoffroi dit Grise-Gonelle, son fils, qui, comme lui, eut des démêlés avec l'abbé de Vendôme. Ce prélat ayant affranchi un serf, celui-ci se promenait dans la ville avec la charte de manumission attachée sur sa tête, afin que tous pussent voir qu'il était désormais un homme libre; mais le comte la lui arracha, prétendant que cet affranchissement ne pouvait avoir lieu sans sa permission. Toutefois le différend s'arrangea.

La postérité des comtes de Vendôme de la maison d'Anjou posséda ce domaine, réuni au comté de Castres en Languedoc, jusqu'en 1412, où ces fiefs furent portés par mariage dans la maison de Bourbon; mais le premier prince qui posséda cette terre, Louis de Bourbon, n'eut que des vicissitudes durant sa longue vie. D'abord son frère aîné le fit prisonnier, et ne le relâcha qu'au bout de huit mois. Le comte, durant sa captivité, avait fait vœu d'entreprendre un pèlerinage à Notre-Dame de Chartres et à Saint-Denis en France. Dès qu'il fut libre, il se rendit à ces deux églises nu-pieds, en chemise, portant un cierge de cinquante livres, et suivi de cent domestiques dans le même costume. Fait de nouveau prisonnier à la bataille d'Azincourt, sa rançon fut fixée à trois cent mille livres (plus de deux millions), et comme il ne put payer cette somme exorbitante, il resta dans les fers. Au bout de quelques années, ennuyé de sa prison, il eut recours à l'expédient qui lui avait si bien réussi, à ce qu'il croyait, durant sa première captivité; et, s'adressant à Jésus-Christ, *lui promit et voua que s'il luy plaisoit avoir pitié de luy, et de la prinson où il estoit il peust être délivré sans mort, sans déshonneur de sa personne, et sans perdition de sa seigneurie et héritage, en*

(*) La cathédrale de Sens prétendait aussi posséder du lait de la sainte Vierge.

l'honneur et révérence de luy et de sa glorieuse sainte larme qui en l'église de la Trinité de Vendosme repose, il feroit et accompliroit devant la présence d'icelle sainte larme, le vœu qui s'ensuit. Voici le précis de ce vœu, qu'il serait trop long de transcrire sur la charte où il est rapporté : 1° le comte s'engage *à venir, la première année après sa délivrance, présenter, le jour du vendredi de Lazare* (c'est celui qui précède le dimanche des Rameaux), dans l'église de la Trinité de Vendôme, *son corps tout nud, avec un cierge du poids de trente-deux livres de cire, en mémoire et remontrance que quand Notre-Seigneur souffrit mort et passion, il avoit régné en son humanité en cest monde par l'espace de trente-deux ans;* 2° il promit *qu'à pareil jour tous les ans à perpétuité, il sera fait dans la même église une procession solennelle, dans laquelle on délivrera de ses prisons de la dicte ville de Vendôme le malfaiteur que les gens de son conseil, gouverneur et officiers de sa justice, et aucuns des notables religieux de l'abbaye de la Trinité, le chevecier, chantre, et autres du chapitre de son église collégiale de monsieur Saint-George de Vendosme, diront en leur conscience avoir fait et commis le plus piteux cas remissible;* et que, dans le cas où il n'y en aurait pas de cette espèce dans les prisons de Vendôme, on soudoiera un pauvre homme pour le représenter; lequel, *nud-pieds et en petits draps* (en chemise), porterait à la procession un cierge de trente-deux livres, qui brûlerait ensuite devant la sainte larme jusqu'au jour de Pâques. Le comte Louis, après avoir fait ce vœu, recouvra la santé, et sortit de prison d'une manière qu'il regarda comme miraculeuse. Le miracle consistait en ce que les Anglais le voyant dangereusement malade, et craignant de perdre la moitié de sa rançon, l'élargirent en se faisant donner caution de la somme dont il était encore redevable. De retour en France, les affaires de l'État, où il fut employé, ne lui-permirent d'acomplir son vœu qu'en 1428. Ce fut cette année qu'il fit expédier, le 21 avril, la charte qui contient tout ce que nous venons de rapporter (*).

Sous Charles de Bourbon, qui se signala aux batailles d'Agnadel et de Marignan, le comté de Vendôme fut érigé en duché-pairié. François Ier en partant pour la malheureuse campagne de Pavie, confia à Charles le gouvernement de l'Ile-de-France et de la Picardie, malgré la défection de son cousin le connétable de Bourbon. Plusieurs seigneurs sollicitaient le nouveau duc de s'emparer de la régence au détriment de la reine mère, qu'on accusait de tous les malheurs de son fils; mais il répondit à ces offres brillantes : « Messieurs, je vais à Lyon recevoir « les ordres de madame la régente, qui « m'appelle, avec tous les grands du « royaume, pour travailler à la liberté du « roi et à votre salut. » Cependant François Ier parut oublier ses services : à la mort du duc d'Alençon, et plus tard, lors de la confiscation des biens du connétable de Bourbon, il ne reçut rien de ce double héritage, dont la plus grande partie devait lui revenir, soit comme époux de la sœur du dernier duc d'Alençon, soit comme aîné de la maison de Bourbon. Ce prince, septième descendant de Robert, comte de Clermont et sixième fils de saint Louis, eut sept fils, dont l'aîné fut Antoine, roi de Navarre, le second François, comte d'Enghien, célèbre par sa victoire de Cérisole et sa mort funeste (**), le troisième Charles, cardinal de Bourbon, nommé roi, sous le nom de Charles X, par les ligueurs, le quatrième Jean, comte de Soissons, et le cinquième Louis, qui a donné origine aux princes de Condé. Antoine, héritier du duché de Vendôme, épousa, en

(*) Martenne, Anecd., t. I, col. 1774, cité dans l'Art de vérifier les dates, t. XII, p. 504.

(**) Il fut tué à la Roche-Guyon de la chute d'un coffre que les princes, en jouant, lui laissèrent tomber sur la tête, le 23 février 1546.

1548, Jeanne d'Albret, qui lui apporta en dot ce qui subsistait encore du royaume de Navarre, la principauté de Béarn, le duché d'Albret, les comtés de Foix, de Bigorre, d'Armagnac, de Rhodez, de Périgord, et la vicomté de Limoges. Antoine embrassa d'abord le calvinisme et voulut y convertir sa femme; « mais la reine de Navarre, dit Brantôme, qui étoit jeune, belle et très-honnête princesse, et qui aimoit bien autant une danse qu'un sermon, ne se plaisoit point à cette nouveauté de religion. » Cependant elle céda à la fin, et se fit si bien huguenote, qu'elle répondit un jour à Catherine de Médicis: « Si j'avais mon royaume et mon « fils à la main, je les jetterais tous les « deux au fond de la mer plutôt que « d'aller à la messe. » Cette Jeanne d'Albret fut la mère de Henri IV. En 1598, Henri IV, alors roi de France, donna le duché de Vendôme à son fils César, qu'il avait eu de Gabrielle d'Estrées. C'est de ce prince que descendait le duc de Vendôme, si célèbre durant la guerre de la succession d'Espagne. Après sa mort, le 11 juin 1712, le Vendômois fut réuni de nouveau à la couronne.

COMTÉ D'ANJOU.

Fondé vers 850, réuni au domaine en 1481.

L'Anjou, situé entre le Maine, la Bretagne, le Poitou et la Touraine, forma, sous les rois de la seconde race, deux comtés que séparait la Mayenne, et qui avaient pour chef-lieu, l'un Châteauneuf, l'autre Angers. Le comté d'au delà de la Mayenne ou Marche-Angevine fut donné, en 850, à Robert le Fort, puis à Eudes, son fils, qui lui succéda aussi dans le duché de France. Quant à l'autre comté, il fut inféodé à Ingelger, petit-fils d'un paysan qui vivait de fruits sauvages et de la chasse, mais dont le fils avait fait fortune durant les troubles du règne de Charles le Chauve. En 878, Ingelger épousa l'héritière du comté de Gatinais. Son fils Foulques le Roux (888) joignit à ce domaine déjà étendu la Marche-Angevine, les seigneuries de Loches, de Villandri et de la Haie; Geoffroi Grise-Gonelle (958), la ville de Loudun; Foulques Nerra le Jérosolomitain (987), la Saintonge, qu'il acheta ou obtint de Guillaume, duc d'Aquitaine; Geoffroi II (1040-1060), surnommé Martel à cause de son courage, la ville de Tours. Ainsi, au milieu du onzième siècle, les domaines des comtes d'Anjou s'étendaient de la Bretagne à la Champagne, sans compter la Saintonge qu'ils possédaient, et le Maine, où ils exercèrent souvent la même autorité que dans leurs propres terres. Aussi cette maison pouvait-elle lutter avec avantage contre ses ennemis, les comtes de Bretagne et de Blois, et les ducs de Normandie et d'Aquitaine. Les premiers Capétiens qui leur confièrent la dignité de grand sénéchal, et s'unirent à leur famille par mariage, en tirèrent souvent, dans leur faiblesse, d'utiles secours contre leurs trop puissants voisins.

De ces comtes, le plus illustre fut Foulques Nerra, qui fit deux ou trois fois le périlleux voyage de la terre sainte. A son dernier pèlerinage, il se fit traîner sur une claie par les rues de Jérusalem, nu, la corde au cou, fouetté par deux de ses valets, et criant de toutes ses forces: « Seigneur, ayez « pitié du traître et parjure Foulques. » Puis il entreprit de revenir à pied, mais il ne put dépasser Metz. Foulques avait en effet bien des crimes à expier. Sa nièce Constance, épouse du roi Robert, s'étant plainte à lui de Hugues de Beauvais, favori de son époux: Foulques avait aussitôt envoyé douze chevaliers, avec ordre de poignarder le favori partout où ils le trouveraient. De ses deux femmes, il avait fait brûler l'une, ou même, selon d'autres, l'avait lui-même poignardée après qu'elle s'était sauvée d'un précipice où il l'avait fait jeter; et la seconde, il l'avait contrainte par ses mauvais traitements à se retirer en Palestine. C'est ce même comte qui bâtit Montrichard, Montbazon, Mirebeau et Château-Gonthier. Telle était alors la rareté des livres, que sa bru fut obligée de donner deux cents moutons, cinq quartiers de froment, et autant de seigle et de millet, pour avoir un manuscrit renfermant des homélies. Son petit-fils Foulques le Rechin (1060) dut céder le Gâtinais au roi Philippe Ier, et faire hommage au comte de Blois pour le comté de Tours. Plus tard, Philippe lui enleva sa femme Bertrade; mais l'intérêt étouffa la colère que ce rapt devait exciter en lui contre le roi de France. C'est à ce prince qu'Orderic Vital rapporte l'invention d'une espèce de souliers, dont la pointe était plus ou moins large, suivant la qualité de ceux qui les portaient: d'un pied et demi au moins pour les riches, et de deux ou trois pour les princes. Le bec en était recourbé et orné de cornes, de griffes ou de quelque autre figure grotesque. On les appelait des souliers à la poulaine. Cette chaussure que Foulques imagina, suivant plusieurs écrivains, pour couvrir la difformité de ses pieds, et qu'on remarque dans plusieurs vignettes des anciens manuscrits, dura, malgré les déclamations des prédicateurs, jusqu'au règne de Charles V.

Son fils Foulques le Jeune, qui acquit le Maine par mariage, suivit pendant quelque temps le parti de Louis le Gros; mais il fut gagné à celui de Henri Ier, roi d'Angleterre, par le mariage de sa fille Mathilde avec l'héritier de ce prince. Ce mariage fut prématurément rompu par la mort funeste du jeune Guillaume, mais il prépara celui du fils aîné de Foulques, Geoffroi V Plantagenet (1129-1151) avec la fille de Henri Ier, Mathilde, veuve de l'empereur Henri V, laquelle en épousant Geoffroi, fit monter les comtes d'Anjou sur le trône d'Angleterre. Après la confiscation de la Normandie, du Maine et de l'Anjou, faite, en 1204, sur Jean sans Terre par Philippe-Auguste, saint Louis donna le Maine et l'Anjou, en 1246, à son frère Charles Ier, comte de Provence et roi de Naples. Au quatorzième siècle, ces deux provinces revinrent à la couronne; mais le roi Jean les donna de nouveau à son second fils Louis, qui commença la seconde maison d'Anjou, dont les chefs furent Louis Ier (1356-1377), Louis II (1377-1417), Louis III (1417-1434), et René, duc de Bar et de Lorraine, duc d'Anjou, comte de Provence et roi de Naples. En 1484, après la mort de René, l'Anjou fut réuni au domaine royal.

COMTÉ DU MAINE.

Fondé sous la première race, réuni à l'Anjou en 1110.

Le Maine, après avoir eu longtemps des comtes particuliers sous les Merovingiens et les Carlovingiens, fit partie sous Charles le Chauve, avec la Marche-Angevine, du duché de France, possédé par Robert le Fort. Celui-ci et ses successeurs y établirent des comtes qui administrèrent pour eux cette province, dont les comtes d'Anjou, et particulièrement Foulques Nerra, essayèrent bientôt de s'emparer; plusieurs fois ils tinrent les comtes du Maine dans leurs prisons, mais sans oser consommer l'usurpation. Guillaume le Bâtard fut plus hardi: en 1063, il enleva le comte du Maine avec sa femme, et les emmena à Falaise, où peu après ils moururent l'un et l'autre de poison sans laisser d'enfant; puis il prit possession du Maine. Mais l'aversion des Manseaux, qui se soulevèrent plusieurs fois contre les Normands, l'ambition des comtes d'Anjou, furieux de se voir enlever une proie qu'ils convoitaient depuis si longtemps, enfin celle d'Hélie, seigneur de la Flèche et descendant des anciens comtes du pays, empêchèrent Guillaume et son fils de jouir paisiblement de leur usurpation. En 1090, cet Hélie de la Flèche parvint à se rendre maître du comté. A sa mort, le Maine fut réuni à l'Anjou (1110) par le mariage de sa fille avec Foulques le Jeune.

SEIGNEURIE, PUIS COMTÉ DE LAVAL.

Fondée vers l'an 1000, maintenue jusqu'au dix-huitième siècle.

Laval, ville du bas Maine, postérieure au neuvième siècle, devint, vers l'an 1000, le chef-lieu d'une seigneurie, mais on ignore l'origine de ceux qui la possédèrent; on les voit suivre fréquemment l'étendard des comtes d'Anjou, leurs suzerains, avec le vicomte de Thouars, les seigneurs de Mirebeau, de Parthenai, de Sablé, d'Amboise, etc. En 1213, Emme, héritière des sires de Laval, épousa Robert d'Alençon, puis Mathieu de Montmorency, connétable de France. Le fils qui naquit de ce mariage, et qui fonda la branche de Laval-Montmorency, accompagna Charles d'Anjou à la conquête du royaume de Naples. Son successeur, Gui VIII, fut de la croisade d'Afrique en 1270, et fit toutes les guerres de Philippe le Hardi. En prenant possession de la terre de Laval, Gui IX réserva un douaire à sa belle-mère par l'acte suivant : Madame de Laval aura la moitié de tous les *mesnages*, savoir, *soixante écuelles d'argent, trente grandes et trente petites, trois pots d'argent à vin et deux à eau, deux plats d'argent à entremets, deux bassins d'argent à mains laver, et toutes les couronnes, chapeaux, anneaux, fermaux, ceintures et attreims pour son corps; la moitié de toutes les bêtes et haras, sept chevaux, savoir, cinq pour son char, un palefroi et un roussin pour André de Laval; et aura le dit André une épée de guerre de trois qui sont. Et le sire de Laval aura l'autre moitié de tous les mesnages, la coupe fleuretée et autres joyaux; un écu d'or qui fut anciennement au seigneur de Laval; et le cheval qui fut acheté de Thibaut de Bar, avec toutes les armures et attirements; deux épées de guerre et tous les autres chevaux. Aura de plus la dite dame son douaire dans toute la terre de Laval.*

Les seigneurs de Laval possédaient alors, outre leur domaine patrimonial, la baronnie de Vitré et la vicomté de Rennes dont Gui VIII avait hérité de sa mère; aussi étaient-ils alors regardés comme de puissants barons, et l'on verra par la lettre suivante dans quels termes les rois de France leur écrivaient : « Sire de Laval, disait Philippe VI, en 1340, à Gui X, « nous sçavons et sommes certains que « vous amez l'honneur et profit de nous « et de nos besognes. Et pour ce que « premièrement, pour la défension de « nostre royaulme, nous convient faire « frais et missions innombrables, nous « avons faict parler à aucuns nobles de « nos pays des comtés d'Anjou et du « Maine, comme le vicomte de Beau- « mont, le sire de Mathefelon, Geof- « froi de Beaumont, et aucuns aultres « nobles, que pour ce nous veuillent « octroyer une composition de quatre « deniers pour livre à estre levée pour « un an pour le faict de la guerre, « ainsy comme aultrefois nous fut oc- « troyé, laquelle imposition ils nous « ont gracieusement octroyée, et ainsy « ont faict les bonnes villes ; si vous « prions cherement et à certe que la- « dicte imposition vous veuilliez gra- « cieusement estre levée pour un an « en vostre terre que vous avez ez dic- « tes comtés, et de ce vous veuille fail- « lir, et nous écrivez sur ce vostre « volonté. Et aussi tenez-vous prest « et garni toutefois que nous le ferons, « sçavoir. Donné à la Suze au Maine, « le 18 juillet. » Ce même Gui X prit parti pour Charles de Blois dans les guerres de Bretagne, et fut tué à la bataille de la Roche-Derien. Lorsque la dernière duchesse de Bretagne, descendante du comte de Montfort, Anne, épouse de Charles VIII et de Louis XII, vit à Vitré la statue de ce seigneur, elle commanda qu'on lui crevât un œil, parce qu'il avait été le plus cruel ennemi de sa maison.

En 1431, sous Gui XIV, la terre de Laval fut érigée en comté par lettres patentes, où le roi donnait au nouveau comte le titre de cousin, en lui accordant le rang et les honneurs dont jouissaient alors les comtes d'Armagnac, de Foix et de Soissons, que les sires de Laval égalaient presqu'en puissance, puisqu'ils avaient dans la dépendance de leur terre de Laval cent cinquante hommages, parmi lesquels se trouvaient quatre terres titrées, trente-six châtellenies, en tout cent douze paroisses. Aussi le nouveau comte fut-il obligé d'établir à Laval une chambre des comptes pour ses vastes domaines. Au seizième siècle, il n'y avait que sept maisons, celles des ducs de Bourbon, de Vendôme, de Penthièvre, de Nevers, de

Bar, de Dunois et de Laval, qui eussent obtenu ce privilége. La branche aînée et mâle des comtes de Laval s'éteignit en 1547 ; leurs domaines passèrent alors dans la maison de Coligni. Le nouveau comte, neveu de l'amiral de Coligni, fut comte de Laval, de Montfort, de Quintin, d'Harcourt; vicomte de Rennes et de Donges; baron de Vitré et de la Roche-Bernard; sire de Rieux, de Rochefort, de l'Argouest, de Lillebonne, d'Aubigné, de Bécherel, etc. A la mort de son fils, tué en Hongrie en 1605, sa succession passa dans la maison de la Trémoille, qui possédait déjà le duché de Thouars, et garda Laval jusqu'au dix-huitième siècle.

COMTÉ, PUIS DUCHÉ DE BRETAGNE.

La Bretagne, longue d'environ soixante lieues, et large, entre Nantes et Saint-Malo, de quarante-cinq, ne fut jamais que très imparfaitement soumise par les rois des deux premières races. Nous avons vu plus haut (*) les efforts de Charles le Chauve pour étendre son autorité sur cette province; mais Alain III, dit le Grand, qui succéda, en 877, aux assassins de Salomon, se qualifia tantôt duc et tantôt roi de Bretagne. Depuis lui jusqu'en 1171, où Geoffroi II, fils de Henri II épousa Constance, héritière de Conan IV, la Bretagne fut comme un État à part, ayant ses princes indigènes, et occupée de ses dissensions intestines. Mais dès qu'un membre de la famille royale d'Angleterre se fut assis sur le trône de saint Judicaël, la Bretagne se trouva nécessairement mêlée à toutes les querelles de ses voisins. Le fils de ce Geoffroi II fut l'infortuné Arthur, que son oncle Jean sans Terre jeta dans la Seine après l'avoir poignardé. Philippe Auguste profita de sa mort en faisant épouser (1213) à Alix, autre fille de Constance, Pierre, surnommé Mauclerc, fils de Robert II, comte de Dreux et arrière-petit-fils de Louis le Gros. Le nouveau duc fit hommage-lige au roi de France, et reçut les hommages des Bretons avec cette clause : « sauf la fidélité due au roi de France, notre sire. » Ses successeurs furent Jean Ier (1237), dit le Roux; Jean II (1286), que Philippe IV créa duc et pair de France en 1297 (*); Arthur II (1305), qui obtint que le clergé de Bretagne prendrait à la mort de tout père de famille non plus le tiers, mais le neuvième de ses meubles, et que, pour le repas de noces, les mariés payeraient au curé, non plus une somme arbitraire, mais seulement deux ou trois sous, selon leurs facultés; enfin Jean III, le Bon (1312), qui donna en mariage sa nièce Jeanne à un neveu de Philippe VI, Charles de Blois, qu'il désigna pour son successeur. Mais, à la mort de Jean le Bon (1341), son frère Jean de Montfort prétendit hériter du duché et commença une guerre qui désola la Bretagne pendant vingt-quatre ans. N'oublions pas toutefois que ce fut dans cette guerre que se forma cette chevalerie bretonne dont du Guesclin fut le chef, et qui contribua tant à délivrer la France des Anglais, sous Charles V. Jean IV, fils de Montfort, lui succéda en 1364, et le traité de Guérande lui assura la Bretagne (1365). En souvenir des secours que la France avait prêtés à Charles de Blois, la maison de Montfort ne cessa dès lors de prendre le parti de l'Angleterre. Jean IV faillit même perdre son duché par ses intrigues continuelles avec les Anglais; mais la haine des Bretons pour la France le lui conserva. L'assassinat du connétable Clisson par Pierre de Craon, qui trouva asile en Bretagne, amena cette fatale expédition qui fut interrompue par la démence de Charles VI. Jean V (1399) montra plus d'attachement à la France, ainsi que ses fils François Ier (1442) et Pierre II (1450). Le règne de ce dernier fut presque tout entier rempli par deux événements qui lui paru-

(*) Page 41, col. 1.

(*) C'est le premier exemple de cette création qui changeait la mouvance de la Bretagne, la rendant fief direct de la couronne d'arrière-fief qu'elle avait été jusqu'alors.

rent presque d'une égale importance : la vengeance du meurtre de son frère Gilles, mis à mort par ordre du duc François, d'après les intrigues de quelques-uns de ses conseillers, et la conciliation d'un grave différend qui divisait depuis longtemps l'abbé de Sainte-Madelaine de Rennes et l'abbesse de Saint-George. Il s'agissait de savoir lequel des deux aurait le pas aux processions. L'affaire était allée jusqu'au pape, qui avait prononcé en faveur du premier ; mais l'abbesse avait tenu tête au bref du saint-père, et il fallut une sentence longuement délibérée du conseil ducal pour terminer cet important débat. Il fut décidé que l'abbé, avant de prendre le pas, l'offrirait *par courtoisie* à l'abbesse, laquelle le refuserait *par humilité*.

Arthur III, comte de Richemont, connétable de France, et l'un de ceux qui contribuèrent le plus à rétablir Charles VII sur le trône de France, succéda à ses neveux en 1457 ; mais il mourut l'année suivante, et laissa sa couronne ducale à son neveu François II. Ce prince, le dernier des ducs de Bretagne, prit part à toutes les ligues formées contre Louis XI. Sa vie se passa dans les intrigues, les ambassades, les traités et des guerres qui ruinèrent son pays. « Auparavant, dit Saint-Gelais, son pays estoit riche à merveilles, et n'eussiez sceu aller en maison de laboureur, ny autre sur le plat pays que n'y eussiez trouvé de la vaisselle d'argent ; mais, depuis lesdites guerres commencées, leurs biens se diminuèrent fort. » Ces intrigues amenèrent encore à l'intérieur des troubles si violents, que le comte de Foix disait au duc : « Monseigneur, je vous « jure que j'aimerais mieux être prince « d'un million de sangliers que de tel « peuple que sont vos Bretons. » Sa fille Anne, épouse de Charles VIII et de Louis XII, porta la Bretagne dans la maison de France par le mariage de sa fille aînée Claude avec le duc d'Angoulême, depuis François I*er*, lequel réunit à jamais la Bretagne au domaine, en 1532.

COMTÉ, PUIS DUCHÉ DE PENTHIÈVRE.

Eudon, second fils de Geoffroi, comte de Rennes et duc de Bretagne, eut, par le partage fait en 1008 avec son frère Alain, les diocèses de Saint-Brieuc et de Tréguier, avec une partie de ceux de Dol et d'Aleth ou de Saint-Malo ; en outre, il s'intitula, ainsi que ses descendants, jusqu'au treizième siècle, comte de Bretagne, et affecta une complète indépendance ; mais Philippe-Auguste, saint Louis et Pierre Mauclerc, redoutant également la trop grande puissance des comtes de Penthièvre, les dépouillèrent successivement de presque toutes leurs possessions, dont héritèrent les ducs de Bretagne jusqu'à Jean III. Ce prince donna, en 1317, les comtés de Penthièvre et de Guingamp à Gui de Bretagne, son frère, dont la fille, Jeanne la Boiteuse, les porta à Charles de Blois, l'adversaire de Jean de Montfort, autre frère de Gui de Bretagne. Le fils de Charles de Blois, Jean, retenu en otage en Angleterre, de 1351 à 1387, ne sortit de captivité que quand Olivier de Clisson eut donné cent vingt mille livres pour sa rançon. En reconnaissance, Jean épousa sa fille, et recouvra peu de temps après le comté de Penthièvre. A la mort du duc de Bretagne, Olivier de Clisson ayant été chargé, avec le duc de Bourgogne, de la tutelle des fils qu'il laissait, sa fille entra un jour dans sa chambre en lui disant : « Monseigneur mon père, or ne tien-« dra-t-il qu'à vous si mon mari ne re-« couvre son héritage. Nous avons de si « beaux enfants ; monseigneur, je vous « supplie que vous m'y aidiez. » Clisson lui ayant demandé comment elle imaginait que cela pût se faire. « Il n'y a, « répondit-elle, qu'à faire mourir les en-« fants du feu duc avant que le duc de « Bourgogne vienne en Bretagne. » — « Ah ! cruelle et perverse femme, lui ré-« pliqua son père, si tu vis longuement, « tu seras cause de détruire tes enfants « d'honneur et de biens. » En même temps, il saisit un épieu dont il l'eût tuée, si elle n'eût pris la fuite. Elle le fit avec tant de précipitation qu'elle

8*e Livraison.* (ANNALES DE L'HIST. DE FRANCE.) 8

se rompit une cuisse, dont elle demeura boiteuse le reste de sa vie.

Les fils de Marguerite de Clisson partagèrent son ambition, et les efforts qu'ils firent pour se faire déclarer ducs de Bretagne leur fit perdre leur héritage, qui, en 1565, fut érigé en duché-pairie en faveur de Sébastien de Luxembourg, vicomte de Martigues, et descendant, par les femmes, des comtes de Penthièvre. En 1623, César de Vendôme en hérita du chef de sa femme, et il passa depuis aux princes de Conti, qui le vendirent au comte de Toulouse, dans la maison duquel ce duché resta jusqu'à la révolution.

§ VI. *Centre de la France. Fiefs des provinces de Nivernais, Champagne, Orléanais et Ile-de-France.*

COMTÉS D'AUXERRE, DE NEVERS ET DE TONNERRE.

Le comté d'Auxerre, fondé vers 780, fut réuni au domaine en 1370, et démembré de nouveau en 1491.—Celui de Nevers, fondé vers 900, fut acheté par Mazarin en 1659. — Celui de Tonnerre, établi vers 800, se maintint jusqu'au dix-huitième siècle.

L'Auxerrois comprenait, outre sa capitale, Briare, Mève, Cosne, Gien, Entrains, Varzi, et Pouilli. Dès le temps de Charlemagne, on trouve un Ermenoldus, comte d'Auxerre; mais ce ne fut qu'au commencement du dixième siècle que ce comté devint héréditaire dans la famille des ducs de Bourgogne, qui possédèrent aussi le Nivernais (entre le Gatinais et l'Auxerrois au nord, le duché de Bourgogne à l'est, le Bourbonnais au sud, et le Berry à l'ouest), où ils établirent, au commencement du dixième siècle, un comte particulier. En 987, ces deux comtés furent réunis en faveur d'Otte-Guillaume, fils d'Adalbert, roi d'Italie, et beau-fils de Henri le Grand, duc de Bourgogne. Mais, en 992, il les laissa à son gendre Landri, dont la postérité les posséda jusqu'en 1181, en y joignant presque toujours, depuis Guillaume Ier, le comté de Tonnerre. La descendance mâle de Landri s'étant éteinte en 1181, Philippe-Auguste fit épouser la sœur et l'héritière du dernier comte à Pierre de Courtenai, qui céda au roi, en reconnaissance de l'alliance qu'il lui procurait, sa ville de Montargis; de même que Hervé, baron de Donzi, lui abandonna la terre de Gien, lorsque Philippe lui fit épouser Mahaut, fille de Pierre de Courtenai. Celui-ci eut de longues querelles avec l'évêque d'Auxerre, qui se vengea, comme faisaient alors les évêques, par une excommunication. Ce prélat ayant refusé de donner la sépulture ecclésiastique au fils d'un officier du comte, Courtenai fit enterrer le mort dans la chambre même où couchait l'évêque; mais bientôt effrayé et redoutant l'effet des censures ecclésiastiques, il se soumit à déterrer de ses propres mains le cadavre, et à le porter, nu-pieds, sur ses épaules, durant la procession des Rameaux, jusqu'au cimetière public. La dernière héritière des trois comtes, Mahaut, étant morte en 1226 sans laisser de fils, ses trois filles se partagèrent son héritage.

Yolande, l'aînée, épouse de Jean Tristan, fils de saint Louis, puis de Robert de Dampierre, comte de Flandre, porta dans cette dernière maison le comté de Nevers et les baronnies de Donzi et de Riceys, qui entrèrent ensuite dans celle de Bourgogne par le mariage de Philippe le Hardi avec la fille de Louis III de Male, comte de Flandre, de Nevers, de Rhétel, et baron de Donzi (1384). Après la mort de Charles le Téméraire et l'extinction de la branche cadette de la maison de Bourgogne qui possédait le comté de Nevers, ce domaine fut donné à Engilbert de Clèves (1491), troisième fils de Jean Ier, duc de Clèves, et petit-fils par sa mère d'un comte de Nevers, de la maison de Bourgogne. Engilbert, naturalisé par Charles VIII, qui l'appelait son cousin étranger, fut aussi comte d'Auxerre, de Nevers, d'Étampes et de Réthel. En 1539, le comté de Nevers fut érigé en duché-pairie en faveur de François de Clèves, qui se distingua dans les dernières guerres de François Ier, et surtout dans celles de Henri II. En 1561, Henriette de Clèves, dernière héritière du duché de Nevers et du comté de Réthel, épousa Louis de Gonzague, fils du duc de Mantoue, qui prit part à toutes les guerres civiles de France durant les règnes de Charles IX, de Henri III et de Henri IV. D'abord ligueur, il fut redouté des calvinistes, qui disaient : « Il nous faut craindre « monsieur de Nevers avec ses pas de « plomb et son compas à la main. » Cependant il fut un des premiers à reconnaître Henri IV, qui l'envoya, en 1593, à la cour de Rome comme ambassadeur. Sa femme avait eu pour amant le comte de Coconas, qui fut décapité à Paris durant les troubles. La tête de ce seigneur ayant été exposée sur une potence en place de Grève, la duchesse alla l'enlever elle-même durant la nuit, et, l'ayant fait embaumer, la garda longtemps dans un cabinet derrière son lit, à l'hôtel de Nesle. « Ce même cabinet, dit M. de Sainte-Foix, fut longtemps arrosé des larmes de sa petite-fille Marie Louise de Gonzague de Clèves, dont l'amant Cinq-Mars eut, en 1642, la même destinée que Coconas. Le fils de Louis de Gonzague et de Henriette de Clèves, Charles II de Gonzague (1601), fit une ville de l'ancienne maison royale d'Archis, près de Mézières sur la Meuse, et lui donna son nom (Charleville). En 1621, le duc de Nevers acheta le duché de Mayenne, et son fils Charles, déjà duc de Rhételais, devint en 1627 duc de Mantoue et de Montferrat; mais, en 1659, son petit-fils Charles III préférant le rôle de prince indépendant à celui de vassal de la couronne, vendit à Mazarin ses duchés de Nevers, de Rhétel, de Mayenne, et sa baronnie de Donzi.

La seconde fille de Mahaut, comtesse de Nevers, d'Auxerre et de Tonnerre, avait eu en 1262, pour sa part dans l'héritage de sa mère, le domaine de Tonnerre, qui formait un comté dès le commencement du neuvième siècle, avec les baronnies d'Allûie et de Montmirail au Perche, et les terres de Griselles et de Cruzi ; mais elle mourut sans laisser d'enfants, et ses biens passèrent à la postérité de son autre sœur Alix, qui avait eu le comté d'Auxerre avec les terres de Saint-Aignan et de Montjai. En 1359, Édouard III, roi d'Angleterre, ayant été forcé de lever le siège de Reims, vint attaquer Tonnerre ; « là eut grand assaut et dur, et fut la ville prise par force et non le chastel : mais les Anglois gagnerent au corps de la ville plus de trois mille pièces de vin... Le roi d'Angleterre et son ost reposerent dans Tonnerre cinq jours pour la cause des bons vins qu'ils avoient trouvés (*). »

La maison de Châlons, qui, depuis le mariage d'un fils de Jean de Châlons, sire de Salins, avec Alix, possédait le comté de Tonnerre (**), s'éteignit dans les mâles en 1433. Ce domaine passa alors par mariage dans la famille des sires de Husson, et, en 1537, dans celle des vicomtes de Clermont en Viennois, premiers barons, connétables et grands maîtres du Dauphiné. Le marquis de Louvois, ministre de Louis XIV, acheta, en 1684, le comté de Tonnerre, qui se trouvait être au dix-huitième siècle le plus ancien des comtés non réunis à la couronne.

BARONNIE DE DONZI.

Vers 1020, réunie au comté de Nevers en 1254.

Donzi, petite ville, chef-lieu d'un district situé à trois lieues de Cosne et à neuf de Nevers, eut pour premier seigneur connu au commencement du onzième siècle, Geoffroi, fils de Geoffroi de Semur et de Mathilde de Châlons. La descendance mâle de Geoffroi acquit successivement les seigneuries de Saint-Aignan, de Chatel-Censoir, de Cosne, de Montjai. En 1221, Philippe-Auguste maria l'unique héritière de cette maison à Gui de Châtillon, en se faisant céder par ce dernier, en considération de ce mariage, la terre de Pont-Saint-Maxence. Nous avons déjà eu plus d'une occasion de voir combien le droit qui, dans le système féodal, attribuait au suzerain la garde noble des héritières d'un fief, fut avantageux aux rois, qui en profitaient

---

(*) Froissart.

(**) Jean IV, de Châlons, avait vendu au roi le comté d'Auxerre en 1370.

8.

pour enrichir leurs partisans par de brillants mariages, ou se faire largement payer leur consentement. La petite-fille de Gui de Châtillon, Mahaut, réunit la baronnie de Donzi aux comtés d'Auxerre, de Nevers et de Tonnerre.

COMTÉ DE BAR-SUR-SEINE.

Au quatorzième siècle, cette ville passait pour une des plus importantes du royaume, car Froissart dit :

> La grand'ville de Bar-sur-Sayne,
> Close de palis et de saignes,
> A fait trembler Troye en Champaigne.

Le comté dont elle était le chef-lieu s'étendait à l'est jusqu'à Mussi-l'Évêque; au nord jusqu'à Fontette et Vandœuvre; et au sud jusqu'aux Riceys, par Lantage et Avirey-le-Bois. On ignore le nom et l'origine de la première famille des comtes de Bar-sur-Seine; deux filles qui en furent les derniers rejetons portèrent ce domaine dans la première maison de Tonnerre, d'où il passa dans celle de Brienne; en 1168, dans la famille de Hugues du Puiset; enfin, en 1223 et 1225, dans la maison de Champagne, toujours sous la suzeraineté de l'évêque de Langres. En 1435, le comté de Bar-sur-Seine fut réuni à la Bourgogne par le traité d'Arras.

COMTÉ DE SENS.

Fondé vers le commencement du neuvième siècle, réuni au domaine en 1055.

Sous les Carlovingiens, l'ancien pays des Sénonais (la quatrième Lyonnaise) fut partagé en plusieurs comtés : Orléans, Chartres, Nevers, Auxerre, Troyes, Senlis, eurent leurs comtes particuliers. On connaît même les noms de cinq des comtes amovibles de Sens, depuis Louis le Débonnaire jusqu'à Charles le Simple. Avec Fromond Ier (941) commence la suite des comtes héréditaires qui se termine en 1055. Henri Ier réunit alors ce comté à son domaine, et fit administrer Sens par un vicomte.

COMTÉ DE JOIGNY.

Fondé en 996, maintenu jusqu'au dix-huitième siècle.

Le comte de Sens, Renaud Ier, ayant bâti le château de Joigny, qui donna bientôt naissance à une ville du même nom, l'inféoda à un chevalier, époux de sa fille, qui prit le titre de comte de Joigny. Un de ses descendants, Étienne de Vaux, construisit le château de Joigny; et Pierre fit, en 1219, hommage-lige au comte de Champagne, reconnaissant que son château de Joigny lui était *jurable et rendable à grande et à petite force* toutes les fois qu'il en serait requis. Son successeur Guillaume II alla deux fois à la terre sainte; aussi saint Louis lui donna-t-il en témoignage de sa piété une des épines de la couronne de Jésus-Christ. En 1337, la terre de Joigny passa à Jean de Noyers, d'une ancienne famille de Champagne; en 1415, à Gui de la Trémoille; et, en 1464, à Charles de Châlons; puis dans les maisons de Sainte-Maure, de Laval, de Gondi; enfin dans celle de Villeroi, qui la possédait au dix-huitième siècle.

SEIGNEURIE DE JOINVILLE.

Fondée vers 1050.

Une branche cadette de la maison de Joigny fut investie de cette seigneurie en 1104 et, vers 1158, de la dignité héréditaire de sénéchal de Champagne. Le sixième sire de Joinville est le célèbre écrivain qui composa l'histoire de saint Louis. Pour accompagner son roi à la croisade, il engagea presque tous ses domaines, si bien qu'il ne lui resta pas, comme il le dit lui-même, douze cents livres de rente en fonds de terre. Il s'embarqua à Marseille avec dix chevaliers, dont trois bannerets qu'il avait à sa solde.

Voici comment il raconte son embarquement : « Nous entrasmes au mois d'aoust celui an (1248) en la nef à la roche de Marseille, et fut ouverte la porte de la nef pour faire entrer nos chevaulx, ceulx que devions mener oultre mer. Et quant tous furent entrez, la porte fut reclouse et estouppée, ainsi comme l'on vouldroit faire un tonnel de vin, pour ce que quant la nef est en la grand mer toute la porte est en eaue. Et tantost le maistre de la nau s'escria à ses gens qui

estoient au bec de la nef : « Est vos-
« tre besogne preste ? Sommes-nous à
point ? » Et ils dirent que oy vraiement.
Et quant les prebstres et clercs furent
entrez, il les fist tous monter au chasteau de la nef, et leur fit chanter ce
bel igne, *Veni, creator spiritus*, tout
de bout en bout. Et en chantant, les
mariniers firent voille de par Dieu. Et
incontinent le vent s'entonne en la
voille, et tantost nous fist perdre la
terre de veuë, si que nous ne vismes
plus que ciel et mer, et chascun jour
nous esloignasmes du lieu dont nous
estions partiz. Et par ce veulx-je bien
dire que icelui est bien fol, qui sceut
avoir aucune chose de l'autrui, et
quelque péché mortel en son ame, et
se boute en tel danger ; car si on s'en-
dort au soir, l'on ne sceit si on se
trouvera au matin au sous de la mer. »

Durant la traversée, saint Louis mettait l'entretien sur des sujets dignes
de gens qui vont à la croisade. « Sé-
« néchal, » lui dit-il un jour, « quelle
« chose est-ce que Dieu ? » — « Sire,
« c'est si souveraine et bonne chose que
« meilleure ne peut être. » — « Vrai-
« ment c'est moult bien répondu, car
« cette réponse est écrite en ce livret
« que je tiens en ma main. Autre de-
« mande vous ferai-je ; savoir, lequel
« vous aimeriez mieux être lépreux et
« ladre, ou avoir commis et commettre
« un péché mortel ? » — « Et moi, dit
« Joinville, qui oncques ne lui voulus
« mentir, je lui répondis que j'aime-
« rais mieux avoir fait trente péchés
« mortels que d'être lépreux. » Cette
répartie est peu grave sans doute :
maître Sorbonne l'eût point pardon-
née au jeune sénéchal. Mais ce qui
appartient à l'histoire, et ne se peut
trop remarquer, c'est l'impression de
ce libre discours sur le bon roi saint
Louis.

« Quand les frères furent départis
« de là, il me rappela tout seulet, et
« me fit seoir à ses pieds, et me dit :
« Comment avez-vous osé dire ce que
« vous avez dit ? Et je lui réponds que
« encore je le dirais. Et il va me dire :
« Ha ! fou musart, musart, vous y
« êtes déçu ; car vous savez qu'il n'est

« lèpre si laide que d'être en péché
« mortel. Et vous prie que pour l'a-
« mour de Dieu premier, et pour l'a-
« mour de moi, vous reteniez ce dit
« en votre cœur. »

« N'est-elle pas admirable la bonté
de ce roi et de ce saint, qui, tout roi
et tout saint qu'il est, ne se fâche
point de la réponse du jeune homme,
laisse les témoins se retirer, et ne le
réprimande que lorsqu'il est seul avec
lui. On n'a jamais dit cela dans le panégyrique de saint Louis, bien qu'on
en fasse un chaque année depuis deux
siècles (*). »

Joinville ne tarda pas à gagner l'estime et l'affection de saint Louis
par sa piété et son esprit enjoué.
« Il combattit souvent près de lui,
et fut mêlé à tous les grands périls.
A Damiette il donna librement son
avis, et contredit le roi. Il se tenait à
l'écart, craignant de l'avoir offensé,
lorsqu'il sentit une main se placer sur
ses yeux ; il entrevit un gros rubis que
portait le roi, et reconnut encore mieux
le prince à quelques paroles pleines
de confiance et d'amitié.

« Joinville, si aimé de saint Louis,
revint avec lui de la croisade ; il retourna dans ses terres de Champagne, et recommença tranquillement
la douce vie de seigneur. Mais quand
saint Louis, tourmenté d'un nouveau
désir de croisade, partit pour Tunis,
le sénéchal ne voulut plus le suivre :
saint Louis ne s'en fâcha pas. Bientôt
Joinville apprit avec douleur sa mort.
Il déposa, dans une enquête, pour la
canonisation du roi ; et il avait beaucoup à dire. Ensuite il écrivit l'histoire
de saint Louis..... La vive imagination, et en même temps l'imagination
ignorante de cet ingénieux chevalier
lui a donné des paroles qui ne peuvent
s'oublier. Tout est nouveau, tout est
extraordinaire pour lui : le Caire, c'est
Babylone ; le Nil, c'est un fleuve qui
prend sa source dans le paradis. Il y a
de ces notions particulières sur beaucoup de choses ; mais quant aux faits

(*) M. Villemain, Cours de littérature,
t. I, p. 314.

véritables, on ne saurait trouver plus naïf témoin. On dirait que les objets sont nés dans le monde le jour où il les a vus ; il les décrit avec une merveilleuse précision de langage, sans rien altérer. Il les décrit comme Hérodote, mieux que lui peut-être (*). »

Le fils de Joinville fut maréchal de France ; et son petit-fils, fait prisonnier à Poitiers, ne laissa qu'une fille, Marguerite, laquelle porta la seigneurie de Joinville dans la maison de Lorraine, qui la fit ériger en principauté. C'est avec ce titre que la terre de Joinville entra, en 1693, dans la maison d'Orléans, par le legs qu'en fit à Philippe d'Orléans Mademoiselle, fille de Gaston et petite-fille de Henriette-Catherine, duchesse de Joyeuse.

COMTÉS DE CHAMPAGNE ET DE BLOIS.

Le comté de Champagne, fondé vers 940, réuni au domaine en 1361. Les comtés de Blois et de Chartres fondés vers 900, réunis au domaine en 1498 et en 1346.

Sous les Mérovingiens, la Champagne eut des ducs amovibles dont parle déjà Grégoire de Tours ; mais le premier comte héréditaire de Troyes fut Herbert, comte de Vermandois, dont la race s'éteignit en 1019 ou 1031. Les comtes de Blois, qui descendaient de Thiedbert, quatrième aïeul de Hugues Capet, héritèrent alors du comté de Champagne. Ces comtes de Blois avaient déjà une grande puissance avant cette réunion, car, au comté de Blois, ils avaient joint celui de Chartres, de Tours, de Beauvais, de Meaux et de Provins ; parmi eux l'on compte Robert le Fort, surnommé le *second Machabée* à cause de ses succès sur les Normands ; Thibaut Ier, dit le *Vieux*, parce qu'il vécut près de cent ans, et le *Tricheur*, à cause de ses fourberies. Le roman du Rou en fait le portrait suivant :

Thibaut li cuens fut fel et enguignoux
Mout ot chatiaux et mout fut ahenoux.
Chevalier fut mouz proux, et mout chevaleroux ;
Mès mout parfu cruel, et mout fu envioux.
Thiebaut fu plein d'engien, et plein fu de feintié;

(*) M. Villemain, ibid.

A homme ne à femme ne porta amitié,
De franc ne de chétif n'ot mercy ne pitié,
Ne ne douhta à faire mal-œuvre ne péchié.
François crie *Mont-joye*, et Normand *Diez-aye*;
Flamand cr'e *Arras*, et Angevin *R'allie*;
Et li cuens Thiebaut *Chartres* et *Passavant*.

Eudes II, qui réunit aux possessions que lui avaient léguées ses pères, les comtés de Champagne et de Brie, devint un des plus puissants seigneurs de France ; un instant il fut maître de la plus grande partie de l'ancien royaume de Bourgogne, à la mort de Rodolphe III, et songeait à aller se faire couronner roi de Lorraine à Aix-la-Chapelle, lorsqu'il fut tué dans une bataille contre le duc de Lorraine, le comte de Namur, les évêques de Liége, de Metz, etc. Pour reconnaître son corps défiguré par les blessures, il fallut que sa femme vînt elle-même, sur le champ de bataille, le chercher parmi les morts. Ses deux fils perdirent toutes ses conquêtes et se partagèrent son héritage ; ils crurent pouvoir réparer leurs pertes en détrônant le roi Henri Ier, auquel ils refusèrent l'hommage. Mais Henri, soutenu des comtes d'Anjou, ennemis de la maison de Blois, les força à la soumission.

La puissance de leur maison n'en fut pas diminuée, car Guibert de Nogent dit d'Étienne, comte de Blois et de Chartres en 1089, en même temps que son frère Hugues était comte de Champagne, qu'il possédait autant de châteaux qu'il y a de jours dans l'année. Cependant il fut vaincu en 1089, et fait prisonnier par le roi Philippe Ier, qu'il défendit ensuite contre le comte de Corbeil, Bouchard. Ce même Étienne fut un des premiers à prendre la croix, et la prudence et le courage qu'il montra au siége de Nicée lui valurent le commandement de l'armée chrétienne. Mais il quitta Antioche deux jours avant la prise de cette ville, pour retourner en Europe, où il fut accueilli par tant de sarcasmes qu'il repartit presque aussitôt pour la Palestine, où il fut tué à coups de flèches par les Turcs après la défaite des chrétiens à Rama. Étienne paraît avoir été un trouvère, car Hildebert, évêque du Mans, puis archevêque de Tours, lui

écrivait : « J'entends dire qu'à la guerre
« vous êtes un autre César, et je suis
« dans l'étonnement de ce qu'en poésie
« vous êtes un autre Virgile. »

Thibaut IV, second fils d'Étienne,
comte de Blois, de Chartres et de
Brie en 1102, et de Champagne en
1125, eut plusieurs guerres avec Louis
le Gros, à l'occasion du château du
Puiset que ce prince voulait détruire
en punition des rapines de son possesseur. Il ne montra pas plus d'égards
pour Louis le Jeune qui l'attaqua en
1142, et brûla la petite ville de Vitry
en Champagne; mais la mémoire de
Thibaut resta chère aux habitants de
la ville de Troyes qui lui doit ses
premiers établissements manufacturiers. Son successeur Henri Ier mérita le surnom de Libéral par ses largesses. Un de ses gentilhommes s'étant adressé à lui pour avoir de quoi
marier sa fille, son trésorier lui remontra qu'il avait tant accueilli déjà
de demandes pareilles, qu'il ne lui restait plus rien à donner : *Vilain*, lui
dit le comte, *vous en mentez. Si ai-je
encore à donner. Je vous donne, et
vaudra le don puisque m'appartenez. Si le prenez*, dit-il au gentilhomme, *et lui faites payer rançon
tant qu'il y ait de quoi finer au mariage de vostre fille. Et ainsi y fut
fait.*

L'an 1188, la ville de Troyes fut
presque entièrement détruite par un
incendie, comme l'avaient été un peu
auparavant Auxerre, Beauvais, Provins, Poitiers; car la plupart des villes
de France étaient alors construites en
bois avec des rues étroites, où l'incendie se propageait toujours avec une
extrême rapidité.

Thibaut III (1197-1201) donnait un
magnifique tournoi dans son château
d'Écri, lorsque Foulques de Neuilly vint
au milieu de toutes ces joies bruyantes
prêcher la croisade. Il le fit avec un tel
succès, que le comte et les seigneurs
présents prirent la croix, et que Villehardouin fut envoyé à Venise pour
noliser des vaisseaux. Quand il revint
dire au comte le succès de sa démarche, celui-ci, transporté de joie, sauta

hors du lit où le retenait une maladie
cruelle, et demanda son palefroi.
« *Mais*, dit un vieux chroniqueur, *quand
il ot un pou allé, si retourna, sa maladie l'i enforça. Il fist son testament,
et commanda qu'on payast ses chevaliers. Et si com chevalier recevroit l'avoir, que il jurast l'ost de Venise à
tenir ; le remanant commanda de partir en l'ost.* » Aussitôt que Philippe-Auguste apprit sa mort, il obligea la
comtesse Blanche à lui promettre de
ne se point marier sans son consentement, et de remettre entre ses mains
l'enfant auquel elle donnerait le jour.
Cet enfant fut le trouvère Thibaut.
Celui-ci en 1224 fit, dans une grande assemblée de ses barons et vassaux, un
règlement sur la manière dont les héritages féodaux devaient être partagés (*). En 1234, Thibaut, pressé

(*) Voici ce règlement qui contient les
noms de la plupart des familles nobles de
la Champagne. « Je Thibaus, comte palatins de Champaigne et de Brie, fais savoir
« à tous cels qui verront et oiront ces présentes lettres, que comme contans fut de
« faire jugement comment le enfans masle
« de mes chastelains et de mes barons deussent
« partir entre'aus, c'est à sçavoir combien
« li aisnés doit penre en contre lor puisné,
« je de l'assentement et dou conseil de mes
« feaux barons et chastelains, c'est à sçavoir
« de redoutable père Mile, evesque de Beauvais, et de mon chier cousin et de li feal ami
« Gui, comte de Bar-lou-Duc, et mes amez
« et féaux lou comte de Saint-Pol, Jean,
« comte de Charters, le comte de Roussy, le
« comte de Valdrimont, Simon de Joinville, Évrard de Briene, Simon de Chas-
« telvilain, Hues de Saint-Pol, Gauthier de
« Vignori, Guarnier de Trinel, Reigneier de
« Noigent, Ansial de la Pesse, Guy d'Arcies, Thomas de Cocy, Nicolas de Rumilly,
« Gautier d'Ardillières, Witaces de Conflans,
« le chastelain de Vitry, Regnaut de Dampierre, Simon de Soise-Fontaine, Guy de
« Sailly, Jacques de Chacenay, Jean de
« Plancy, Clerembaud de Chappes, Gauthier
« de Risnel, Robert de Ville, Érard d'Aunoy, vidame de Chaalons, et de mes aultres
« barons desquels leurs sceaux sont pendus
« en ceste présente lettre. Je ay establÿ que
« li ainnez fils penra en contre tous ses frères puisnez; tout soy que ilz n'ayent en-

d'argent, céda à Louis IX pour 40,000 livres les comtés de Blois, de Sancerre, de Chartres, et la vicomté de Châteaudun. En 1239, il fit brûler sur le mont Aimé, près de Vertus, cent quatre-vingt-trois hérétiques qu'on avait saisis dans la Champagne. Cinq ans auparavant il avait hérité, du chef de sa mère, sœur de Sanche VII, la couronne de Navarre.

Son successeur Thibaut IV mourut à Trapani en Sicile, au retour de la croisade de Tunis, le 4 décembre 1270; et le frère de celui-ci, Henri III, ne laissa qu'une fille, Jeanne, épouse de Philippe le Bel et fondatrice du collége de Navarre, dans les bâtiments duquel est aujourd'hui établie l'École polytechnique. Louis le Hutin se trouva ainsi roi de France et de Navarre et comte de Brie et de Champagne; mais Philippe de Valois fut contraint d'abandonner la Navarre pour garder au moins la Champagne et la Brie (1335). En 1361, le roi Jean réunit à toujours ces deux comtés au domaine.

Quant aux comtés de Blois et de Chartres, ils passèrent en 1241 et en 1269 dans la maison de Châtillon, qui ajouta à ces riches possessions les

« tre'aus que un seul chastel, li ainnez l'aura, et les fiez de cel chastel, et les charuages et les prez, et les vingnes et les aigues et les estangs qui sont dans les paroisses, et les rentes et les issues d'icel chastel seront prisiés avec l'autre terre, et en toutes ces choses aura autant li uns comme li autres, en telle manière que la partie à l'ainné frère li sera assise es rentes et chesnées (f. essemes, *terres ensemencées*) qui seront au chastel et si aucuns des frères avoit rien au chastel ce qu'il y averoit seroit de la jostice à l'ainné frères; et se ils avoient entres aus maison forte, li secons l'averoit en tout l'avantage des fiez, des charuages, des preys, *des vingnes*, des aigues et des estangs qui seront dedans les parochages de la ville ou les maisons forts; et se il avient plusoures forlereces, elles seroient divisées selon lou tait dou chastel, selon ce qui est escript cy bas dessous, et se il avenoit que ils ne fussent que duis frères et ils euissient duis chastiaus ou trois, li ainné penroit celuy que il mieux ameroit et chascuns averoit les fiez dou chastel que il retenroit à son huez et averoit les charuages, les vingnes et les prez, les aigues et les estangs qui seroient dedans les finages d'icel chastel, et après li ainnez penroit lou tiers chastel et les fiez d'icel chastel et les charuages, les vingnes, les prez, les aigues, les estangs qui seront dedans le parochage dou tiers chastel, et les rentes et les yssues d'iceltiers chastel seront prisiées, et ce qu'elles vauront chascuns aura la mitié en telle manière que chascuns penra sa part en la chastelerie d'icel chastel se sa partie vault tant; et cil qui avera lou pejour chastel et la pejour chastelenie n'avoit la vaillance de sa part ou chastel selon lou pris dou chastel et de la terre qui est devant dicte, cel qui averoit la plus grande partie, li parteroit eu terre plene; et se il ne le pooit faire en terre plene, il l'y parteroit en ses chastiaux, sauve la jostise au seigneur dou chastel, selon ce que il est cy-dessus escript. Et se ils avoient entre aus quatre chastiaux, li puisné averoit lou quart chastel; et se ils avoient plusours chastiaux, toute en telle manière seroient divisé; et se il estoient plus d'hoirs que nous n'avons dessus dict et il eussent plusours chastiaux, li ainné penroit à sa volonté un chastel, et li puisné un autre

« chastiau que il mieux aimeroit, et en telle manière seroient toujours divisé. C'est à sçavoir que li ainné penroit à sa volonté et en telle manière chascun d'aus averoit en son chastel l'avantage dou chastel si comme li est expressé dessus, et les rentes seront prises selon ce qu'il est divisé dessus; et se ils estoient tant d'hoirs que chascuns ne pooit avoir un chasteau, cil qui ne porroit avoir un chastel averoit sa part en terre plene si comme il est dessus dict. C'est à sçavoir que ciz establissement en faict de tous chastiaux qui meuvent de moy, et dou cestuy jour qu'il est faict ou temps à avenir qu'il sera frumez et les partisons qui ont esté faictes jusqu'au jour que ces lettres furent faictes, elles seront estables et dureront; et pour que ce soit créable chose et guenue fermement, je et li barons avons sçellez ces présentes de nos sceaux. Ce fut faict en l'an de grâce MCCXXIV, lou jour de Noël ou mois de Noël (*). »

(*) Extrait des papiers du P. Viguier, jésuite, cité dans l'Art de vérifier les dates; t. XI, p. 375 et suiv.

comtés de Dunois et de Chartres (*), et les seigneuries d'Avesnes, de Guiche, de Condé, le comté de Soissons, la seigneurie de Chimay, etc. Mais, en 1391, Gui II de Châtillon vendit, pour se libérer de ses dettes, les terres de Blois, de Dunois, de Romorantin et de Château-Renaud, à Louis d'Orléans, frère de Charles VI. Le petit-fils de Louis d'Orléans, Louis XII, réunit le Blaisois et le Dunois à la couronne ; mais le premier en fut détaché par Louis XIII et Louis XIV, pour l'apanage de leurs frères Gaston et Philippe d'Orléans.

COMTÉ DE RÉTHEL.

Fondé vers 974, réuni au duché de Nevers en 1549.

La ville de Réthel, située sur l'Aisne à sept lieues de Reims, n'était encore qu'un village au dixième siècle, quand l'archevêque de Reims Adalberon en fit don, avec d'autres domaines, à l'abbaye de Saint-Remi. Les religieux de ce monastère y nommèrent un avoué, qui ne tarda pas, comme partout ailleurs, à se rendre propriétaire avec le titre de comte. Bientôt les domaines des nouveaux comtes s'accrurent. Manassès II, le second de ces comtes qui nous soient connus, possédait le comté de Porcien, Sainte-Menehould, et peut-être Stenai. Le second fils de Hugues de Réthel, Baudouin du Bourg, alla chercher fortune en Palestine, où il devint comte d'Édesse, puis roi de Jérusalem. L'un des successeurs de Hugues bâtit Château-Renaud en 1227, à une lieue de Charleville. En 1277,

(*) La maison de Châtillon vendit le comté de Chartres, en 1286, à Philippe le Bel, qui le donna à son frère Charles, comte de Valois. Quand Philippe de Valois parvint à la couronne, il y réunit le comté de Chartres, en 1346 ; mais en 1528, François Ier érigea ce comté en duché en faveur d'Hercule d'Est, duc de Ferrare, et de Renée de France, sa femme, seconde fille de Louis XII, après la mort desquels il revint au domaine. Il en fut de nouveau détaché pour former l'apanage de Gaston, frère de Louis XIII, et en 1661 pour celui de Philippe d'Orléans, frère de Louis XIV, qui l'érigea en pairie. Depuis, les fils aînés des ducs d'Orléans ont toujours porté le titre de ducs de Chartres.

Jeanne, héritière du comté de Réthel, épousa Louis, fils aîné de Robert, comte de Flandre. Ce fut par ce mariage que le Réthelois entra dans les maisons de Flandre et de Bourgogne ; puis devint en 1525 la propriété d'Odet de Foix, vicomte de Lautrec, baron de Donzi, de Rosoy, d'Orval, de Beaufort en Champagne, seigneur de Colommier en Brie, etc., et comte d'Albret, du chef de sa femme. Enfin, en 1549, le Réthelois passa aux ducs de Nevers, de la maison de Clèves.

COMTÉ DE GRAND-PRÉ.

Fondé vers 1008, maintenu jusqu'au dix-huitième siècle.

Ce comté avait pour chef-lieu une ville du même nom, située en Champagne, à dix lieues de Reims et de Châlons, à cinq et demie de Sainte-Menehould. — On trouve, vers 1008, un certain Hescelin, qualifié comte de Grand-Pré. Sa race posséda ce fief jusque vers 1456. A partir de cette époque il passa par vente dans plusieurs maisons, et notamment dans celle de Joyeuse, qui le possédait encore au dix-huitième siècle.

COMTÉ DE ROUCI.

Maintenu jusqu'au dix-huitième siècle.

Rouci, à quatre lieues de Reims, et l'une des sept comtés-pairies de Champagne, était possédée en 940 par Renaud, comte de Reims. En 1033 ; ce domaine passa par mariage aux seigneurs de Montdidier, qui attirèrent sur eux les armes de Louis le Gros par les exactions qu'ils commirent sur les biens de l'église de Reims. En 1212, Rouci fut portée par les femmes dans une nouvelle maison, celle des seigneurs de Pierrepont ; puis, en 1415, dans celle de Saarbruck ; et, en 1551, dans celle de Larochefoucauld.

SEIGNEURIE DE SEDAN.

Réunie au domaine en 1651.

Cette terre, située sur la Meuse, entre Mouson et Donchery, était originairement un fief de l'abbaye de Mouson et un arrière-fief de l'église de Reims. Les avoués qui y avaient été établis s'en rendirent bientôt maîtres, mais restèrent longtemps obscurs. En 1379, Charles V, reconnaissant l'importance de cette ville, acquit tous les droits de l'archevêque de Reims, et Charles VI se la fit céder en 1389 par le sire de Barbançon qui la possédait. Mais, en 1400, il la donna à son frère le duc d'Orléans, dont le fils la vendit en 1413 au sire de Braquemont. Un fils de celui-ci la vendit encore, en 1424, à Évrard de la Marck, seigneur d'Aremberg, baron de Lumain. C'est l'arrière-petit-fils de cet Évrard, Robert II de la Marck, qui est si célèbre sous le nom du *grand sanglier des Ardennes*, et qui devint, en 1496, duc de Bouillon. En 1588 il ne resta de cette famille que Charlotte, qui, par son mariage avec Henri de la Tour d'Auvergne, vicomte de Turenne, lui apporta les seigneuries souveraines de Bouillon, Sedan, Raucourt et Jamets, qui restèrent dans cette maison jusqu'au dix-huitième siècle, à l'exception de Sedan et de Raucourt, échangés en 1651 contre les comtés d'Auvergne et d'Évreux, et les duchés de Château-Thierry et d'Albret.

BARONNIE DE COUCY.
Réunie au domaine en 1497.

« Item est vrai, dit un ancien mo-
« nument, qu'entre les autres la baron-
« nie de Coucy, qui est composée de
« trois chatellenies, Coucy, la Fère et
« Marle, est une des plus anciennes et
« plus notables baronnies du royaume;
« itemque ladicte baronnie de Coucy est
« tenue en foy et hommage du roy nos-
« tre sire et de sa couronne, et si no-
« blement, que le seigneur et le baron
« n'est tenu faire foy et hommage sinon
« à la personne du roi proprement (*). »

Jusqu'au milieu du onzième siècle, la terre de Coucy, ancien démembrement des biens de l'église de Reims, fut possédée par d'obscurs chevaliers de maisons différentes; mais vers 1086 elle passa aux mains d'Enguerrand de Boves dont la postérité la garda pendant deux siècles. Les plus célèbres des sires de Coucy furent Thomas de Marle (1116), contre lequel combattit Louis le Gros, pour le forcer à respecter les biens des églises; Enguerrand III (1191), qui contribua puissamment au gain de la bataille de Bovines, et dont la devise était :

Je ne suis roi ne duc, prince ne comte aussi,
Je suis le sire de Coucy.

Outre Coucy, il possédait encore la Fère, Marle, Créci, Vervins, Fontaines, etc. Enguerrand IV (1250) fut un des grands du royaume qui eurent le plus à souffrir de la sévérité de saint Louis. « Trois jeunes gentilshommes flamands apprenaient le français à l'abbaye de Saint-Nicolas-aux-Bois, dans le diocèse de Laon. Ayant été trouvés dans la forêt de Coucy avec arcs et flèches, mais *sanz chiens et sanz autres engins par quoi ils peussent prendre bestes sauvages*, il les fit arrêter et pendre sans aucune forme de procès. L'abbé de Saint-Nicolas et quelques femmes parentes de ces jeunes gens portèrent leurs plaintes au roi saint Louis de cette exécution. *Sur quoi li benoiez rois fist apeler ledit Enjorran (Enguerrand) seigneur de Coucy devant lui, puis qu'il ot fète enqueste soufisant, et si conime l'en la devoit fère quant à tel fèt, et lor il le fist arester par ses chevaliers et par ses serganz, et mener au Louvre et metre en prison, et estre illecques tenu en une chambre sans ferz. Et comme li dit Enjorran... fust ainsi retenu, un jour li benoiez rois fist ledit seigneur de Coucy amener devant lui, avecques lequel vindrent li rois de Navarre, li dus de Bourgoigne, li cuens de Bar, li cuens de Sessons..... et aussi comme touz les autres barons du royaume. A la parfin il fut proposé de la partie dudit monseigneur de Coucy devant le benoiez roy, que il se vouloit conseiller, et lors il se trest à part, et touz ces nobles hommes, devant diz avecques lui.... et quant ils orent esté longuement à conseil, ils revindrent devant li benoit roy ;*

(*) Duchesne, Histoire de la maison de Guesnes, p. 672.

et proposa devant lui monseigneur Jehan de Thorote pour ledit monseigneur Enjorran.... que il ne devoit pas ni vouloit soumetre soi à enqueste en tel cas, comme telle enqueste touchast sa personne, s'enneur et son héritage, et que il estoit prest de défendre soi par bataille; et noia (nia) plainement que il n'avoit mie pendu ni commandé à pendre les jouvenciax desus diz. Et lidiz et lesdites femmes étoient illecques..... qui requeroient justice. Et comme li benoiez rois ot entendu diligaument le conseil dudit monseigneur Enjorran.... il respondi que ès fez des poures, des églises, ne des personnes dont on doit avoir pitié, l'en ne devoit pas einsi aler avant par loy de bataille.... Et tout fust-il einsi que plusieurs proaissent le benoiez roy pour ledit monseigneur de Coucy; non pourqueant oncques pour ce li suinz roys ne volt leurs prières oir... et à la parfin par le conseil de ces conseillers condempna ledit monseigneur de Coucy en douze mille livres parisis (*), laquelle somme d'argent il envoya en Acre pour despendre en l'aide de la terre sainte (**). Et pour ce ne laissa il pas que il ne condempnast à ce que il perdist le bois elquel les diz jouvenciax avoient esté penduz. Avecques ce il le condempna que il feist fère trois chapellenies perpetueles et les douast pour les ames des penduz. Et li osta encore toute haute justice de bois et de viviers (***). »

Enguerrand IV ne laissant pas de fils (1311), Enguerrand V, son neveu, commença la seconde race des sires de Coucy, qui reçut une grande illustration d'Enguerrand VII (1346-97), homme très-éloquent, grand né-

(*) Environ 270,000 fr.
(**) Nangis dit au contraire que cette amende, qu il n'évalue qu'à dix mille livres, fut employée *à faire la Maison-Dieu de Pontaise, les escoles et le dortouer aux frères prescheurs de Paris, et tout le moustier entièrement aux frères mineurs.*
(***) Vie de saint Louis, édition du Louvre, p. 379-380.

gociateur et grand guerrier. Sous lui, la sirerie de Coucy, devenue l'une des plus belles et des plus puissantes baronnies du royaume, avait dans sa dépendance cent cinquante bourgs ou villages, outre les châteaux, les forêts et les étangs qui en faisaient partie. Les villes de Coucy, de Ham, de Folembrai, Saint-Aubin, la Fère, Saint-Gobin, le Chastelier, Saint-Lambert, Marle, Acy et Gercy, s'y trouvaient aussi comprises. Enguerrand ne laissant pas de fils, la moitié de son héritage fut achetée par le duc d'Orléans (1400), et réunie au domaine par Louis XII; le reste passa dans la maison de Luxembourg, puis dans celle de Bourbon, qui le réunit à la couronne en 1591, par l'avénement de Henri IV. Depuis, la sirerie de Coucy fut donnée en apanage au duc d'Orléans, frère de Louis XIV.

COMTÉ DE SOISSONS.
Réuni en 1495 aux domaines de la maison de Bourbon.

Le Soissonnais fut administré sous les Mérovingiens par des ducs amovibles, puis par des comtes, qui finirent, là comme ailleurs, par se rendre héréditaires. C'est comme tels qu'on les trouve vers l'an 960. En 1146, la maison de Nesle obtint, par héritage éloigné, le comté de Soissons. Elle s'attira d'abord la colère de saint Louis, sous Jean II (1237), par des exactions commises sur les biens de l'Église; et le roi ne pardonna qu'à condition que le comte suivrait une procession du chapitre de Soissons, nu-pieds, en chemise et *en braies*, tenant entre ses bras un paquet de verges, qu'il offrirait ensuite au doyen pour recevoir de lui la discipline. Mais bientôt la maison de Nesle rentra en grâce; Jean suivit même le roi en Égypte, et au retour fut chargé, avec quelques autres, de tenir les plaids de la porte. *Car de coutume*, dit le sire de Joinville, *après ce que les sires de Neelles et le bon seigneur de Soissons, moy et aultres de ses prouches avyons esté à la messe, il falloit que nous allissions oir les pletz de la porte, que mainte-*

nant on appelle les requestes du palais à Paris. Et quant li bon roy estoit au matin venu du Moustier, il nous envoyoit querir, et nous demandoit comment tout se portoit, et s'il y en avoit nul qu'on ne peust despescher sans lui. Et quant il y en avoit aucuns nous ne lui disions. Et alors les envoyoit querir et leur demandoit à quoi il tenoit qu'ilz n'avoient agréable l'offre de ses gents, et tantost les contentoit et mettoit en raison et en droicture. »

En 1367, Enguerrand VII de Coucy acheta le comté de Soissons, qui, après sa mort, passa dans la maison de Luxembourg par Robert de Bar, puis dans celle de Bourbon par le mariage de Marie, arrière-petite-fille du connétable de Saint-Pol, avec François de Bourbon, comte de Vendôme, qui mourut en 1495. Le comté de Soissons forma, en 1547, la part du cinquième fils de Charles de Bourbon, premier duc de Vendôme, et, en 1557, de son frère Louis, prince de Condé, qui le laissa à son fils (1569) et à son petit-fils Louis II (1612). Ce dernier, adversaire de Richelieu, fut tué en 1641, à la bataille de la Marfée. A sa mort Marie de Bourbon, sœur de Louis II, porta le comté de Soissons dans la maison de Savoie-Carignan. La branche des comtes de Soissons de la maison de Savoie s'éteignit en 1729.

COMTÉ DE CLERMONT EN BEAUVAISIS.

Réuni en 1272 à la baronnie de Beaujeu.

Les possesseurs de ce comté situé sur la Bresche ne sont connus que vers le milieu du onzième siècle. Au commencement du treizième, en 1218, Philippe-Auguste s'en empara par défaut d'hoirs, et le donna à son fils Philippe Hurepel. En 1269, saint Louis l'inféoda encore à son sixième fils Robert, qui, trois ans après, épousa Béatrix de Bourgogne, dame de Bourbon. Robert prit dès lors le nom de cette terre, mais garda les armes de France : « Sage précaution qui a beaucoup servi à ses descendants pour se maintenir dans le rang de princes du sang, que ceux de Courtenai ont perdu pour n'en avoir pas usé de la sorte (*). »

COMTÉS DE VALOIS ET DE VERMANDOIS.

Capitales Crespy et Saint-Quentin.

Suivant l'opinion commune adoptée par les savants auteurs de l'Art de vérifier les dates, les anciens propriétaires de ces deux comtés descendaient de Bernard, roi d'Italie, et petit-fils de Charlemagne. Herbert, ce comte de Vermandois qui emprisonna Charles le Simple, était donc à ce compte le véritable héritier de l'empire carlovingien. Sa descendance mâle s'éteignit en 1080. Cependant Herbert IV., dernier des comtes carlovingiens de Vermandois, laissa un fils, Eudes, surnommé l'Insensé, qui fut déshérité de l'héritage paternel. C'est de lui que descendaient, dit-on, les anciens seigneurs de Saint-Simon, qui, à ce titre, auraient été les plus nobles seigneurs de France, comme ils en étaient les plus fiers, puisqu'ils auraient pu faire remonter leur race au fils aîné de Charlemagne. Ce fut vers 1021 que les deux comtés de Valois et de Vermandois, possédés jusqu'alors depuis la fin du neuvième siècle par deux branches de la même famille, furent réunis. En 1080, Adélaïde, fille d'Herbert IV, hérita de ces deux terres; et son époux, Hugues le Grand, fils puîné de Henri Ier, roi de France, prit le titre de comte de Vermandois. La postérité de Hugues le Grand s'éteignit en 1167; et Isabelle, sœur du dernier comte capétien de Vermandois, fit don de ces deux domaines à son époux Philippe d'Alsace, comte de Flandre; mais sa sœur Éléonore réclama contre cette cession, et transmit ses droits à Philippe-Auguste, qui les fit valoir par les armes. Nous avons raconté plus haut (**) les événements et le résultat de cette guerre qui se termina par la réunion du Vermandois à la couronne. Éléonore ne s'était réservée de toute la succession de son frère que le comté de Valois, qu'elle céda encore à sa mort

(*) Péréfixe, vie de Henri IV.
(**) Page 99.

à Philippe-Auguste (1214). Comme il ne restait de descendants des anciens comtes que les seigneurs de Saint-Simon, Philippe traita avec eux pour prévenir toute réclamation. Et dès lors, le Valois, composé des domaines de Crespy, de la Ferté-Milon, de Villers-Cotterets, de Viviers et de Pierrefonds, ne fut plus qu'un apanage dont furent successivement investis Jean Tristan, quatrième fils de saint Louis, en 1268, et Charles, second fils de Philippe le Hardi, en 1285. Le fils de ce prince, Philippe, monta sur le trône en 1328, et donna, en 1344, le comté de Valois à l'un de ses fils. Louis d'Orléans, frère de Charles VI, le reçut encore en 1392. C'est de ce prince que descend Louis XII. La dernière maison d'Orléans a possédé le Valois jusqu'à la révolution.

COMTÉ DE DAMMARTIN.
Fondé vers le commencement du onzième siècle.

Dès le dixième siècle, Hugues Ier, avoué du Ponthieu, s'était emparé de la petite ville de Dammartin, et y construisit un château, que sa postérité porta par alliance dans une autre maison, dont le premier comte connu est Manassès. Au commencement du onzième siècle, son fils Hugues (1037) et plus tard son petit-fils Hugues II (1107) eurent de longs démêlés avec Philippe Ier et Louis le Gros. Fidèles à leur haine contre la maison de France, ils prirent parti pour le comte de France et les Anglais; mais Philippe-Auguste confisqua le comté de Dammartin, et le donna à son fils Philippe Hurepel. Depuis, cette terre passa successivement dans les maisons de Trie (1267), de Fayel, vers 1480, de Chabannes (1439), de Montmorency (1561), et enfin dans celle de Condé, en 1632.

COMTÉ DU VEXIN.
Réuni au domaine en 1074.

Charles le Simple ayant cédé, en 912, à Rollon, la partie de la Neustrie qui s'étendait jusqu'à la rivière d'Epte, la partie du Vexin comprise dans cette concession prit le nom de Vexin normand; celle qui resta à la France fut le Vexin français. Comme l'abbaye de Saint-Denis y possédait de grands biens, les comtes qui administrèrent cette petite province, d'abord comme commissaires royaux, puis comme comtes héréditaires, à partir de 843, étaient avoués de l'abbaye et en portaient l'étendard appelé oriflamme, parce qu'il était mêlé d'or et de soie couleur de feu. Simon, dernier comte du Vexin français, s'étant retiré dans un monastère, Philippe Ier succéda à tous ses droits et à sa qualité d'avoué de l'abbaye de Saint-Denis (1074).

BARONNIE, PUIS COMTÉ DE MONTFORT-L'AMAURY.
Réunie au domaine en 1532.

La ville de Montfort, située entre Chartres et Paris, était le chef-lieu d'un domaine, dont les anciens propriétaires paraissent descendre de Baudouin Bras de Fer, comte de Flandre, et de Judith, fille de Charles le Chauve. La famille des comtes de Montfort, si célèbre au moyen âge par son ambition et sa cruauté, fournit Simon de Montfort, chef de la croisade contre les Albigeois, et son fils, le comte de Leicester, qui fit une révolution en Angleterre. Une fille, dernier rejeton de cette maison, se maria, en 1294, à Arthur II, comte de Bretagne, dont le fils Jean de Montfort hérita de la baronnie de sa mère, et plus tard du duché de Bretagne. Quand cette province fut réunie au domaine, Montfort, qui en faisait partie depuis le mariage d'Yolande, y fut aussi rattaché.

COMTÉ DE DREUX.
Réuni définitivement au domaine vers le milieu du quinzième siècle.

Ce pays fut originairement compris dans le duché de Normandie; mais Eudes II, comte de Chartres, auquel Richard Ier le céda vers 1017, le rendit au roi de France, et, en 1132, Louis le Gros l'inféoda à son troisième fils Robert, dont la petite-fille, mariée à Rainard III, sire de Choiseul, devint la tige de toute la maison de ce nom. La postérité de Robert posséda ce domaine jusqu'en 1345. En 1377, Charles V acquit cette terre, que, cinq ans plus tard, son fils donna au sire d'Albret, puis au duc d'Orléans, son frère. Au milieu du quinzième siècle, il fut encore une fois réuni au domaine.

BARONNIE, PUIS COMTÉ D'ÉTAMPES.

Jusqu'à saint Louis, Étampes et ses dépendances restèrent dans le domaine de la couronne. Ce prince donna cette seigneurie à sa mère, et plus tard, en 1307, Philippe le Bel en pourvut son frère Louis, dont la postérité le posséda jusqu'en 1385. Depuis lors, elle passa dans diverses maisons, et fut donnée notamment à Anne de Pisseleu de Heilli, maîtresse de François Ier, et plus tard, à Diane de Poitiers. Elle ne revint à la couronne qu'en 1712.

SEIGNEURIE DE BAUGENCY.

Cette terre, située sur la Loire, relevait anciennement de l'église d'Amiens, qui céda ses droits au comte de Blois en 1291. Ce ne fut que vers l'an 1000 que les sires de Baugency devinrent héréditaires. Leur race s'étant éteinte en 1292, leur domaine passa par achat dans les possessions de la couronne.

COMTÉ DE MEULENT.

Le comté de Meulent, était situé partie dans le Vexin français, et partie dans le Pincerais ou diocèse de Poissy, sur les deux rives de la Seine. Waleran, comte de Vexin, est aussi le premier comte connu de Meulent, dont le dernier remit son comté à Philippe-Auguste, et mourut en 1203.

COMTÉ DE CORBEIL.

Fondé vers 940, réuni au domaine royal sous Louis le Gros.

Corbeil, ville du Hurepoix, au confluent de la Seine et de la Juigne, fut le chef-lieu d'un petit comté établi vers 940, par Hugues le Grand, duc de France, en faveur d'Aymon, époux d'Élisabeth, parente de Hugues. Cet Aymon est, selon Duchesne, le même que celui du roman chevaleresque, si célèbre et si populaire, des quatre fils Aymon; mais d'autres pensent que le héros du poëme est un sire de Bourbon du nom d'Aymon. Le successeur de ce premier comte fut Bouchard, comte de Vendôme et fils d'un comte d'Anjou. Hugues Capet lui fit épouser la veuve d'Aymon, et ajouta au comté de Corbeil celui de Melun. Bouchard II, qui posséda le comté de Corbeil durant le règne de Philippe Ier, fut souvent en guerre avec ce prince. Suger le dépeint comme un homme d'un esprit turbulent et ambitieux, d'une taille extraordinaire et d'une force prodigieuse. Vers l'an 1101, il forma, avec quelques autres seigneurs, le projet de détrôner Philippe, et il aurait peut-être réussi, malgré la faiblesse de ses ressources, sans l'activité du jeune Louis, fils de ce prince. Le matin de la bataille, il refusa de se faire apporter ses armes par son écuyer, et voulut recevoir son épée de la main de sa femme, en lui disant : « Comte je la reçois, roi je vous la rapporterai. » Mais le comte de Blois, Étienne, le tua d'un coup de lance durant la mêlée. Son fils Eudes se montra toujours attaché au parti du roi; mais le neveu d'Eudes, Hugues de Puiset, qui devait lui succéder, ne put se mettre en possession du comté de Corbeil, et perdit même, après de longues guerres contre Louis le Gros, son château du Puiset. Il finit par aller mourir à la terre sainte, et ses terres furent réunies au domaine.

SEIGNEURIE DE MONTLHÉRI.

Réunie au domaine vers le milieu du douzième siècle.

Montlhéri, capitale du Hurepoix, à six lieues de Paris, fut possédé, au commencement du onzième siècle, par des seigneurs de la maison de Montmorency. Les turbulents seigneurs de Montlhéri furent, comme ceux du Puiset, malgré leur faiblesse, les plus redoutables adversaires des premiers Capétiens. *Biau fius Loeis,* disait Philippe Ier à son fils, *biau fius Loeis, garde bien cele tor qui tantes fois m'a travalié, et en cui escombattre et asatir ge me suis presque toz envesliz* (envieilli), *et par cui desloiauté ge ne poi ainques avoir bonne pais ne bonne seurté, la cui desloiauté faisoit des prodomes et des loyaux* traitres et desloiaux; et laienz s'atropelloient, et de près et de loin, tuit li traitor et li deloial; ne en tot le roiaume n'estoient mauz faiz ne traisons sanz lor asent (consentement) et sanz lor aide: si que dou chastel de Corbuel (Corbeil), qui est mi-voie de Montlheri, à destre jusques à Chastiaufort, estoit la terre si accinte et si grant confusion entre cex de Paris et cex d'Orliens, que li un ne pooient aler en la terre de l'autre por marchandisse ne por autre chose sens la volanté à ces traitors, si ce n'estoit de grant force de gent(*).

Vers le milieu du douzième siècle, le dernier seigneur de Montlhéri, Hugues, s'étant retiré à Cluni pour y faire pénitence de ses méfaits, et n'ayant pas laissé d'enfants, ce fief fut réuni au domaine royal.

BARONNIE DE MONTMORENCY.

Cette terre, la *première baronnie de l'Ile-de-France*, était possédée, au milieu du dixième siècle, par Bouchard Iᵉʳ, fils du duc Albéric et d'une sœur d'Edred, roi d'Angleterre. Outre cette baronnie, Bouchard possédait les terres de Marly, d'Écouen, de Feuillarde, près de Melun et de Brai-sur-Seine. La fortune de ses descendants, intimement unie à celle de la maison de France, qui confia fréquemment de hautes charges aux barons de Montmorency, alla toujours croissant jusqu'au seizième siècle. Leurs richesses, l'illustration répandue sur toute leur race, par les emplois et les services de la plupart d'entre eux, leur firent prendre le premier rang parmi la noblesse française, et firent dire à Henri IV que si la maison de Bourbon venait à manquer, il n'y avait pas de famille dans l'Europe qui méritât si bien la couronne de France que celle de Montmorency. Mais la dispersion, par toute la France, de leurs nombreux domaines, qu'ils ne réunirent jamais en un grand fief, les empêcha de jouer au moyen âge le rôle de seigneurs indépendants de la couronne.

(*) Chronique de Saint-Denis.

DUCHÉ DE FRANCE.

Ce duché, compris entre la Seine et la Loire, renfermait, outre les comtés de Paris et d'Orléans, le Gatinois, le Chartrain, le Blaisois, le Perche, la Touraine, l'Anjou, le Maine, les terres de la Sologne au sud de la Loire, le Beauvaisis et une partie de l'Amiénois. Robert le Fort qui était, selon les Bénédictins, arrière-petit-fils de Childebrand, frère de Charles Martel, reçut de Charles le Chauve, en 861, le duché et marquisat de France. Ses successeurs au duché de France furent Eudes (866), Robert (898), Hugues le Grand (923), dont nous avons déjà longuement parlé(*), enfin Hugues Capet (956). Par l'avénement de ce prince à la couronne (887), le duché de France devint le domaine royal.

CHAPITRE II.
ÉGLISE.
INTRODUCTION.

« Une preuve qu'au dixième siècle le régime féodal était nécessaire et le seul état social possible, c'est, dit M. Guizot(**), l'universalité de son établissement. Partout où cessa la barbarie, tout prit la forme féodale. Au premier moment, les hommes n'y virent que le triomphe du chaos; toute unité, toute civilisation générale disparaissait; on voyait de tous côtés la société se démembrer, on voyait s'élever une multitude de petites sociétés obscures, isolées, incohérentes. Cela parut aux contemporains la dissolution de toutes choses, l'anarchie universelle. Consultez soit les poëtes du temps, soit les chroniqueurs, ils se croient tous à la fin du monde. C'était cependant une société nouvelle et réelle qui commençait, la société féodale, si nécessaire, si inévitable, si bien la seule conséquence possible de l'état antérieur, que tout y entra, tout adopta sa forme. Les éléments mêmes les plus étrangers à ce système, l'Église, les communes, la royauté, furent

(*) P. 46.
(**) Histoire générale de la civilisation en Europe. (Cours de 1828, leçon IV, p. 7).

contraints de s'y accommoder : les églises devinrent suzeraines et vassales, les villes eurent des seigneurs et des vassaux, la royauté se cacha sous la suzeraineté. Toutes choses furent données en fief, non-seulement les terres, mais certains droits, le droit de coupe dans les forêts, le droit de pêche; les églises donnèrent en fief leur casuel, les revenus des baptêmes, des relevailles des femmes en couche; on donna en fief de l'eau, de l'argent. De même que tous les éléments généraux de la société entraient dans le cadre féodal, de même les moindres détails, les moindres faits de la vie commune devenaient matière de féodalité. »

Ainsi l'Église devint une puissance temporelle; les archevêques, les évêques, les abbés se partagèrent la France avec les ducs et les comtes. Ils eurent des vassaux astreints à leur rendre tous les devoirs dus alors au suzerain : les aides féodales, le service militaire, l'obligation à comparaître à leur cour, etc.; ils eurent leurs vicomtes ou vidames, leurs officiers civils pour rendre en leur nom la justice, administrer leurs domaines et leurs revenus, etc.; ils prirent rang, en un mot, dans la hiérarchie féodale, et eurent tous les droits usurpés par les plus puissants seigneurs. Ils doivent donc prendre aussi leur place dans ce tableau de la France, durant le règne féodal, à côté des barons dont nous venons de nous occuper. Nous aurons soin de marquer l'étendue de leur juridiction épiscopale, la plupart de leurs droits féodaux, la somme de leurs revenus, et ce qu'ils étaient obligés de payer à la cour de Rome. L'impossibilité de trouver pour les temps antérieurs au dix-huitième siècle une appréciation exacte des revenus de l'Église et des sommes tirées de France par le saint-siége, ne nous a pas permis de remonter plus haut que cette époque; mais hâtons-nous de dire qu'elle ne peut nous donner qu'une faible idée des richesses et du pouvoir du clergé au moyen âge. En outre le tableau qui va suivre montrera ce qu'était encore l'Église de France avant la révolution de 1789,
et la place qu'elle tenait dans l'État, malgré toutes les pertes qu'elle avait déjà faites.

§ Ier. *Sud-ouest de la France. Siéges de l'ancien royaume d'Aquitaine, entre la Loire, le Rhône inférieur, les Pyrénées et l'Océan.*

ARCHEVÊCHÉ D'AUCH.

Fondé en 879. Suffragants : les évêques de Dax, Lectoure, Comminges, Conserans, Aire, Bazas, Tarbes, Oléron, Lescar et Bayonne. Revenu 200,000 livres.

Eause, métropole de la Novempopulanie ou Gascogne, ayant été ruinée par les Sarrasins, Auch, qui jusqu'alors n'avait été qu'un évêché, hérita de son titre de métropole et du siége archiépiscopal. Toutefois ce ne fut que vers 879 que le pape Jean VIII donna le titre d'archevêque à ses prélats. Le premier chanoine du chapitre métropolitain fut le comte d'Armagnac, et ensuite le roi de France, quand ce fief eut été réuni au domaine. Les quatre premiers barons relevant de l'Armagnac, c'est-à-dire, les seigneurs de Montault, de Montesquiou, de l'Isle et de Pardaillan, avaient aussi rang et séance au chœur comme chanoines. L'archevêque d'Auch était seigneur en pariage de la ville avec le comte d'Armagnac, puis avec le roi, et ses vassaux étaient les comtes d'Armagnac, qui lui payaient une redevance annuelle, ceux de Fezensac, et plusieurs des plus puissants seigneurs de la Gascogne. En 1750, ce diocèse renfermait 352 églises paroissiales, 277 succursales, 8 abbayes d'hommes d'un revenu de 43,000 livres, et taxées à 3,400 florins, 9 églises collégiales. La taxe de Rome pour les bulles était de 10,000 florins. Les plus importantes des abbayes de ce diocèse étaient : 1° celle de Bardoux, fondée, en 1134, par Bernard, comte d'Astarac, et Sanche II, son fils, qui donnèrent pour cette œuvre la terre de Berdoués. Ce fut sur un bien de ce monastère que fut bâtie, vers 1280, la ville de Mirande. 2° Celle de Simorre, qui existait dès l'an 817, et possédait la ville du même nom. 3° Celle de Saramon, où se pratiquait la cérémonie suivante. A la procession du 14 mai, les consuls de Saramon présentaient, sur le seuil de l'église, des gâteaux et du vin à l'officiant et aux autres religieux, qui mangeaient et buvaient sur le lieu même; mais il fallait que l'officiant en buvant eût le bras droit entrelacé avec celui du premier consul. 4° Celle de Gimont, qui possédait la ville du même nom.

Évêché de Dax. Gratien, qui assista au concile d'Agde en 506, est le premier évêque connu de Dax. Cet évêché renfermait, en 1750, 265 paroisses, 4 abbayes d'hommes fort anciennes, d'un revenu de 17,000 livres, et taxées à 330 florins; enfin 2 abbayes de femmes d'un revenu de 7,000 livres. Celui de l'évêché était de 30,000 livres, et sa taxe de 500 florins. La plus importante des abbayes de ce diocèse était celle de Sordes, dont les abbés, qualifiés du titre de seigneurs et barons de Sordes, jouissaient de toutes les prérogatives des seigneurs, hauts, moyens et bas justiciers, avec la propriété des eaux des deux gaves qui traversaient leurs domaines.

Évêché de Lectoure en Armagnac, fondé vers l'an 510. Cet évêché ne renfermait que 107 paroisses et point d'abbayes; son revenu était de 40,000 livres, sa taxe de 1,600 florins. L'évêque partageait avec le roi la seigneurie de sa ville épiscopale.

Évêché de Comminges, fondé vers 506. Détruite par le roi Gontran, cette ville épiscopale fut rebâtie, en 1085, par son évêque, saint Bernard, dont elle a pris le nom. Revenu, 70,000 livres; taxe, 4,000 florins. Paroisses, 200. Abbayes, 5: revenu, 20,000 livres; taxe, 1,500 florins.

Évêché de Conserans, fondé vers 506. Revenu, 30,000 livres; taxe, 1,000 florins. Paroisses, 22. Abbaye, 1: revenu, 30,000 livres; taxe, 450. Au moyen âge, l'évêque était seul seigneur temporel de sa ville.

Évêché d'Aire, fondé vers 500. Cette ville ayant été, ainsi que la plupart des villes de la Gascogne, ruinée par les Sarrasins, resta cent quarante ans sans prélat; mais, en 1056, Raymond dit le Vieux, qui occupait, sous le titre d'évêque des Gascons, tous les évêchés de cette province, ayant été déposé, Aire eut de nouveau un évêque particulier. Revenu dans les années ordinaires, 20,000 livres; dans les années bissextiles, 30,000; taxe, 1,200 florins. Paroisses, 241. Abbayes, 8: revenu, 22,000 livres; taxe, 1,000 florins. Quelques années avant la révolution, le revenu de cet évêché était de 45,000 livres.

Évêché de Bazas, fondé avant 496. Ce siège épiscopal, l'un des plus anciens de la Novempopulanie, fut ruiné par les Normands, puis par les Sarrasins, qui, après leur victoire du Val de Jonquera, en 920, franchirent les Pyrénées, et incendièrent toutes les villes jusqu'à Toulouse. Bazas, jusque vers l'an 1060, resta sans pasteur. L'église cathédrale, détruite par les calvinistes, à l'exception du portail, racheté au prix de 30,000 livres, fut plus tard reconstruite par M. de Pontac. Revenu, 30,000 livres; taxe, 600 florins. Paroisses, 271. Abbayes, 44: revenu, 15,000 livres; taxe, 730 florins. L'évêque était seigneur de la ville.

Évêché de Tarbes en Bigorre, fondé avant 506. Revenu, 40,000 livres; taxe, 1,200 florins. Paroisses, 384. Abbayes, 7: revenu, 20,400 livres; taxe, 1,180 florins. L'évêque de Tarbes était président des États de Bigorre.

Évêché d'Oleron en Béarn. Fondée avant 506, mais ruinée par les barbares, cette ville resta sans évêque jusqu'en 1058. Paroisses, 273. Abbaye, 1: revenu, 7,000 livres; taxe, 150 florins. Prieuré, 1: revenu, 20,000 livres. L'évêque d'Oleron était seigneur d'Oleron, se qualifiait de premier baron du Béarn et était président des États de ce grand fief en l'absence de l'évêque de Lescar.

Évêché de Lescar en Béarn. La *civitas Benarnensium,* qui avait un évêque avant 500, ayant été ruinée en 845, Guillaume Sanches, duc de Gascogne, bâtit en 980 la ville de Lescar, où l'évêché fut transféré. Revenu, 36,000 livres; taxe, 1,300 florins. Paroisses, 178. Abbayes, 3: revehu, 6,500 livres ; taxe, 100 florins. L'évêque de Lescar était président des États de Béarn, premier conseiller au parlement de Pau, premier baron de Béarn.

Évêché de Bayonne. On ne sait à quelle époque il fut établi. Comme les autres siéges de la Novempopulanie, il fut longtemps possédé par les évêques de Gascogne, et eut enfin, vers le milieu du onzième siècle, un prélat particulier. Revenu, 30,000 livres ; taxe, 100 florins. Paroisses, 72. Abbayes, 5 : revenu, 10,900 livres ; taxe, 225 florins.

ARCHEVÊCHÉ DE NARBONNE.

Fondé en 419. Suffragants : les évêques de Béziers, Agde, Carcassonne, Nimes, Montpellier, Lodève, Uzès, Saint Pons, Aleth, Alais, et tous les siéges du nouvel archevêché de Toulouse. Revenu 40,000 liv.

Narbonne, qui eut des pasteurs dès le troisième siècle, n'obtint le rang de ville métropolitaine sans contestation qu'en l'année 419 ; jusqu'alors, Arles lui avait disputé ce titre. Pepin donna à l'archevêque la moitié de la seigneurie de la ville, et les vicomtes de Narbonne lui rendirent toujours hommage comme à leur suzerain. Sous les Carlovingiens, l'archevêque de Narbonne étendait aussi sa juridiction métropolitaine sur les évêchés d'Elne, de Barcelone, d'Urgel, de Gironne, de Vic, et même de Tarragone. L'archevêque de Narbonne était de droit président des États de Languedoc. Au milieu du chœur de l'église cathédrale se trouvait l'un des plus anciens tombeaux des rois de la troisième race : celui de Philippe le Hardi, mort à Perpignan en 1285. Le corps de ce prince ayant été transporté à Perpignan, on le fit bouillir dans de l'eau et du vin, afin de séparer les chairs, qui furent enterrées à Narbonne, des os qui furent rapportés à Paris. Paroisses, 240. Abbayes, 6 : revenu, 247,000 livres ; taxe, 3,600 florins. Taxe de l'archevêché, 4,000 florins.

Évêché de Béziers, fondé avant l'an 300. Paroisses, 106. Abbayes, 5 : revenu, 15,400 livres ; taxe, 403 florins. Revenu de l'évêque, 26,000 livres ; taxe, 2,008 florins. Au moyen âge, l'évêque avait la juridiction temporelle de la moitié de la ville.

Évêché d'Agde, fondé vers 450. L'évêque était seigneur de la ville et de toute la vicomté d'Agde, sous la suzeraineté des comtes de Toulouse, auxquels il faisait hommage, et porta jusqu'au dix-huitième siècle le titre de comte d'Agde. Il avait aussi le droit de battre monnaie, et de ne pouvoir être excommunié ou suspendu que par le pape. Ce diocèse, le plus petit du royaume, ne renfermait que 19 paroisses ; cependant le revenu de l'évêque était, au commencement du dix-huitième siècle, de 30,000 livres, et sa taxe de 1,500 florins. Abbayes, 2 : revenu, 15,000 livres ; taxe, 2,400 florins.

Évêché de Carcassonne, fondé vers 300. Ses évêques ont été élus par le clergé et le peuple du diocèse, jusqu'au concordat passé entre François Ier et Léon X. La cathédrale renferme le tombeau de Simon de Montfort. Ce terrible adversaire des Albigeois, ce conquérant du Languedoc n'a qu'une tombe modeste et sans ornements ; seulement on y faisait encore au dernier siècle brûler une lampe perpétuelle. Paroisses, 114. Abbayes, 5, dont l'une, celle de la Grasse, possédait un revenu de 15,000 livres, la seigneurie et la justice civile du bourg de Rivesaltes où croît le meilleur vin du Roussillon. Les quatre autres rapportaient 15,000 livres, et étaient taxées à 1,866 florins. La taxe du monastère de la Grasse était de 3,660 florins. Revenu de l'évêque, 36,000 livres ; taxe, 4,633 florins.

Évêché de Nîmes, fondé en 473. Revenu, 24,000 livres ; taxe, 1,200 florins. Paroisses, 215. Abbayes, 8. De ce nombre était celle de Saint-Gilles, célèbre dans tout le Languedoc, et dont l'abbé était seigneur de la ville du même nom. Revenu, 41,500 livres ; taxe, 1,900 florins.

Évêché de Montpellier. Cet évêché, fondé vers la fin du sixième siècle à Maguelone, fut transféré successivement à Substantion et à Montpellier. L'évêque était suzerain des seigneurs de Montpellier, du château de Lates, etc. Revenu, 32,000 livres; taxe, 4,000 florins. C'est dans ce diocèse que se trouvait la célèbre abbaye d'Aniane, fondée par saint Benoît, le réformateur des monastères de France au commencement du neuvième siècle. Abbayes, 5 : revenu, 23,000 livres; taxe, 313 florins.

Évêché de Lodève, fondé vers 415. L'évêque, qui au dix-huitième siècle prenait encore le titre de comte de Montbrun, était seigneur temporel et spirituel de sa ville, avait la haute et basse justice, et la suzeraineté sur tout son diocèse, où huit cents petits fiefs étaient dans sa mouvance. En outre il avait le pouvoir de bâtir des tours et des forteresses, et prenait rang parmi les grands seigneurs du Midi. Paroisses, 51. Abbayes, 3 : revenu, 8,600 livres; taxe, 1,000 florins.

Évêché d'Uzès, fondé vers 400. L'évêque obtint par des donations successives la seigneurie de toute sa ville épiscopale, dont il possédait encore un tiers au dernier siècle; le roi et le duc d'Uzès avaient les deux autres tiers. Revenu, 20,000 livres; taxe, 1,000 florins. Paroisses, 181. Abbayes, 4.

Évêché de Saint-Pons de Tomières, fondé en 1317. L'évêque fut, jusqu'au dernier siècle, seigneur de la ville, avec le droit d'administrer la justice ordinaire. Revenu, 33,000 livres; taxe, 3,400 florins. Paroisses, 40. Abbayes, 2 : revenu, 5,500 livres; taxe, 800 florins.

Évêché d'Aleth, fondé en 1319. Paroisses, 80. Abbaye, 1. Revenu de l'évêché, 16,500 livres; taxe, 1,500 florins.

Évêché d'Alais. Cette ville, appartenant au moyen âge à l'évêque de Maguelone, fut érigée en évêché en 1692, pour activer la conversion des protestants des Cévennes. Ce diocèse, qui appartenait autrefois à celui de Nîmes, renfermait 97 paroisses. Revenu, 18,000 livres; taxe, 300 florins. Abbaye, 1 : revenu, 3,000 livres; taxe, 300 florins.

Évêché de Perpignan, fondé à Elne en 587, transféré à Perpignan en 1602. Revenu, 17,000 livres; taxe, 500 florins. Paroisses, 180. Abbayes, 11 : revenu, 36,000 livres; taxe, 1,410 florins.

A l'église métropolitaine de Narbonne appartenait le grand diocèse de Toulouse, où fut érigé, en 1317, un archevêché avec sept évêchés.

ARCHEVÊCHÉ DE TOULOUSE.

Érigé en 1317. Suffragants : les évêques de Montauban, Pamiers, Saint-Papoul, Rieux, Mirepoix, Lavaur, Lombez. Revenu 60,000 livres.

Cette ville, qui prétend faire remonter l'époque de sa conversion à saint Saturnin, envoyé en Gaule pour y prêcher la foi, vers l'an 250, resta simple évêché, sous la juridiction métropolitaine de Narbonne, jusqu'au commencement du quatorzième siècle, où le pape Jean XXII l'érigea en archevêché. Ce diocèse était autrefois fort vaste; mais des démembrements successifs le réduisirent à deux cent cinquante paroisses. Revenu, 60,000 livres; taxe, 5,000 florins. Abbayes, 6 : revenu, 46,500 livres; taxe, 9,100 florins.

Évêché de Pamiers. Pamiers, autrefois comprise dans le diocèse de Toulouse, fut érigée en évêché, en 1295, par Boniface VIII. Jusque-là cette ville avait appartenu à l'abbé du monastère de Saint-Antonin, qui chercha un puissant protecteur contre les comtes de Foix, en se plaçant, en 1226, sous la sauvegarde du roi Louis VIII. Revenu, 17,000 livres; taxe, 2,500 florins. Paroisses, 150. Abbaye, 1 : revenu, 10,000 livres; taxe, 833 florins.

Évêché de Montauban. Cette ville s'éleva peu à peu autour du monastère de Saint-Théodard, dont le dernier abbé fut promu, en 1317, à la dignité d'évêque, en conservant la seigneurie de la moitié de la ville. Revenu, 24,000 livres; taxe, 2,500 florins. Paroisses, 90. Abbaye, 1, de 6,000 livres de revenu, et taxée à 600 florins.

Évêché de Mirepoix, fondé en 1317. Revenu, 18,000 livres; taxe, 2,500 florins. Paroisses, 150. Abbaye, 1, celle de Balbone, dont l'abbé partageait avec le comte de Foix la seigneurie, l'admi-

9.

nistration de la justice et le cens de la ville de Mazères : revenu, 9,000 livres ; taxe, 1,200 florins.

Évêché de Lavaur. Cette ville, qui appartenait en propre à l'évêque de Toulouse, fut donnée à l'abbé de Saint-Pons de Tomières, et érigée en évêché en 1317. Revenu, 28,000 livres ; taxe, 3,500 florins. L'abbaye de Sorrèze avait un revenu de 10,000 livres et était taxée à 1,300 florins.

Évêché de Rieux, fondé en 1317. Revenu, 18,000 livres ; taxe, 2,500 florins. Paroisses, 90. Abbayes, 5 : revenu, 46,600 livres ; taxe, 2,100 florins.

Évêché de Lombez, érigé en 1317. L'évêque était seigneur de la ville. Paroisses, 90. Revenu, 8,000 livres ; taxe, 2,500 florins.

Évêché de Saint-Papoul, érigé en 1317 (*). Revenu, 16,000 livres ; taxe, 2,500 florins. L'abbaye de Prouille, appartenant aux filles de l'ordre de Saint-Dominique, jouissait d'un revenu de 15,000 livres.

ARCHEVÊCHÉ DE BORDEAUX.

Fondé avant l'an 3oo. Suffragants : les évêques d'Agen, d'Angoulême, de Saintes, de Poitiers, de Périgueux, de Condom, de Sarlat, de la Rochelle, de Luçon. Revenu 6o,ooo livres.

Bordeaux avait des prélats avant le quatrième siècle, mais on ne peut fixer avec certitude l'époque de son érection en archevêché. Jusqu'au pape Clément V, qui en fut archevêque, Bordeaux fut soumis à la juridiction de l'archevêque de Bourges, mais Clément V l'en affranchit en 1308. Paroisses, 450. Abbayes, 13 : revenu, 65,900 livres ; taxe, 2,938 florins. Taxe de l'archevêque, 4,000 florins.

Évêché d'Agen, fondé vers 350. Revenu, 60,000 livres ; taxe, 2,440 florins. Paroisses, 564. Abbayes, 5 : revenu, 31,000 livres ; taxe, 3,095 florins.

Évêché de Condom, fondé en 1317. Paroisses, 259. Revenu, 80,000 livres ; taxe, 2,500 florins.

Évêché d'Angoulême, fondé vers 260. Revenu, 30,000 livres ; taxe, 1,000

(*) Dom Beaunier, État des archevêchez, évêchez, abbayes et prieurés de France, n'indique pas le nombre des paroisses de ce diocèse.

florins. Paroisses, 490. Abbayes, 8 : revenu, 39,300 livres ; taxe, 1,339 florins. Les évêques d'Angoulême portaient le titre de baron de la Plaine ; ils avaient des droits seigneuriaux étendus, et la suzeraineté sur plusieurs grands fiefs de leur diocèse.

Évêché de Saintes, fondé dans le quatrième siècle. Revenu, 30,000 livres ; taxe, 2,000 florins. Paroisses, 550. Avant 1647, ce diocèse comprenait celui de la Rochelle, et avait 700 paroisses. L'évêque de Saintes avait encore au dernier siècle haute, moyenne et basse justice sur les trois quarts de la ville et quelques paroisses de la campagne ; il était aussi en droit de faire exercer la justice prévôtale, tant civile que criminelle, *sur les hommes et tenanciers du roi, couchans et levans en son fief de la ville*, qui en contenait environ la quatrième partie, depuis le jour de Saint-Vivien, 28 août, jusqu'au 27 septembre, comme il faisait sur les siens pendant tout le cours de l'année. Il percevait aussi, sur la vente des marchandises qui avait lieu dans le fonds du roi, pendant les mois d'août et de septembre, les droits que les fermiers du domaine levaient pendant les autres mois de l'année. Abbayes, 13 : revenu, 101,000 livres ; taxe, 4,360 florins. L'abbé de Bassac était seigneur spirituel et temporel de Jarnac ; celui de Saint-Jean-d'Angely, de la ville du même nom à laquelle son monastère avait donné naissance.

Évêché de Poitiers, fondé vers 260. Revenu, 25,000 livres ; taxe, 2,800 florins. Paroisses, 722. Abbayes, 30 : revenu, 292,000 livres ; taxe, 6,000 florins.

Évêché de la Rochelle, fondé, en 1317, à Maillezais, transféré à la Rochelle en 1652. Revenu, 30,000 livres ; taxe, 2,000 florins Abbayes, 10 : revenu, 39,600 livres ; taxe, 1,200 florins.

Évêché de Luçon, fondé, en 1317, aux dépens du diocèse de Poitiers. Revenu, 18,000 livres ; taxe, 1,000 florins. Paroisses, 230. Abbayes, 14 : revenu, 64,000 livres ; taxe, 1,520 florins. Richelieu fut évêque de Luçon.

Évêché de Périgueux, fondé vers 380. L'évêque partageait avec les anciens ducs d'Aquitaine, et plus tard avec les rois de France, la seigneurie de Périgueux. Au dernier siècle, un grand nombre de fiefs relevaient encore de lui. Revenu, 25,000 livres; taxe, 2,500 florins. Paroisses, 450. Abbayes, 8 : revenu, 62,000 livres; taxe, 1,000 florins.

Évêché de Sarlat, fondé en 1317. L'abbé, plus tard évêque de Sarlat, était seigneur-propriétaire de la ville qui s'était formée autour de l'ancien monastère. Revenu, 12,000 livres; taxe, 742 florins. Paroisses, 250. Abbayes, 3 : revenu, 3,200 livres; taxe, 1,400 florins.

ARCHEVÊCHÉ DE BOURGES.

Établi dès l'an 750. Suffragants : les évêques de Clermont, Saint-Flour, du Puy, de Tulle, de Limoges. Revenu 30,000 livres.

L'archevêque de Bourges prétendit, dès le temps de Charlemagne, établir sa primatie sur les trois Aquitaines, et prit le titre de patriarche et de primat des Aquitaines. En vertu du premier titre, il avait juridiction sur les archevêques de Narbonne et de Toulouse; en vertu du second, sur ceux de Bordeaux et d'Auch; mais les prélats de ces diocèses réclamèrent toujours contre ces prétentions, qui ne furent que rarement réalisées. Revenu, 30,000 livres; taxe, 4,016 florins. Paroisses, 800. Abbayes, 35 : revenu, 80,400 livres; taxe, 8,711 florins. Quelques-unes de ces abbayes étaient autrefois florissantes; celle de Plein-Pied avait la justice haute, moyenne et basse, et les dîmes de toutes les choses dîmables dans toute l'étendue de la paroisse de Plein-Pied; celle de Saint-Satur avait de même haute, moyenne et basse justice dans la ville de Satur, et les villages de Fontenay et de Saint-Thibaud. « Le vin de la plante de l'abbé et du sacristain était des plus exquis du royaume (*). » Les meilleures vignes étaient en effet données par les seigneurs féodaux aux églises pour le sacrifice de la messe. De

(*) Dom Beaunier, ouv. cité, t. I, p. 254.

là le proverbe *jouir de la vigne de l'abbé*, pour dire mener joyeuse vie. Dans certaines églises du Languedoc, pour dire la messe aux fêtes solennelles, on prenait le meilleur muscat de l'année, etc. Parmi les églises collégiales du Berry, la sainte chapelle de Bourges avait le droit de faire exercer la justice haute, moyenne et basse, dans la ville et les faubourgs, à commencer du 16 mai à midi, jusqu'au 23 mai à la même heure. Pendant ces sept jours, la justice ordinaire cessait.

Évêché de Clermont. Cet évêché, fondé vers 250, porta jusque vers 1160 le nom d'évêché d'Auvergne. L'évêque fut seigneur de Clermont du treizième au seizième siècle, mais sans jouir d'une grande autorité dans cette ville, dont les habitants avaient des priviléges étendus. Au dernier siècle, il était encore seigneur des deux petites villes de Billon et de Croupières, et de plus de dix-huit paroisses. Revenu, 15,000 livres; taxe, 4,550 florins. Paroisses, 850. Abbayes, 17 : revenu, 103,000 livres; taxe, 7,000 florins.

Évêché de Saint-Flour, fondé en 1317. Revenu, 12,000 livres; taxe, 900 florins. Paroisses, 400. Abbayes, 5 : revenu, 21,800 livres; taxe, 343 florins. L'évêque de Saint-Flour avait encore au dernier siècle la seigneurie utile ou ordinaire de la ville de Saint-Flour et une partie de celle de Chaudes-Aigues; l'abbé du monastère d'Aurillac avait aussi la seigneurie de la ville où son monastère était situé, et portait le titre de comte. L'abbesse de Saint-Pierre de Blesle était aussi *dame* de la ville du même nom, et avait le droit de présenter à la nomination de dix-huit cures.

Évêché de Limoges. L'évêque de ce diocèse était seigneur des châtellenies d'Allezat; toutefois le vicomte de Comborn en percevait les revenus, et y faisait exercer la justice durant la vacance du siége épiscopal. Revenu, 27,000 livres; taxe, 1,600 florins. Paroisses, 900. Abbayes, 28 : revenu, 105,000 livres; taxe, 7,400 florins. L'abbé d'Uzerche était seigneur de la ville du même nom.

Évêché de Tulle, fondé en 1317. L'évêque était vicomte et seigneur de Tulle. Revenu de l'évêque, 22,000 livres ; taxe, 2,650 florins. Paroisses, 70. Abbayes, 2 : revenu 4,000 livres ; taxe 160.

Évêché du Puy. L'évêque, qui portait le titre de comte, avait encore dans sa mouvance, au dernier siècle, un grand nombre de fiefs importants. Par un traité de l'an 1304, avec Philippe le Bel, il partageait avec le roi de France la seigneurie du Puy et du Velay, et avait part à la justice d'Anduze, à l'entrée des Cévennes. Par un privilége spécial, l'évêque du Puy était soumis immédiatement au saint-siége et portait le pallium. Revenu, 26,000 livres ; taxe, 2,650 florins. Paroisses, 229. Abbayes, 9 : revenu, 29,000 livres ; taxe, 330 florins.

Évêché d'Alby, fondé en 1297, érigé en archevêché en 1676, avec cinq suffragants : les évêques de Cahors, Rhodez, Mende, Castres et Vabres, qui étaient auparavant sous la juridiction métropolitaine de Bourges. Revenu, 100,000 livres ; taxe, 2,000 florins. Paroisses, 327. Abbayes, 3 : revenu, 15,800 livres ; taxe, 1,756 florins.

Évêché de Rhodez, fondé vers 450. Revenu, 36,000 livres ; taxe, 2,323 florins. L'évêque était seigneur et comte de Rhodez. Paroisses, 450. Abbayes, 7 : revenu, 51,000 livres ; taxe, 1,600 florins.

Évêché de Castres, fondé en 1317, et mis d'abord sous la juridiction de Toulouse. Revenu, 33,000 livres ; taxe, 2,500 florins. Paroisses, 103. Abbayes, 4 : revenu, 8,100 livres ; taxe, 116 florins.

Évêché de Cahors, fondé vers 300. Revenu, 52,000 livres ; taxe, 6,000 florins. Paroisses, 800 (*). Abbayes, 14 : revenu, 75,500 livres ; taxe, 7,148 florins. L'évêque était seigneur temporel de la ville et portait le titre de comte de Cahors. Quand il prenait possession de son évêché, le vicomte de Cessac,

(*) Suivant Hugues du Temps, *Clergé de France*, t. I, p. 216, cet évêché en 1774, renfermait 584 paroisses et 200 annexes.

son vassal, était obligé d'aller l'attendre à la porte de la ville la tête découverte, sans manteau, la jambe droite nue, le pied également nu et chaussé d'une pantoufle. En cet état il prenait la bride de la mule sur laquelle l'évêque était monté et le conduisait au palais épiscopal, Il le servait à table, toujours dans cet étrange accoutrement, et en récompense, la mule qui avait porté l'évêque lui appartenait, ainsi que le buffet du prélat, qui devait être en vermeil.

Évêché de Vabres, fondé en 1317. Revenu, 20,000 livres ; taxe, 1,000 florins. Paroisses, 150. Abbayes, 5 : revenu, 37,400 livres ; taxe, 700 florins. L'abbé de Nantz était seigneur du bourg du même nom.

Évêché de Mende, fondé vers 267. Revenu, 39,000 livres ; taxe, 3,500 florins. Paroisses, 200. L'évêché de Mende ne contenait pas d'abbayes. L'évêque était comte de Gévaudan, et partageait avec le roi la seigneurie et la justice de la ville.

§ II. *Sud-est de la France. Siéges métropolitains de l'ancien royaume de Bourgogne. Arles, Aix, Embrun, Vienne, Lyon, Besançon et leurs suffragants.*

ARCHEVÊCHÉ D'ARLES.

Fondé au quatrième siècle. Suffragants : les évêques de Marseille, Saint-Paul-Trois-Châteaux, Toulon et Orange. Revenu 30,000 livres.

Un tribunal supérieur ayant été établi au quatrième siècle dans la ville d'Arles, pour les Gaules narbonnaise et viennoise, les évêques d'Arles prétendirent au titre, qu'ils exercèrent du cinquième au huitième siècle, de métropolitain des sept provinces. Au moyen âge, ils prirent, outre la qualité de primat, les noms de princes de Salon et de Montdragon. Revenu, 30,000 livres ; taxe, 2,008 florins. Paroisses, 51. Abbaye, 1 d'hommes, celle de Mont-Majour, d'un revenu de 18,000 livres, et taxée 1,760 florins. L'abbaye de femmes de Saint-Césaire d'Arles était d'un revenu de 10,000 livres.

Évêché de Marseille, fondé dès le

troisième siècle. Paroisses, 36. Cet évêché renfermait la plus célèbre abbaye des Gaules, celle de Saint-Victor, qui compta jusqu'à cinq mille religieux, et dont le revenu était de 44,000 livres, la taxe de 1,850 florins. Celle de Saint-Sauveur avait 4,000 livres de revenu.

Évêché de Saint-Paul-Trois-Châteaux, fondé avant 425. En 1179, l'évêque Guillaume obtint de l'empereur Frédéric le domaine temporel de la ville et de son territoire; mais Théodat de l'Étang le partagea, en 1407, avec le dauphin, fils de Charles V. Revenu, 12,000 livres; taxe, 400 florins. Paroisses, 34. Abbayes, 1 : revenu 3000; taxe 250.

Évêché de Toulon, fondé vers 450. Revenu 20,000 livres; taxe 400 florins. Paroisses, 25. Abbaye, 1, d'un revenu de 10,000 livres.

Évêché d'Orange, fondé vers 381. Revenu, 8,000 livres; taxe, 400 florins. L'abbaye Notre-Dame des Plans y jouissait d'un revenu de 6,000 livres. Les revenus des 4 autres s'élevaient à 14,100 livres, leur taxe était de $746\frac{2}{3}$ florins.

ARCHEVÊCHÉ D'AIX.

Fondé vers la fin du huitième siècle. Suffragants : les évêques de Gap, Fréjus, Sisteron, Riez et Apt. Revenu 30,000 livres.

Ce ne fut qu'au temps de Charlemagne que la ville d'Aix, métropole civile de la seconde Narbonnaise, obtint d'être définitivement considérée comme métropole ecclésiastique. S'il faut en croire les traditions locales, saint Maximin et saint Célidoine, compagnons de Marthe et de Marie-Madeleine, seraient les premiers apôtres d'Aix. Un critique qui voulut contester l'authenticité de cette histoire vit son livre condamné au feu par arrêt du parlement. Deux abbayes de ce diocèse rapportaient 11,000 livres; la taxe de l'archevêque était de 2,400 florins.

Évêché d'Apt, fondé vers 900. Revenu, 10,000 livres; taxe, 300 florins. Paroisses, 33. Abbayes, 4 : revenu, 7,800 livres; taxe, 234 florins. L'évêque d'Apt obtint, en 1378, de l'empereur Charles IV le titre de prince, et l'on conserve des monnaies frappées à son coin. Au onzième siècle, la juridiction de ces prélats s'étendait sur une partie de la ville; mais ils l'échangèrent contre des terres que leur donnèrent les comtes de Provence.

Évêché de Riez, fondé dès le quatrième siècle. Revenu, 15,000 livres; taxe, 850 florins. Paroisses, 61.

L'Évêché de Fréjus fut fondé avant 374; mais les Sarrasins ayant longtemps occupé cette ville, ce ne fut qu'en 970 que Fréjus redevint siége épiscopal. Les évêques de Fréjus avaient encore au dix-huitième siècle le domaine temporel de la ville; tous les officiers y étaient établis par eux, toute justice leur appartenait, et la ville, qui leur payait un cens, était tenue de faire les réparations nécessaires à leur palais: le roi n'exerçait pas même dans ce diocèse le droit de régale. Quand l'évêque faisait sa première entrée, les habits pontificaux qu'il portait étaient dus au chapitre. Un arrêt du parlement en fixa le prix à 4,800 livres. Revenu, 22,500 livres; taxe, 1,300 florins. Paroisses, 88. Abbayes, 3, dont deux furent réunies de bonne heure; la troisième avait un revenu de 8,000 livres, et payait à Rome 300 ou 400 florins.

Évêché de Gap, fondé vers 450. En 1184, Frédéric Ier donna aux évêques de Gap la souveraineté de leur ville épiscopale et le titre de prince, que François Ier leur fit changer en celui de comte. Revenu, 8,000 livres; taxe, 1,400 florins. Paroisses, 229. Abbayes, 3 : revenu, 3,300 livres; taxe, 50 florins.

Évêché de Sisteron, fondé vers 500. Revenu, 12,000 livres; taxe, 800 florins. Paroisses, 64. Abbayes, 3 : revenu, 11,000 livres; taxe, 700 florins.

ARCHEVÊCHÉ D'EMBRUN.

Établi avant 372. Suffragants : les évêques de Digne, Grasse, Vence, Glandèves et Senez. Revenu 18,000 livres.

L'église d'Embrun, métropolitaine des Alpes maritimes, eut pour apôtre et premier évêque saint Marcellin, mort en 372. Au moyen âge, après la chute du royaume d'Arles, les archevêques se qualifièrent princes d'Embrun, comtes de Guillestre et de Beaufort, chambellans du saint-empire, avec le droit de battre monnaie. Au milieu du dix-huitième siècle, ils étaient encore seigneurs temporels de la ville, et possédaient la justice en pariage avec le roi. Paroisses, 81, plus celles de la vallée de Barcelonnette. Abbayes, 2 : revenu, 4,000 livres; taxe, 258 florins. La taxe de l'archevêque était de 2,400 florins. Un archevêque d'Embrun a été pape, et dix, cardinaux. Le roi de France était premier chanoine du chapitre.

Évêché de Digne, fondé avant 372. Au moyen âge, les évêques de Digne, barons de Lauzières, partageaient la seigneurie de la ville avec les comtes de Provence. Paroisses, 33. Revenu, 9,000 livres; taxe, 400 florins.

Évêché de Grasse, fondé avant 372. D'abord établi à Antibes, cet évêché fut fixé à Grasse au milieu du treizième siècle, soit parce que l'évêque redoutait les courses des Sarrasins, soit pour punir les habitants d'Antibes qui avaient maltraité leur évêque. Revenu, 7,000 livres; taxe, 450 florins. Paroisses, 22. Abbaye, 1 : c'est le célèbre monastère de Lerins d'où sont sortis 34 évêques, 10 abbés, 4 confesseurs et 105 martyrs. Revenu, 8,000 livres; taxe, 100 florins.

Évêché de Vence, fondé vers 374. Paroisses, 20 en Provence et 3 dans le comté de Nice. Revenu, 5,150 livres; taxe, 200 florins. L'évêque partageait le domaine temporel avec le baron de Vence.

Évêché de Glandèves, fondé vers 417. Paroisses, 31 en Provence, 25 dans le comté de Nice; revenu, 11,000 livres; taxe, 400 florins.

Évêché de Senez, fondé au cinquième siècle. Paroisses, 42. Revenu, 10,000 livres; taxe, 300 florins.

ARCHEVÊCHÉ DE VIENNE.

Fondé dans le quatrième siècle. Suffragants : les évêques de Valence, Die, Grenoble, Viviers, Saint-Jean de Maurienne, Genève. Revenu 22,000 liv.

Après la ruine du royaume de Bourgogne, les archevêques de Vienne furent comtes de Vienne, avec la garde de la ville, tous les droits de régale, et la dignité d'archichanceliers du royaume de Bourgogne et d'Arles. Dans la suite, les dauphins du Viennois rendirent foi et hommage pour le Dauphiné aux archevêques, qui exerçaient spécialement la haute justice dans leur ville épiscopale; mais, en 1448, Louis XI, alors dauphin, força l'archevêque à lui abandonner tout droit de supériorité et de ressort, et à partager avec lui la justice ordinaire. Au dernier siècle, le juge du roi siégeant à Vienne offrait chaque année un cierge de cire jaune du poids de douze livres, en protestant que ce n'était *que par dévotion;* mais celui qui le recevait au nom du chapitre répondait : *c'est par hommage,* afin d'empêcher la prescription des anciens droits suzerains de l'église. Paroisses, 414. Abbayes, 17, dont l'une, celle de Saint-Antoine, n'avait pas moins de 40,000 livres de rentes. Ce qui restait des autres au dernier siècle avait un revenu de 74,000 livres. La taxe de toutes les abbayes s'élevait à 2,989 florins.

Évêché de Valence, fondé dans le quatrième siècle. Au moyen âge, l'évêque, prenant le titre de comte, avait la propriété et la seigneurie absolue de sa ville épiscopale, avec tous les droits de régale; mais, en 1449, Louis XI, alors dauphin, et qui préludait dans sa principauté à la ruine des priviléges féodaux qu'il devait attaquer plus tard dans le reste de la France, obligea l'évêque-comte à lui abandonner le haut domaine de Valence. Revenu, 15,000 livres; taxe, 2,253 florins. Paroisses, 105. Abbayes, 8 : revenu, 42,500 livres; taxe, 1,080 florins.

Évêché de Die, fondé au troisième siècle (?), réuni à l'évêché de Valence en 1275; il en fut séparé de nouveau en 1692. Au moyen âge, l'évêque de Die était propriétaire de sa ville épiscopale, de la bourgade d'Aost et de la moitié de la ville de Crest, avec les droits utiles, les régales, le droit de battre monnaie, etc. Au dernier siècle, l'évêque de Die était encore seigneur de sa ville épiscopale, de 95 villages, de 24 châteaux, et de plus de 30 fiefs considérables qui en relevaient. Revenu, consistant en terres et en droits seigneuriaux, 13,000 livres; taxe, 2,257 florins. Paroisses, 200. Abbayes, 2 : revenu, 10,000 livres; taxe, 145 florins.

Évêché de Grenoble, fondé au quatrième siècle. Au moyen âge, les évêques de ce diocèse portèrent le titre de princes, et partagèrent avec les dauphins du Viennois la juridiction dans la ville et le territoire de Grenoble; mais ils perdirent leur autorité temporelle quand le Dauphiné fut devenu une province française. Cependant au dernier siècle ils avaient encore la justice de leur ville en pariage avec le roi. Revenu, toutes charges acquittées, 20,000 livres; taxe, 1,000 florins. Paroisses, 304. Au dernier siècle, il n'y avait plus dans cet évêché qu'un seul monastère d'hommes, la Grande-Chartreuse, dont la réputation est répandue par toute l'Europe (*).

ARCHEVÊCHÉ DE LYON.

Fondé à la fin du second siècle. Suffragants : les évêques d'Autun, de Langres, de Mâcon et de Chalons-sur-Saône. Revenu 45,000 livres.

L'archevêque de Lyon portait le titre de primat, et exerçait réellement sa juridiction sur les archevêques de Sens et de Tours. Celui de Rouen a constamment refusé de la reconnaître, malgré plusieurs bulles pontificales, et il en est de même du clergé de Bretagne, soumis seulement à celle de l'archevêque de Tours. L'archevêque de Lyon eut au moyen âge de longs démêlés avec les comtes du Forez jusqu'en 1193, où intervint une transaction qui assura à l'archevêque la juridiction temporelle sur Lyon et sur son diocèse. Ce prélat devint dès lors un des princes les plus puissants de l'ancien royaume d'Arles. Les violences des bourgeois de Lyon l'obligèrent d'implorer l'assistance des rois de France, qui la lui accordèrent, et, lui enlevant la souveraineté de la ville, ne lui laissèrent que l'administration de la justice (1307). Mais, en 1563, l'archevêque mit en vente son droit de justice, qui fut adjugé au roi comme dernier enchérisseur. Paroisses, 378. L'une d'elles, celle de Saint-Jean, n'avait pas moins de 200,000 livres de rentes en terres que lui avaient données les anciens ducs de Bourgogne. La taxe de l'archevêque, qui portait le titre de comte de Lyon, était de 3,000 florins. Parmi les 13 abbayes renfermées dans ce diocèse, la plus célèbre est celle de Saint-Claude, dont l'abbé était jadis seigneur d'un district étendu, et avait le droit d'anoblir les bourgeois de la ville de Saint-Claude ou des autres possessions du monastère; celui d'accorder à ses vassaux des lettres de légitimation, de grâce, de rémission en cas de crime, etc. Parmi les nombreuses reliques de l'abbaye on remarquait le corps de son patron saint Claude, qui était encore souple et sans aucune altération, quoique les entrailles n'en eussent pas été retirées et qu'il fût là depuis plus de douze siècles. Il était permis à tous les fidèles de baiser à nu la plante de ses pieds; les nobles pouvaient baiser ses genoux et ses cuisses; enfin pour les princes on tirait le corps tout entier hors de sa châsse. L'abbé d'Ambournay était seigneur de la ville du même nom qui s'était formée autour de son monastère. Revenu des 13 abbayes, 160,000 livres; taxe, 4,600 florins.

Évêché d'Autun, fondé au commencement du quatrième siècle. L'évêque d'Autun, qui portait le pallium réservé aux seuls métropolitains, avait la justice sur toute la ville d'Autun pendant seize jours, à partir de la Saint-Lazare, et sur une partie de la ville pendant le reste de l'année. Revenu, 20,000 livres; taxe, 4,080 florins. Paroisses, 611. Abbayes, 14 : revenu, 62,000 livres; taxe, 2,500 florins. L'abbé de Corbigny était seigneur de la ville, avec droit de bailliage et de châtellenie; celui de Saint-Martin avait toute justice dans la ville de Saint-Pierre le Moutier, dont il était propriétaire, et dans ses dépendances; mais, en 1165, le roi Louis le Jeune, ayant été associé par l'abbé à la seigneurie et à la justice de cette ville, prit le tout, ne laissant

---

(*) Voyez Guide pittoresque du voyageur en France, t. II, livraison 27, p. 8.

au prieur que la justice de son prieuré et de quelques villages.

C'est dans le diocèse d'Autun que se trouvait l'abbaye de Vézelay, fondée au neuvième siècle par le comte Gérard, si célèbre dans les romans de chevalerie sous le nom de Gérard de Roussillon. L'abbé de ce monastère était, comme la plupart des autres abbés, seigneur de la petite ville de Vézelay; mais, au douzième siècle, les bourgeois se soulevèrent contre lui, et la lutte de cette petite ville contre son seigneur est un des plus curieux incidents de la révolution communale. Un commerce actif donnait à ce bourg de quelques milliers d'âmes une importance presque égale à celle d'une grande ville; et ses bourgeois, fiers de leurs richesses, s'étaient peu à peu relevés du rang de serfs de l'abbaye. Leur servitude réelle se réduisait à payer les tailles et les aides, et à porter leur pain, leur blé et leurs vendanges au four, au moulin et au pressoir de l'abbé. Cependant ce n'était pas assez encore, et le bruit des priviléges conservés par les habitants des grandes cités du midi de la France, ou récemment octroyés aux belliqueuses communes de Picardie et de Champagne, agitait sourdement tous les esprits dans le bourg de Vézelay, lorsqu'un incident, ordinaire dans d'autres temps, fit éclater la crise. Un jour, l'un des moines de l'abbaye, passant à cheval près d'une forêt qui appartenait à l'abbé, y surprit un homme coupant du bois. C'était une atteinte au droit seigneurial du monastère : aussi le moine courut sur le délinquant et voulut lui arracher sa cognée; mais celui-ci l'en frappa et le renversa à terre. Saisi et conduit par-devant l'abbé, l'homme fut condamné à avoir les yeux crevés. L'exécution de cette sentence excita une violente fermentation, dont le comte de Nevers profita pour tâcher de supplanter l'abbé dans la seigneurie de Vézelay. Mais il fallait d'abord gagner les bourgeois. Ceux-ci, forts de l'appui intéressé du comte, renoncèrent solennellement à leur foi envers l'abbé, jurèrent de se défendre tous les uns les autres, et établirent enfin une commune, et le comte de Nevers y entra, c'est-à-dire, qu'il jura solennellement fidélité aux bourgeois, et promit de n'avoir d'amis et d'ennemis que les leurs, de ne conclure ni paix ni trêve avec qui que ce fût sans les y comprendre; eux, en retour, lui firent serment de foi et de service de leurs corps et de leurs biens, à la vie et à la mort. «Ainsi, élevés de la triste condition de sujets taillables d'une abbaye au rang d'alliés politiques d'un des plus puissants seigneurs, les habitants de Vézelay cherchèrent à s'entourer des signes extérieurs qui annonçaient ce changement d'état. Ils élevèrent autour de leurs maisons, chacun selon sa richesse, des murailles crénelées, ce qui était alors la marque et la garantie du privilége de liberté. L'un des plus considérables parmi eux, nommé Simon, jeta les fondements d'une grosse tour carrée, comme celles dont les restes se voient à Toulouse, à Arles, et dans plusieurs villes d'Italie. Ces tours, auxquelles la tradition joint encore le nom de leur premier possesseur, donnent une grande idée de l'importance individuelle des riches bourgeois du moyen âge, importance bien autre que la petite considération dont ils jouirent plus tard sous le régime purement monarchique. Cet appareil seigneurial n'était pas, dans les grandes villes de commune, le privilége exclusif d'un petit nombre d'hommes, seuls puissants au milieu d'une multitude pauvre : Avignon, au commencement du treizième siècle, ne comptait pas moins de trois cents maisons garnies de tours. Sans doute les bourgeois de Vézelay, après leur insurrection, n'en élevèrent pas un pareil nombre; et, cependant, si l'un des témoins du mouvement politique qui anima cette petite ville au milieu du douzième siècle, pouvait la revoir aujourd'hui, ne serait-il pas bien étonné? Ne se demanderait-il pas où est la vie, où sont les hommes du vieux temps (*)? »

(*) M. Aug. Thierry, Lettres sur l'histoire de France, p. 441, cinquième édition.

L'abbé, qui n'était pas en état de lutter contre les bourgeois et le comte réunis, se servit des armes ecclésiastiques, et fit excommunier les bourgeois par un légat du pape. Un prêtre ayant réussi à pénétrer dans la ville, profita d'un moment où personne ne se trouvait sur la place publique, pour faire lecture de la sentence; mais les premiers qui l'entendirent coururent à lui pour le battre et lui arracher la bulle. Échappé avec peine à leur colère, il se réfugia dans la grande église; le lendemain, de grand matin, il enleva les deux battants de la porte, et obstrua le passage avec des ronces, en signe de l'interdiction des offices religieux. « Puisque vous nous excommu- « niez, dirent les bourgeois, nous nous « conduirons en excommuniés, et do- « rénavant nous ne vous payerons plus « ni cens ni dîmes. » Cependant, effrayés de leur position, ils allèrent trouver le comte de Nevers, et lui dirent : « Où donc moudrons-nous « notre pain, si les meuniers et les « fourniers de l'abbaye ne veulent plus « communiquer avec des excommu- « niés? — « Eh bien ! reprit vivement « le comte, allez au four banal, chauf- « fez-le avec votre bois, et, si quel- « qu'un veut s'y opposer, jetez-le tout « vivant dans le four. Quant au meu- « nier, s'il fait résistance, écrasez-le « vif sous sa meule. »

Encouragés par ces paroles, les bourgeois ne gardèrent plus de mesures, et se portèrent contre les moines à de continuelles violences, jurant de leur faire mener si rude vie et d'en faire tant que tout leur corps, jusqu'à la plante des pieds, aurait besoin de recevoir l'absolution. En effet, depuis lors, la terreur de l'excommunication parut dissipée pour les gens de Vézelay; ils enterrèrent eux-mêmes leurs morts, que l'abbé voulait laisser sans sépulture, portant la croix et la bannière, et chantant l'office des trépassés. L'église du monastère fut changée en citadelle; et les moines, tenus comme assiégés dans leur couvent, furent contraints, le pain leur ayant manqué, à se nourrir de viande. Cette violation forcée de la règle parut un des crimes les plus odieux de la nouvelle commune.

Cependant l'abbé avait depuis longtemps cherché un refuge à Cluny, puis à la cour du roi Louis VII. De là, il sollicita la toute-puissante intervention du pape, qui adressa au roi une lettre pressante pour faire rendre justice. Le comte de Nevers, qui n'avait pas pensé que les choses iraient si loin, fut cité à comparaître ainsi que les bourgeois; et une sentence royale condamna ceux-ci à détruire leur commune, à restituer à l'abbé tous ses droits, et à payer les énormes dédommagements qu'il réclamait. Le comte fut chargé de faire exécuter la sentence. Jusqu'alors il avait laissé les choses suivre leur cours, espérant que l'abbé et les bourgeois, également fatigués de leur lutte, consentiraient à acheter le repos, l'un au prix de ses droits, les autres en échange de quelques-uns de leurs priviléges, et qu'il pourrait ainsi ajouter à ses domaines une ville riche et populeuse; mais l'intervention du roi dérangeait tous ces plans. Cependant il ne perdit pas encore tout espoir. Par ses secrets avis, tous les bourgeois quittèrent la ville avant l'arrivée de l'abbé; et, lorsque les gens du comte se présentèrent, selon les ordres du roi, pour arrêter les coupables, ils ne trouvèrent personne. Réfugiés dans les bois voisins, les bourgeois firent de là une guerre de pillage qui amena la dévastation de tous les biens ruraux du monastère; et, comme tous les seigneurs des environs étaient vassaux du comte, et que, comme lui, tous portaient envie aux richesses de l'abbé, celui-ci ne pouvait trouver nulle part assistance. La justice royale allait être trompée; et l'abbé, de guerre lasse, allait peut-être être réduit à implorer les secours intéressés du comte de Nevers, lorsqu'il parvint à soudoyer un corps de *routiers*, qui eut bientôt raison de l'inexpérience militaire des bourgeois. Dès lors la cause de la commune fut perdue; et les bourgeois, dont les familles restaient à la merci de soldats étrangers, furent bientôt obligés de faire leur soumission, pour échapper à la famine dont les menaçaient les attaques des routiers, et sauver ce qu'ils avaient de bien dans la ville. Ainsi, les habitants de Vézelay redevinrent serfs du monastère, mais avec l'orgueilleux souvenir d'avoir quelque temps lutté contre toute la puissance du pape et du roi.

Évêché de Langres. L'évêque de Langres fut un puissant seigneur durant le régime féodal, car il avait la seigneurie temporelle de tout son diocèse, et recevait l'hommage des comtes de Champagne, des ducs de Bourgogne, des comtes de Dijon, et d'un grand nombre d'autres seigneurs, pour des terres qui relevaient de son église. Mais les ducs de Bourgogne de la maison de Valois s'affranchirent de cette dépendance, et lorsque la Champagne fut réunie au domaine, l'évêque de Langres perdit son droit de suzerain sur le comté de Bar-sur-Seine. Au dernier siècle, il prenait le titre de duc et pair, de comte de Montsaulion, etc.; portait le sceptre à la cérémonie du sacre, et était le troisième des douze anciens pairs de France. Revenu, 26,000 livres; taxe, 9,000 florins. Paroisses, 600. Abbayes, 32 : revenu, 217,000 livres; taxe, 16,300 florins. Au nombre de ces abbayes se trouvait celle de Clairvaut, fondée par saint Bernard.

Parmi les fêtes bizarres dont il est si souvent question au moyen âge, il en est deux, propres au diocèse de Langres, qui méritent d'être mentionnées ici. La première est la *Diablerie de Chaumont*. Elle était instituée en l'honneur de saint Jean. Des habitants de la ville, vêtus comme on peint ordinairement les diables, se réunissaient quelques jours avant la fête, et couraient par la campagne, à trois lieues à la ronde, demandant à tous ceux qu'ils rencontraient, citoyens du canton ou étrangers, une légère contribution pour aider à la dépense. Et bien que dans l'origine cette aumône fût entièrement volontaire, il devint bientôt impossible de s'y soustraire. Le jour de la fête, on représentait sur plusieurs théâtres magnifiquement ornés toutes les actions de la vie de saint Jean; et pendant que les acteurs jouaient, tout le clergé de la ville, en procession, passait devant ces théâtres, et retournait ensuite à l'église où il y avait indulgence plénière. Cette fête était accompagnée de beaucoup de tumulte et de désordre. Elle dura cependant jusqu'au commencement du dix-huitième siècle.

La deuxième, plus bizarre encore, avait lieu à Langres : c'était la *Flagellation de l'Alleluia*. A l'époque où l'Église cesse d'employer cette formule dans ses prières, on la bannissait matériellement du temple, avec des cérémonies inscrites avec soin dans le Rituel. On écrivait en lettres d'or le mot alleluia sur un de ces joujoux appelés toupies; les enfants de chœur venaient à l'heure indiquée en procession avec la croix et la bannière, prenaient la toupie, et, au milieu des psaumes et des cantiques, ils la faisaient pirouetter à coups de fouet jusqu'à ce qu'elle fût hors de l'église. Cette bizarre coutume dura presque jusqu'à nos jours.

Évêché de Châlons-sur-Saône, fondé vers 340. Revenu, 9,000 livres; taxe, 700 florins. Paroisses, 240. Abbayes, 5 : revenu, 120,000 livres; taxe, 1,770 florins. L'abbé de Tournus était seigneur de la ville du même nom par concession de Charles le Chauve, et y avait haute justice. Celui de Cîteaux était supérieur général des cinq ordres militaires d'Alcantara, de Calatrava, d'Avis, de Montèze et du Christ, et chef archimandrite de dix-huit cents couvents de religieux, et presque d'un nombre égal de monastères de religieuses.

Évêché de Mâcon, fondé vers 450. Revenu, 12,000 livres; taxe, 1,000 florins. Paroisses, 201. Abbayes, 2, dont une celle de Cluny avait dans sa dépendance plus de deux mille monastères. Son abbé était le plus puissant de l'Europe. Au dernier siècle, l'abbé seul avait encore 40,000 livres de rente, et ses religieux 60,000.

ARCHEVÊCHÉ DE BESANÇON.

Suffragants : les évêques de Belley, de Lausanne et de Bâle. Revenu 50,000 livres.

L'archevêque de Besançon portait le titre de prince de l'empire, et prétendait avoir droit de séance à la diète impériale. Taxe, 1,023 $\frac{1}{3}$ florins. Paroisses, 838. Abbayes, 24 : revenu, 123,000 livres; taxe, 3,766 florins.

Évêché de Belley. L'évêque de cette ville, située dans le Bugey, province cédée en 1601 à la France par le duc de Savoie, portait aussi le titre de prince d'empire, et fut longtemps seigneur de la ville de Belley. Revenu, 18,000 livres; taxe, 333 florins $\frac{1}{3}$. L'évêché de Lausanne fut sécularisé à la réforme, et celui de Bâle resta toujours séparé de la France.

La Lorraine et l'Alsace ayant longtemps fait partie, après la chute des royaumes de Lorraine et d'Alsace, de l'empire d'Allemagne, les évêchés établis dans ces provinces restèrent, après leur réunion à la France, sous la juridiction des deux archevêques de Trèves et de Mayence, desquels leurs églises relevaient depuis les temps les plus reculés. Ces évêchés, dont les titulaires étaient princes, comme la plupart des évêques allemands, étaient : 1° *Strasbourg*, fondé vers 638, et réuni à la France en 1648. Revenu, 250,000 livres; taxe, 2,500 florins. — 2° *Metz*, fondé vers 304. Au moyen âge, les évêques de Metz portèrent le titre de princes et comtes du saint-empire; plusieurs d'entre eux ont même porté le titre d'archevêques et reçu le pallium. Revenu, 80,000 livres; taxe, 6,000 florins. Aussi disait-on dans le pays Metz le riche, à cause de ses grands revenus; Toul le saint, pour le grand nombre de ses saints évêques; enfin, Verdun le noble, parce que ce siège fut presque toujours occupé par des princes ou des prélats d'illustre extraction. — 3° *Toul*, fondé au cinquième siècle. Revenu, 15,000 livres; taxe, 2,500 florins. — 4° *Verdun*, fondé vers 410. L'évêque était marquis de Hatton-Chastel, seigneur de Champigni-sur-Meuse, et suzerain des comtés de Clermont en Argonne, Vienne et Varenne. Revenu, 50,000 livres; taxe, 4,466 florins.

§ III. *Sièges des provinces situées entre la Loire et la Meuse.*

ARCHEVÊCHÉ DE REIMS.

Suffragants : les évêques de Soissons, Châlons-sur-Marne, Laon, Senlis, Beauvais, Amiens, Noyon et Boulogne.

Cette ville, qui eut un évêque dès le milieu du quatrième siècle, devint la métropole des anciennes provinces romaines, nommées première et seconde Belgique. La libéralité des rois de la première et de la seconde race étendit les prérogatives et les domaines de ses évêques, qui se trouvèrent seigneurs temporels de presque tout leur diocèse, avec le titre de premiers ducs et de premiers pairs de France (*). Toutefois ils n'eurent pas pendant longtemps la seigneurie de leur ville épiscopale usurpée par les comtes de Vermandois; mais ils en redevinrent possesseurs vers l'époque du roi Robert. Revenu, 55,000 livres; taxe, 4,000 florins. Paroisses, 837. Abbayes, 24 : revenu, 216,000 livres; taxe, 6,790 florins. Les archevêques de Reims prétendaient tenir la ville de Mouzon noblement et en franc alleu, sans reconnaissance d'aucun souverain au temporel, attendu qu'elle était située sur les marches de France et hors du royaume du côté de l'Empire. Douzy et Sedan dépendaient de ce diocèse, et les seigneurs châtelains, propriétaires de ces deux villes, relevaient de l'archevêque de Reims.

Évêché de Soissons, fondé en même temps que celui de Reims. Revenu, 20,000 livres; taxe, 2,400 florins. Paroisses, 397. Abbayes, 27 : revenu, 262,000 livres; taxe, 10,500 florins. L'une de ces abbayes, celle de Saint-Corneille, était si riche au moyen âge, qu'un de ses abbés érigea dans

(*) En une seule fois Clovis donna, dit-on, à saint Remy, autant de terres que cet évêque pourrait en parcourir à cheval, tandis que le roi prendrait son sommeil de midi. Saint Remy acquit dans le même temps Épernay et son territoire, de la libéralité d'un seigneur franc.

ses terres huit fiefs, qu'il inféoda à autant de seigneurs pour qu'ils défendissent les autres domaines du monastère. Cette abbaye avait en outre le droit de seigneurie et de justice sur la ville de Compiègne et la rivière de l'Oise. L'abbé de Saint-Médard-les-Soissons était seigneur de la ville de Donchery.

Évêché de Châlons-sur-Marne, fondé dans le quatrième siècle. Revenu, 25,000 livres; taxe, 3,000 florins. L'évêque de Soissons était comte et cinquième pair de France, avec le droit de seigneurie sur l'ancienne cité. Paroisses, 397. Abbayes, 19 : revenu, 151,800 livres; taxe, 6,000 florins. L'abbé de Monstier-en-Der était seigneur de 21 paroisses.

Évêché de Laon, fondé en 497. Le titulaire était duc et pair de France. Revenu, 35,000 livres; taxe, 4,000 florins. Paroisses, 416. Abbayes, 26 : revenu, 40,788 livres; taxe, 10,800 florins.

Évêché de Senlis, fondé dans le troisième siècle. Revenu, 20,000 livres; taxe, 1,257 florins. Paroisses, 77. Abbayes, 3 : revenu, 40,000 livres; taxe, 444 florins.

Évêché de Beauvais, fondé vers 284. L'évêque était comte de sa ville depuis l'année 996, le quatrième des anciens pairs de France, le premier des comtes ecclésiastiques, châtelain de Beauvais, vidame de Gerberoy et seigneur de Bresle. Comme vidame, la justice de Gerberoy lui appartenait, à l'exception du 28 juin, où la justice était administrée pendant vingt-quatre heures par le chapitre de Saint-Pierre de Gerberoy. Revenu, 50,000 livres; taxe, 4,600 florins. Paroisses, 442. Abbayes, 14 : revenu, 137,000 livres; taxe, 7,400 florins. Parmi les curiosités bibliographiques conservées au monastère de Beaupré, se trouvaient les informations et les procédures faites contre un taureau; la sentence de mort rendue contre lui pour crime d'homicide; et le récit de son exécution aux fourches patibulaires de la seigneurie de Caurroy, « où il fut pendu jusqu'à ce que mort s'en suivît. » — Le monastère de Froidmont était si riche autrefois, qu'il pouvait *vendre* annuellement jusqu'à sept mille toisons de brebis.

Évêché d'Amiens, fondé vers 303. Les évêques étaient originairement seigneurs d'Amiens; mais ils donnèrent ce comté aux seigneurs de la maison de Bouë, lesquels en furent dépossédés par Raoul, comte de Vermandois. Mais le gendre de ce dernier céda le comté d'Amiens à Philippe-Auguste, qui, pour se libérer de l'hommage dû à l'évêque, lui fit quelques concessions, au moyen desquelles ce prélat renonça à son droit de suzeraineté. Revenu, 20,000 livres; taxe, 4,200 florins. Paroisses, 776. Abbayes, 26 : revenu, 268,000 livres; taxe, 22,000 florins. L'abbé du monastère de Corbie était comte de Corbie, et seigneur temporel et spirituel de cette ville. Celui de Saint-Riquier était seigneur de Centule, d'Abbeville, de Dommar, de Montreuil, etc. Celui de Saint-Valery, qui possédait au moyen âge une partie du Vimeu, fut peu à peu dépossédé par ses *avoués*, qui prirent le nom de barons, puis de marquis; mais ce ne fut qu'en 1669 qu'il perdit, par arrêt du parlement, la juridiction proépiscopale dans la ville de Saint-Valery. Celui de Clairfay avait haute et basse justice et une seigneurie étendue.

Évêché de Noyon, fondé à Vermand en 314, et transporté à Noyon en 531. Celui de Tournay y fut réuni jusqu'en 1148. L'évêque de Noyon était le sixième pair ecclésiastique, et portait le titre de comte comme seigneur temporel de Noyon. Revenu, 22,000 livres; taxe, 3,000 florins. Paroisses, 404. Abbayes, 17 : revenu, 128,000 livres; taxe, 10,600 florins.

Évêché de Boulogne, fondé en 1559. Après la destruction de Thérouane, Louis XI donna à la cathédrale de Boulogne la suzeraineté féodale du Boulonais(*), en promettant une redevance dont ses successeurs s'acquittè-

(*) Voyez plus haut comté d'Auvergne, p. 79, col. 2.

rent, même Louis XIV. Revenu de l'évêque, 12,000 livres; taxe, 1,500 florins. Paroisses, 424. Abbayes, 12 : revenu, 57,000 livres; taxe, 1,500 florins.

De l'archevêché de Reims relevait aussi l'*évêché de Cambrai*, fondé vers 390, et érigé en archevêché en 1559, avec les évêques d'Arras, de Tournay, de Saint-Omer et de Namur pour suffragants. Ce diocèse de Cambrai, qui s'étendait sur tout le Cambrésis, une partie du Brabant, le Hainaut, le comté de Valenciennes, une partie du Tournaisis et la châtellenie de Lille, renfermait 694 paroisses. Les anciens évêques étaient seigneurs temporels de Cambrai, avec le titre de comtes et princes du saint-empire; mais les châtelains qu'ils y avaient établis se rendirent peu à peu indépendants de leur autorité. Cependant les archevêques rentrèrent plus tard en possession de la seigneurie de Cambrai, et, au dernier siècle, ils avaient encore le haut domaine de la ville et du comté, composé de 22 villages. La souveraineté seule appartenait au roi de France. Ce fut depuis Louis XIV seulement que l'archevêque de Cambrai devint un prélat français.

Des suffragants français du nouvel archevêque, un seul, celui d'Arras, existait au moyen âge, celui de Saint-Omer ne datant que de l'année 1559. L'évêché d'Arras paraît avoir été réuni à celui de Cambrai jusqu'en 1093. A cette époque, Arras obtint un évêque particulier, qui, jusqu'au dernier siècle, fut seigneur temporel et spirituel de sa ville épiscopale. Revenu, 18,000 livres; taxe, 4,000 florins. Paroisses, 400. Abbayes, 17 : revenu, 508,000 livres; taxe, 12,000 florins. Celle de Saint-Waast donnait à ses moines 95,000 livres de revenu, sans compter les 60,000 livres qui formaient la part de l'abbé, et qui seules ont été comprises dans le total donné ci-dessus.

L'évêché de Saint-Omer, fondé en 1559, rapportait 30,000 livres, et était taxé à 1,000 florins. Paroisses, 104. Dans ce diocèse se trouvaient 13 abbayes, dont le revenu était de 210,000 livres et la taxe de 4,500 florins. L'un de ces monastères, celui de Saint-Bertin, rapportait seul 100,000 livres.

ARCHEVÊCHÉ DE SENS.

Fondé au troisième siècle. Suffragants : les évêques de Troyes, Auxerre et Nevers, Paris, Meaux, Orléans et Chartres. Revenu 50,000 livres.

L'archevêque de Sens, qui était au moyen âge un des prélats les plus puissants de la France, porta pendant deux siècles le titre de primat des Gaules et de Germanie. Son diocèse comprenait 765 paroisses, 29 abbayes et 60 couvents ou communautés dont le revenu était de 276,000 livres, la taxe de 8,800 florins. La taxe de l'archevêque s'élevait à 6,166 florins.[1]

Évêché de Troyes, fondé au troisième siècle. Revenu, 8,000 livres; taxe, 2,500 florins. Paroisses, 372. Abbayes, 20 : revenu, 88,000 livres; taxe, 6,800 florins. Lorsque l'évêque de Troyes faisait sa première entrée dans la ville, il était porté processionnellement dans une chaise, depuis l'abbaye de Notre-Dame jusqu'à la cathédrale, par les *barons d'Anglure*, de Saint-Just, des Moulins, de Rivière-Banale, de Mery-sur-Seine et de Poussey, qui ensuite lui rendaient à genoux foi et hommage.

Évêché d'Auxerre, fondé vers 304. Revenu, 33,000 livres; taxe, 4,400 florins. Paroisses, 238. Abbayes, 6 : revenu, 40,000 livres; taxe, 1,900 florins. Sous les Carlovingiens, le comté d'Auxerre, qui avait alors autant d'étendue que le diocèse, fut donné aux évêques, qui inféodèrent plusieurs grandes seigneuries, comme Gien, Donzy et Auxerre même, à des laïques, lesquels devinrent leurs vassaux. Au dernier siècle, les barons de Donzy, de Saint-Vrain et de Toussy, et un procureur royal représentant le roi comme comte d'Auxerre, portaient le dais le jour de l'entrée de l'évêque et lui rendaient hommage.

Évêché de Nevers, fondé au quatrième siècle. Revenu, 14,000 livres, taxe, 2,000 florins. L'évêque de Nevers était seigneur temporel des châtellenies de Prémery, d'Urzy et de Parzy, et de son évêché relevaient plusieurs fiefs, entre autres Druy, Poiseux, Cours-les-Barres et Givry, dont les propriétaires portaient le titre de barons de l'évêché. Par un ancien usage, le trésorier du chapitre de la cathédrale avait le droit d'assister au chœur en bottes et en éperons, l'épée au côté et l'oiseau sur le poing. Abbayes, 3 : revenu, 13,800 livres ; taxe, 200 florins.

L'*Évêché de Paris*, fondé au troisième siècle, resta jusqu'en 1622 sous la juridiction métropolitaine de l'archevêque de Sens. Il fut alors érigé en archevêché, et eut pour suffragants les évêques de Meaux, de Chartres, d'Orléans et de Blois. Revenu, 100,000 livres ; taxe, 4,283 florins. Paroisses, 474 ; abbayes, 31. Celle de Saint-Germain des Prés, qui couvrait et possédait une partie de Paris sur la rive gauche, rapportait à son abbé 100,000 livres, de même que celle de Saint-Denis. Celle de Sainte-Geneviève, dont le revenu était de 50,000 livres, possédait aussi un des quartiers de Paris. Celle de Saint-Victor, qui rendait 35,000 livres, avait un quartier presque tout entier dans sa censive, et fut au moyen âge une des plus célèbres écoles de l'Europe. Quant aux autres abbayes, elles rapportaient 488,000 livres, et étaient taxées à 18,581 florins.

Évêché d'Orléans, fondé au troisième siècle. Il fut démembré en 1623 de l'archevêché de Sens. Revenu, 20,000 livres ; taxe, 2,000 florins. L'évêque d'Orléans était seigneur de Jerau et de Rivier, et suzerain des barons d'Ièvre-le-Châtel, de Sully, de Chera, et d'Achères et Rougemont, qui devaient le porter lorsqu'il faisait sa première entrée. Le jour de cette cérémonie, il avait le droit de délivrer les prisonniers détenus dans les geôles de la ville. Cette délivrance s'accomplissait de la manière suivante. Quand l'évêque était arrivé à l'ancienne porte de Bourgogne, tous les juges royaux de la ville venaient jurer l'un après l'autre, sur les Évangiles, « qu'ils n'avaient « détenu ni détourné aucuns criminels « de leur ressort et juridiction, comme « aussi qu'ils n'avaient avancé ni procès, « ni jugement, ni exécution d'aucun « d'iceux pour les empêcher d'obtenir « leurs grâces ; enfin qu'ils n'avaient « commis aucun dol ni fraude au pré- « judice dudit seigneur évêque. » Ensuite les geôliers faisaient serment « d'avoir « amené tous et chacun des prisonniers « qu'ils avaient en leur garde, sans en « avoir celé ni détourné aucun ; » puis les criminels étaient conduits dans la cour du palais épiscopal, où ils attendaient la fin des cérémonies du jour et du dîner donné par l'évêque aux principaux personnages de la ville. Alors ils criaient par trois fois miséricorde, et l'évêque paraissant à l'une des fenêtres, leur adressait une admonition qu'il terminait par ces mots : « Nous....., par la « grâce de Dieu et du saint-siège apos- « tolique, évêque d'Orléans, suivant le « privilège à nous octroyé, et dont nos « prédécesseurs ont joui de temps im- « mémorial, vous donnons et octroyons « grâce, rémission, et abolitions des « crimes, forfaits et délits par vous « commis ; vous remettons les peines « afflictives que vous avez méritées, et « esquelles vous pourriez être condam- « nez pour raison d'iceux, et vous res- « tituons en votre bonne fâme et renom- « mée, en la possession et jouissance « de vos biens, sans préjudice toutefois « de l'intérest civil des parties (*). » Après cela, un des aumôniers de l'évêque avertissait à haute voix lès criminels de se mettre à genoux pour recevoir la bénédiction, que le prélat leur donnait solennellement ; on leur distribuait ensuite pour leur dîner les viandes qui avaient été desservies de la table de l'évêque. Ainsi finissait cette cérémonie, où se trouvait toujours un si grand nombre de criminels, qu'en 1707 on en compta jusqu'à neuf cents. Paroisses, 272. Abbayes, 2 : revenu, 74,000 livres ; taxe, 2,900 florins.

Évêché de Meaux, fondé en 280, et suffragant de Sens jusqu'en 1662. Revenu, 25,000 livres ; taxe, 2,000 florins. Paroisses, 227. Abbayes, 9 : revenu, 125,000 livres ; taxe, 1,800 florins.

(*) Dom Beaunier, ouvr. cité, p. 5o.

Évêché de Chartres. Fondé au quatrième siècle, et détaché de Sens en 1622, ce diocèse fut un des plus grands du royaume jusqu'en 1695, qu'on érigea le nouvel évêché de Blois. Avant cette séparation, le diocèse de Chartres renfermait 1,700 paroisses. Ses abbayes au nombre de 21, avaient un revenu de 138,000 livres, et étaient taxées à 4,200 florins. C'est dans ce diocèse qu'était située la maison royale de Saint-Cyr, fondée par Louis XIV en 1686, avec un revenu de 167,000 livres. Le prieuré de Poissy rapportait à lui seul 40,000 livres.

Évêché de Blois, fondé en 1697. Revenu, 14,000 livres; taxe, 150 florins. Paroisses, 200. Abbayes, 5 : revenu, 35,500 livres; taxe, 2,650 florins.

ARCHEVÊCHÉ DE TOURS.

Fondé au commencement du quatrième siècle. Suffragants : les évêques du Mans, d'Angers, de Rennes, Nantes, Quimper-Corentin, Vannes, Saint-Paul de Léon, Tréguier, Saint-Brieuc, Saint-Malo et Dol. Revenu 18,000 livres.

Ce ne fut qu'au commencement du cinquième siècle que cette ville devint métropolitaine ; mais, au neuvième siècle, l'évêque de Dol prétendit s'affranchir de sa juridiction, et étendre la sienne sur toute la Bretagne. Ce différend dura jusqu'en 1199, où Innocent III soumit tous les évêques bretons à la suprématie spirituelle de l'archevêque de Tours. Paroisses, 300. Abbayes, 19 : revenu, 80,000 livres ; taxe, 9,300 florins. L'abbé de Cormery était seigneur de la ville du même nom. La ville de Tours renfermait le célèbre monastère de Saint-Martin, qui avait pour chanoines laïques le dauphin de France, les ducs de Bourgogne, d'Anjou, de Bretagne, de Bourbon et de Vendôme ; les comtes de Nevers, de Flandre, de Dunois, d'Angoulême et de Douglas, en Écosse; les barons de Parthenay et de Reuilly. Taxe de l'archevêché, 2500 florins.

Évêché du Mans, fondé au quatrième siècle. Revenu 24,000 ; taxe, 2216 florins. Paroisses, 696. Abbayes, 23 : revenu 200,000 livres; taxe, 2800 flor.

Évêché d'Angers, fondé avant 380. Revenu 16,000 livres; taxe, 1700 florins. Paroisses, 462. Abbayes, 9 : revenu 175,000 livres; taxe, 6900 florins. L'évêque d'Angers était baron de Graté-Cuisse, et avait pour vassaux les barons de Briolé, de Chemillé et de Blou.

Évêché de Rennes, fondé au quatrième siècle. Revenu 10,000 ; taxe, 1000 florins. Paroisses, 265. Abbayes, 4 : revenu, 47,500 livres; taxe, 1149 florins. L'évêque était seigneur de Rennes.

Évêché de Nantes, fondé au quatrième siècle. Revenu 30,000 livres; taxe, 2000 florins. Paroisses, 212. Abbayes, 10 : revenu 43,000 livres; taxe, 500 florins. L'évêque était seigneur d'une partie de la ville.

Évêché de Vannes, fondé vers 540. L'évêque était seigneur d'une partie de la ville. Revenu 16,000 livres; taxe, 350 florins. Paroisses, 160. Abbayes, 4 : revenu 46,000 livres; taxe, 2038 flor.

Évêché de Quimper-Corentin, fondé au cinquième siècle, ou peut-être seulement au neuvième. L'évêque était seigneur de la ville et comte de Cornouailles. Revenu 40,000 livres; taxe, 1000 florins. Abbayes, 8 : revenu 47,100 livres ; taxe, 600 florins.

Évêché de Saint-Pol de Léon, fondé en 529. L'évêque était seigneur de la ville et comte de Léon. Revenu 8,000 livres; taxe, 800 florins. Paroisses, 120. Abbayes, 2 : revenu 18,600 livres; taxe, 430 florins.

Évêché de Tréguier, fondé au cinquième ou au neuvième siècle. L'évêque était seigneur de la ville, avec le titre de comte. Revenu, 14,000 livres; taxe, 460 florins. Paroisses, 70. Abbayes, 2 : revenu, 16,000 livres ; taxe, 880 florins.

Évêché de Saint-Brieuc, fondé en 844. Revenu, 18,000 livres; taxe, 800 florins. Paroisses, 200. Abbayes, 4 : revenu, 11,100 livres; taxe, 306 florins.

Évêché de Saint-Malo, transporté dans cette ville en 1141, de l'ancienne ville d'Aleth où il avait été fondé vers 541. Revenu, 36,000 livres; taxe, 5,000 florins. Paroisses, 200. Abbayes, 5 : revenu, 25,000 livres; taxe, 705 florins.

Évêché de Dol, fondé vers 559 ou au neuvième siècle, érigé en archevêché en 844 par Nomenoë, replacé en 1199 sous la juridiction du métropolitain de Tours. L'évêque était seigneur et comte de Dol. Revenu, 20,000 livres; taxe, 4,000 florins. Paroisses, 80. Abbayes, 3 : revenu, 8,500 livres; taxe, 446 florins.

ARCHEVÊCHÉ DE ROUEN.

Fondé vers 306. Suffragants : les évêques de Bayeux, Lisieux, Avranches, Coutances, Séez et Évreux. Revenu 60,000 livres.

Cet archevêché, le plus considérable du royaume, renfermait 1,388 paroisses et 31 abbayes, dont le revenu était de 413,600 livres, la taxe de 14,500 florins. L'abbé du Bec était baron de Bonneville et seigneur du Bec, avec haute, moyenne et basse justice; celui de Fécamp possédait dix baronnies, dix hautes justices et dix sergenteries. Les baronnies de Fécamp et de Vitfleur, qui formaient la mense abbatiale, lui rapportaient à elles seules plus de 60,000 livres. Celui de Saint-Vandrille était seigneur de Caudebec et patron de plusieurs paroisses. Taxe de l'archevêque, 12,000 florins.

Évêché de Bayeux. Revenu, 60,000 livres; taxe, 4,433 florins. Paroisses, 611. Abbayes, 14 : revenu, 135,000 livres; taxe, 5,400 florins.

Évêché d'Avranches, fondé vers l'an 400. Revenu, 15,000 livres; taxe, 2,520 florins. Paroisses, 180. Abbayes, 6 : revenu, 61,500 livres; taxe, 1,283 florins. La plus importante de ces abbayes était celle du Mont-Saint-Michel, qui jouissait au moyen âge de plus de 100,000 livres de rente. Au dernier siècle, l'abbé du Mont-Saint-Michel était gouverneur de cette place, très-forte par sa situation et les travaux qu'on y avait faits, et tous les soirs c'était à lui qu'on en apportait les clefs. Aujourd'hui, cette illustre abbaye, comme celle de Clairvaux, n'est plus qu'une prison d'État.

Évêché d'Évreux, fondé au quatrième siècle. L'évêque était baron de Condé-sur-Iton, d'Illiers, des Beaux, de Bretheuil et de Broville, avec haute justice. En qualité de baron de Broville, il étendait sa juridiction sur le faubourg d'Évreux nommé Saint-Gilles. Tous ses vassaux, reconnus par une petite crosse brodée sur leurs manches, étaient exempts par toute la France de tout péage. Les cérémonies qui s'observaient encore au dix-septième siècle, à l'entrée des évêques d'Évreux, méritent d'être connues. Voici en quels termes Dom Beaunier les raconte (*).

« L'évêque vient, monté sur une haquenée, de son château de Condé, qui est à cinq lieuës d'Évreux, à la paroisse de Saint-Germain-des-Prez, qui est à un quart de lieuë de cette ville. Il y reçoit les compliments des corps de la ville et du clergé, qui l'accompagnent jusqu'à la première porte de l'abbaye de Saint-Taurin, où il est reçu par le prieur et les religieux, ausquels appartient la haquenée sur laquelle le prélat est monté, et l'anneau d'or qu'il porte ce jour-là. Après que le prieur lui a présenté de l'eau bénite, qu'il lui a fait baiser la croix et qu'il l'a encensé, il est conduit processionnellement par les religieux au maître-autel, où, étant monté, il dit l'oraison de Saint-Taurin; puis le prieur prend la mitre d'argent qui est sur le chef de ce saint, et la met sur la tête du nouveau prélat, qui, ainsi mitré, n'ayant pas encore de crosse, donne la première bénédiction au peuple. Le prieur, ayant pris la mitre sur la tête de l'évêque, la remet sur le chef de saint Taurin, et le prélat se retire dans l'appartement qu'on lui a préparé dans l'abbaye. Le lendemain, tous les corps, et le clergé en chapes, s'étant rendus dans l'église de Saint-Taurin, l'évêque vient à la sacristie, et, après avoir été revêtu de ses habits pontificaux, il est conduit par les religieux au pied de l'autel, où il entonne le *Veni creator*. Ensuite on le conduit processionnellement, les religieux de Saint-Taurin marchant les derniers, et un d'eux portant la crosse, à sa maison de la Crosse, qui est située dans le fauxbourg Saint-

---

(*) Ouvrage cité, page 739 et suiv.

Denis, assez près de la cathédrale. L'hôte de la dite maison de la Crosse lui ayant fait une profonde révérence, lui dit : *Monseigneur, soyez le bien venu en votre petite maison de la Crosse*, et, lui présentant la main, le conduit à un fauteuil qui est auprès du feu, et lui dit : *Monseigneur, vous me devez aujourd'hui à dîner, et un mets séparé.* Aussi-tôt les trésoriers de la paroisse de Saint-Léger de la ville d'Évreux se présentent devant lui, et un d'eux lui dit : *Monseigneur, nous sommes obligés de vous déchausser, et vos bas et vos souliers appartiennent à notre trésor de Saint-Léger, ainsi que les titres que nous portons en font foy.* Ces titres sont une donation faite par un certain prêtre au trésor de Saint-Léger, par laquelle il paroît que l'emplacement, où autrefois l'on déchaussoit les seigneurs évêques le jour de leur entrée solennelle, lui appartenoit, et qu'il avoit vendu le dit emplacement pour y bâtir une maison, à condition que les bas et les souliers que l'évêque a portés le jour de son entrée, et 5 sols de rente, appartiendroient à l'avenir, à perpétuité, au dit trésor. Les trésoriers se mettent en devoir de le déchausser; mais ordinairement l'évêque se contente de leur laisser toucher ses bas et ses souliers, et leur fait donner une paire de bas et de souliers neufs, pendant qu'il se fait déchausser par ses domestiques. Le seigneur de Feuquerolles et de Gauville, qui auparavant a eu soin de faire étendre quantité de paille, et plusieurs pièces de natte le long du chemin par où doit passer l'évêque pour se rendre à la cathédrale, attend le dit prélat à la porte de la maison de la Crosse, et, lorsqu'il sort, lui fait une profonde révérence, et lui dit : *Monseigneur, je suis votre homme de foy*. Puis, se baissant et étendant une poignée de paille coupée d'environ la largeur d'un pied et demi, il ajoute : *Ceci vous dois et autre chose ne vous dois, ni moi ni mes sujets.* Et, accompagnant ledit seigneur évêque à son côté droit, environ un pas devant lui, il répète à diverses fois et à certaine distance les mêmes paroles, et étend de la paille jusqu'à la porte de la ville, au delà du pont, où le chapitre l'attend. L'évêque étant arrivé en ce lieu, le prieur de Saint-Taurin le présente au chapitre de l'église cathédrale, et, s'adressant au doyen, lui dit : *Messieurs, voici monseigneur notre illustrissime évêque, que nous vous amenons vif; nous vous le baillons, et mort vous nous le rendrez.* Le doyen présente l'aspersoir à l'évêque, lui fait baiser la croix, et lui fait une harangue, à laquelle le prélat répond. Aussitôt se présente le seigneur de Convenant, ayant son manteau sur ses épaules, l'épée au côté, et étant botté et éperonné. Il quitte son manteau, son épée et ses éperons, et, étant à genoux, il joint ses mains entre celles de l'évêque et lui promet fidélité *contre tous autres, fors le roy.* Les religieux de Saint-Taurin s'en retournent, et le prélat est conduit à la cathédrale par son chapitre. La messe du Saint-Esprit étant dite, et les autres cérémonies étant finies, l'évêque donne un grand dîner, où il s'est quelquefois trouvé jusqu'à 360 personnes. La première fois que l'évêque demande à boire pendant ce repas, le dit sieur de Gauville lui présente une coupe d'argent doré avec son couvercle, laquelle doit être du poids de quatre marcs, et appartient audit sieur. L'évêque ayant bu cette première fois, il fait asseoir ledit sieur de Gauville à sa table. »

Le diocèse d'Évreux contenait 540 paroisses et 11 abbayes, dont le revenu était de 157,000 livres, la taxe de 2,500 florins.

Évêché de Séez, fondé au sixième siècle. Revenu, 10,000 livres; taxe, 3,000 florins. Paroisses, 500. Abbayes, 10 : revenu, 103,000 livres; taxe, 2,400 florins. Le plus célèbre de ces monastères était celui de la Trappe.

Évêché de Lizieux, fondé au cinquième siècle. Revenu, 36,000 livres; taxe 4,000 florins. L'évêque était comte de Lizieux, mais cédait son autorité pour deux jours, le 10 et le 11 juin, au chapitre, qui élisait deux chanoines pour l'exercer pendant quarante-huit heures avec le titre de comtes. « Ils montent à cheval en surplis, ayant de grandes bandoulières de fleurs par-dessus, et de beaux bouquets aussi de fleurs à la main, et sont précédez de deux bâtonniers, de deux chapelains, et de vingt-cinq hommes d'armes, le casque en tête, la cuirasse sur le dos et la hallebarde sur l'épaule : les officiers de la haute justice les suivent aussi à cheval, en robes, avec des bandoulières et des bouquets de fleurs à la main. En cet équipage, ils vont prendre possession des quatre portes de la ville, où ils laissent un nombre d'hommes armez de pied en cap pour les garder. Il y a plusieurs maisons obligées à fournir des hommes. Lorsque les comtes arrivent aux portes, qui sont ornées de feuillages, aussi bien que celles de leurs maisons, avec leurs armes dessus, on leur présente les clefs de la ville. Les droits de la coutume et de la foire qui se tient le jour de Saint-Ursin leur appartiennent, à condition qu'ils donneront à chaque chanoine un pain et deux pots de vin. L'évêque, qui est comte de Lizieux, cesse d'être comte pendant ces deux jours, et les chanoines-comtes font ses fonctions. Leurs officiers mettent la police, et jugent toutes les causes civiles et criminelles. Si, pendant ce temps, quelque bénéfice vient à vaquer, les deux chanoines-comtes y présentent (*). » Paroisses, 580. Abbayes, 8 : revenu, 127,000 livres ; taxe, 4,000 flor.

Évêché de Coutances, fondé avant 400. Revenu, 20,000 livres ; taxe, 2,500 florins. Paroisses, 550. Abbayes, 7 : revenu, 52,000 livres ; taxe, 3,200 florins. L'abbé de Cherbourg avait deux baronnies, haute justice, et le patronage d'un grand nombre d'églises paroissiales.

INFLUENCE DE LA PUISSANCE TERRITORIALE DU CLERGÉ AU MOYEN AGE.

Nous n'avons pu, dans le tableau qui précède, qu'indiquer d'une manière très-incomplète les titres et les possessions du clergé de France. Il résulte toujours de ce court aperçu que la richesse

(*) Dom Beaunier, p. 775.

du clergé au moyen âge devait être considérable, puisque, à la fin du dix-septième siècle, ses revenus s'élevaient à plus de douze millions ; il résulte aussi de ce travail qu'au moyen âge le clergé réunissait à l'autorité spirituelle, alors si grande, d'immenses forces matérielles ; que la plupart des abbés et des évêques possédaient, comme les seigneurs féodaux, de riches domaines, et, comme eux aussi, tous les droits de la souveraineté. Si maintenant l'on posait cette question du célibat des prêtres, qui a été si vivement agitée de nos jours, il serait facile de répondre, en montrant leurs richesses et leurs droits, que le clergé catholique, si le célibat des prêtres n'eût pas été maintenu, s'il eût été permis aux prêtres d'avoir une famille, serait devenu inévitablement une caste sacerdotale héréditaire, unie d'intérêt avec la caste nobiliaire, comme les brahmanes de l'Inde avec les tchatrias ; alors le clergé eût dominé le reste de la nation de sa double autorité religieuse et politique, et retardé peut-être à jamais l'émancipation des classes inférieures : mais le mariage étant défendu aux ecclésiastiques, leur corps se recrutait nécessairement par l'élection. Or, ceux qui entraient ainsi dans son sein n'étaient pas les nobles, mais les pauvres, les serfs, qui, à force de piété ou de science, parvenaient aux plus hautes charges de l'Église, et devenaient les égaux, ou même les supérieurs des plus puissants barons. Ainsi, grâce au célibat des prêtres, l'Église était une porte toujours ouverte aux roturiers pour sortir de la servitude, et s'élever à la richesse et au pouvoir. Devenus évêques, archevêques, ou même papes, ils gardaient le souvenir de leur origine, et étaient disposés à se mettre souvent du côté du peuple contre les grands. Avant de former une classe redoutable par ses lumières et son nombre, le tiers-état fut lentement émancipé par l'Église qui se recrutait par lui, et par la royauté, qui prit dans son sein ces *gens du roi* si dangereux à la féodalité.

Ajoutons encore que ces immenses donations de terres faites au clergé du moyen âge, eurent pour résultat de ranimer par toute la France les travaux de l'agriculture. « C'est au clergé séculier et régulier, dit M. de Châteaubriand (*), que nous devons encore le renouvellement de l'agriculture en Europe, comme nous lui devons la fondation des colléges et des hôpitaux. Défrichements des terres, ouvertures des chemins, agrandissements des hameaux et des villes, établissement des messageries et des auberges, arts et métiers, manufactures, commerce intérieur et extérieur, lois civiles et politiques, tout enfin nous vient originairement de l'Église. Nos pères étaient des barbares, à qui le christianisme était obligé d'enseigner jusqu'à l'art de se nourrir.

« La plupart des concessions faites aux monastères dans les premiers siècles de l'Église étaient des terres vagues, que les moines cultivaient de leurs propres mains. Des forêts sauvages, des marais impraticables, de vastes landes, furent la source de ces richesses que nous avons tant reprochées au clergé.

« Tandis que les chanoines prémontrés labouraient les solitudes de la Pologne et une portion de la forêt de Coucy en France, les bénédictins fertilisaient nos bruyères. Molesme, Colan et Cîteaux, qui se couvrent aujourd'hui de vignes et de moissons, étaient des lieux semés de ronces et d'épines, où les premiers religieux habitaient sous des huttes de feuillages, comme les Américains au milieu de leurs défrichements.

« Saint Bernard et ses disciples fécondèrent les vallées stériles que leur abandonna Thibaut, comte de Champagne. Fontevrault fut une véritable colonie, établie par Robert d'Arbrissel, dans un pays désert, sur les confins de l'Anjou et de la Bretagne. Des familles entières cherchèrent un asile sous la direction de ces bénédictins : il s'y forma des monastères de veuves,

(*) Génie du christianisme, 4ᵉ partie, livre vi, ch. 7, 5ᵉ édition. Lyon, 1809, t. IV, p. 313.

de filles, de laïques, d'infirmes et de vieux soldats. Tous devinrent cultivateurs, à l'exemple des Pères, qui abattaient eux-mêmes les arbres, guidaient la charrue, semaient les grains, et couronnaient cette partie de la France de ces belles moissons qu'elle n'avait point encore portées.

« La colonie fut bientôt obligée de verser au dehors une partie de ses habitants, et de céder à d'autres solitudes le superflu de ses mains laborieuses. Raoul de la Futaye, compagnon de Robert, s'établit dans la forêt du Nid-du-Merle ; et Vital, autre bénédictin, dans les bois de Savigny. La forêt de l'Orges, dans le diocèse d'Angers ; Chaufournois, aujourd'hui Chantenois, en Touraine ; Bellay, dans la même province ; la Puie, en Poitou ; l'Encloître, dans la forêt de Gironde ; Gaîsne, à quelques lieues de Loudun ; Luçon, dans les bois du même nom ; la Lande, dans les Landes de Garnache ; la Madeleine, sur la Loire ; Boubon en Limousin ; Cadouin en Périgord ; enfin Haute-Bruyère, près de Paris, furent autant de colonies de Fontevrault, et qui, pour la plupart, d'incultes qu'elles étaient, se changèrent en opulentes campagnes.

« Nous fatiguerions le lecteur si nous entreprenions de nommer tous les sillons que la charrue des bénédictins a tracés dans les Gaules sauvages. Maurecourt, Longpré, Fontaine, le Charme, Colinance, Foici, Bellomer, Consanie, Sauvement, les Épines, Eube, Nanassel, Pons, Charles, Vairville, et cent autres lieux dans la Bretagne, l'Anjou, le Berry, l'Auvergne, la Gascogne, le Languedoc, la Guyenne, attestent leurs immenses travaux. Saint Colomban fit fleurir le désert de Vauge. Des filles bénédictines même, à l'exemple des Pères de leur ordre, se consacrèrent à la culture ; celles du Montreuil-lès-Dames s'occupaient, dit Hermann, à coudre, à filer, et à défricher les épines de la forêt, à l'imitation de Laon et de tous les religieux de Clairvaux (*).

(*) De Miracul, lib. III, cap. 17.

« En Espagne, les bénédictins déployèrent la même activité. Ils achetèrent des terres en friche au bord du Tage, près de Tolède, et ils fondèrent le couvent de Venghalia, après avoir planté en vignes et en orangers tout le pays d'alentour.

« Le Mont-Cassin, en Italie, n'était qu'une profonde solitude : lorsque saint Benoît s'y retira, le pays changea de face en peu de temps, et l'abbaye nouvelle devint si opulente par ses travaux, qu'elle fut en état de se défendre, en 1057, contre les Normands qui lui firent la guerre.

« Saint Boniface, avec les religieux de son ordre, commença toutes les cultures dans les quatre évêchés de Bavière. Les bénédictins de Fulde défrichèrent, entre la Hesse, la Franconie et la Thuringe, un terrain du diamètre de huit mille pas géométriques, ce qui donnait vingt-quatre mille pas, ou seize lieues de circonférence; ils comptèrent bientôt jusqu'à dix-huit mille métairies, tant en Bavière qu'en Souabe. Les moines de Saint-Benoît-Polironne, près de Mantoue, employaient au labourage plus de trois mille paires de bœufs.

« Remarquons, en outre, que la règle presque générale qui interdisait l'usage de la viande aux ordres monastiques vint sans doute, en premier lieu, d'un principe d'économie rurale. Les sociétés religieuses étant alors fort multipliées, tant d'hommes, qui ne vivaient que de poissons, d'œufs, de lait et de légumes, durent favoriser singulièrement la propagation des races de bestiaux. Ainsi nos campagnes, aujourd'hui si florissantes, sont en partie redevables de leurs moissons et de leurs troupeaux au travail des moines et à leur frugalité.

« De plus, l'exemple, qui est souvent peu de chose en morale, parce que les passions en détruisent les bons effets, exerce une grande puissance sur le côté matériel de la vie. Le spectacle de plusieurs milliers de religieux cultivant la terre mina peu à peu ces préjugés barbares, qui attachaient le mépris à l'art qui nourrit les hommes.

Le paysan apprit, dans les monastères, à retourner la glèbe et à fertiliser le sillon. Le baron commença à chercher dans son champ des trésors plus certains que ceux qu'il se procurait par les armes. Les moines furent donc réellement les pères de l'agriculture, et comme laboureurs eux-mêmes, et comme les premiers maîtres de nos laboureurs. »

TABLEAU DES MONASTÈRES FONDÉS EN FRANCE JUSQU'AU DIX-HUITIÈME SIÈCLE.

Nous placerons ici le nombre des monastères fondés en France jusqu'au dix-huitième siècle (*). Ces chiffres sont significatifs; on voit que, du quatrième au douzième siècle, il y a une progression croissante, interrompue seulement au huitième par les guerres de Charles Martel, qui dépouillait les monastères au lieu d'en fonder de nouveaux, et par celles de Pepin et de Charlemagne qui troublaient presque toute l'Europe; au dixième la progression s'arrête, grâce aux ravages des Normands, des Hongrois et des Sarrasins. Au douzième, époque des croisades et du plus grand pouvoir de l'Église, la progression atteint le chiffre énorme de 702. Mais la décadence est rapide au treizième siècle, temps de saint Louis; on compte encore 287 fondations nouvelles; au siècle suivant, où commencent la lutte contre l'Angleterre et les guerres civiles, il n'y en a plus que 53; au quinzième, 36 seulement; au seizième, enfin, durant la rivalité de François Ier et de Charles V, et les guerres de religion, le chiffre des fondations est de 15. Au dix-septième siècle, la récrudescence de la dévotion, le besoin de multiplier les *convertisseurs*, porte le nombre jusqu'à 46; mais il retombe au dix-huitième, devant l'impiété de la régence et le rationalisme des philosophes, à 4 seulement.

(*) Ce relevé a été fait d'après la liste alphabétique insérée par M. Louis de Mas-latrie dans l'Annuaire historique pour l'année 1838, publié par la Société de l'histoire de France, p. 66-230.

SIÈCLES.	NOMBRE DES MONASTÈRES FONDÉS.
IV	11
V	40
VI	262
VII	280
VIII	107
IX	251
X	157
XI	326
XII	702
XIII	287
XIV	53
XV	36
XVI	15
XVII	46
XVIII	4
Total	2577

CHAPITRE III.
DES VILLES.
INTRODUCTION.

Nous venons de passer en revue les principales dynasties féodales qui se partagèrent, au moyen âge, le territoire de la France, et formèrent presque autant d'États indépendants qu'il y avait de grands fiefs; nous avons vu également les possessions et les droits seigneuriaux du clergé. Mais, en dehors et au-dessous de la société féodale, s'en formait lentement une autre destinée à la combattre et à la renverser : c'était le peuple des villes et des bourgs, les bourgeois et les paysans, le tiers-état enfin.

Lorsque la féodalité se fut étendue sur la France, quand les anciens officiers des rois, les propriétaires de vastes domaines, se furent déclarés par droit héréditaire maîtres du territoire, tous ceux qui ne purent se faire recevoir dans cette société nouvelle, en prenant un fief de quelque suzerain, furent placés, à l'exception des habitants libres des villes municipales, sous la domination des seigneurs à titre de serfs, et dans une condition presque aussi déplorable que celle des anciens esclaves. Cependant avec le temps, à force de travail et d'industrie, les manants accrurent leur mince pécule et achetèrent des droits et des privilé-ges. Peu à peu leur nombre augmenta, et avec lui leur force; ils obtinrent la permission de s'entourer de murailles ou de relever celles qui protégeaient autrefois leurs villes. Rome en avait laissé un grand nombre sur le sol de la France; il s'en forma de nouvelles au pied des châteaux et autour des églises. Derrière ces enceintes et dans leurs rues étroites, les bourgeois, forts de leur nombre, se laissèrent moins aisément maltraiter par les grands; ils marchandèrent leur soumission et se firent payer en libertés les aides qu'ils fournirent.

Lorsque la voix de Pierre l'Hermite fit sortir tous les nobles de leurs châteaux, pour entreprendre la guerre sainte, il leur fallut de bonnes armures, de bons destriers; il leur fallut aussi de l'argent pour ce long voyage. Or les roturiers purent seuls alors fournir aux besoins de leurs anciens maîtres, car parmi eux seulement se trouvait quelque industrie, et déjà le commerce avait mis un peu d'or dans la bourse des bourgeois. Quand les chevaliers leur en demandèrent, ils financèrent volontiers; ils donnèrent argent et denrées, armes et harnais, tout ce qu'il fallait enfin pour que le noble croisé pût paraître avec honneur sous sa bannière; mais, en retour, ils reçurent des terres, ou plus souvent des priviléges, des chartes de commune, manière de payer qui paraissait aux seigneurs moins onéreuse, mais dont ils eurent plus tard à se repentir.

La commune est une ville, qui, pour son gouvernement intérieur, et même pour certains droits réguliers, jouit d'une complète indépendance. Ce mot, qui n'exprime plus dans notre langue qu'une simple circonscription rurale sous des autorités dépendantes d'un pouvoir central, eut dans le moyen âge un sens bien autrement étendu, et signifiait un ordre de choses qui donnait à chaque ville affranchie une magistrature élective ayant une juridiction particulière, la sûreté des personnes et des propriétés, le droit de paix et de guerre, enfin tous les droits des anciennes républiques. Les historiens du moyen âge ne s'y trompent pas, et quelques-uns d'entre eux emploient souvent le mot *respublica* au lieu de l'expression barbare *communio*. Dès que la commune a payé la redevance fixée par sa charte, elle ferme ses portes et s'organise comme elle l'entend. Si le comte ou l'évêque veulent porter atteinte à ses priviléges, si les seigneurs approchent en armes, celui qui veille dans la tour de l'église sonne la cloche du beffroi; et à l'instant toute la ville est sur pied, les remparts se couvrent d'hommes qui combattront avec courage, car ils ont la force et la fierté des hommes libres. Les portes pourront rester ouvertes, et l'ennemi pourra pénétrer en dedans des murailles; mais malheur à lui s'il s'aventure dans les rues sombres et tortueuses! Des chaînes tendues l'arrêteront à chaque pas, et, tandis qu'il s'efforcera de les rompre, il sera de toutes parts assailli du haut des fenêtres et des toits des maisons changées en autant de forteresses. Les hommes des communes sont ennemis du comte, et souvent de l'évêque, qui veulent les traiter en gens taillables et corvéables à merci; mais ils aiment le roi, qui, lui aussi, pressé et comme assiégé par la féodalité, voudrait repousser le joug, et ne le peut avec ses seules forces. Aussi le roi et les bourgeois, qui s'habituaient du haut de leurs remparts à regarder en face ces nobles tout bardés de fer, s'unirent contre l'ennemi commun et finirent par en triompher.

À côté des communes, nées pour la plupart d'une réaction violente contre la féodalité, et qui avaient toutes leurs droits écrits dans des chartes précises, s'élevaient des cités moins turbulentes, plus riches et plus industrieuses : c'étaient celles qui avaient su conserver quelques débris de l'ancienne organisation municipale de l'empire romain. Enfin les seigneurs féodaux avaient eux-mêmes concédé à certaines villes des priviléges, qui, sans les ériger en communes proprement dites, sans leur donner cette indépendance, cette demi-souveraineté qui caractérise les communes véritables, leur permettaient cependant d'arriver à une assez grande importance sociale.

Mais, en même temps que les habitants des villes obtenaient à divers titres des priviléges qui les affranchissaient de la domination des seigneurs, les manants des campagnes augmentaient aussi chaque jour leur mince pécule et achetaient quelques priviléges. Grâce à l'influence de l'Église, aux progrès des idées de charité et de bienfaisance, au besoin nouveau que le luxe naissant créait pour les seigneurs, les serfs participaient au mouvement ascensionnel des classes inférieures; par mille causes enfin les affranchissements se multipliaient. A chaque grande circonstance de sa vie, pour son mariage, pour la naissance d'un fils, à sa mort, pour que cette libéralité lui fût comptée dans l'autre vie, le seigneur mettait quelques serfs en liberté. La terreur dont tous les esprits furent frappés vers l'an 1000, à l'approche de cette époque qui devait, disait-on, être marquée par la fin du monde, porta les seigneurs à faire un grand nombre de donations et d'affranchissements. Puis vinrent les croisades, qui forcèrent les seigneurs à faire argent de tout, même de la liberté d'un grand nombre de paysans qui allèrent grossir la classe naissante des hommes libres. Celle-ci, formée des habitants des cités municipales, des bourgeois affranchis des villes féodales, des habitants révolutionnaires des communes, des serfs émancipés des campagnes, reçut du pouvoir royal, auquel elle prêta assistance contre la féodalité, une unité qui lui révéla sa force. Les officiers royaux pris dans son sein l'initièrent aux affaires publiques; les juristes qu'elle fournit au parlement du roi lui montrèrent les chefs de la féodalité humiliés, dégradés et condamnés par des *vilains*; les clercs enfin qui, nés du peuple, allèrent s'asseoir au-dessus des princes et des rois dans les chaires épiscopales ou sur le saint-siége; les professeurs et les légistes roturiers, qui discutèrent dans leurs écoles les droits du roi, du pape et des barons, élevèrent son orgueil et son ambition. Après être restés long-temps, pour ainsi dire, en dehors de l'État sous le nom de *manants*, de *gens de poeste*, les roturiers formèrent enfin une classe, puis un ordre, et en l'année 1254, ils parurent en France aux parlements du roi, qui prirent plus tard le nom d'états généraux.

§ I*er*. *Villes municipales.*

Sous la domination romaine, il y avait dans les Gaules cent treize ou cent quinze cités, c'est-à-dire, cent quinze villes qui avaient une organisation municipale et étendaient leur juridiction sur une certaine étendue de pays (cité, évêché et *pagus* ou pays, dit Scaliger, sont synonymes). La plupart d'entre elles conservèrent, sous les Mérovingiens, les Carlovingiens et les premiers Capétiens, le privilége de s'administrer elles-mêmes avec tous les droits de la juridiction civile et criminelle. Les provinces méridionales, plus habituées que celles du nord aux formes de la civilisation romaine, renfermaient un grand nombre de cités qui se maintinrent, jusqu'après la chute de la féodalité, dans la possession de leurs anciens droits municipaux. Mais au nord de la Loire, les villes moins nombreuses, qui d'ailleurs avaient eu plus à souffrir durant l'invasion, et dont le territoire avait été de bonne heure usurpé par les seigneurs féodaux, perdirent peu à peu leurs vieilles prérogatives, ou les ressaisirent violemment par une insurrection. Aussi la Loire, ou plutôt la limite entre les pays de Langue-d'Oc et ceux de Langue-d'Oïl, peut être aussi donnée pour la ligne de démarcation entre l'ancien régime municipal des cités de l'Aquitaine et de la Narbonnaise et le régime communal des petites républiques du nord de la France. Les villes du domaine royal et de quelques grands fiefs, qui n'avaient pu conserver intacte leur organisation primitive ni s'élever au rang de communes, formaient la liaison entre les deux systèmes.

Si nous voulions donner la liste exacte de toutes les villes municipales, il nous faudrait nommer presque toutes celles du Languedoc et de la Provence : nous nous contenterons d'indiquer les plus importantes.

TOULOUSE, qui avait dès les temps les plus anciens son capitole et son sénat, les conserva durant tout le moyen âge. Sur les monnaies des comtes de Toulouse, on trouve en effet d'une part le nom du comte, et de l'autre celui de la ville. Souvent on voit cette ville faire la paix ou la guerre sans l'assistance du comte, ses consuls commander l'armée communale, stipuler des traités, en arrêter et en signer les conditions. Ainsi, en 1202, les Toulousains allèrent en corps d'armée attaquer les seigneurs de Rabastens; et ceux-ci, ayant sollicité la médiation du comte de Toulouse, les consuls l'acceptèrent, et signèrent une convention avec leurs adversaires. L'année suivante, les mêmes consuls assiégèrent le château d'Auvillars, et conclurent en leur nom un traité avec les habitants.

NARBONNE fut la première colonie romaine établie dans les Gaules. Lorsque Pepin la reprit, au huitième siècle, sur les Sarrasins qui l'occupaient, ses habitants obtinrent le droit de se gouverner eux-mêmes, et divers actes prouvent que cette ville conserva le droit, reconnu par Pepin, d'avoir une organisation municipale. Entre autres faits qui le démontrent, on peut citer le traité conclu avec les Génois, par les comtes de Narbonne, au nom de la commune et de tout le peuple de la cité.

NIMES. Des titres nombreux ne laissent aucun doute sur l'existence de l'autorité municipale dans cette ville; nous citerons seulement un traité d'alliance conclu, en 1213, entre Nîmes et Arles.

PÉRIGUEUX. Plus qu'aucune autre cité, Périgueux conserva au moyen âge le dépôt fidèle des institutions romaines. Jamais les comtes de Périgord ne purent mettre cette ville sous leur joug féodal; elle résista à tous leurs efforts et leur fit respecter ses droits. Malgré de nombreuses attaques, ses consuls se maintinrent en possession de la haute et basse justice. Leur titre était celui de citoyens-seigneurs de Périgueux, et, lorsqu'ils rendaient hommage au roi pour la ville, c'était dans les termes mêmes dont le comte se servait pour l'hommage de son comté. « Comme la cité, est-il dit dans un acte de 1240, est libre et n'est sujette à la juridiction de personne..., ce sera à la volonté des consuls que l'armée de l'universalité marchera. »

BOURGES. Le premier article de l'ancienne coutume de Bourges portait : « Les habitants de la ville et septaine de Bourges sont libres. » En effet, la ville était gouvernée par quatre prud'hommes qui étaient élus par les bourgeois, et auxquels, dit la Thaumassière, ils passaient le jour de l'élection procuration pour le gouvernement de la ville et des affaires communes. Dans la confirmation des coutumes de Bourges par Louis VII, il est dit à l'article 5 que le hauban ne sera ordonné que trois fois dans l'année, à l'époque convenable, et en prenant l'avis des *bons hommes* de la cité. L'article 9 porte : « Et s'ils font quelque tort dans la ville, ils le répareront selon l'évaluation des *barons de la cité* (c'est-à-dire, des officiers municipaux). » Enfin un arrêt de 1261 maintint les droits municipaux de la ville de Bourges, et déclara que la justice s'exerçait par les bourgeois et par les clercs et chevaliers de la septaine.

MARSEILLE. Bien que soumise à des vicomtés, Marseille conserva au moyen âge son organisation administrative ; elle agissait comme corps municipal et d'une manière tout à fait indépendante, faisait des traités, par exemple avec Gaëte, Pise, Gênes, etc. ; se confédérait avec la république d'Arles, traitait avec les comtes de Provence, et achetait même les droits du vicomte de Marseille. Grâce à son indépendance, cette ville conserva au moyen âge l'éclat qu'elle avait déjà sous la domination romaine, et même avant la conquête de la Gaule par César. Elle était redevenue, comme avant notre ère, une grande puissance maritime.

Dès le sixième siècle, elle commerçait avec l'Égypte. Au neuvième siècle, les marchands de Marseille, Avignon, Lyon, allaient deux fois par an chercher à Alexandrie les denrées de l'Arabie et de l'Inde. Ces marchandises remontaient le Rhône jusqu'à la Saône, jusqu'au Doubs, et de là descendaient par la Moselle jusqu'à Aix-la-Chapelle et dans toute l'Allemagne du nord-ouest.

ARLES. Colonie romaine et métropole des Gaules au cinquième siècle, Arles conserva son gouvernement municipal, dont l'existence est attestée au moyen âge par de nombreux documents. Dès l'année 962, on trouve un traité conclu entre le comte d'Arles et le monastère de Saint-Victor de Marseille, en présence, y est-il dit, de tous les hommes d'Arles, des sages et des chefs de la cité. Lorsque Conrad III investit, en 1144, l'archevêque d'Arles de tous les droits régaliens, il réserva tacitement tous les droits municipaux aux citoyens en n'accordant l'exercice d'aucun d'entre eux à l'archevêque. En 1251, Arles se soumit au comte de Provence et à ses successeurs, à titre de donation gratuite et en conservant son organisation intérieure.

METZ. Ville municipale sous l'empire, Metz conserva ses institutions durant le moyen âge; là, comme dans toutes les villes du nord, les officiers municipaux ne portaient pas le nom romain de consuls qu'ils avaient dans le midi de la France, mais le titre germanique d'échevins. Ainsi, en 1126, Étienne de Bar, évêque de Metz, ayant fait certaines concessions à l'abbaye de Saint-Arnould, la charte fut soumise à l'approbation de trois des principaux magistrats de la ville, du premier échevin et des notables, qui renoncèrent à tous les droits qu'ils pouvaient faire valoir sur les concessions de l'évêque. Mais, en *1179* ou *1180*, l'évêque Bertram publia une nouvelle charte, qui rendit annuelle la charge du premier échevin, et établit qu'il ne serait plus nommé par le clergé et le peuple réunis; afin, dit la charte, d'éviter les occasions de querelles et de dissensions qui éclatent d'ordinaire dans les élections tumultueuses faites par la multitude.

REIMS. Au douzième siècle, Reims, jadis la capitale de la Belgique romaine, prétendait que ses institutions municipales étaient antérieures à l'épiscopat de saint Remi ; mais les archevêques diminuèrent par leurs empiétements successifs les prérogatives des magistrats populaires, et transformèrent peu à peu leur titre de défenseurs de la cité et leur patronage désintéressé en une véritable seigneurie féodale. Après avoir enlevé aux échevins presque tous les droits que les lois romaines accordaient aux curies, ils voulurent encore leur ôter la justice municipale ; mais cette dernière usurpation ne put s'opérer, et les bourgeois, excités par l'exemple de quelques villes voisines, échangèrent les faibles débris d'institutions municipales qu'ils avaient pu sauver, contre une charte de commune.

PARIS. Sous les trois dynasties, Paris conserva son titre municipal de cité, qui n'appartenait qu'aux villes ayant une organisation administrative indépendante de l'autorité des agents impériaux ; on voit même sur l'une des faces d'une ancienne monnaie le nom de Hugues, duc par la grâce de Dieu, et de l'autre les mots : cité de Paris ; « de sorte, dit M. Renouard, que le duc qui usurpait les droits du roi respectait ceux de la cité. » Les prévôts des marchands de l'eau, titre qui désignait les magistrats municipaux de la ville, avaient le droit d'établir des impôts sur les denrées qui entraient dans la ville, d'exercer la police, d'administrer la basse justice, de percevoir des droits d'étalonage, d'acheter des biens communaux, de vendre des droits de seigneurie, de propriété, de cens, etc. ; ils prononçaient sur les contestations relatives aux héritages, interprétaient et appliquaient les dispositions de la coutume de Paris, etc. Mais après la sédition des maillotins, en 1382, Charles VI mit sous sa main la prévôté des marchands, l'échevinage de Paris et sa juridiction ; il abolit les maîtrises et communautés de métiers, et fit enlever les titres et les papiers de la magistrature municipale. Toutefois Paris, capitale de l'ancien fief royal et de toute la France, quand la France entière fut entrée dans le domaine du roi, était trop important pour être à toujours privé de ses droits municipaux ; mais sa population était aussi trop nombreuse, ses richesses trop grandes, pour qu'il ne fût pas surveillé de près par l'autorité royale : aussi, quand son administration lui fut rendue, ce ne fut pas avec tous les priviléges dont il avait joui autrefois.

Agde, Amiens, Angoulême, Arras, Auch, Auxonne, Autun, Auxerre, Bavai, Bayeux, Beauvais, Besançon, Bordeaux, Boulogne, Bourges, Cahors, Cambrai, Châlons-sur-Marne et Châlons-sur-Saône, Chartres, Clermont, Die, Embrun, Évreux, Langres, Laon, Limoges, Lyon, Mâcon(*), Maguelone, le Mans, Meaux, Nantes, Nevers, Noyon, Orange, Poitiers, le Puy, Rennes, Rouen, Séez, Senlis, Sens, Strasbourg, Térouenne, Toul, Tours, Tournay, Trois-Châteaux, Troyes, Usez, Vence, Verdun, Vienne, conservèrent avec plus ou moins de bonheur le régime des municipalités romaines, dont le principal caractère était de faire elles-mêmes leurs affaires intérieures sans qu'aucun pouvoir étranger vînt s'en occuper. Nous pourrions grossir cette liste d'une foule d'autres cités, car dans le Languedoc seulement on compte cinquante-deux députations de villes municipales qui parurent à l'assemblée de Carcassonne en 1269, et vingt ans plus tôt à celle de 1249, où l'on prêta serment de fidélité au nouveau comte de Toulouse, Alphonse, frère de saint Louis. Mais il

(*) En 1346, le roi de France reconnaissait encore la juridiction de Mâcon. « Li larron, est-il dit à l'article 4 d'une ordonnance de Philippe VI, et li murtriers et tout malfaiteur doivent estre jugiez par li citoiens ; et li bien des malfaiteurs demeurent à leurs prochiens homs, et li sires n'a rien es biens, exceptez les cas qui sont en droit, par quoy le roy doit avoir les biens. »

suffit au but que nous nous proposons, d'avoir sommairement indiqué le caractère et l'importance des villes municipales de l'ancienne France. Leurs privilèges, respectés par les rois des trois dynasties, subsistèrent, malgré les usurpations et les vexations des seigneurs féodaux, jusqu'aux temps modernes. Intéressés, en effet, à se concilier la faveur des bourgeois, pour être plus forts contre l'aristocratie, les rois capétiens surtout protégèrent le droit municipal des villes. « A différentes époques, dit M. Renouard(*), lors de la réunion successive de plusieurs pays à la France, ou lors des pacifications qui terminèrent les discordes civiles, divers traités, de nombreuses capitulations, assurèrent expressément à plusieurs cités l'exercice de leurs franchises primitives, de leurs libertés accoutumées; des contrats synallagmatiques, entre les princes et les sujets, établirent et fixèrent leurs rapports présents et les rapports des générations futures; je veux dire les droits et les devoirs qui d'avance liaient nécessairement les successeurs des princes et les enfants des sujets.

« Par respect pour les obligations expresses ou tacites, qui exigeaient que les franchises et les coutumes, soit des anciens pays de la France, soit des pays réunis, fussent conservées et maintenues, les princes de la troisième dynastie ordonnèrent la rédaction de ces franchises et coutumes, afin qu'elles devinssent la loi commune. Cette vaste et heureuse entreprise législative fut exécutée avec solennité: l'autorité royale, en sanctionnant des usages locaux, leur imprima le caractère de la loi; non-seulement elle constata et confirma ainsi les titres d'un grand nombre de villes, qui avaient l'usage et le droit de nommer leurs maires, échevins, jurats, officiers municipaux, etc., mais elle consacra les avantages de la juridiction que ces magistrats exerçaient dans plusieurs pays.

« Enfin la législation générale relative aux droits municipaux des cités et villes de France, les avait constamment reconnus et protégés, jusques en des moments désastreux où la nécessité de recourir à des expédients financiers donna, en 1692, la malheureuse idée d'appliquer au régime municipal un système de vénalité. »

Dès lors les derniers restes des privilèges municipaux disparurent, et il n'y eut plus en face d'une royauté devenue absolue que les amers souvenirs des anciennes libertés. Non contente d'avoir réduit au silence ou fait tomber en désuétude les grands pouvoirs politiques de la nation, le parlement et les états généraux, la royauté voulut encore supprimer à son profit des privilèges inoffensifs et cependant précieux; mais ce fut la dernière de ses usurpations. Un résultat heureux en sortit même, car la France se trouva au jour de sa révolution nivelée par le despotisme, et toute prête à recevoir une organisation nouvelle qui pût être identique d'un bout à l'autre du royaume.

§ II. *Communes.*

« Toutes les révolutions modernes, dit M. Augustin Thierry(*), prennent leur source dans un débat entre le peuple et la puissance royale: celle des communes, au douzième siècle, ne pouvait avoir ce caractère. Il y avait alors peu de villes qui appartinssent immédiatement au roi: la plupart des bourgs étaient la propriété des barons ou des églises, et les villes métropolitaines se trouvaient, en totalité ou en partie, sous la seigneurie de leurs évêques. Quelquefois un seigneur laïque, maître de l'ancienne citadelle et du quartier voisin, disputait au prélat la suzeraineté et le gouvernement du reste de la ville; quelquefois le roi avait une tour où son prévôt se cantonnait militairement, pour lever sur les bourgeois certains subsides, en sus des tailles que l'évêque et le seigneur laïque exigeaient chacun de son côté. Heu-

(*) Histoire du droit municipal en France, t. II, p. 365.

(*) Lettres sur l'histoire de France, p. 263 et suiv., 5ᵉ édition.

reusement pour la bourgeoisie, ces trois puissances s'accordaient mal entre elles. L'insurrection d'un des quartiers de la ville trouvait souvent un appui dans le seigneur du quartier voisin ; et si la population tout entière s'associait en corps politique, il était rare que l'un des seigneurs, gagné par des offres d'argent, ne confirmât pas cette révolte. C'est ainsi que la commune d'Auxerre s'établit du consentement du comte, malgré l'évêque, et qu'à Amiens l'évêque se rangea contre le comte, du côté de la bourgeoisie. Dans le midi de la France actuelle, pays situé alors en dehors du royaume, les évêques se montrèrent en général amis des libertés bourgeoises et protecteurs des communes ; mais dans la France proprement dite, en Bourgogne et en Flandre, tantôt protégés par les rois, tantôt seuls, à l'aide des armes et de l'anathème, ils soutinrent contre les communes une guerre qui ne se termina qu'après trois siècles, par la ruine simultanée des droits politiques des villes et des priviléges seigneuriaux.

« Cette différence remarquable provient de ce que dans le midi de la Gaule, où la conquête franque ne pénétra jamais à fond, l'autorité temporelle des évêques avait moins que dans le nord perdu son caractère de magistrature, pour s'assimiler au pouvoir des barons ou gens de la race conquérante. A mesure qu'on approchait du Rhin, l'on trouvait les traces de l'invasion germanique plus visiblement marquées. L'abus de la force était plus grand, le pouvoir seigneurial plus despotique ; tout homme qui ne pouvait pas se dire chevalier était traité en serf, et ce titre humiliant était celui dont les évêques, du haut de leurs palais crénelés, qualifiaient les habitants des villes métropolitaines. Mais cette dénomination exprimait en général une prétention plutôt qu'un fait ; et les bourgeois, par leurs fréquentes émeutes, par leurs ligues défensives, prouvaient que le servage des campagnes n'était pas fait pour les villes. De temporaires qu'elles étaient d'abord, ces associations de défense mutuelle, *communions ou communes*, comme on les appelait, devinrent permanentes ; on s'avisa de les garantir par une organisation administrative et judiciaire, et la révolution fut accomplie. « Com« mune, dit un auteur ecclésiastique « du douzième siècle, est un mot nou« veau et détestable, et voici ce qu'on « entend par ce mot : les gens taillables « ne payent plus qu'une fois l'an à leur « seigneur la rente qu'ils lui doivent ; « s'ils commettent quelque délit, ils en « sont quittes pour une amende léga« lement fixée ; et, quant aux levées « d'argent qu'on a coutume d'infliger « aux serfs, ils en sont entièrement « exempts. »

« Ainsi le mot de commune exprimait, il y a sept cents ans, un système de garantie analogue, pour l'époque, à ce qu'aujourd'hui n us comprenons sous le mot constitution. Comme les constitutions de nos jours, les communes s'élevaient à la file, et les dernières en date imitaient de point en point l'organisation des anciennes. »

C'est dans la dernière moitié du onzième siècle que les documents historiques présentent pour la première fois des villes constituées en communes. La première en date est celle du Mans.

LE MANS. Lorsque Guillaume le Bâtard partit pour la conquête de l'Angleterre (1066), les Manceaux, qui avaient été contraints de le reconnaître pour seigneur, profitèrent de son absence pour chasser ses garnisons de leur pays. Encouragés par le succès, les habitants du Mans se soulevèrent aussi contre leur comte, et formèrent une association qui prit des chefs électifs et le nom de commune. Le comte du Mans, l'évêque et les nobles de la ville jurèrent d'obéir aux nouvelles lois de la cité. Les gentilshommes des environs montrant des dispositions moins favorables, les bourgeois résolurent de les y forcer.

« Il arriva que l'un des barons du pays, nommé Hugues de Sillé, attira sur lui la colère des membres de la commune, en s'opposant aux institutions qu'ils avaient promulguées. Ceux-ci envoyèrent aussitôt des messagers dans tous les cantons d'alentour, et rassemblèrent une armée qui se porta avec beaucoup d'ardeur contre le château de Sillé; l'évêque du Mans et les prêtres de chaque paroisse marchaient en tête avec les croix et les bannières. L'armée s'arrêta pour camper à quelque distance du château, tandis que Geoffroy de Mayenne, venu de son côté avec ses hommes d'armes, prenait son quartier séparément. Il faisait semblant de vouloir aider la commune dans son expédition; mais il eut, dès la nuit même, des intelligences avec l'ennemi, et ne s'occupa d'autre chose que de faire échouer l'entreprise des bourgeois.

« A peine fut-il jour que la garnison du château fit une sortie avec de grands cris; et au moment où les gens de la commune, pris au dépourvu, se levaient et s'armaient pour combattre dans toutes les parties du camp, des gens apostés répandirent qu'on était trahi, que la ville du Mans venait d'être livrée au parti ennemi. Cette fausse nouvelle, jointe à une attaque imprévue, produisit une terreur générale : les bourgeois et leurs auxiliaires prirent la fuite en jetant leurs armes; beaucoup furent tués, tant nobles que vilains, et l'évêque lui-même se trouva parmi les prisonniers.

« Geoffroy de Mayenne, de plus en plus suspect aux gens de la commune, et craignant leur ressentiment, abandonna la tutelle du jeune comte, et se retira hors de la ville, dans un château nommé la Géole. Mais la mère de l'enfant, Guersande, fille du comte Herbert, qui entretenait avec Geoffroy un commerce illicite, s'ennuya bientôt de son absence, et ourdit sous main un complot pour lui livrer la ville. Un dimanche, par la connivence de quelques traîtres, il entra avec quatre-vingts chevaliers dans un des forts de la cité, voisin de la principale église, et de là se mit à guerroyer contre les habitants. Ceux-ci, appelant à leur aide les barons du pays, assiégèrent la forteresse. L'attaque était difficile, parce que, outre le château, Geoffroy de Mayenne et ses gens occupaient deux maisons flanquées de tourelles. Les bourgeois n'hésitèrent pas à mettre le feu à ces maisons, quoiqu'elles fussent tout près de l'église, qu'on eut peine à préserver de l'incendie. Ensuite l'attaque du fort commença, à l'aide des machines, si vivement, que Geoffroy, perdant courage, s'échappa de nuit, disant aux siens qu'il allait chercher du secours. Les autres ne tardèrent pas à se rendre; et les bourgeois, rentrés en possession de la forteresse, en rasèrent les murailles intérieures jusqu'à la hauteur du mur de ville, ne laissant subsister en entier que les remparts tournés vers la campagne. (*) »

Mais, en 1073, Guillaume revint d'Angleterre avec une nombreuse armée, et les bourgeois du Mans, incapables de lui résister, durent renoncer à leur commune et venir apporter au roi les clefs de leur ville.

CAMBRAI. Dès le dixième siècle, il y eut de hardies tentatives faites par les Cambrésiens pour établir une commune. Dès l'année 957, ils fermèrent leurs portes à leur évêque, et songeaient déjà à s'organiser d'une manière républicaine, quand l'évêque reparut avec une armée d'Allemands et de Flamands, qui entrèrent par composition dans la ville, et n'en firent pas moins main basse sur une partie des bourgeois. Ce massacre laissa des souvenirs qui portèrent leurs fruits. En 1024, les bourgeois chassèrent les chanoines et tout le clergé, démolirent leurs maisons, et emprisonnèrent plusieurs prêtres. Une armée impériale rétablit encore à Cambrai l'autorité de l'évêque. En 1064, nouvelle tentative, qui ne put être étouffée que par trois armées; mais, en 1076, les bourgeois furent enfin plus heureux. « Comme le clergé et tout le peuple, dit la chronique de Cambrai (**), étoient en grande

---

(*) *Scriptores rerum Franc.*, t. XII, p. 539 et suiv., traduit par M. Augustin Thierry dans ses Lettres sur l'hist. de France, p. 271 et suiv., 5ᵉ édition.

(**) Extrait fait par M. Augustin Thierry, ouvrage cité, pag. 278.

paix, s'en alla l'évêque Gérard à l'empereur. Mais ne fut pas très-éloigné, quand les bourgeois de Cambrai, par mauvais conseil, jurèrent une commune, et firent ensemble une conspiration que de long-temps avoient murmurée, et s'allièrent ensemble par serment, que si l'évêque n'octroyoit cette commune, ils lui défendroient l'entrée en la cité. Cependant l'évêque étoit à Lobbes, et lui fut dit le mal que le peuple avoit fait, et aussitôt il quitta sa route, et pour ce qu'il n'avoit gens pour le venger de ses bourgeois, il prit avec lui son bon ami Baudoin, le comte de Mons, et ainsi vinrent à la cité avec grande chevalerie. Lors eurent les bourgeois leurs portes closes, et mandèrent à l'évêque qu'ils ne laisseroient entrer que lui et sa maison, et l'évêque répondit qu'il n'entreroit pas sans le comte et sa chevalerie, et les bourgeois le refusèrent. Quand l'évêque vit la folie de ses sujets, il lui prit grande pitié, et il désiroit plus faire miséricorde que justice. Alors leur manda qu'il traiteroit des choses devant dites, en sa cour, en bonne manière, et ainsi les apaisa. Alors l'évêque fut laissé entrer, et les bourgeois entrèrent en leurs maisons, à grande joie, et tout fut oublié de ce qui avoit été fait. Mais il advint, après un peu de temps, par aventure, sans le su et le consentement de l'évêque et contre sa volonté, que grand nombre de chevaliers les assaillirent en leurs hôtels, en occirent aucuns et plusieurs blessèrent. Dont furent les bourgeois très-ébahis et fuirent à l'église Saint-Gery, enfin furent pris et menés devant l'évêque. Ainsi fut cette conjuration et la commune défaite, et jurèrent désormais féauté à l'évêque. »

Mais bientôt la commune fut rétablie et l'évêque forcé d'y souscrire. « Ni l'évêque, ni l'empereur, dit un ancien écrivain, ne peuvent y asseoir de taxe; aucun tribut n'y est exigé; on n'en peut faire sortir la milice, si ce n'est pour la défense de la ville, et encore à cette condition que les bourgeois puissent, le jour même, être de retour dans leurs maisons. » Les quatre-vingts jurés qui composaient le corps électif de la magistrature étaient obligés d'entretenir un valet et un cheval toujours sellé, afin d'être prêts à se rendre partout où les appelaient les devoirs souvent dangereux de leurs charges. Abolie encore en 1138 et en 1187, la commune de Cambrai se releva toujours, et subsista jusqu'au quatorzième siècle, malgré les excommunications de ses évêques, qu'elle chassait avec tout leur clergé quand ils refusaient de la reconnaître.

Noyon, en 1178. Ce fut l'évêque même de Noyon qui, de son propre mouvement, concéda, en 1178, une charte, qui constituait le corps des bourgeois en association perpétuelle, et garantissait aux membres de la commune l'entière propriété de leurs biens, avec le droit de ne pouvoir être jugés que par leurs propres magistrats. L'évêque jura lui-même cette charte, et prononça l'anathème contre quiconque la transgresserait ou la violerait; enfin, il invita le roi de France à la sanctionner de son autorité royale. En 1181, Philippe-Auguste confirma de nouveau cette commune.

Beauvais. C'est en 1099 que commencèrent les démêlés de l'évêque de Beauvais avec les bourgeois de cette ville, qui, depuis longtemps, avait déjà des coutumes passées en droits, et ordinairement confirmées par l'évêque, seigneur suzerain de la cité. Louis le Gros, appelé à plusieurs reprises, prit parti pour les bourgeois, et leur délivra de sa pleine autorité une charte de commune. Jusqu'à Philippe-Auguste, la ville, malgré cette charte, fut souvent troublée par les juridictions rivales des pairs, ou du maire des bourgeois, et de l'official de l'évêque; et cette longue querelle allait être décidée, vers 1214, par un duel judiciaire entre le champion de l'évêque et celui des habitants, quand Philippe-Auguste survint, et sollicita les secours des deux partis contre l'ennemi commun du royaume. L'empereur Otton envahissait alors la France, à la tête d'une armée allemande, et le roi réunissait toutes ses forces pour résister à cette redoutable invasion. Répondant au ban royal, l'évêque et les bourgeois de Beauvais suivirent l'oriflamme, et scellèrent leur réconciliation sur le champ de bataille de Bovine, où seize légions de communes combattirent vaillamment à côté des troupes féodales du roi. Mais, en 1232, la guerre recommença, et dura, sauf de courts intervalles de paix, jusqu'en 1306. A cette époque commence pour Beauvais, comme pour toutes les communes de France, un ordre nouveau. Dès lors il faut cesser de part et d'autre de recourir à la force; tout se termine par voie de justice. La commune subsiste, ses priviléges mêmes sont augmentés, en récompense de sa bonne conduite dans la guerre contre les Anglais; mais l'esprit républicain a disparu, comme l'arrogance féodale de l'évêque, et le prélat, malgré son titre de comte, les bourgeois, malgré leurs chartes, sont les fidèles sujets d'un maître tout-puissant.

SAINT-QUENTIN, 1102. Ce fut de sa libre volonté que le comte Raoul de Vermandois octroya, comme l'évêque de Noyon, une charte de commune aux habitants de Saint-Quentin, afin de prévenir les troubles que pouvait faire éclater l'exemple contagieux des communes voisines. Par cette charte, la commune obtint le droit d'abattre les châteaux des seigneurs qui lui feraient quelque tort, et la promesse, de la part du comte, de l'aider dans ses guerres contre les seigneurs voisins, ses ennemis.

LAON, vers 1112. « Placés (*) presque à égale distance de Saint-Quentin et de Noyon, les bourgeois de Laon ne pouvaient s'empêcher de tourner les yeux vers ces deux villes. Peut-être la commune de Beauvais leur plaisait-elle moins que les deux autres, à cause de la répugnance qu'éprouvent les masses d'hommes à s'engager de sang-froid dans une révolution violente. Mais une sorte de fatalité les entraîna, malgré eux, dans d'autres voies. Ils commencèrent par des demandes de réforme, adressées avec calme, et finirent par un soulèvement accompagné de ce que les guerres civiles peuvent offrir de plus atroce. L'histoire de la commune de Laon a cela de remarquable, qu'elle reproduit de la manière la plus exacte le type des révolutions modernes. Au moment où l'action révolutionnaire est parvenue au dernier degré de violence, la réaction arrive, suivie d'une nouvelle série de désordres et d'excès commis en sens contraire. Enfin, quand les partis opposés sont las de s'entre-détruire, vient le grand acte de pacification, reçu avec joie des deux côtés, mais qui, au fond, n'est qu'une trêve, parce que les intérêts opposés subsistent et ne peuvent s'accorder. » Ce fut en 1331 que fut rendue l'ordonnance qui abolit définitivement la commune de Laon. Elle avait existé plus de deux siècles.

AMIENS, 1113. Au douzième siècle, elle était partagée entre quatre dominations : le comte, qui possédait une partie de la ville; le vidame, ancien officier de l'évêque, qui en avait une autre partie; un châtelain, propriétaire de la grosse tour, dite le petit château, le *Châtillon*; enfin l'évêque maître du reste. Les bourgeois surent intéresser les deux plus faibles de leurs quatre maîtres, l'évêque et le vidame, au projet de l'établissement d'une commune; mais le comte Enguerrand de Boves, sire de Coucy, s'y refusa constamment; et bien que Louis le Gros eût sanctionné l'érection de la commune, au prix d'une assez forte somme, Enguerrand marcha contre les bourgeois d'Amiens avec tous les chevaliers de ses terres. Les domaines de l'évêque, allié des bourgeois, furent impitoyablement dévastés. En un seul jour, Thomas de Marle, fils d'Enguerrand, tua de sa main trente hommes de l'évêque; mais, attiré dans une embuscade, il fut blessé, et contraint de laisser pour quelque temps la ville en repos. Toutefois les troupes qu'il avait placées dans la grosse tour continuèrent la lutte; et l'évêque, découragé de voir sa ville épiscopale désolée par

---

(*) Augustin Thierry, Lettres sur l'histoire de France, pag. 296, 5ᵉ édition.

une guerre civile, et attribuant tous ces maux à sa condescendance, renvoya à l'archevêque de Reims son anneau avec son bâton pastoral, et se retira, simple moine, dans l'abbaye de Cluny, puis à la grande Chartreuse. Cependant, Louis VI, déterminé par les plaintes du clergé à faire la guerre à Thomas de Marle, ramena l'évêque dans Amiens. Mais la forteresse était toujours au pouvoir des soldats du comte : le roi, se mettant à la tête des bourgeois, l'attaqua en personne, et quatre-vingts femmes de la ville montèrent dans les tours roulantes qu'on approcha de la forteresse pour lancer des pierres sur les assiégés. Tous ces efforts furent inutiles, et le roi, découragé, partit. Ce ne fut qu'au bout d'un blocus de deux années que les bourgeois prirent enfin le Châtillon, et le rasèrent. Dès lors ils furent en libre possession de leur commune qui subsista jusqu'à Philippe IV. Supprimée par ce prince, elle fut rétablie en 1307 au prix d'une forte somme, et paya encore, quelques années plus tard, 60,000 livres et une rente annuelle de 600 livres pour le rachat de tous ses droits. Malgré cette convention, les anciens droits des comtes que possédait la commune, lui furent successivement enlevés avec la plus grande partie de ses revenus, et la juridiction de ses échevins fut bornée au *petit criminel*, malgré les deux glaives qu'ils faisaient porter devant eux aux jours de grandes cérémonies, comme insignes de haute justice, en souvenir du droit de vie et de mort anciennement exercé par eux.

Soissons, vers 1116. L'établissement de cette commune se fit d'une manière pacifique par le consentement du comte et de l'évêque; le roi lui-même en confirma la charte : « Tous les « hommes, » dit cette charte (*), qui devint celle de plusieurs villes en Picardie, en Champagne et jusqu'en Bourgogne, « tous les hommes habitant « dans l'enceinte des murs de la ville

« de Soissons et en dehors dans le fau- « bourg, sur quelque seigneurie qu'ils « demeurent, jureront la commune ; « si quelqu'un s'y refuse, ceux qui « l'auront jurée feront justice de sa « maison et de son argent.

« Dans les limites de la commune, « tous les hommes s'aideront mutuel- « lement, selon leur pouvoir, et ne « souffriront en nulle manière que qui « que ce soit enlève quelque chose ou « fasse payer des tailles à l'un d'entre « eux.

« Quand la cloche sonnera pour as- « sembler la commune, si quelqu'un « ne se rend pas à l'assemblée, il payera « douze deniers d'amende.

« Si quelqu'un de la commune a « forfait en quelque chose et refuse de « donner satisfaction devant les jurés, « les hommes de la commune en fe- « ront justice.

« Les membres de cette commune « prendront pour épouses les femmes « qu'ils voudront, après en avoir de- « mandé permission aux seigneurs ; et « si les seigneurs refusent, et que quel- « qu'un prenne sans leur aveu une « femme d'une autre seigneurie, il « payera cinq sous d'amende.

« Si un étranger apporte son pain « ou son vin dans la ville pour les y « mettre en sûreté, et qu'ensuite un « différend survienne entre son sei- « gneur et les hommes de cette com- « mune, il aura quinze jours pour ven- « dre son pain et son vin dans la ville « et emporter l'argent, à moins qu'il « n'ait forfait ou ne soit complice de « quelque forfaiture.

« Si l'évêque de Soissons amène par « mégarde dans la ville un homme qui « ait forfait envers un membre de « cette commune, après qu'on lui aura « remontré que c'est l'un des ennemis « de la commune, il pourra l'emme- « ner cette fois ; mais il ne le ramènera « en aucune manière, si ce n'est avec « l'aveu de ceux qui ont charge de « maintenir la commune.

« Toute forfaiture, hormis l'infrac- « tion de commune et la vieille haine, « sera punie d'une amende de cinq « sous. »

(*). Traduite par M. Aug. Thierry, ouvrage cité, p. 361.

Mais bientôt des plaintes s'élevèrent de toutes parts contre cette charte librement consentie. L'évêque se plaignit qu'on eût fait de la grande salle de son palais une prison publique, et de son promenoir le lieu où se tenaient les assemblées de la commune : tous les seigneurs voisins prétendirent que la ville devenait un asile où se réfugiaient leurs serfs, et se récrièrent contre l'impôt mis par les bourgeois sur les marchandises apportées dans la ville. Une intervention de Louis le Gros fut défavorable aux habitants. Cependant ils sauvèrent cette fois leur charte, qu'ils conservèrent encore deux siècles; mais, en 1325, ruinés par d'interminables procès intentés contre eux par l'évêque et les chanoines, ils vendirent leur commune à Charles IV, à la condition que ce prince prendrait leur dette publique à sa charge.

SENS (1146). Sens adopta, vers le milieu du douzième siècle, la charte de Soissons; mais les plaintes des clercs, surtout celles des religieux de Saint-Pierre le Vif, qui allèrent jusqu'à invoquer l'assistance du pape, amenèrent la ruine de la commune; toutefois les bourgeois ne laissèrent point passer cet acte sans une protestation violente. L'abbé de Saint-Pierre le Vif étant revenu peu de temps après dans la ville, au retour de son ambassade près du pape, fut tué par les bourgeois, avec son neveu, qui chercha vainement à le défendre. Cependant la commune de Sens fut rétablie par Philippe-Auguste; mais elle ne put jamais s'élever à un grand éclat, et périt obscurément par les empiétements successifs des officiers royaux.

REIMS (1158), que nous connaissons déjà comme ville municipale, voulut, au milieu du douzième siècle, échanger ses institutions sans garanties contre une charte de commune qui précisait ses droits. Profitant d'une vacance du siége archiépiscopal, les Rémois établirent une commune à l'instar de Laon, dont ils prirent la charte. Mais à Reims, l'archevêque, comte de la ville et de son territoire, métropolitain d'une grande partie de la France du nord-est, investi enfin du droit de sacrer les rois, était trop puissant pour que la commune pût subsister sans de grands troubles; il y en eut en effet qui durèrent un siècle, et dans lesquels les bourgeois montrèrent une audace et une énergie qui prouvent combien les passions révolutionnaires étaient vives aussi durant ce moyen âge, qu'on représente si souvent comme servilement soumis aux lois hiérarchiques du régime féodal. Avec saint Louis commença l'intervention directe et fréquente des rois dans les affaires de la commune; et cette intervention, il est inutile de le dire, fut fatale aux bourgeois, car la royauté n'en était déjà plus aux mauvais jours de Louis VI, où il fallait chercher appui partout, même dans de pauvres cités. Saint Louis jugea non pas comme arbitre, mais comme maître, et la lutte du privilége seigneurial contre les libertés bourgeoises cessant d'avoir le caractère d'une guerre civile, se transforma en d'interminables procès par-devant le parlement, qui finit par déclarer, sans respect pour les prétentions contraires de l'archevêque et des bourgeois, que la garde et le gouvernement de la ville appartenaient au roi seul, et à ceux qu'il lui plairait d'y commettre.

« Au quatorzième siècle, dit M. Augustin Thierry(*), la commune de Reims cesse entièrement de jouer un rôle politique. Elle ne fut point abolie, mais s'éteignit sans violence et sans éclat sous la pression de l'autorité royale. L'échevinage subsista jusqu'à une époque récente, comme un simulacre de l'ancienne existence républicaine et le signe d'une liberté qui n'était plus. Durant les siècles de subordination paisible qui succédèrent aux tumultes du moyen âge, l'oubli éleva comme une sorte de barrière entre la bourgeoisie des temps modernes et l'antique bourgeoisie si fière et si indépendante. Le seul grand événement local, pour un habitant de Reims, fut la cérémonie du sacre; et les enfants

(*) Lettres sur l'histoire de France, pag. 426, 5ᵉ édition.

jouèrent au pied du vieux château des archevêques, sans se douter que jamais ces murs en ruine eussent été maudits par leurs aïeux. Toutes les villes de France sont tombées depuis quatre siècles dans la même nullité politique; mais on se figure trop aisément qu'il en a été toujours ainsi. Pour chercher des exemples de courage civique, nous remontons jusqu'à l'antiquité, tandis que nous n'aurions besoin que d'étudier à fond notre histoire; car, parmi nos villes les plus obscures, il n'en est peut-être pas une qui n'ait eu ses jours d'énergie. Vézelay, dans le département de l'Yonne, n'est pas même un chef-lieu de sous-préfecture, et cette simple bourgade eut, il y a près de sept cents ans, l'audace de faire une révolution pour son compte (*). »

Ces communes furent les plus glorieuses, celles dont la réputation s'étendit le plus loin et dura le plus longtemps, mais elles ne furent pas les seules. Abbeville, vers 1100, Corbie, sous Louis VI, Chaumont, en 1182, Roye et Dijon, en 1183, Cerny, Chamouilles, Beaune, Chevy, Cortone, Verneuil, Bourg, Comin et Crespy, en 1184, Tournai, en 1185, Bois-Commun en Gatinais et Lorris, en 1186, Voisines, en 1187, Saint-André près Mâcon, Montreuil et Pontoise, en 1188, Saint-Riquier, en 1189, Dimont, en 1190, les bourgs dépendants de l'église de Saint-Jean de Laon, en 1196, Cléry, en 1201, Pont-Audemer, en 1204, Ferrières, en 1205, Bray, en 1210, Athyes, en 1212, Chaulny, en 1213, Crespy en Valois, en 1215, les bourgs dépendants de l'abbaye d'Aurigny dans le diocèse de Laon, en 1216, Poissy, Triel, Saint-Léger, vers la même époque, Niort, en 1230, Aigues-Mortes, en 1246, Figeac, en 1318, Saint-Rome en Rouergue, en 1322, Compiègne, etc., etc., obtinrent aux dates indiquées ci-dessus une charte de commune, ou la confirmation d'anciennes chartes perdues ou détruites.

Quant à la troisième espèce de villes, dont nous avons parlé, celles qui ne furent ni cités municipales ni communes, leur nombre est trop grand, leurs privilèges et leurs charges trop divers pour que nous puissions les énumérer ici. C'était presque tout le reste des villes de France. Toutes en effet avaient obtenu de leurs seigneurs des droits plus ou moins étendus qui n'étaient pas sans doute toujours respectés, et qui manquaient des garanties nécessaires, mais qui n'en contribuaient pas moins à accroître leur prospérité et leur force. Quelques-unes d'elles comptaient parmi les plus importantes cités du royaume, comme Orléans, par exemple, et la capitale même, Paris, qui n'avait pu conserver dans toute sa pureté son ancienne organisation municipale.

CHAPITRE IV.
LA ROYAUTÉ.

§ I. *Obscurité et inertie des premiers rois capétiens.*

(987-1108.)

HUGUES-CAPET.
987-996.

A la mort de Louis V, le dernier roi de la race de Charlemagne, le domaine royal consistait presque dans la seule ville de Laon; mais Hugues Capet, qui fut alors proclamé roi (*), le rendit tout à coup considérable. Son avénement au trône, en réunissant au domaine l'importante ville de Paris, et ce qu'on nommait le duché de France, releva l'autorité avilie des rois. Leur pouvoir égala du moins, dès ce moment, celui des plus puissants vassaux, et la royauté, grâce à cette usurpation, fut alors sauvée d'une ruine entière. Ce grand événement fut cependant à peine remarqué des contemporains, car il y en avait peu qui s'inquiétassent d'un changement qui faisait passer à une nouvelle famille un titre sans force réelle. Le clergé seul y prit quelque

(*) Voyez plus haut, p. 168.

(*) Voyez ci-dessus, page 43 et suiv., les efforts de sa famille pendant un siècle pour usurper la couronne des Carlovingiens, et page 127, l'étendue de ses possessions.

11.

part. Pour le gagner, Hugues, qui possédait un grand nombre d'abbayes, les rendit aux moines, avec la liberté qu'ils avaient eue autrefois d'élire eux-mêmes leurs abbés. Les ecclésiastiques, que l'ancienne race des rois carlovingiens avait laissé dépouiller par les grands, consentirent avec empressement à élever sur le trône un prince qui s'était montré si généreux et si bien disposé à leur égard.

Pendant tout le cours de la première année, il ne s'éleva aucune plainte, aucune réclamation contre l'usurpation de Hugues Capet; mais, en 988, Charles de Lorraine, oncle du dernier roi et fils de Louis IV, revendiqua le trône de sa famille. Il obtint d'abord quelques avantages, s'empara de la ville de Laon et battit les troupes de son rival. Soit par ruse, soit de vive force, il se rendit maître des villes de Reims et de Soissons; mais la trahison livra la première de ces deux villes à Hugues Capet, qui ne tarda pas à reprendre aussi la place de Laon (2 avril 991). La personne même de son adversaire tomba en son pouvoir, et Charles de Lorraine, emprisonné comme Charles le Simple, mourut misérablement deux ans après dans la tour d'Orléans. Il laissait deux fils qui n'eurent point de postérité, et deux filles, dont la plus jeune fut, dit-on, la souche de la famille des ducs actuels de Hesse.

Délivré de ce danger, Hugues s'occupa de poursuivre Arnould, archevêque de Reims et fils naturel du roi Lothaire, qui avait livré cette ville à son oncle Charles de Lorraine. Arnould fut déposé (991) dans un concile que fit assembler Hugues Capet, et son trône archiépiscopal fut donné au moine Gerbert, qui devint, dans la suite, précepteur d'Otton III, archevêque de Ravenne, et enfin pape sous le nom de Sylvestre II (*). Un second concile, appuyé par le pape, voulut rétablir Arnould; Gerbert aima mieux abdiquer que de causer un schisme, et se retira auprès de l'empereur.

(*) Ce fut le premier Français qui s'assit dans la chaire de saint Pierre.

Dans la guerre contre Charles, Hugues avait été attaqué au sud par Guillaume, duc d'Aquitaine; mais il le battit dans plusieurs rencontres, et le força à se retirer au delà de la Loire, après avoir reconnu pour souverain le seigneur de l'Ile-de-France. Hugues mourut après ce dernier avantage, à l'âge de cinquante-cinq ans. Ce personnage si important nous est cependant presque tout à fait inconnu; et, de tous les usurpateurs, Hugues est peut-être le seul dont le règne ait jeté aussi peu d'éclat. Il semble qu'il ait voulu à force d'obscurité faire oublier qu'il avait acquis par une usurpation sa couronne de roi.

ROBERT II.

(996 -1031)

996-1000.

Robert, déjà associé au trône par son père Hugues Capet, lui succéda sans opposition; mais le nouveau roi eut un règne plus orageux. Il avait épousé Berthe, sa cousine au quatrième degré, et avait de plus tenu sur les fonts de baptême un enfant du premier lit de Berthe : ce dernier mariage fut, pour ces deux raisons, regardé comme illégitime. Le pape Grégoire V, parent de l'empereur Otton III, excommunia Robert et mit son royaume en interdit. Les conséquences de l'interdit étaient alors terribles : on ne pouvait dire la messe ni administrer les sacrements; les morts restaient sans sépulture, les mariages ne pouvaient être célébrés. Le roi, particulièrement frappé de la sentence de l'Église, vit ses plus fidèles serviteurs s'éloigner de lui, et détruire par le feu tout ce qu'il avait touché. On publia que l'enfant né de la reine, et qui ne vécut point, était un monstre qu'il avait fallu étouffer. Robert, obligé de répudier Berthe, épousa Constance, fille du comte de Toulouse (1000). Le caractère de cette femme violente faisait un singulier contraste avec la douceur du roi, et les chevaliers qu'elle avait amenés à sa suite introduisirent à la cour de Robert des mœurs nouvelles et frivoles qui indignèrent les habitants du nord de la France.

1000.

Croyance générale à la fin du monde vers l'an 1000, d'après une prophétie de saint Jean. Pour sauver leurs âmes, à ce dernier soir du monde, *adventante vespere mundi*, les grands prodiguent au clergé les donations de terres et les privilèges.

1000-1017.

Hugues de Beauvais, vassal de Robert, avait sur l'esprit de ce prince le plus grand empire; Constance, qui voulait le gouverner seule, fit massacrer le favori de son époux par ses Aquitains. La suite du règne de Constance répondit à de tels commencements, et des querelles domestiques, des guerres étrangères ne cessèrent de fatiguer le roi de France, naturellement très-pacifique. Henri, duc de Bourgogne, oncle du roi, avait nommé son beau-fils Otton héritier de son duché; Robert voulut s'en emparer, mais la Bourgogne repoussa pendant cinq ans tous ses efforts, quoiqu'il fût appuyé par Richard, duc de Normandie. La seule ville d'Auxerre résista deux années. Cependant Robert finit par chasser son compétiteur au delà de la Loire.

1017-1031.

Après cette victoire, il associa à la couronne Hugues, son fils aîné, qui ne tarda pas à s'armer contre lui-même, poussé à la révolte par la dureté de Constance, qui exigeait de son fils, devenu roi, une obéissance aveugle. Robert vainquit ce fils rebelle et lui pardonna. Le jeune prince étant mort peu de temps après, et son second frère Eudes étant imbécile, Robert s'associa le troisième, nommé Henri. Constance préférait le plus jeune, Robert; et, par ses mauvais traitements, elle força Henri à se révolter, comme avait fait précédemment l'aîné. Mais le jeune Robert, loin de seconder les projets de sa mère, se réunit à son frère contre la tyrannie de Constance. Ils rentrèrent dans le devoir quelque temps avant la mort de leur père, qui mourut à Melun, dans la soixante et unième année de son âge et la quarante-cinquième de son règne (1031).

Sa dévotion et sa bonté, seules vertus qu'on pût louer en lui, étaient peu éclairées. Sa principale occupation fut de fonder des églises, de chanter avec les prêtres et de corriger les livres de prières. Pour éviter à ses vassaux de se damner par des parjures alors trop fréquents, il les faisait jurer sur un reliquaire d'où il avait pris la précaution d'ôter secrètement les reliques. Mais cette piété mal entendue était accompagnée d'une charité ardente qui doit rendre respectable la mémoire de ce bon roi. Les pauvres étaient ses amis : il en nourrissait tous les jours trois cents, quelquefois mille; le jeudi saint, il les servait à genoux, et leur lavait les pieds, revêtu d'un cilice.

Sous le règne de Robert, l'Église commença à sévir contre les hérétiques qui s'élevaient en grand nombre : les uns prétendaient changer les dogmes, d'autres voulurent réformer les mœurs; ils furent tous également persécutés. Dans un concile que l'on assembla à Orléans, en 1022, une foule de ces malheureux furent condamnés au feu. Le roi Robert assista à leur supplice avec son épouse; et Constance, remarquant parmi les victimes un ecclésiastique qui avait été son confesseur, s'approcha de lui et lui creva un œil avec une baguette de fer qu'elle tenait à la main.

HENRI Ier.

(1031-1060.)

1031-1041.

Robert eut pour successeur son fils Henri Ier. Constance poursuivit ses intrigues pour le supplanter et mettre à sa place son plus jeune fils; mais Henri implora la protection du duc de Normandie, et ce puissant vassal chargea un de ses parents de remettre le roi de France sur son trône. Le comte de Champagne, allié de Constance, fut trois fois battu (*). Ce succès et la mort

---

(*) Voyez page 118.

de la reine mère (1032) facilitèrent une négociation qui subsista jusqu'en 1041 entre les deux frères. Le prince rebelle, Robert, obtint en dédommagement le duché de Bourgogne, et devint la tige de la première maison de Bourgogne. Mais Henri dut céder au duc de Normandie, pour prix de ses secours, les villes de Gisors, de Chaumont, de Pontoise et tout le Vexin français. Cette révolte fut suivie de celle d'Eudes, ce frère aîné du roi que son imbécillité avait écarté du trône, et dont les mécontents se servaient. Henri marcha contre lui et le fit prisonnier. Il en coûta au comte de Meulan, qui avait soutenu Eudes, son comté, que le roi réunit pour quelque temps à la couronne (1041).

1041-1060.

Une troisième guerre, mais beaucoup moins honorable, occupa presque tout le reste de son règne. Le duc de Normandie, Robert le Magnifique, que nous venons de voir raffermir Henri sur son trône, étant mort en revenant d'un pèlerinage à Jérusalem, laissait pour fils et pour successeur Guillaume le Bâtard, le même qui devait plus tard conquérir l'Angleterre. Robert, avant son départ, avait fait reconnaître son fils pour son successeur; mais Henri voulut profiter de la minorité du jeune prince pour l'affaiblir, et secourut tantôt le duc contre ses vassaux révoltés, tantôt ces mêmes vassaux rebelles contre leur souverain. Parvenu à l'âge d'homme, Guillaume fut trois fois vainqueur de Henri, qui cessa dès lors ses intrigues.

Le mariage de ce prince est un des événements les plus singuliers de son règne : il épousa une fille d'Iaroslaf Ier, grand-duc de Russie (1051). C'est la première fois que nous voyons de ces alliances lointaines. Ce qui engagea le jeune roi de France à la contracter, ce fut la crainte que toute autre princesse de l'Europe ne se trouvât sa parente à un degré défendu par l'Église. Anne descendait du côté maternel des empereurs d'Orient de la race macédonienne, et ces empereurs prétendaient eux-mêmes faire remonter leur origine à Philippe et à Alexandre le Grand. C'est par suite de cette prétention que Henri donna au fils qu'il eut de son épouse le nom de Philippe. Henri mourut en 1060, après avoir assuré la couronne à ce même Philippe, son fils aîné, âgé de sept ans; il avait régné trente ans. L'an 1055, il avait réuni à la couronne le comté de Sens, après la mort du comte Renaud, *le roi des Juifs* (*).

PHILIPPE Ier.
(1060-1108.)
1060-1087.

Henri avait laissé la tutelle de son fils encore enfant à Baudouin V, comte de Flandre, son beau-frère. A la mort de ce prince, Philippe prit l'administration de ses domaines, et compromit bientôt l'autorité royale dans une entreprise contre Robert le Frison, qui s'était emparé de la Flandre. Vaincu par lui, Philippe se vit forcé de lui donner l'investiture de ce comté. Sa jalousie contre Guillaume le Bâtard qui venait de conquérir l'Angleterre, les intrigues auxquelles il se mêla contre ce prince, lui attirèrent une guerre qui aurait pu lui devenir funeste. Ayant comparé le roi d'Angleterre à une femme grosse pour se moquer de son embonpoint, celui-ci répondit qu'il irait bientôt faire à Notre-Dame de Paris ses relevailles avec dix mille lances en guise de cierges, et il commençait à exécuter cette menace quand la mort le surprit (1087) après le sac de Mantes.

1087-1108.

Dégoûté de la guerre par ces mauvais succès, Philippe laissa désormais tous ses voisins batailler les uns contre les autres sans se mêler de leurs querelles, et ne songea plus qu'à ses plaisirs; mais il s'y vit troublé bientôt par une nouvelle guerre que lui suscita l'Église. Ayant répudié la reine Berthe dont il avait eu plusieurs enfants, et enlevé Bertrade de Montfort, femme

(*) Voyez plus haut, p. 116.

de Foulque le Rechin, comte d'Anjou, il fut excommunié par le pape Urbain II; mais tint bon contre la colère du comte, aussi bien que contre les sentences de l'Église; et, opposant à tout une force d'inertie qui ne laissait de prise à aucune attaque, il vécut excommunié jusqu'au moment où la crainte de la mort le fit aller pieds nus et en costume de pénitent solliciter son pardon d'un concile tenu à Paris. Il mourut l'an 1108. Quelque temps auparavant, il avait acheté la vicomté de Bourges.

§ II. *Activité de la nation française sous les premiers Capétiens.*

Il y a dans l'histoire peu de règnes aussi longs et aussi peu remplis que ceux des premiers Capétiens. Hugues Capet meurt, il est vrai, en 996, après un règne de neuf ans, mais Robert occupe le trône de 996 à 1031; Henri Ier, de 1031 à 1060; Philippe enfin, de 1060 à 1108. A l'exception des règnes de Clotaire Ier et de Louis XIV, celui de Philippe Ier est le plus long de tous ceux que présentent les annales de la France. Mais les détails de ces règnes appartiennent plutôt à la biographie qu'à l'histoire. Comme hommes privés, ces princes peuvent inspirer de l'intérêt par quelques vertus; comme rois, leur vie et leur rôle sont sans importance. Qu'importent en effet, au milieu de tant de grands événements, la piété et la charité quelquefois trop indulgentes de Robert, l'indolence de Henri Ier, la torpeur de son fils Philippe qui voit, sans y prendre part, la querelle des investitures, la conquête de l'Italie méridionale par les Normands, celle de l'Angleterre par le duc Guillaume le Bâtard, et enfin la première croisade à Jérusalem? car tout se remue et s'agite autour de ces rois immobiles : la nation oublie son chef pour courir les aventures glorieuses; un membre de la famille de Bourgogne s'en va conquérir un royaume dans la péninsule espagnole (celui de Portugal); d'autres chevaliers français combattent en grand nombre, au delà des Pyrénées, les Maures de Cordoue et de Séville; cinquante Normands, revenant de la Palestine, arrachent Salerne aux mains des Sarrasins, et reçoivent en récompense, de ces Italiens dégénérés qui ont besoin d'hommes braves pour les défendre, des terres, des châteaux, un comté, qu'ils échangent bientôt, sous la conduite de l'habile Robert Guiscard, contre le duché de Pouille et la possession de la Sicile. Pendant que ces aventuriers normands fondent dans l'Italie méridionale un royaume qui devient la terreur des Sarrasins et de l'empire grec, leur duc, Guillaume le Bâtard, fait une conquête plus belle encore : il prend l'Angleterre, et Philippe de France voit parmi ses vassaux un roi couronné. Enfin, Pierre l'Ermite vient ébranler l'Europe de ses prédications : la France entière se lève pour le suivre à Jérusalem; Philippe seul échappe à cet enthousiasme religieux. Mais, des murailles de sa vieille ville, il bat des mains au départ de ces hardis barons qui ont tant de fois pillé les marchands sur ses routes royales; il se réjouit de voir silencieux ces bruyants manoirs si redoutés des paysans et des bourgeois; et, de loin, il montre à son fils Louis la sombre forteresse de Montlhéry, vide alors de son seigneur, parti pour la guerre sainte : « J'ai vieilli, beau fils, des « chagrins que m'a donnés cette tour; « aie toujours l'œil sur elle et sur son « odieux possesseur. » Mais le roi n'a plus besoin de veiller sur le château maudit; le seigneur se déshonore à la croisade. Plus de fierté maintenant, plus d'insolent orgueil; il faut baisser la tête, aller cacher sa honte dans un couvent, et laisser au roi son héritage. Ainsi grandit dans l'ombre ce pouvoir mystérieux à qui tout profite, qui gagne en n'allant point à la croisade, qui gagne encore quand il se met à la tête des croisés, et qui assouplit à la discipline militaire, pour les soumettre plus tard à son joug politique, ces chevaliers si indépendants et si farouches avant que la guerre sainte les eût tirés de leurs châteaux

1. CONQUÊTE DE L'ITALIE MÉRIDIONALE ET DE LA SICILE PAR LES NORMANDS.

Depuis le huitième siècle, le tombeau du Christ, qui, avant la grande invasion, était déjà un lieu de fréquents pèlerinages, attirait chaque année une foule de pieux voyageurs. Quarante pèlerins étant ainsi partis des côtes de Normandie, pour aller à Jérusalem dans les premières années du onzième siècle, passèrent à leur retour par l'Italie, et arrivèrent à Salerne dans le temps que cette ville assiégée par les Sarrasins venait de se racheter à prix d'argent; ils trouvèrent les Salernitains occupés à rassembler le prix de leur rançon, et les vainqueurs livrés à la sécurité dans leur camp. Cette poignée d'étrangers reproche aux assiégés la lâcheté de leur soumission: ils les excitent à reprendre les armes, et s'offrent à les guider. Au milieu de la nuit ils fondent sur le camp des barbares, les étonnent, les mettent en fuite, les forcent de remonter sur leurs vaisseaux, et ajoutent les dépouilles de leurs ennemis aux trésors de Salerne qui sont recouvrés. Enrichis par la reconnaissance des Italiens, ils racontèrent, au retour, à leurs compatriotes, qu'il y avait du butin et de l'honneur à conquérir au delà des Alpes. Ces récits furent bien accueillis.

Cinq Normands, Drengot et ses quatre frères, suivis de quelques serviteurs, passèrent en Italie et furent pris à la solde d'un riche négociant de Bari, nommé Mélo, qui voulait délivrer l'Italie du joug des Grecs. Trois fois vainqueur, Mélo fut battu dans les plaines de Cannes (1019), et partit pour solliciter les secours de l'empereur Henri II. L'expédition de l'empereur fut inutile; mais, pendant ce temps, les affaires des Normands prospéraient. Ils ne tardèrent pas à former un établissement. Ayant délivré Naples, surprise et assiégée par le prince de Capoue, ils furent confirmés dans la possession du château et du territoire d'Aversa par le duc de Naples, qui érigea ce district en comté en faveur de Rainulf, l'un des quatre frères de Drengot (1026). Peu après, l'empereur Conrad II le Salique lui en donna l'investiture. Tel fut le berceau de la monarchie des Deux-Siciles.

Peu de temps après arrivèrent en Italie les trois fils de Tancrède de Hauteville, du territoire de Coutances, savoir: Guillaume Fier à bras ou Bras de fer, Drogon et Humfroi; ces trois vaillants frères, aidés des Normands d'Aversa, accompagnèrent le patrice ou capitan Maniacès, qui voulait ramener la Sicile sous le joug des Grecs. Là, Guillaume Bras-de-fer tua le général arabe en combat singulier, et donna la victoire aux Grecs. La Sicile aurait été recouvrée pour l'empereur d'Orient, si les Grecs ne se fussent montrés ingrats. Leur général refusa de partager le butin avec les Normands. Or ces derniers n'avaient pour combattre aucun autre mobile que le désir de s'enrichir; c'était dans ce but qu'ils avaient quitté leur patrie, et qu'ils servaient sous les drapeaux des Grecs. Indignés de la perfidie de Maniacès, ils tournèrent leurs armes contre lui. Ils étaient peu nombreux, cependant, car ils n'avaient que sept cents cavaliers et cinq cents fantassins: ils n'en battirent pas moins dans les plaines de Cannes l'armée grecque, forte, dit-on, de soixante mille hommes (1040). La Pouille, devenue la conquête des vainqueurs, fut divisée en douze comtés, qu'ils soumirent au système féodal tel qu'il existait dans leur pays. Le centre de cette république militaire était Melfi. C'était là que les chefs se rassemblaient, et Guillaume Bras de fer, malgré son titre de comte de Pouille, n'était que le général de la ligue.

Quelque temps après, Guillaume mourut, et Drogon son frère lui succéda (1046); mais celui-ci ayant été assassiné dans une église, le troisième fils de Tancrède, nommé Humfroi, devint le chef des Normands (1047-1057). Cependant les Grecs eurent l'adresse de former une ligue contre ces usurpateurs avec Henri III, empereur d'Allemagne, et le pape

Léon IX. Ainsi la papauté et les deux empires d'Orient et d'Occident s'unissaient contre une poignée d'aventuriers. Le pape, dévoué à l'empereur d'Allemagne, qui lui avait promis la ville de Bénévent, excommunia les Normands et marcha contre eux. L'armée allemande était considérable; Léon IX y joignit encore des troupes italiennes, qui s'enrôlèrent comme pour une guerre sainte, et qui avaient parmi leurs chefs un grand nombre d'évêques.

Les Normands étaient quatre fois moins nombreux que leurs ennemis. Cependant Robert Guiscard, frère de Humfroi, et Richard, comte d'Aversa, chacun à la tête d'un escadron, taillèrent en pièces l'armée allemande et mirent en fuite les troupes italiennes. Le pape, effrayé, s'enfuit dans la ville la plus voisine; les Normands l'y suivirent, le firent prisonnier, et le menèrent dans cette même ville de Bénévent qui avait été le premier motif de la guerre. Les Normands saisirent cette occasion pour se créer aux yeux du peuple un droit qui pût contre-balancer celui des empereurs d'Orient et d'Occident. Prosternés devant le pape, leur prisonnier, ils le conjurèrent de leur accorder, comme fief de l'Église, tout ce qu'ils avaient conquis, et tout ce qu'ils pourraient conquérir par la suite dans la Pouille, dans la Calabre et la Sicile, ajoutant cette formule : *par la grâce de Dieu*. Léon, étonné de se voir, dans sa position, chargé de distribuer des royaumes, accorda et acquit ainsi au saint-siége la suzeraineté du royaume de Naples.

Humfroi mourut en 1057, et eut pour successeur son frère, Robert Guiscard, que les historiens ont caractérisé d'un mot en l'appelant l'Achille et l'Ulysse de son siècle.

Robert Guiscard ne se contenta pas, comme ses frères, du commandement militaire; il se fit déclarer, par le pape Nicolas II, duc de la Pouille, de la Calabre et de la Sicile, et il ajouta à ces titres, *par la grâce de Dieu*, témoignant par là qu'il ne se regardait comme dépendant d'aucun souverain.

Cette usurpation excita des révoltes; les neveux de Robert Guiscard, fils de son frère Humfroi, et les autres barons, essayèrent en vain de secouer ce joug nouveau. Après avoir apaisé tous les troubles, Robert s'occupa de subjuguer ce que l'on appelle aujourd'hui royaume de Naples; mais, mal secondé par les chevaliers normands qui s'indignaient d'obéir à leur égal, il ne poursuivit cette conquête qu'avec lenteur. Pendant ce temps arriva de Normandie le plus jeune fils de Tancrède de Hauteville, le célèbre Roger, dont la réputation de bravoure excita la jalousie de Robert Guiscard. Aussi Roger, laissé sans ressources par son frère, fut-il obligé, pour subsister, de faire le métier de brigand dans les États de Robert, jusqu'au moment où il fut appelé en Sicile.

Cette île, alors en proie à des discordes civiles, était occupée par une foule d'émirs ou gouverneurs qui ne reconnaissaient plus l'autorité de leurs souverains d'Afrique, et qui avaient partagé le pays en petites principautés. Roger n'avait que trois cents chevaux, dont une partie lui était fournie par son frère. Il prit d'abord la ville de Messine; mais les troupes de Robert Guiscard s'étant retirées, il fut forcé de s'enfermer dans Trani, où il se maintint plusieurs mois contre une armée innombrable de Sarrasins, et même contre les habitants de la ville, qui s'étaient révoltés. Les exploits de Roger durant ce siège furent romanesques : réduit à un seul manteau, il fut obligé d'employer sa femme à préparer les vivres de ses troupes. Un jour se trouvant seul au milieu d'un bataillon ennemi, et ayant eu un cheval tué sous lui, il finit par se dégager, et rapporta sur ses épaules la selle de son cheval, plutôt que de la laisser comme un trophée entre les mains de l'ennemi. Une autre fois il combattit contre une armée de cinquante mille Sarrasins, avec cent trente chevaliers seulement, suivis chacun de cinq ou six soldats. Plus d'une fois les Arabes d'Afrique secondèrent ceux de Sicile; mais Robert Guiscard secourut aussi Roger, et les galères de la république de Pise facilitèrent aux deux frères la prise de Palerme.

Il fallut pourtant trente ans pour soumettre la Sicile entière (1060-1090). Roger prit alors le titre de grand-comte de Sicile. Pour affermir son pouvoir, il se montra tolérant envers les vaincus, et les musulmans n'eurent pas à se plaindre d'avoir changé de maître. Aussi habile politique que vaillant guerrier, Roger eut l'adresse de faire tourner à son profit les prétentions du pape; et pour conserver le droit de donner les bénéfices ecclésiastiques, il fit déclarer les princes de Sicile légats perpétuels et héréditaires du saint-siége.

Cependant, de son côté, Robert achevait la conquête du royaume de Naples. Il restait encore à cette époque des princes de Salerne qui avaient les premiers attiré les Normands en Italie. Robert parvint à les chasser. Le dernier duc se réfugia à Rome sous la protection de Grégoire VII. Robert le poursuivit jusque sur les terres du pape. Son suzerain Grégoire l'excommunia d'abord; mais il lui donna bientôt l'absolution en échange de la ville de Bénévent. D'ailleurs les papes avaient intérêt à s'attacher les princes normands, pour pouvoir les opposer aux empereurs d'Allemagne.

Les derniers efforts de la liberté italienne furent inutiles contre la valeur de Robert. La ville de Bari se défendit pendant quatre ans; plusieurs autres villes suivirent cet exemple; enfin la réduction d'Otrante et de Tarente détermina celle des provinces grecques de l'Italie méridionale. Robert conçut alors le projet d'attaquer, dans l'empire d'Orient, les Grecs qu'il venait de dépouiller en Italie. Il était allié à la maison impériale de Ducas : la chute de cette famille lui fournit un prétexte de guerre. Pour soutenir un imposteur qui avait pris le nom de Michel Ducas, il passa d'Otrante à Durazzo; mais cette dernière ville lui offrit une vive résistance. La garnison était composée, non de Grecs, mais de belliqueux Macédoniens. Les Normands battus par la tempête, affligés d'une maladie contagieuse, semblaient avoir perdu tout espoir; le nouvel empereur Alexis, habile homme de guerre et bon politique, marcha contre eux. Robert prit un parti désespéré, il fit brûler ses vaisseaux, afin d'ôter aux siens tout espoir de retourner jamais en Italie s'ils n'étaient vainqueurs : ils le furent en effet. Durazzo fut pris (1081), et quelque temps après, dans une nouvelle expédition, les Normands pénétrèrent jusqu'à Thessalonique. Constantinople tremblait; mais la nouvelle d'une irruption de l'empereur d'Allemagne rappela Guiscard en Italie. Bohémond, son fils naturel, qu'il chargea de continuer la guerre, fut repoussé par les Grecs, et chassé bientôt après de tout le pays. L'empereur d'Orient Alexis avait déterminé l'empereur d'Allemagne Henri IV à faire en sa faveur une puissante diversion, et Henri IV assiégeait dans Rome le pape Grégoire VII, allié des Normands; Robert vola à son secours, et l'empire d'Orient put respirer.

Après avoir délivré le pape, qui mourut dans son camp, après avoir pillé et brûlé Rome en grande partie, Robert Guiscard se tourna de nouveau contre la Grèce. Vaincu deux fois sur mer, devant Corfou, par les Vénitiens et les Grecs réunis, il remporta enfin sur eux une victoire décisive, et treize mille Grecs, dit-on, périrent dans le combat naval où les Normands obtinrent l'avantage. Dans la campagne suivante, il se dirigea vers les côtes de la Grèce et vers les îles de l'Archipel qu'il voulait piller; mais une maladie contagieuse l'arrêta dans la ville de Céphalonie, où il mourut âgé de soixante-dix ans (1085).

Son fils Roger (1085-1101), qu'il ne faut pas confondre avec le conquérant de la Sicile, lui succéda, au mépris des prétentions de Bohémond son fils naturel. Mais la première croisade commençait alors, et Bohémond, qui avait bien d'autres espérances, se contenta de la principauté de Tarente. Nous ne savons presque rien sur le petit-fils de Robert Guiscard, Guillaume II. Ce prince étant mort sans postérité (1127), Roger II, comte de Sicile, fils du conquérant de cette île, Roger Ier, réunit à ses possessions le duché de Pouille et de Calabre. Le pape Anaclet II, qui n'était reconnu qu'à Rome, tandis que son compétiteur, Innocent II, avait l'obédience de toute la chrétienté, saisit cette occasion de s'assurer de l'amitié de Roger : il lui accorda le titre de roi de l'Italie méridionale et de la Sicile.

Ainsi fut fondé par des Français ce royaume de Naples, qui, reconquis par Charles d'Anjou au treizième siècle, puis occupé par les Espagnols, fut, au quinzième et au seizième, un sujet d'éternelles discordes entre la France et l'Espagne, jusqu'à ce qu'il vînt aux mains de la maison de Bourbon qui le possède encore maintenant. L'Italie méridionale avait en partie échappé à Charlemagne; mais Napoléon qui, comme lui, domina des bouches de l'Elbe à celles du Tibre, donna le royaume de Naples à l'un de ses lieutenants : c'est donc par l'histoire, sinon par la langue et la civilisation, une province presque française. Les deux empereurs et les plus grands rois de la France y ont dominé : Charlemagne, en rendant le duché de Bénévent tributaire; saint Louis, par son frère; Louis XIV, par son petit-fils; Napoléon, par son frère Joseph et par son beau-frère Murat. Mais aujourd'hui les Bourbons de Naples se détournent, dans l'intérêt de leur pouvoir, de la France démocratique, pour subir l'influence de l'Autriche qui protége toutes les royautés absolues; et, malgré les plaintes de leurs peuples, l'exil des aînés de leur maison, cette menace qui s'est maintenant attachée à toutes les vieilles couronnes, est un exemple perdu pour eux.

2. CONQUÊTE DE L'ANGLETERRE PAR LES NORMANDS.

L'Angleterre, aujourd'hui si fière, fut autrefois une proie que les peuples se disputèrent pendant dix siècles, jusqu'au moment où les Français, en s'en emparant, mirent un terme à toutes ces invasions et commencèrent sa puissance. Lorsque le dernier des rois danois, Hardi-Canut, mourut (1041), il y eut un soulèvement général de la race anglo-saxonne, dirigé par un noble Saxon Godwin et son fils Harald; les Danois, refoulés sur les bords de la mer, furent contraints de regagner leur ancienne patrie. Godwin aurait pu se faire couronner : il préféra rappeler de Normandie un fils de l'ancien roi Éthelred, Édouard le Confesseur. Mais le nouveau prince, qui avait, dans son long séjour en Normandie, désappris la langue et les habitudes saxonnes, donna sa confiance aux Normands. « Il faut, dit un ancien historien, que le Dieu tout-puissant se soit proposé à la fois deux plans de destruction pour la race anglaise; car, d'un côté, il a déchaîné l'irruption danoise, de l'autre, il a créé et cimenté avec soin l'alliance normande, afin que si, par hasard, nous échappions aux assauts livrés en face par les Danois, l'astuce imprévue des Normands fût encore là pour nous surprendre. » Godwin ne manqua pas au pays; il leva l'étendard contre le roi qu'il avait fait lui-même, et le contraignit de chasser ses favoris normands. Cette amitié d'Édouard pour les gens d'outre-mer fut fatale à son pays; car, à sa mort, il fit un testament en faveur du duc de Normandie Guillaume le Bâtard; du moins celui-ci prétendit que le dernier roi l'avait déclaré son héritier, et il vint avec une armée de soixante mille hommes, rassemblée de toutes les provinces de la France, revendiquer son héritage.

Godwin était mort; mais comme il n'existait aucun rejeton de la famille royale, son fils Harald avait été proclamé roi par les Saxons. Il défendit avec courage l'indépendance de son pays, battit le roi de Norwége, dont l'invasion précéda celle des Normands seulement de quelques jours; et Guillaume, lorsqu'il débarqua, trouva devant lui une nombreuse armée saxonne, encouragée par les derniers succès de son roi. Tous étaient venus; les douze moines du monastère de Peterborough, amenés par leur abbé, se placèrent au premier rang, et tous treize restèrent sur le champ de bataille. La victoire d'Hastings (1066) et la mort de Harald livrèrent l'Angleterre aux Normands; la prise de Douvres, celle de Londres, le couronnement de Guillaume à Westminster, mirent fin à la dynastie anglo-saxonne.

Pour s'assurer de sa conquête, Guillaume divisa tout le pays en soixante mille fiefs de chevalier, qui furent partagés entre les vainqueurs. Il en prit pour lui près de quinze cents; des seigneurs en eurent jusqu'à trois et quatre cents. Ainsi la royauté nouvelle se trouva riche dès sa naissance, et capable de tenir tête aux plus riches barons. Aussi, les rois normands de l'Angleterre ne seront pas, comme les premiers Capétiens, des princes faibles, obscurs, réduits à vivre misérablement dans leur étroit domaine, et craignant toujours d'être dépouillés par les puissants seigneurs qui les entourent. Cette position des rois d'Angleterre, plus forts dès l'origine que les plus riches barons, explique toute l'histoire de ce pays. L'on comprend pourquoi les barons furent contraints, pour se défendre contre l'ambition des rois, de s'unir aux bourgeois, et de fonder ainsi eux-mêmes les libertés populaires et cette chambre des communes qui devait leur demander compte un jour de leurs priviléges, tandis qu'en France ce fut le roi faible et pauvre qui chercha un appui dans les communes contre la féodalité.

Guillaume ne resta pas maître tranquille de sa conquête. Pendant un voyage qu'il fit en Normandie, les Saxons, révoltés par les exactions de ses agents, se soulevèrent, et il fallut des flots de sang pour apaiser cette insurrection. Une seconde révolte sous l'atheling Edgar n'eut pas un meilleur résultat pour la nationalité saxonne. Après ces deux violentes protestations, les Saxons durent se résigner au joug; mais la distinction entre les deux races dura longtemps encore, et, jusqu'à Édouard III, la langue française resta la langue officielle, celle de la cour et des tribunaux.

3. FONDATION DU ROYAUME DE PORTUGAL PAR HENRI DE BOURGOGNE, ET EXPÉDITIONS DES FRANÇAIS AU DELÀ DES PYRÉNÉES.

Vers l'an 1094, un arrière-petit-fils du roi de France Robert, Henri de Bourgogne, ayant passé les Pyrénées pour chercher fortune en Espagne, reçut du roi de Castille Alphonse VI, charmé de son courage et désireux de s'attacher un si brave chevalier, la main de dona Thérésa, sa fille naturelle, avec toutes les terres qu'il pourrait conquérir sur les Maures. Henri s'empara en effet de tout le pays situé entre le Douro et le Minho, qu'il posséda à titre de comté héréditaire. Son fils Alphonse *el conquistador* (1112-1185) se fit proclamer roi en 1137, et fonda par ses conquêtes le royaume de Portugal.

Henri de Bourgogne n'était pas le seul chevalier venu d'au delà des Pyrénées. Le comte de Flandre, le comte de Toulouse, le comte du Perche combattirent sous les étendards d'Alphonse; et lorsque ce prince, après la prise de Tolède, la plus importante de toutes les conquêtes que les chrétiens eussent encore faites en Espagne, vit tous les Maures d'Espagne et l'almoravide Youssouf se réunir contre lui, et le battre, en 1086, à Zalaca, il écrivit à Philippe Ier, roi de France, et aux principaux seigneurs français, pour en obtenir des secours. On répondit à cette demande. Les Français passèrent les Pyrénées, poursuivirent les Arabes jusque dans l'Andalousie, et les rois maures de Séville et de Badajoz, effrayés, se hâtèrent de traiter avec le roi de Castille. Cet appel aux chevaliers étrangers, qui avait été si bien entendu, était comme l'annonce de la grande croisade de Jérusalem.

4. CROISADE DE JÉRUSALEM.

1095-1099.

Depuis longtemps la chrétienté s'indignait que Jérusalem, le berceau de la religion, fût aux mains des infidèles. Déjà, vers l'an 1000, Gerbert, le premier pape français, avait écrit, au nom de Jérusalem éplorée, une lettre à tous les chrétiens, pour implorer leur secours. Grégoire VII, l'ancien moine de Cluny, avait eu la même pensée ; et, sans la querelle des investitures, *il serait parti, comme il le disait, à la tête de cinquante mille chevaliers pour délivrer le saint sépulcre ;* mais ce que deux papes n'avaient pu faire, un pauvre moine picard l'exécuta. Indigné des outrages que les Turcs faisaient subir aux pèlerins, Pierre l'Ermite, de retour en Europe, raconta leurs misères, et obtint du pape français Urbain II la permission de prêcher partout la guerre sainte contre les infidèles. Le pape lui-même, sollicité par le patriarche de Jérusalem et par l'empereur de Constantinople, convoqua un premier concile à Plaisance, puis un autre à Clermont en Auvergne dans l'année 1095. Là, en présence d'une foule immense de clercs et de laïques accourus de toutes les parties de la France, la guerre sainte fut résolue, et tous les assistants, en signe qu'ils se dévouaient à la croisade, placèrent sur leurs vêtements une croix rouge ; puis ils se dispersèrent pour aller faire leurs préparatifs.

Tandis que les chevaliers s'armaient, le peuple, moins lent, partit sans rien attendre, plein de confiance dans la protection divine. Une troupe nombreuse, conduite par un pauvre chevalier nommé Gauthier *sans avoir*, traversa d'abord l'Allemagne, mais fut presque entièrement détruite dans la Bulgarie. Pierre, qui voulut lui-même se mettre à la tête de la foule que ses prédications avaient réunie autour de lui, ne fut guère plus heureux. Quand les siens, arrivés dans la Hongrie, virent suspendues aux murailles d'une ville les armes des compagnons de Gauthier, rien ne put les retenir, ils les vengèrent cruellement, et Pierre lui-même, oubliant son caractère, fit massacrer sous ses yeux les prisonniers qu'on lui amenait. Mais bientôt l'ignorance des chemins, le manque de vivres et l'indiscipline les livrèrent sans défense, au milieu des marais de la Hongrie, aux coups de ceux qu'ils avaient si vivement offensés, et ce ne fut qu'avec peine que l'Ermite put conduire les débris de ses troupes jusqu'à Constantinople.

Les bandes qui suivirent furent plus malheureuses encore. Un prêtre, nommé Gottschalk, perdit aussi quinze ou vingt mille hommes qu'il avait rassemblés sur les bords du Rhin, et qui furent massacrés par les Hongrois. Une quatrième troupe, qui commença par massacrer les juifs établis en grand nombre sur les bords du Rhin, n'alla pas plus loin que la Hongrie ; presque tous périrent auprès de la forteresse de Mesebourg qu'ils avaient voulu enlever.

Ces premiers croisés n'étaient que l'avant-garde de la grande armée. Celle-ci parut bientôt ; elle ne comptait pas moins de cent mille chevaliers, derrière lesquels se pressait un peuple de six cent mille âmes : jeunes, vieux, femmes, enfants, tous avaient voulu suivre l'étendard du Christ (*). A la tête de cette foule, il n'y avait point de rois, mais des chefs illustres et puissants, parmi lesquels brillait Godefroi de Bouillon, duc de la basse Lorraine. Les autres étaient Hugues le Grand, frère du roi de France, Robert de Normandie, fils de Guillaume *le Conquérant*, Robert, comte de Flandre, Étienne de Blois, depuis roi

---

(*) Le zèle pour la croisade fut entretenu par les priviléges accordés aux croisés. Ils ne pouvaient être poursuivis par leurs débiteurs jusqu'à leur retour de Jérusalem ; l'intérêt de l'argent qu'ils avaient emprunté ne courait point tant qu'ils étaient occupés à la guerre sainte. Ils étaient exemptés de tailles et de collectes. Ils avaient permission de donner en gage aux églises, aux ecclésiastiques, ou à tout autre fidèle, leurs terres et leurs possessions, sans avoir besoin d'obtenir l'autorisation de leur seigneur. Sitôt qu'ils avaient pris la croix, leurs biens et leurs personnes étaient sous la protection de saint Pierre, du souverain pontife et de tous les prélats. Leurs procès étaient jugés par le juge ecclésiastique.

d'Angleterre, Raymond, comte de Toulouse, enfin Bohémond et Tancrède, chefs des Normands de la Pouille et de la Sicile.

Quand l'armée innombrable des croisés arriva sous les murs de Constantinople, les Grecs qui les avaient appelés s'effrayèrent : « il semblait, dit la fille de l'empereur Alexis, que l'Europe entière se fût arrachée de ses fondements pour se précipiter sur l'Asie. » Aussi l'empereur se hâta de leur faire passer le Bosphore, car déjà quelques-uns d'entre eux jetaient des yeux d'envie sur Constantinople, cette immense cité où étaient venues s'entasser toutes les merveilles des deux empires ; et, en la comparant aux villes sombres, étroites et boueuses de l'Occident, ils pensaient qu'ils pouvaient terminer là leur croisade.

La première place que les croisés rencontrèrent fut la ville de Nicée. On y livra de nombreux combats, où la haine des croisés et des infidèles se montra par leur acharnement et leur cruauté. Souvent, après un engagement, les chrétiens coupaient les têtes des morts et des blessés, et les attachaient à leur selle ou les lançaient avec leurs machines dans l'intérieur de la ville ; un jour même ils envoyèrent à l'empereur de Constantinople mille têtes enfermées dans des sacs, comme un témoignage de leur courage. Cependant, après des efforts inouïs, Nicée allait succomber, lorsqu'un matin les croisés virent flotter le drapeau d'Alexis sur les murailles, d'où les Grecs, qui étaient entrés dans la place en traitant secrètement avec les Turcs, leur signifièrent de cesser leurs attaques contre une ville de l'empire. Cependant la reddition de Nicée était un grave échec pour les Turcs : ils en subirent bientôt un autre à Dorylée, où ils osèrent attaquer l'armée chrétienne, qu'ils s'étaient contentés jusqu'alors de harceler de loin à coups de flèches.

Mais, après cette victoire qui leur ouvrait un passage à travers l'Asie Mineure, les croisés eurent à combattre des ennemis plus redoutables. « Ils éprouvèrent des souffrances si grandes par suite du manque d'eau, que plus de cinq cents personnes des deux sexes périrent. Les oiseaux apprivoisés, délices des grands et des nobles, mouraient sur le poing de leurs maîtres, et les chiens dressés pour la chasse expiraient sous la main de leurs conducteurs (*). »

Cette route longue et périlleuse commençait déjà à éteindre chez quelques chefs l'enthousiasme religieux et à ranimer leur ambition. Baudouin, frère de Godefroi, et Tancrède se disputèrent Tarse les armes à la main, et la paix ne se rétablit entre eux que quand Baudouin s'éloigna pour se faire adopter par le prince grec d'Édesse, auquel il enleva peu après sa ville, dont l'heureuse position lui permit de se mettre en communication avec les princes chrétiens d'Arménie. Mais la foule des croisés se souleva contre ces ambitions particulières ; ils n'avaient qu'une pensée, aller à Jérusalem, et non gagner des principautés à Tancrède ou à Baudouin, et on les vit un jour démolir une ville que les chefs se disputaient.

Cependant la grande armée, réduite à cent mille hommes, marchait sur Antioche. Cette ville était comme la barrière de l'islamisme. Aussi les efforts pour la défendre ou s'en emparer furent-ils proportionnés à son importance. Il y eut là des exploits presque fabuleux. Un jour Godefroi, sous les yeux des deux armées, tua un guerrier sarrasin d'une taille gigantesque. Son épée lui fendit le corps de la tête à la selle, si bien que les deux parties tombèrent, dit le chroniqueur, l'une à droite, l'autre à gauche. Cependant Antioche céda après sept mois de résistance. Un Arménien enfermé dans la ville la livra à Bohémond, qu'il introduisit la nuit dans l'une des tours. Mais ce succès faillit être funeste à l'armée croisée : l'abondance succédant tout à coup à la famine emporta un grand nombre de pèlerins. Puis l'on ne douta plus de l'avenir. Les provisions furent gaspillées, consommées en quel-

---

(*) Chronique d'Albert d'Aix.

ques jours; et, quand l'armée musulmane vint à son tour enfermer Antioche d'un cercle menaçant, il ne se trouva plus de fourrages pour les chevaux, plus de vivres pour les hommes : le découragement gagna les plus braves.

Mais la découverte de la sainte lance rendit l'espoir aux croisés; ils marchèrent avec confiance aux infidèles, croyant avec ferveur que des légions d'anges combattraient pour eux. Leur piété ne fut pas trompée; les musulmans vaincus, dispersés, laissèrent la route libre vers Jérusalem.

Les croisés arrivèrent enfin à ce but tant désiré de leur long et périlleux voyage; mais, de six cent mille qu'ils étaient à Nicée, vingt-cinq mille seulement purent voir la ville sainte; encore n'y avait-il parmi eux que douze mille combattants, le reste avait péri par la famine ou sous les flèches des Turcs, et leurs ossements blanchis marquaient la route sanglante qu'ils avaient suivie depuis leur entrée en Asie.

Ce fut le vendredi saint de l'an 1099 que les croisés plantèrent l'étendard de la croix sur les murailles de Jérusalem, reconquise quelque temps auparavant par les Fatimites sur les Seldjoucides.

« Lorsque les nôtres, dit Raymond d'Agiles, furent maîtres des murailles et des tours, alors on vit de merveilleuses choses. Les uns, et c'étaient les plus heureux, étaient décapités; d'autres percés de flèches ou contraints de sauter du haut des tours, d'autres enfin étaient longuement torturés ou brûlés à petit feu. On voyait par les rues et les places de la ville des monceaux de têtes, de mains et de pieds. Hommes et chevaux marchaient au milieu des cadavres. Mais tout cela n'était que peu de chose auprès de ce que je pourrais dire encore. Venons au temple de Salomon, où ils avaient coutume de célébrer leurs rites et leurs solennités. Si je raconte ce qui fut fait en cet endroit, on refusera de me croire. Il me suffira de dire que, dans le temple et sous le portique de Salomon, on chevauchait dans le sang jusqu'aux genoux, jusqu'au frein des chevaux (*). »

Quand les chevaliers eurent assez de massacres et de prières, ils songèrent à organiser leur conquête. Godefroi de Bouillon fut tout d'une voix proclamé roi du nouveau royaume; il accepta cette mission dangereuse, mais seulement avec le titre de baron du Saint-Sépulcre. La victoire d'Ascalon, gagnée au mois d'août 1099 sur le sultan d'Égypte, assura pour quelque temps l'avenir de cette audacieuse colonie de chrétiens qui venait s'établir au milieu des infidèles.

« Les frontières du royaume ne s'étendaient pas au loin, car il ne comprenait que Jérusalem, Jaffa, et une vingtaine de villes ou villages des environs; encore les mahométans possédaient-ils, dans ce faible district, plusieurs forteresses imprenables; et les laboureurs, les marchands et les pèlerins étaient exposés sans cesse à leurs hostilités. Les exploits de Godefroi, ceux des deux Baudouin, son frère et son cousin, qui succédèrent au trône, procurèrent par la suite aux rois latins plus de sûreté et de tranquillité; et leurs États se trouvèrent enfin, à force de travaux et de combats, égaux en étendue, mais non pas en population, aux anciens royaumes de Juda et d'Israël. Après la réduction des villes maritimes de Laodicée, Tripoli, Tyr et Ascalon, à laquelle contribuèrent puissamment les flottes de Venise, de Gênes, de Pise, et même de Flandre et de Norwége, les pèlerins d'Occident possédèrent toute la côte depuis Scanderoon jusqu'aux frontières de l'Égypte. Le prince d'Antioche rejeta la suprématie du roi de Jérusalem; mais les comtes d'Édesse et de Tripoli se reconnurent ses vassaux. Les Latins étendirent leur royaume au delà de l'Euphrate, et les mahométans ne conservèrent de leurs conquêtes de Syrie que les quatre villes d'Hems, de Hamah, d'Alep et de Damas. Les lois, le langage (**), les mœurs et les titres de

(*) Raymond d'Agiles.
(**) Les coutumes du nouveau royaume

la nation française et de l'Église latine furent adoptés dans ces colonies d'outre-mer. Selon la jurisprudence féodale, les principaux États et les baronnies subordonnées passèrent aux héritiers mâles ou femelles ; mais le luxe et le climat de l'Asie anéantirent la race mélangée et dégénérée des premiers conquérants, et l'arrivée de nouveaux croisés d'Europe était un événement incertain sur lequel on ne pouvait compter. Le nombre des vassaux tenus au service militaire se montait à six cent soixante-six chevaliers, qui pouvaient espérer le secours de deux cents de plus sous la bannière du comte de Tripoli ; chaque chevalier marchait au combat accompagné de quatre écuyers ou archers à cheval ; les églises et les villes fournissaient cinq mille soixante et quinze *sergents*, probablement des soldats d'infanterie, et la totalité des forces régulières du royaume n'excédait pas le nombre de onze mille hommes : faible défense contre les troupes innombrables des Turcs ou des Sarrasins. Mais la sûreté de Jérusalem se fondait principalement sur les chevaliers de l'Hôpital de Saint-Jean et du Temple de Salomon, sur cette étrange association de la vie monastique et de la vie militaire, suggérée sans doute par le fanatisme, mais que dut approuver la politique. La fleur de la noblesse d'Europe aspirait à porter la croix et à prononcer les vœux de ces ordres respectables dont la discipline et la valeur ne se sont pas démenties, et la donation de vingt-huit mille fermes ou manoirs dont ils furent promptement enrichis les mit en état d'entretenir des troupes régulières de cavalerie et d'infanterie pour la défense de la Palestine. L'austérité du couvent se dissipa bientôt dans l'exercice des armes. L'avarice, l'orgueil, la corruption de ces moines militaires scandalisèrent bientôt le monde chrétien ; leurs prétentions d'immunité et de juridiction troublèrent l'harmonie de l'Église et de l'État, et la jalousie de leur émulation menaçait sans cesse la tranquillité publique. Mais, dans le fort de leurs désordres, les chevaliers de l'Hôpital et du Temple conservèrent leur caractère de fanatisme et d'intrépidité ; ils négligeaient de vivre suivant les lois du Christ, mais ils étaient toujours prêts à mourir pour son service ; et cette institution transporta du saint sépulcre dans l'île de Malte l'esprit de la chevalerie, cause et effet des croisades (*). »

Ainsi le nom français était partout porté avec gloire ; comme au temps de Charlemagne, il remplissait encore l'Europe et l'Asie, depuis l'extrémité de l'Angleterre jusqu'aux bords du Tigre. Les musulmans ne se trompèrent pas sur leur plus terrible adversaire. Ils ne connurent jamais que la France ; et aujourd'hui encore, à Constantinople, à Smyrne et à Alexandrie, c'est par le nom de Francs que sont désignés tous les Européens, comme s'il n'y avait pas en Europe d'autre peuple.

§ III. *Réveil de la royauté. Accroissements de ses domaines et de son pouvoir depuis Louis VI jusqu'à la consolidation du pouvoir monarchique sous Philippe le Bel et ses fils.*

(1108-1328.)

LOUIS VI, DIT LE GROS.

1108-1137.

Lorsque Louis VI succéda à son père, en 1108, le domaine royal, qui s'étendait à peine sur une surface de trente lieues de l'est à l'ouest, et de quarante du nord au sud, ne comprenait qu'une partie de l'Ile-de-France, de la Champagne et de l'Orléanais, c'est-à-dire, à peine cinq des quatre-vingt-six départements de la France actuelle ; encore n'en était-il pas paisible possesseur, et était-il obligé d'y lutter sans cesse contre ses propres vassaux, qui tous s'attribuaient le droit de piller le pauvre peuple et les clercs. Autour de l'Ile-de-France et de

---

furent rédigées en français sous le titre d'*Assises de Jérusalem.*

(*) Gibbon, Histoire de la décadence et de la chute de l'empire romain, t. II, p. 364 et suiv. de la trad. franç., par M. Guizot.

l'Orléanais étaient des seigneuries féodales aussi grandes que le domaine du roi. Au nord, le comté de Vermandois, en Picardie, comprenait le territoire de deux départements; le comté de Boulogne en occupait un, et celui de Flandre quatre. La maison de Champagne et de Blois couvrait seule six départements, et resserrait le roi au midi et au levant; la maison de Bourgogne en occupait trois; le duché de Normandie cinq; le duché de Bretagne cinq; le comté d'Anjou près de trois. « Ainsi les plus proches voisins du roi, parmi les grands seigneurs, étaient ses égaux en puissance. Quant aux pays situés entre la Loire et les Pyrénées, et qui comprennent aujourd'hui trente-trois départements, quoiqu'ils reconnussent la souveraineté du roi de France, ils lui étaient réellement aussi étrangers que les trois royaumes de Lorraine, de Bourgogne et de Provence, qui relevaient de l'empereur. Ces derniers répondent aujourd'hui à vingt et un départements (*). »

Malgré tous les obstacles qui l'entouraient, Louis VI commença hardiment la lutte. Jusqu'à la fin de sa vie il ne cessa de combattre l'anarchie féodale et de faire respecter les priviléges des clercs et des marchands. Les comtes de Corbeil et de Mantes, les seigneurs du Puiset en Beauce, de Coucy, de Montfort, de Rochefort, de Montlhéry, qui désolaient de leurs brigandages les terres du roi et des églises, furent soumis, mais il en coûta au roi de longs et pénibles efforts : le seul château du Puiset lui demanda trois années de guerre. Toutefois, il faut le dire, Louis ne fut pas sans appui; l'Église reconnaissante mit ses vassaux à son service, et les milices de l'abbaye de Saint-Denis, celles des églises du Beauvoisis, de l'Orléanais et de la Champagne combattirent souvent sous ses drapeaux. Avec leur aide il parvint à soumettre tous les seigneurs qui l'environnaient, les força de laisser les routes libres et de reconnaître son autorité. Puis, quand il se vit seul maître dans ses domaines, il s'établit au dehors comme le défenseur des faibles et des opprimés, favorisa partout les révoltes des communes contre leurs seigneurs, et accorda sa sanction royale aux chartes de liberté qui leur furent concédées. Bientôt son influence s'étendit au loin jusque dans le Berry et le Rouergue; peu à peu il intervint avec autorité dans les affaires des grands vassaux; et, lorsque les Maures d'Afrique menacèrent les chrétiens d'Espagne, ce fut à Louis VI, au roi de France, que s'adressa le comte de Barcelone pour obtenir des secours.

En combattant les vassaux de ses domaines, Louis n'oublia pas que le duc de Normandie, devenu roi d'Angleterre, était un dangereux voisin. Aussi ne cessa-t-il de susciter des embarras à Henri Ier, qui avait assez d'affaires dans son nouveau royaume pour désirer la paix avec ses voisins du continent. D'abord il lui disputa la petite ville de Gisors; puis, le sort des armes ne lui ayant pas été favorable, il soutint le fils de Robert, Guillaume Cliton, qui cherchait à s'emparer de la Normandie. Après plusieurs années d'efforts infructueux, Cliton dut se contenter d'un autre fief, de la Flandre, qui, étant devenu vacant, lui fut inféodé par Louis le Gros, en 1129.

C'est dans l'une de ces guerres contre le roi d'Angleterre, lorsque l'empereur Henri V, allié de ce prince, menaça de faire une invasion en France, qu'on put voir les progrès qu'avait déjà faits la royauté : « Les seigneurs du royau-
« me réunis au palais distribuèrent, de-
« vant le roi, les bataillons qui devaient
« s'assembler. Ils firent une première
« division des habitants de Reims et
« de Châlons, qui passait soixante mille
« combattants tant à pied qu'à cheval;
« la seconde, qui n'était pas moins
« nombreuse, comprenait ceux de Laon
« et de Soissons; la troisième, ceux
« d'Orléans, d'Étampes, de Paris,
« avec la nombreuse armée dévouée à
« saint Denis et à la couronne, où le
« roi voulut être lui-même... Le comte
« palatin Thibaud, avec son oncle, le

(*) Sismondi, Histoire des Français, t. V, p. 8.

« comte Hugues de Troyes, qui, d'ac-
« cord avec le roi d'Angleterre, faisait
« alors la guerre au roi, étant arrivé
« sur les sommations de la France,
« formait la quatrième; le duc de
« Bourgogne, avec le comte de Nevers,
« la cinquième; l'excellent comte Raoul
« de Vermandois, illustré par la pa-
« renté du roi, entouré d'une brillante
« chevalerie et de la bourgeoisie de
« Saint-Quentin, armée de casques et
« de cuirasses, devait former l'aile
« droite : ceux de Ponthieu, d'Amiens
« et de Beauvais, étaient destinés à
« l'aile gauche. Le noble comte de Flan-
« dre, avec dix mille vaillants cheva-
« liers, aurait triplé l'armée s'il avait
« pu arriver à temps. Le duc d'Aqui-
« taine, Guillaume, l'excellent comte
« de Bretagne, et le belliqueux Foul-
« ques, comte d'Anjou, se désolaient
« que la distance des lieux et la brièveté
« du temps ne leur permissent pas d'a-
« mener aussi leurs forces pour venger
« les injures faites aux Français. »
D'après la manière de faire la guerre
à cette époque, au lieu de quatre ou
cinq cent mille combattants que l'abbé
Suger fait marcher dans l'armée du roi,
on peut tout au plus supposer qu'il en
rassembla vingt ou vingt-cinq mille.
Mais si l'on peut douter des chiffres,
on ne peut rejeter le fait du secours
alors offert et prêté au roi par la plupart des grands vassaux. Au reste, quel
qu'ait été ce déploiement de forces, il
demeura complétement inutile : les Allemands n'arrivèrent pas jusqu'aux frontières de France, ni les Français jusqu'à celles d'Allemagne.

A son lit de mort, Louis reçut le
prix de ses efforts par le mariage qu'il
fit contracter à son fils Louis VII,
dit le Jeune, avec Éléonore, héritière
de la Guyenne (1137).

LOUIS VII.
(1137-1180).

Louis VII perdit bientôt le fruit des
peines de son père. Thibaut, comte de
Champagne, ayant, peu après son avénement, levé l'étendard de la révolte,
Louis marcha contre lui, le battit, et
livra sa province au pillage. Or il arriva que le feu ayant été mis par ses
soldats à la petite ville de Vitry, les
habitants, femmes, vieillards, enfants,
au nombre de quinze cents, furent
brûlés dans l'incendie de l'église où ils
s'étaient réfugiés. Dans la douleur que
lui causa cet événement, Louis fit
vœu, pour l'expier, de marcher au
secours de Jérusalem.

Deuxième croisade. — La première
croisade avait sauvé l'empire grec, en
refoulant les Turcs au fond de l'Asie
Mineure. Maître de Nicée, Alexis leur
défendait les approches de Constantinople; l'antique cité de Constantin avait
vu l'instant de sa ruine reculé, mais elle
n'en avait pas gardé meilleure reconnaissance aux croisés. Tout occupé de
ses intérêts personnels, Alexis avait bien
vite oublié cette petite colonie de chrétiens établie à Jérusalem, et qui cependant était pour lui comme un avant-
poste contre lequel se concentraient tous
les efforts des Turcs. Lorsque Zenghi,
prince de Mosoul, enleva Édesse aux
Francs, en 1144; lorsque son fils Noureddin se fut, par ses brillants succès, formé une puissance redoutable
qui pressait vivement Jérusalem, les
empereurs de Constantinople détour-
nèrent leurs yeux de ces désastres, et
il fallut une nouvelle croisade pour sauver la conquête des premiers croisés.

Ce fut saint Bernard qui la prêcha
en France et en Allemagne. Cette dernière contrée, qui n'avait pris qu'une
faible part à la première expédition,
fournit une nombreuse armée, qui
marcha, sous les ordres de l'empereur
Conrad III, à travers la Bavière, l'Autriche, la Hongrie, etc., jusqu'à Constantinople, et de là en Asie. Mais,
trompés par les guides infidèles que
l'empereur Manuel leur avait donnés,
les Allemands s'égarèrent dans les montagnes de la Cappadoce, et là, accablés par la fatigue et la disette, ils furent attaqués par les Turcs et taillés
en pièces. Conrad lui-même fut percé
de deux flèches.

Pendant que l'armée allemande subissait cette mauvaise fortune, les Français, sous la conduite de Louis VII,
s'avançaient le long des côtes de l'Asie

Mineure, se promettant bien de réparer les échecs de Conrad. La route qu'ils suivaient avait l'avantage de ne pas les éloigner de la mer et de leurs convois ; mais aussi elle était d'une longueur désespérante. A la fin, fatigués de tant de sinuosités, ils prirent à travers les terres. L'expédient réussit mal ; bientôt l'on rencontra les Turcs, et il fallut livrer chaque jour de nouveaux combats. Dans les circonstances périlleuses, le génie prend sa place, sans égard pour les rangs donnés par la naissance : un pauvre chevalier, dont l'histoire n'a conservé que le nom, Gilbert, sauva l'armée par son habileté, et reçut le commandement comme le plus capable. Arrivés à Satalie, sur le golfe de Chypre, les chevaliers, apprenant qu'ils avaient encore quarante jours de marche pour atteindre Antioche, laissèrent là le pauvre peuple qui les avait suivis, et s'embarquèrent sur des vaisseaux grecs pour faire le trajet par mer ; il est juste de dire que le roi fit tout pour retenir les barons, et qu'avant de partir lui-même, il prit toutes les précautions que les circonstances permettaient. Les malheureux tombèrent bien vite sous les flèches des Turcs.

Les barons arrivèrent à Antioche, mais le souvenir de leur honte pesait sur eux ; ils n'osèrent rien entreprendre : à Jérusalem, ils trouvèrent l'empereur Conrad qui avait voulu visiter, au moins en pèlerin, des lieux où il n'avait pu paraître en conquérant. Les deux monarques entreprirent de concert de rendre Damas aux chrétiens ; mais leur rivalité fit manquer le siége, et il fallut retourner en Europe sans avoir un seul exploit à citer pour excuser tant de désastres (1159).

Durant l'absence du roi, Suger, abbé de Saint-Denis, avait administré avec sagesse les domaines royaux ; mais Louis, à son retour, croyant avoir quelques sujets de mécontentement contre la reine Éléonore, la répudia, et perdit avec sa main son riche héritage, qui, par le mariage d'Éléonore avec Henri II, alla augmenter les immenses possessions du roi d'Angleterre.

Depuis cette faute politique, qui recula peut-être d'un siècle les progrès de l'autorité royale en France, Louis se trouva vis-à-vis de son puissant rival dans une position difficile ; mais les malheurs de toute espèce qui fondirent sur Henri II, ses longues querelles avec l'Église et ses fils permirent au roi de France de reprendre son ascendant, et réduisirent Henri à le traiter toujours avec les égards dus à un suzerain féodal.

Après un long règne de quarante-trois ans, que remplissent cependant peu d'événements, Louis laissa le trône à son fils Philippe II, qui, de sa naissance dans le mois d'août, prit le surnom d'Auguste.

PHILIPPE-AUGUSTE.
(1180-1227.)
1180-1190.

Philippe eut d'abord plusieurs démêlés, pour ainsi dire, domestiques, qu'il étouffa par son activité et sa fermeté ; puis il se prépara lentement à profiter des embarras de Henri II pour lui enlever le Vexin. Dans cette guerre il fut soutenu par le fils même de Henri, Richard Cœur de Lion, qui, jusqu'en 1186, fut le meilleur ami du roi de France ; mais, quand il eut succédé à son père en Angleterre, en Irlande, dans la Guyenne, le Poitou, la Saintonge, l'Auvergne, le Limousin, le Périgord, l'Angoumois, l'Anjou, le Maine, la Touraine et la Normandie, cette amitié si vive se refroidit, et la croisade qu'ils entreprirent en commun ne servit qu'à faire éclater leur haine mutuelle.

1190.

Troisième croisade. — Depuis la malheureuse croisade de Louis VII, les Francs avaient été presque chassés de la Palestine. Encouragé par les désastres du roi de France et de l'empereur, Noureddin avait commencé la ruine des croisés. Ce terrible ennemi des chrétiens était un saint du mahométisme. « Lorsqu'il priait dans le temple, dit un écrivain arabe, ses sujets croyaient voir un sanctuaire dans un autre sanctuaire. Il consacrait toujours un temps considérable à la prière, se levait au milieu de la nuit, faisait son ablution et priait jusqu'au jour. » Noureddin ne pouvait consentir à laisser entre les mains des chrétiens Jérusalem, la troisième ville sainte de l'islamisme, le lieu d'où le Prophète avait été ravi par l'ange jusqu'aux pieds d'Allah. D'abord il leur enleva Damas, et mit dans sa dépendance toute la Syrie musulmane, jusqu'alors incapable, par la division de son territoire entre un grand nombre de petits princes, de faire aux chrétiens une guerre sérieuse. La conquête de l'Égypte, par son général Salaheddin, augmenta encore sa puissance (1171), et peut-être aurait-il porté le dernier coup au royaume de Godefroy de Bouillon, si la mort n'était venue le surprendre. Mais Salaheddin (Saladin) hérita de ses talents, de sa puissance et de ses projets.

C'était encore un saint, un juste, qui mérita par son équité le titre de restaurateur de la justice sur la terre. Salaheddin, après avoir renversé les Fatimites d'Égypte, attaqua, pour son compte, les chrétiens de Jérusalem. Le roi, Gui de Lusignan, fut pris à la désastreuse journée de Tibériade avec les principaux de son royaume, le prince d'Antioche, le marquis de Montferrat, le comte d'Édesse, etc. La ville sainte et Ptolémaïs furent contraintes d'ouvrir leurs portes au vainqueur, qui, du reste, usa généreusement de sa victoire. De l'argent qui lui restait des dépenses du siège, il racheta les plus misérables captifs.

Quand la nouvelle de la perte de la cité sainte arriva en Europe, ce fut partout un cri de douleur. Le marquis de Montferrat, prince de Tyr, et prétendant au royaume de Jérusalem, faisait, dit un historien des croisades, promener par toute l'Europe une représentation de la malheureuse ville. Au milieu s'élevait le saint sépulcre, et au-dessus un cavalier sarrasin dont le cheval salissait le tombeau de Notre-Seigneur. Cette image, d'amer reproche, perçait l'âme des chrétiens occidentaux; on ne voyait que gens qui se battaient la poitrine et criaient : Malheur à moi!

Aussitôt les bandes de pèlerins se mirent en route : l'empereur Frédéric Barberousse descendit le Danube avec une puissante armée; Richard d'Angleterre, Philippe de France, prirent la croix. Pendant qu'ils s'armaient, les chrétiens de Syrie, réfugiés dans la ville de Tyr, voyant leur nombre s'accroître chaque jour, reprirent l'offensive et allèrent assiéger Saint-Jean d'Acre. Pendant deux ans, toute la guerre se concentra autour de cette place. On livra dans le voisinage du mont Carmel neuf batailles, qui toutes en méritaient le nom; et telles furent les vicissitudes de la fortune, que le sultan s'ouvrit une fois un chemin jusque dans la ville, et que, dans une autre circonstance, les chrétiens pénétrèrent dans la tente de Salaheddin. Par le secours des plongeurs et des pigeons, il entretenait avec la ville une correspondance suivie; et, dès que la mer se trouvait libre, la garnison épuisée était remplacée par de nouveaux soldats. La famine, les combats et l'influence d'un climat étranger diminuaient tous les jours l'armée des Latins; mais les tentes des morts se remplissaient de nouveaux arrivants, qui exagéraient le nombre et la diligence de ceux qui marchaient sur leurs traces. Le vulgaire étonné se laissa persuader que le pape lui-même était arrivé dans les environs de Constantinople, à la tête d'une armée innombrable. La marche de l'empereur remplissait l'Orient d'alarmes plus sérieuses. C'était la politique de Salaheddin, qui multipliait les obstacles que Barberousse rencontrait dans l'Asie et, peut-être dans la Grèce; et la joie que lui causa la mort de ce souverain fut proportionnée à l'estime qu'il lui inspirait. Les chrétiens éprouvèrent plus de découragement que de confiance à l'arrivée du duc de Souabe et de cinq mille Allemands, débris de son armée, épuisée par le voyage. Enfin, au printemps de la seconde année, les flottes de France et d'Angleterre jetèrent l'ancre dans la baie de Ptolémaïs, et l'émulation des deux jeunes rois, Philippe-Auguste et Richard Plantagenet, donna une nouvelle vigueur aux opérations du siège.

Après avoir employé tous les moyens, épuisé toutes les ressources, les défenseurs de la ville se soumirent à leur sort ; ils obtinrent une capitulation, mais à de dures conditions. On stipula, pour prix de leur vie et de leur liberté, une somme de deux cent mille pièces d'or, la délivrance de cent nobles et de quinze cents captifs d'un ordre inférieur, et la restitution du bois de la vraie croix. Quelques contestations sur le traité et quelques délais dans l'exécution ranimèrent la fureur des Francs, et le sanguinaire Richard fit décoller trois mille musulmans presque à la vue du sultan. Par la conquête d'Acre, les Latins acquirent une forte place et un port commode ; mais ils payèrent bien cher cet avantage. L'historien, ministre de Salaheddin, d'après les rapports des ennemis, évalue à cinq ou six cent mille le nombre des chrétiens arrivés successivement, et celui des soldats morts les armes à la main à cent mille. Il calcule que les maladies et les naufrages en enlevèrent une quantité beaucoup plus considérable, et que de cette puissante armée une très-petite partie seulement put retourner sans accidents dans sa patrie.

« Philippe-Auguste et Richard Ier sont les deux seuls rois de France et d'Angleterre qui aient jamais combattu sous les mêmes drapeaux ; mais la jalousie nationale nuisait continuellement à l'intérêt de la sainte guerre qu'ils avaient entreprise, et les deux factions qu'ils protégeaient dans la Palestine étaient plus ennemies l'une de l'autre que de l'ennemi commun. Les Orientaux considéraient le roi de France comme supérieur en puissance et en dignité ; et, en l'absence de l'empereur, les Latins le reconnaissaient pour leur chef. Ses exploits furent au-dessous de sa renommée : Philippe était brave, mais, dans son caractère, l'homme d'État dominait. Il se lassa bientôt de sacrifier ses intérêts et sa santé sur une côte stérile, et la prise d'Acre fut le signal de son départ. Il laissa dix mille soldats et cinq cents chevaliers, sous les ordres du duc de Bourgogne, pour la défense de la terre sainte ; ce qui ne lui fit pas pardonner sa désertion. Le roi d'Angleterre, quoique inférieur en dignité, surpassait son rival en richesses et en renommée militaire ; et si une valeur brutale et féroce suffit pour constituer l'héroïsme, Richard Plantagenet doit tenir un des premiers rangs parmi les héros de son siècle. La mémoire de Cœur de Lion fut longtemps chère et glorieuse aux Anglais ; soixante ans après sa mort, les petits-fils des Turcs et des Sarrasins qu'il avait vaincus le célébraient dans leurs proverbes. Les mères de la Syrie se souvenaient de son nom pour imposer silence à leurs enfants ; et, lorsqu'un cheval faisait un écart, on entendait ordinairement son cavalier s'écrier : « Crois-tu que le roi Richard soit dans ce buisson ? » Sa cruauté envers les musulmans était un effet de son zèle et de son caractère ; mais je ne puis me persuader qu'un soldat si prompt et si courageux à se servir de sa lance se soit abaissé à recourir au poignard contre son collègue, le vaillant Conrad de Montferrat, qui périt à Acre, assassiné par une main inconnue. Après la prise d'Acre et le départ de Philippe, le roi d'Angleterre conduisit les croisés à la conquête de la côte maritime, et ajouta les villes de Jaffa et de Césarée aux débris du royaume de Lusignan. Une marche de cent milles, depuis Acre jusqu'à Ascalon, ne fut pendant onze jours qu'un grand et perpétuel combat. Abandonné de ses troupes, Saladin se trouva sur le champ de bataille accompagné seulement de dix-sept de ses gardes, et y demeura sans baisser ses étendards ou faire cesser le bruit de sa trompette. Il parvint à rallier ses soldats et à les ramener contre ses ennemis : ses prédicateurs ou ses hérauts sommèrent d'une voix forte les *unitaires* de tenir ferme contre les chrétiens idolâtres ; mais l'effort de ces idolâtres était irrésistible, et ce ne fut qu'en démolissant les murs et les bâtiments d'Ascalon que le sultan put les empêcher d'occuper cette importante forteresse, située sur les confins de l'Égypte. Durant un hiver rigoureux, les armées restèrent dans l'inaction; mais, dès le commencement du printemps, les Francs, conduits par le roi d'Angleterre, s'avancèrent à une journée de Jérusalem, et la vigilance de Richard intercepta un convoi ou caravane de sept mille chameaux. Saladin s'était renfermé dans la sainte cité; mais elle était devenue le séjour de la discorde et de la consternation. Il pria, jeûna, prêcha, et offrit de partager les dangers du siége; mais, soit attachement, soit esprit de révolte, ses mameluks, encore frappés du malheur récent de leurs compagnons d'Acre, pressèrent le sultan, par des clameurs, de réserver sa personne et leur valeur pour la défense de la religion et de l'empire. La brusque retraite des chrétiens délivra les musulmans, qui l'attribuèrent à un *miracle*. Richard vit ses lauriers flétris par la prudence ou l'envie de ses compagnons. Sur une montagne d'où l'on découvrait Jérusalem, le héros se voila le visage, et s'écria d'un ton d'indignation : « Ceux qui refusent de délivrer le saint sépulcre de Jésus-Christ sont indignes de le contempler. » Ayant appris, en arrivant à Acre, que le sultan avait surpris la ville de Jaffa, il embarqua quelques troupes sur des vaisseaux marchands qui se trouvaient dans le port, et sauta le premier sur le rivage. Sa présence releva le courage des défenseurs de la citadelle, et soixante mille Turcs ou Sarrasins prirent la fuite en apprenant son arrivée. Instruits de la faiblesse de son escorte, ils reparurent dans la matinée du lendemain; ils le trouvèrent campé sans précautions devant les portes, avec dix-sept chevaliers et trois cents archers. Il soutint l'attaque sans s'embarrasser du nombre; et ses ennemis attestent que Richard, brandissant sa lance, galopa le long des rangs de Sarrasins, depuis la droite de leur armée jusqu'à la gauche, sans rencontrer un seul mahométan qui eût la hardiesse de l'arrêter (*). »

1192-1204.

Tandis que Richard déployait en Asie un courage inutile, Philippe profitait de l'absence de *son bon frère*, et, plus tard, de son injuste détention par l'empereur Henri VI, pour partager ses dépouilles avec le frère du captif, l'indigne Jean sans Terre.

L'arrivée de Richard, enfin sorti de prison, arrêta les progrès du roi de France en Normandie; mais, lorsque Jean hérita de la couronne par la mort de Richard, en 1199, Philippe soutint un prétendant au sceptre d'Angleterre, Arthur de Bretagne, petit-fils de Henri II. Arthur fut fait prisonnier, et poignardé, dit-on, par son oncle. A la nouvelle de ce meurtre, Philippe cite Jean à comparaître par-devant la cour des pairs, pour répondre, comme vassal de la couronne de France, aux accusations portées contre lui. Sur son refus, il confisque ses fiefs, et s'empare de la Normandie, du Maine, de l'Anjou et du Poitou, ne laissant ainsi aux Anglais que la Guyenne (1204).

1204-1223.

Jean ne put se résigner à tant de honte; le mécontentement de ses barons le força, il est vrai, de suspendre ses préparatifs contre Philippe; mais trouvant, en 1213, une occasion favorable, il se ligue avec l'empereur Otton qui envahit la France avec une puissante armée, et attaque Philippe près de Bovines. Le roi de France avait appelé à lui tous ses vassaux, mais surtout les milices des communes, qui suivirent courageusement l'oriflamme sur le champ de bataille. Cette mémorable victoire sauva, sinon la France, qui ne pouvait périr, du moins la monarchie des Capétiens. Ils purent se vanter enfin d'un beau triomphe. Leur autorité, vieille de plus de deux siècles, avait déjà la sanction du temps; elle eut dès lors celle d'un grand succès.

(*) Gibbon.

Les dernières années de Philippe se passèrent dans le calme, et cependant tout était en feu autour de lui. Les barons anglais détrônaient presque leur roi ; un simple comte des environs de Paris conduisait une croisade contre les provinces méridionales, et un comte de Flandre allait s'asseoir sur le trône de Constantin, conquis par une armée de Français et de Vénitiens. Philippe ne prit directement part à aucun de ces mouvements ; il laissait les chevaliers courir les lointaines aventures, porter partout le renom de la France, tandis qu'il attendait lui-même en silence le moment d'en profiter, et qu'il s'occupait à affermir son autorité dans ce domaine royal qui s'était agrandi, entre ses mains, de l'Artois, du Vermandois et des provinces enlevées à l'Angleterre.

Des deux grands événements auxquels les Français prirent part sous le règne de Philippe-Auguste, la croisade contre les Albigeois et la conquête de Constantinople, nous avons déjà raconté le premier (*), il nous reste à parler du second. Cette étrange expédition, dans laquelle les chrétiens oublièrent la Syrie pour Constantinople, avait eu cependant pour premier mobile un zèle ardent.

Quatrième croisade. — « Mil et cent et quatre-vins et dis-huit ans après l'incarnation Jhesu-Crist, au tens Innocent l'apostole de Rome, Phelippon roi de France et Richart roi d'Angleterre, ot un saint home en France qui ot non Foulque de Nulli. Cis Nullis siet entre Laigni sur Marne et Paris. Il estoit prestre et tenoit la paroisce de la ville. Cis Foulques commença à parler de nostre Seigneur par France et par les autres païs d'entour, et sachiés tout certainement que nostre Sires fist maint espert miracle pour lui. La renommée de cil saint home ala tant qu'ele vint à l'apostole Innocent, et l'apostoles li manda qu'il sermonast de la croix par l'autorité, et après i envoia un cardonnal qui est appelé maistre Pieron de Capes, croisié,

(*) Voyez pag. 66 et suiv.

et manda par lui le pardon tel que je vous dirai : Tuit cil qui se croiseroient et feroient le service Dieu un an seroient quites de tous les péchiés qu'il auroient fais, por tant qu'il fussent confés. Et por ce que cis pardons fu si grans, s'esmurent moult li cuer des gens, si que maint s'en croisièrent par le monde (*). »

Les comtes de Flandre et de Champagne prirent la croix. Eudes III, duc de Bourgogne, et Boniface, marquis de Montferrat, se joignirent à l'expédition. Six barons, parmi lesquels étaient Geoffroi de Villehardouin, furent députés à Venise pour obtenir des vaisseaux. Les Vénitiens consentirent à prêter leur flotte, mais à la condition qu'il leur serait payé plus de quatre millions de notre monnaie. Les chevaliers ne purent jamais fournir cette somme ; et lorsqu'ils eurent tout donné, argenterie, meubles précieux, bijoux, il s'en fallut encore de beaucoup que l'argent convenu se trouvât payé. On offrit alors aux croisés de les tenir quittes s'ils voulaient soumettre à la république Zara, ville de Dalmatie, et la plupart d'entre eux acceptèrent.

Durant le siége, arriva au camp un jeune prince grec qui les supplia de se détourner encore une fois de leur route pour délivrer son père, Isaac l'Ange, qu'un usurpateur avait renversé du trône. C'était, d'ailleurs, disait Alexis aux croisés, le seul moyen d'assurer le succès de l'expédition, que d'avoir pour eux Constantinople, c'est-à-dire, un point intermédiaire entre l'Europe et l'Asie, un lieu où l'on pût se retirer, où l'on pût fabriquer des armes et toutes les choses nécessaires à la guerre. L'Égypte offrait aux musulmans ces avantages ; les chrétiens devaient chercher à se les donner. Les motifs parurent plausibles et firent impression. Mais ce qui leva tous les scrupules, ce fut l'argent promis par Alexis. Quant aux Vénitiens, ils ne pouvaient espérer d'événement plus

(*) Villehardouin, De la conquête de Constantinople, p. 1, de l'édition donnée par M. Paulin Paris.

heureux que celui qui allait livrer à leur commerce le Bosphore, la mer Noire, tout l'orient de l'Europe et les mers occidentales de l'Asie.

Quand les Français arrivèrent devant Constantinople sur la flotte vénitienne, « il n'i ot si hardi à qui la char ne frémisist », dit Villehardouin. Une magnifique cavalerie de soixante mille hommes, rangée à quelque distance du rivage, les attendait. Les croisés comptaient sur une bataille terrible. Aussi descendirent-ils de leurs barques tout armés, et ayant près d'eux leurs chevaux. Arrivés non loin de la plage, ils se jetèrent à la mer, montèrent sur leurs chevaux, et chargèrent les Grecs qui s'enfuirent en un instant. Les croisés s'établirent sous les murs de la ville et s'en emparèrent bientôt, grâce à la lâcheté des Grecs et à l'habileté des Vénitiens.

Le vieil empereur fut tiré de son cachot et replacé sur le trône. Mais il fallait payer les croisés de leurs services. Lorsque Alexis avait imploré leur secours, il n'avait pas mis de bornes à ses promesses; quand vint le moment de les remplir, il lui fallut se livrer à des exactions qui firent regretter l'usurpateur. Puis, les sommes arrivant lentement au camp des croisés, ceux-ci parcoururent les rues de Constantinople en exerçant mille violences. Poussés à bout, les Grecs détrônèrent leur empereur, qui fut étranglé, et mirent à sa place un prince de la famille impériale, nommé Murzouffle, à cause de ses noirs sourcils. Les croisés, qui campaient hors de la ville, furent obligés de l'assiéger de nouveau; ils la reprirent et en brûlèrent une grande partie. Plus d'une lieue carrée de terrain dans cette ville immense fut entièrement dévastée. Les désolations d'Attila n'avaient peut-être jamais été aussi funestes pour les arts ; car un seul quartier de Constantinople devait renfermer plus d'objets précieux que bien des provinces.

Les Francs entrèrent dans la ville à demi ruinée. Murzouffle fut précipité du haut d'une colonne, puis on délibéra sur le sort de la conquête commune. Les Vénitiens firent donner le titre d'empereur à Baudouin, mais gardèrent pour eux un quartier de Constantinople et tous les ports de l'empire, depuis le Pont-Euxin jusqu'à la mer Adriatique, avec Candie et toutes les îles de l'Archipel. Dès lors le doge s'intitula seigneur d'un quart et demi de l'empire grec. Les autres chefs croisés se partagèrent le reste de l'empire. Boniface de Montferrat eut le titre de roi de Thessalie et d'une partie de la Macédoine; Villehardouin fut duc de Thrace, et les lieux célèbres de l'ancienne Grèce prirent un travestissement bizarre de titres féodaux : Athènes fut convertie en duché, l'Achaïe en principauté, Corinthe en seigneurie.

Cependant les Grecs, que les croisés accablaient de mépris, montrèrent qu'il leur restait encore plus d'esprit national et de force qu'on ne leur en supposait. Trois empires grecs s'élevèrent presque aussitôt à Nicée, à Trébisonde et à Durazzo. Le nouvel empire latin, sans cesse en butte aux attaques des Bulgares et des Grecs, affaibli par des divisions intestines, tomba bientôt dans une extrême faiblesse. Les fils des conquérants dégénérèrent en Grèce comme les Grecs, mais sans adopter leurs arts ni leur civilisation ; et les derniers empereurs latins (*) en furent réduits à brûler les poutres dorées de leurs palais pour se chauffer, et à en vendre le plomb pour se procurer quelques ressources. Enfin les Grecs de Nicée, sous Michel Paléologue, rentrèrent dans Constantinople, en 1261, avec l'aide des Génois, rivaux des Vénitiens.

1216-1217.

Tandis que des comtes français siégeaient sur le trône de Constantin et régnaient sur les bords de la mer Noire, le fils du roi de France faisait une invasion dans l'Angleterre et était proclamé roi dans Londres même; mais

---

(*) Parmi les empereurs latins figurent des comtes de Flandre, des sires de Courtenay dans l'Ile-de-France, et Jean de Brienne, d'une noble famille de Champagne.

cette entreprise, faite dans un but d'ambition particulière, réussit mal, et Louis retourna bientôt sur le continent. Plus sage toutefois que les rois d'Angleterre successeurs de Henri VI, il ne conserva point, à la suite de son nom, le vain titre de roi d'Angleterre, qu'il avait reçu dans Londres, comme ceux-ci gardèrent celui de roi de France, alors même qu'ils vinrent demander un asile à Louis XIV.

LOUIS VIII.
(1223-1226.)

Le nouveau roi continua, sur le trone, les deux guerres qu'il avait commencées comme héritier de la couronne. Renouvelant la confiscation que Philippe-Auguste avait faite des possessions anglaises du continent, il marcha vers le Poitou à la tête d'une armée nombreuse, prit Niort, Saint-Jean d'Angely, la Rochelle, Limoges, Périgueux, et presque toutes les villes anglaises situées au nord de la Garonne. Il ne restait que Bordeaux et la Gascogne à soumettre, quand Louis abandonna imprudemment cette guerre pour faire une nouvelle croisade dans l'Albigeois. Nous avons vu plus haut (*) les résultats de cette expédition, le siége d'Avignon et la mort du roi à Montpensier, en Auvergne. Obéissant au funeste usage de partager ses domaines entre ses fils, il donna l'Artois au second, le Poitou au troisième, l'Anjou et le Maine au quatrième; l'aîné, Louis IX, qui devait plus tard recevoir le nom de saint Louis, hérita de la couronne.

SAINT LOUIS.
(1226-1270.)
1226-1236.

Régence de Blanche de Castille. — La mort de Louis VIII laissa l'administration du royaume entre les mains de Blanche de Castille; mais sa naissance étrangère servit de prétexte aux grands pour aliéner d'elle les esprits, et elle vit bientôt se révolter contre son autorité une foule de seigneurs, dont

(*) Page 69 et suiv.

le plus puissant était le *trouvère* Thibaut, comte de Champagne. Cependant la reine parvint à le détacher de la ligue qui s'était formée contre elle, et eut moins de peine dès lors à réduire les autres confédérés. Ceux-ci, irrités de la défection de Thibaut, lui déclarèrent la guerre; mais Blanche ne le laissa pas accabler. L'armée royale protégea la Champagne, et contraignit le duc de Bretagne, Pierre Mauclerc, à abjurer la suzeraineté de l'Angleterre. En reconnaissance, le comte de Champagne, devenu roi de Navarre par la mort de son oncle maternel Sanche VII, céda à Blanche, pour quelque argent, les comtés de Blois, de Chartres et de Sancerre, possessions très-importantes qui couvraient le domaine royal du côté du midi. Plus tard, en 1249, Alphonse, comte de Poitiers et frère de Louis IX, hérita, comme nous l'avons dit, par la mort de Raymond VII, du comté de Toulouse, de l'Agenois, du Quercy, du Rouergue et de l'Albigeois. Un autre frère de Louis IX, Charles d'Anjou, épousa une fille de Bérenger, comte de Provence, et hérita de cette riche province, qui comprenait les quatre républiques de Nice, d'Arles, d'Avignon et de Marseille (1245). Des sénéchaux étaient déjà établis à Beaucaire et à Carcassonne; ainsi saint Louis se trouva maître, par lui-même ou par ses frères, d'une grande partie du midi de la France.

Lorsque Blanche, par l'assistance de Thibaut de Champagne, eut contraint les barons abandonnés de l'Angleterre à la reconnaître pour régente, elle laissa les années s'écouler en silence jusqu'à la majorité de son fils, n'éveillant l'opposition par l'annonce d'aucun projet, la publication d'aucune ordonnance, l'extension d'aucune prérogative qui pût donner occasion de mettre encore une fois en doute son autorité.

1236-1248.

Ce fut seulement en 1236 que Louis atteignit sa vingt et unième année, et même, depuis cette époque jusqu'à son départ pour les croisades, il parut peu sur la scène. Cependant sa réputation grandissait malgré son inaction, et lui-même se formait une haute idée de ses droits et de sa puissance. Lorsque Frédéric II retint prisonniers, après la bataille de la Meloria (1241), les prélats qui se rendaient sur les galères de Gênes au concile convoqué à Rome par Grégoire IX, saint Louis lui redemanda avec fermeté les prélats de son royaume, lui donnant à entendre qu'il saurait au besoin se les faire rendre. « Puisque les prélats de notre « royaume n'ont pour aucune cause « mérité leur détention, il conviendrait « que votre grandeur leur rendît la « liberté : vous nous apaiserez ainsi ; « car nous regardons leur détention « comme une injure, et la majesté « royale perdrait de sa considération « si nous pouvions nous taire dans un « cas semblable... Que votre prudence « impériale..... ne se borne pas à alléguer votre puissance ou votre volonté, car le royaume de France n'est « pas si affaibli qu'il se résigne à être « foulé aux pieds par vous. » Du reste cette mésintelligence entre les deux plus puissants princes de la chrétienté dura peu, et, pendant la querelle entre Innocent IV et Frédéric II, saint Louis intervint plusieurs fois en faveur de l'empereur.

Cependant les Anglais, gouvernés par les conseillers du jeune roi Henri III, voyaient avec jalousie et inquiétude l'accroissement du pouvoir royal en France ; ils favorisèrent la révolte de quelques vassaux et pénétrèrent même dans le royaume, espérant, à la faveur des troubles, reconquérir les provinces que leur avait enlevées Philippe-Auguste ; mais saint Louis les battit à Taillebourg, où il montra un courage qui présageait le héros des croisades (1242). Cependant, loin de vouloir profiter de sa victoire, il offrit à Henri III de lui rendre toutes les provinces que son père avait perdues, sous la seule condition de le suivre à la terre sainte. Cette démarche était plus pieuse que sage ; heureusement pour la France que Henri III refusa cette offre imprudente. Après de longues négociations, un traité, conclu en 1259, arrêta que la Guyenne resterait au roi d'Angleterre, qui devrait l'hommage lige pour cette province. Cette paix définitive ne fut conclue qu'au retour de la première croisade.

1248-1254.
Première croisade de saint Louis. — Ce fut durant une maladie douloureuse que saint Louis fit le vœu de marcher à la délivrance du saint sépulcre. En vain, après sa guérison, sa mère et ses conseillers voulurent le détourner de son dessein, en lui représentant combien le succès était difficile et tout ce qu'il coûterait à la France ; le roi persista, et tous les grands vassaux prirent la croix avec lui. On s'embarqua à Aigues-Mortes et à Marseille, au mois d'août de l'année 1248.

Pendant longtemps on avança sans trop savoir vers quel point l'on se dirigerait. Après un séjour dans l'île de Chypre, saint Louis remonta sur ses vaisseaux, et fit voile vers Damiette dont il s'empara. Mais au lieu de pousser la guerre avec vigueur et de marcher droit au Caire, la capitale de l'Égypte, on perdit un temps précieux à délibérer ; et quand on se décida enfin à se porter en avant, ce fut avec de telles lenteurs que les musulmans eurent le temps de revenir de leur effroi, de rassembler des troupes et de venir attaquer les croisés, occupés à tenter le passage du Nil. La famine, les miasmes pestilentiels qui s'élevaient des canaux dont l'Égypte est couverte, et surtout le terrible feu grégeois, faisaient d'épouvantables ravages dans les rangs de l'armée. Cependant les Francs parvinrent à franchir le fleuve, mais ce fut pour éprouver la sanglante défaite de la Mansourah (la Massoure), causée par leur aveugle témérité (1250). Il fallut songer à la retraite devant des ennemis victorieux ; elle fut désastreuse. Les Francs ne purent regagner Damiette, et il leur fallut se rendre prisonniers.

Si saint Louis s'était exposé au reproche d'imprudence dans le cours de l'expédition, il sut racheter cette faute par la noble résignation et la grandeur d'âme qu'il montra durant sa captivité ; elle lui gagna l'admiration même des infidèles. Les mameluks, cette milice redoutable, s'étaient révoltés ; ils avaient massacré le sultan et établi leur domination sur l'Égypte : les Français, témoins de cette révolution, avaient tout à craindre pour leur vie, et néanmoins, grâce au respect qu'inspirait leur roi, ils obtinrent du nouveau chef des mameluks un traité de paix qui mit fin à leur captivité. Louis rendit Damiette, paya une énorme rançon et put emmener de l'Égypte les tristes restes de son armée. Mais avant de retourner en France il passa encore quatre années dans la Palestine comme simple chevalier, s'occupant à maintenir la paix entre les princes chrétiens et à rétablir les fortifications des places qu'ils possédaient encore.

1254-1270.

Administration et législation de saint Louis. — La nouvelle de la mort de Blanche de Castille qui gouvernait le royaume en l'absence du roi, le força de hâter son retour. Rentré dans ses États, il donna tous ses soins à l'administration de ses domaines, et c'est dans cet intervalle qui sépare ses deux croisades que se placent ses réformes législatives.

Les rapports de saint Louis avec les princes étrangers étaient peu nombreux, car il n'y avait pas encore de politique européenne. Cependant, comme la société commençait à sortir du régime féodal, c'est-à-dire, des gouvernements et des intérêts locaux, les relations s'agrandissaient. Déjà, au temps de Philippe-Auguste, Jean sans Terre s'était allié avec l'empereur Otton contre le roi de France. De même, lorsque Richard de Cornouailles eut été nommé empereur (1257), saint Louis, quoiqu'il fût son beau-frère, refusa de le reconnaître, et s'allia avec Alphonse X, élu aussi roi des Romains. Ce n'était du reste qu'une mesure de précaution, car saint Louis ne voulait pas la guerre. Loin de là, il fit même de grands sacrifices pour détruire autant que possible toutes les causes de querelles entre la France et l'Angleterre. Les conquêtes de Philippe-Auguste pesaient sur sa conscience ; il les croyait illégitimes, et voulait rendre à Henri III toutes les provinces que Jean avait perdues. Ce ne fut pas sans peine que ses conseillers obtinrent de lui qu'il ne restituerait que le Limosin, le Périgord, le Quercy, l'Agenois, et la partie de la Saintonge comprise entre la Charente et l'Aquitaine. Dans ses négociations avec le roi d'Aragon (1258), il se désista de toutes ses prétentions sur la Catalogne, laissant Jacques indépendant en Espagne, et lui faisant abandonner des droits contestés sur les provinces méridionales de la France. Par cette transaction, il traça la frontière de ce côté d'une manière nette et précise. Il faut rappeler encore qu'il refusa la Sicile qu'Urbain IV lui offrait, et qu'il ne soutint jamais son frère, Charles d'Anjou, dans la conquête de ce royaume ; conquête sur la légitimité de laquelle il ne pouvait, malgré l'appui du pape, s'empêcher d'élever quelque doute.

Ainsi, à l'extérieur, son gouvernement porte le caractère d'une modération, d'une justice et d'une fermeté qui devaient honorer la France aux yeux des étrangers.

Passons maintenant à ses rapports avec la société féodale. La soumission du comte de la Marche, après la campagne de 1242, peut être regardée comme ayant achevé de détruire l'indépendance de l'ancienne aristocratie féodale. Depuis cette époque, les barons rentrèrent dans les rangs des vassaux soumis, et y demeurèrent sous les règnes des descendants de Louis, jusqu'au temps où le droit à la couronne devint douteux, et où les princes du sang eux-mêmes donnèrent de nouveau l'exemple des guerres civiles. Toutefois la féodalité serait restée forte encore sans les institutions de saint Louis.

Quelque grande qu'ait été l'influence de ces institutions, il faut bien se garder de croire que leur auteur ait entrevu toutes les conséquences de ses actes. Comme je viens de le dire, son respect pour les droits acquis ne céda jamais qu'à l'obligation où il croyait être de faire respecter partout la loi de Dieu. C'est ainsi que dans ses *Établissements* (*) il reconnaît formellement le droit qu'ont les seigneurs de résister au roi, lorsqu'il leur a dénié justice en sa cour. Ses *Établissements*, au moins dans le premier livre, ne sont souvent autre chose que la reconnaissance et la détermination des droits féodaux, et plus d'une fois sa justice s'arrêta devant des priviléges consacrés par le temps. Ainsi un seigneur de Coucy ayant fait pendre pour délit de chasse deux jeunes gens d'une famille distinguée de la Flandre, Louis voulut le punir de mort malgré toutes les supplications de la noblesse, et il ne renonça à faire exécuter sa sentence que lorsqu'on lui eut montré qu'elle violait les lois féodales. Néanmoins saint Louis ne respecta pas également toutes les coutumes de la féodalité; il en est deux surtout qu'il s'efforça, durant tout son règne, de détruire. Je veux parler des guerres privées et des duels judiciaires, qui étaient les seuls moyens de vider les différends dans cette société où il n'existait aucune force publique chargée de veiller à l'exécution des sentences judiciaires. Mais lorsque, pour venger une offense particulière, un baron se jetait sur les terres d'un seigneur voisin, bien des innocents étaient tués, bien des âmes étaient envoyées à Dieu avant d'avoir pu se préparer à la mort; d'autre part, recourir au jugement de Dieu pour toutes les contestations, c'était tenter la Providence, c'était lui demander un miracle à chaque instant du jour. Or, tout cela effrayait la piété de saint Louis, et il se crut obligé par devoir de faire cesser ces combats sacriléges.

D'abord, en 1245, il rétablit, en termes plus formels, une ordonnance de Philippe-Auguste, par laquelle il était arrêté qu'après une offense entre deux parties il y aurait une trêve de quarante jours pour tous leurs parents; c'est ce qu'on nomma *la quarantaine du roi*. En vertu d'une ordonnance postérieure, la partie qui se croyait la plus faible put encore éviter la guerre en recourant à la justice, et celle-ci sommait son adversaire de lui jurer *asseurement*. L'asseurement ne pouvait être refusé, et celui qui le violait était pendu (*). Ces ordonnances diminuèrent sans nul doute le nombre des guerres privées, car saint Louis s'efforça constamment de les faire observer.

Il lui fut moins facile de détruire le duel judiciaire. Cette forme de procédure était si universellement adoptée, elle était si chère à la noblesse, que la tentative de l'interdire tout à coup, et dans tous les fiefs, était impraticable. Aussi saint Louis ne supprima-t-il formellement le duel judiciaire que dans les domaines royaux. Son ordonnance le dit expressément, et il le répète dans plusieurs passages de ses Établissements; mais il traita avec ceux des grands vassaux qui consentirent à détruire le duel judiciaire. Toutefois la plupart des seigneurs refusèrent longtemps par intérêt d'imiter son exemple, car l'amende du vaincu roturier était de 60 sols, et celle du gentilhomme de 60 livres (**). Dans ses domaines donc, qui étaient déjà une grande partie de la France, il défendit « *les batailles en justice,* » y substituant les preuves par témoins, « *sans ôter les autres bonnes et loyales preuves usitées en cour laïque jusqu'à ce temps;* » cette mesure, bien qu'elle ne s'étendît pas à tout le royaume, n'en eut pas moins d'importants résultats. Dans tous les domaines de la couronne on fut dès lors obligé, au lieu de recourir au combat, de se soumettre à la juridiction des juges royaux. Mais l'appréciation des témoignages, la complication des causes, le nombre et la confusion des preuves écrites, rendirent bien difficile l'administration de la justice, et il fallut qu'une classe d'hommes prît pour tâche spéciale et

---

(*) C'est le nom qui fut donné aux dispositions législatives de saint Louis.

(*) Établissem. I, 28, p. 129.

(**) Voyez ch. 61, p. 309, l. 19. Rec. des ordonnances des rois de France, I, 88.

exclusive le soin des procédures. Ces nouveaux clercs eurent aussi leur évangile, les Pandectes de Justinien, découvertes depuis un siècle et appelées du nom de *raison écrite*. Ce que les jurisconsultes de Bologne avaient voulu faire pour les empereurs de la maison de Souabe, les légistes de France le tentèrent avec plus de succès; ils ne dirent point que le roi de France devait succéder à la toute-puissance des empereurs romains, mais ils arrivèrent plus sûrement au même but par des moyens détournés. Créés par la royauté qui les prenait pour ses conseillers, ils attaquèrent sourdement, à son profit, la société féodale; d'abord ils cherchèrent à introduire partout la législation de l'empire romain, si favorable à l'autorité absolue. Dans tout le second livre des Établissements de saint Louis, à peine y a-t-il 12 ou 15 chapitres où l'on n'en réfère point à quelque loi des Pandectes. C'est dans cet esprit qu'ils multiplièrent les appels et les *cas royaux*, de manière à ramener toutes les justices féodales dans la dépendance de la justice royale (*). *Si aucun veut fausser jugement ou païs, où il appartient que jugement soit faussé, il n'y aura point de bataille, mès les clains et les respons, et les autres erremens de plet seront apportez en nostre court*(**). Ainsi, sans supprimer les justices seigneuriales, saint Louis donnait à ses prévôts et baillis (***) le pouvoir de juger souvent les causes déjà jugées par les barons. A ces appels ils joignirent les *cas royaux*, c'est-à-dire que le roi, comme chef du gouvernement féodal, avait de préférence à tout autre le droit de juger certaines causes nommées pour cela cas royaux. Mais les légistes du roi,

qui savaient combien peut s'étendre un droit que rien ne précise, ne voulurent jamais déterminer clairement quels étaient les cas royaux, et c'était par une décision tout arbitraire, que toutes les fois qu'une cause leur paraissait intéresser l'autorité du roi, ils l'enlevaient aux justices seigneuriales, pour en attirer le jugement à leurs cours.

Tous ces légistes dont le prince s'entourait cherchèrent bientôt à se créer une position dans l'État, en dehors de la hiérarchie féodale; ils n'inventèrent point d'abord des noms ni des formes nouvelles, mais ils profitèrent de tout ce qui pouvait leur servir dans les institutions féodales, pour cacher leurs innovations sous d'anciens titres.

Dans la plupart des ordonnances rendues par saint Louis, on voit qu'elles ont été délibérées dans un conseil où le roi avait appelé ses barons ou ceux de ses sujets qui étaient directement intéressés à l'objet des ordonnances. C'est ainsi qu'on lit dans le préambule des Établissements : « *et furent faits ces Établissements par grand conseil de sages hommes et de bons clercs.* » Lorsque Louis voulut rendre à Henri III les conquêtes de Philippe-Auguste, il eut à lutter longtemps contre son *baronnage* (*) qui s'opposa à sa justice mal éclairée, pesa la légitimité des prétentions du roi d'Angleterre, et reconnut comme valide le jugement des douze pairs de Philippe-Auguste contre Jean sans Terre. C'est bien là le *grande parlamentum* dont parle Guillaume de Nangis. Mais cette noble cour de baronnie ne semble apparaître sous saint Louis que pour élever à son importance et ennoblir de son nom une humble réunion de légistes qui envahissent peu à peu le *parlamentum*, et bientôt en chassent même les barons. La substitution des preuves par témoins aux gages de batailles, les appels, les cas royaux,

---

(*) Le chancelier de l'Hôpital priva définitivement les seigneurs du droit de rendre la justice par eux-mêmes; il voulut que les baillis et les sénéchaux fussent tirés de la *robe courte*.

(**) Recueil des ordonn. I, 91, § 8.

(***) Les prévôts étaient les officiers des baillis, comme les viguiers ceux des sénéchaux.

(*) *Nonne duas sorores desponsavimus... sed baronagii pertinacia voluntati meæ non inclinat... O utinam duodecim pares Franciæ et baronagium mihi consentirent, amici essemus indissolubiles.* (Math. Par., p. 774).

les renvois des causes difficiles *pour les preuves ouïr*, compliquèrent singulièrement les travaux de la *cour du roi;* les barons ne purent y suffire; il fallut des *conseillers-clercs* pour lire les dépositions des témoins et cette masse énorme d'écritures que faisait naître chaque procès. Une ordonnance qui est peut-être rapportée à tort à saint Louis, nous montre le parlement composé de trois hauts barons, le duc de Bourgogne, le comte de Saint-Pol et le connétable; de trois prélats, l'archevêque de Narbonne, l'évêque de Paris, l'évêque de Térouanne; de dix-huit chevaliers, de dix-sept clercs, enfin de deux légistes prononçant les arrêts; sept autres membres pouvaient y assister occasionnellement (*). Telle fut l'origine de cette magistrature qui occupa une si grande place dans l'ancienne monarchie, et fut le plus puissant instrument dont se servit la royauté pour niveler la France.

C'est à saint Louis qu'est aussi due la pragmatique sanction, qui détermina les droits de l'autorité spirituelle et ceux de la puissance temporelle, affranchit la couronne de toute dépendance à l'égard du saint-siége, et posa la base des libertés gallicanes.

1270.

Seconde croisade et mort de saint Louis. — Quand saint Louis crut avoir rempli tous les devoirs que lui imposait l'état de son royaume, tourmenté par le souvenir de sa malheureuse croisade d'Égypte et par le bruit des calamités de la Palestine, il se décida à entreprendre une expédition nouvelle (1270). Cédant aux instances de son frère, Charles d'Anjou, roi des Deux-Siciles, qui voulait détruire les repaires des pirates africains par qui les côtes d'Italie étaient journellement infestées, il fit voile vers Tunis, mais ce fut pour mourir de la peste avec la plus grande partie de son armée sous les murs de cette ville.

(*) *Olim.*, I, 250.

CONQUÊTE DU ROYAUME DE NAPLES PAR LE FRÈRE DE SAINT LOUIS.

1266.

Sous Robert Ier et Henri Ier, les Normands avaient conquis l'Italie méridionale et la Sicile; sous Philippe Ier, des Normands, des Angevins, des Bretons, etc., avaient soumis l'Angleterre; des Lorrains, des Provençaux, des Languedociens, des Picards, etc., avaient recouvré le saint sépulcre et relevé le royaume de Jérusalem; quelque temps auparavant des Bourguignons avaient fondé le royaume de Portugal; enfin, des Champenois et des Flamands avaient renversé sous Philippe II l'empire byzantin. Sous saint Louis, la royauté ne se trouva encore ni assez belliqueuse ni assez active pour occuper l'esprit remuant de la nation, et une nombreuse armée, composée surtout de Provençaux, alla reconquérir pour un frère de saint Louis le royaume de Naples, possédé par une famille allemande depuis l'extinction de la dynastie normande.

L'autorité des empereurs, en Italie, avait été en quelque sorte anéantie par la mort de Frédéric II qui avait réuni à la couronne impériale celle de Naples et de Sicile. *Que les cieux se réjouissent, que la terre soit dans l'allégresse*, écrivait Innocent IV au clergé de Sicile, *car la foudre et la tempête dont le Dieu puissant a menacé si longtemps vos têtes se sont changées, par la mort de cet homme, en zéphyrs rafraîchissants et en rosée fertilisante.* Le pontife forma immédiatement le projet de réunir au patrimoine de saint Pierre tout le royaume de Naples, et, dans cette vue, il écrivit au clergé, aux nobles et aux bourgeois pour prendre les armes contre leur roi, déclarant que le royaume de Naples était désormais irrévocablement annexé au domaine de saint Pierre. Cependant Frédéric avait laissé des fils pour recueillir son héritage, et malgré les anathèmes du pontife, Conrad puis Manfred régnèrent à Naples et dans la Sicile. Le pape, comprenant qu'il n'était point lui-même assez fort pour chasser les

Allemands de l'Italie, résolut d'appeler un prince qui ne serait que le vicaire du saint-siége dans le royaume de Naples. En conséquence, il entama des négociations avec Richard de Cornouailles, père de Henri III d'Angleterre, avec Henri lui-même, pour son fils Edmond, enfin avec Charles d'Anjou, frère de saint Louis.

Charles, pressé par l'orgueil de sa femme et par sa propre ambition, accepta les propositions du pape Urbain IV, mais sans vouloir rien distraire de son futur royaume que la ville de Bénévent; le pape demanda encore et obtint un tribut annuel de 8,000 onces d'or (480,000 fr.) et d'une mule blanche; de plus, la promesse, pour lui et ses descendants, de n'accepter jamais la couronne impériale, et de ne prétendre à aucune autorité sur la Toscane et l'Italie supérieure. Le traité conclu, le pape fit prêcher en France une croisade qui fournit à Charles de nombreux soldats; quelques-uns même le précédèrent en Italie, et allèrent sur les bords du Garigliano guerroyer avec les Sarrasins de Manfred; mais, dit le Dante : *Le monde n'a pas permis qu'ils laissassent une renommée; regardons-les, passons et ne parlons point d'eux.*

Cependant les Gibelins, c'est-à-dire les ennemis du pape chef des Guelfes, qui, par les secours de Manfred, avaient repris l'avantage dans la Toscane et la haute Italie, étaient trop peu nombreux pour le conserver, et le perdirent dès que leurs adversaires eurent l'espérance d'un secours étranger. Toute la haute Italie, au delà du Pô, se déclara pour Charles d'Anjou, et Philippe della Torre, seigneur de Milan, reçut même dans cette ville un podestat provençal. Manfred prépara une vive résistance. Les galères siciliennes, réunies à la flotte pisane, devaient fermer la mer à Charles d'Anjou, tandis que deux armées, envoyées dans la Toscane et la Marche d'Ancône, gardaient les approches du royaume.

Aucun de ces préparatifs ne réussit. Les Romains, qui l'avaient nommé sénateur, donnèrent aussi ce titre à Charles d'Anjou, qui, pressé de s'assurer d'une ville aussi importante, partit des côtes de Provence avec mille chevaliers seulement, évita, à la faveur d'une tempête, la flotte de Manfred, et entra dans le Tibre. Pendant ce temps, l'armée croisée, sous la conduite de la comtesse Béatrix, descendit le mont Cenis, et, guidée par le marquis de Montferrat, s'éloigna de la ligne du Pô, défendue par les généraux de Manfred, traversa le Milanais et le Bressan, et entra dans les États de l'Église par le territoire de Ferrare. De là jusqu'à Rome le chemin fut facile, car dès lors elle ne rencontra sur son passage que des partisans de l'Église. Manfred pouvait encore espérer de repousser les envahisseurs, mais la trahison l'entourait, et plusieurs postes importants furent lâchement ou traîtreusement abandonnés, sans pour ainsi dire tirer l'épée. Charles s'avança des bords du Garigliano jusque dans la plaine de Bénévent, où Manfred l'attendait avec son armée. Ce prince, qui découvrait parmi les siens des signes de tristesse ou de découragement, essaya de retarder Charles par une négociation; mais ses ambassadeurs ayant été introduits devant le comte, celui-ci leur répondit en français : *Allez, et dites au sultan de Nocera que je ne veux autre que bataille, et que ce jourd'hui je mettrai lui en enfer, ou il me mettra en paradis.* La bataille fut décidée, et la trahison, qui déjà avait si bien servi Charles d'Anjou, lui donna encore la victoire au jour décisif. Manfred avait l'avantage quand l'ordre de frapper aux chevaux circula dans les rangs de l'armée française; cette déloyauté chevaleresque assura la victoire au comte de Provence; un grand nombre d'Allemands, beaucoup de ces Sarrasins si fidèles à la maison de Souabe, périrent dans cette journée. Manfred aussi ne voulut point survivre à sa défaite. Comme il mettait son casque en tête, un aigle d'argent qui en formait le cimier tomba sur l'arçon de son cheval. *Hoc est signum Dei,* dit-il à ses barons; *j'avais attaché mon cimier de mes propres mains, ce n'est pas le hasard qui le détache.* Il se jeta dans la mêlée, et fut tué par un Français qui ne le connaissait pas (26 février 1266). Pendant trois jours on ne sut point ce qu'il était devenu; enfin un valet de son armée le reconnut sur le champ de bataille; on porta son cadavre en travers sur un âne au nouveau roi, Charles, qui refusant, malgré les prières de ses chevaliers, de faire enterrer un excommunié en terre consacrée, lui fit creuser une simple fosse; mais chaque soldat de l'armée alla y déposer une pierre comme un témoignage rendu à la mémoire du bon chevalier. L'Église lui envia encore cette modeste tombe; sur un ordre du pape, on déterra ses os, et on les jeta sur les confins du royaume et de la campagne de Rome, aux bords de la rivière Verde.

La victoire de Bénévent donna tout le pays au vainqueur; toutefois ce n'était pas le parti national qui avait été vaincu dans la plaine de Bénévent : les Allemands et les Sarrasins que Frédéric II avait établis dans les deux villes italiennes de Luceria et de Nocera avaient seuls combattu; quant aux indigènes, ils détestaient trop la domination allemande, et la légèreté des princes de la maison de Souabe était trop contraire à leurs idées religieuses, pour qu'ils fussent tentés de verser leur sang en sa faveur, contre un prince qui venait comme le vicaire du pape. Mais le jour même de la bataille, les Apuliens purent apprendre contre quel joug ils avaient échangé l'autorité de leur prince. Bénévent qui, d'après le traité, était un bien de l'Église, fut non-seulement pillée, mais tous ses habitants massacrés. Du reste, ce serait peut-être à tort qu'on accuserait ici Charles de cruauté, car c'étaient des croisés qui composaient son armée, c'est-à-dire une foule de soldats mercenaires et pillards, et parmi eux se trouvaient quelques fanatiques qui, dans leur première fureur, confondirent les Bénéventains avec les Sarrasins de Manfred. Les malheurs qui suivirent la conquête étrangère ne se réduisirent point à ces massacres. Lorsque Charles eut fait à Naples son entrée solennelle, dans toutes les directions partirent une foule d'hommes chargés de quelque emploi, et qui, comme une nuée de sauterelles, s'abattant sur tout le royaume, dépouillèrent les provinces et firent partout sentir la présence du vainqueur.

1267.

Charles, sous le nom d'un parti différent, avait la même politique que Manfred : pour s'assurer du royaume de Naples, il voulait gouverner en chef de parti la Toscane et la Lombardie; il voulait avoir dans ces deux contrées comme des avant-postes qui le défendissent de l'approche de ses ennemis. Il se fit donc donner, pour dix ans, la seigneurie de Florence, c'est-à-dire le droit d'y nommer un vicaire pour la guerre et la justice. Pour abattre le parti gibelin dans la Toscane, Charles y passa lui-même; mais il n'y put faire de progrès rapides, car Pise était encore puissante; d'ailleurs elle s'occupait à lui susciter du fond de l'Allemagne un ennemi plus redoutable, le jeune Conradin, âgé alors de seize ans. Près de lui s'étaient rendus tous les Gibelins du royaume des Deux-Siciles, qui lui représentaient la haine profonde que les Français avaient déjà soulevée contre eux; les députés de Sienne et de Pise, qui lui apportaient un présent de cent mille florins, et lui promettaient l'appui de la moitié de la Toscane; des députés lombards, qui vinrent au nom de Mastino della Scala, seigneur de Vérone; des Gibelins de la Marche trévisane, et enfin les envoyés du marquis de Palavacino, jadis maître de Crémone, de Parme et de Plaisance. Conradin ne put résister à des offres si attrayantes; il crut qu'il lui était réservé de venger son aïeul, son père et son oncle. La première noblesse d'Allemagne vint se ranger sous ses étendards; il partit accompagné du jeune duc d'Autriche, de son oncle le duc de Bavière, et du comte de Tyrol, second mari de sa mère, qui l'accompagnèrent avec leurs vassaux jusqu'à Vérone. Charles, comme Manfred, avait envoyé des troupes pour défendre les Apennins, en avant de la Toscane;

mais les nouvelles qu'il reçut de la Pouille et de Rome lui firent sentir la nécessité de se rapprocher de ses États.

Henri de Castille, frère d'Alphonse X, avait été forcé de s'expatrier à la suite de troubles politiques où il avait pris parti pour le peuple contre son frère. Après avoir longtemps servi le roi de Tunis, il était venu en Italie au bruit de la conquête du comte d'Anjou. Il s'était établi à Rome, et avait obtenu le titre de sénateur de cette ville. Henri avait d'abord été du parti de Charles, à qui même, dans un besoin pressant, il avait prêté soixante mille doubles, le prix de ses services et de ses épargnes chez les Sarrasins; mais Charles s'était bientôt montré jaloux de l'influence que Henri prenait à Rome, et avait refusé même de lui rendre l'argent qu'il en avait reçu; aussi Henri, jurant de se venger, contracta alliance avec Conradin, et fit à Rome des armements pour le seconder. Son autre frère, Frédéric, comme lui exilé, débarqua pour la même cause en Sicile, avec deux cents chevaliers espagnols, deux cents Allemands et quatre cents Toscans, qui s'étaient réfugiés en Afrique après la défaite de la maison de Souabe. Les deux galères qui les portèrent en Sicile étaient chargées de selles et d'armes, car tous ces chevaliers n'avaient entre eux que vingt-deux chevaux. Cependant ils défirent les Provençaux à plusieurs reprises, et toute la Sicile, à la réserve de Palerme, Messine et Syracuse, arbora l'étendard de Souabe. Sur le continent, Lucéria, Aversa, plusieurs villes de la Calabre, toutes les Abruzzes s'étaient révoltées. A cette nouvelle, Charles sentit qu'il devait se hâter de combattre.

Cependant Conradin était entré à Pise, à Sienne, à Rome, enfin; les chevaliers de Charles, en Toscane, avaient été faits prisonniers; sa flotte avait été détruite devant Messine par celle de Pise, et il se trouvait ainsi dans une position pire que celle où était Manfred quand il était venu l'attaquer. Conradin, il est vrai, avait été excommunié par le pape avant d'entrer à Rome; mais l'excommunication frappant de si près n'avait aucune force; Conradin n'en tint compte, et, par bravade, il fit déployer toute son armée devant Viterbe où le pape s'était fortifié. *Ne craignez point*, disait le pape à ses cardinaux effrayés, *car tous ces efforts se dissiperont en fumée. Ce sont des victimes*, ajoutait-il en voyant Conradin et Frédéric d'Autriche faire défiler en parade leurs cinq mille chevaliers, *qui se laissent conduire au sacrifice*. Mais alors cette sinistre prédiction ne semblait pas devoir s'accomplir. A la tête de cinq mille gendarmes, Conradin pouvait espérer de battre un ennemi qui n'en avait que trois mille à lui opposer, et qui sentait derrière lui tout le pays révolté.

1268.

Les deux armées se rencontrèrent dans la plaine de Tagliacozzo; un stratagème déloyal donna la victoire à Charles d'Anjou; Conradin s'enfuit, avec le duc d'Autriche, du champ de bataille sans être poursuivi; arrivé sur le rivage, il se jeta dans une barque pour gagner la Sicile, mais sa barque fut arrêtée par le seigneur d'un château voisin, qui livra son prisonnier au roi de Naples. D'atroces cruautés suivirent la victoire de Charles. Il nomma lui-même des juges pour condamner à mort Conradin et ses partisans; cependant, tel était l'intérêt qu'inspirait ce jeune prince, que parmi ses juges, tous créatures du roi, un seul osa prononcer la peine de mort. Sur l'autorité de ce seul juge, Charles ordonna l'exécution; lui-même y assista avec toute sa cour; mais quand le juge inique prononça la sentence que lui seul avait rendue, Robert de Flandre, le propre gendre du roi, s'élança sur lui, et le frappant au milieu de la poitrine de l'estoc qu'il tenait à la main, il s'écria: *Il ne t'appartient pas, misérable, de condamner à mort si noble et si gentil seigneur*. Le juge tomba mort en présence du roi, qui n'osa point venger sa créature. Cependant Conradin était entre les mains des bourreaux; il détacha lui-même son manteau, et, s'étant mis à genoux pour prier, il se releva en s'écriant : « Oh! ma mère, « quelle profonde douleur te causera la « nouvelle qu'on va te porter de moi! » Puis, jetant son gant au milieu de la foule comme gage d'un combat de vengeance, il tendit la tête au bourreau. Avec lui furent exécutés le duc d'Autriche et les principaux prisonniers gibelins (29 octobre.)

1269.

Après avoir fait tomber de si illustres têtes, Charles ne pouvait craindre de sacrifier à sa vengeance la foule des obscurs partisans de Conradin. Toutes les provinces furent ensanglantées par des supplices. A Rome, il fit couper les jambes à tous ceux qui s'étaient déclarés contre lui ; puis, redoutant la pitié que leur vue exciterait, il les enferma dans une maison de bois où il fit mettre le feu. C'est la cruauté de Commode. En Sicile, une ville entière périt sur l'échafaud, même les traîtres qui avaient livré les portes aux Français.

Charles était enfin arrivé à ce degré de puissance qu'il avait ambitionné si longtemps ; le royaume des Deux-Siciles lui était soumis ; et comme allié, comme fils chéri du saint-siége, il exerçait, sur les États de l'Église, une puissance qu'aucun souverain séculier n'avait pu depuis longtemps y acquérir. De plus, Clément IV lui avait déféré le titre de vicaire impérial en Toscane ; au delà du Pô, il paraissait encore comme le puissant protecteur des Guelfes, et était même seigneur de quelques villes du Piémont. En 1269, dans une diète réunie à Crémone, il s'était fait déclarer seigneur de la plupart des villes guelfes de la Lombardie, même de Milan, et probablement il n'aurait point borné là ses premiers succès, si, à cette époque, il n'avait été entraîné par son frère à une huitième et dernière croisade.

1270.

Cette croisade fut faite tout entière au profit du roi de Naples, qui n'arriva qu'après la mort de saint Louis, et s'empressa d'usurper au roi de Tunis effrayé un traité par lequel il se reconnaissait tributaire du royaume de Naples. Une nouvelle preuve de l'avidité et de la cruauté du roi Charles attendait les croisés à leur retour. Devant Trapani une tempête furieuse les assaillit et força un grand nombre de galères à échouer sur le rivage. Charles n'eut pas honte de confisquer tous les biens et tous les vaisseaux des naufragés.

1270-1280.

Charles se rendit ensuite à Viterbe pour engager les cardinaux, depuis longtemps réunis en conclave, à élire enfin un pape. Toutefois la vacance du saint-siége lui était utile, car alors il était tout-puissant sur les États de l'Église. Le nouveau pape, étranger aux querelles des différents partis, ne songea qu'à les réconcilier tous, à les réunir pour une nouvelle croisade. Mais rendre la paix à la Toscane et à la Lombardie, c'était y renverser la puissance du roi de Naples, qui ne pouvait s'y maintenir qu'en se faisant protecteur d'un parti. Grégoire X porta un autre coup à l'ambition du roi ; d'abord, il reconnut Michel Paléologue pour empereur grec, ce qui empêchait Charles d'exécuter les projets qu'il avait déjà formés sur la Grèce ; puis il fit élever un empereur d'Allemagne, qui devait contester à Charles le titre de vicaire impérial, et son autorité sur la Lombardie et la Toscane. Mais Grégoire X mourut trop tôt pour accomplir ses desseins. Un de ses successeurs devait être plus heureux : Nicolas III, en négociant avec Rodolphe et Charles, les contint l'un par l'autre, et sut se faire céder par chacun d'eux quelques prérogatives ou quelques provinces. Ainsi Charles abandonna d'abord la charge de sénateur de Rome, et rendit tous les châteaux où il avait garnison ; d'autre part, il se fit céder réellement, par Rodolphe, les terres comprises dans les donations souvent contestées de Charlemagne et de Louis le Débonnaire ; de plus, ce que Grégoire X n'avait pu exécuter, il rendit la paix à toute l'Italie, en envoyant dans toutes les villes son neveu, le cardinal Latino, avec la mission de rappeler partout les exilés et de faire solennellement jurer la paix aux deux partis.

1280-1282.

Ainsi le roi Charles, qui, avant le pontificat de Nicolas, s'était vu l'arbitre de l'Italie, se trouvait réduit au seul royaume de Naples; heureusement pour lui, le pape mourut (1280). Afin d'être maître de l'élection et de n'avoir plus un pape si hostile à ses intérêts, Charles enleva du conclave et retint en prison trois cardinaux, parents de Nicolas, et força les autres, en les intimidant, à nommer une de ses créatures. Ce nouveau pape s'empressa de satisfaire à toutes les exigences de son ancien maître, lui ouvrit tous les châteaux des États de l'Église, lui remit la charge de sénateur de Rome, et, pour favoriser les desseins de Charles sur la Grèce, excommunia Michel Paléologue. Charles, comme pour obéir aux ordres du souverain pontife, rassembla une nombreuse armée contre l'ennemi du saint-siége; mais tous ses plans furent renversés par un homme qui, compagnon de Frédéric II et de Manfred, brûlait du désir de venger leur mémoire et de délivrer son pays. Giovani de Procida s'était retiré, après la mort de Conradin, auprès de don Pèdre d'Aragon, gendre de Manfred, et de là il entretenait une correspondance suivie avec la Sicile, qui, éloignée du centre du gouvernement, et par là même abandonnée à une foule de petits tyrans secondaires, subissait un joug plus intolérable encore que les provinces du continent. Mais les Français n'habitaient que les villes et les côtes; dans les montagnes du centre de l'île s'étaient réfugiés tous les barons mécontents. A toutes les vexations auxquelles ils étaient soumis, une autre vint se joindre, la prédication de la croisade contre les Grecs, pour laquelle Charles levait des impôts intolérables : « Déjà, dit un historien contemporain, Charles avait arboré contre nos amis de la Grèce la croix du brigandage; car c'est sous cette bannière sacrée qu'il a coutume de répandre le sang des innocents. Ses efforts pour entraîner le peuple sicilien dans cette guerre faisaient le malheur et la désolation de notre patrie. » Procida, pour voir de près les mécontents, passa lui-même en Sicile; il leur parla de vengeance, leur indiqua les moyens de punir les oppresseurs et leur promit un secours puissant. Deux fois il alla à Constantinople montrer à Paléologue que la révolte des Siciliens pouvait seule le sauver d'une attaque dangereuse, et obtint de lui de l'argent pour armer les Aragonais. Don Pédro hésita longtemps à attaquer un prince regardé comme le plus puissant de la chrétienté; mais décidé par les instances de Procida, il arma enfin une flotte nombreuse, sous prétexte d'aller combattre les Maures, et attendit l'instant de descendre en Sicile. Mais déjà l'heure de la vengeance avait sonné pour les Siciliens. Le lundi de Pâques 1282, un Français ayant insulté, dans une fête publique, une jeune fille, fut frappé par ceux qui l'entouraient, et sa mort fut le signal du massacre de tous les Français qui étaient à Palerme. Alors de terribles représailles des massacres de Bénévent et d'Augusta furent exercées; à l'exception de quelques soldats, renvoyés ignominieusement au delà du Phare, tous les Français furent massacrés. Un seul sortit de Sicile avec honneur, le gouverneur de Catalasimo, Guillaume de Porcellet, qui n'avait jamais méconnu la justice.

1284.

Toutefois, quand la vengeance fut satisfaite, les Siciliens furent effrayés du choc qu'ils allaient avoir à soutenir; ils envoyèrent des députés au saint-père pour implorer sa miséricorde et celle du roi, mais ils n'obtinrent d'autre réponse que de se défendre, s'ils le pouvaient. La vengeance de Charles aurait été atroce; aussi les Siciliens se préparèrent avec courage à la résistance, en appelant à leur secours le roi d'Aragon; mais bientôt l'armée que Charles tenait prête pour envahir la Grèce descendit la Calabre et fut transportée par sa flotte sous les murs de Messine. La ville fut vivement défendue; cependant elle allait succomber, quand Pierre d'Aragon arriva à Trapani. Après s'être fait couronner roi de Sicile, il envoya défier le roi de Naples. Charles aurait sans doute bientôt puni ce qu'il appelait l'insolence du roi d'Aragon, si la crainte de voir sa flotte détruite, sa retraite et ses vivres coupées par la flotte supérieure de l'Aragonais, ne l'eussent forcé de repasser le détroit à la hâte. Le lendemain parut Roger Loria, qui, s'approchant de la Calabre, brûla toutes les galères du roi, sans que celui-ci pût les défendre. Comme il voyait l'incendie de sa flotte, il mordait avec rage le sceptre qu'il portait à la main, et s'écriait : *Ah! Dieu, Dieu! moult m'avez-vous offert à surmonter! Je vous prie, que la descente se fasse tout doucement.* Voyant que toute sa puissance était inutile contre les flottes siciliennes, qu'il ne pouvait atteindre ce rivage sur lequel il voyait, des murs de Reggio, de faibles ennemis se rire de sa colère, il voulut du moins atteindre son ennemi en champ clos et le provoquer à un combat singulier. Pierre, qui voulait gagner du temps, accepta, et quand vint le jour du combat, il refusa de se présenter, sous le prétexte que la route n'était pas libre.

La Sicile était irrévocablement perdue pour la maison d'Anjou. En vain Charles fit d'immenses préparatifs; Loria vint encore détruire sa flotte, et fit même son fils prisonnier. L'année qui suivit cette nouvelle défaite, Charles mourut en proie à la honte et à la douleur de l'ambition déçue. Son fils, Charles II, était prisonnier des Aragonais; un traité, qu'il n'observa pas, lui rendit la liberté, et le roi d'Aragon, attaqué par la maison de France, le roi de Castille et le pape, se vit contraint d'abandonner les Siciliens. Ceux-ci ne désespérèrent point de leur cause; ils choisirent pour roi le frère de l'Aragonais, Frédéric, qui par ses talents sut assurer l'indépendance du peuple qui l'avait choisi, et contraignit le pape lui-même à le reconnaître roi de Trinacrie, en 1303.

Pour ne plus revenir sur ce royaume français de Naples, résumons rapidement son histoire jusqu'à l'extinction de la race capétienne de ses rois. A Charles d'Anjou avait succédé Charles le Boiteux (1285-1309); puis Robert le Bon (1309-1343), qui attaqua continuellement, mais sans succès, la Sicile. Plus heureux en Italie, il parvint à y exercer une puissante influence, fut nommé par le pape sénateur de Rome, et reconnu par les Génois pour seigneur de leur ville. Ce fut lui qui fit couronner Pétrarque au Capitole, en 1341. En 1339, il avait conquis les îles Lipariennes et battu la flotte sicilienne. Sa fille Jeanne, qu'il avait mariée à André de Hongrie, lui succéda de 1343 à 1382. Elle commença son règne honteux par faire assassiner son mari, puis épousa Louis, prince de Tarente; mais le roi de Hongrie, Louis le Grand (*), vint avec une armée venger son frère. Pendant plusieurs années le pays fut dévasté par la guerre, jusqu'à ce que le roi de Hongrie eut été rappelé dans ses États par des soins plus importants. Dès lors la cour de Naples donna l'exemple de tous les scandales du crime joint à l'immoralité. Jeanne, que Charles Durazzo fit étrangler, expia enfin par une mort cruelle quarante années de désordres. Mais, avant de mourir, elle sema des germes de guerre, en adoptant Louis Ier, chef de la deuxième maison d'Anjou, au détriment de Charles de Duras, son héritier naturel. Dès lors commencèrent, entre la seconde maison d'Anjou et la branche

---

(*) Ce prince était aussi membre de la maison royale de France à titre de descendant de Charles d'Anjou, et comme il était maître de la Pologne, de la Hongrie, de la Russie Rouge, de la Valachie, de la Moldavie, de la Dalmatie, etc., l'étendard aux fleurs de lis brillait alors depuis la Manche jusqu'à la mer Noire, la mer seule séparant la France du royaume de Naples, et celui-ci de la Dalmatie où commençait la domination de Louis le Grand, pour s'étendre jusqu'à l'embouchure du Danube.

royale de Duras, des guerres qui devaient amener l'entrée des Français en Italie et la longue lutte des maisons de France et d'Autriche. Louis Ier d'Anjou, en 1383, puis Louis II, en 1390, envahirent en effet le royaume, mais ne purent s'y maintenir. Une seconde Jeanne, sœur de Ladislas, le successeur de Charles de Durazzo, et dernière héritière des Duras, ranima cette guerre, lorsqu'elle touchait à sa fin, en adoptant tour à tour Alphonse V, roi d'Aragon et de Sicile, et Louis III d'Anjou. Lorsque Jeanne et Louis moururent, en 1435, René d'Anjou, duc de Lorraine et comte de Provence, essaya de lutter contre Alphonse V, et fut un instant maître de Naples (1438); mais Alphonse le chassa (1442), et reçut du pape l'investiture (1443) de son nouveau royaume.

PHILIPPE III, LE HARDI.

(1270 - 1285).

Saint Louis était mort devant Tunis avec la plus grande partie de son armée et des princes de sa famille; son fils, Philippe le Hardi, revint, conduisant, à travers l'Italie et la France, cinq cercueils: celui de son père, de son frère le comte de Nevers, de sa femme Isabelle d'Aragon, de son fils, et enfin de son beau-frère Thibaut II, comte de Champagne et roi de Navarre. Ce règne, commencé sous d'aussi tristes auspices, eut peu d'éclat, et engagea la France dans une suite de guerres inutiles au delà des Pyrénées.

La mort de Conradin, fils de Frédéric II, qui était venu revendiquer le royaume de Naples, occupé par les Provençaux de Charles d'Anjou, avait été, comme nous l'avons vu, vengée par les Vêpres siciliennes, et la Sicile s'était donnée à l'Aragon; cependant le pape, fidèle allié de la maison d'Anjou, excommunia les deux peuples, et conféra à Charles de Valois, frère de Philippe le Hardi, la couronne d'Aragon (1283). Mais il fallait la conquérir. Pour favoriser ses projets, le pape promit des indulgences à tous ceux qui serviraient sa cause. Le roi de Minorque ouvrit aux troupes françaises son comté de Roussillon; mais elles ne purent avancer au delà de Girone, et leur flotte fut trois fois battue sur les côtes de la Catalogne. Philippe III qui avait voulu conduire lui-même l'expédition qui devait assurer une couronne à son frère, revint en France malade et presque seul, et mourut à Perpignan dans le commencement de l'année 1285.

Une intervention de la France dans les affaires de la Castille, et qui aurait eu pour résultat de placer sur le trône de ce pays un prince soumis à l'influence française, n'avait pas réussi davantage; mais Philippe put compenser ce double échec en faisant épouser à son fils l'héritière du royaume de Navarre et du comté de Champagne (1284).

PHILIPPE IV, LE BEL.

(1285-1314).

1285-1293.

Philippe le Bel, qui succéda à son père, en 1285, se hâta de se débarrasser, par des traités, de toutes ces guerres lointaines et inutiles. Dès 1288, il signa un traité d'alliance offensive et défensive avec la Castille; deux autres traités avec l'Aragon (1291 et 1293) amenèrent une paix définitive, consolidée par les cessions réciproques de divers prétendants. Ainsi le roi d'Aragon renonça à la Sicile, qu'on abandonna à elle-même, Charles de Valois à l'Aragon, et Charles II de Naples au duché d'Anjou, qui fut donné comme dédommagement à Charles de Valois.

1293-1299.

Première guerre avec l'Angleterre. — Cette paix laissait à Philippe la liberté d'attaquer le roi d'Angleterre, auquel il voulait enlever le duché de Guyenne, pour réunir tout le midi de la France au domaine royal. Profitant d'une querelle survenue entre des matelots normands et anglais, et des hostilités qui en furent la suite entre les bâtiments des deux nations, Philippe cita Édouard à comparaître par-devant la cour des pairs, et, sur son refus, confisqua la Guyenne, seule province que les Anglais occupassent encore en France.

Le comte de Valois et le connétable de Nesle, chargés d'exécuter la sentence de la cour des pairs, enlevèrent, sans rencontrer une vive résistance, toutes les places de la Guyenne et de la Gascogne. Édouard, occupé contre les Écossais, ne put venir défendre ses possessions continentales, mais il menaça le roi de France d'une ligue formidable, en s'unissant au comte de Bar, au duc de Brabant, au comte de Gueldre, à l'archevêque de Cologne et au roi de Germanie, Adolphe de Nassau. C'était, comme au temps de Philippe-Auguste, la réunion de toutes les puissances féodales du nord-est de la France contre la royauté, qui, venant de mettre fin à l'indépendance des États du midi, pouvait être tentée d'attaquer aussi celle des États du nord-est. L'intervention de Boniface VIII, et la défaite des Flamands à Furnes, suspendit la lutte. Par le traité de Montreuil-sur-Mer, Édouard épousa, le 8 septembre 1299, la sœur de Philippe le Bel, et son fils fut fiancé à la fille du roi de France Isabelle, qui porta dans la maison d'Angleterre ses prétendus droits à la couronne de France.

1299-1305.

Guerre de Flandre. — La paix conclue en 1299 permettait aux deux rois de poursuivre le but de leur ambition, Édouard la conquête de l'Écosse, Philippe l'asservissement de la Flandre. Il tenait déjà prisonnier le comte de Flandre, Gui de Dampierre, et Jacques de Châtillon accablait les Flamands de vexations et d'injustices. Mais les tisserands de Bruges se soulevèrent, massacrèrent les Français, et marchèrent hardiment au-devant de l'armée royale. Celle-ci s'avançait vers Courtray, presque sans ordre et sûre de vaincre dès qu'elle paraîtrait. En vain le sage Raoul de Nesle les exhortait à ne pas attaquer imprudemment une armée de quarante mille hommes, armés de longues piques, fiers de leur nombre, de leur vigueur, de leur habileté dans les combats, et retranchés derrière un fossé peu large, mais profond. Telle était la folle confiance des Français, qu'ils n'envoyèrent même pas d'éclaireurs pour reconnaître le terrain. Comme de Nesle les suppliait de ne pas commettre d'imprudence, ils lui demandèrent s'il avait peur. « Je vous « mènerai si loin, leur répondit-il, que « vous ne me ferez plus ce reproche. » Aussitôt il part avec impétuosité : la cavalerie française s'élance sur ses pas; ils arrivent sur le bord du fossé, et, dans l'impossibilité de traverser ou de reculer, le premier rang s'y précipite, les autres suivent, et les Flamands n'ont que la peine de les tuer avec leurs longues piques. Ainsi périt l'élite de la chevalerie française dans ce désastre d'autant plus honteux, qu'il attestait un profond mépris de la discipline militaire (1302).

Édouard, vers le même temps, perdait trois armées. Le terrible Wallace, ce guide intrépide des montagnards écossais, avait arrêté et vaincu les Anglais. Battus tous les deux, Philippe et Édouard firent la paix, dont le garant fut le mariage du jeune Édouard II avec Isabelle, fille de Philippe le Bel, union qui devait se terminer d'une manière si tragique (1303).

Cependant les Français songeaient à réparer la défaite de Courtray. Ils retournèrent en Flandre, où ils gagnèrent la bataille de Mons en Puelle. Un aveuglement pareil à celui qui avait fait perdre la bataille de Courtray aux Français causa la perte des Flamands; mais, loin d'être découragés par ce revers, ils reparurent au bout de quelques jours au nombre de soixante mille hommes. Désespérant de les réduire, Philippe reconnut leur indépendance en 1305. C'est vers ce temps que commença la longue querelle de ce prince avec Boniface VIII.

1301-1303.

Querelle du roi avec Boniface VIII. — Boniface VIII, digne héritier de Grégoire VII, s'était à peine assis sur le trône de saint Pierre, qu'il avait résolu de maintenir et d'étendre les priviléges de la tiare; mais il trouva dans le roi de France un adversaire qui avait pour lui la force matérielle, et qui ne craignait pas d'en user pour défendre et accroître les récentes conquêtes du pouvoir royal. Cependant, Boniface ne montra d'abord que des intentions bienveillantes pour la maison de France; mais, ayant voulu intervenir à titre de médiateur dans la querelle de la France et de l'Angleterre, il le fit avec des paroles qui blessèrent l'orgueil du roi. Quelque temps après, Philippe imposa à tous ses sujets une taxe, dont les prêtres eux-mêmes ne furent pas exempts. Toutefois cette mesure ne fit pas encore éclater la querelle; Boniface sentait qu'il avait affaire à un redoutable adversaire : mais le roi ayant fait enfermer, en 1301, Bernard Saisset, évêque turbulent qui prétendait n'avoir d'autre seigneur que Boniface, celui-ci lança la fameuse bulle *Ausculta, fili* (Écoutez-moi, mon fils), qui fut accompagnée d'une autre bulle plus courte, mais qui n'était que le résumé de la première; elle était conçue en ces termes : « Boni-« face, évêque, serviteur des servi-« teurs de Dieu, à Philippe, roi des « Français. Craignez le Seigneur et « gardez ses commandements. Nous « voulons que vous sachiez que vous « nous êtes soumis dans le temporel « comme dans le spirituel; que la col-« lation des bénéfices et la prébende « ne vous appartiennent en aucune « manière, et que, si vous avez la « garde des églises pendant la vacance, « ce n'est que pour en réserver les « fruits à ceux qui seront élus. Si « vous avez conféré quelque bénéfice, « nous déclarons cette collation nulle « par le droit et par le fait; nous révo-« quons tout ce qui s'est passé dans « ce genre : ceux qui croiront autre-« ment seront réputés hérétiques (*). »

(*) On a contesté l'authenticité de cette bulle, mais tous les auteurs français l'admettent. Jean André de Bologne, qui ré-

Le roi répondit : « Philippe, par la « grâce de Dieu, roi des Français, à « Boniface, prétendu pape, peu ou « point de salut. Que ta très-grande « fatuité sache que nous ne sommes « soumis à personne pour le temporel; « que la collation des bénéfices, les « siéges vacants, nous appartiennent « par le droit de notre couronne; que « les revenus des églises qui vaquent « en régale sont à nous; que les pro-« visions que nous donnerons sont « valides pour le passé et pour l'avenir, « et que nous maintiendrons tant qu'il « sera en notre pouvoir ceux que nous « avons pourvus et que nous pourvoi-« rons. Ceux qui croiront autrement « seront réputés fous et insensés. »
La querelle engagée en ces termes ne pouvait se terminer que par la violence. Un avocat, Guillaume de Nogaret, fut envoyé à Anagni, où le pape s'était réfugié, pour se saisir de sa personne et la conduire par-devant le concile de Lyon, convoqué par le roi. Là eurent lieu des scènes indécentes. Sciarra Colonna, d'une famille de Rome proscrite par le pape, accompagnait Nogaret. Leurs soldats enfoncèrent les portes du palais papal, pillèrent les trésors de Boniface, et outragèrent de leurs grossières injures le vieux pontife, qui, assis sur son trône, couvert de ses habits pontificaux, la crosse et les clefs à la main, disait : « Puisque je suis trahi comme « le Sauveur du monde, et livré in-« dignement entre les mains de mes « ennemis pour être mis à mort, au « moins je mourrai pape. » Sciarra s'emporta même au point de frapper de son gantelet de fer le pontife au visage; il l'aurait tué, si Nogaret ne l'eût arrêté. « O toi, chétif pape, disait « celui-ci, considère et regarde de mon « seigneur le roi de France la bonté, « qui, tant loin est de toi son « royaume, te garde par moi et dé-« fend de tes ennemis, ainsi que ses « prédécesseurs ont toujours gardé les « tiens. »

digea vers le milieu du seizième siècle la glose des décrétales de Boniface VIII, n'a pas hésité à l'insérer parmi ses autres bulles.

1303-1308.

Boniface ne put survivre à tant d'outrages; il mourut d'une fièvre violente le 11 octobre 1303. Son successeur, Benoît XI, homme de probité et de modération, mourut malheureusement peu de mois après son exaltation. Dès lors commença la *captivité de Babylone*. La translation du saint-siége à Avignon, opérée par le successeur de Benoît, Clément V, que Philippe était parvenu à faire nommer par l'influence qu'il exerçait sur le conclave, fut un événement funeste pour la papauté; car avec son indépendance elle perdit aussi une partie de sa considération.

1307-1314.

Abolition de l'ordre des templiers.

Quand la translation du saint-siége à Avignon eut mis le pape dans la dépendance du roi de France, celui-ci demanda et obtint l'abolition de l'ordre des templiers, dont les richesses devaient grossir ses trésors toujours épuisés. Les chevaliers du Temple étaient répandus, au nombre de quinze mille, dans tous les États de la chrétienté. On les accusait d'être livrés à tous les vices qui accompagnent d'ordinaire des richesses immenses et la liberté de l'état militaire. Ils étaient les plus fiers des hommes, et portaient dans les guerres d'Europe toute la barbarie qu'ils déployaient ailleurs contre les infidèles. Cet ordre religieux et militaire devait son institution aux croisades, et comme depuis longtemps il n'était plus question de ces guerres, si ce n'est pour donner un prétexte à la rapacité des rois, les templiers étaient plus onéreux qu'utiles à l'Europe. Cependant il eût été dangereux d'attaquer de front des chevaliers pleins de bravoure, qui dans toutes les provinces avaient des châteaux forts et de nombreux serviteurs. Le seul moyen sûr pour les perdre, c'était le secret et la ruse. Ce fut aussi celui que Philippe employa. Les templiers furent tous arrêtés avant d'avoir même prévu cet événement, et plongés dans des prisons où on les laissa languir pendant six ou sept ans. Dès l'année 1310, Philippe voulut éprouver quelle était l'opinion de l'Europe à leur égard, et en fit brûler une cinquantaine, les uns près la porte Saint-Antoine, les autres à l'extrémité des Champs-Élysées, dans l'île des Cygnes. L'atrocité des tortures auxquelles ils avaient été soumis leur avait fait avouer la plupart des crimes qui leur étaient imputés; sur le bûcher ils se rétractèrent, et jusqu'à la mort protestèrent de leur innocence.

Lorsque enfin, en 1314, Clément V eut prononcé l'abolition de l'ordre, le grand maître Jacques de Molay et les principaux dignitaires subirent à leur tour le supplice du feu. On dit que sur le bûcher Jacques de Molay ajourna le pape et le roi à comparaître avant la fin de l'année devant le tribunal de Dieu. Quoi qu'il en soit de la prédiction, Clément et Philippe moururent en effet en 1314.

Ainsi disparurent les nobles et derniers restes des croisades. Telle est la marche inflexible et impitoyable du genre humain : dès qu'une institution n'est plus soutenue par le besoin qui l'a fait naître, elle tombe, de quelques grands services qu'on lui soit redevable.

La féodalité, elle aussi, acheva de succomber sous les coups de Philippe le Bel. Par ses ordonnances multipliées, par le nombre toujours croissant de ses agents il chercha à mettre un terme à l'anarchie féodale, non dans l'intérêt de ses peuples, mais dans celui de son propre pouvoir. Toutefois, pour atteindre ce but, pour soudoyer l'armée si nombreuse des agents de l'autorité absolue, il lui fallait de l'or, et rien ne lui coûta pour s'en procurer. Voilà le secret de ses exactions, de sa lutte contre le saint-siége, et de son acharnement contre les templiers. Il trouva d'ailleurs un secours puissant dans les légistes dont il s'entoura. « Ces légistes furent sous lui les tyrans de la France; les *Pandectes* étaient leur loi suprême, et ils procédèrent avec une froide et impassible persévérance à l'imitation du droit romain et de la fiscalité impériale; ils démolirent avec des textes et des citations l'ordre social, tel qu'il avait été créé par le catholicisme romain et la féodalité. Ce furent eux cependant qui organisèrent la centralisation monarchique, et qui devinrent les véritables fondateurs de l'ordre civil aux temps modernes ; ils battirent en ruine le droit ecclésiastique et les juridictions féodales ; ils étendirent la leur sur les monnaies, *sur les forêts, sur les prévôtés* ; le parlement, fixé à Paris en 1302, devint le siège de leur puissance. C'est là que *toute autorité vint peu à peu s'amortir et se fondre sous l'autorité royale*. Les légistes appelèrent à eux le tiers état, la bourgeoisie, et cherchèrent à se faire un appui de cet ordre, qui leur doit en grande partie l'accroissement de son influence. Pour soutenir cette *nouvelle forme de gouvernement*, pour faire respecter et exécuter les arrêts des hommes de loi, il fallait une force imposante ; le roi eut à solder une armée judiciaire et administrative : le seul entretien des sergents à pied et à cheval coûtait des *sommes immenses*. L'industrie était à peine née, et il fallait arracher cet argent par la violence à une population malheureuse ; de là le despotisme, de là de longues et cruelles misères, qui balancèrent longtemps les avantages de la substitution du pouvoir central et monarchique, au régime barbare établi par le gouvernement féodal (*). »

LOUIS X dit LE HUTIN.
(1314-1316).

A Philippe IV, dit le Bel, succéda Louis X, qui *réunit à la couronne de France celle de Navarre*, dont il hérita du chef de sa mère. Sous son règne, il y eut une réaction violente contre le despotisme royal, de date si récente et cependant déjà si fort. Louis le Hutin, qui n'avait point l'énergie de son père, fut obligé de remettre aux seigneurs du nord et du centre de la France les droits de régale, c'est-à-dire les droits

(*) Em. de Bonnechose, *Histoire de France*, liv. II, ch. I.

appartenant à la royauté, et de défaire pièce à pièce l'ouvrage de ses prédécesseurs. Il reconnut même les libertés dont jouissaient un grand nombre de villes municipales. Enfin il rappela les juifs expulsés par son père, et rendit cette ordonnance singulière par laquelle, déclarant que tous les Français devaient être libres, il permit aux serfs du domaine royal de se racheter. Le surintendant des finances sous Philippe avait été Enguerrand de Marigny, qui, le premier, avait demandé aux états généraux des secours d'argent qu'on lui avait accordés. Sous le nouveau roi, il fut pendu, et le peuple vit dans sa mort l'expiation des vexations du règne précédent.

PHILIPPE V.
(1316-1322).

CHARLES IV.
(1322-1328).

Louis X mourut en 1316, après une expédition inutile en Flandre. Il laissait sa veuve enceinte ; mais le fils qu'elle mit au monde mourut presque aussitôt, et il ne resta de Louis X qu'une fille en bas âge. Le parlement débattit la question de savoir si les femmes pouvaient succéder à la couronne, et répondit négativement, en appliquant à la dignité royale les dispositions de la loi salique à l'égard des alleux. Le sceptre passa donc aux mains de Philippe V, le Long, frère du roi mort, et qui lui-même mourut en 1322, sans laisser d'enfants mâles. Ses filles furent frustrées de la couronne, comme en avait été frustrée celle de Louis X, et son frère Charles IV, dit le Bel, lui succéda, mais ne régna que six années.

Ainsi, dans l'espace de quatorze ans (1314 à 1328), la France fut gouvernée par trois rois, qui tous trois moururent sans postérité mâle, et sans avoir signalé leurs règnes par aucun fait remarquable, si ce n'est Philippe V, par une violente persécution des juifs et des lépreux, ainsi que par quelques sages ordonnances ; Charles IV, par une intervention pacifique en Flandre, et une guerre inutile avec l'Angleterre. Mais le prince qui leur succéda commença une maison nouvelle : la branche des Valois, qui, montée sur le trône avec Philippe VI, s'éteignit à la fin du seizième siècle, dans la personne de Henri III.

Examinons quelle était, au moment où s'éteignit la branche aînée des Capétiens, la situation de la royauté française?. Depuis saint Louis, elle avait suivi une marche ascendante sans jamais reculer d'un pas. Philippe le Bel avait surtout porté à la féodalité les coups les plus sensibles, concentré entre ses mains toute l'autorité publique, organisé l'administration, couvert la France de ses agents, et montré que la royauté voulait désormais agir avec un pouvoir absolu en matière de lois et d'impôts, ainsi que dans l'administration de la justice. Aussi, grâce à cette centralisation du pouvoir, le royaume se trouva tout d'un coup puissant et redoutable sous les fils de Philippe le Bel. Tandis, en effet, que de tragiques événements agitaient l'Angleterre, tandis que l'Italie et l'Allemagne étaient en proie à la plus déplorable anarchie, la France, réunie presque tout entière sous la main du roi, restait calme et tranquille, formidable par son unité et menaçant déjà l'indépendance de l'Europe ; car Charles IV, tenant le pape comme prisonnier dans Avignon, l'avait forcé d'excommunier l'empereur Louis de Bavière, et avait failli lui-même s'asseoir sur le trône impérial.

Un siècle avait suffi pour opérer cette transformation; mais la révolution avait été trop rapide pour renverser à jamais tout ce qui faisait obstacle à la puissance royale. Si elle avait beaucoup détruit, elle avait peu édifié encore, et le temps comme la science lui avaient manqué pour créer les institutions qui devaient assurer son pouvoir. Aussi la verrons-nous prête à succomber devant des disgrâces extérieures et des dissensions intestines. Elle se relèvera cependant plus absolue que jamais, parce que la féodalité a été irrévocablement détruite par les successeurs de Philippe-Auguste, et que le peuple ne veut plus d'autre chef que le roi.

§ IV. *Guerre de cent ans avec l'Angleterre. — Défaites de Crécy et de Poitiers. — Révolution de 1357. — Première expulsion des Anglais.*

PHILIPPE VI.
(1328-1350).
1328-1337.

Charles IV en mourant ne laissait point de frère, et ses plus proches héritiers étaient une sœur, Isabelle, mère d'Édouard III, et un cousin germain, Philippe de Valois. Ce dernier, qui n'avait pour rivaux que les enfants d'une princesse mariée dans un royaume étranger, qui d'ailleurs avait été nommé régent par Charles IV, se trouvant avoir ainsi en main l'autorité royale, prit, sans rencontrer d'opposition, le titre de roi, lorsque Jeanne d'Évreux, veuve de Charles IV, eut accouché d'une fille. Cependant, pour faire taire toute réclamation, il donna le royaume de Navarre à Philippe d'Évreux, qui avait épousé Jeanne, fille de Louis X. Quant aux autres concurrents, ils étaient trop faibles ou trop occupés pour lui disputer la couronne. Édouard III, mal affermi en Angleterre, dut même, après quelques inutiles protestations, rendre hommage à Philippe VI. Bientôt après, celui-ci, pour se montrer en roi à toute la nation, accueillit la demande de Louis, comte de Flandre, réunit une nombreuse armée et battit les Gantois à Cassel. Dès lors il put compter que la nation se regarderait comme obligée à défendre son titre.

A l'époque de Philippe VI, les romans de chevalerie étaient encore en grande vogue. C'est même le temps où l'on cherche plus que jamais à reproduire toutes les cérémonies et toutes les fêtes qu'avait pu inventer l'imagination des romanciers. La cour de France, surtout, voulait briller par sa magnificence aux yeux des rois de

Bohême, de Navarre et de Majorque, qui y faisaient leur résidence habituelle. Mais pour satisfaire aux dépenses de toutes ces fêtes, il fallait chercher l'argent par mille moyens dont l'illégalité et la violence montrent que la royauté approchait chaque fois davantage du pouvoir absolu. Toutefois, cette royauté prenait un caractère moins sombre que celui qu'elle avait sous Philippe le Bel : le roi de France prétendait au titre de premier chevalier du royaume ; et, avec l'esprit chevaleresque, revinrent aussi les idées de croisades, de guerre contre les infidèles. Mais, depuis que le roi ne pouvait plus faire la guerre avec des armées féodales, il fallait d'immenses trésors pour payer les vingt sous tournois qu'un chevalier banneret demandait pour chaque jour de service; aussi Philippe VI voulut-il que le pape lui accordât, pour son expédition d'outremer, les décimes de toute la chrétienté, pendant dix ans. Une pareille concession aurait livré l'Europe au roi de France : le pape la refusa ; et d'ailleurs Philippe fut bientôt assez occupé chez lui pour oublier ses projets de conquêtes lointaines.

Après avoir fait au roi de France hommage de la Guyenne, dans la cour plénière d'Amiens, Édouard avait voulu contraindre les Écossais à prendre un roi de sa main (1331) ; leur prince indigène, David Bruce, fut, il est vrai, chassé du pays par les armées anglaises ; mais le protégé d'Édouard, le fils de Bailliol, ne put se maintenir, malgré trois expéditions du roi anglais en Écosse.

Dans le même temps où Édouard échouait contre l'Écosse, les Flamands, dirigés par le brasseur Artevelle, se soulevaient contre Philippe VI. Des relations de commerce unissaient d'intérêt la Flandre et l'Angleterre ; aussi Artevelle jeta les yeux sur Édouard pour le soutenir dans sa révolte.

1337-1341.

Commencement de la guerre de cent ans.— Déjà un prince du sang, Robert d'Artois, proscrit par le roi de France, s'était retiré en Angleterre ; et Philippe avait, à cette occasion, publié un manifeste qu'Édouard regarda comme une insulte à sa personne. Dès ce moment, la guerre avait été imminente, et le roi d'Angleterre avait envoyé dans les Pays-Bas quelques chevaliers pour engager dans sa cause les Flamands, les Brabançons, l'archevêque de Cologne et plusieurs autres princes de l'Empire, voisins jaloux de la France. Toutes ces négociations parurent d'abord réussir ; et Édouard put un instant compter, comme autrefois Jean sans Terre, sur l'assistance de l'empereur et des seigneurs des Pays-Bas ; mais la mésintelligence éclata bientôt entre les confédérés ; et Édouard n'aurait pu commencer la guerre avec avantage, si le brasseur Artevelle ne lui avait donné le conseil de prendre le titre de roi de France, pour que les Flamands pussent se joindre à lui sans violer la loi féodale. Les premières opérations furent peu favorables à Édouard, qui, malgré la défaite de la flotte française, dans le port de l'Écluse, ne put prendre Tournai, et vit un corps nombreux de ses troupes battu à Saint-Omer par le duc de Bourgogne. Une trêve d'un an mit fin à ces hostilités ruineuses, et permit à Édouard de marcher contre les Écossais, qui venaient de chasser son protégé (1340). Quand la guerre recommença, en 1341, elle eut la Bretagne pour théâtre.

1341-1365.

Guerre de Bretagne. — Jean III, duc de Bretagne, avait laissé en mourant son duché à sa nièce, épouse d'un prince de la famille royale de France, Charles, comte de Blois, neveu de Philippe de Valois. Mais le comte de Montfort, frère du dernier duc, était le candidat national de la Bretagne. Philippe envoya une armée pour installer le nouveau prince. Montfort, fait prisonnier à Nantes, ne put profiter des secours que Robert d'Artois lui amena d'Angleterre ; et, après une trêve de deux ans, signée en 1345, son compétiteur, Charles de Blois, ayant été fait prisonnier à la

Roche-Derien, tout le poids de la guerre retomba sur les deux Jeanne, épouses des deux prétendants captifs. La lutte dura vingt ans encore, jusqu'en 1365, époque où le traité de Guérande assura le duché à la maison de Montfort. Pendant ces vingt-cinq années de guerre, la Bretagne fut le rendez-vous des plus renommés chevaliers et le théâtre des plus brillants exploits. C'est là que Bertrand du Guesclin fit ses premières armes.

1346.

Bataille de Crécy. — Cependant les deux rois ne se contentèrent pas longtemps de se combattre indirectement dans la Bretagne : Philippe de Valois, ayant attiré à sa cour, en 1346, et fait mettre à mort Olivier Clisson et douze chevaliers bretons, qu'il soupçonnait d'intelligence avec les Anglais, Édouard rompit la trêve, et, par le conseil du traître Geoffroy d'Harcourt, débarqua subitement en Normandie. De là il pénétra sans s'arrêter jusqu'à Paris, brûla Saint-Cloud, et répandit partout la désolation. Bientôt les Français accoururent au nombre de soixante mille. Édouard songea alors à la retraite, repassa difficilement la Seine, la Somme, et fut joint par les Français près de Crécy. Édouard ne demandait qu'à se retirer; on le força à vaincre contre toutes les probabilités. Les Anglais, il est vrai, avaient une brillante cavalerie, mais celle des Français l'emportait en nombre et en courage ; car le roi de France était le roi des preux, et Paris, le séjour de tout ce qu'il y avait de princes fameux par leur courage en Europe. Toutefois l'armée française n'avait point d'infanterie, et c'était là sa faiblesse. On avait, il est vrai, acheté le service de quinze mille arbalétriers génois; mais ces mercenaires étaient méprisés des rois qui les employaient et des gens d'armes qui servaient avec eux ; d'ailleurs, la pluie qui avait détendu les cordes de leurs arcs, les rendait inutiles.

On rivalisa, dans l'armée française, de courage, mais aussi d'imprudence et d'indiscipline. Les Anglais, postés sur une colline fortifiée à la hâte, triomphèrent, à l'aide de l'artillerie dont l'invention était toute récente, d'une masse d'hommes qui arrivaient sur eux en désordre : trente mille Français, et parmi eux deux rois, onze princes et douze cents seigneurs ou chevaliers, restèrent sur le champ de bataille. C'étaient les rois de Bohême et de Majorque, les ducs de Lorraine et de Bourgogne, le comte d'Alençon, frère de Philippe VI, le comte de Blois, son neveu, le comte de Flandre, celui d'Harcourt et ses deux fils, les comtes d'Aumale, de Nevers, de Sancerre, d'Auxerre, de Savoie etc. L'archevêque de Sens et celui de Nîmes, etc.

1347.

Prise de Calais. — Vainqueur à Crécy, en 1346, Édouard s'empare, l'année suivante, de la ville qui lui ouvrait la France entière, de Calais, conquête importante et difficile. La ville n'était accessible que par deux larges chaussées venant l'une du nord, l'autre du midi, et traversant les vastes marais qui l'entourent, ce qui fit dire plus tard à l'amiral de Coligny que Calais n'était prenable qu'en hiver. Édouard III renonça au projet de prendre Calais par force et résolut de la dompter par la famine, qui en effet s'y fit bientôt sentir. Une ville de bois fut construite autour de Calais et l'armée anglaise y passa l'hiver, dans une position si forte que Philippe, venu au secours des assiégés, désespéra de la forcer, et les habitants eurent la douleur de voir une armée de trente à quarante mille hommes s'avancer sous leurs murs et se retirer sans combat. Bientôt la ville fut contrainte de se rendre. Édouard, furieux contre les audacieux qui avaient troublé si longtemps son commerce et résisté à ses armes, voulut d'abord exterminer tous les habitants et brûler leur ville; mais il se laissa fléchir, et demanda que six bourgeois vinssent lui remettre les clefs et se rendre à sa discrétion. La fureur du roi d'Angleterre céda aux larmes et aux prières de la reine son épouse. Ces hommes généreux furent épargnés et se retirèrent dans les villes environnantes, ainsi que toute la population de Calais remplacée par une colonie anglaise. Dans la suite il fallait parler anglais pour y pouvoir séjourner plus de trois jours, et depuis cette époque jusqu'en 1558, où Guise la reprit, Calais appartint aux Anglais. La perte leur en fut très-sensible, car tant qu'ils possédèrent cette position ils conservèrent l'espoir de faire des conquêtes en France. La reine Marie, qui mourut peu après la reprise de cette ville, disait que si l'on ouvrait son cœur on y verrait écrit le nom de Calais.

1349.

Peste de 1349. — Deux ans après la prise de Calais par Édouard, une peste affreuse ravagea l'Europe entière et fit périr un tiers des habitants, selon Froissard, Villani et Bocace, à qui cette épidémie inspira l'admirable tableau de la peste de Florence, et, tel est le pouvoir du talent, qu'on a oublié les malheurs du reste de l'Europe pour ne se rappeler que ceux de cette ville.

1349-1350.

Trêve.—Cependant Édouard accepta une trêve d'un an, proposée par Philippe VI, et qui se continua jusqu'en 1355. Dès l'année 1350, Philippe mourut à l'âge de cinquante-huit ans. Peu auparavant le domaine royal s'était accru de Montpellier, acheté pour 200,000 écus au roi de Majorque, et du Dauphiné, cédé par Humbert II. Dès lors, le fils aîné du roi de France porta le nom de Dauphin.

JEAN LE BON.

(1350-1364).

1350-1356.

L'idée des droits de la royauté avait tellement grandi en France depuis saint Louis et Philippe le Bel, que le roi ne prenait même plus la peine de créer des commissions judiciaires pour se défaire de ceux qui lui déplaisaient. C'est ainsi que Jean, aussitôt après la mort de son père, condamna et fit exécuter, de sa propre autorité, le connétable d'Eu, soupçonné d'intelligence avec Édouard III, de même que plus tard il fit décapiter le comte d'Harcourt et emprisonner le roi de Navarre, Charles le Mauvais. Dans les siècles précédents, toute la noblesse se serait révoltée contre cette violation de ses droits et privilèges; mais à l'époque où nous sommes parvenus, les puissants comtes ou ducs avaient presque tous disparu, et avaient été remplacés par une foule de petits seigneurs, de chevaliers, si pauvres qu'il leur fallait une solde pour faire la guerre, et même pour entrer en campagne. Philippe VI avait fixé la solde d'un banneret à vingt sous par jour; Jean la doubla; mais la noblesse qui se vendait ainsi au roi perdait nécessairement son indépendance et sa dignité. Le roi chercha toutefois à fortifier l'esprit de la chevalerie, qu'il ne faut pas confondre avec l'ancien esprit féodal. Édouard avait institué l'ordre de la Jarretière; Jean fonda celui de l'Étoile, qui ne lui survécut pas; et, à cette occasion, il donna des fêtes somptueuses, car il aimait la magnificence, plus encore que son père, et la prodigalité lui semblait une vertu royale.

Mais il fallait de grandes sommes pour faire face à toutes ces dépenses; aussi les ordonnances financières se succédèrent-elles, sous son règne, avec une effrayante rapidité. La première qu'il publia fut pour altérer les monnaies; puis il traita pour de l'argent avec les députés de chaque province, et accorda tous les privilèges qui lui furent demandés, moyennant finances. Les biens des banquiers italiens confisqués en 1353, servirent aussi à l'entretien de sa cour et aux dépenses de ses tournois. Malgré toutes ces ressources, Jean se trouva bientôt, faute d'argent, réduit aux expédients, et lorsque la guerre recommença entre lui et l'Angleterre, il fut obligé de suspendre le payement de ses dettes, déclarant que si ses trésoriers obéissaient aux ordres qui pourraient lui être surpris, il les en rendrait responsables, aussi bien que les secrétaires qui les auraient écrits ou le chancelier qui les aurait scellés.

Enfin, il sentit la nécessité d'appeler la nation à son aide, et convoqua à Paris les états généraux de la langue d'oïl pour leur demander un subside. Alors il arriva ce que personne n'avait prévu, c'est que du moment que la royauté fut frappée et affaiblie par une main étrangère, lorsqu'il ne lui fut plus possible de résister aux attaques extérieures qu'en demandant l'assistance de ses sujets, ceux-ci, sentant leur importance, élevèrent la voix pour faire entendre les plaintes du peuple, et ne payèrent qu'en retour de concessions importantes. D'abord ils réglèrent eux-mêmes la valeur de la monnaie pour *être tenue perpétuellement ferme et stable au taux fixé par eux;* ils supprimèrent le droit de prise (*); restreignirent la juridiction des officiers de la maison du roi, et abolirent les monopoles que s'étaient fait attribuer les gens en place. A ces conditions ils s'engagèrent à fournir au roi trente mille gendarmes et cinq millions de livres parisis; mais cette somme dut demeurer, jusqu'à son emploi, entre les mains des receveurs particuliers des états, qui devaient justifier envers les états que la totalité de cette somme aurait été employée à la guerre. Personne ne fut exempté de cet impôt : les prélats, les nobles, le roi et les princes du sang payèrent comme le bourgeois; enfin, il fut convenu que les états seraient *assemblés de nouveau* le premier mars de l'année suivante, pour recevoir *le compte* de leurs trésoriers, et pour voter, s'il y avait lieu, la continuation du subside. Ainsi s'établissait la périodicité des assemblées publiques. L'ordonnance porte encore : « Et ne seront pas lesdites « aides distribuées par nos officiers, « mais par bonnes gens commis et dé- « putés par les trois états, lesquels « ne distribueront pas l'argent à nous, « mais à nos gens d'armes. — Les dé- « putés des trois états seront présents « aux monstres. — La potence pour le « pillard. — Nous ne donrons trêves « si nous n'en sommes bien conseillez « et par plusieurs personnes des trois « états. — Que toutes gens soient ar- « mées, chacun selon son état. »

Ainsi, désormais, personne ne pouvait être distrait de son juge naturel; l'intervention des états dans l'organisation de l'armée était acceptée; leur avis pour la levée de l'arrière-ban demandé; la soumission des officiers du roi aux règlements du droit commun reconnue; le droit de défense armée et d'association établi; c'est-à-dire, que les grands principes d'ordre politique et administratif venaient d'être posés par les états.

Par malheur les états, appelés tout à coup à fournir de l'argent au roi, ne surent trouver d'autre moyen que la gabelle et un impôt sur toutes les marchandises vendues (*). C'étaient deux taxes désastreuses; aussi y eut-il des révoltes en beaucoup de lieux, et il fallut que l'assemblée suivante changeât cet impôt en une cotisation personnelle dix livres durent donner quarante sous; quarante livres, quatre livres; quatre cents livres, dix livres; mille livres, vingt-deux livres. Toutefois cet impôt dut être levé par des collecteurs et des répartiteurs élus par les habitants des communes.

1356.

Bataille de Poitiers. — Tandis que les états essayaient de conquérir des droits politiques et compromettaient leurs succès par leur inexpérience, Édouard III ravageait la Picardie, et son fils, le prince Noir, dévastait les provinces d'au delà de la Loire. Avec l'argent fourni par les états, Jean réunit enfin une armée, et mar-

(*) «Nos sujets pourront résister de fait « et pourront appeler ceux du bourg ou de « la ville voisine contre les preneurs. »

(*) Cette dernière taxe n'était autre chose que l'*alcavala* d'Espagne, que, depuis 1343, les Valois s'efforçaient d'introduire en France.

cha aux Anglais à la tête de cinquante ou soixante mille hommes. Il les rencontra près de Poitiers, postés sur une colline couverte de vignes ; à peine le prince Noir eut-il le temps de ranger ses hommes en bataille et de lier avec des cordes les haies qui l'entouraient, pour les mettre en état de rompre le premier choc de la cavalerie. Croyant déjà les huit mille hommes du prince anglais prisonniers, Jean ne voulut écouter aucune proposition, et fit charger sa gendarmerie, qui fut reçue à coups de flèches lancées par-dessus et à travers les haies. Cette lourde cavalerie, criblée de traits sans pouvoir répondre, se rejeta sur les troupes qui la suivaient et les entraîna dans sa déroute. Longtemps les rangs qui tombaient furent remplacés par de nouveaux soldats, mais enfin il fallut céder, et les Français prirent la fuite, quoique bien supérieurs encore aux Anglais par le nombre. Le carnage fut affreux. Le dauphin s'enfuit un des premiers, et laissa son père au milieu des Anglais ; mais Jean fut défendu vaillamment par Philippe, son quatrième fils, âgé de quinze ans, à qui cet exploit valut le surnom de Hardi. Néanmoins, Jean fut fait prisonnier. Le prince Noir et Édouard adoucirent autant que possible la captivité du roi. Le soir de la bataille, il fut servi à table par le vainqueur, qui le consolait en lui disant qu'il avait été *le mieux faisant* des deux armées. A son entrée à Londres, le prince de Galles n'avait qu'un petit cheval noir, tandis que Jean montait un magnifique coursier blanc, et semblait être le véritable triomphateur.

1356-1358.

États généraux. — Tentatives pour opérer une révolution politique. — Pendant que l'imprudence et la lâcheté des chevaliers livraient la France aux Anglais, le dauphin, depuis Charles V, investi de la régence, imitait le gouvernement de son père, et cherchait à remplir le trésor en altérant les monnaies. Mais si la royauté persévérait dans les mêmes voies, le peuple trouva aussi d'ardents défenseurs ; et, pour la première fois depuis saint Louis, le pouvoir dut s'humilier devant les hardies réclamations des états généraux.

Les communes des onzième et douzième siècles avaient perdu peu à peu leurs droits primitifs ; le pouvoir royal, qui avait favorisé leur établissement sur les terres des seigneurs, ne voulait plus, maintenant que ces terres étaient entre ses mains, conserver de petites républiques au milieu de ses possessions : la plupart des villes n'eurent donc plus le droit de haute et basse justice ; elles reçurent du roi un prévôt qui décida toutes les affaires judiciaires. Néanmoins les bourgeois, derrière leurs murailles et leurs fossés, conservaient encore des priviléges qui attiraient dans leur sein une population nombreuse, active, industrieuse, organisée en corporations, armée et capable de défendre leurs remparts, ou même de combattre en plaine contre les chevaliers, comme ces sept mille bourgeois de Saint-Quentin qui rencontrèrent Édouard après sa victoire de Crécy, et se firent tous tuer sur la place.

La classe bourgeoise, dont la force et les richesses allaient ainsi toujours croissant, avait cependant beaucoup souffert, car c'était sur elle que pesaient les aides et les nombreux impôts inventés depuis Philippe IV ; c'était sur elle que la falsification des monnaies frappait de la manière la plus désastreuse, car elle ruinait le commerce, et le commerce était entre ses mains. Sous le règne des Valois, les souffrances de la bourgeoisie augmentèrent en proportion des dépenses toujours croissantes de ces princes qui vivaient au milieu d'un luxe insultant. Enfin, quand il fallut des aides nouvelles pour la guerre, l'oppression fut portée à son comble, et les plaintes éclatèrent sitôt que la royauté leur en eut fourni le moyen. Nous avons vu les réclamations des états généraux de 1355 ; mais, après la bataille de Poitiers, les maux furent accrus encore par cette grande défaite, où dix mille seigneurs avaient été mis à rançon ;

aussi il y eut presque une révolution. Les états devaient se réunir à la Saint-André de 1356 (30 novembre); le dauphin, âgé de dix-neuf ans, et reconnu comme lieutenant général du royaume, rapprocha la convocation et la fixa au 17 octobre, dix-huit jours après la bataille. Pour rendre le travail plus facile, on élut quatre-vingt-dix membres qui furent chargés de préparer les affaires. Puis, quand ils eurent fait leur rapport, les états demandèrent au dauphin une conférence secrète, et l'archevêque de Reims, au nom des trois états, dit : « Nécessaire est que « soient déclarés tous les défauts qui « sont au royaume de France, tant au « fait de justice comme au fait du gou- « vernement du prince, de son hôtel, « de ses monnaies, de la guerre. » Ensuite il proposa des réformes qui mettaient toute l'autorité aux mains d'un conseil élu par les députés des états.

La royauté ne pouvait ainsi abdiquer tous ses pouvoirs sans chercher quelque moyen d'éluder ces demandes; aussi Charles renvoya les états, et altéra les monnaies pour trouver l'argent que les députés n'accordaient au roi qu'à de si dures conditions. Alors parurent des hommes qui souillèrent leur conduite par la violence, mais n'en furent pas moins les premiers défenseurs des libertés du peuple. Parmi eux se trouva au premier rang Étienne Marcel, prévôt des marchands de Paris, le même qui avait conseillé au dauphin la convocation des états, et qui, à l'approche des Anglais, avait fait achever les murs de Paris, tendre des chaînes de fer dans les rues, et pris toutes les précautions nécessaires avec courage et activité. L'autre champion du peuple était Robert le Coq, employé par le roi Jean dans des ambassades, et élevé en récompense à l'évêché de Laon. Ces deux hommes se chargèrent de porter au dauphin les doléances des états convoqués de nouveau en 1357. Il promit d'y faire droit, et s'engagea d'abord à ne plus détourner l'argent fourni pour les besoins de la guerre, défendit à ses officiers de lui obéir s'il leur donnait des ordres contraires aux engagements qu'il avait pris, renonça au droit de *pourvoierie* (*) pendant toute la durée de l'aide que lui accordaient les états, promit encore de ne plus donner de lettres d'absolution pour des crimes atroces, de tenir la main à ce que la justice ne fût plus différée, et de ne plus vendre les offices de judicature; enfin il exclut de son conseil vingt-deux membres qui avaient participé aux abus. Il défendit toute levée d'approvisionnement, et autorisa chacun à se défendre contre cette injuste mesure; il soumit les percepteurs à rendre compte de leur gestion; abolit les garennes, qui étaient un des moyens de tyrannie les plus révoltants, et autorisa les députés à porter des armes pour se défendre contre les violences de leurs ennemis. Enfin il accepta les articles suivants :

« Des trois états, monsieur le duc « élira un certain nombre de personnes « notables qui seront résidantes à Paris pour le grand et petit conseil, et « qui seront souveraines de tous les « officiers du royaume. Pour expédier « et décider sur le fait des guerres, seront aussi certaines personnes des « trois états.

« Le chancelier et nos officiers jureront de ne jamais rien nous demander en particulier, mais toujours en « présence du grand conseil élu par les « états.

« Promettons de mettre économie « au gouvernement de notre personne, « et ainsi le jureront nos bien-aimés « frères. » En marge de cette ordonnance était écrit : « Vu par le grand « conseil » dont le chef était Jean le Coq. Dès lors toutes les ordonnances portèrent cette formule : « De l'avis de « notre grand conseil des états et des « hommes des bonnes villes. »

Le gouvernement était enfin passé dans des mains populaires. Aussi le régent essaya-t-il bientôt de ressaisir

(*) Droit qui permettait aux officiers du roi dans les voyages de saisir tout ce qui était à leur convenance, sous le prétexte de satisfaire aux besoins du service de la table et du logis du prince.

l'autorité. D'abord vinrent des lettres du roi Jean, qui cassèrent tous les actes des états, et défendirent de payer l'aide votée par eux; puis Charles fit venir Marcel et les échevins pour leur défendre de se mêler désormais du gouvernement du royaume, leur annonçant qu'il ne voulait plus avoir de curateur. Le parti des bourgeois était encore trop fort pour avoir rien à craindre : le clergé faisait cause commune avec eux, et la noblesse ne s'était pas encore tournée du côté du dauphin. Néanmoins ils sentirent le besoin d'avoir un chef influent; des bourgeois d'Amiens délivrèrent de prison le roi de Navarre et le conduisirent à Paris, où le dauphin fut contraint par son conseil de lui jurer loyal amour et de lui faire de grandes concessions.

Pendant que le roi de Navarre allait en Normandie s'assurer de Rouen et reprendre ses villes et châteaux, Charles réveillait à Paris les craintes des bourgeois en réunissant des hommes d'armes autour de la ville. L'exaspération croissait. Un maître des Jacobins lui dit : « Monseigneur, ceux que vous « voyez devant vous ont été réunis en « conseil, et ont décidé que le roi de « Navarre vous présenterait ses griefs « en une seule requête, et aussitôt « vous serez tenu, sire, de lui faire « rendre toutes ses possessions. » Un moine de Saint-Denis continua: « Frère, « tu n'as pas tout dit : sire, nous avons « tous délibéré que nous prendrions « ouvertement parti contre vous si « vous refusiez d'exécuter ce que vous « avez promis. » Enfin Marcel jugea qu'il était indispensable *de tuer quelques-uns des conseillers du régent*, et fit massacrer le sire de Conflans, maréchal de Champagne, et Robert de Clermont, maréchal de Normandie.

Ce meurtre excita d'implacables ressentiments parmi la noblesse; elle se sépara dès lors complétement des états, qui, toujours réunis à Paris, mais ne se composant plus que de clercs et de bourgeois, étaient sous l'influence de la municipalité de cette ville, et ratifiaient sans hésiter tous les actes du prévôt. Celui-ci, pour augmenter son parti, envoyait aux bourgeois de la langue d'oil le chaperon bleu et rouge que portaient ceux de Paris comme signe de ralliement, et beaucoup de villes l'acceptèrent. Malheureusement elles étaient trop éloignées les unes des autres pour se prêter un appui mutuel dans le moment même du danger. Ce fut là ce qui perdit le parti des bourgeois, dont la cause fut d'ailleurs confondue avec celle des paysans révoltés sous le nom de *Jacques* (12 mai 1358). Paris se trouva isolé, et la noblesse réunie contre lui arrêta tous les arrivages de vivres, et força ainsi les bourgeois, abandonnés à eux-mêmes, de se soumettre. Ceux-ci espérèrent quelque temps que les Jacques occuperaient assez la noblesse pour que la campagne autour de Paris fût libre; mais les Jacques et les bourgeois de Paris, leurs alliés, furent défaits à Meaux par la chevalerie (9 juin). D'autre part, le roi de Navarre, que les bourgeois prenaient pour chef, entendait bien ne travailler que pour lui-même; aussi excita-t-il la défiance du parti modéré, et il en coûta la vie à Marcel pour avoir voulu l'introduire dans la ville en lui livrant la Bastille. La mort de ce chef et le massacre de ses partisans amena une réaction royaliste, après laquelle le régent se retrouva plus absolu qu'auparavant (3 août). Alors le roi de Navarre lui déclare la guerre. Après des succès divers, la paix de Pontoise (21 août 1359) met un terme aux hostilités. Ce fut vers cette époque qu'arriva de Londres une honteuse proposition de paix que le roi Jean avait acceptée. Le roi d'Angleterre ne demandait pas moins d'un tiers de la France. On rejeta tout d'une voix ce honteux traité; et Edouard reparut en France; mais on le laissa se consumer en vains efforts contre les places fortes sans hasarder une nouvelle bataille.

1360.

Paix de Brétigny. — Bientôt les Anglais, fatigués de ces guerres lointaines et inutiles à l'Angleterre, se décidèrent à traiter, et on signa la paix de Brétigny (1360). Les Anglais conservaient Calais, Guines, et toutes les provinces de l'ancien duché d'Aquitaine en pleine souveraineté, c'est-à-dire, le Poitou, la Saintonge, l'Aunis, l'Agénois, le Périgord, le Quercy, le Limousin, le Bigorre, l'Angoumois et le Rouergue; de plus on promit pour la rançon du roi l'énorme somme de trois millions d'écus.

Jean, de retour en France, fit peu pour se faire pardonner tant de malheurs; mais la générosité avec laquelle il retourna en captivité, quand il apprit que l'un des otages qu'il y avait laissés s'était enfui, fit oublier ses imprudences. Il mourut à Londres en 1364, et son fils Charles lui succéda. Jean, dont le règne fut si funeste à la France, fonda, peu de temps avant de mourir, la seconde maison de Bourgogne, qui faillit plus tard renverser la monarchie : il donna, en 363, à son fils Philippe le Hardi, le duché de Bourgogne qui avait été réuni au domaine en 1361.

CHARLES V LE SAGE.
(1364-1380.)
1364-1366.

Le règne de Charles V s'ouvrit sous d'heureux auspices. A l'époque même du sacre, du Guesclin vainquit à Cocherel les troupes du roi de Navarre, et parut relever par cette victoire les armes de la France, abattues et malheureuses depuis Crécy. L'année suivante, le traité de Guérande mit fin à la guerre de Bretagne, et Charles, en paix avec tous ses voisins, put cicatriser les plaies de la France et préparer les succès des dernières années de son règne. Avant de se commettre de nouveau avec l'Angleterre, il l'attaqua indirectement en renversant du trône de Castille son allié don Pèdre le Cruel, pour y placer Henri de Transtamare.

1366-1369.

Guerre de Castille. — Un des fléaux les plus terribles pour la France à cette époque, c'étaient les bandes de soldats qui l'infestaient de leurs brigandages; un des premiers soins de Charles fut d'en délivrer le royaume. On songeait alors aux croisades, et les *grandes compagnies* furent encouragées à prendre la croix; elles se dirigèrent du côté de l'Allemagne, où l'empereur Charles IV se montrait favorable à cette entreprise. Mais, ayant voulu continuer le pillage dans les pays qu'elles traversaient, elles rencontrèrent la masse du corps germanique qu'elles ne purent entamer et refluèrent vers l'Espagne et l'Italie. Du côté de l'Italie ces aventuriers furent pris au service du pape qui voulait reconquérir le domaine de saint Pierre, et au service des villes de Toscane, qui avaient formé une ligue contre Milan. C'est alors que leurs chefs reçurent en Italie le nom de *condottieri*. En Espagne ils furent attirés par les guerres de la succession de Castille, et passèrent les Pyrénées sous la conduite de du Guesclin. Cette expédition aventureuse fut doublement utile à la France : elle la délivra des grandes compagnies, et Henri de Transtamare, que du Guesclin établit sur le trône, devint pour le roi de France un utile auxiliaire et l'aida efficacement à vaincre les Anglais.

1370-1380.

Première expulsion des Anglais. — Ce fut en 1370 que l'alliance du roi de Castille et la prospérité renaissante du pays encouragèrent Charles V à recommencer les hostilités. Il reçut les plaintes des Gascons, irrités des exactions du prince Noir, et le cita à comparaître par-devant la cour des pairs, en déclarant que l'Aquitaine était toujours un fief relevant de sa couronne, et qu'en qualité de suzerain, le roi de France avait le droit de recevoir les plaintes des Gascons. C'était une violation évidente du traité de Brétigny; aussi le prince Noir répondit avec étonnement : « On nous mande à « Paris ; nous irons le casque en tête, « avec soixante mille hommes. » C'était une menace plus facile à faire qu'à réaliser : le prince était déjà en proie à une maladie cruelle qui l'enleva peu de temps après ; et l'Angleterre, épuisée par tant d'années de guerre, ne pouvait plus fournir de troupes; d'ailleurs elle considérait l'Aquitaine comme un royaume à part, qui devait se suffire à lui-même.

Aussi la guerre commença avec bonheur pour la France; et ce qui en perpétua le succès, ce fut l'aveuglement d'Édouard qui se fit un ennemi irréconciliable du roi de Castille, en faisant marier deux de ses fils à deux filles de Pierre le Cruel. Édouard avait conçu l'espoir de conquérir la France et l'Espagne; et, entraîné par cette idée, il ne craignit pas de diviser ses forces; mais l'intervention de Henri de Transtamare ne tarda pas à se faire sentir d'une manière défavorable pour l'Angleterre. Une flotte castillane détruisit une flotte anglaise auprès de la Rochelle (23 et 24 juin 1372).

Pendant qu'Édouard voyait ternir l'éclat de ses premiers succès, et que le prince Noir se mourait à Bordeaux, Saint-Pol s'emparait du Ponthieu, le duc d'Anjou du Quercy, du Rouergue et du Limousin; le duc de Lancastre lui-même était arrêté en Picardie par le duc de Bourgogne; enfin du Guesclin, nommé connétable, procura à Charles V l'assistance de la chevalerie bretonne, qui s'empressa de venir se ranger autour de lui. Aidé de cet utile renfort, il battit les Anglais, qui traversèrent deux fois la France, de Calais à Bordeaux, sans pouvoir entamer le royaume.

Charles ne s'arrêta point dans ses succès: cinq armées furent mises sur pied en 1377; l'Angleterre elle-même souffrit à son tour les maux de l'invasion; ses côtes furent ravagées par la marine française, tandis que du Guesclin achevait la conquête de la Guienne. Les Anglais allaient être entièrement expulsés de France, où ils ne tenaient plus que les villes de Bordeaux, Bayonne, la Rochelle, Brest et Calais, lorsque du Guesclin, et bientôt après Charles V, moururent avant d'avoir complètement achevé leur ouvrage.

Administration de Charles V. — Ainsi cette première période de la guerre de cent ans se terminait à l'avantage de la France. Toutefois l'Angleterre avait gagné en libertés publiques ce qu'elle avait perdu en conquêtes dispendieuses et inutiles. Édouard avait vingt fois confirmé la grande charte; le parlement, divisé en chambre haute, ou des lords, et en chambre basse, ou des communes, s'était déclaré, en 1343, *corps législatif;* avait obtenu sa convocation annuelle, le droit de juger les ministres déclarés responsables, et restreint le nombre des délits qui pouvaient être qualifiés de crimes de haute trahison. Enfin, pour effacer le souvenir de la conquête normande et la distinction entre les descendants des vainqueurs et ceux des vaincus, la langue française avait été interdite dans les actes publics. Le commerce de la nation, son industrie, sa navigation avaient aussi pris un grand essor, grâce à l'alliance de la Flandre et aux troubles continuels qui chassaient de ce pays une foule d'ouvriers industrieux par lesquels l'Angleterre apprit à tirer parti elle-même de ses laines. Ainsi l'Angleterre profitait de l'ambition de ses rois, et ceux-ci lui payaient en priviléges politiques la vaine gloire qu'elle leur laissait acquérir sur le continent avec les soldats et les subsides qu'elle leur fournissait.

La France, au contraire, victorieuse, mais fatiguée de ses longs troubles, laissa, après une vaine tentative, la royauté ressaisir sous Charles V le pouvoir absolu.

Charles, faible de corps et de santé, savant et lettré, étranger à l'esprit et aux mœurs chevaleresques, ne se montra plus aux armées après la bataille de Poitiers. Renfermé dans son hôtel, il vécut éloigné de sa famille qui ne l'aimait pas, mais entouré de ministres habiles qu'il sut choisir et conserver. Pour arriver au but qu'il se proposait d'atteindre, il respectait peu les promesses et les traités les plus solennels; mais, hardi dans ses desseins, il n'osait en poursuivre l'exécution avec fermeté et d'une manière honorable, car peu lui importait que l'honneur de la France fût blessé, lorsque les Anglais la traversaient impunément de Calais à Bordeaux ; il s'inquiétait tout aussi peu que les campagnes fussent pillées et brûlées : « Toutes ces fumeries ne vous feront pas perdre votre héritage, » disait Clisson ; et Charles laissait incendier les chaumières des paysans. Cette politique impitoyable lui fit regagner toutes les provinces cédées par le traité de Brétigny, excepté Calais et la Guienne.

Les circonstances, il faut l'avouer, l'aidèrent beaucoup. Édouard III et le prince Noir, arrêtés par l'âge ou la maladie, ne pouvaient plus se mettre eux-mêmes à la tête de leurs armées ; d'autre part les révolutions de Castille lui donnèrent un utile allié ; enfin les grandes compagnies s'écoulèrent vers l'Italie et l'Espagne, et la France put respirer quelques instants. Mais il sut profiter habilement de ces circonstances ou même les faire naître, et il faut lui en savoir gré. « Sous son règne, l'ordre public et un certain degré de sécurité renaquirent. La guerre, la peste et la famine avaient diminué, de plus de moitié, la population. Dès que quelque relâche fut apporté à ces fléaux, le besoin du travail se fit sentir ; pour réparer tant d'édifices détruits, pour remonter tant d'ateliers déserts, pour remettre en culture tant de champs abandonnés, la main-d'œuvre augmenta rapidement de prix, et quiconque voulut travailler trouva par son travail une subsistance assurée. Si le gouvernement de Charles V ne fit pas de grands efforts pour ranimer directement, par ses ordonnances et ses encouragements, la vie éteinte dans la nation, il préparait du moins le retour de la prospérité en éloignant les causes de trouble et de destruction. Il faut lui tenir compte aussi du mal qu'il n'a pas fait : Charles est le premier roi, depuis saint Louis, qui n'ait pas altéré les monnaies. Quel que fût son besoin d'argent, il ne chercha point à s'en procurer par ce moyen désastreux ; il ne multiplia point les taxes ruineuses pour le commerce, mais il s'adressa aux juifs, qui seuls possédaient de grands capitaux, et, en retour de leurs avances, il leur accorda une protection efficace, même contre les ecclésiastiques (*). »

Il favorisa le commerce maritime, et dans une charte, concédée aux Castillans commerçant à Harfleur, se trouvent l'origine et les principes des tribunaux spéciaux pour les matières commerciales, la protection due à la propriété privée, en cas de guerre entre les gouvernements, la sûreté des personnes, le droit successorial en faveur des étrangers, et, par conséquent, l'abolition du droit d'aubaine.

Charles ne recourut pas une seule fois, durant tout son règne, aux états généraux. Il lui était resté dans l'esprit un souvenir pénible des troubles qui avaient agité sa régence ; aussi, aux états généraux, librement élus, il substitua des assemblées de notables, désignés par ses propres officiers ; et, aux formes d'élection municipale, il préféra le système des prévôtés royales. C'est à lui que remontent plusieurs des lois fondamentales de la monarchie. Ainsi, par l'édit de Vincennes (1374), il régla définitivement l'âge de la majorité des rois, qu'il fixa à quatorze ans, la régence, la tutelle et la garde de l'enfant royal, presque toujours confondues jusqu'alors avec la régence. En cas de minorité du roi, la régence devait appartenir au plus proche parent aîné et majeur. Les droits du régent s'étendaient à tous les actes d'administration, à l'exercice plein et entier de l'autorité royale ; mais, quant au domaine, il ne pouvait en rien aliéner, et il devait tout conserver, pour en rendre compte à la majorité du suzerain. La garde de l'enfant roi était confiée à sa mère, et la tutelle était soumise à un conseil composé des parents, de presque tous les officiers du palais, des membres du parlement et de la cour des comptes, et au moins de dix bourgeois de Paris ; enfin, il fixa les apanages de chacun de ses enfants : aux filles, il donna soixante mille livres, *avec tels joyaux comme il appartient à filles de roi ;* aux fils, douze mille livres de terres

(*) Sismondi.

tournois avec le titre de comte, et quarante mille livres en deniers *pour les mettre en état.* Ainsi des sommes d'argent et de simples titres étaient substitués aux concessions de grands fiefs qui morcelaient l'unité territoriale du domaine.

Dans les autres parties du gouvernement se remarque le même esprit monarchique : les communes reçoivent des prévôts ; Roye, Meulan demandent elles-mêmes à se remettre aux mains royales ; la liberté individuelle, la propriété étaient assurées par la bourgeoisie : aussi aimait-on mieux être bourgeois que communaux, parce que, dans le dernier cas, il fallait supporter des dépenses dont le roi se chargeait lorsqu'il tenait une ville en bourgeoisie. Le roi favorisait ce système, car tout homme qui abandonnait la terre d'un seigneur pour se faire bourgeois d'une ville devenait par là homme du roi. Toutefois, depuis la mort de Marcel, les libertés municipales ne furent pas toujours respectées ; le roi intervenait souvent, et il fallait se soumettre à sa volonté ; il réglait les métiers, permettait ou défendait les établissements publics, et cela, non-seulement à Paris, mais dans toutes les villes.

L'organisation financière reçut des formes régulières et des principes fixes : il y eut des généraux, des conseillers, des trésoriers des guerres, des receveurs, des contrôleurs, etc. Ces officiers ne pouvaient, par eux ou par autrui, exercer aucun commerce ; les receveurs de province devaient diriger vers Paris les sommes provenant de la recette dont ils pouvaient disposer, et qui devaient rester entre les mains du receveur général. Tout don fait par le roi devait contenir ses motifs, examinés par la chambre des comptes. Les lettres devaient être signées par trois, au moins, des secrétaires du roi ; et les généraux ne faisaient plus aucune délivrance de deniers, si ce n'est par l'ordre de la chambre des comptes. L'organisation financière du royaume doit aussi à Charles l'établissement de plusieurs hôtels des monnaies dans les provinces, et, dans tous, des gardes spéciaux durent veiller à ce que les monnaies fussent de bon aloi. Plusieurs seigneurs conservaient encore le droit d'émettre de la monnaie. On en voit un sous Charles, l'abbé de Saint-Claude, dont les biens furent saisis, sur l'ordre du roi, par le bailli de Mâcon, en représaille de ce qu'il contrefaisait la monnaie royale.

L'organisation judiciaire changea peu. Les ordonnances de Charles ne furent que des développements des chartes précédentes. Sous le rapport des institutions militaires, son règne vit commencer une nouvelle école de tactique, un nouvel esprit tout contraire à l'esprit chevaleresque des deux règnes précédents, mais peu d'innovations dans l'organisation de l'armée ; les grandes réformes datent du règne de Charles VII.

Ce furent les rois Jean et Charles V qui rassemblèrent dans une des tours du Louvre une collection de plus de neuf cents manuscrits, qu'on a regardée à tort comme le premier noyau de la bibliothèque royale.

Charles V donna une puissante impulsion aux arts. Il fit bâtir les châteaux de Saint-Germain, Beauté, Creil, Montargis, l'hôtel Saint-Paul à Paris, etc., qui furent décorés par les artistes les plus habiles de l'époque sous la direction de Jean de Saint-Romain et de François d'Orléans. C'est à Charles V qu'est due la fondation de l'Académie de peinture, dite de Saint-Luc, définitivement organisée en 1391.

§ V. *Troubles intérieurs de la France jusqu'à la bataille d'Azincourt. — Renouvellement de la guerre avec l'Angleterre. — Défaite d'Azincourt. — Détresse de la France.— Expulsion définitive des Anglais.*

CHARLES VI.
(1380-1422.)
1380-1382.

Le successeur de Charles V était un enfant âgé de onze ans et quelques mois. Les ducs d'Anjou, de Berry et de Bourgogne, frères de son père, et décimèrent en route, et il n'y eut qu'un petit nombre de soldats de cette armée qui demeurèrent en état de rendre de nouveaux services à leur patrie.

Mort d'Alexandre VI. — Revers de César Borgia. — Dans le même moment où Louis XII recevait ces tristes nouvelles, il apprenait deux événements qui lui enlevaient ses plus fidèles alliés, la mort du pape Alexandre VI, et les revers de César Borgia. Suivant Guichardin, Alexandre VI avait su se créer un revenu considérable en vendant les places de cardinaux, et en forçant ceux qui les achetaient à lui payer l'annate, les réserves et plusieurs autres droits. Il était donc de son intérêt de rendre les vacances du sacré collége aussi nombreuses que possible. Lorsqu'un cardinal s'obstinait à vivre, le poison abrégeait ses jours; et, suivant l'expression du sultan Bajazet, *on l'envoyait jouir dans un meilleur monde d'un plus parfait repos*. Or, Guichardin prétend qu'Alexandre VI et son digne fils avaient invité le cardinal Corneto à un dîner dans leur maison de campagne du Belvédère, mais que le maître d'hôtel se trompa et servit par erreur le vin empoisonné au pape et à son fils. César, plus jeune et plus robuste, résista aux atteintes du poison; mais Alexandre VI, épuisé par l'âge et la débauche, y succomba. Cette mort imprévue fut un coup terrible pour César Borgia. Cet homme *prudent* croyait avoir tout prévu; dix-huit cardinaux, gagnés à son parti, devaient nommer un pape favorable à ses projets; la noblesse était abaissée, et le peuple de la Romagne, qui respirait sous son administration, était tout disposé à le soutenir. Mais César Borgia n'avait pas prévu le cas où il serait malade lui-même au moment de la mort de son père, et ce cas se présentait. Les cardinaux élurent pour pape Julien de la Rovère, qui prit le nom de Jules II. Le nouveau pape, qui avait été persécuté autrefois par Alexandre VI, fit les plus grands efforts pour renverser la puissance des Borgia. Les villes de la Romagne se soulevèrent contre César Borgia, qui fut fait prisonnier, et ne recouvra la liberté qu'après avoir remis toutes ses forteresses aux troupes pontificales. Enfin, croyant que la parole des autres vaudrait mieux que la sienne, il se remit entre les mains de Gonzalve de Cordoue, qui le trahit et l'envoya en Espagne, où il fut enfermé pendant trois ans dans la forteresse de Medina del Campo. C'est ainsi que le héros même du système machiavélique lui donnait par ses mauvais succès le plus éclatant démenti. Pendant douze années il avait commis toutes les infamies, il s'était souillé de tous les crimes, et cependant la puissance scandaleuse qu'il était parvenu à fonder, avait été anéantie en un clin d'œil.

Lorsque Louis XII apprit les désastres de Naples, la mort d'Alexandre VI, la ruine de César Borgia et l'avénement de son ennemi Jules II, il sembla perdre la tête; et c'est alors qu'il signa ou laissa signer les funestes traités de Blois (1504).

1504—1508.

Traités de Blois. — Révolte et punition des Génois. — On rapporte que Louis le Maure, fuyant devant les Français qui avaient envahi la Lombardie, en 1499, avait dit aux ambassadeurs des Vénitiens, qui étaient alors les alliés de Louis XII, un mot prophétique : « Vous m'avez amené le « roi de France à dîner, je vous prédis « qu'il ira souper chez vous. » Cette prédiction de Louis le Maure fut sur le point de se réaliser dès l'an 1504, par les traités de Blois. En effet, ces traités étaient dirigés à la fois contre le roi Ferdinand, dont la perfidie avait indigné tout le monde, et contre les Vénitiens, dont la puissance toujours croissante excitait depuis longtemps la jalousie des autres États de l'Europe. Mais en définitive ces traités étaient plus funestes encore à la France qu'à la république de Venise. Par le premier, conclu entre Louis XII et Maximilien, le roi de France obtenait de l'empereur l'investiture du Milanais pour lui et ses héritiers mâles, et même pour Claude, sa fille, qu'il avait eue d'Anne de Bretagne, mais sous la réserve d'un payement de cent vingt mille florins, moitié comptant, moitié dans six mois, et d'un hommage qui devait être renouvelé chaque année par la présentation, au jour de Noël, d'une paire d'éperons d'or. Par le second traité, conclu sous l'influence de la reine Anne « qui, dit Brantôme, n'avoit pas l'air de France agréable, » et qui préférait les intérêts de la Bretagne et ceux de sa famille aux intérêts de la France, Claude, fille de Louis XII, devait épouser Charles d'Autriche, fils de l'archiduc Philippe le Beau et de Jeanne la Folle, et futur héritier de l'Espagne et de l'Empire. Elle devait lui apporter en dot les droits de la France sur le Milanais et le royaume de Naples, aux conditions stipulées dans le premier traité, le duché de Bretagne, dont elle héritait au nom de sa mère ; enfin le duché de Bourgogne, avec les comtés d'Auxonne, d'Auxerre, de Mâcon et de Bar-sur-Seine, que les princes de la maison d'Autriche regrettaient toujours, devaient lui être restitués à titre de fief. C'était là un traité funeste. On ne comprend pas qu'un roi de France ait pu consentir à signer un acte qui démembrait le royaume, en cédant à l'étranger la Bourgogne et la Bretagne, ces deux provinces qui faisaient la force de la France, et dont Louis XII avait préparé la réunion par sa politique habile et persévérante. Le troisième traité, signé le même jour, joignait à l'inconcevable imprudence des deux premiers, la perfidie la plus odieuse : il était dirigé contre les Vénitiens, qui étaient alors les alliés des Français, et auxquels Louis XII devait en partie la conquête du Milanais. Par ce traité, Louis XII s'alliait à Maximilien, *pour punir les iniquités des Vénitiens, qui ont fait le plus grand préjudice à l'Église romaine, au saint empire romain et au roi très-chrétien, en s'emparant sur eux de plusieurs villes et provinces.* Ainsi les deux monarques, sans provocation, sans cause de guerre autre que la jalousie que leur inspirait la puissance de Venise, se promettaient d'attaquer de concert cette république, et de se partager ses dépouilles. Louis XII donnait par là une nouvelle preuve des progrès qu'il avait faits dans l'art de Machiavel ; et ceux qui lui conseillèrent ce traité se croyaient sans doute de rusés diplomates. Ils étaient cependant dupes des Autrichiens, qui enlevaient ainsi aux Français leurs seuls alliés en Italie, et qui préparaient pour eux-mêmes la conquête du duché de Milan ; ils étaient dupes surtout du pape Jules II, qui espérait s'emparer, avec l'aide des Français, des villes de la Romagne dont Venise lui disputait la possession.

Si ces traités avaient reçu leur exécution, Charles-Quint n'aurait éprouvé aucun obstacle à faire entrer les Hongrois et les Dalmates en Italie ; maître du Milanais et du royaume de Naples, il aurait menacé la Provence et le Dauphiné, et il aurait pu revendiquer, au nom de l'Empire, ces deux provinces qui avaient fait partie de l'ancien royaume d'Arles. Maître de la Bohême et de l'Autriche, empereur d'Allemagne, souverain héréditaire des Pays-Bas et de la Franche-Comté, la cession de la Bourgogne et du comté d'Artois l'amenait jusqu'aux portes de Paris, qu'il menaçait également à l'ouest par la possession du comté de Blois et du duché de Bretagne ; enfin, maître de l'Espagne, il pouvait attaquer la France du côté des Pyrénées. Jamais projet plus fatal pour l'indépendance de la nation française n'aurait pu être formé par ses plus ardents ennemis.

Louis XII était malade et presque mourant lorsqu'il conclut ou laissa conclure ces déplorables traités ; et c'est là son excuse. En 1505, on désespéra de ses jours, et déjà la reine Anne avait fait charger quelques bateaux sur la Loire de ses effets les plus précieux, pour les transporter en Bretagne ; déjà elle se préparait à se retirer elle-même à Nantes avec sa fille, dès que le roi aurait rendu le dernier soupir. Heureusement la santé de Louis se rétablit, et il

Maximilien et gendre de Ferdinand le Catholique, s'était porté garant d'un traité par lequel les affaires du royaume de Naples étaient réglées à des conditions également honorables pour les rois de France et d'Espagne. Il paraît probable que ce prince avait des pouvoirs suffisants pour conclure, et qu'il faisait tomber Louis XII, sans le savoir lui-même, dans un piége habilement préparé. Tout le conseil du roi était d'avis de le retenir prisonnier; mais Louis XII s'y refusa, en disant qu'il aimait mieux perdre une couronne qui pouvait se recouvrer, que l'honneur dont la perte est irréparable. Ferdinand était bien moins sensible au point d'honneur chevaleresque. Ayant appris un jour que Louis XII se plaignait qu'il l'avait trois fois indignement trompé, il répondit : « Il en a menti, l'ivrogne; je l'ai trompé plus de dix. »

1501-1504.

Guerre du duc de Nemours contre Gonzalve de Cordoue; sa défaite et sa mort.—Destruction d'une nouvelle armée française au Garigliano. — Les Français abandonnent le royaume de Naples. — Ce ne fut qu'au milieu de l'été de l'an 1502 que la guerre fut pressée avec quelque vigueur. Le duc de Nemours assembla toute son armée à Troïa. Il avait sous ses ordres une foule de capitaines dont les noms sont devenus célèbres : Gaspard de Coligny, d'Aubigny, la Palisse, Louis d'Ars, d'Allègre, Villars, Brienne, Chaudieu, d'Urfé, Comminges, Bayard. Cette armée commença les opérations par un brillant fait d'armes. Coligny surprit la ville de Cérignoles qui était occupée par des forces inférieures, y massacra une partie de la garnison, et força le reste à évacuer la place. Les Espagnols se retirèrent à Canosa. « Cette ville, bien fortifiée, bien pourvue de vivres, était défendue par douze cents Espagnols commandés par deux de leurs meilleurs capitaines, Peralta et Pietro Navarro. Le 16 juillet 1503, Nemours en entreprit le siège; son artillerie tira sans relâche durant quatre jours contre les remparts, après quoi les brèches furent jugées assez larges pour tenter l'assaut. Chaque compagnie fournit l'élite de ses soldats, formant le cinquième du nombre total, pour monter à la brèche. On leur prodigua le vin; on plaça devant leurs rangs des tonneaux défoncés, où ils n'avaient qu'à puiser, et l'assaut commença. Parmi les plus vaillants on distingua Louis d'Ars et Bayard, chevalier dauphinois, qui commençait à se faire un nom; mais leur bravoure ne put triompher de la belle résistance de Peralta et des Espagnols. Il fallut rappeler les troupes, qui avaient déjà beaucoup souffert. Un second assaut fut livré trois jours après, avec non moins de valeur des deux parts, mais avec un même succès. Un troisième était ordonné pour le lendemain. Cependant les Espagnols, épuisés de fatigue, et qui avaient déjà perdu un quart de leurs soldats, entrèrent en négociation avec le sire d'Aubigny, dont la loyauté était célébrée dans tout le royaume de Naples. Ils obtinrent une capitulation honorable : ils sortirent avec armes et bagages pour se retirer à Barlette, et d'Aubigny, pour être plus sûr qu'ils ne seraient point inquiétés dans leur marche, les accompagna, avec deux cents hommes d'armes, jusqu'à ce qu'ils fussent en lieu de sûreté (*). »

Pendant ce temps Gonzalve de Cordoue s'était tenu enfermé à Barlette avec le plus grand nombre de ses soldats. Il y passa l'hiver, et ce ne fut qu'au printemps de l'année suivante (1503) qu'il en sortit avec les renforts qu'il avait reçus. Dès lors tout changea. Après quelques succès obtenus à Terranova, d'Aubigny fut complètement défait à Séminara, le 21 avril, et obligé de s'enfermer dans la petite forteresse d'Angitula, où il fut aussitôt assiégé par les Espagnols. Le 28 avril fut livrée la bataille de Cérignoles, dans laquelle le duc de Nemours fut vaincu à son tour. « Il avait sous ses ordres cinq cents lances françai-

(*) Sismondi.

ses, quinze cents chevau-légers et quatre mille fantassins. L'armée espagnole comptait dix-huit cents chevaux pesamment armés, cinq cents génétaires, deux mille fantassins espagnols et deux mille Allemands. La chaleur était déjà excessive dans les plaines brûlées de la Pouille ; l'eau manquait aux deux armées, et les mouvements de la cavalerie soulevaient des nuages de poussière qui cachaient à l'une les évolutions de l'autre. Les Espagnols, arrivés les premiers, s'étaient placés derrière un large fossé ; sur son bord, ils avaient relevé un petit rempart, et ils y avaient mis des canons en batterie. Parmi les capitaines français, les uns voulaient attaquer à l'heure même, les autres attendre au lendemain. La dispute s'échauffa et mit de l'aigreur entre les chefs, qui n'avaient jamais été bien d'accord ; elle fit perdre un temps précieux, car lorsque l'attaque immédiate fut enfin résolue, elle ne commença qu'une demi-heure avant la nuit. Nemours, qui la conduisait, à la tête de l'aile droite, fut tout à coup arrêté par le fossé, dont il ne soupçonnait pas l'existence ; et, comme il le longeait pour chercher un passage, il fut atteint d'une balle qui l'étendit roide mort. Chaudieu, qui arriva à son tour sur le bord du fossé, à la tête des troupes suisses, y fut également tué. Louis d'Ars et Yves d'Allègre furent forcés à prendre la fuite ; Châtillon fut fait prisonnier, et en une demi-heure l'armée française perdit trois à quatre mille hommes, tous ses bagages et tous ses vivres. Le lendemain, Gonzalve se mit à la poursuite des fuyards avec la plus grande activité : en même temps tout le pays se déclarait contre eux ; ils ne trouvaient nulle part ni assistance, ni repos, ni nourriture, et leur fuite désastreuse continua jusqu'aux portes de Gaëte (*). »

1. Après la défaite de Cérignoles, le royaume de Naples fut perdu pour les Français. En vain Louis d'Ars opérat-il une savante et audacieuse retraite à travers l'armée ennemie ; en vain la Trémoille essaya-t-il de réparer les désastres des Français. Le marquis de Mantoue fut plus malheureux encore. Le Garigliano le séparait de l'armée de Gonzalve de Cordoue, lorsque des pluies prolongées le forcèrent à la retraite. Pendant cette retraite il fut attaqué par les Espagnols. « Les Français marchaient à petits pas, s'arrêtant pour combattre, et, lorsqu'ils avaient repoussé les assaillants, reprenant leur mouvement rétrograde. Mais ils voyaient avec une inquiétude croissante que Gonzalve s'étendait sur leur flanc droit, qu'il gagnait sur eux et qu'il tendait à les devancer. Le passage de chaque pont, de chaque ruisseau où l'artillerie causait quelque encombrement, augmentait leur retard et leur inquiétude. Arrivés enfin à un petit pont, près de Mola di Gaeta, où l'encombrement se renouvela, et où l'arrière-garde livra encore un combat obstiné, une partie de l'armée française commença à fuir par la route d'Itri et de Fondi ; l'autre se retira précipitamment sur Gaëte. Toute l'artillerie, tous les équipages, et un nombre infini de malades, furent abandonnés, soit au bord du Garigliano, soit sur le chemin. Les Français, en grand nombre, qui avaient pris leurs quartiers dans des villes ou villages éloignés, accouraient pour rejoindre l'armée, mais ils ne trouvaient qu'une colonne de fuyards avec laquelle ils fuyaient aussi. Les paysans, soulevés et pleins de rancune pour les outrages précédents, les attendaient au passage, les massacraient, ou tout au moins les dépouillaient (*). »

Tel fut le résultat de la dernière expédition que firent les Français sous Louis XII, pour reconquérir le royaume de Naples. Peu de jours après le désastre du Garigliano, Gaëte se rendit, et les restes de l'armée se mirent en route pour retourner en France (1504). Mais le froid, la misère, et les maladies contractées pendant cinquante jours de bivouac dans la fange, les

(*) Sismondi.

(*) Sismondi.

18.

put examiner de sang-froid les traités qu'on avait signés en son nom. Ce fut alors qu'il se repentit amèrement d'avoir laissé prendre à sa femme un ascendant si funeste ; il put se convaincre de la répugnance et des craintes qu'elle inspirait à tous les bons Français, malgré sa fausse popularité ; et il résolut sur-le-champ de sacrifier les intérêts de sa fille à ceux de son peuple. Mais, craignant de prendre sur lui la responsabilité et l'odieux d'une violation aussi éclatante de la foi jurée, il fit comme Louis XI, et prit le parti de la rejeter sur la nation. Les états généraux furent réunis à Tours en 1506.

Les rois de France craignaient l'esprit souvent révolutionnaire de ces assemblées ; mais ils les trouvaient commodes pour voter des fonds lorsque le trésor était vide, et que les moyens ordinaires ne suffisoient plus ; ou bien encore lorsque des circonstances extraordinaires demandaient que la nation fût consultée. Les états généraux réunis à Tours ne comprirent qu'en partie les intérêts de la France, car l'éducation politique de la nation était encore à faire, et personne n'entendait rien aux affaires étrangères. Ils remercièrent Louis XII de l'ordre qu'il avait introduit dans les finances, de sa bienveillance, de son affabilité, et ils lui décernèrent le titre de *Père du peuple*. Le roi parut touché, et on le vit répandre des larmes. En ce moment, tous les députés se mirent à ses genoux, et l'un d'eux, Bricot, lui dit, au nom de l'assemblée : « Sire, nous sommes ici venus « sous votre bon plaisir pour vous faire « une requête pour le général bien de « votre royaume, qui est telle, que vos « très-humbles sujets vous supplient « qu'il vous plaise de donner Madame, « votre fille unique, en mariage à « M. François, ici présent, qui est tout « Français. » Louis XII, qui avait sans doute suggéré lui-même cette demande, déclara aussitôt à l'archiduc Philippe qu'il ne pouvait marier sa fille Claude à Charles d'Autriche ; et, se conformant à la demande des états, il fiança cette princesse à son cousin François, duc d'Angoulême, héritier présomptif de la couronne, si le roi mourait sans enfants mâles.

Philippe le Beau était alors mourant, et Charles-Quint, auquel la rupture de ce mariage fit peut-être manquer la monarchie universelle, lui succéda dans les Pays-Bas. Il était encore enfant, et Louis XII aurait pu conquérir sans peine une partie de ses États. Mais il déclara qu'il n'abuserait jamais de la faiblesse d'un orphelin, qui était son vassal, pour lui arracher son héritage. En même temps, la veuve de Philippe le Beau, devenue folle, laissait tout le pouvoir en Espagne à Ferdinand le Catholique. Il appartenait à ce prince de faire expier à Louis XII son manque de foi ; mais la haine puérile qu'il portait à Charles d'Autriche, qui devait lui succéder un jour, le rapprocha au contraire de la France, et il ne réclama point l'exécution des traités. L'empereur Maximilien la réclama, il est vrai, mais sans agir. Restait le pape Jules II, qui avait espéré se rendre maître d'une partie de l'Italie avec l'aide des Français. Pour se venger de Louis XII, il excita les Génois à la révolte (1507).

La république de Gênes appartenait à la France depuis la conquête du Milanais, dont elle avait fait partie. Louis XII avait respecté les anciennes libertés de cette ville ; il n'y exerçait que les prérogatives réservées autrefois aux doges ; toutes les autres magistratures étaient conférées tous les ans par les suffrages du peuple, de telle sorte qu'elles fussent occupées moitié par les nobles, moitié par les plébéiens. Mais les Français regardaient comme une chose ridicule que l'on appelât des roturiers au pouvoir, ils s'étaient prononcés pour les nobles avec une morgue qui indignait les patriotes génois, et portaient à leur ceinture un poignard, sur le manche duquel on lisait en gros caractères : « Châtie vilain. » Déjà en 1506, une sédition grave avait éclaté à Gênes, à l'occasion de l'insolente conduite d'un noble français, qui enleva un panier de champignons à un bourgeois pendant qu'il les marchandait sur le marché aux herbes. En 1507, le peuple, travaillé sourdement par des émissaires de Jules II et de Maximilien, se souleva de nouveau, et ayant renoncé à l'obédience de la France, élut pour doge un teinturier en soie nommé Paul de Novi. A la nouvelle de cette révolution, Louis XII se mit à la tête de son armée et passa les Alpes, malgré les menaces de Maximilien, qui avait déclaré prendre les Génois sous sa protection. Il avait avec lui le chevalier Bayard, *ce bon chevalier sans peur et sans reproche*, comme l'appelle son naïf historien, le Loyal Serviteur. Bayard s'était déjà rendu célèbre en Italie par une foule de combats singuliers, et il avait renouvelé un jour l'action d'Horatius Coclès, en défendant un pont à lui seul pendant quelques minutes contre une partie de l'armée ennemie. Il s'était distingué aussi à plusieurs reprises par un désintéressement et une humanité bien rares alors dans les armées. Mais Bayard partageait les préjugés aristocratiques de la noblesse française, et il avait le plus profond mépris pour les roturiers. On raconte qu'ayant gravi les montagnes qui entouraient la ville de Gênes, il s'écria en plaisantant: « Ores, marchands, défendez-« vous avec vos aulnes, et laissez les « picques et lances, lesquelles vous « n'avez accoutumées. » Cependant le trouble régnait dans la ville. Les citoyens riches, qui craignaient le pillage, se refusaient à toute résistance ; les artisans, qui s'étaient enrôlés avec empressement dans la milice, perdaient courage en se voyant abandonnés par leurs chefs. Aussi la résistance ne fut-elle pas longue. Le 29 avril 1507, Louis XII fit son entrée dans Gênes à la tête de l'armée française. Il était à cheval, et tenait l'épée nue à la main. Les magistrats et tous les citoyens le reçurent à genoux, en agitant des branches d'olivier qu'ils tenaient dans leurs mains, et en demandant miséricorde. Louis XII leur pardonna ; mais il leur imposa un tribut, rendit aux nobles la moitié des charges et des honneurs, et fit bâtir à la Lanterne un fort qui menaçait à la fois le port et la ville. Le doge, Paul de Novi, qui avait montré une valeur et une intelligence politique admirables, fut saisi et décapité ; puis on coupa son cadavre en quatre quartiers, qui furent attachés aux quatre principales portes de Gênes.

Cependant Louis XII résolut de se dédommager sur Venise des pertes qu'il avait essuyées. Il ne lui fut pas difficile d'ameuter contre cette république le pape, l'empereur, le roi d'Espagne et les petits princes de l'Italie.

1508. — 1511.

Ligue de Cambrai. — Bataille d'Aignadel. — Commencement de la guerre de Louis XII contre le pape Jules II. — La ligue de Cambrai fut signée en 1508. Les Vénitiens, contre lesquels elle était dirigée, refusèrent d'abord d'y ajouter foi. L'accession de la France leur paraissait surtout impossible à concevoir. L'année précédente, lorsque Maximilien voulait guerroyer en Italie contre les Français, ils lui avaient refusé le passage sur leurs terres ; et lorsque ses finances furent épuisées, ils l'avaient obligé à signer un traité par lequel tous les droits de la France sur le Milanais étaient réservés. Ils donnaient ainsi une preuve de fidélité dont Louis XII eut dû être touché, mais il ne vit que la honte d'être protégé par une république qui lui devait son agrandissement, et il fut indigné que les Vénitiens se permissent de faire la loi dans le nord de l'Italie. Il leur reprochait aussi l'alliance qu'ils avaient conclue autrefois avec les ennemis de Charles VIII. Enfin il croyait, comme tous les souverains de cette époque, qu'une république était en dehors du droit des gens, et que rien n'était plus juste que de s'en partager les dépouilles. Mais en signant ce traité, Louis XII commettait une faute irréparable. Son intérêt était de fermer l'Italie aux Allemands, et pour atteindre ce but il était nécessaire qu'il restât l'allié de Venise. Au lieu de suivre cette politique, il s'allie à Maximilien, son ennemi naturel, et attire lui-même la maison d'Autriche dans la Lombardie d'où il aurait dû la tenir à jamais écartée, renouvelant ainsi la faute qu'il avait commise dans le midi de l'Italie, lorsqu'il avait appelé Ferdinand le Catholique au partage du royaume de Naples. Aussi les Vénitiens refusèrent-ils longtemps de croire à ce traité. Lorsqu'ils ne purent plus en douter, ils employèrent, pour apaiser Louis XII, tous les arguments possibles. L'ambassadeur de Venise, entre autres moyens de toucher et d'intéresser le roi, lui fit l'énumération des talents distingués que possédait sa république, et l'éloge de la sagesse du sénat, qui avait élevé si haut la puissance vénitienne. « Monsieur l'ambassadeur, lui « répondit Louis, j'enverrai tant de « fous contre vos sages, qu'ils ne sau- « ront plus se gouverner. »

Dans ce traité, Louis XII réclamait cette partie du Milanais située au nord du Pô et à l'est de l'Adda, qu'il avait cédée d'avance aux Vénitiens lors de la première conquête du duché. Le pape réclamait Ravenne, Rimini, Faënza et plusieurs autres villes de la Romagne dont les Vénitiens s'étaient emparés à la mort de César Borgia. Le roi d'Espagne réclamait Brindes et Otrante, que le roi de Naples Frédéric II avait cédées aux Vénitiens, pour prix de leur assistance contre les Français. L'empereur Maximilien réclamait Vicence, Vérone, Padoue, Trévise et le Frioul. Il n'y eut pas jusqu'au roi de Hongrie, jusqu'au petit duc de Ferrare, jusqu'au petit marquis de Mantoue, qui ne se tournassent contre les Vénitiens. Tous les malheurs semblaient alors fondre à la fois sur Venise. Le magasin à poudre de l'arsenal sauta avec une effroyable détonation, tandis que le conseil était assemblé; la forteresse de Brescia fut frappée de la foudre, qui entr'ouvrit ses murailles; une barque qu'on envoyait à Ravenne pour solder les troupes, fut engloutie avec dix mille ducats; un incendie consuma les archives de la république; un second incendie détruisit dans le port douze magnifiques galères. Au milieu de ces calamités, Venise fut attaquée à la fois par tous les États de l'Europe conjurés contre elle. Déjà la plupart des princes qui avaient signé la ligue de Cambrai avaient pris possession, les armes à la main, des villes et des provinces qu'ils s'attribuaient par ce traité. Louis XII, à son tour, marcha contre Venise à la tête d'une brillante et nombreuse armée. «Le 8 mai 1509, l'armée vénitienne s'était avancée jusqu'au bord de l'Adda... Mais le même jour, Louis XII était arrivé avec toute son armée sur la rive droite. Il avait jeté trois ponts au-dessus de Cassano, sur cette rivière, sans que les Vénitiens s'en fussent aperçus, et il avait transporté, sans trouver de résistance, toute son armée sur la rive gauche.

«Les Vénitiens avaient à la tête de leur armée deux généraux, tous deux de la maison Orsini, Barthélemy d'Alviano, et Nicolas, comte de Pitigliano. Mais, malgré leur parenté, une parfaite harmonie ne régnait pas entre eux. L'impétuosité et la valeur brillante de l'Alviano lui faisaient toujours préférer les partis les plus hardis. Il aurait voulu, au commencement de la guerre, prévenir les Français, occuper la Lombardie, et attaquer ensuite, à mesure qu'ils voudraient y entrer, les corps ultramontains, qui devaient passer séparément les montagnes. Pitigliano, au contraire, était naturellement précautionneux, et son courage était encore glacé par un âge avancé. Il avait proposé d'occuper avec son armée le camp retranché d'Orci, défendu par l'Oglio et le Sério, et d'attendre, pour attaquer les Français, qu'ils se fussent épuisés par les sièges des forteresses de la Ghiara d'Adda. Le sénat, comme il arrive trop souvent aux gens faibles ou ignorants, avait rejeté les deux partis extrêmes pour en adopter un mitoyen, qui n'avait les avantages ni de l'un ni de l'autre.

«Depuis que les Français se trouvaient vis-à-vis des Vénitiens, sur la gauche de l'Adda, ceux-ci se tenaient enfermés dans un camp retranché autour de Triviglio, que les Français n'avaient point osé forcer. Louis XII, après avoir passé un jour à un mille de distance d'eux, résolut, pour les engager à sortir de leurs retranchements, de s'étendre au midi, comme s'il voulait couper leurs communications avec Crême, où étaient leurs magasins. Il prit donc sa route par Rivolta et Aignadel, tandis que les Vénitiens, devinant son mouvement, se dirigèrent sur Vaila, où ils comptaient, dans une position également forte, lui couper de nouveau le chemin. Dans cette marche des deux armées, les Français parcouraient l'arc du cercle dont les Vénitiens suivaient la corde. De hautes broussailles qui les séparaient ne leur permettaient point de se voir. Tout à coup, le 14 mai, vers midi, l'avant-garde française, conduite par Charles d'Amboise et Jean-Jacques Trivulzio, reconnut qu'elle avait devant elle l'arrière-garde de l'armée italienne, qui l'avait devancée, et qui, commandée par l'Alviano, se portait sur Vaila. La bataille s'engagea entre elles sans que, de part ou d'autre, on en eût formé le dessein. Le combat entre ces deux divisions n'était point inégal ; mais, comme les deux armées marchaient dans le même sens, Pitigliano, qui commandait l'avant-garde vénitienne, s'éloignait toujours plus de l'Alviano, tandis que Louis XII, avec son corps de bataille, s'approchait toujours plus d'Amboise, qui conduisait son avantgarde. L'Alviano envoya en hâte dire à son collègue qu'il était attaqué, et qu'il le priait de rebrousser aussitôt chemin, pour venir à son secours ; mais Pitigliano, qui savait que son parent cherchait une occasion d'engager la bataille, ne crut point qu'il fût pressé autant qu'il le disait, et lui fit dire de continuer sa retraite en bon ordre, car la Seigneurie avait ordonné d'éviter une action.

« Ainsi, l'Alviano se trouva bientôt aux mains avec toute l'armée française, tandis qu'il n'avait lui-même que la moitié de ses bataillons. Il avait sous ses ordres une excellente infanterie italienne, nouvellement formée en Romagne, qu'on appelait les Brisighella, et qu'on reconnaissait à ses casaques mi-parties blanches et rouges. Il la plaça sur une digue et la soutint par six pièces d'artillerie. La gendarmerie française, qui l'avait attaquée dans un terrain embarrassé par des vignes, s'était rompue en voulant les franchir. L'Alviano l'avait repoussée et poursuivie jusque dans un lieu plus ouvert ; là, il avait été entouré par toute l'armée française, et accablé par le nombre. Les Brisighella, après sa déroute, s'étaient encore défendus quatre heures avec une admirable constance, et ils avaient laissé six mille morts sur le champ de bataille. Barthélemy d'Alviano, blessé au visage, fut amené prisonnier au roi ; vingt pièces d'artillerie tombèrent aux mains des Français vainqueurs. Pendant ce temps, Pitigliano, avec son corps d'armée, acheva sa retraite, sans avoir vu l'ennemi (*). »

Après cette sanglante bataille de Vaila ou d'Aignadel, quelques châteaux essayèrent de se défendre, mais ils furent emportés d'assaut, et les habitants furent pendus aux créneaux. C'est ainsi que les habitants de Peschiera furent passés au fil de l'épée avec toute la garnison. Lorsqu'on vint dire à Louis XII qu'un gentilhomme vénitien, nommé André de Riva, lui offrait cent mille écus de rançon, pour obtenir qu'on lui laissât la vie, à lui et à son fils, il répondit avec colère : « Que je meure, si je bois ni mange « jamais, qu'ils ne soient pendus et « étranglés. » Ces actes de barbarie, dont Louis XII s'entretint un jour en riant avec Machiavel, atteignirent le but qu'il s'était proposé. Les Vénitiens furent frappés de terreur, et il n'y eut plus de ville qui osât résister à l'armée française. Brescia, Bergame, Crême, Crémone, ouvrirent leurs portes au vainqueur, et Louis XII se mit

(*) Sismondi.

en possession de tout le territoire de Venise qu'il s'était attribué par le traité de Cambrai.

Au milieu de ces malheurs, le sénat de Venise ne démentit pas sa haute réputation de constance et de sagesse. Il abandonna ce qu'il ne pouvait défendre. La Seigneurie rappela ses gouverneurs, délia tous ses sujets de terre ferme du serment de fidélité qu'ils avaient prêté, retira toutes ses garnisons, et engagea les villes à traiter avec l'ennemi aux meilleures conditions qu'elles pourraient obtenir. Ainsi Venise se concentra dans ses lagunes, comme autrefois au temps d'Attila, bien sûre qu'aucun de ses ennemis ne viendrait l'y chercher et attendit tranquillement que la discorde vînt dissoudre une ligue que l'intérêt seul avait formée.

Cette politique expectative sauva Venise. Louis XII était à peine de retour en France, qu'il éprouva les embarras que devait lui susciter le traité de Cambrai. Il avait détruit l'indépendance de l'Italie, en mettant les Espagnols en possession de Naples, et les Allemands en possession de la Vénétie ; il avait compromis la liberté de l'Église; il avait surtout compromis sa propre puissance en Italie. En effet, dès que Jules II et Ferdinand le Catholique eurent obtenu ce à quoi ils prétendaient, ils ne montrèrent plus le même empressement à ruiner Venise, et non-seulement ils se détachèrent de la coalition, mais ils se montrèrent même disposés à se déclarer en faveur de Venise contre la France. Le pape Jules II surtout, qui avait, comme tous les autres alliés, reconquis les États qu'il réclamait lors de la ligue de Cambrai, se repentait d'avoir appelé les Français qu'il qualifiait de barbares. Il commençait à comprendre que la république de Venise était nécessaire à l'équilibre de l'Italie; qu'il pouvait être utile au saint-siège de l'affaiblir, mais dangereux de la ruiner, soit au profit de la France, soit au profit de l'Autriche. Son plan avait été d'assurer à l'Église la prépondérance en Italie, et Venise avait été un obstacle à l'accomplissement de ce projet. Il avait voulu renverser cet obstacle, et il y était parvenu. Mais maintenant il était à craindre que les Français, les Allemands et les Espagnols ne s'établissent d'une manière durable en Italie, et Jules II, comme Italien, désirait l'expulsion des ultramontains, des barbares. Il voulait, on le voit, deux choses contradictoires. Ses sentiments comme pape et comme patriote se contrariaient. A la fin, le patriote l'emporta. Il se réconcilia avec Venise humiliée, par sa bulle du 24 février 1510, et lorsque Louis XII se fut plaint de cette bulle comme d'une violation du traité de Cambrai, il fit valoir son droit et son devoir, comme père des fidèles, de pardonner aux pécheurs repentants.

Lorsque Jules II réconcilia les Vénitiens avec l'Église, il avait déjà pu reconnaître que les alliés de Cambrai étaient pleins de défiance les uns à l'égard des autres. Il s'efforça dès ce moment de rompre leur ligue et de les tourner tous contre les Français. Jules II était le premier politique de son époque, et Louis XII était loin de pouvoir lutter de finesse. Pendant que Louis se retirait paisiblement en France, Jules II négociait avec les Suisses, avec les Vénitiens, avec Maximilien, avec Ferdinand le Catholique, et même avec le nouveau roi d'Angleterre, Henri VIII.

Ainsi Venise put résister ; elle détacha le pape de la ligue de Cambrai, en lui cédant les villes de la Romagne; elle détacha le roi de Naples et d'Espagne, en lui cédant les places fortes qu'elle possédait dans la Pouille; enfin elle lassa, par sa constance héroïque, l'empereur Maximilien qui était venu assiéger Padoue avec une armée de cent mille hommes. Ce prince fut repoussé dans plusieurs assauts et perdit ses plus braves soldats. Partout il rencontra la plus vigoureuse résistance. Les paysans se faisaient pendre plutôt que de renier saint Marc et de crier Vive l'empereur : tant ce gouvernement sévère avait su se faire aimer. Enfin, le 3 octobre il fut obligé de lever le siège de Padoue, et de licencier sa nombreuse armée qu'il ne pouvait plus payer.

Pendant ce temps, le pape continuait d'agir. Le 7 juillet 1510, il accorda à Ferdinand le Catholique l'investiture du royaume de Naples qu'il lui avait refusée jusqu'alors. Le 9 août, il lança une bulle contre le duc de Ferrare, dans laquelle il l'accusait d'ingratitude envers le saint-siége, de désobéissance et de rébellion, pour s'être mis sous la protection de la France. Il le nommait fils d'iniquité et nourrisson de perdition; il le déclarait déchu de toutes les dignités, de tous les honneurs et de tous les fiefs qu'il tenait du saint-siége; il déliait enfin tous ses sujets de leur serment de fidélité, tous ses soldats du serment d'obéissance qu'ils lui avaient prêté. Il fulmina de Bologne une excommunication contre les chefs de l'armée française, et il parvint enfin, en 1511, à former contre Louis XII une ligue générale à laquelle prirent part avec lui, les Suisses, les Vénitiens, Maximilien, Ferdinand, et le roi d'Angleterre Henri VIII. Ainsi Louis XII restait seul, et le maladroit imitateur du système de Machiavel se voyait enfin puni.

1511-1515.

Guerre de Louis XII contre le pape Jules II. — La sainte ligue. — Victoires et mort de Gaston, duc de Nemours. — Bataille de Novarre. — Mort de Louis XII. — Louis XII fut singulièrement troublé, lorsqu'il apprit que le pape Jules II s'était mis à la tête d'une ligue contre lui. Il lui paraissait impie et sacrilége de faire la guerre à l'Église, et la reine Anne surtout éprouvait des scrupules; Louis pour les dissiper prit le parti de convoquer à Tours une assemblée du clergé français. Les prélats répondirent sans hésitation aux vœux de la cour. Ils autorisèrent le roi à faire la guerre au pape, soit pour se défendre lui-même, soit pour défendre le duc de Ferrare, son allié. Mais le clergé de Bretagne se conforma aux désirs de la reine, et protesta contre cette décision qu'il qualifiait de contraire à l'honneur du saint-siége. Louis XII n'en fit pas moins passer son armée en Italie. Le vieux pape, de son côté, cuirassé, armé de pied en cap, pointant lui-même son artillerie, au milieu de ses cardinaux tremblants, excommunia les armées françaises et les évêques schismatiques qui s'étaient prononcés contre lui. Assiégé par les Français dans Bologne, il fut délivré par les Vénitiens, et bientôt après il mit lui-même le siége devant le château de la Mirandole. Pendant le siége, il s'était logé, à peu de distance de la Mirandole, dans le château de Saint-Félix. C'est là qu'il courut un grand danger. Le Loyal Serviteur rapporte que Bayard avait *advisé une chose dont il seroit mémoire de là à cent ans.* Il ne voulait rien moins que s'emparer de la personne du pape, et son audace fut sur le point d'obtenir un plein succès. Mais on était en hiver, et il tomba tout à coup *la plus aspre et véhémente neige qu'on eust veue cent ans devant.* Le pape rentra dans son château poursuivi de près par les chevaliers de Bayard, et lui-même aida à lever le pont-levis, *qui fut le fait d'ung homme d'esprit, car s'il estoit autant demouré qu'on mettroit à dire un Pater Noster, il estoit croqué* (*). Jules II n'en continua pas moins le siége et monta le premier à la brèche, suivi de ses cardinaux. Aussi Michel-Ange, chargé de faire la statue de ce pape intrépide, le représenta-t-il le bras droit levé dans une attitude menaçante: « Je vous ai représenté, lui dit-il, foudroyant l'univers et non bénissant le monde. » En effet le pape foudroyait ses ennemis. Lorsqu'il apprit que Louis XII avait convoqué contre lui un concile à Pise, et que les cardinaux français avaient prononcé le mot terrible d'excommunication, il déposa ces cardinaux, excommunia les Florentins pour avoir souffert ce concile sur leur territoire, lança une excommunication nouvelle contre la

---

(*) Loyal Serviteur, chap. XLIII, p. 66.

France, et donna le nom de sainte ligue à l'alliance qu'il avait formée avec les ennemis du roi.

Cependant Louis XII continuait cette guerre ridicule contre le pape, redoutant également la victoire et la défaite, et craignant sans cesse de frapper trop fort. Son armée ne pensait pas comme lui, et le coup de main de Bayard en est une preuve certaine; mais Louis XII l'enchaînait par ses ordres et l'arrêtait après ses victoires. Il n'y eut un instant d'énergie et d'unité que lorsque l'armée se trouva sous le commandement du jeune Gaston de Foix, duc de Nemours. Ce prince était à peine âgé de vingt-deux ans, et cependant en peu de semaines il acquit une gloire militaire que lui auraient enviée les plus vieux capitaines. D'abord il repousse les Suisses qui s'étaient avancés jusqu'aux portes de Milan. Puis il revient au cœur de l'hiver (décembre 1511) combattre les armées de la sainte ligue. Le vice-roi de Naples, don Raymond de Cardone, était arrivé en Romagne avec dix mille hommes de ces vieilles bandes espagnoles qui s'étaient signalées avec lui dans ses expéditions aventureuses sur les côtes des royaumes d'Alger et de Tunis. Reconnu comme général en chef de toutes les troupes de la sainte ligue, il avait mis le siége devant Bologne, et la garnison de cette ville, commandée par Odet de Foix et Yves d'Allègre, ne paraissait pas en état de lui opposer une longue résistance. Déjà l'artillerie avait ouvert une large brèche, et les Espagnols se préparaient à l'assaut, lorsque, dans la nuit du 4 au 5 février, le duc de Nemours, à la faveur d'un vent effroyable et d'une neige qui tombait en abondance, pénétra dans la place sans avoir été aperçu des assiégeants. Il aurait pu le lendemain les surprendre et les tailler en pièces, mais il ne croyait pas lui-même qu'il eut pû cacher si complétement sa marche aux assiégeants. Cardone ne fut averti de son arrivée que le 6 février, et dès la nuit suivante il leva le siége et se retira à Imola. A peine Cardone fut-il parti, que le duc de Nemours marcha sur Brescia qui s'était tourné contre les Français. Les Vénitiens s'étaient rendus maîtres de cette ville, et ils assiégeaient la citadelle. Partout le peuple des campagnes se déclarait avec enthousiasme pour la république de Venise à laquelle il obéissait depuis cent ans. Le général français, avec une promptitude sans égale, traversa l'état neutre de Mantoue, sans en avoir demandé la permission au souverain, surprit en chemin le général vénitien Baglioni, le mit en déroute et arriva le neuvième jour devant Brescia. Le lendemain il ordonna l'assaut. Bayard conduisait l'avant-garde, composée de cent cinquante gentilshommes, qui tous avaient ôté leurs chaussures, à l'exemple du duc de Nemours, pour s'affermir mieux avec leurs pieds nus sur le terrain glissant. En un instant les Français s'établirent sur les remparts; mais au moment même de la victoire, Bayard fut frappé d'un coup de pique qu'il crut mortel. « Compa-« gnon, dit-il au sire de Molart, faites « marcher vos gens, la ville est gagnée; « de moi je ne saurois tirer outre, car je « suis mort. » Deux de ses archers le posèrent sur une porte de la ville qu'ils avaient détachée pour en faire une litière, et l'emportèrent dans une maison. Pendant ce temps la ville fut forcée, et alors commença un épouvantable massacre. Yves d'Allègre gardait la porte par laquelle les fuyards auraient pu s'échapper. Toute la garnison vénitienne, tous les bourgeois qui avaient pris les armes, furent massacrés sans pitié; et quoiqu'il n'y eût plus nulle part de résistance, le carnage continua pendant toute la journée. Le jeune Tartaglia reçut un coup de sabre sur le sein de sa mère dans une église. Ce fut depuis le restaurateur des mathématiques; mais il bégaya toute sa vie du coup qu'on lui avait porté. Une seule maison fut préservée du pillage et du meurtre : celle où l'on avait transporté Bayard blessé.

Après le sac de Brescia, le duc de Nemours vint présenter la bataille aux alliés à Ravenne, et commença l'attaque par une vive canonnade sur les

Espagnols. Jamais l'artillerie n'avait été employée d'une manière aussi meurtrière qu'elle le fut dans cette bataille. L'infanterie française demeura exposée à un feu si terrible, que de quarante de ses capitaines il y en eut trente-huit de tués. Mais en même temps l'artillerie du duc de Ferrare, qui combattait pour les Français, enfilait toute la ligne de l'armée espagnole, et plusieurs de ses boulets la traversèrent tout entière. Les troupes espagnoles étaient commandées par Pietro de Navarra, froid tacticien, qui de simple palefrenier était devenu général. Cet homme avait imaginé de sacrifier ses alliés italiens qu'il méprisait, et pendant qu'il les laissait foudroyer par l'artillerie française, il fît coucher ses Espagnols à plat ventre, pour les mettre à l'abri des boulets. Il supposait que les Français ne souffraient pas moins, et il comptait, avec son infanterie espagnole, remporter sur eux une victoire certaine, lorsqu'ils auraient été décimés par le canon. Mais à la fin la patience échappa aux Italiens, et malgré les ordres de Pietro de Navarra, ils s'élancèrent de l'enceinte du camp et commencèrent l'attaque. Ils furent repoussés et mis en fuite par la cavalerie française. Restait cette redoutable infanterie espagnole qui se retirait lentement et en bon ordre, et dont les bataillons serrés et intacts semblaient défier le vainqueur. Yves d'Allègre, en conduisant une charge contre ces bataillons, vit tuer sous ses yeux le seul fils qui lui restait; il voulut le venger, et il fut tué. Gaston de Foix s'élança à son tour pour charger ces redoutables fantassins. Il fut renversé par un Espagnol qui lui plongea son épée dans le sein (1512).

Dès ce moment la fortune abandonna les Français. Ils n'avaient plus de chef assez intelligent et assez intrépide pour recueillir les fruits de la victoire de Ravenne. Les Suisses, appelés par Jules II, entrèrent dans Crémone et Pavie, et forcèrent l'armée française à évacuer le Milanais. Gênes recouvra son indépendance; le duc de Ferrare vint implorer le pardon du pape; la Toscane fut envahie par le vice-roi de Naples, Raymond de Cardone, et le 16 septembre 1512, la république de Florence fut replacée sous le joug des Médicis. Bientôt Brescia ouvrit ses portes aux Espagnols, Lignano aux Allemands, Crême aux Vénitiens; et les Français ne conservèrent plus en Italie que les citadelles de Milan, de Novarre et de Crémone. Louis XII en fut réduit à solliciter l'appui des Suisses auxquels il avait adressé des paroles outrageantes à son avénement au trône. Mais les Suisses, enorgueillis de leurs victoires récentes, refusèrent de recevoir ses ambassadeurs, et exigeaient non-seulement que Louis XII renonçât à l'Italie, mais qu'il fît serment de n'y rentrer jamais, et que de plus il obéît au monitoire du pape, qui venait d'abolir les libertés de l'Église gallicane.

Les négociations furent aussitôt rompues, et une armée française passa de nouveau les Alpes et s'avança jusqu'à Firenzuola (1513). Maximilien Sforza, que la sainte ligue avait placé sur le trône ducal du Milanais, fut effrayé des soulèvements qui éclataient de toutes parts à l'approche des Français, et vint se mettre sous la protection des Suisses qui étaient arrivés à Bellinzona, au nombre de huit mille. Ils allèrent occuper la ville de Novarre avec Maximilien Sforza, qui était ainsi protégé par ces mêmes Suisses qui avaient trahi et livré son père. Le général français, la Trémoille, ne désespérait pas de renouveler la scène honteuse de la première journée de Novarre, et déjà il avait écrit à Louis XII qu'il lui livrerait le fils, comme il lui avait livré le père. Mais il échoua dans toutes ses tentatives de corruption. Les Suisses, assiégés dans Novarre, montrèrent le courage opiniâtre qui avait valu tant de victoires à leurs ancêtres. L'artillerie ayant fait une brèche aux murailles, ils envoyèrent dire à la Fayette, grand maître de l'artillerie, d'épargner sa poudre et d'entrer dans la ville par les portes. En effet, ils cessèrent de les fermer, et se contentèrent de tendre des rideaux devant chacune d'elles et devant la brèche. La Trémoille, averti qu'une grande armée suisse avait passé les montagnes, ne crut pas prudent de donner l'assaut auquel les Suisses le provoquaient par leurs insultantes bravades. Il se retira à une lieue de Novarre, et vint prendre position dans un lieu marécageux, défendu de tous côtés par des canaux et des digues. Les Suisses qui se trouvaient à Novarre ne voulurent pas attendre l'arrivée de leurs compatriotes qui venaient les secourir, et ils résolurent d'attaquer l'armée française sur-le-champ, pour ne pas partager avec d'autres la gloire et le butin. La Trémoille, qui croyait sa position inexpugnable, s'attendait si peu à un tel excès d'audace, qu'il avait négligé les précautions les plus simples. Son armée fut surprise, et il s'en fallut de bien peu qu'elle ne pérît sans avoir trouvé le temps de combattre. On parvint cependant à diriger l'artillerie contre la colonne des Suisses, et le sire de la Fayette ouvrit contre eux un feu meurtrier qui emportait des files entières. Mais les Suisses serraient les rangs et continuaient d'avancer d'un pas égal, la pique basse. Ils marchaient droit sur les batteries, et les ayant emportées d'assaut, ils écrasèrent les canonniers qui les servaient, et tournèrent aussitôt les canons contre le camp français. La cavalerie française, après une charge brillante mais inutile, s'enfuit en désordre, abandonnant l'infanterie qui périt presque tout entière. Les Suisses, par rivalité de métier, ne firent aucun quartier aux mercenaires allemands.

Quelques jours après cette défaite, il ne restait pas un Français en Italie. La France elle-même fut bientôt attaquée, envahie de toutes parts, et elle expia alors la faute de ses rois, qui n'employaient que des mercenaires et qui n'avaient point d'infanterie nationale. Elle était désarmée, pendant que les Espagnols, les Anglais et les Suisses l'entamaient à la fois par ses trois frontières. Les Espagnols avaient conquis la Navarre et s'avan-çaient au midi, pendant que Henri VIII, renouvelant les prétentions surannées d'Édouard III et de Henri V, se réunissait à Maximilien et aux Flamands pour envahir le nord de la France. Un corps de gendarmes, en proie à une terreur panique, fut défait à Guinegate, sans avoir même essayé de se défendre, et les capitaines Longueville, la Palisse, Bayard, la Fayette, Clermont d'Anjou et Bussy d'Amboise, furent faits prisonniers (1513). Cette bataille, flétrie du nom de *Journée des éperons*, fut une tache pour la noblesse française. Mais elle n'eut pas les suites désastreuses des batailles de Crécy, de Poitiers et d'Azincourt, parce que Henri VIII et Maximilien ne surent pas profiter de leur victoire, et perdirent leur temps à faire le siége de quelques places fortes. Les Suisses, cédant à l'impulsion de Jules II et se regardant toujours comme les défenseurs du saint-siége, vinrent mettre le comble aux dangers de la France en envahissant la Bourgogne. Dix-huit mille de leurs guerriers, choisis avec soin dans tous les cantons, traversèrent toute la Franche-Comté, et parurent le 7 septembre devant Dijon. Ils creusèrent sur-le-champ une tranchée, et mirent leurs canons en batterie. Heureusement pour la France, la Trémoille, qui commandait à Dijon, parvint à gagner leurs capitaines, qui avaient autrefois servi sous lui. Les Suisses se retirèrent, à la condition que Louis XII renoncerait à l'Italie. Ce prince trouva *merveilleusement étrange* le traité qu'on avait signé en son nom; mais ce n'en fut pas moins ce traité qui sauva la France. On eut le temps de respirer, et Louis XII s'efforça de séparer ses ennemis, en concluant avec eux des traités particuliers. Il y réussit: les Espagnols repassèrent les Pyrénées, sur la promesse que la France ne ferait plus aucune tentative en Italie, où les Vénitiens et le nouveau pape Léon X, qui venait de succéder à Jules II, avaient déjà repris les armes. Restait le roi Henri VIII, qui signa la paix moyennant le payement d'un million d'écus (1514). Louis XII épousa une sœur du roi d'Angleterre, la belle Marie, mais ce mariage lui devint funeste. Il mourut d'épuisement, le 1ᵉʳ janvier 1515, après avoir recommandé ses sujets à son successeur, François Iᵉʳ.

§ II. *Fin des guerres d'Italie. — Commencement de la rivalité des maisons de France et d'Autriche. — Influence de l'Italie sur la France. — Renaissance des arts et des lettres.*

FRANÇOIS Iᵉʳ.
(1515-1547).
1515.

Avénement de François Iᵉʳ. — Son caractère. — Situation de la France. — Bataille de Marignan. — La France semblait avoir renoncé à ses conquêtes; on la croyait ruinée. Les funestes traités de Grenade et de Cambrai avaient porté leurs fruits. Les Espagnols étaient établis à Naples; les Allemands en Lombardie. Les Sforza étaient rentrés à Milan, les Médicis à Florence.

Louis XII, comme Charles VIII, était mort sans laisser de fils. Le trône appartenait, par droit d'hérédité, à François, duc d'Angoulême. Ce prince, qui avait épousé Claude de France, fille de Louis XII et d'Anne de Bretagne, descendait, comme Louis XII, du duc d'Orléans qui avait été assassiné par ordre de Jean sans Peur; seulement la branche d'Angoulême ne descendait que du troisième fils de ce prince, tandis que la branche d'Orléans était issue de son fils aîné. François Iᵉʳ avait donc les mêmes prétentions à faire valoir sur le Milanais que Louis XII.

Le nouveau roi était fait pour devenir populaire à une époque encore presque barbare. D'abord c'était un géant, et l'on en peut juger par l'énorme cuirasse qu'il porta à la bataille de Marignan, et que l'on conserve dans le Musée d'artillerie. Ensuite sa jeunesse, sa belle figure, sa li-

béralité, le faisaient aimer. Il n'y avait pas jusqu'à ses vices, jusqu'à son goût pour les plaisirs, qui ne contribuassent à lui attacher un peuple dont les mœurs commençaient à se corrompre. Dans les premières années de son règne, il se piqua d'imiter les héros de l'ancienne chevalerie : il voulait être un Amadis ou un Roland. Il eut besoin de l'éducation du malheur pour renoncer à ses rêves. Au contraire, Charles d'Autriche, qui allait réunir l'Espagne et les Pays-Bas et parvenir à l'empire, malgré les intrigues de son rival, était un prince des temps modernes, froid, calculateur, ne paraissant guère sur les champs de bataille, mais agissant du fond de son cabinet.

François Iᵉʳ et Charles-Quint, voilà les deux rivaux qui vont se combattre. Avant de les voir aux prises, examinons les forces de chacun d'eux.

Charles-Quint s'appuie sur l'Espagne, qui le seconde avec toute la vigueur héroïque d'un État qui sort de la vie barbare, et qui en sort victorieux des ennemis de sa foi et de son indépendance politique. Pendant tout le cours du seizième siècle, l'Espagne domine en Europe, non-seulement par les armes, mais aussi par la littérature, par le génie. Ensuite, Charles a pour lui la riche Flandre, la masse de l'Autriche, et les forces imposantes mais dispersées de l'Empire. Enfin il possède dans le nouveau monde les mines du Pérou, qui le rendront peut-être l'arbitre des destinées de l'Europe.

François Iᵉʳ avait sur lui l'avantage de gouverner un royaume qui formait un seul tout; car, malgré quelques différences entre ses nombreuses provinces, la France était parvenue à l'unité nationale qui devait faire sa force. Le roi n'avait plus besoin, comme au temps de Louis XI, de la violence pour se faire obéir. Aucun personnage, aucun corps, aucune classe, n'avaient plus assez de puissance pour faire prévaloir leurs intérêts ou leurs prétentions, et faire contre-poids à l'autorité royale, cette personnification de l'unité du pays.

Il faudrait bien se garder de confondre la monarchie française au seizième siècle avec ce que nous appelons aujourd'hui une monarchie représentative. En effet, bien que les états généraux fussent les représentants des trois ordres de la nation, le clergé, la noblesse, et le peuple ou tiers état, ils n'avaient qu'une part bien indirecte au pouvoir législatif. Ils ne faisaient la loi qu'en matière de subsides, qu'ils pouvaient accorder ou refuser. Mais les impôts étaient établis ordinairement pour une période illimitée, et il arrivait souvent que, sous prétexte d'urgence, on se passait provisoirement et quelquefois entièrement du consentement des trois ordres. Sur toutes les autres questions, ils n'avaient que le droit de doléance, c'est-à-dire, le droit de remontrance et de pétition. Ils étaient, en un mot, juges, et non point législateurs; ils étaient les organes, les interprètes de la volonté nationale, mais ils n'avaient point d'initiative en matière de législation. Au-dessus des états généraux et de la nation, dont ils étaient les représentants, il y avait le roi, représentant du droit divin, image de Dieu sur la terre, ne relevant que de Dieu et de son épée, source de toute justice et suprême directeur de toutes les forces nationales.

Au milieu de ses préoccupations exclusives pour la conquête du Milanais, François Ier comprit que le danger dont il fallait triompher avant tout était la Suisse. Mais pour vaincre les Suisses, qui régnaient en Lombardie sous le nom de Maximilien Sforza, il fallait gagner ou du moins neutraliser les autres puissances. De là, les négociations par lesquelles commença le nouveau règne. Un traité d'alliance fut d'abord conclu avec Charles d'Autriche, auquel François Ier promit en mariage sa belle-sœur Renée, fille de Louis XII, avec le Berry pour apanage. D'autres traités d'alliance furent signés avec les Vénitiens, le roi d'Angleterre, Henri VIII, et les Génois.

En même temps, François Ier avait porté des ordonnances nouvelles pour l'organisation de l'armée; et, pour se créer des ressources financières, il avait eu recours à une déplorable mesure. Le chancelier Duprat lui avait conseillé de ne pas augmenter les impôts, source inévitable de mécontentement, mais de se procurer de l'argent par un moyen dont Louis XII avait déjà usé quelquefois. Des charges nouvelles furent créées dans les parlements, les sénéchaussées et les bailliages, et toutes ces charges furent vendues au profit du roi. C'était substituer une aristocratie d'argent à l'aristocratie de naissance, qui avait perdu toute influence depuis que Louis XI lui avait porté de si rudes coups. En effet, vendre des charges, c'était nécessairement les déclarer transmissibles et héréditaires, et par suite, organiser une sorte de féodalité judiciaire et pécuniaire; c'était par conséquent substituer la fortune au mérite. La résistance du parlement de Paris fut vaine. Le roi tint pour la première fois un lit de justice, et le nouvel édit fut enregistré *de l'exprès commandement du roi*.

Cependant une armée, la plus forte que la France eût réunie jusqu'alors, avait été dirigée vers les Alpes, et François Ier, après avoir laissé la régence du royaume à sa mère, s'était rendu à Lyon pour se mettre lui-même à la tête de ses troupes. Cette armée obtint d'abord des succès brillants. Les Suisses gardaient tous les passages des Alpes et se croyaient en sûreté; ils pensaient que les Français avaient besoin d'ailes pour parvenir en Italie. Les Français profitèrent de leur sécurité. Ils passèrent par le col de l'Argentière, où vingt hommes déterminés auraient pu arrêter une armée. C'était une route nouvelle, où aucune armée n'avait encore passé, et qui n'avait été pratiquée jusque-là que par les chasseurs de chamois. On fit sauter les rochers, on jeta des ponts sur les abîmes, on construisit des galeries en bois le long des pentes les plus escarpées, on combla des vallées. Pionniers, soldats, officiers, tous se mirent à l'œuvre à l'envi; et après des efforts inouïs, l'armée passa le col de l'Argentière avec soixante et douze pièces d'artillerie. Cette entreprise fut exécutée dans un si grand secret et avec tant de rapidité, que les Français arrivèrent en Italie lorsqu'on les croyait encore dans le Dauphiné. Le général italien, Prosper Colonna, ne fut instruit de leur arrivée que par le chevalier Bayard, qui le fit prisonnier au moment où il allait se mettre à table avec ses officiers. L'armée française s'avança jusqu'à Marignan, sur la grande route qui conduisait à Milan. Déjà les Suisses acceptaient de l'argent pour se retirer, lorsque vingt mille de leurs compatriotes, descendus de leurs montagnes à la sollicitation du cardinal Schinner, firent rompre les négociations.

L'Europe entière avait en ce moment les yeux tournés vers ce jeune roi, qui montrait tant de courage et de résolution ; vers cette armée qui allait lutter contre la première infanterie du monde. Aussi la bataille de Marignan ne fut-elle pas l'affaire de quelques heures, ni même celle d'un jour. Le combat se soutint deux jours entiers avec un acharnement tel, que le maréchal Trivulzio, qui avait assisté à dix-sept batailles rangées, disait que ce n'étaient que des jeux d'enfants à côté de cette terrible bataille de Marignan, qu'il appelait un combat de géants.

Le 13 septembre 1515, les deux armées se trouvèrent en présence sur la grande route, à Marignan, à dix milles de la capitale du Milanais. Les Suisses n'attendirent pas qu'on vînt les attaquer. Ils se jetèrent, tête baissée et la lance en avant, contre l'artillerie française dont ils voulaient s'emparer. En vain les lansquenets, postés à droite et à gauche dans les fossés qui bordaient la chaussée, harcelaient-ils leurs flancs ; en vain étaient-ils chargés tour à tour par la gendarmerie française, puis foudroyés par l'artillerie derrière laquelle se retiraient les gendarmes après chacune de leurs charges : les Suisses avançaient toujours, serrant leurs rangs à mesure que le canon y opérait de nouvelles trouées. La nuit même ne mit pas fin au combat.

On se battit pendant quatre heures au clair de lune ; mais lorsque la lune eut cessé de luire sur le champ de bataille, l'obscurité devint si profonde que le combat fut enfin interrompu. Les deux armées s'arrêtèrent confondues. Les Français restèrent toute la nuit le cul sur la selle, la lance au poing, l'armet à la tête. Le roi était resté à cheval pendant toute cette journée. Il passa la nuit sur l'affût d'un canon ; et quand il demanda un peu d'eau pour se rafraîchir, celle qu'on lui apporta dans un casque se trouva être mêlée de sang. Un bataillon suisse était si rapproché de lui qu'il fit éteindre les feux, afin que ses ennemis ne vissent pas combien il était exposé. Le combat recommença le lendemain, 14 septembre. Mais cette fois, les Suisses, qui étaient plus acharnés encore que la veille, essuyèrent de grandes pertes. « Sans point de fautes, dit Fleuranges, ils trouvèrent le roi avec les lansquenets qui les reçurent, et leur fit l'artillerie et la haquebutterie des Français un grand mal, et en purent supporter le faix ; et commençoient à aller autour du camp d'un côté et d'autre, pour voir s'ils pouvoient assaillir, mais ils ne venoient pas au point, fors une bande qui vinrent ruer sur ces lansquenets ; mais quand ce vint à baisser des piques, ils glissèrent outre, sans les oser enfoncer. » Le combat durait encore, lorsqu'on entendit les cris mille fois répétés de : Saint-Marc ! Saint-Marc ! C'étaient les Vénitiens conduits par l'Alviano, qui venaient au secours de l'armée française. Les Suisses, effrayés, se retirèrent devant l'armée française, mais dans un si bon ordre et avec une contenance si fière, qu'on n'osa pas les poursuivre. François Ier occupa le Milanais pendant qu'ils regagnaient lentement leurs montagnes. Cette défaite les découragea pour toujours, et depuis ce temps ils ne prirent plus une part active aux guerres d'Italie.

Le soir même du combat, François Ier, oubliant que les rois de France naissaient chevaliers, voulut se faire donner l'ordre de chevalerie par le plus

19e Livraison. (ANNALES DE L'HIST. DE FRANCE.)

brave de l'armée, et toutes les voix furent unanimes pour désigner Bayard. « Le bon chevalier, dit un de ses historiens, donna l'accolade au roi, et puis après, par manière de jeu, cria hautement l'épée en la main dextre: « Tu es heureuse d'avoir aujourd'hui, « à un si vertueux et si puissant roi, « donné l'ordre de la chevalerie. Cer« tes, ma bonne épée, vous serez moult « bien comme relique gardée, et sur « toutes autres honorée : et ne vous « porterai jamais, si ce n'est contre « Turcs, Sarrasins ou Maures. » C'est pour avoir voulu rétablir cette vieille association de la bravoure, de la piété, de la loyauté et de la galanterie, qui avait produit tant de merveilles au moyen âge, que François Ier a reçu le surnom de roi-chevalier.

Après la victoire de Marignan, les Français s'avancèrent vers Milan. Maximilien Sforza essaya en vain de se défendre; il fut forcé de capituler après un siége de vingt jours, et conduit prisonnier en France. On réorganisa le parlement fondé par Louis XII, et pour affermir la domination française en Lombardie, on traita avec les Suisses et avec le pape Léon X. Les Suisses, découragés depuis leur défaite, signèrent à Fribourg la paix perpétuelle ; et cette paix mérita ce nom, car depuis cette époque la Suisse est restée l'alliée fidèle et le boulevard de la France. En même temps, François Ier conclut avec le pape Léon X un traité célèbre sous le nom de concordat.

1516-1522.

Concordat avec le pape. — Origine de la rivalité entre François Ier et Charles-Quint. — Défaite de Lautrec à la Bicocque. — Les Français évacuent le Milanais. — Par le concordat de 1516, la pragmatique sanction de Bourges, déjà abolie en partie par Louis XI, fut abolie de nouveau et pour toujours. Le roi de France obtint le droit de désigner les évêques, les chanoines et les abbés ; le pape, celui de prélever les annates. C'était là un singulier renversement des choses : le roi se faisait donner un droit qui n'eut dû appartenir qu'au pouvoir spirituel ; et le pape se contentait d'exercer le droit tout temporel de lever un impôt sur les bénéfices ecclésiastiques. C'était anéantir d'un trait de plume les antiques libertés de l'église gallicane, et armer la royauté et le saint-siége d'un pouvoir exorbitant. Aussi le parlement, le clergé et l'université s'opposèrent-ils vivement au concordat, et le chancelier Duprat, qui l'avait fait conclure, fut voué à la haine. Mais le roi tint un lit de justice, et le parlement fut obligé de céder. Depuis cette époque, les rois de France ont constamment exercé le droit de désigner les évêques et les archevêques, à l'exclusion du clergé et du peuple, comme cela se faisait dans la primitive Église. Ce droit a pu donner lieu à des abus, quelquefois même à des scandales ; mais ces scandales furent moindres, à coup sûr, que ceux auxquels le concordat a mis fin, et dont Brantôme a tracé un si curieux tableau : « Les moines, dit-il, élisoient le plus souvent celui qui étoit le meilleur compagnon, qui aimoit le plus les chiens et les oiseaux, qui étoit le meilleur biberon ; bref, qui étoit le plus débauché, afin que l'ayant fait leur abbé ou prieur, par après il leur permît toutes pareilles débauches, dissolutions et plaisirs..... Le pis étoit quand ils ne se pouvoient accorder en leur élection, le plus souvent s'entrebattoient, se gourmoient à coups de poings, s'entre-blessoient, voire s'entre-tuoient... Aucuns élisoient quelque bon homme simple de moine qui n'eût osé gronder ni commander... D'autres élisoient quelque pauvre hère de moine qui en cachette les déroboit... Les évêques, pour avoir les voix des chanoines, les gagnoient en les achetoient à purs deniers... Bien souvent faisoient en leurs chapitres des tumultes, séditions, ligues et brigues jusqu'à s'entre-frapper et s'entre-tuer... car les chanoines étoient mauvais garçons, et s'aidoient aussi bien de l'épée que du bréviaire. Les évêques parvenus à ces grandes dignités, Dieu sait quelles vies ils menoient. Certes ils étoient bien plus assidus en leurs diocèses qu'ils n'ont été depuis, car ils n'en bougeoient. Mais quoi! c'étoit pour mener une vie toute dissolue après chiens, oiseaux, fêtes, banquets, noces... J'en dirois davantage, mais je ne veux pas scandaliser (*). »

Pendant que se négociaient le concordat et la paix perpétuelle, Ferdinand le Catholique mourut, laissant les trônes d'Espagne et de Naples à son petit-fils Charles d'Autriche. On pouvait craindre un instant une rupture entre les deux princes; mais bientôt un traité signé à Noyon mit fin à tous les différends entre la France et l'Espagne. En même temps François Ier eut l'art de gagner Wolsey, qui persuada au roi d'Angleterre, Henri VIII, de restituer Tournai à la France pour une somme d'argent. Ainsi l'Europe put jouir d'une paix générale qui dura trois ans (1516-1519).

François Ier employa ces trois années à triompher de la résistance que le parlement et l'université opposaient encore à l'exécution du concordat. Tout partage de son autorité avec le parlement ou avec l'université lui sembloit un outrage à la majesté royale. Il s'applaudissait d'avoir secoué ces entraves, et c'est ce qu'il appelait avoir mis les rois de France *hors de pages*. François Ier employa ensuite ces années de loisir à parcourir son royaume, à visiter les ports de mer, les forteresses qu'il faisait réparer, pour ne pas être pris à l'improviste. Il séjournait à peine quelques mois à Paris, pendant l'hiver, préférant conduire sa cour de châteaux en châteaux, au gré de sa fantaisie. Ses ordonnances et ses lettres sont datées, pendant ces trois années, de Baugé, de Blois, de Saint-Germain en Laye, d'Amboise, d'Ancenis, du Verger près d'Angers, un des plus beaux lieux qu'il y ait au monde. Partout il voulait retrouver la même magnificence. « Quant à sa maison, dit Brantôme, jamais les

(*) Brantôme, OEuvres complètes, t. I, p. 250.

ordinaires, ni salles, ni tables, n'en approchèrent; car il y avoit sa table, celle du grand maître, celle du grand chambellan et des chambellans; des gentilshommes de la chambre, des gentilshommes servans, des valets de chambre, et tant d'autres; et très-bien servies que rien n'y manquoit; et ce qui étoit très-rare, c'est que dans un village, dans des forêts, en l'assemblée, l'on y étoit traité comme si l'on avoit été à Paris. » S'étant épris d'un amour subit pour la comtesse de Châteaubriand, François Ier révoqua le connétable de Bourbon du gouvernement du Milanais, pour le donner à Lautrec, frère de sa maîtresse. C'était, dit Brantôme, « un homme trop sévère, et malpropre pour un tel gouvernement. D'être hardi, brave et vaillant, étoit-il, et pour combattre en guerre, et frapper comme un sourd; mais pour gouverner un État, il n'y étoit pas bon. » Lautrec ne songea qu'à s'assurer son pouvoir aux dépens de celui de ses rivaux. Il persécuta surtout le vieux maréchal Jean-Jacques Trivulzio, qui partageait avec lui le gouvernement du Milanais, sa patrie, et qui avait rendu d'immenses services à Charles VIII et à Louis XII. Trivulzio, qui avait alors quatre-vingt-deux ans, vint en France pour demander justice. Il eut de la peine à obtenir une audience du roi, qui lui adressa à peine quelques paroles et l'évita le lendemain. Trivulzio sollicita en vain une nouvelle audience. Enfin, apprenant que le roi devait traverser à cheval le village de la Châtre, il se fit porter sur sa chaise au milieu de la rue. Mais le roi passa en détournant la tête et sans écouter le cri de Trivulzio : « Sire, ah! sire, au moins un mot d'au-« dience! » Le brave Milanais en mourut de douleur (1518).

La cour se préoccupait gravement de toutes ces intrigues, lorsque la mort inattendue de l'empereur Maximilien vint entraîner la France et l'Europe dans des guerres nouvelles. Ce prince, frappé de l'idée de sa mort prochaine, ne voyageait point depuis plusieurs années, sans que l'on portât

19.

derrière lui son cercueil, que tout le monde croyait être son trésor. Il avait obtenu, avant de mourir, la promesse de quatre électeurs, qu'ils donneraient leurs voix à son petit-fils Charles, roi d'Espagne et de Naples. Le trône d'Allemagne était électif, et la maison d'Autriche avait déjà fourni six empereurs, dont les trois derniers avaient occupé le trône pendant quatre-vingts ans, comme par une succession héréditaire. L'Empire commençait à se lasser d'être, depuis un siècle, inféodé à la maison d'Autriche. Des chances pour arriver au trône impérial s'offraient à quiconque saurait les exploiter. Henri VIII en conçut le projet, mais il n'obtint pas une voix. Une concurrence véritable ne pouvait s'établir qu'entre Charles d'Autriche, qui avait pour lui sa naissance, et François Ier, le vainqueur de Marignan. Les électeurs offrirent d'abord la couronne impériale à l'électeur de Saxe, Frédéric le Sage. Mais ce prince refusa ce dangereux honneur, parce qu'il ne se croyait pas assez puissant pour repousser les Turcs qui menaçaient l'Allemagne. Il fallait pour la défendre un nouveau Charlemagne, et celui-là seul pouvait jouer ce rôle dont les provinces héréditaires, l'Autriche et la Hongrie, confinaient à la Turquie, et dont l'intérêt personnel était lié à l'intérêt général ; qui pouvait consacrer en outre à la défense de la chrétienté les forces des Pays-Bas, de Naples et de l'Espagne, et les immenses trésors que lui rapportaient les mines du nouveau monde. C'est pourquoi Frédéric le Sage engagea les électeurs à reporter leurs suffrages sur Charles d'Autriche, qui fut élu empereur sous le nom de Charles-Quint (1519).

François Ier avait dit aux ambassadeurs du roi de Castille : « Nous sommes « deux amants prétendant à la même « maîtresse ; lequel des deux qu'elle pré- « fère, l'autre doit se soumettre et ne « pas en garder de ressentiment. » Toute l'Europe n'en comprit pas moins qu'une lutte acharnée allait éclater entre deux princes, qui étaient également jeunes, ardents et ambitieux. Les deux rivaux recherchèrent l'alliance du roi d'Angleterre, comprenant dès lors la vérité de son orgueilleuse devise : *Qui je défends est maître*. Charles-Quint prévint le roi de France. Il se rendit lui-même à Calais, où il eut une entrevue avec Henri VIII, et il gagna son ministre, le cardinal Wolsey, en lui promettant la tiare après la mort de Léon X. Ce fut en vain que François Ier fit des dépenses folles à l'entrevue qu'il eut à son tour avec le roi d'Angleterre, et qu'on appelle l'entrevue du camp du Drap d'Or. Il ne réussit par sa magnificence qu'à exciter la jalousie du prince qu'il voulait gagner, et dès l'année suivante, un traité d'alliance fut conclu entre le roi d'Angleterre et l'empereur (1520).

Ce fut la première faute de François Ier. Il laissa échapper une seconde occasion que la fortune lui offrait, la révolte des villes d'Espagne ou des communeros. Charles-Quint n'avait alors que dix-neuf ans, et dans son inexpérience il avait accumulé fautes sur fautes. L'Espagne parut un moment sur le point de lui échapper. Mais les villes, enivrées de leurs succès, voulurent compléter la victoire en détruisant les priviléges de la noblesse. Il en résulta que les nobles renoncèrent à garder la neutralité et firent cause commune avec le roi contre les communeros. La guerre était terminée à l'avantage de Charles-Quint, lorsque François Ier lui fit déclarer la guerre par deux petits princes allemands qui étaient à sa solde, les ducs de Bouillon et de Gueldre (1521). Il prenait cette voie détournée pour ne pas paraître ouvertement l'agresseur. Mais il avait pris la ferme résolution d'assister ces deux princes avec toutes les forces de son royaume. Lorsque Charles-Quint apprit cette nouvelle, il s'écria dans un transport de joie : « Dieu soit loué de ce que le roi de « France veut me faire plus grand que « je ne suis ! car je ne veux être qu'un « bien pauvre empereur, si je ne le rends « bientôt un pauvre roi de France. »

La guerre éclata à la fois aux Pyrénées, en Allemagne et en Italie. François Ier envoya une armée en Espagne, pour rétablir Jean d'Albret sur le trône de Navarre, et fournit des secours à Robert de la Marck, qui avait commencé la guerre contre l'empereur par une attaque sur le Luxembourg. Quant à l'Italie, la guerre y avait pris un caractère bien plus grave. Lautrec, gouverneur du Milanais, y soutenait tout l'effort de l'armée impériale et de celle du pape Léon X, qui faisait cause commune avec l'empereur. Il se rendit à la cour pour réclamer l'argent nécessaire à la solde des troupes qui n'avaient pas été payées depuis une année entière, et vivaient aux dépens des habitants que leurs exactions poussaient à la révolte, dans un moment où le général de l'empereur, Prosper Colonna, réunissait aux soldats qu'on lui envoyait d'Allemagne, les redoutables bandes espagnoles qui arrivaient de Naples. Lautrec déclara à François Ier qu'il ne pouvait défendre le Milanais, s'il n'y rapportait quatre cent mille écus pour payer la solde arriérée de la gendarmerie française, et pour lever huit mille Suisses. En ce moment, les caisses étaient vides ; mais le surintendant des finances, Semblançay, déclara que l'argent serait fourni par les caisses provinciales du Midi, et le roi s'engagea par serment, envers Lautrec, qu'à son arrivée à Milan il y trouverait les quatre cent mille écus. Lautrec partit sur cette assurance, mais il ne trouva pas l'argent. La mère du roi, Louise de Savoie, avait détourné cet argent, par haine contre le général qui commandait l'armée d'Italie. Cette trahison fut la cause de nos premiers revers. Lautrec se vit obligé de lever des contributions sur les plus riches habitants du Milanais, et il se les aliéna au moment où il aurait fallu les gagner à tout prix. Un grand nombre de ses soldats désertèrent, et il ne lui en resta que quatre mille avec lesquels il ne put tenir tête à Prosper Colonna. Ce général avait passé le Pô le 1er octobre; le 19, il força le passage de l'Adda, et, le même jour, les Gibelins de Milan lui ouvrirent une des portes de la ville. Lautrec n'essaya pas de se défendre dans les rues ; il se retira à Como, et de là dans l'État vénitien, où il établit ses quartiers d'hiver.

Lautrec essaya de prendre sa revanche l'année suivante (1522). Il avait fait sa jonction avec l'armée vénitienne, passé l'Adda, et réuni à son armée un corps nombreux de Suisses. Jean de Médicis vint le joindre, à deux lieues de Milan, avec les fameuses bandes noires qu'il avait lui-même formées. Cependant, Prosper Colonna et Alphonse d'Avalos, marquis de Pescaire, qui commandait l'infanterie espagnole, avaient reçu de leur côté de nombreux renforts. Les deux armées étaient à peu près égales; mais la situation de Lautrec devenait de jour en jour plus difficile, parce que les Vénitiens se refusaient à toutes les actions hasardeuses, tandis que les Suisses demandaient leur solde ou la bataille. Il aurait voulu traîner la guerre en longueur, parce que Prosper Colonna n'avait pas assez d'argent pour solder longtemps les lansquenets allemands. Il savait, d'ailleurs, que l'armée impériale était garantie sur les flancs par de profonds canaux d'arrosement, et en face par un chemin creux garni d'artillerie. Un pont de pierre formait la seule entrée de cette position formidable, qui prenait son nom de la maison de campagne d'un noble milanais. Ce fut en vain que Lautrec s'efforça de faire comprendre aux Suisses que l'attaque de la *Bicocque* présentait peu de chances de succès. Ils répondirent que leurs hallebardes les rendraient bientôt maîtres des positions ennemies, et ils s'assemblèrent tumultueusement en criant : « Argent, congé, ou bataille ! » Lautrec manquait d'argent, et la retraite des Suisses équivalait pour lui à une défaite. Il permit le combat. Les Suisses s'élancèrent aussitôt avec impétuosité, et, doublant le pas, ils arrivèrent en un instant au bord du chemin creux qui couvrait le front de Prosper Colonna. Déjà mille de leurs plus braves étaient tombés sous la mitraille ; les survivants s'élancèrent dans le chemin creux, mais ils le trouvèrent plus profond qu'ils n'avaient pensé. Leurs hallebardes pouvaient à peine atteindre aux pieds de l'infanterie espagnole qui le bordait. Vingt-deux de leurs capitaines et trois mille soldats y trouvèrent leur tombeau. Le lendemain de cette défaite, les Suisses retournèrent dans leurs montagnes, et les Français évacuèrent le Milanais. Toute la cour accusa Lautrec; mais il prouva qu'il n'avait pas reçu les fonds destinés à la solde des Suisses. Les réclamations s'élevèrent alors contre le surintendant des finances, Semblançay, qui répondit que l'argent avait été retenu par Louise de Savoie. Quelques années après, la reine mère, qui voulait le perdre depuis qu'il avait fait connaître sa trahison au roi, lui fit faire son procès. Le malheureux Semblançay fut condamné à mort, après une procédure scandaleuse, et pendu au gibet de Montfaucon.

(.1522-1525.)

Trahison du connétable de Bourbon. — Expédition de Bonnivet dans le Milanais.— Entrée de Bourbon en Provence.—Retour des Français en Italie.—Bataille de Pavie.—Captivité du roi.—Après la défaite de la Bicoque, les Français avaient évacué l'Italie; et la jalousie absurde de l'Europe, qui croyait toujours avoir à se défier de la France, tandis que Charles-Quint marchait à la monarchie universelle, les empêcha de se relever. En 1523, le nouveau pape Adrien VI, qui avait été le précepteur de Charles d'Autriche et qui lui devait la tiare, se mit à la tête d'une ligue générale contre les Français, et détacha les Vénitiens de leur alliance. François Ier assembla une armée et se prépara à passer les Alpes. C'est alors que le connétable de Bourbon trahit la France.

Il paraît que la reine mère avait conçu pour le connétable de Bourbon une passion malheureuse. Se voyant repoussée, elle résolut de perdre le connétable, et lui intenta un procès, par suite duquel il devait perdre la plus grande partie des apanages que le mariage d'Anne de Beaujeu, fille de Louis XI, avait procurés à sa maison. Le connétable de Bourbon était petit-fils d'Anne de Beaujeu. Il appartenait à une branche très-pauvre de la famille royale, mais qui était devenue riche par un mariage avec Suzanne, fille d'Anne de Beaujeu. Par elle, le connétable avait réuni les biens de toutes les branches de la maison de Bourbon. Il était devenu une espèce de roi, et il excitait la jalousie de François Ier. On raconte qu'en 1517, lorsqu'il lui naquit un fils, ayant invité François Ier à en être le parrain, il l'avait reçu à Moulins avec toute la cour, en déployant une pompe royale. Il s'était fait servir par cinq cents gentilshommes en habit de velours, qui portaient des chaînes d'or faisant trois tours autour de leur cou. Louise de Savoie fit attaquer, par-devant le parlement de Paris, la donation que Suzanne avait faite à son époux, « comme contraire aux lois du « royaume, et l'avocat général conclut à « ce que cette grande succession appar- « tînt tout entière au roi. » En droit commun, le parlement avait tort; mais, au point de vue politique, il avait raison, car il n'était pas bon qu'un sujet fût aussi puissant que le roi.

Le connétable de Bourbon fut indigné. Il était orgueilleux, et regardait la vengeance comme un devoir. Il se plaisait à répéter la réponse d'un chevalier gascon à Charles VII, qui lui demandait si quelque chose au monde pourrait le déterminer à lui manquer de foi: « Non pas l'offre de votre royaume, mais bien un affront de votre part. » Il fit alliance avec les ennemis de la France, et conclut avec eux des traités pour le partage du royaume. Le connétable devait avoir la Provence et le Dauphiné, qu'il aurait joints au Bourbonnais et à l'Auvergne, pour en former un royaume. Charles-Quint aurait eu pour sa part le Languedoc, la Bourgogne, la Champagne et la Picardie, et Henri VIII le reste du royaume, avec le titre de roi de France.

François Ier, informé de ce traité,

alla trouver le connétable à Moulins. On lui dit qu'il était au lit, malade ou feignant de l'être. Le roi alla le voir dans sa chambre, dit du Bellay, « et après l'avoir reconforté sur sa maladie, il lui dit qu'il était averti des pratiques que faisoit faire l'empereur, par le seigneur de Rocun, pour l'attirer à son service et le divertir de la bonne affection qu'il étoit assuré qu'il portoit à la couronne de France; et qu'il pensoit bien qu'il n'avoit écouté les dits propos pour mauvaise volonté qu'il portât à lui ni au royaume, étant sorti de sa maison dont il étoit si proche; mais que désespoir et crainte de perdre un État lui pouvoient avoir troublé la bonne amitié et affection qu'il avoit toujours portée envers son prince et seigneur; et qu'il eût à mettre hors de sa fantaisie telles choses qui le troubloient, l'assurant qu'au cas qu'il perdît son procès contre lui (et contre Madame, sa mère, de lui restituer tous ses biens, et qu'il se tînt préparé pour l'accompagner en son voyage d'Italie (*). » Le connétable de Bourbon jura, à la prière du roi, qu'il n'avait signé aucun traité avec l'empereur; mais la nuit même il s'enfuit déguisé avec un seul serviteur, et alla rejoindre l'empereur en Italie.

Cette défection fit manquer la campagne projetée. Les soldats de Charles-Quint commencèrent les hostilités sur toutes les frontières, en Guyenne, en Picardie, en Bourgogne, et ils pénétrèrent jusqu'à onze lieues de Paris. Il fallut bien que le roi restât en France. L'amiral Bonnivet reçut le commandement de l'armée d'Italie. Il n'avait aucun talent militaire, et il ne devait ce haut rang qu'à son titre de favori du roi. Il lui eût été facile de s'emparer de Milan : la garnison était peu nombreuse, et les larges brèches que l'artillerie avait faites aux murailles dans les dernières guerres n'avaient pas été réparées; mais il répondait à ceux qui le pressaient d'avancer, qu'il ne voulait rien donner au hasard en s'abandonnant à la *furia francese*.

(*) De Bellay, liv. II, p. 266.

Pendant qu'il attendait tranquillement sur les bords du Tésin, que Prosper Colonna évacuât la capitale de la Lombardie, ce général eut le temps de rassembler des troupes et d'appeler à son secours Lannoy, le marquis de Pescaire et le connétable de Bourbon. Ce fut alors seulement que Bonnivet mit le siége devant Milan, espérant affamer la ville; mais il fut repoussé et obligé de commencer une retraite désastreuse (1524). Les Impériaux, commandés par Pescaire et Bourbon, le poursuivaient de près. Bonnivet s'était placé à l'arrière-garde, devenue le poste d'honneur. Il reculait lentement et combattait toujours, lorsqu'il fut blessé d'une balle au bras gauche et forcé à se retirer au centre du bataillon. Un frère de la Palisse, qui le remplaça, fut blessé mortellement. Bayard, qui leur succéda, fut frappé à son tour dans les reins d'une balle qui lui rompit l'épine du dos. Il s'écria : « Jésus, mon Dieu! je suis mort! » Son écuyer le descendit de cheval et le coucha mourant au pied d'un arbre. Il récitait ses prières devant la poignée de son épée, qui était en forme de croix, lorsque le connétable de Bourbon vint à passer, et s'étant arrêté un instant pour lui exprimer sa pitié, « Il n'y a point de pitié « à avoir sur moi, lui répondit Bayard, « car je meurs en homme de bien ; « mais j'ai pitié de vous, de vous voir « servir contre votre prince, votre patrie et votre serment. » Les Espagnols élevèrent une tente à l'endroit même où il était déposé; il y mourut au bout de trois heures, et fut pleuré par la France entière. Le marquis de Pescaire, qui l'avait visité dans ses derniers moments, et toute l'armée ennemie, joignirent leurs regrets à ceux des Français. Aucun homme n'avait obtenu à un si haut degré l'admiration des deux armées, et aucun ne le méritait autant par une touchante réunion de bravoure et de bonté, et par toutes ces qualités qui avaient fait la gloire des anciens chevaliers.

Les Impériaux continuaient à harceler l'arrière-garde, qui n'était plus guidée par Bayard, lorsque tout à coup quatre cents Suisses firent volte-face et chargèrent si vigoureusement l'ennemi, qu'ils parvinrent à le repousser à une grande distance. Mais alors ils se trouvèrent entièrement séparés de l'armée française, et les Impériaux s'étant aperçus de leur petit nombre, ils les entourèrent et les massacrèrent tous jusqu'au dernier. Toutefois leur résistance héroïque donna le temps au reste de l'armée d'arriver à Ivrée, et peu de jours après elle passa le Saint-Bernard, sans avoir de nouveau combat à livrer.

Ce succès fit concevoir au connétable de Bourbon les plus hautes espérances. Il résolut de rentrer en France, les armes à la main, pour reconquérir ses États; et il paraissait convaincu qu'à son arrivée toute la noblesse de France se déclarerait en sa faveur. Charles-Quint autorisa en effet le connétable et le marquis de Pescaire à passer les Alpes. L'armée impériale envahit la Provence (1524), et tout sembla justifier d'abord les promesses du connétable. Les villes devant lesquelles il se présenta se rendirent sans résistance. Saint-Laurent, Antibes, Villeneuve et Grasse ouvrirent leurs portes, et prêtèrent serment de fidélité à l'empereur. Fréjus, Draguignan, Hières, Toulon, se soumirent à leur tour. Le 9 août, la capitale de la Provence, Aix, admit les Impériaux, et le 19 du même mois ils mirent le siége devant Marseille. Le connétable avait annoncé qu'il lui suffirait de se montrer aux Marseillais pour que ces timides bourgeois vinssent, au premier coup de canon, lui demander grâce, la corde au cou, et lui présenter les clefs de leur ville. Cette fanfaronnade reçut un terrible démenti. Les assiégés opposèrent une énergique résistance au traître qui venait pour démembrer la France. Le 10 septembre, un prêtre qui disait la messe dans la tente du marquis de Pescaire y fut tué par un boulet de canon. Pescaire fit ramasser le boulet et l'envoya au connétable, en lui demandant si c'étaient là les clefs que lui présentaient les bourgeois de Marseille. Les femmes mêmes prirent part à la défense de Marseille : le canon ayant fait brèche au rempart, elles travaillèrent toutes à en élever un nouveau, qu'on nomma le rempart des Dames. Les Impériaux ayant livré un assaut, furent repoussés, et bientôt après Pescaire fit décider la retraite de l'armée, qui rentra en Italie, décimée par les maladies et par les combats.

Cependant le roi s'était avancé jusqu'à huit lieues de Marseille avec une armée nombreuse, et son approche avait hâté la retraite de l'ennemi. Il résolut, pendant que les maréchaux de Chabannes et de Montmorency suivraient de loin l'armée impériale, de tourner rapidement vers les montagnes du Dauphiné, de passer en Piémont, et de s'emparer du Milanais avant que le connétable et le marquis de Pescaire y fussent de retour avec leurs troupes fugitives. Sa marche fut si rapide qu'il prévint l'armée ennemie. L'avant-garde française pénétra même dans un faubourg de Milan. Malheureusement le roi commit des fautes. Au lieu de réunir toutes ses forces pour s'emparer de la capitale de la Lombardie, il détacha une partie de ses troupes pour aller tenter la conquête du royaume de Naples, et lui-même, avec le reste de son armée, mit le siége devant Pavie. Les murailles de Pavie n'étaient point entourées de fossés, et l'artillerie française y eut bientôt ouvert une large brèche. Mais lorsqu'on donna l'assaut, on trouva qu'au delà du mur Antonio de Leyva avait creusé un fossé profond, et qu'il avait fait percer de meurtrières toutes les maisons des rues aboutissantes. Les Français furent repoussés, et le siége fut converti en blocus. Pendant que le roi attendait patiemment que la famine contraignît les assiégés à se rendre, le connétable de Bourbon leva des troupes en Allemagne, et avec ces renforts il alla rejoindre Pescaire et Lannoy. Le 25 janvier 1525, l'armée impériale se dirigea vers Pavie, pour forcer les Français à lever le siége. François Ier tint un conseil de guerre: ses plus vieux généraux, la Palisse, la Trémoille, Lescuns, conseillaient la retraite. Mais Bonnivet et les autres courtisans insistèrent pour que le roi livrât la bataille : « Un roi de France, « disaient-ils, ne recule pas devant ses « ennemis; il ne renonce pas, à cause « d'eux, aux places qu'il a résolu de « prendre; il ne change pas ses projets « d'après leurs caprices. » Leur avis l'emporta.

« Le 24 février 1525, Pescaire résolut de pénétrer dans le parc de Mirebel, de le traverser pour arriver à Pavie, et de dégager ainsi la garnison, ou, s'il était attaqué tandis qu'il tournerait ainsi les Français par leur gauche, de les attirer du moins hors de leurs retranchements, dans le terrain ouvert du parc. Il fit abattre, à une grande distance du camp français, le mur de ce parc avec le bélier et la sape, dont les coups n'étaient point entendus au loin. Il fit revêtir aux troupes impériales des chemises blanches, pour qu'elles pussent se reconnaître dans l'obscurité, et il les fit entrer par cette brèche, deux heures avant le jour. Toutefois les Français étaient sur leurs gardes; ils s'étaient rangés en bataille, et une formidable artillerie couvrait leur front.

« Lorsque l'avant-garde impériale, commandée par Alphonse d'Avalos, marquis de Guasto, eut commencé à passer, à portée du canon français, dans une plaine tout unie, les décharges de l'artillerie firent dans ce corps d'épouvantables trouées. Le corps de bataille, conduit par Pescaire, l'arrière-garde, sous les ordres de Lannoy et de Bourbon, devaient, à leur tour, se soumettre à ce feu meurtrier, avant d'atteindre à un petit vallon où un pli de terrain pouvait les mettre à couvert. Guasto fit éparpiller ses soldats, et prendre la course, pour qu'ils souffrissent moins dans cette traversée. A cette vue, le roi s'écria : « Les voilà qui fuient, chargeons ! » — Chargeons, chargeons ! répétèrent Bonnivet, Chabot et Saint-Marsault, et les autres jeunes courtisans qui l'accompagnaient. A l'instant, toute la gendarmerie s'élance de ses lignes, passe devant la tête de l'artillerie française, et en suspend le feu. Toutefois ces fuyards que François Ier croyait trouver en désordre, s'étaient de nouveau rangés en bataille. La cavalerie ennemie était entremêlée d'arquebusiers espagnols; et ceux-ci reçurent la charge des lances françaises avec un feu bien nourri. Beaucoup de vaillants chevaliers furent abattus, et les chevaux s'arrêtèrent dans leur course.

« Les deux armées se trouvèrent alors en entier engagées; elles étaient à peu près égales en forces; chacune comptait environ quinze mille hommes de pied et quinze cents chevaux. Mais déjà le mouvement imprudent du roi avait donné l'avantage à ses ennemis; il avait arrêté le feu de son artillerie, fort supérieure à celle des Impériaux, et il avait dégarni les flancs de ses Suisses et de ses lansquenets en se portant en avant. Pescaire profita aussitôt de cette imprudence : il fit avancer huit cents fusiliers espagnols sur les flancs de la gendarmerie française, en même temps que le marquis del Guasto, avec toute l'avant-garde, se jetait dans le vide qu'avait laissé cette gendarmerie, et attaquait l'aile droite française, commandée par Anne de Montmorency. De toutes parts l'acharnement était extrême, et si l'armée française avait manqué à la tactique, elle rachetait cette faute par la plus brillante valeur. Les Suisses cependant, qui se trouvaient à l'aile droite, déconcertés par l'attaque de flanc qu'ils n'avaient pas dû attendre, ne soutinrent point leur antique réputation : leur capitaine, Jean de Diesbach, fut tué, et dans ce moment ils prirent la fuite, abandonnant Montmorency et Fleuranges, qui furent faits prisonniers. A côté d'eux était placé le duc de Suffolk de la Rose blanche, avec sa légion de lansquenets : il y fut tué.... Les lansquenets furent presque tous massacrés sur la place. En même temps le roi, avec sa gendarmerie, se voyait attaqué en face, en flanc et par derrière. Bonnivet, qui était auprès de lui, reconnaissant que la bataille était perdue, et qu'elle l'était par sa faute, courut, la visière haute, au plus épais des ennemis, et y fut tué. La Palisse, maréchal de Chabannes, Lescuns, maréchal de Foix, le vieux la Trémoille, le grand écuyer Galeaz de San-Sévérino, Aubigny, le comte de Tonnerre et beaucoup d'autres grands seigneurs furent aussi tués auprès du roi. De toutes les parties de l'armée les chevaliers se dirigeaient vers l'endroit où ils savaient le roi en péril : Bussy d'Amboise lui-même, qui était chargé de contenir la garnison de Pavie, abandonna son poste pour venir au secours du roi, et fut tué en arrivant....

« François avait montré une grande valeur personnelle; on assure qu'il avait tué de sa main le chevalier de Saint-Ange, dernier descendant de Scanderbeg. Autant il était brave, autant il était hors d'état de faire les fonctions d'un général d'armée. Quand il vit sa troupe en déroute, il poussa son cheval au galop pour passer le pont du Tésin, ne sachant pas que les fuyards l'avaient coupé derrière eux. D'ailleurs, avant d'y arriver, il rencontra quatre fusiliers espagnols qui l'arrêtèrent; leurs fusils étaient déchargés, mais l'un d'eux abattit le cheval du roi d'un coup de crosse qu'il lui donna à la tête. Deux chevau-légers espagnols arrivèrent sur ces entrefaites, sans reconnaître le roi, qui n'avait pas dit une parole, et qui était tombé dans un fossé, sous son cheval ; ils remarquèrent la richesse de ses habits et le cordon de Saint-Michel dont il était décoré, et ils menacèrent les fusiliers de le tuer s'ils n'étaient pas admis au partage de sa rançon. Dans ce moment, un gentilhomme du duc de Bourbon arriva et reconnut le roi : il courut au vice-roi Lannoy, qui le suivait de près... On le tira de dessous le cheval, qui l'accablait; on lui dit que le vice-roi était près de lui; alors, pour la première fois, il parla, il confessa qu'il était le roi, et il se rendit(*). »

(*) Sismondi.

1525-1529.

Suite de la captivité de François Ier. — Traités de Madrid et de Cambrai. — Le soir même de la bataille, François Ier écrivit à sa mère ce billet laconique : « Tout est perdu, fors l'honneur. » Il accusa les Suisses de l'avoir trahi, lorsqu'il soupa avec les généraux autrichiens. Au reste, sa captivité même le rehaussa aux yeux de l'Europe. C'est ainsi que le roi Jean avait gagné en considération, lorsque le prince Noir l'eut fait prisonnier. François Ier croyait qu'il n'aurait qu'à parler à son vainqueur pour obtenir sa liberté. Il se fit conduire en Espagne, mais il vit bientôt qu'il s'était trompé. Toutefois Charles-Quint marchanda trop longtemps pour ses intérêts. Il inspira des craintes, et une ligue se forma contre lui. Le cardinal Wolsey, à qui Charles-Quint avait deux fois manqué de parole, en laissant élire Adrien VI et Clément VII, fut gagné par Louise de Savoie, qui avait pris en main la régence du royaume. Il fit comprendre à Henri VIII que son intérêt était de maintenir l'équilibre entre les deux souverains qui se disputaient la suprématie en Europe. En effet, un traité d'alliance fut conclu entre la France et l'Angleterre. Cette alliance fit réfléchir l'empereur. Il savait d'ailleurs que François Ier était grièvement malade, et sa mort ou son abdication volontaire pouvaient lui faire perdre tous les avantages de la victoire de Pavie. Pour la première fois il alla visiter son prisonnier, s'entretint amicalement avec lui, et au mois de mars 1526, les deux princes signèrent le traité de Madrid.

— Par ce traité, François Ier cédait à l'empereur le duché de Bourgogne, le comté de Charolais, les seigneuries de Noyers et de Château-Chinon, pour les posséder en toute souveraineté. Il renonçait à toutes ses prétentions sur le Milanais et le royaume de Naples; il s'engageait à épouser Éléonore, sœur de l'empereur et reine douairière du Portugal; à pardonner au connétable de Bourbon, et à le rétablir dans ses honneurs et dignités; enfin il promettait de payer au roi d'Angleterre la somme de trois cent mille écus que lui devait Charles-Quint. Ce traité reçut un commencement d'exécution. Le 21 février, le roi fut échangé contre ses deux fils, qu'il livrait comme otages, dans une barque amarrée au milieu de la rivière de la Bidassoa, entre Fontarabie et Andaye. Au moment où il toucha le sol français, il s'élança sur un cheval turc qui l'attendait sur la rive gauche du fleuve, et courut tout d'un trait jusqu'à Saint-Jean de Luz, où il arriva tout joyeux, et s'écriant à plusieurs reprises : « Je suis encore roi ! »

François Ier était sorti de sa prison; mais il n'en était pas sorti tout entier : il y avait laissé cette bonne foi, cette loyauté, tous ces sentiments chevaleresques qui avaient été jusqu'alors les mobiles de ses actions. Déjà à Bayonne, il déclara à l'officier de Charles-Quint qui l'accompagnait, qu'il était prêt à exécuter toutes les conditions du traité de Madrid, excepté une seule, la cession de la Bourgogne. « Cette province, disait-il, ne pouvait être démembrée du royaume que de son consentement. » Il convoqua à Cognac une assemblée des députés de la noblesse, du tiers état et du clergé de la Bourgogne. Tous déclarèrent qu'ils voulaient rester Français, et la liberté de leur langage ne déplut point au roi. Il fit proposer à Charles-Quint deux millions d'écus d'or pour la rançon de ses fils. L'empereur le fit sommer d'aller reprendre ses fers, mais François Ier ne se montra pas disposé à imiter l'exemple de Régulus.

Ainsi la lutte allait recommencer. François Ier rechercha l'alliance de tous les souverains de l'Europe : celle des Suisses, des Vénitiens, des petits princes de l'Italie, du pape Clément VII; celle même du duc de Milan, François Sforza, fils de Maximilien. Henri VIII, que le roi avait remercié de sa coopération dans une lettre affectueuse, se déclara le protecteur de cette ligue, qui fut appelée sainte, parce que le pape en faisait partie. Mais François Ier, tout occupé de ses amours, négligea d'envoyer des secours à ses alliés d'Italie. Au reste, il faut bien le dire, François Ier n'était pas sincère avec ses nouveaux confédérés. Il voulait seulement effrayer l'empereur, l'amener à un traité moins onéreux que celui de Madrid, et il ne lui répugnait pas d'abandonner ensuite ses alliés. Ceux-ci agirent faiblement et furent écrasés. Une armée impériale, commandée par le vice-roi de Naples, Lannoy, attaqua par le sud les États de l'Église, pendant qu'une seconde armée, commandée par le connétable de Bourbon, se portait contre le Milanais. Le connétable avait recruté cette armée en Allemagne, et il n'avait pas hésité à y admettre douze à quinze mille lansquenets, presque tous luthériens. Cette armée victorieuse et mal payée errait en Italie, et y faisait à peu près ce qu'elle voulait. C'était une guerre de pillage, de meurtre, hideuse comme celle des mercenaires dans l'antiquité. En 1527, cette armée s'empara de Milan, et procéda à l'entière spoliation des habitants. Les Espagnols, plus féroces encore et plus avares que les Allemands, se signalaient par une opiniâtreté horrible dans les tourments qu'ils infligeaient aux prisonniers. Cette armée était une force brutale qui n'obéissait à personne et qui faisait la loi à ses chefs. Ce fut, sans doute, pour le connétable la plus dure expiation de sa trahison, d'être obligé de conduire de pareils soldats. Lorsqu'il ne resta plus rien à prendre à Milan, ces troupes quittèrent cette ville, et le connétable leur demanda où elles voulaient aller. On crut un instant que le torrent allait fondre sur Florence. Ce furent les luthériens qui firent décider que l'on marcherait sur Rome. Leur chef, Frundsberg, montrait avec affectation une chaîne d'or destinée, disait-il, à étrangler le pape. Celui-ci, homme délié, mais peu résolu, négociait avec tout le monde, comme autrefois Alexandre VI à l'approche des Français. Il demanda même l'avis des politiques, et s'adressa à Machiavel, qui lui conseilla de créer roi d'Italie le chef des bandes noires, Jean de Médicis. C'était là, en effet, le seul moyen de sauver la patrie. Jean de Médicis était un homme très-brave; il était lettré et aimé des Italiens. Mais l'avis parut trop hardi à Clément VII : il recula, et pendant ce temps le connétable continua sa marche sur Rome. Le duc d'Urbin était trop faible pour lui résister avec l'armée pontificale, et Rome fut prise d'assaut (1527). On sait que le connétable fut frappé d'une balle au moment où il dressait une échelle contre la muraille. Alors recommencèrent les effroyables scènes de Milan. La rage religieuse ajoutait encore à la soif du pillage. Le pape, qui s'était enfermé dans le château de Saint-Ange, fut fait prisonnier, et obligé de payer une rançon pour se racheter. Pendant sa captivité, Charles-Quint avait fait faire des prières dans toutes les églises de ses États pour demander sa délivrance; et peut-être ne faudrait-il pas l'accuser d'hypocrisie, car il n'eût pas dépendu de lui de tirer le pape des mains des mercenaires qui le tenaient en leur pouvoir.

Pendant ce temps, François Ier et Henri VIII avaient resserré leur alliance, et Lautrec fut envoyé en Italie (1528) avec une armée. Il ne s'agissait de rien moins que de conquérir le royaume de Naples. En même temps que Lautrec y pénétrait par terre, la flotte génoise, commandée par le fameux Doria, soumettait le littoral. Malheureusement François Ier se brouilla avec l'amiral génois, qui passa au service de l'empereur. Dès lors, les Français n'essuyèrent plus que des revers. Lautrec, qui tenait déjà Naples assiégée, succomba à la peste; son armée fut anéantie dans sa retraite, et l'Italie échappa définitivement à la France. Ces revers découragèrent François Ier, et il ne désira plus que la paix. Charles-Quint ne la désirait pas moins, car il était menacé d'une invasion formidable. Les Turcs, commandés par Soliman, s'étaient emparés de la Hongrie et marchaient sur Vienne; ce n'était pas trop de toutes les forces de l'Empire pour les repousser. Aussi Louise de Savoie, mère de François Ier, et Marguerite d'Autriche, sœur de Charles-Quint, purent-elles facilement s'entendre. Elles signèrent à Cambrai la *paix des Dames* (1529), qui n'était qu'une modification de celle de Madrid. Toutes les dispositions de la paix de Madrid furent ratifiées, sauf une seule, la cession de la Bourgogne. Le roi, au lieu de céder cette province, donnait deux millions d'écus pour la rançon de ses deux fils, et épousait Éléonore de Portugal, sœur de Charles-Quint. Ainsi François Ier renonça pour toujours à l'Italie, et la domination espagnole s'y établit solidement. En 1530, Charles-Quint fut couronné roi d'Italie à Bologne. Il était alors paisible possesseur de l'Italie; Naples et Milan étaient entre ses mains; l'État de l'Église et la Toscane n'agissaient que d'après ses ordres; il semblait tout-puissant.

1529-1538.

Renouvellement de la guerre entre François Ier et Charles-Quint. — Charles-Quint en Provence. — Sa retraite. — Trêve de Nice. — La paix de Cambrai fut suivie de cinq années de paix, pendant lesquelles la puissance de l'empereur parvint au plus haut degré. Quant à François Ier, il s'efforça durant cet intervalle de faire oublier à la France les désastres des dernières guerres. Il donna des pensions aux savants, et créa de nombreux établissements littéraires qui témoignaient des progrès que la France avait faits dans les arts, les sciences et les lettres. Il essaya aussi de créer, sous le nom de légions, une armée régulière. Ces légions étaient au nombre de sept, composées chacune de six mille hommes. Toutefois, ce nouveau système d'organiser une armée fut abandonné au bout de quelques années, et l'on en revint au système des francs archers de Charles VII. Pour donner à la justice un cours plus rapide, François Ier envoya successivement dans les diverses provinces des membres du parlement de Paris, chargés de régler toutes les affaires pendantes. C'est ce qu'on appela les *grands jours*. Enfin,

François Ier fut assez heureux pour faire prononcer par les états de Bretagne, réunis à Vannes, la réunion définitive de cette province à la couronne de France (1533).

Cependant, un grand intérêt occupait l'Europe entière. La réforme agitait tous les esprits, une conflagration générale était imminente, et François Ier devait, dans la prévision d'une rupture prochaine, se décider soit pour les protestants, soit pour les catholiques. Charles-Quint s'était déclaré le champion du catholicisme ; il semblait donc naturel que le roi, ami de Marot, protecteur de Rabelais et de Henri Estienne, l'allié de Henri VIII, se fît le défenseur des *doctrines nouvelles*. Il n'en fut rien. Mais François Ier attendit longtemps avant de se décider, et louvoya entre les deux partis. En même temps qu'il faisait épouser à son second fils Henri, duc d'Orléans, une nièce du pape, Catherine de Médicis, il resserrait son alliance avec Henri VIII, ennemi déclaré du pontife romain, et négociait secrètement avec les princes luthériens d'Allemagne qui venaient de former une ligue à Smalkalde contre l'empereur. Dans sa haine contre ce dernier, François Ier alla jusqu'à s'allier avec les Turcs qui menaçaient à cette époque, non-seulement l'Allemagne et l'Italie, mais l'Europe tout entière. Cette alliance, dont François Ier rougissait lui-même, fut tenue secrète. Il eût paru trop honteux de s'allier aux infidèles, au moment où Charles-Quint entreprenait l'expédition de Tunis et brisait les fers de vingt mille chrétiens qui y étaient retenus dans l'esclavage. Lorsque Charles-Quint revint de l'expédition de Tunis qui l'avait couvert de gloire, il songea le premier à recommencer la guerre (1535). Déjà, en 1533, il avait fait mettre à mort, comme espion, un gentilhomme milanais, vendu à la France. Pendant près d'un an, les deux rivaux échangèrent des notes diplomatiques au sujet du Milanais, dont le roi réclamait l'investiture pour son second fils. Mais Charles-Quint ne songeait qu'à gagner du temps pour achever ses préparatifs. Lorsque tout fut prêt, il se rendit à Rome, et là, en présence du nouveau pontife, Paul III, qui venait de succéder à Clément VII, en présence de tous les cardinaux et des ambassadeurs de toutes les puissances de l'Europe, l'empereur, enivré par ses récentes victoires, prononça un long discours pour prouver que la rupture de la paix n'était pas son ouvrage. Puis, ayant fait l'énumération de ses forces et de celles de son rival, il termina par ces mots : « Si mes ressources n'étaient « pas plus solides et mes espérances de « vaincre plus fondées que celles du roi « de France, j'irais dans l'instant, les « bras liés et la corde au cou, me jeter « à ses pieds et implorer sa pitié. »

L'armée de Charles-Quint était la plus belle et la plus nombreuse qu'on eût encore vue rassemblée sous un même chef : aussi espérait-il conquérir la France et en finir avec son rival. Le 25 juillet 1536, anniversaire de la prise de Tunis, il passa le Var, et vint planter ses enseignes sur le territoire français. Le maréchal de Montmorency, gouverneur de la Provence, se décida à un douloureux sacrifice pour *sauver la patrie* : c'était de ravager tellement la Provence que l'ennemi fût forcé à la retraite, faute de subsistances. Il envoya plusieurs de ses officiers avec des partis de cavalerie et d'infanterie, parcourir la Provence, leur enjoignant, dit du Bellay, « de rompre tous les fours et moulins, brûler les blés et fourrages, et défoncer les vins de tous ceux qui n'avoient fait diligence de les retirer ès places fortes : aussi gâter les puits, jetant les blés dedans, afin de corrompre les eaux. » Toute cette partie de la France qui s'étend de la mer jusqu'à la Durance, et des Alpes jusqu'au Rhône, et qui contenait plus de six cent mille habitants, fut ainsi ravagée, ruinée. De grandes villes, Grasse, Digne, Draguignan, Antibes, Toulon, furent incendiées comme de simples villages, et souvent les habitants, par patriotisme, aidaient eux-mêmes les soldats qui venaient incendier leurs maisons.

La capitale même de la Provence, Aix, fut condamnée à être ruinée. « A Aix, dit du Bellay, fut trouvée grande quantité de vivres; car, outre la provision des habitants, plusieurs des autres villes, qui avoient transporté les leurs, ainsi qu'il leur avoit été commandé, les y avoient amenées, sur l'assurance qu'ils prirent que la ville seroit tenue, alors qu'ils virent commencer à la fortifier. A cette cause, les habitants, qui eussent pu, sans cette espérance, sauver leurs biens, et les étrangers qui, auparavant, les eussent pu conduire ailleurs, de tant plus ennuis et mal patiemment portoient ce dommage de les mettre alors à perdition. Si la force n'y fut arrivée, à bien grand'peine en eussent été obéis le sieur de Bonnes et autres qui pour ce faire avoient été ordonnés. Chacun, toutefois, sauva ce qui possible lui fut en telle presse, et le surplus fut brûlé ou jeté par les rues; les vins défoncés aux caves, les moulins démolis, les pierres de meules et moulages rompues et brisées, les fers des moulins emportés, et tous ceux que l'on put trouver au pays qui s'entendoient à faire moulins, envoyés en notre camp, sous couleur qu'ils y seroient employés, mais, à la vérité, de peur que l'ennemi s'aidât d'eux à refaire leurs moulins. Là, eussiez vu un spectacle piteux et lamentable, pour la soudaineté d'un tel abandon de pays, délogement et désolation de ville. Si est-ce, toutefois, encore que le dégât fût grand, que la ville n'en demeura si entièrement dégarnie de vivres, comme elle fût demeurée, si les choses eussent été faites à loisir. »

On laissa ensuite l'empereur parcourir sans obstacle la Provence entière; mais il se promenait dans un désert, sans vivres, sans secours d'aucune espèce. Les soldats n'avaient d'autre ressource que les cachettes dans lesquelles les paysans avaient enfoui une partie de leurs provisions. « Dans chaque hameau, dit Paul Jove, dans chaque cabane de paysan, on découvroit, outre le blé, tant de légumes, de figues sèches, d'amandes, de fromages, de chairs salées, qu'au défaut de froment, une armée plus nombreuse encore que celle de l'empereur auroit pu s'en nourrir pendant plusieurs jours. En effet, l'été étoit avancé, et cette terre, admirablement plantée de vergers, offroit de toutes parts ses fruits en abondance. » Ces ressources étaient insuffisantes. La famine et les maladies décimaient l'armée de Charles-Quint, à mesure qu'elle s'avançait en Provence. Déjà la mortalité était devenue effrayante dans son camp, et le nombre des soldats hors de service s'élevait à près de vingt-cinq mille. En même temps, il apprenait l'arrivée du roi au camp retranché que l'armée française occupait près d'Avignon. Il craignit alors une attaque, et commença sa retraite, qui fut désastreuse. Le 25 septembre 1536, il repassa le Var, avec une armée découragée et réduite de moitié, et alla cacher sa honte en Espagne.

Cependant François Ier ne profita pas du départ de son rival. Son alliance avec les Turcs, qui lui avaient rendu dans cette guerre des services funestes à la chrétienté, lui pesait de plus en plus. En 1538, il eut l'idée de quitter cette alliance honteuse, sur les conseils du connétable de Montmorency, qui avait pris sur lui un ascendant complet. Le connétable lui représenta que les vrais ennemis des rois, c'étaient les idées nouvelles; que désormais les rois devaient s'entendre ensemble, et qu'ils gagneraient plus à supprimer leurs ennemis intérieurs qu'à se faire la guerre entre eux; que, pour lui, il vaudrait mieux abolir les libertés des provinces, réprimer les nobles, et mettre fin aux réclamations des parlements, que de combattre l'empereur. François Ier se laissa persuader, et ne fit que des fautes tant qu'il agit sous l'inspiration de Montmorency. Une entrevue eut lieu à Nice entre les deux souverains (1538), et François Ier y fit confidence à Charles-Quint de ses propres secrets et de ceux de ses alliés. L'empereur, surpris, feignit d'entrer dans ses vues, d'autant plus qu'il manquait d'argent, et que des soulèvements étaient sur le point d'éclater dans le Milanais et en Flandre.

1538-1544.

L'empereur traverse pacifiquement la France. — Dernière guerre de François Ier et de Charles-Quint. — Séjour de Barberousse en Provence. — Victoire de Cérisoles. — Paix de Crépy. — A peine la trêve de Nice eut-elle été signée, que François Ier rompit toutes ses alliances avec les Turcs, avec le roi d'Angleterre et les princes protestants d'Allemagne. Il voulait redevenir le roi très-chrétien, le roi chevalier. Les Gantais qui songeaient à la révolte, ayant offert de se soumettre à la France, le roi dénonça leurs projets à Charles-Quint, et l'invita même à traverser la France pour aller châtier les coupables. Il lui envoya même ses deux fils pour être gardés comme otages en Espagne, pendant qu'il traverserait le royaume. Charles-Quint se décida en effet à se confier à la loyauté de son rival, mais il refusa les otages, disant que la parole du roi lui suffisait. Son voyage à travers la France ressembla à un triomphe. Le roi lui-même vint à sa rencontre, et les deux souverains firent ensemble leur entrée à Paris le 1er janvier 1540. Toutefois, Charles-Quint ne fut pas sans inquiétude au milieu des fêtes que lui donnait François Ier. Ce dernier, en lui présentant la duchesse d'Étampes, lui avait dit : « Voyez-« vous cette belle dame? elle me con-« seille de ne point vous laisser partir « d'ici que vous n'ayez révoqué le traité « de Madrid. » « Si l'avis est bon, ré-« pondit froidement l'empereur, il faut « le suivre. » Mais, dès le lendemain, comme à sa toilette il avait laissé tomber un diamant de grand prix, la duchesse l'ayant relevé pour le rendre, Charles-Quint refusa, en déclarant qu'il était en trop belles mains pour consentir à le reprendre. Il désirait sans doute qu'à l'avenir elle ne donnât plus de tels conseils au roi. On rapporte aussi que le duc d'Orléans, prince gai, folâtre et très-agile, sauta en croupe derrière l'empereur, et, le tenant embrassé, s'écria : « Vous êtes mon prisonnier, » et que cette plaisanterie fit tressaillir le prince. Le fou de François Ier, Triboulet, avait écrit, en tête de sa liste des fous, le nom de Charles-Quint qui se hasardait si témérairement à traverser la France ; et il avait ajouté qu'il y substituerait celui du roi, si Charles-Quint partait sain et sauf. Tout cela faisait réfléchir Charles-Quint : il amusa le roi par de belles promesses au sujet du Milanais ; mais, sitôt qu'il fut sorti du royaume et qu'il eut pacifié la ville de Gand, il se hâta de donner l'investiture de ce duché à son fils Philippe, quoiqu'il l'eût promis verbalement au roi (11 octobre 1540).

Dès ce jour, François Ier recommença à se défier de Charles-Quint, et à prendre contre lui des précautions hostiles. Toutefois la trêve de Nice, qui avait été conclue pour dix ans, liait encore les deux souverains ; et Charles-Quint crut pouvoir entreprendre une nouvelle tentative contre les Barbaresques (1541). A la tête d'une flotte nombreuse que commandait Doria, il cingla vers Alger ; mais cette flotte fut dispersée par la tempête, et l'expédition échoua. Cet échec fut pour François Ier un encouragement. Il se prépara de nouveau à la guerre, et songea à renouveler son alliance avec Soliman. Son ambassadeur à Constantinople, Antonio de Rincon, entama les négociations, et fit un voyage en France pour obtenir plus vite la ratification d'un traité qu'il venait de conclure avec le sultan. Mais, pendant qu'il traversait la Lombardie pour retourner à Constantinople, le marquis de Guasto le fit assassiner pour s'emparer de ses dépêches. Cette violation du droit des gens demandait une réparation éclatante. François Ier s'unit intimement avec Soliman, et chercha même à entraîner Venise dans une ligue contre l'empereur. La guerre recommença, et cinq armées françaises attaquèrent à la fois le Roussillon, le Luxembourg, le Piémont et la Flandre. Mais elles agirent mollement. Le Luxembourg fut pris, perdu, reconquis ; dans le Roussillon, l'armée française échoua devant Perpignan. Cette ville, bâtie sur un rocher, était en outre défendue par deux citadelles, Castel-Majour et Castel-Minour, qui communiquaient entre elles par un long mur. Elle était, dit du Bellay, si bien pourvue de plates-formes garnies d'artillerie, qu'il semblait d'un porc-épic qui, de tous côtés, étant courroucé, montre ses pointes. L'armée française, la plus belle et la plus nombreuse que François Ier eût assemblée jusqu'alors, fut forcée de lever le siége, après avoir échoué dans toutes ses attaques. L'Artois fut conquis d'abord, puis perdu. Ainsi cette campagne, pour laquelle François Ier avait fait de si grands efforts, et pour laquelle il avait épuisé presque toutes ses ressources, se terminait sans lui avoir procuré aucun avantage. Le seul point où il obtint quelques succès fut le Piémont. Mais il ne dut ces avantages qu'à son alliance avec les Turcs. On apprit avec étonnement et indignation que l'amiral turc Barberousse, le dévastateur des côtes de l'Espagne et de l'Italie, commandait en maître à Toulon; qu'il y avait établi une mosquée; qu'ensuite il avait débarqué à Marseille; qu'il y avait fait sa jonction avec un prince du sang royal, le jeune duc d'Enghien, et que les armées réunies de François Ier et de Soliman avaient mis le siége devant Nice. Un grand nombre de gentilshommes français accompagnaient le prince, pour voir les Turcs et profiter d'une occasion qui, peut-être, ne s'offrirait plus jamais. Blaise de Montluc, qui était au nombre de ces gentilshommes, observe, « que les Turcs méprisoient fort nos gens; si crois-je, dit-il, qu'ils ne nous battroient à force pareille. Ils sont plus robustes, obéissans et patiens que nous; mais je ne crois pas qu'ils soient plus vaillans. Ils ont un avantage, c'est qu'ils ne songent à rien qu'à la guerre. » L'attaque commença le 7 août 1543, et une formidable artillerie battit en brèche les murs de Nice. « Barberousse se fâchoit fort, dit Montluc, et tenoit des propos aigres et piquans, mêmement lorsqu'on fut contraint lui emprunter des poudres et des balles. Après avoir fait une grande batterie, l'assaut fut donné par les Turcs et les Provençaux ensemble; mais ils furent repoussés. Enfin la ville se rendit le 22 août, non pas le château. » Là s'arrêtèrent les succès des deux armées. Barberousse demandait à mettre garnison dans la citadelle; et cette position sur la côte septentrionale de la Méditerranée aurait donné aux Algériens de grandes facilités pour continuer leurs déprédations sur les côtes de l'Italie et de l'Espagne. Le duc d'Enghien aima mieux lever le siége et retourner en France que d'accéder à la demande de Barberousse. Celui-ci retourna à Constantinople, après avoir vendu publiquement, à Marseille, les esclaves chrétiens faits en Italie, et emmenant en outre avec lui quatorze mille captifs.

Cependant la conduite de François Ier, qui avait fait cause commune avec les infidèles, et dont les soldats avaient combattu, réunis à des corsaires, excita une indignation générale en Europe. Ses ambassadeurs essayaient en vain de le justifier en rappelant que le roi-prophète David s'était allié, lui aussi, aux infidèles, et que les premiers empereurs chrétiens avaient appelé des païens et des barbares dans leurs armées. En vain l'évêque Montluc dit au sénat de Venise: « Quant à moi, si je pouvois appeler « tous les esprits d'enfer pour rompre « la tête à mon ennemi, qui me veut « rompre la mienne, je le ferois de bon « cœur; Dieu me le pardoint; » lui-même n'était pas rassuré, et sa conscience n'était pas satisfaite; car il ajouta: « Lors et depuis j'ai toujours ouï blâ- « mer ce fait, et crois que nos affaires « ne s'en sont pas mieux portées. » Charles-Quint profita habilement de cette disposition des esprits. Le 11 février 1543, il signa un traité avec Henri VIII. Les deux souverains s'engageaient à faire sommer François par leurs ambassadeurs de renoncer à son alliance avec les Turcs, de rappeler les envoyés français de Constantinople, d'indemniser l'empereur et l'Empire des pertes qu'il leur avait fait subir en s'alliant avec les infidèles, d'exécuter enfin tous les traités qu'il avait conclus précédemment soit avec l'empereur, soit avec le roi d'Angleterre. En cas de refus, les deux princes s'engageaient à déclarer la guerre dans le terme de dix jours, et à la continuer jusqu'à ce que l'empereur eût recouvré le duché de Bourgogne et la Picardie, et le roi d'Angleterre tout le reste de la France.

Ce traité fut exécuté, et la France se vit de nouveau attaquée sur toutes les frontières (1544). Charles-Quint crut que le moment était arrivé où il profiterait de son long semblant d'amitié pour le roi. François Ier s'était brouillé pour lui plaire avec tous ses anciens alliés. Les princes protestants d'Allemagne, dont il avait trahi les secrets à l'entrevue de Nice, se tournèrent eux-mêmes contre lui. Un héraut qu'il envoya à l'empereur fut renvoyé avec menaces. On lui dit que le messager d'un allié des pirates ne pouvait prétendre aux garanties du droit public des chrétiens.

François Ier semblait perdu. Déjà une armée impériale, commandée par le marquis de Guasto, avait pénétré en Piémont, et comptait passer le mont Cenis pour aller s'emparer de Lyon. Le duc d'Enghien, qui commandait l'armée française en Piémont, et qui avait à cœur de se venger de la honte du siége de Nice, désirait livrer bataille. Mais le roi qui comptait sur cette armée, pour l'opposer à l'empereur ou aux Anglais, lui avait défendu d'accepter le combat. Il envoya donc à la cour le Gascon Blaise de Montluc, officier brave et distingué, qui parvint plus tard au rang de maréchal, pour obtenir du roi la permission de combattre. Mais écoutons Montluc lui-même :

« Sur le midi, dit-il dans ses commentaires, M. l'amiral d'Annebault me manda aller trouver le roi, qui étoit déjà entré en son conseil, là où assistoient M. de Saint-Pol, M. l'amiral, M. le grand écuyer Galliot, M. de Boissy, qui depuis a été grand écuyer, et deux ou trois autres desquels il ne me souvient, et monseigneur le dauphin qui étoit debout derrière la chaire du roi. Et n'y avoit assis que le roi, M. de Saint-Pol près de lui, M. l'amiral de l'autre côté de la table, vis-à-vis dudit sieur de Saint-Pol. Et comme je fus dans la chambre, le roi me dit : « Montluc, je veux que vous retourniez « en Piémont porter ma délibération et « de mon conseil à M. d'Enghien ; et « veux que vous entendiez ici la diffi- « culté que nous faisons pour ne lui pou- « voir bailler congé de donner bataille, « comme il demande. » Et sur ce, commanda à M. de Saint-Pol de parler. Alors le dit sieur de Saint-Pol proposa l'entreprise de l'empereur et du roi d'Angleterre, lesquels, dans cinq ou six semaines, avoient résolu entrer dans le royaume, l'un par un côté, et l'autre par l'autre ; et que si M. d'Enghien perdoit la bataille, le royaume seroit en péril d'être perdu, pour ce que toute l'espérance du roi, quant aux gens de pied, étoit aux compagnies qu'il y avoit en Piémont, et qu'en France il n'avoit que gens nouveaux et légionnaires ; étant beaucoup meilleur et assuré de conserver le royaume que non le Piémont, auquel falloit seulement se tenir sur la défensive, sans mettre rien au hasard d'une bataille, la perte de laquelle perdroit non-seulement le Piémont, mais mettroit le pied à l'ennemi en France de ce côté-là. M. l'amiral en dit de même, et tous les autres aussi, discourant chacun comme il lui plaisoit. Je trépignois de parler, et voulant interrompre lorsque M. Galliot opinoit, M. de Saint-Pol me fit signe de la main, et me dit : « Tout beau, tout beau ; » ce qui me fit taire, et vis que le roi se print à rire. Monseigneur le dauphin n'opina point, et crois que c'étoit la coutume ; mais le roi l'y fit assister, afin qu'il apprît ; car devant ces princes il y a toujours de belles opinions, non pas toujours bonnes. On ne parle que à demi, et toujours à l'humeur du maître. Je ne serois pas bon là, car je dis toujours ce qu'il m'en semble. Alors le roi me dit ces mots : « Avez-vous bien entendu, Mont- « luc, les raisons qui m'émeuvent à ne

« donner congé à M. d'Enghien de com-
« battre et de rien hasarder ? » — Je lui
répondis que je l'avois bien entendu;
mais que s'il plaisoit à Sa Majesté de
me permettre de lui en dire mon avis,
je le ferois fort volontiers, non que
pour ce Sa Majesté en fît autre chose
sinon ce qu'elle et son conseil en
avoient déterminé. Sa Majesté me dit
qu'il le vouloit, et que je lui en disse
librement ce qu'il m'en sembloit. »

La harangue de Montluc ne fut
qu'une franche gasconnade. La voici,
telle qu'il la rapporte lui-même dans
ses commentaires : « Nous sommes,
« dit-il, de cinq à six mille Gascons...
« Croyez, sire, qu'au monde il n'y a
« point de soldats plus résolus que
« ceux-là; ils ne désirent que de mener
« les mains. Il y a, d'ailleurs, treize
« enseignes de Suisses... Ils vous fe-
« ront pareille promesse que nous, qui
« sommes vos sujets... Voilà donc,
« sire, neuf mille hommes ou plus des-
« quels vous pouvez faire état, et vous
« assurer qu'ils combattront jusqu'au
« dernier soupir de leur vie. Quant aux
« Italiens et Provençaux et Gruyens,
« je ne vous en assurerai pas; mais
« j'espère qu'ils feront tous aussi bien
« que nous, mêmement quand ils nous
« verront mener les mains » (je levois
alors le bras en haut, comme si c'é-
toit pour frapper, dont le roi se sou-
rioit). « Qui voulez-vous qui tue dix
« mille hommes et mille ou douze cents
« chevaux, tous résolus de mourir
« ou de vaincre?... J'oserois dire que
« si nous avions tous un bras lié, il ne
« seroit encore en la puissance de l'ar-
« mée ennemie de nous tuer de tout
« un jour sans perte de la plus grande
« part de leurs gens. Pensez donc,
« quand nous aurons les deux bras libres
« et le fer en la main, s'il sera aisé
« et facile de nous battre » (Monseigneur le dauphin s'en rioit derrière la
chaire du roi, continuant toujours à
me faire signe de la tête, car à ma mine
il sembloit que je fusse déjà au combat). Le roi qui m'avoit fort bien
écouté, et qui prenoit plaisir à voir
mon impatience, tourna les yeux devers M. de Saint-Pol, lequel lui dit

alors : « Monsieur, voudriez-vous bien
« changer d'opinion pour le dire de ce
« fol, qui ne se soucie que de combattre,
« et n'a nulle considération du malheur
« que ce vous seroit, si nous perdions la
« bataille. C'est chose trop importante
« pour la remettre à la cervelle d'un
« jeune Gascon.» Cependant Annebault,
qui s'étoit aperçu des signes que le
dauphin faisoit à Montluc, et du changement qui se faisoit dans l'esprit de
François Ier, lui dit : « Sire, voulez-
« vous dire la vérité, vous avez belle en-
« vie de leur donner congé de combat-
« tre. Je ne vous assurerai pas, s'ils
« combattent, du gain ni de la perte ;
« car il n'y a que Dieu qui le puisse sa-
« voir... Faites une chose ; nous con-
« noissons bien que vous êtes à demi-
« gagné, et que vous penchez plus du
« côté du combat qu'au contraire; faites
« votre requête à Dieu, et le priez qu'à
« ce coup vous veuille aider et conseil-
« ler ce que vous devez faire. » — Alors
le roi leva les yeux au ciel, et joignant
les mains, jetant le bonnet sur la table,
dit : « Mon Dieu, je te supplie qu'il te
« plaise me donner aujourd'hui le con-
« seil de ce que je dois faire pour la con-
« servation de mon royaume, et que le
« tout soit à ton honneur et à ta gloire.»
Sur quoi M. l'amiral lui demanda :
« Sire, quelle opinion vous prend-il à
présent ? » Le roi, après avoir demeuré
quelque peu, se tourna vers moi, disant comme en s'écriant : Qu'ils combattent, qu'ils combattent (*) ! »

Montluc quitta la cour tout joyeux,
accompagné d'une foule de gentilshommes qui vouloient se trouver à la
bataille. Cette bataille, livrée à Cérisoles, fut glorieuse pour la France,
comme il l'avait promis (1544). Le duc
d'Enghien remporta une victoire complète sur le marquis de Guasto. Malheureusement cette victoire fut sans
résultat. François Ier, qui avait à repousser l'invasion formidable de Charles-Quint et de Henri VIII, rappela la
plus grande partie de l'armée du Piémont, et dès lors le duc d'Enghien fut

(*) Blaise de Montluc, t. XXII de la collection Petitot, liv. II, p. 245-257.

obligé de se tenir sur la défensive. Pendant ce temps, l'empereur entrait en Champagne, s'emparait de Commercy, de Ligny, de Saint-Dizier. Mais il ne put s'emparer de cette dernière ville qu'après une longue résistance. Le comte de Sancerre et le brave Lalande, qui commandaient la garnison, se signalèrent par la plus brillante valeur. Déjà la ville manquait d'eau, et les soldats n'avaient plus de poudre; ils venaient cependant de repousser un assaut meurtrier qui avait duré sept heures. La garnison capitula enfin le 10 août, et sortit de la place avec ses armes et ses bagages. La belle défense de Saint-Dizier sauva la France, en donnant le temps à François Ier de rassembler des troupes, et surtout en décourageant l'armée impériale.

Cependant Charles-Quint continua sa marche, s'empara d'Épernay, de Château-Thierry, et poursuivit le dauphin, qui commandait l'armée française, jusqu'à Meaux, à onze lieues de Paris. La duchesse d'Étampes le conduisait par la main au cœur de la France, pour s'assurer un appui contre le dauphin et Diane de Poitiers, sa maîtresse. Déjà la consternation régnait à Paris; et si Henri VIII était arrivé à temps, les deux armées réunies auraient pu y entrer sans peine. Heureusement pour la France, Henri VIII perdit un temps précieux à assiéger Boulogne, dont il ne put s'emparer qu'après de longs efforts. Charles-Quint, qui comptait sur l'armée anglaise, se crut trahi et commença à craindre pour lui-même. Les campagnes étaient désolées; ses soldats manquaient de vivres, et les maladies en faisaient succomber un grand nombre; il savait que les protestants d'Allemagne n'attendaient que le moment favorable pour se déclarer contre lui; mais il craignait surtout que cette population compacte qu'il avait laissée derrière lui ne se levât en masse pour lui couper la retraite. Ainsi Charles-Quint s'effraya au milieu de ses victoires : il fit des propositions de paix à François Ier, qui se hâta de les accepter. La paix fut en effet signée à Crépy en Valois, le 16 septembre 1544. Ce nouveau traité, le dernier qui ait été conclu entre Charles-Quint et François Ier, ne fut que la confirmation des traités de Madrid et de Cambrai. Les deux souverains convinrent qu'il y aurait paix perpétuelle entre eux et leurs sujets, et que chacun restituerait à l'autre ce qu'il lui avait enlevé depuis la trêve de Nice. François Ier renonçait de nouveau à toute prétention sur le Milanais, le royaume de Naples, les comtés de Flandre et d'Artois. Charles-Quint, de son côté, renonçait à la Bourgogne et à ses dépendances. Les deux souverains s'engagèrent en outre à travailler à la réunion de l'Église, « pour obéir, disoient-ils, à l'extrême danger et hazard où se trouve notre sainte foi, et cela par tous les moyens et expédients qu'ils aviseront par ensemble convenir à si bonne et très-sainte œuvre. »

1544-1547.

Traité de Boulogne. — Mort de Henri VIII et de François Ier.—Lorsque le traité de Crépy eut été signé, l'empereur invita le roi d'Angleterre à y accéder. Sur son refus, le dauphin marcha contre lui avec les quarante mille hommes qu'il commandait, et dont il pouvait disposer librement, depuis qu'il n'avait plus rien à craindre de l'empereur. A son approche, le roi d'Angleterre leva le siége de Montreuil, qu'il avait entrepris après la reddition de Boulogne, et toute l'armée anglaise se retira à Calais. Peu de jours après, Henri VIII retourna en Angleterre, après avoir laissé une forte garnison à Boulogne. François Ier, qui venait de bâtir le Havre, y fit équiper une flotte, et se disposa à faire une descente en Angleterre. Dès lors Henri VIII négocia, et, le 7 juin 1546, un traité fut signé entre les deux princes à Boulogne. Par ce traité, Henri VIII s'engageait à restituer Boulogne dans huit ans, pour la somme de deux millions d'écus d'or. Il n'eut pas le temps d'exécuter cette promesse : il mourut le 29 janvier 1547. Le roi de France ne tarda pas à le suivre au tombeau. L'auteur des mémoires de Vieilleville rapporte que, quelque temps avant sa mort, le dauphin invita ses amis à un festin, et se laissa entraîner à distribuer d'avance des places et des faveurs. Le fou du roi, Briandas, qui avait assisté, sans être remarqué, à cette distribution prématurée, accourut aussitôt auprès de François Ier, et lui dit avec une apparente naïveté: « Dieu te garde, « François de Valois. » — « Coy, Brian- « das, dit le roi, qui t'a appris cette « leçon? » — « Par le sang Dieu! dit « le fou, tu n'es plus roi, je le viens « de voir; et toi, M. de Thais, tu « n'es plus grand maître d'artillerie, « c'est Brissac; » et à un autre : « Tu n'es plus premier chambellan, « c'est Saint-André; » et ainsi des autres. Et puis s'adressant au roi, lui dit : « Par la mordieu! tu verras bientôt « ici le connétable, qui te commandera à « la baguette, et t'apprendra bien à faire « le sot. Fuis-t'en, je renie Dieu, tu es «mort. » François Ier s'étant fait expliquer le motif de cette boutade, entra dans une furieuse colère, « prit le capitaine de ses gardes écossoises, avec trente ou quarante archers, et s'en vint droit en la chambre de M. le dauphin, où il n'en trouva pas un, d'autant qu'ils avoient été avertis; mais il passa son courroux sur ce qu'il trouva de valets de chambre et de garderobe, de pages, de laquais et de poursuivants, faisant sauter ce qu'il en put attraper, à coups de hallebarde, par les fenêtres; semblablement les lits, tables, chaises, tapisseries, et tout ce qui étoit en l'antichambre, chambre et garderobe, jusqu'à effacer l'écriture des fourriers qui étoit sur les portes. Qui fut cause que M. le dauphin s'absenta de la cour pour trois semaines ou un mois, durant lequel temps toutes les princesses et dames, princes et seigneurs, se travaillèrent pour sa réconciliation. Ils ne l'obtinrent que sous condition que le dauphin n'amèneroit point avec lui Saint-André, Audouin, Dampierre, Escars, Brissac, ni pas un de ceux qui avoient assisté à cette folie(*). » François Ier, que les plaisirs

(*) Mémoires de Vieilleville, collection Petitot, t. XXVIII, p. 191-197.

avaient épuisé depuis longtemps, mourut peu de temps après, au château de Rambouillet, après avoir recommandé à son successeur de se prémunir contre l'ambition de la puissante famille des Guises, qui allait jouer bientôt un si grand rôle en France.

Essayons à présent d'apprécier le caractère général et les grands résultats du règne de François Ier. Nous insisterons principalement sur ce point que le règne de François Ier est, comme celui de Louis XII, et plus peut-être, une époque de renaissance, une époque qui ouvre pour la France une ère nouvelle sous tous les rapports, dans l'art, dans la littérature, dans les sciences, dans la politique, une de ces époques enfin qui marquent dans l'histoire de la civilisation d'un peuple, et, nous pouvons le dire sans exagération, dans celle du genre humain (*).

Pendant les trente années de son règne, François Ier eut presque toujours les armes à la main, et la France, plusieurs fois envahie et dévastée, fut contrainte de prodiguer son sang et ses trésors pour délivrer son territoire ou soutenir des guerres lointaines. Ces guerres étaient-elles le fruit de l'ambition du roi ou le résultat d'une nécessité politique? Nul doute que le jeune vainqueur de Marignan, le prince qui se faisait donner par Bayard l'ordre de chevalerie sur le champ de bataille, n'aimât les combats et la gloire des conquêtes; mais il faut aussi reconnaître qu'il n'était point libre de choisir entre la paix ou la guerre. Charles-Quint menaçait l'indépendance générale de l'Europe; l'existence même et la nationalité de la France étaient en péril, car l'empereur voulait la démembrer après l'avoir vaincue. François lutta trente ans pour la défendre, appelant tout à son aide. Ainsi, dans son royaume, il se saisit du pouvoir absolu et commit souvent des injustices, tandis qu'au dehors il s'unit, lui,

(*) Tout ce qui suit jusqu'au règne de Henri II est emprunté à mon *Histoire de France*, tom. II, pag. 261 et suiv. (Paris 1839, 2 vol. in-18.)

le roi très-chrétien, aux protestants et aux Turcs. Par cette puissante opposition aux projets ambitieux de son rival, François sauva les libertés de l'Allemagne, l'indépendance de l'Italie, l'existence enfin de la France.

François Ier dut ses malheurs à l'ascendant qu'il laissa prendre sur lui à sa mère, femme ambitieuse et violente, qui amena la perte du Milanais; à la duchesse d'Étampes, qui, trahissant les intérêts de la France, dirigea, par ses secrets avis, la marche de Charles-Quint, durant l'invasion de 1544; à Bonnivet, dont l'incapacité égalait le crédit; à tous ses favoris enfin, et à cette noblesse de cour dont il s'entourait, et qui éloignèrent de lui les gentilshommes de province. « Sire, lui disait André de Vivonne, sénéchal de « Poitou, il vous manquoit à la ba« taille la meilleure pièce de votre « harnois, le cœur de votre noblesse, « que par ci-devant n'avez reconnue et « traitée comme vous deviez. Car vous « n'avez reconnu, traité et contenté « que quatre ou cinq favoris, comme « l'amiral Bonnivet, Montchenu, Mont« morency, Brion et autres, qui seuls « se sont ressentis de vos faveurs, « bienfaits, honneurs et dignités, et « les autres rien. Car à quel propos « Brion a-t-il tant de biens de vous, « que de sa seule fauconnerie il a « soixante chevaux en son écurie, lui « qui n'est que gentilhomme comme un « autre, et encore cadet de sa maison, « que j'ai vu qu'il n'avoit pour tout « son train que six ou sept chevaux? « Si vous eussiez épandu également de « vos faveurs et moyens aux autres « gentilshommes de votre royaume, ils « vous eussent été plus affectionnés « qu'ils n'ont été, et eussent crevé au« près de vous (*). »

Beaucoup cependant parurent sur les nombreux champs de bataille où il les mena, et s'habituèrent dans ces expéditions lointaines à la discipline militaire, c'est-à-dire, à l'obéissance envers le roi. Tirés de leurs châteaux par la guerre, retenus à la cour, qui commençait à se former, invités aux fêtes brillantes et dispendieuses que le roi donnait, ils vécurent loin de leurs vassaux, au milieu desquels ils étaient jadis indépendants, et vinrent dissiper leur fortune sous les yeux d'un prince magnifique, *portant sur leurs dos, comme dit Brantôme, les moulins et les prés de leurs pères.*

Cette création d'une cour eut d'importants résultats; les femmes que François Ier y attira, en disant qu'une cour sans dames était une année sans printemps et un printemps sans roses, adoucirent la rudesse des mœurs et leur donnèrent plus de grâce et plus d'élégance. Ce fut alors que naquit ce charme de la société française, qu'on appela la galanterie, et dont François Ier fut le représentant le plus aimable, Louis XIV le plus beau modèle. Mais en perdant de leur rudesse, les mœurs perdirent aussi de leur austérité, et la corruption s'introduisit rapidement dans cette brillante société qui entoura le trône. Il y eut bientôt des favoris de toute espèce qui exercèrent souvent une funeste influence. « Les charges et les bienfaits, dit Mézerai, se distribuèrent à la fantaisie des femmes; elles furent cause qu'il s'introduisit de très-méchantes maximes dans le gouvernement, et que l'ancienne candeur gauloise fut reléguée encore plus loin que la chasteté. » Ce fut ainsi que la comtesse de Châteaubriand fit rappeler Bourbon, auquel le roi avait donné le gouvernement du Milanais, pour le faire confier à son frère Lautrec, qui fit grand tort aux affaires du roi dans tout le duché, par ses nombreuses exactions et par les mauvais procédés dont il usa à l'égard de Trivulce, le plus ancien et le plus zélé partisan de la France en Italie.

Lautrec lui-même fut victime de ces influences illégales, mais toutes-puissantes, qui s'exerçaient à l'ombre de l'autorité royale, lorsque la duchesse d'Angoulême, mère du roi, se fit livrer, pour le laisser sans ressources, les quatre cent mille écus destinés à payer ses troupes. Le Milanais fut

---

(*) Brantôme, *Éloge de François Ier*, t. II, p. 240.

perdu, Lautrec disgracié, et le surintendant des finances, Semblançay, qui avait donné l'argent sur les quittances de la duchesse, pendu à Montfaucon, parce que les pièces justificatives lui ayant été frauduleusement enlevées, il ne put prouver l'emploi du million que le roi lui avait confié pour l'armée d'Italie.

Ce fut encore Louise de Savoie qui, par ses persécutions, poussa à la révolte le connétable de Bourbon, qu'elle voulait dépouiller de tous ses biens.

Si la formation d'une cour entraînait tant d'abus, elle créait aussi, il faut le dire, une position nouvelle à la royauté vis-à-vis de la noblesse. Décimés et ruinés par les guerres lointaines, auxquelles le roi les conduisait, rompus à l'obéissance par les habitudes du service militaire, les nobles vinrent perdre à la cour, et dans les antichambres du roi et de ses ministres, ce qui leur restait de fortune et d'indépendance. François Ier commença, sans se rendre bien compte du résultat, et peut-être par le seul goût des plaisirs et de la magnificence, ce système que Louis XIV poussa à ses dernières conséquences. Alors le roi ne se trouva plus isolé, comme il l'avait été longtemps, et entouré seulement des agents de son autorité : une noblesse nombreuse, couverte de cordons et de titres, se pressa autour du trône, et cacha sous les vides formules d'une sévère étiquette la vanité de son existence et la perte de tous ses droits. La servilité fut ennoblie, et un siècle plus tard, le roi, ne voyant plus au-dessous de lui que des nobles valets et un peuple esclave, put dire dans son orgueil de date récente : *L'État, c'est moi.*

La nouvelle cour exerça, du reste, une heureuse influence sur le perfectionnement de la langue française et sur les progrès des arts et de la littérature, que tous les nobles encouragèrent, à l'exemple du roi. C'est de ce règne, en effet, que commence en France la renaissance des lettres et des arts, qui depuis un siècle faisaient la gloire de l'Italie. Guidé par les frères du Bellay,

qu'il employait tour à tour comme négociateurs, comme capitaines et comme conseillers, François Ier s'entoura d'une sorte d'académie. Pierre Duchatel, helléniste, qui corrigeait à Bâle les éditions grecques d'Érasme, fut nommé lecteur du roi. Guillaume Pelissier fut envoyé à Venise, avec le titre d'ambassadeur, pour recueillir des manuscrits grecs, syriaques et hébreux, destinés à enrichir la bibliothèque royale ; le savant Danès eut l'évêché de Lavaur et le titre de professeur de grec au collége de France. Budée, le *plus grand Grec de l'Europe,* comme disait Scaliger, fut maître des requêtes de la librairie royale, et chargé de négocier avec Érasme, pour lui faire accepter la direction du collége de France. Le roi alla jusqu'à offrir un évêché à l'élégant écrivain de Rotterdam, s'il consentait à accepter ; mais il refusa après dix-huit mois de tentatives faites par Budée. André Lascaris, le maître de Budée et de Danès, alla à Venise chercher de jeunes Grecs, que le roi voulait faire élever avec de jeunes Français, pour répandre rapidement l'usage de la plus belle langue qui ait été parlée.

Pour donner à l'étude des littératures anciennes, que ces savants hommes devaient ranimer en France, un centre et une direction, François créa le collége de France, où l'enseignement devait être gratuit, tandis qu'il était alors payé à la Sorbonne et dans les écoles de l'université, et le fut jusqu'en 1720. Grâce à cette institution, des professeurs de sciences exactes, de philosophie grecque, d'éloquence latine, de langues orientales et de médecine, étrangers à l'université, et par conséquent libres de leurs paroles, donnèrent aux pauvres comme aux riches des leçons sur les matières les plus élevées. Aussi ce fut du collége de France que partit le premier coup qui renversa les théories d'Aristote et ouvrit une voie nouvelle aux spéculations philosophiques.

La bibliothèque du roi enrichie de nombreuses acquisitions, l'imprimerie royale qu'il fonda, sont, avec le collége de France, des monuments qui subsistent encore du zèle de François Ier pour les progrès des lettres. Encouragée par la munificence royale, l'étude embrassa toutes les branches des connaissances humaines. Cujas, Dumoulin, Alciat, Duferrier, Chasseneux, Tiraqueau, formèrent les grands jurisconsultes du seizième siècle. Pierre Brissot, Guillaume Cop, firent entrer la médecine dans la voie féconde de l'observation. Ambroise Paré créa, pour ainsi dire, la chirurgie; Pelissier et Finé cherchèrent à inspirer, l'un le goût de l'histoire naturelle, l'autre celui des sciences exactes.

La littérature nationale prit aussi un essor nouveau. Calvin créa la langue de Corneille et de Bossuet dans son *Institution chrétienne*. Les mémoires du *loyal serviteur*, ceux de Fleurange, de Martin du Bellay, etc., méritent à divers titres de sérieux éloges; Marot passa longtemps pour un grand poëte, et le roi lui-même fit des vers qui justifient presque l'admiration de ses courtisans; enfin Rabelais écrivit sous une forme bouffonne la satire de son temps, n'épargnant ni les choses, ni les personnes, ni l'ambition et l'avidité des princes, ni les vices de l'administration et des lois, ni les lenteurs ruineuses des procès, ni le pédantisme des maîtres de l'université. Rien n'échappa à sa verve, et il fit en riant le procès à son siècle.

Les arts, encore plus efficacement protégés, changèrent, pour ainsi dire, la face de la France, qui avait été jusqu'alors réduite aux héritiers ignorants et inhabiles des artistes du moyen âge. Léonard de Vinci, André del Sarto, Rosso, Cellini, Salviati, le Primatice, appelés par François Ier, apportèrent en France les arts de l'Italie, et y formèrent des élèves, qui, dociles à leurs leçons, couvrirent bientôt la France des chefs-d'œuvre de la renaissance.

Dans ce grand mouvement qui, sous ce règne, entraîne la France, pour la placer bientôt dans les lettres, les arts et les sciences, à la tête des nations européennes, quelle part revient-il à l'influence personnelle de François Ier? Sans doute, la France, qui par tant de guerres avait appris à connaître l'Italie et les chefs-d'œuvre de ses grands maîtres, aurait sans lui accueilli la *renaissance;* mais le développement intellectuel aurait-il été si vaste, si rapide, si durable, sans l'émulation excitée par le prince, sans l'engouement dont toute la nation se prit, à son exemple, pour une civilisation brillante, sans les établissements qu'il forma pour la propager et assurer son existence dans l'avenir? François Ier fit ce qu'avaient fait avant lui Périclès, Auguste, Léon X, et ce que devait faire Louis XIV. Il ne forma pas les grands hommes, mais il sut les reconnaître, les tirer de la foule, et exciter leur zèle et celui de leurs élèves par des récompenses et des distinctions.

Dans un autre ordre de faits, François Ier mérita bien de la France. La législation civile fut réformée par l'édit de Villers-Cotterets, qui aujourd'hui encore est considéré comme étant en vigueur, dans celles de ses dispositions qui n'ont pas été spécialement abrogées. Une marine royale fut créée, et le port du Havre creusé. Des navigateurs partirent pour visiter l'Amérique du Nord, reconnaître le Canada, et former quelques établissements coloniaux. Enfin une armée nationale fut organisée et composée de sept légions, chacune de six mille hommes, qui rendirent d'importants services, non-seulement pour la défense du territoire, mais pour les guerres d'Italie. C'est encore François Ier qui, en constituant des rentes sur l'hôtel de ville, créa la classe des rentiers, dont quelqu'un a dit qu'ils sont le trésor et l'armée du pouvoir.

§ III. *Suite de la lutte de la France contre la maison d'Autriche.— La France s'efforce de reporter sa limite orientale jusqu'au Rhin.*

HENRI II.

1547-1559.

Le traité de Crépy n'avait été qu'imparfaitement exécuté. Le roi avait gardé le Piémont et la Savoie. D'ailleurs, le dauphin avait signé à Fontainebleau une protestation secrète, en présence du duc de Vendôme et des comtes d'Enghien et d'Aumale, par laquelle il déclarait qu'il ne ratifiait le traité de Crépy que par obéissance pour son père, et sans aucune intention de l'exécuter. Il regardait l'abandon des droits de la couronne sur les comtés de Flandre et d'Artois, sur le duché de Milan et le royaume de Naples, comme contraires à son intérêt autant qu'à l'intérêt général du royaume ; et il déclarait formellement que sa ferme résolution était de les reprendre, aussitôt qu'il serait hors de la puissance paternelle. Ainsi, l'interminable guerre entre la France et l'Autriche allait recommencer ; mais François I*er* était mort, et des mains plus jeunes et moins puissantes allaient supporter tout le poids de cette lutte opiniâtre.

1547.

Avénement et caractère de Henri II. — Le successeur de François I*er*, Henri II, était âgé de 29 ans à la mort de son père, dont il n'était que le second fils. L'aîné était mort depuis plusieurs années, après une maladie violente et douloureuse qu'on attribua généralement au poison. Le nouveau roi était marié à Catherine de Médicis, nièce du pape Clément VII. Il était d'un caractère doux et facile, mais faible, ignorant, insouciant des affaires, prêt à se laisser diriger par ses favoris, par ses maîtresses, par tous ceux enfin qui exerçaient sur lui quelque ascendant. « Il n'avait, dit Théodore de Bèze, ni la vivacité d'esprit, ni la faconde de son père, mais bien un naturel de soi-même fort débonnaire, et tant plus aisé à tromper, de sorte qu'il ne voyoit ni jugeoit que par les yeux, oreilles et avis de ceux qui le possédoient. » Beaucaire remarque que « ressemblant plus à son aïeul maternel, Louis XII, qu'à son père, il lui aurait aussi ressemblé dans l'administration du royaume, s'il avait eu comme lui des hommes de bien pour conseillers, car il paraissait né pour être gouverné,

non pour gouverner ; il ne faisait presque rien d'après lui-même, et ne se conduisait que d'après les avis de ses familiers les plus intimes. Quant à sa figure, sans égaler celle de son père, sa taille était cependant élevée, son corps carré, robuste, et propre à tous les exercices, quoiqu'il fût disposé à l'embonpoint, contre lequel il se prémunissait par la régularité de sa diète et par un exercice journalier ; et cependant il égalait à la course les hommes les plus lestes ; son teint était obscur, ses cheveux et sa barbe étaient noirs. »

Contrairement aux conseils de son père mourant, Henri II disgracia sur-le-champ tous les ministres, pour donner sa confiance au duc de Guise, et surtout au connétable de Montmorency, qu'il nommait son vieux ami. Celui-ci, dit le conseiller d'État Bochetel, *embrassa incontinent tout le faix des affaires*, et le roi, sans ressentiments lui-même, adopta tous ceux du vieux connétable qui allait le diriger. Mais, bientôt on put s'apercevoir que l'influence de Montmorency serait balancée par celle de la maîtresse du roi, la fameuse Diane de Poitiers, qu'il créa duchesse de Valentinois, aussitôt après son avénement. Diane de Poitiers était fille du comte de Saint-Vallier, qui avait été impliqué dans la conspiration du connétable de Bourbon. Il paraît qu'elle avait obtenu la grâce de son père au prix de son déshonneur. Elle devint, à partir de ce moment, la maîtresse de François I*er*, qui en eut, dit-on, une fille que l'on nomma Diane comme elle, et qui fut plus tard légitimée. Mais Diane soutenait qu'elle n'avait jamais cédé aux désirs de François I*er*. A la mort de ce prince, elle était âgée de quarante-huit ans, mais elle avait conservé tout l'éclat de sa beauté. Henri II, qui l'aimait depuis longtemps, lui laissa prendre sur lui le plus complet ascendant. Brantôme affirme même qu'il voulut faire légitimer une fille qu'elle lui donna, mais qu'elle s'y opposa, en lui disant : « J'étais née pour avoir des enfants légitimes de vous ; j'ai été votre maîtresse, parce que je vous aimais ;

je ne souffrirai pas qu'un arrêt me déclare votre concubine (*). » Henri II lui témoigna son amour par les preuves les plus irrécusables. La cour du château de Saint-Germain qu'il fit bâtir présente la forme d'un D. Il construisit pour elle plusieurs appartements au Louvre, où l'on voit encore leurs chiffres entrelacés, comme on les retrouve aussi sur tous les livres et manuscrits de la bibliothèque royale reliés à cette époque. Il lui éleva le château d'Anet, dont la belle façade a été depuis transférée à Paris au palais des Beaux-Arts.

Toutefois, quelle qu'ait été la nullité de ce prince, son règne présente une grande importance pour l'histoire religieuse et pour l'histoire politique. Jusqu'ici nous n'avons pas encore parlé des premières destinées de la réforme en France, et de la lutte de François Ier contre les idées nouvelles. Nous en agirons de même pour le règne de Henri II. L'étude des premiers progrès de la réforme, sous ces deux princes, trouvera plus convenablement sa place en tête du règne de François II et aux guerres de religion. Ainsi, nous ne nous occuperons que des événements politiques du règne de Henri II. Ces événements sont nombreux et présentent un haut intérêt. Nous aurons à raconter la bataille de Saint-Quentin, et les conquêtes qui dédommagèrent la France de cette sanglante défaite; la prise de Calais, cet événement si glorieux et si populaire qui couvrit de gloire le duc de Guise; la prise de Metz, de Toul et de Verdun, qui commence cette série d'acquisitions que la France a faites depuis sur la frontière du Rhin sous Richelieu, Louis XIV et la République, enfin, la paix de Cateau-Cambresis qui mit fin, pour cinquante ans, à la lutte entre la France et l'Autriche. Tels sont les faits importants du règne de Henri II, sur lesquels nous nous proposons d'insister.

1547-1552.
Révolte de la Guyenne. — *Traité*

(*) Brantôme, Femmes galantes, t. VII.

de Chambord.—*Prise de Metz, Toul et Verdun.* — Henri II fut sacré à Reims le 27 juillet 1547. Il avait fait sommer Charles-Quint de venir assister à la cérémonie, en sa qualité de comte de Flandre. L'empereur lui fit répondre que, s'il venait, ce serait à la tête de cinquante mille hommes. C'était l'époque où la puissance de Charles-Quint était parvenue à son apogée. Il venait d'humilier la France, en imposant à François Ier le traité de Crépy; il était tout-puissant en Espagne et en Italie; il avait enfin vaincu tout récemment les princes protestants à Muhlberg, et il ne se proposait rien moins que de changer en une souveraineté réelle la souveraineté nominale que les empereurs exerçaient en Allemagne. Heureusement pour la France, le protestantisme vaincu par les armes de Charles-Quint conservait en Allemagne des partisans nombreux et ardents qui étaient tout disposés à s'allier à nos rois contre leur empereur. Henri II, de son côté, ne cherchait qu'une occasion favorable pour recommencer la guerre. Il écrivit aux princes de l'Empire et aux villes impériales, les exhortant à recouvrer leur liberté et leur promettant sa puissante assistance. En même temps il excitait secrètement les Turcs à envahir la Hongrie, et suscitait des ennemis à Charles-Quint en Italie.

La cour de Henri II était tout occupée de ces négociations et des préparatifs de la guerre, lorsqu'un événement imprévu vint plonger la France dans le deuil. Ce fut la révolte de la Guyenne. François Ier avait établi un impôt uniforme sur le sel dans toutes les provinces de la France. Cet impôt, qui pesait principalement sur les classes pauvres, avait causé un mécontentement général. Ce fut bien pis, lorsque Henri II établit de nouveaux impôts pour satisfaire la cupidité de ses favoris et de sa maîtresse. Les souffrances devinrent intolérables, surtout dans le midi de la France. En 1548, une révolte éclata en même temps en Saintonge et en Guyenne, révolte toute populaire, causée par la misère, et à laquelle les familles influentes restèrent étrangères. Les révoltés se rendirent maîtres de Saintes et livrèrent à des supplices cruels les magistrats et les percepteurs d'impôt. L'effroi était général, et les bourgeois se tenaient enfermés dans leurs maisons, sans vouloir prendre part à l'insurrection. A cette nouvelle, Tristan de Moncins, parent du connétable de Montmorency, qui s'était rendu odieux par la sévérité de son administration, assembla le peuple à Bordeaux et le harangua pour lui inspirer de la crainte, en lui annonçant les châtiments que le roi réservait aux rebelles. Ces menaces excitèrent l'indignation de la foule, qui se porta à l'instant vers l'arsenal, en enfonça les portes et massacra ensuite Moncins et les employés de la gabelle. Pour apaiser cette révolte, le roi envoya le connétable de Montmorency dont la réputation était devenue proverbiale, depuis qu'il avait saccagé la Provence pour la sauver. Déjà les insurgés s'étaient soumis, et les plus coupables avaient été condamnés à mort et exécutés. Montmorency n'en entra pas moins dans Bordeaux par la brèche, après avoir fait abattre un pan des murailles. Il distribua ses soldats dans tous les quartiers de la ville, et désarma les habitants. Des informations furent commencées. « Enfin, dit de Thou, le peuple de Bordeaux fut déclaré atteint et convaincu du crime de sédition, de rébellion et de lèse-majesté, et privé en conséquence de tous ses priviléges, du droit d'élire un maire et des jurats, de faire des assemblées de ville, de tenir des sceaux, d'exercer aucune juridiction, d'avoir un trésor commun et des possessions publiques. La maison de ville devoit être rasée, et toutes les cloches des églises transportées dans des châteaux, qui seroient fortifiés aux dépens du peuple. Il fut condamné encore à équiper à ses frais deux galères, qui devoient servir à la défense des gouverneurs de la province contre les entreprises des citoyens mêmes. Enfin, pour expier l'horrible attentat qu'ils avoient commis contre la personne de Moncins, la sentence portoit qu'ils le déterreroient eux-mêmes, non avec le secours de quelque instrument, mais avec leurs propres ongles, et que le corps de ce seigneur seroit conduit de nouveau à la sépulture, par les jurats, et six vingts bourgeois en habit de deuil, et le flambeau à la main. » Tous ceux qui avaient pris part à la révolte furent conduits au supplice. Le connétable, voulant leur infliger les mêmes tourments qu'ils avaient fait éprouver aux employés de la gabelle, les faisait pendre, décapiter, brûler vifs, tirer à quatre chevaux, attacher au battant des cloches. Les juges et les bourreaux semblaient faire assaut d'invention pour prolonger leur agonie. Ces supplices excitaient l'indignation, mais le peuple se borna à murmurer en secret, et ne tenta aucun effort. Toutefois ce triomphe de la volonté d'un seul sur la volonté de tous fit éclore une grande pensée qui marque le progrès du siècle. Au milieu du silence général s'éleva tout à coup la voix éloquente d'Estienne de la Boétie, l'ami chéri de Montaigne. Les vrais principes de la liberté avaient germé dans cette jeune tête, près de trois siècles avant la révolution française, et il le montra bien lorsqu'il publia son livre intitulé : *le Contr'un, ou de la Servitude volontaire*. Cet ouvrage, dont la pensée révolutionnaire est indiquée par le titre même, est un des plus beaux monuments de la langue française. C'est un appel aux vengeances populaires écrit avec une énergie éloquente et avec une verve que les passions les plus ardentes n'ont peut-être jamais égalées depuis.

L'ouvrage de la Boétie exerça une trop puissante influence sur les masses pour que nous n'essayions pas d'en donner une idée plus nette et plus complète. Notre but n'est pas seulement de raconter les faits politiques, mais de les apprécier, en insistant sur les idées qui les ont préparés.

La Boétie s'efforce de démontrer que les tyrans seraient sans force, s'ils n'étaient secondés par le peuple; que par conséquent l'intérêt de tous, s'unissant *contr'un*, perdrait ce pouvoir odieux qui opprime toute une nation. « Pauvres gens et misérables, dit-il, peuples insensés, nations opiniâtres en votre mal, et aveugles en votre bien, vous vous laissez emporter devant vous le plus beau et le plus clair de votre revenu; piller vos champs, voler vos maisons, et les dépouiller des meubles anciens et paternels; vous vivez de sorte que vous pouvez dire que rien n'est à vous... Et tout ce dégât, ce malheur, cette ruine vous vient non pas des ennemis, mais bien certes de l'ennemi, et de celui que vous faites si grand qu'il est, pour lequel vous allez si courageusement à la guerre, pour la grandeur duquel vous ne refusez point de présenter à la mort vos personnes. Celui qui vous maîtrise tant n'a que deux yeux, n'a que deux mains, n'a qu'un corps, et n'a autre chose que ce qu'a le moindre homme du nombre infini de vos villes, sinon qu'il a plus que vous tous l'avantage que vous lui faites pour vous détruire (*). » La Boétie examine ensuite comment cette servitude, forcée à l'origine, a pu devenir volontaire. « La première raison, dit-il, de la servitude volontaire, c'est la coutume; ils disent qu'ils ont été toujours sujets, que leurs pères ont ainsi vécu. Ils pensent qu'ils sont tenus d'endurer la mort, et le se font accroire par exemples, et fondent eux-mêmes sur la longueur la possession de ceux qui les tyrannisent. Mais, pour vrai dire, les ans ne donnent jamais droit de mal faire, ains agrandissent l'injure. Toujours en demeure-t-il quelques-uns mieux nés que les autres, qui sentent le poids du joug et ne peuvent tenir de le crouller; qui ne s'apprivoisent jamais à la subjection... Ce sont ceux qui ayant la tête bien faite, l'ont encore polie par l'étude et le savoir. Ceux-là, quand la liberté seroit entièrement perdue et toute hors du monde, l'imaginant en leur esprit, et encore la savourant, la servitude ne leur est jamais de goût, pour si bien qu'on l'accoutre. »

(*) Discours de la Boétie, à la suite des Essais de Montaigne.

Au moment même de la révolte de la Guyenne, une révolution, tentée à Gênes, semblait annoncer que la pacification de l'Italie n'était pas complète.

Le célèbre amiral André Doria, qui avait quitté le service de la France pour celui de Charles-Quint, avait organisé à Gênes une aristocratie, à la tête de laquelle il s'était trouvé placé. Ce nouveau gouvernement était contraire tout à la fois au parti populaire et au parti français. Le mécontentement augmenta encore, lorsqu'on vit le vieux Doria accabler de faveurs son neveu Giannettino, qu'il destinait à le remplacer un jour, et qui n'avait ni son talent ni ses vertus. Les républicains génois formèrent contre lui une conspiration pour rétablir le gouvernement démocratique. Le comte Jean-Louis Fieschi se trouvait à la tête du complot. Au jour indiqué, les conjurés prirent les armes, et furent secondés par une partie du peuple. Tout allait réussir, lorsque les forçats se révoltèrent dans le port, et Fieschi, se rendant aux galères pour apaiser cette révolte, tomba à l'eau, et se noya accablé par le poids de son armure. Sa mort fit échouer la conspiration. Si elle avait réussi, la France aurait peut-être commencé immédiatement la guerre.

Ce sont là les principaux événements qui occupèrent Henri II pendant les cinq premières années de son règne. Enfin, en 1552, comme l'empereur aspirait plus ouvertement que jamais à la monarchie universelle, comme il parlait en maître au sein des États de l'Empire, comme il détruisait les princes protestants, moins par haine pour les doctrines nouvelles que pour asseoir sa toute-puissance sur la ruine de la féodalité qui subsistait encore tout entière en Allemagne, Henri II jugea que le moment d'intervenir était arrivé pour la France.

Parmi les princes de l'Empire qui redoutaient le plus les progrès de la puissance impériale, se trouvait ce même Maurice de Saxe qui avait si longtemps servi Charles-Quint, mais qui désormais n'avait plus rien à espérer de lui, parce qu'il était parvenu au but de son ambition. Pour mieux couvrir ses projets, il s'était fait donner le commandement de l'armée qui assiégeait Magdebourg, la seule ville qui osât encore résister au vainqueur de Muhlberg. Mais, pendant qu'il traînait le siége en longueur, pour mieux assurer le succès de sa trahison, il signait avec la France un traité d'alliance (5 octobre 1551). Cette alliance entre la France et les États protestants de l'Allemagne avait pour but de résister aux pratiques de l'empereur, « employées pour faire tomber leur chère patrie, la Germanie, en une bestiale, insupportable et perpétuelle servitude, comme il a été fait en Espagne et ailleurs. » En conséquence, Maurice de Saxe s'engageait, au nom des princes de l'Empire, à attaquer l'empereur et tous ses adhérents, et à ne faire avec lui ni paix ni trêve sans l'aveu de la France. Henri II s'engageait, de son côté, à fournir des subsides à ses alliés; deux cent quarante mille écus pour subvenir aux premiers frais de la guerre, puis un subside régulier de soixante mille écus par mois. Il promettait, en outre, de faire une diversion en leur faveur, mais son but n'était autre que de s'emparer de quelques villes de la Lorraine qu'il convoitait depuis longtemps. « On trouveroit aussi bon, disaient les princes pour s'assurer son concours, que ledit seigneur roi s'impatronisât le plus tôt qu'il pourroit des villes qui appartiennent d'ancienneté à l'Empire, et qui ne sont pas de la langue germanique, savoir, de Cambrai, Toul en Lorraine, Metz et Verdun, et autres semblables; et qu'il les gardât comme vicaire du saint-empire, auquel titre nous sommes prêts de le promouvoir à l'avenir; en réservant toutefois audit saint-empire les droits qu'il peut avoir sur lesdites villes, afin que, par ce moyen, elles soient ôtées des mains et puissance de l'ennemi (*). » Ce traité fut ratifié par le roi à Chambord, le 15 janvier 1552.

Charles-Quint était retenu dans son lit à Inspruck, malade de la goutte,

(*) Traité de paix, t. II, p. 258.

lorsqu'il reçut une ambassade solennelle de Maurice de Saxe et de l'électeur de Brandebourg, pour réclamer la mise en liberté du landgrave de Hesse qu'il retenait prisonnier. Il apprit presqu'en même temps que le prince Maurice avait pris la route du Tyrol, à la tête d'une armée de Saxons, publiant partout sur son passage un manifeste par lequel il se déclarait le défenseur de la religion protestante et des anciennes libertés de l'Allemagne. Il avançait si vite qu'il fut sur le point de surprendre l'empereur à Inspruck. Charles-Quint fut averti au milieu de la nuit que, dans quelques heures, il allait se trouver au pouvoir de Maurice. La pluie tombait par torrents. Il était au lit, en proie à de vives souffrances. Il se fit cependant transporter dans une litière, et, par des sentiers de montagnes, il se dirigea sur Villach, en Carinthie, éclairé à travers les précipices par des flambeaux.

Pendant ce temps, Henri II avait laissé la régence du royaume à la reine Catherine de Médicis, et s'étant déclaré le protecteur des droits de l'Empire, il avait conduit une armée vers les trois villes impériales, ou les Trois-Évêchés, qui défendaient l'entrée de l'Allemagne du côté de la France. Le 10 avril 1552, il se présenta devant Metz. Le cardinal de Sénoncourt, évêque de cette ville, fut employé pour gagner les habitants du quartier du Heu. « Le sieur de Tavannes y est envoyé; il les harangue, les intimide, les remplit de promesses, tire parole d'eux de recevoir le connétable avec ses gardes et une enseigne de gens de pied. Puisque le roi alloit pour la liberté de l'Allemagne, il ne pouvoit moins qu'avoir son logis en leur ville. Il conduit les bourgeois au connétable; soudainement tous les meilleurs hommes de l'armée, au nombre de cinq mille, sont mis sous une enseigne et entrent en la ville de Metz, les deux maréchaux de camp à la tête. Le sieur de Bourdillon s'avance en la place, le sieur de Tavannes demeure à la porte, que les bourgeois vouloient à tout coup fermer, voyant cette enseigne si accompagnée; toujours il les en garde par belles paroles. Un capitaine suisse, à la solde de ceux de Metz, tenant les clefs, ayant vu entrer plus de sept cents hommes, les jeta à la tête du sieur de Tavannes, avec le mot du pays : *Tout est choué*, et quitta la porte, que le sieur de Tavannes tint jusques à ce que le connétable arriva (*). » La ville étant ainsi tombée au pouvoir du roi de France, les bourgeois furent forcés de lui prêter serment de fidélité.

L'armée passa ensuite par Lunéville et Sarrebourg, et entra en Alsace par Saverne. Le connétable s'était vanté au roi, « qu'il entreroit dedans Strasbourg et les autres villes du Rhin comme dedans du beurre, et qu'ils n'étoient pas plus spirituels que ceux de Metz. » Il se présenta en effet devant Strasbourg, accompagné de deux cents de ses plus braves soldats, qu'il faisait passer pour des ambassadeurs curieux de voir cette ville. Mais les habitants avaient été avertis d'avance du coup que l'on méditait contre eux, et lorsque la troupe fut arrivée à portée de canon, ils l'accueillirent par une salve d'artillerie qui en tua dix ou douze et força les autres à s'enfuir. La nouvelle de cette tentative contre Strasbourg répandit l'alarme en Suisse et en Allemagne. Les princes protestants envoyèrent des ambassadeurs au roi, pour le prier de ne pas commettre d'hostilités contre l'Empire. Les Suisses lui remontrèrent que les villes de Strasbourg, Colmar, Schlestadt, étaient alliées avec eux. Henri II, qui tirait de la Suisse sa meilleure infanterie, se garda bien de les mécontenter. Il ordonna qu'on fît boire les chevaux de son armée dans les eaux du Rhin, en témoignage d'une expédition qui passait alors pour lointaine et aventureuse, et, le 13 mai, il retourna en Lorraine. Les villes de Toul et de Verdun furent prises par ruse comme Metz, et ces trois villes sont restées depuis à la France.

Charles-Quint, qui n'avait fait aucun préparatif pour résister à une attaque aussi soudaine et aussi imprévue, comprit qu'il fallait céder. Il signa la paix provisoire de Passau, qui accordait à l'Allemagne la liberté de conscience et l'égalité des cultes catholique et protestant. Une diète devait se réunir tous les six mois, pour aviser aux moyens d'assoupir toutes les discordes de religion. Cette même diète devait veiller à l'entière exécution de la bulle d'or et des anciennes constitutions de l'Empire. Toutes les troupes de l'empereur et des princes protestants devaient être congédiées, toutes les offenses oubliées ; enfin le roi de France était invité à faire connaître ses griefs contre l'empereur, pour participer ensuite à la pacification générale (1552).

1552-1555.

Suite de la guerre entre Henri II et Charles-Quint. — *Siége de Metz.* — *Revers et abdication de Charles-Quint.* — En signant la paix avec les protestants d'Allemagne, Charles-Quint espérait pouvoir réunir toutes les forces de l'Empire pour recouvrer les trois évêchés de Metz, Toul et Verdun. Henri II avait annoncé d'abord qu'il les garderait pour l'Empire ; mais depuis qu'il en était le maître, il déclarait hautement qu'il voulait les réunir à sa monarchie, et il rappelait que toute la rive gauche du Rhin avait fait partie du royaume de France, sous les Mérovingiens et sous les Carlovingiens. Déjà il les avait mis en état de défense, et il avait confié le commandement de Metz au duc de Lorraine, François de Guise, son favori, qui était le plus habile général de son temps.

« Metz est située au confluent de la Seille et de la Moselle ; cette ville, puissante dès les plus anciens temps de la monarchie, enrichie par son commerce et par sa liberté, prospérant sous une administration municipale qui lui conservait tous les droits d'une république, avait, à ce qu'on assurait, neuf milles de circonférence. Mais elle était à peine fortifiée : les deux rivières qui l'entouraient lui servaient de remparts; dans l'espace qui les séparait, la ville

(*) Mémoires de Tavannes.

était couverte, entre l'occident et le midi, par un grand bastion. Dès que le duc de Guise y fut entré, il s'occupa de compléter ces fortifications et d'en élever de tous côtés de nouvelles. Pierre Strozzi et l'ingénieur Camillo Marini en dirigeaient le tracé. Les Italiens seuls unissaient les sciences exactes à l'art de la guerre, et s'étaient élevés à la théorie de l'attaque et de la défense des places. De son côté, Guise donnait l'exemple du travail et de l'activité; souvent il portait lui-même la hotte, et le marquis d'Elbeuf, Biron, la Rochefoucauld, Randan, Nemours, Gonnor, Martigues et le vidame de Chartres suivaient son exemple. En même temps il faisait démolir les faubourgs, les maisons de plaisance, les églises qui pouvaient nuire à la défense. Quelques-unes de ces dernières étaient au nombre des plus illustres sanctuaires de France. Celle de Saint-Arnoul contenait le tombeau de Louis le Débonnaire, de sa mère et des principaux membres de sa famille. Avant de la raser, on en transporta les ossements dans l'église de Saint-Dominique, avec des cérémonies religieuses. Mais Guise traitait les vivants avec plus de rudesse encore que les morts : la moitié de la ville était ruinée par la démolition de cinq des faubourgs, tous les citoyens avaient été contraints de travailler en personne aux fortifications; et lorsque leur œuvre fut terminée, Guise chassa de la ville les vieillards, les femmes, les enfants, et tous ceux des chefs de famille sur le dévouement desquels il ne croyait pas pouvoir compter(*). »

Charles-Quint avait passé le Rhin, le 15 septembre, avec une armée de soixante mille hommes. Il avait sous ses ordres le marquis de Marignan et le duc d'Albe, qui étaient renommés pour leurs talents militaires. Le 19 octobre, cette armée parut devant Metz, et le duc d'Albe commença aussitôt à investir la place. Charles-Quint s'était arrêté à Thionville; car sa santé délabrée ne lui avait pas permis de supporter plus longtemps la vie des camps. Henri II, de son côté, avait assemblé une armée à dix lieues à l'ouest de Metz; mais ses généraux lui conseillèrent de laisser l'armée impériale se fatiguer à un long siége, dans une saison si défavorable, plutôt que de lui présenter la bataille. Ainsi le roi se borna à envoyer des corps détachés pour inquiéter l'ennemi et lui couper les vivres. Les Impériaux s'opiniâtrèrent cependant à continuer le siége, et déjà l'artillerie avait ouvert de larges brèches dans la muraille. Mais derrière ces brèches s'élevaient de nouveaux remparts qui défendaient l'entrée de la ville assiégée. Tous les assauts furent repoussés, et le découragement régnait dans l'armée impériale, lorsque Charles-Quint se fit porter lui-même au camp, pour exciter ses soldats par sa présence. Mais les assiégés, eux aussi, avaient vu accourir dans leurs murs des hommes qui voulaient soutenir leur ardeur. C'étaient le duc d'Enghien, le prince de Condé, les deux fils du connétable de Montmorency, qui dirigeaient les sorties et se portaient partout où le danger exigeait leur présence. Déjà onze mille coups de canon avaient été tirés contre les remparts de Metz; les soldats de Charles-Quint, enfoncés dans la fange glacée, moissonnés par les maladies, étaient hors d'état de combattre; enfin l'empereur leva le siége, le 1er janvier 1553, après avoir vu périr trente mille de ses meilleurs soldats. « La fortune, « dit-il avec une douleur amère, n'aime « point les vieillards, » et il ordonna la retraite, qui devait être désastreuse.

« L'empereur, dit François de Rabutin, se voyant déchoir et diminuer de toutes choses, craignant le retour de l'armée du roi, et tomber en plus grande honte et vitupère pour trop attendre, se retira des premiers, le premier jour de l'an, laissant au duc d'Albe toute charge pour départir son armée et ordonner de la retraite. Sitôt qu'il fut su par le camp que César étoit parti, les chemins et villages à l'entour furent couverts et pleins de ses soldats, qui se retiroient les uns en leurs

---

(*) Sismondi, d'après de Thou et Bertrand de Salignac de la Mothe Fénelon.

quartiers, les autres où ils pouvoient, en si grande indigence et misère, que je ne fais point de doute que les bêtes mêmes, voire les plus cruelles, n'eussent eu quelque pitié de ces misérables soldats, tombant, chancelant par les chemins par extrême nécessité, et le plus souvent mourant près des haies et au pied des buissons, pour être proie aux chiens et oiseaux... Le duc d'Albe et Brabanson, avec la plus grande partie de l'armée impériale, étoient délogés en un désordre étrange...., sans bruit de trompettes ou tambourins, laissant les tentes dressées, et grande quantité de toutes sortes de harnais et armes, de caques pleines de poudre à canon, un nombre infini de meubles et ustensiles; ayant caché sous la terre une partie de leur artillerie; demeurant pour hostages une multitude incroyable de pauvres malades, envers lesquels M. de Guise, les princes qui étoient dedans Metz, et généralement les autres, jusques aux simples soldats françois, usèrent de charité très-humaine, leur administrant toute nécessité et tels soulagemens que pauvres malades étrangers ont besoin; non avec telle rigueur et austérité que peut-être ils eussent traité les sujets du roi, quand fussent tombés entre leurs mains à leur merci (*). »

Ces actes d'humanité étaient si rares au seizième siècle, et la gloire qui en rejaillit sur l'armée française est si pure, que nous ajouterons au témoignage de Rabutin celui d'un témoin oculaire, Vincent Carloix, secrétaire de Vieilleville, que nous avons déjà plusieurs fois cité.

« Nous séjournâmes en la ville, dit-il, jusqu'au lundi, en très-grande liesse, qui eût été comble et parfaite, sans les grandes pitiés que nous vîmes au camp du duc d'Albe, qui étoient si hideuses qu'il n'y avoit cœur qui ne crevât de douleur; car nous trouvions des soldats par grands troupeaux, de diverses nations, malades à la mort, qui étoient renversés sur la boue; d'autres assis sur grosses pierres, ayant les jambes dans les fanges, gelées jusques aux genoux, qu'ils ne pouvoient ravoir, criant miséricorde, et nous priant de les achever de tuer. En quoi M. de Guise exerça grandement la charité, car il en fit porter plus de soixante à l'hôpital pour les faire traiter et guérir; et, à son exemple, les princes et seigneurs firent de semblable, si bien qu'il en fut tiré plus de trois cents de cette horrible misère; mais à la plupart il falloit couper les jambes, car elles étoient mortes et gelées (*). »

Charles-Quint essaya, les deux années suivantes, de réparer cet échec et de relever sa puissance. Il érigea les dix-sept provinces des Pays-Bas en cercle de Bourgogne, tout en leur laissant leurs anciennes franchises, pour en former un faisceau redoutable que la France ne pourrait rompre, et qui servirait de boulevard à l'Allemagne du Nord. En même temps, il mariait son fils Philippe avec la jeune reine Marie Tudor, pour arracher l'Angleterre à l'hérésie, et l'entraîner plus sûrement dans son alliance. Il semblait se ranimer dans sa vieillesse pour agiter de nouveau l'Europe; mais il était trop tard. L'unité de l'Église était brisée pour toujours. En 1555, les princes protestants lui imposèrent la paix d'Augsbourg, qui justifiait toutes leurs révoltes précédentes, et établissait l'égalité parfaite des deux cultes. Lui-même était accablé par la vieillesse et les infirmités; son rôle était fini: il n'avait pu fonder la monarchie universelle, ni assurer le triomphe de l'Église. Il résolut d'abdiquer. En 1555, dans une assemblée solennelle tenue à Bruxelles, il remit le sceptre des Pays-Bas et celui d'Espagne en faveur de son fils Philippe II; et, l'année suivante, il abandonna la couronne impériale à son frère Ferdinand. Puis il se retira dans le couvent de Saint-Just en Estramadure. Il y vécut deux ans, n'ayant plus d'autre occupation que de cultiver un petit jardin, de pacifier les querelles des moines, de chanter au lutrin et de régler des horloges. C'est

(*) Mémoires de Rabutin.

(*) Mémoires de Vieilleville.

ainsi que se reposait cette puissante intelligence qui avait bouleversé le monde et réglé pendant trente-six ans les destinées de l'Europe. Enfin, en 1558, Charles-Quint, dégoûté de la vie, fit célébrer vivant ses funérailles, se coucha dans son cercueil, répondit lui-même aux prières des morts qu'on récitait à son intention, et ne se releva de sa tombe que pour un jour (21 septembre 1558).

1556-1559.

Trêve de Vaucelles. — Henri II la rompt, à la sollicitation du pape, pour attaquer Philippe II. — Expédition du duc de Guise en Italie. — Batailles de Saint-Quentin et de Gravelines. — Prise de Calais. — Paix de Cateau-Cambresis. — Mort de Henri II. — Immédiatement après l'abdication de Charles-Quint, une trêve avait été conclue entre Henri II et Philippe II. Mais cette trêve ne pouvait être de longue durée : les hostilités recommencèrent presque aussitôt. Elles furent provoquées par le pape Paul IV, qui était alors en guerre avec le roi d'Espagne. Le 8 novembre 1556, deux gentilshommes français, attachés à l'ambassade, de Selve et Lansac, allèrent visiter le pape assiégé dans Rome par le duc d'Albe : « Sitôt que nous fûmes en sa présence, écrivirent-ils à leur cour, avant que d'avoir le loisir de lui entamer aucun propos, il nous demanda quelles nouvelles nous avions du roi et du secours; moi, de Selve, lui répondis que nous n'avions point eu de lettres depuis celles du 2 du mois passé; mais que celles-là tenoient une résolution si ferme et assurée dudit secours, que je pensois qu'on vaquoit à présent, et pensoit aux effets plutôt qu'à écrire, et qu'il ne pouvoit guère tarder que je n'en eusse quelque bonne nouvelle. Sa Sainteté répliqua que plût à Dieu qu'ainsi fût, et qu'il en étoit grand besoin; que jamais le roi n'avoit eu ni n'auroit telles occasions pour la grandeur et pour l'exaltation de toute sa maison que celle qui s'offroit ; répétant les propos qu'elle avoit plusieurs fois tenus, de vouloir mettre la couronne de l'Empire sur la tête de Sa Majesté, et faire son second fils roi de Naples, et un autre duc de Milan, et ériger ledit duché en royaume, et le faire roi de Lombardie; et un autre, qu'il le feroit dès cette heure cardinal ; et qu'il ne cédoit à cardinal quelconque françois, quel qu'il fût, pour être plus François et aimer plus le roi que lui ; et que Sa Majesté pouvoit bien faire son compte de ne voir jamais pape tant sien que lui, quelque François naturel qu'il pût être ; et que si l'on s'étoit déclaré et avoit pris les armes contre un empereur et un pape pour un duc de Parme, qu'il ne savoit que dire si on ne les prenoit à bon escient non-seulement pour un pape, mais pour la querelle de Dieu et de son Église, et pour acquérir par manière de dire la monarchie du monde, et tant de grands et si beaux États, et délivrer tant de peuples opprimés ; que le roi, s'il vouloit, seroit adoré comme un rédempteur de l'Italie ; qu'il avoit telle connoissance de la bonne intention de Sa Majesté, et de l'affection et amour qu'elle lui portoit, qu'il se tenoit pour tout certain qu'elle ne lui manqueroit jamais de son aide et de sa promesse, si ce n'étoit par la malice et assassinement de quelques traîtres qui, pour leurs intérêts particuliers, vouloient empêcher la grandeur de Sadite Majesté sous le manteau d'une paix qui sembloit en apparence être une belle chose ; mais que cette paix, en effet, n'étoit qu'une invention diabolique pour empêcher la ruine des hérétiques, schismatiques, ennemis de Dieu et de l'Église; et quiconque conseilloit et mettoit en avant une paix avec telles gens, il étoit ministre du diable, ministre d'iniquité, favorable aux méchans hérétiques, traître et déloyal serviteur à son maître ; et que Dieu le maudiroit et en feroit la vengeance, et qu'il prioit Dieu de le maudire comme lui le maudissoit, nous disant là-dessus à tous deux telles paroles : « Che-
« minez droit l'un et l'autre, car je vous
« jure le Dieu éternel que si je puis en-
« tendre que vous vous mêliez de tel-
« les manies, je vous ferai voler les

« têtes de dessus les épaules ; et ne
« pensez pas que j'attende pour cela
« des nouvelles du roi ; car la première
« chose que je ferai sera de vous faire
« trancher vos têtes, et puis après j'en
« écrirai au roi, et lui manderai que je
« vous ai châtiés et punis comme traî-
« tres de Sa Majesté et de moi. Et
« n'estimez pas que pour telles gens
« que vous le roi laisse de m'être bon
« fils ; car j'en enverrai par terre à
« centaines de telles têtes que les vô-
« tres, et l'amitié d'entre le roi mon
« fils et moi ne sera pour cela de rien
« altérée.. Il m'a été donné une fois
« une trêve infâme et maudite, et je
« l'ai endurée pour une fois ; mais qui
« me voudra pour la seconde fois don-
« ner d'une paix, je vous jure le Dieu
« vivant que je mettrai des têtes par
« terre, et advienne qu'il en pourra
« advenir... » En somme, Sa Sainteté
continua ce propos de nous faire trancher nos têtes, et de mécontentement,
près d'une heure en telle colère,
qu'elle s'en mit hors d'haleine, et ne
pouvoit plus parler (*). »

Le roi, averti de ces dispositions
du pape Paul IV, assembla une armée
dont il confia le commandement au
duc de Guise, qui venait de s'illustrer
par la belle défense de Metz. Le duc
de Guise traversa les Alpes au cœur de
l'hiver, avec quinze mille hommes
(1557). Mais, au lieu de commencer
par chasser les Espagnols et les Allemands de la Lombardie, il marcha
vers Rome. Le pape le reçut dans cette
ville le 4 mars, et annonça, dans une
assemblée des cardinaux, son intention de prononcer contre Philippe II
une sentence par laquelle il le dépouille-
rait du royaume de Naples, pour avoir
pris les armes contre son suzerain.
Mais les vivres, les munitions de
guerre, les soldats qu'il avait promis
n'arrivaient point ; les partisans dont
il avait annoncé le soulèvement dans
les Abruzzes se tenaient tranquilles,
et le duc de Guise se vit réduit à ses
propres forces. Le 24 avril, il vint
mettre le siége devant Civitella. Cette
ville était mal fortifiée ; mais sa situation au sommet d'un monticule en fa-
cilitait la défense. Tous les assauts des
Français furent repoussés ; beaucoup
de soldats tombèrent malades ; les
fourrageurs qui s'éloignaient du camp
étaient enlevés par le duc d'Albe, qui
n'attendait plus que quelques renforts
pour attaquer les Français. Le duc de
Guise prit enfin le parti de lever le
siége. La tentative pour pénétrer dans
le royaume de Naples n'eut aucun succès. Il était retourné à Rome, lorsqu'il reçut une lettre de Henri II, qui
lui annonçait les désastres de Saint-
Quentin, et le rappelait avec son armée pour sauver le royaume. « Partez,
« lui dit le pontife ; aussi bien avez-vous
« fait peu de chose pour le service de
« votre roi ; moins encore pour l'Église,
« et rien du tout pour votre honneur. »
A la nouvelle de la reprise des hostilités en Italie, Philippe II s'était
rendu en Angleterre, et avait déterminé la jeune reine Marie, qui l'aimait
avec passion, à déclarer la guerre à la
France. Les armées réunies d'Espagne
et d'Angleterre s'assemblèrent dans
les Pays-Bas, et Philippe II en confia
le commandement au duc Philibert de
Savoie. Henri II, qui avait envoyé l'é-
lite de ses troupes en Italie, sous le
commandement du duc de Guise, donna
l'ordre au duc de Nevers, gouverneur
de la Champagne, et à Gaspard de Coligny, gouverneur de la Picardie, de se
tenir sur la défensive tout le long de
la frontière du Nord. Bientôt on apprit que l'armée ennemie, forte de
trente-cinq mille hommes d'infanterie
et douze mille chevaux, avait investi
Saint-Quentin. Lorsque Coligny fut
averti de la marche du duc de Savoie,
il déclara que cette ville faisant partie
de son gouvernement, il voulait s'y
enfermer, pour relever par sa présence
le courage de la garnison. Son oncle,
le connétable de Montmorency, lui
promit de faire les plus grands efforts
pour le dégager.

« Il était impossible de trouver une
place en plus mauvais état que n'était
alors Saint-Quentin ; le faubourg d'Isle était intenable, le boulevard sans

---

(*) Mémoire au roi, dans Ribier, p. 665.

parapet, le fossé commandé par des maisons qui étaient sur l'autre bord; et cependant, au point de communication de ce faubourg avec la ville, « l'on pouvoit, dit Coligny, faire brèche en moins d'une heure, sans qu'il y eût un homme qui eût osé s'y présenter, pour ce que le dehors étoit beaucoup plus haut que le dedans, et étoit le rempart du tout ôté. » Les plantations d'arbres au dehors s'étendaient jusqu'aux bords du fossé, et semblaient placées à dessein pour couvrir l'approche des ennemis; un grand pan de muraille n'avait que sept ou huit pieds de haut, et il s'y trouvait encore deux grandes brèches qui n'étaient bouchées que par des claies et quelques balles de laine. Les magistrats de la ville, après avoir fait le recensement des vivres, n'avaient pas trouvé qu'il y en eût pour plus de trois semaines. On découvrit dans deux tours d'ancienne poudre à canon qui y avait été oubliée si longtemps, que les barriques étaient pourries, en sorte qu'on fut obligé de la recueillir et de la transporter avec des draps; et pendant cette opération, une flammèche des maisons qui brûlaient y mit le feu, et ouvrit ainsi une large brèche aux murailles, en tuant une quarantaine de soldats. Quoique la ville fût bordée par un marais, elle ne possédait que trois petites nacelles qui ne pouvaient chacune contenir plus de trois hommes à la fois; dans toute la ville on n'avait trouvé que vingt et une arquebuses à crochet, tant bonnes que mauvaises, et dans la garnison on ne comptait pas cinquante arquebusiers, en sorte qu'il n'y avait pas moyen d'inquiéter les assiégeants lorsqu'ils venaient travailler jusque sous les murs (*). »

Coligny mit tous ses soins à réparer ces désavantages et à mettre la ville en état de défense. Il fit fermer les brèches, couper les arbres qui masquaient l'ennemi, brûler les maisons qui domi-

(*) Sismondi, d'après les Mémoires de Gaspard de Coligny, sur le siége de Saint-Quentin.

naient les murs, rassembler les vivres cachées, et il en soumit la distribution à une inspection commune. Lui-même, du haut du clocher le plus élevé, observait les positions des ennemis, et les sentiers qu'il pouvait indiquer au connétable pour lui faire passer des renforts. Cependant plusieurs tentatives de ce dernier pour jeter des secours dans la place assiégée, avaient échoué, et Coligny avait eu le malheur de perdre un de ses meilleurs officiers, Téligny, qui fut tué dans une sortie. « Coligny lui ayant de nouveau signalé un passage au travers des marais, par lequel on pouvait éviter les postes ennemis et arriver jusqu'à la ville, Montmorency chargea une seconde fois Dandelot de conduire à son frère des secours. Il s'agissait de faire descendre des bateaux le long de la rivière, de traverser le marais, et de venir aborder à une place que Coligny garnissait la nuit d'un faux plancher qu'il enlevait le matin. Mais au lieu de dérober ainsi sa marche, Montmorency voulut venir donner l'alarme jusque dans le quartier du duc de Savoie, qu'il canonna en effet le matin du 10 août, au travers de la rivière, de manière à forcer ce général à se retirer dans celui du comte d'Egmont. Montmorency, qui avait entre lui et l'ennemi la rivière et le marais, jouissait de ce triomphe; il ne voulait pas écouter ses officiers, qui lui représentaient que sa situation était là fort dangereuse, qu'il risquait d'y être enveloppé, s'il n'occupait pas une chaussée qui traversait le marais, et un moulin qui la défendait; car, par cette chaussée, toute l'armée des ennemis, fort supérieure en nombre à la sienne, pouvait en deux heures arriver sur lui. Les deux heures se perdirent pour faire avancer les bateaux qui étaient à la queue de la colonne, au lieu de se trouver en tête. Dandelot y entra avec ses braves soldats, et vint aborder au rivage opposé; mais au point du jour, Coligny avait retiré le faux plancher, qui aurait signalé aux ennemis la place à défendre; il fallut donc se jeter dans ces boues profondes. Dandelot réussit à les traverser avec environ quatre cent cinquante hommes, qu'il introduisit dans la place ; ceux que les bateaux amenèrent ensuite ne purent plus aborder en cet endroit, que le piétinement de tant de soldats avait changé en une effroyable fondrière. En se jetant ou plus haut ou plus bas, ils tombèrent presque tous dans les mains des ennemis.

« Pendant ce temps, Philibert Emmanuel, duc de Savoie, avait dirigé ses troupes vers la chaussée, à laquelle il ne pouvait arriver qu'après avoir fait le tour de la ville, et il se trouvait déjà derrière l'armée française. Montmorency avait enfin envoyé le duc de Nevers dans cette direction, en lui ordonnant d'occuper le moulin s'il était encore temps, mais de ne pas engager de combat à son occasion. Nevers, y trouvant déjà les ennemis, se replia sur le prince de Condé ; tous deux joignirent bientôt Montmorency, qui avait déjà commencé sa retraite. Ils comptaient attaquer ensemble le corps qui leur fermait le passage ; il était trop tard ; ils se trouvaient enveloppés ; l'armée tout entière du duc de Savoie, bien plus forte que la leur, les pressait de toutes parts. Le duc de Nevers s'ouvrit néanmoins un passage par une vallée profonde, et fit sa retraite ; mais les autres ne purent le suivre. Le comte d'Enghien, le vicomte de Turenne, la Rochechouart, la Roche du Maine, Saint-Gelais, Rochefort, et quatre mille soldats, furent tués. Le connétable de Montmorency demeura prisonnier avec le maréchal Saint-André, les ducs de Montpensier et de Longueville, deux Biron, la Rochefoucauld, Saint-Séran, d'Aubigné, et la plus grande partie de l'armée. On ne vit arriver à la Fère, avec le corps du duc de Nevers, que Condé, Sancerre et Bourdillon. François de Montmorency réussit aussi à se mettre en sûreté, mais par un autre chemin. L'armée française était détruite, et la route de Paris ouverte aux ennemis (*). »

(*) Sismondi.

La bataille de Saint-Quentin pouvait être aussi funeste à la France que l'avaient été celles de Crécy, de Poitiers et d'Azincourt. Le duc de Savoie, Philibert Emmanuel, voulait que l'armée victorieuse marchât aussitôt sur Paris. Il assurait qu'une terreur panique avait frappé la France, et qu'accoutumée à ne se défendre qu'avec des soldats étrangers, elle serait hors d'état de faire une longue résistance. Heureusement Philippe II, qui était d'un naturel moins confiant, ne permit pas au duc de Savoie de tirer parti de sa victoire, et il lui ordonna de borner tous ses efforts au siège de Saint-Quentin. Cette ville, dont les murailles tombaient de toutes parts devant l'artillerie espagnole, fut enfin prise d'assaut le 27 août. Coligny, Dandelot et une foule d'officiers distingués furent faits prisonniers. Les Espagnols prirent ensuite le Catelet, Ham, Noyon et Chaulny, et mirent garnison dans toutes ces places. Mais pendant que Philippe II se consumait à prendre quelques villes fortes, Henri II avait eu le temps de recruter une armée. Les bourgeois de Paris lui avaient offert des dons gratuits, la noblesse s'était armée de toutes parts, et des sommes considérables avaient été envoyées en Suisse pour y recruter des soldats. Déjà le roi se trouvait en état de tenir de nouveau tête à l'ennemi ; mais Philippe II se retira à Bruxelles, et bientôt après les deux armées prirent quartiers d'hiver.

Pendant ce temps le duc de Guise releva l'honneur de la France par un acte d'une rare audace. A la tête de l'armée que les Français avaient rassemblée sur leurs frontières du nord, il traversa au cœur de l'hiver un pays occupé par l'ennemi, et, le 1er janvier 1558, il se présenta tout à coup devant Calais. Le pont de Nieullay et un petit fort qui en défendait l'approche furent enlevés d'emblée. Tout le reste de la ville était entouré par des marais impraticables. Cependant des batteries furent montées aussitôt. Le 4, une large brèche fut ouverte près de la porte de la rivière. Le 5, la vieille cita-

21.

delle fut prise d'assaut. Les Anglais en furent consternés. Calais n'était point en état de défense, et les attaques acharnées des Français ne leur laissaient pas le temps d'attendre des secours. Lord Wentworth, qui commandait la garnison, et qui n'avait sous ses ordres que huit à neuf cents hommes, perdit courage et proposa de capituler. La capitulation fut signée le 8 janvier 1558, et dès le lendemain la ville fut livrée aux Français. Ainsi les Anglais perdirent cette ville qu'ils possédaient depuis plus de deux siècles, et ils ne conservèrent plus alors un seul pouce de terrain dans cette France où ils avaient dominé si longtemps.

La nouvelle de la prise de Calais répandit l'allégresse en France. Chacun célébrait le duc de Guise comme ayant relevé la gloire de sa patrie, et effacé la honte de la déroute de Saint-Quentin. Les Anglais en éprouvèrent une profonde douleur. Ils comprenaient qu'à l'avenir ils devaient renoncer à leurs prétentions sur la France. La reine Marie surtout, qui avait négligé Calais pour ne s'occuper que de l'extermination des ennemis de la foi, éprouva une douleur amère, et souvent elle répéta depuis qu'à sa mort on trouverait le mot de Calais écrit dans son cœur.

Un si beau fait d'armes rendit à la France son énergie première que ne put abattre la défaite de Gravelines. Tout présageait un brillant avenir et une paix glorieuse. Le 24 avril 1558, le roi célébra à Paris le mariage de François, son fils aîné, avec Marie, reine d'Écosse et nièce des Guises. Le contrat de mariage portait que Marie Stuart léguait son royaume à la France, pour être à tout jamais uni à cette couronne, si elle venait à mourir sans enfants. Ce mariage porta au comble la puissance des Guises. Des six frères de ce nom, l'aîné, François de Guise, disposait de toutes les forces militaires de la France ; le cardinal, de toutes les finances ; un troisième, des galères rassemblées à Marseille ; un quatrième commandait en Écosse, et un cinquième était destiné à remplacer Brissac en Piémont. Ainsi, suivant l'expression de Buchanan, on ne pouvait disposer en France ni d'un soldat, ni d'un écu, sans leur assentiment.

Au moment même où le dauphin épousait Marie Stuart, l'alliance de l'Espagne et de l'Angleterre était rompue par la mort de la reine Marie. L'avénement de sa sœur Élisabeth, qui était protestante, changea entièrement la politique de l'Angleterre au dehors. Depuis ce jour, Philippe II désira la paix, et il l'aurait acceptée même à des conditions assez dures. La rivalité du connétable de Montmorency et du duc de Guise, et les intrigues de Diane de Poitiers, firent conclure un traité moins avantageux que celui auquel la France avait droit de prétendre. Ce fut le traité de Cateau-Cambrésis, signé le 3 avril 1559. Henri II et Philippe II convinrent par ce traité de se rendre réciproquement toutes les places qu'ils avaient conquises l'un sur l'autre dans les Pays-Bas et en Picardie. La France devait rendre au duc de Savoie ses États, en conservant seulement des garnisons dans Turin et quatre autres forteresses. Elle devait évacuer la Toscane, la Corse et le Montferrat. Les trois évêchés de Metz, Toul et Verdun, lui étaient conservés, ainsi que la ville de Calais ; mais Henri II s'engageait à payer aux Anglais, pour cette dernière place, la somme de 800,000 écus, à moins que la guerre n'éclatât dans les huit années suivantes. Cette somme ne fut jamais payée, et Calais resta à la France.

Cette paix fut tout à l'avantage de l'Espagne qui gardait l'Italie et les places de Thionville, Hesdin et Montmédy. Il semble que les négociateurs français ne sentirent pas immédiatement toute l'étendue des concessions qu'ils avaient faites. Mais lorsqu'on vit revenir les garnisons du Piémont et de la Toscane, lorsqu'on fit le compte effrayant de cent quatre-vingt-neuf villes fortifiées que la France restituait à l'Espagne, alors il y eut un déchaînement universel contre Montmorency et Saint-André qui avaient négocié le traité, quoique prisonniers, et qui avaient fait payer plus cher leur rançon à la France que celle de François Ier.

Pour assurer la durée de ce traité, et pour consolider la paix entre la France et l'Espagne, Élisabeth, fille de Henri II, qui avait été promise d'abord à l'infant don Carlos, épousa Philippe II, et Marguerite, sœur du roi, épousa le duc de Savoie. Des fêtes splendides, des tournois, des réjouissances de tout genre, devaient solenniser ce double mariage. Une lice avait été préparée dans la rue Saint-Antoine, et s'étendait depuis le palais des Tournelles où logeait le roi, jusqu'aux écuries royales ; des échafauds couverts de spectateurs la bordaient des deux côtés ; chaque jour les seigneurs et le roi lui-même, armés de toutes pièces, y couraient les uns contre les autres. Le 29 juin, les quatre tenants étaient le roi, le duc de Guise, le prince de Ferrare et le duc de Nemours. Henri avait remporté tous les honneurs du combat, et les courses avaient cessé, lorsqu'il aperçut deux lances qui étaient encore entières. Il ordonna au comte de Montgommery, son capitaine des gardes, d'en prendre une, de lui donner l'autre, et de courir contre lui. Les deux combattants se heurtèrent violemment ; leurs lances se brisèrent, et l'un des éclats entra dans l'œil du roi. Il en résulta un épanchement de sang dans le cerveau. Henri II perdit connaissance. Tandis qu'il était suspendu entre la vie et la mort, on se hâta de marier, dans la chapelle du palais, sa sœur Marguerite avec le duc de Savoie. Le 10 juillet 1559, Henri II expira à l'âge de quarante ans, après un règne de douze ans et trois mois.

On raconte que pendant sa longue léthargie quelqu'un vint représenter à Catherine de Médicis, sa femme, qu'elle ne devait pas laisser demeurer dans le palais Diane de Poitiers, duchesse de Valentinois. Jusqu'alors la reine n'avait jamais laissé percer la haine qu'elle nourrissait contre sa rivale. Mais se voyant sur le point de saisir le pouvoir pendant la minorité de son fils, elle fit un premier essai de son autorité en ordonnant à Diane de sortir de la résidence royale. « Le roi est-il mort ? » demanda Diane. — « Non, il respire encore. » — « Eh bien, personne que lui n'a d'ordre à me donner ; » et elle resta dans le palais jusqu'à la mort de Henri II.

CHAP. II. RÉACTION FÉODALE ET PROTESTANTE CONTRE LA ROYAUTÉ. — GUERRES DE RELIGION SOUS FRANÇOIS II, CHARLES IX ET HENRI III. — TRIOMPHE DE LA ROYAUTÉ SOUS HENRI IV.

FRANÇOIS II.
1559-1560.

Nous avons vu la royauté fondée par Louis VI et par Suger se fortifier par des conquêtes et des agrandissements de territoire sous Philippe-Auguste et saint Louis, puis s'élever sur les ruines de la féodalité vaincue par Philippe le Bel et ses légistes. Pendant la guerre de cent ans, une réaction eut lieu contre la royauté. La noblesse profita des victoires des Anglais pour ressaisir une partie de ses anciens priviléges. Puis, sous Louis XI, une nouvelle féodalité, la féodalité princière, se proposa le renversement de ce royaume qu'elle aurait dû défendre contre l'étranger. Louis XI triompha, par sa politique habile et persévérante, de cette féodalité de princes et de grands seigneurs qui voulaient se rendre indépendants, sous le prétexte du bien public, et la royauté sortit de ses mains, sanglante, il est vrai, et souillée de crimes, mais forte aussi et redoutée. Charles VIII, Louis XII et François Ier héritèrent de ce pouvoir absolu fondé par Louis XI. Toutes les forces de la nation se trouvèrent concentrées entre leurs mains, et ils en profitèrent pour aller en Italie et pour en rapporter les lumières et la civilisation.

Ainsi, la royauté était parvenue, au commencement du quinzième siècle, à un haut degré de puissance ; l'unité nationale était presque accomplie; partout régnait la régularité dans les institutions, l'ordre et l'esprit de suite dans les actes des agents du gouvernement ; l'éducation de la France avait fait des progrès immenses sous la bienfaisante tutelle de la royauté, lorsque tout fut remis en question par ce grand mouvement de la réforme qui bouleversa la France pendant cinquante ans.

Notre but n'est pas de traiter ce grand sujet sous le point de vue de la religion. Nous ne voulons pas ici agiter la question de la souveraineté de la raison individuelle opposée à l'autorité en matière de foi, celle des indulgences, celle de la papauté et tant d'autres (*). Notre point de vue est essentiellement politique. Nous nous proposons avant tout de faire ressortir le caractère féodal que la réforme a revêtu en France. La réforme n'a été populaire en France qu'un instant ; elle a trouvé des partisans dans le peuple, et a fait quelques progrès dans les provinces de l'Ouest et du Midi, sous François Ier et Henri II. Mais après la conjuration d'Amboise qui éclata sous François II, elle perdit son prestige et ne trouva plus que des ennemis dans les rangs du peuple. Le peuple s'était aperçu, avec cet instinct qui lui est propre et qui n'est jamais trompeur, que tous ces seigneurs accourus en armes au château d'Amboise ne se proposaient pas précisément de convertir le jeune roi et de le rendre meilleur, mais bien de s'emparer de sa personne et de régner en son nom. Or, qu'auraient-ils fait du pouvoir, s'ils étaient parvenus à le conquérir? Certes, le peuple n'en eût pas profité; ils auraient réclamé les libertés de leurs ancêtres qui leur avaient été enlevées successivement par nos rois. Or, qu'étaient-ce que ces libertés? C'étaient des priviléges qui leur assuraient l'impunité et qui constituaient autant de pouvoirs indépendants et souverains qu'il y avait en France de seigneurs et de châtelains. C'est pourquoi le peuple fit cause commune avec la royauté, et l'aida à lutter contre cette féodalité religieuse, dont le triomphe eût amené l'anéantissement de l'unité religieuse, aussi bien que de l'unité politique.

§ Ier. *Histoire de la réforme en France sous François Ier et Henri II.*

François Ier se montra d'abord indifférent pour les idées nouvelles. « Mais l'agitation croissante des esprits qu'on remarquait sous son règne, annonçait de nouveaux troubles. L'esprit de liberté se plaçait dans la religion, pour rentrer un jour, avec des forces doublées, dans les institutions politiques. D'abord, les réformateurs s'en tinrent à des attaques contre les mœurs du clergé : les *Colloquia* d'Érasme, tirés à vingt-quatre mille exemplaires, furent épuisés rapidement. Les psaumes, traduits par Marot, furent bientôt chantés sur des airs de romances par les gentilshommes et les dames, tandis que l'ordonnance en vertu de laquelle les lois devaient être désormais rédigées en français, mettait tout le monde à même de connaître et de discuter les matières politiques. La cour de Marguerite de Navarre et celle de la duchesse de Ferrare, Renée de France, étaient le rendez-vous de tous les partisans des nouvelles opinions. La plus grande légèreté d'esprit et le plus profond fanatisme, Marot et Calvin, se rencontraient à Nérac. François Ier avait d'abord vu sans inquiétude ce mouvement des esprits. Il avait protégé, contre le clergé, les premiers protestants de France (1523-1524). En 1524, lorsqu'il resserrait ses liaisons avec les protestants d'Allemagne, il invita Mélanchton à présenter une profession de foi conciliante. Il favorisa la révolution de Genève, qui devint le foyer du calvinisme (1535). Cependant, depuis son retour de Madrid, il était plus sévère pour les protestants de France. En 1527 et 1534, la fermentation des nouvelles doctrines s'étant manifestée par des outrages aux images saintes, et par des placards affichés au Louvre, plusieurs protestants furent brûlés à petit

(*) Voyez l'ALLEMAGNE; t. II, p. 173, et suiv.

feu, en présence du roi et de toute la cour. En 1535, il ordonna la suppression des imprimeries sous peine de la hart, et, sur les réclamations du parlement, révoqua la même année cette ordonnance pour établir la censure(*). »

Les protestants, on le voit, avaient fait de grands efforts pour attirer François I*er* dans leur parti. C'est que, dès cette époque, la France imprimait son mouvement intellectuel à une grande partie de l'Europe. L'Italie, d'où elle avait reçu les lumières, était tombée sous le joug de l'étranger, et, avec l'indépendance politique, elle avait perdu cette supériorité littéraire qui avait fait sa gloire. La France commençait à lui succéder et à attirer les regards de l'Europe. Aussi, les protestants avaient-ils compris de bonne heure que, pour triompher en Europe, il fallait qu'ils commençassent par triompher en France. Le réformateur de la Suisse, Zwingle, écrivit une épître à François I*er*, pour l'engager à embrasser les doctrines nouvelles. Le roi d'Angleterre, Henri VIII, qui venait de se séparer du saint-siège, écrivit dans le même sens au roi de France, et lui offrit même son alliance contre Charles-Quint, à condition qu'il consentirait à suivre son exemple. Enfin, Calvin lui dédia son livre célèbre de l'*Institution chrétienne*, dans lequel il avait développé les doctrines de la réforme. François I*er* résista à Zwingle, à Henri VIII et à Calvin, et resta fidèle à la religion catholique, pendant que la réforme faisait des progrès rapides. Mais il ne persécuta pas les protestants, qui étaient encore trop peu nombreux et trop divisés pour inspirer des craintes. Cette tolérance enhardit les disciples de la réforme, qui avaient été protégés jusqu'alors par la reine Marguerite de Navarre, les frères du Bellay, et même par l'archevêque de Paris. « Ayant, dit Théodore de Bèze, le roi été gagné par eux, jusqu'à ce point qu'il délibéra de faire venir en France, et d'ouïr en présence ce grand et renommé personnage, Philippe Mélanchton, étant pour lors en Saxe, à Wittemberg, compagnon de Martin Luther, mais d'un esprit beaucoup plus paisible et modéré que Luther. Mais, environ le mois de novembre 1534, tout cela fut rompu par le zèle indiscret de quelques-uns, lesquels ayant fait dresser et imprimer certains articles d'un style fort aigre et violent contre la messe, en forme de placards, à Neufchâtel, en Suisse, non-seulement les plantèrent et semèrent par les carrefours et autres endroits de la ville de Paris, contre l'avis des plus sages, mais en affichèrent un à la porte de la chambre du roi, étant pour lors à Blois, ce qui le mit en telle furie, ne laissant aussi passer cette occasion ceux qui l'épioient de longtemps, et qui avoient son oreille, comme le grand maître Montmorency, depuis connétable, et le cardinal de Tournon, qu'il se délibéra de tout exterminer s'il eût été en sa puissance. Alors étoit en office de lieutenant criminel Jean Morin, aussi grand adversaire de la religion, fort dissolu en sa vie, et renommé entre tous les juges de son temps pour la hardiesse qu'il avoit de faire des captures avec la subtilité à surprendre les criminels en leurs réponses. Celui-là donc ayant reçu commandement du roi de procéder à informer et à mettre prisonniers tous ceux qu'il pouvoit attraper, usa de toute diligence; de sorte qu'en peu de temps il remplit les prisons d'hommes et femmes de toute qualité (*). »

Un certain Guainier, que les protestants employaient à les avertir pour leurs assemblées secrètes, fut saisi des premiers et condamné au feu. Mais on lui laissa la vie, à condition qu'il dénoncerait ses complices, dont il connaissait les noms et les demeures. Il y consentit, et se mit lui-même à la tête des archers qui allaient arrêter les coupables. En même temps que François I*er* commençait ainsi à poursuivre les partisans des idées nouvelles, il résolut de faire une expiation publique

(*) Michelet, Précis de l'histoire de France, p. 201.

(*) Théodore de Bèze, Histoire ecclésiastique, liv. 1, pag. 15 et 16.

de l'offense commise contre le saint sacrement. Une procession solennelle fut préparée pour le 21 janvier 1525. Elle sortit de l'église de Saint-Germain. On portait en tête les corps et les reliques de tous les martyrs conservés dans les églises de Paris, celles même de la Sainte-Chapelle, qui n'avaient pas été exposées depuis la mort de saint Louis. « Il y avait, dit Bouchet, grand nombre de cardinaux, évêques, abbés et autres prélats, et tous les colléges séculiers de Paris, en bon ordre. Après eux venait Jean du Bellay, évêque de Paris, portant en ses mains le saint sacrement; puis le roi marchait après le sacre, la tête nue, tenant une torche de cire vierge à la main; et après lui marchaient la reine, messieurs les princes, les deux cents gentilshommes, toute sa garde, la cour du parlement, les maîtres des requêtes, et toute la justice. » Les ambassadeurs de Charles-Quint, de Henri VIII, ceux de Venise et plusieurs autres assistaient à la cérémonie. La procession parcourut lentement les principaux quartiers de la ville. On avait préparé d'avance, dans les six plus grandes places, un reposoir pour le saint sacrement, un échafaud et un bûcher « où furent très-cruellement brûlés vifs six personnages, avec merveilleuses huées du peuple, tellement ému, que peu s'en fallut qu'il ne les arrachât des mains des bourreaux pour les déchirer; mais si sa fureur étoit grande, la constance des martyrs fut encore plus grande (*). » Le roi avait ordonné que ces malheureux fussent liés à une machine élevée : c'était une solive placée en balançoire, qui, en s'abaissant, les plongeait dans la flamme du bûcher, mais qui se relevait aussitôt pour prolonger leur supplice, jusqu'à ce que la flamme gagnant enfin les cordes qui les liaient, ils tombassent au milieu du bûcher. On attendait, pour faire jouer cette effroyable balançoire, que le roi fût arrivé, afin qu'il vît le moment où le malheureux tomberait dans les flammes. En effet, à chaque station, le roi se mettait à genoux; et, humblement prosterné, il implorait sur son peuple la miséricorde divine, jusqu'à ce que la victime eût péri dans d'atroces douleurs.

Le 29 janvier 1535, François Ier fit publier un édit « pour l'extirpation et extermination de la secte luthérienne, et autres hérésies... dont les sectateurs et imitateurs se sont rendus fugitifs, cachent, et latitent en aucunes parties du royaume. « *Pour quoi*, y est-il dit, *statuons et ordonnons, par édit perpétuel et irrévocable, que tous ceux et celles qui ont recélé ou recéleront par-ci après sciemment lesdits sectateurs, pour empêcher qu'ils ne fussent pris et appréhendés par justice... seront punis de telle et semblable peine que lesdits sectateurs; sinon que d'eux-mêmes et par leur diligence, ils amenassent et représentassent à justice iceux sectateurs.... et outre avons aussi ordonné que tous ceux et celles qui révéleront et dénonceront à justice aucuns desdits délinquans, soit des principaux sectateurs, ou de leurs recélateurs... auront la quarte partie des confiscations et amendes sur ce adjugées.* »

Depuis la publication de cet édit, les persécutions continuèrent dans toutes les parties de la France, non point d'une manière uniforme et régulière, mais avec des alternatives d'acharnement et de tolérance, qui ne contribuèrent qu'à augmenter le nombre des protestants. Les victimes n'étaient pas nombreuses, et leurs souffrances commençaient à inspirer de la compassion. On citait les noms de ces martyrs; on vantait la constance de leur foi au milieu des plus affreux supplices. On faisait passer de main en main l'effroyable arrêt rendu par le parlement de Provence contre les Vaudois du bourg de Mérindol. Cet arrêt, rendu le 18 novembre 1540, portait que les villages de Mérindol, Cabrière, les Aigues, et autres lieux qui avaient été la retraite et le réceptacle des hérétiques, seraient détruits, les maisons rasées jusqu'aux fondements; les cavernes et les autres endroits souterrains qui leur

---

(*) Théodore de Bèze.

servaient de refuge, démolis ; les forêts coupées, les arbres fruitiers arrachés ; les chefs et principaux révoltés exécutés à mort, et leurs femmes et enfants bannis à perpétuité de ces lieux. Les princes protestants de l'Allemagne intervinrent en faveur de leurs coreligionnaires de France ; et le roi qui les ménageait à cette époque, parce qu'il avait besoin de leur secours contre l'empereur, expédia des lettres de grâce aux habitants de Mérindol, et à tous ceux qui étaient persécutés en Provence pour cause de religion.

Toutefois, ce répit ne dura que quatre ans ; et, après la retraite de Charles-Quint (1545), l'effroyable arrêt reçut son exécution, malgré les nobles et énergiques réclamations de Sadolet, évêque de Carpentras.

L'archevêque d'Arles, l'évêque d'Aix, et quelques abbés, prieurs et chanoines de la Provence, assemblés à Avignon, avaient envoyé solliciter le roi, pour le salut de son âme, de révoquer l'amnistie qu'il avait accordée aux hérétiques. En même temps, on avait cherché à lui inspirer des inquiétudes. Les Vaudois, disait-on, occupent de fortes positions au milieu des Alpes ; ils se sont tellement multipliés qu'ils peuvent mettre sous les armes jusqu'à quinze mille hommes. On ajoutait qu'ils correspondaient avec les Suisses ; et que, dans le moment d'une guerre étrangère, ils pourraient facilement tenter un coup de main sur Aix ou Marseille.

François Ier céda. Le 1er janvier 1545, il écrivit au parlement de Provence de mettre à exécution l'arrêt qui avait été rendu quatre ans auparavant contre les Vaudois, malgré les lettres de grâce expédiées depuis ; et il lui recommandait « de faire en sorte que le pays de Provence fût entièrement dépeuplé et nettoyé de tels séducteurs. » Les exécuteurs de l'affreuse sentence furent l'avocat du roi, Guérin, le capitaine Paulin, l'ancien agent du roi chez les Turcs, et le président d'Oppède. Ce dernier, qui avait reçu les ordres du roi, eut soin de les entourer d'un profond mystère, et il résolut de les faire exécuter au moyen d'une expédition militaire. Il assembla six enseignes d'infanterie, des vieilles bandes arrivées du Piémont, et il leur joignit la compagnie de cavalerie du capitaine Paulin, que François Ier venait de créer baron de la Garde. Enfin, le 12 avril 1545, quand tous les préparatifs furent achevés, le baron d'Oppède lut au parlement les lettres du roi, et aussitôt cette cour ordonna que son arrêt du 18 novembre 1540 fût exécuté.

« Le 13 avril, les barons d'Oppède et de la Garde, avec leur petite armée, partirent de la ville d'Aix, passèrent la Durance, et entrèrent par le Pertuis, dans le pays habité par les Vaudois. Le lendemain matin, ils parvinrent aux villages de Pupin, la Motte et Saint-Martin, les pillèrent, les brûlèrent, et en massacrèrent tous les habitants, avant que ceux-ci eussent le moindre soupçon des desseins formés contre eux par le gouvernement auquel ils étaient soumis. La flamme des incendies de ces premiers villages, et peut-être quelques fuyards, avertirent cependant les habitants de Villelause, Lourmarin, Genssons, Trezemines et la Roque, de la calamité qui les menaçait ; ils s'enfuirent dans les bois, emportant leurs enfants et quelque petite partie de leurs meubles. Les soldats, qui arrivèrent bientôt, pillèrent tout le reste, brûlèrent les maisons et les récoltes, écorcèrent les arbres fruitiers, et égorgèrent ceux des habitants qu'ils purent atteindre. Aucune résistance n'était opposée nulle part ; et d'Oppède, voyant qu'il ne courrait aucun danger en s'affaiblissant, divisa le lendemain sa troupe en deux colonnes : l'une suivit la montagne, l'autre la rivière, pour ravager tout le pays. Tous les villages étaient abandonnés à leur approche ; mais, comme les malheureux villageois, pourchassés des villages brûlés la veille, s'étaient chargés ou de leurs enfants en bas âge, ou de leurs effets les plus précieux, les plus faibles succombaient les uns après les autres à la fatigue ; les vieillards, les femmes, les enfants restaient sur la route : à mesure que les soldats les atteignaient, ils les égorgeaient, après en avoir fait le jouet ou de leur atroce cruauté, ou de leur impudicité. Du 13 au 18, la marche fut retardée par la constante répétition dans chaque village, dans chaque hameau, du pillage, du massacre et de l'incendie. Le 18 seulement, d'Oppède arriva devant Mérindol; cette petite ville était tout à fait abandonnée : un jeune homme imbécile, âgé de dix-huit ans, y était seul demeuré; il fut attaché à un olivier, et fusillé. Le 19, l'armée entra sur les terres du pape; et se présenta devant Cabrières; il ne restait dans cette ville que soixante hommes et trente femmes. Ceux-ci firent cependant mine de se défendre pour obtenir une capitulation; on leur promit la vie sauve; mais il fut déclaré ensuite qu'aucune promesse n'était valable envers des hérétiques. Tous ceux qui étaient dans la ville furent égorgés; ceux qui s'étaient enfuis de Cabrières furent bientôt après trouvés dans le voisinage (*). »

« On prétend, dit de Thou, qu'il y en eut huit cents de tués, tant dans la ville que dehors. Pour les femmes, elles furent enfermées par l'ordre du président dans un grenier plein de paille, où l'on mit le feu; et comme elles cherchoient de se jeter par la fenêtre, elles furent repoussées avec des crocs et des piques. Les troupes allèrent de là à la Coste, où le seigneur du lieu avoit promis une entière sûreté aux habitants, pourvu qu'ils portassent leurs armes dans le château et qu'ils abattissent leurs murailles en quatre endroits. Ce peuple trop crédule exécuta ce qu'on lui avoit ordonné; mais à l'arrivée du président, les faubourgs furent brûlés, la ville fut prise, et tous les habitants taillés en pièces jusqu'au dernier. Les femmes et les filles qui, pour se dérober au premier emportement du soldat, s'étoient retirées dans un jardin voisin du château, furent violées par ces furieux, et traitées ensuite si cruellement, que plusieurs d'entre elles qui se trouvoient grosses, et la plupart même des filles, moururent ou de douleur, ou de faim, ou des tourments qu'on leur fit souffrir; ceux qui s'étoient cachés dans Mus furent enfin découverts, et eurent le même sort que les autres..... Il y eut vingt-deux villages qui essuyèrent ainsi toute la rigueur d'Oppède (*). »

Déjà plus de trois mille Vaudois avaient péri. Les autres erraient, sans asile, dans les bois et les montagnes, traqués par les soldats, qui les poursuivaient jusque dans leurs dernières retraites. On les fit prisonniers presque tous. Le baron de la Garde choisit parmi eux six cent soixante-six des plus jeunes et des plus robustes pour travailler sur ses galères. Les autres furent condamnés à mort et exécutés. Pour atteindre ceux qui erraient encore dans les montagnes, le parlement d'Aix fit proclamer par toute la Provence, « que nul n'osât donner retraite, aide, secours, ni fournir argent ni vivres à aucun Vaudois ou hérétique; et ce, sous peine de la vie. D'où s'ensuivit, poursuit l'historien de la Provence, que les habitants, hommes, femmes et enfants, ne pouvant nullement être hébergés dans les villages et les villes, étoient contraints de demeurer dans les bois ou la campagne, et n'y vivre, à faute de bons fruits dans les mois d'avril et de mai, que de l'herbe; ce qui en tua une très-grande quantité, mourant d'une faim enragée..... Les plus forts et les plus robustes se retirèrent à Genève et au pays des Suisses (**). »

Deux choses sont à remarquer dans les persécutions que François Ier dirigea contre les sectateurs de la réforme. D'abord, plus ce prince resserrait son alliance avec les protestants d'Allemagne et avec les Turcs, plus il faisait périr d'hérétiques en France. Il avait besoin de s'excuser aux yeux de l'Europe, de se prémunir d'avance contre toute inculpation calomnieuse. Lorsqu'il acceptait l'odieux secours du corsaire Barberousse, lorsqu'il souf-

(*) Sismondi.

(*) De Thou.
(**) Bouche, liv. x, p. 646.

frait que l'on vendît des chrétiens comme esclaves sur les marchés de Marseille, lorsque le drapeau aux fleurs de lis et le croissant des Turcs flottaient réunis sous les murs de Nice, François Ier en rougissait et en ressentait des remords. Il avait besoin de se justifier et de se relever à ses propres yeux au moins autant qu'aux yeux des autres. C'est là ce qui explique la facilité avec laquelle il renonça tout à coup à ses anciennes alliances, pour tenter en commun avec son rival une croisade sanglante contre les idées nouvelles; c'est là ce qui explique les nombreux bûchers qui furent dressés sous son règne, et les horribles supplices que l'on infligea aux protestants. La persécution était pour François Ier un acte de foi, un acte de contrition, une confession de ses fautes; une expiation publique, une promesse de repentir; le sang qu'il versait devait le réconcilier avec lui-même et avec Dieu. Un second fait à remarquer, c'est que des gens obscurs furent seuls frappés, tandis que l'on épargnait les hommes puissants. Une partie de la noblesse, et même des seigneurs qui vivaient à la cour de François Ier, avaient embrassé avec ardeur les doctrines de la réforme. Aucun d'eux ne fut mis à mort, et ne scella de son sang ses convictions religieuses (*).

Henri II suivit à cet égard la politique de son père. Il laissa les gentilshommes pratiquer presque ouvertement leur culte, mais il persécuta les hommes du peuple qui suivaient leur exemple. Il persécuta surtout les ministres protestants, et il en fit brûler un grand nombre dès les premières années de son règne.

Toutefois, on voyait percer de plus en plus, dans les mesures des persécuteurs, la crainte de pousser au désespoir les calvinistes, qui commençaient à devenir de plus en plus nombreux. Ce mélange de modération par politique, et de cruauté par fanatisme, cette persécution capricieuse était ce qu'il y avait de plus propre à augmenter le nombre des protestants, en attirant sur eux l'attention, l'admiration, la pitié, sans les anéantir ou les épouvanter.

En 1549, de grandes réjouissances avaient eu lieu pour le couronnement de la reine Catherine de Médicis. Henri II termina ces fêtes par une procession religieuse, dans laquelle il renouvela le vœu de poursuivre et d'extirper l'hérésie. Après la messe; il dîna en public au palais épiscopal, et après son dîner il vint prendre place à une des fenêtres de son palais des Tournelles; pour assister au supplice de quatre luthériens. L'un d'eux était un pauvre couturier qui travaillait au palais, et qu'il était allé interroger lui-même avec la duchesse de Valentinois, comptant s'amuser de sa timidité et de son embarras. Mais cet homme, nommé Hubert Burré, n'hésita pas à risquer sa vie en réfutant les arguments du roi et de sa maîtresse. Henri II voulut le voir mourir. Mais le couturier, le reconnaissant et fixant sur lui les yeux, tandis que les bourreaux lui infligeaient les plus horribles tortures, ne détourna point sa vue jusqu'au moment où il expira dans les tourments ; et ce regard, empreint de tant de souffrance et de tant de courage, produisit sur l'esprit du roi une impression de terreur qui ne s'effaça jamais de sa pensée. Depuis ce jour, il ne voulut plus assister à un supplice si cruel. En même temps, il apporta quelques changements à la procédure contre les hérétiques. Il ordonna que les juges royaux informassent et fissent les premiers actes contre les prévenus concurremment avec les juges ecclésiastiques; que les uns comme les autres pussent les faire arrêter; ou par les appariteurs

---

(*) Le jour même où avait lieu à Paris cet auto-da-fé, dont nous avons rendu compte, François Ier dit publiquement que « si son « bras droit était entaché d'hérésie, il le « couperait. » C'était une menace assez directe contre les membres de sa famille qui avaient adopté ou pourraient adopter plus tard la nouvelle hérésie. Cependant sa sœur et sa tante n'en continuèrent pas moins à professer les doctrines de Calvin, et purent même sauver ceux des calvinistes auxquels elles s'intéressaient le plus.

des prélats, ou par les sergents des juges royaux, et qu'ils pussent leur faire infliger la torture; mais il fut défendu aux prélats de condamner à des amendes pécuniaires. Cette restriction, introduite dans l'édit sur la demande du procureur du roi, était un obstacle à l'avidité, qui trop souvent avait présidé aux persécutions.

En 1552, lorsque Henri II eut signé un traité d'alliance avec Maurice de Saxe, au moment même où il réunissait une armée à Châlons pour marcher au secours des protestants d'Allemagne, il fit renouveler les persécutions sur tous les points de la France. Un grand nombre de calvinistes furent brûlés cette année à Agen, à Troyes, à Lyon, à Nîmes, à Paris, à Toulouse, à Bourg en Bresse et à Saumur. « Le roi, dit Théodore de Bèze, tandis qu'il entroit en intelligence avec Maurice de Saxe, vouloit ôter tout soupçon qu'il pût favoriser ceux de la religion. » Le 27 juin 1554 fut publié l'édit de Châteaubriand, en quarante-six articles, pour renouveler les persécutions. Henri II rappelait dans le préambule tout ce que lui et son père avaient fait pour supprimer l'hérésie. *Et n'y voyons*, dit-il, *aucun amendement, ni espérance d'y pouvoir remédier, sinon par un extrême soin et diligence, et avec toutes les rigoureuses procédures dont on doit user pour repousser vivement l'injure et obstination d'une telle malheureuse secte, et en purger et nettoyer notre royaume.* Pour parvenir à ce but, Henri II attribua aux cours souveraines ainsi qu'aux juges présidiaux la connaissance du crime d'hérésie, en exigeant cependant que les juges présidiaux appelassent à eux dix conseillers, ou, à leur défaut, dix avocats de leur ressort, pour signer les sentences dont on ne pouvait plus appeler. En même temps, il prescrivit les précautions les plus rigoureuses contre l'introduction des livres provenant de pays protestants, et surtout de Genève, qu'on regardait comme le foyer de l'hérésie. Tous les livres imprimés furent soumis à la censure de la Sorbonne; les imprimeries clandestines furent interdites; la copie signée de tout manuscrit destiné à l'impression devait être laissée au censeur. Les libraires devaient tenir exposés dans leurs boutiques un catalogue des livres prohibés, qu'on ne pouvait acheter ni vendre sans crime, et un autre catalogue des livres offerts au public. Les précautions les plus minutieuses furent prises pour empêcher l'introduction de l'hérésie dans les écoles ou dans les tribunaux. Personne ne devait plus être reçu aux fonctions de judicature, ni à celles de l'enseignement, sans une attestation que sa foi était orthodoxe. Des peines sévères furent prononcées contre ceux qui intercéderaient auprès des tribunaux en faveur des hérétiques; contre ceux qui resteraient en correspondance avec les réfugiés de Genève, ou qui leur enverraient de l'argent. Tous les biens de ces réfugiés furent confisqués au profit du roi. Enfin, pour encourager la délation, on assura aux délateurs le tiers de la fortune des condamnés.

Il ne faut pas oublier que Henri II venait de faire alliance avec les protestants d'Allemagne et avec le sultan; qu'en 1553 on vit la flotte française, unie à la flotte turque, ravager les côtes de l'Espagne et de l'Italie. Henri II se trouvait dans la même position que François Ier à l'époque de sa première lutte contre Charles-Quint; sa politique devait être aussi la même. Les résultats le furent également. Le peuple ne pouvait comprendre que le roi protégeât ces mêmes protestants qu'il faisait périr dans les supplices, en France. Bien des consciences en furent troublées, et ce fut au milieu même de ces persécutions que la première église réformée fut établie à Paris (1555).

Un gentilhomme du Maine, nommé la Ferrière, qui avait embrassé avec toute sa famille les idées nouvelles, avait amené sa femme à Paris pour y échapper à la surveillance religieuse, plus active dans les provinces. Un jour, ayant assemblé dans sa maison du Pré aux Clercs un assez grand nombre de calvinistes, il leur déclara qu'il ne souffrirait pas que l'enfant dont sa femme était grosse fût baptisé avec des cérémonies qu'il nommait idolâtres, et il les pressa d'élire un ministre. L'assemblée s'y prépara par le jeûne et par la prière; puis elle désigna d'une voix unanime un jeune homme d'Angers, nommé la Rivière, âgé à peine de vingt-deux ans, et qui avait rapporté de Genève la science et la foi nécessaires pour entrer dans cette carrière de dangers. L'organisation de l'Église fut terminée, dit Théodore de Bèze, « par l'établissement d'un consistoire composé de quelques anciens et diacres qui veilloient sur l'Église, le tout au plus près de l'exemple de l'Église primitive du temps des apôtres. Cette œuvre, véritablement, est procédée de Dieu en toute sorte, surtout si on regarde les difficultés qui pouvoient ôter toute espérance de pouvoir commencer cet ordre par la ville de Paris. Car, outre la présence du roi en icelle, avec tous les plus grands ennemis de la religion étant à ses oreilles, la chambre ardente du parlement étoit comme une fournaise vomissant le feu tous les jours; la Sorbonne travailloit sans cesse à condamner les livres et les personnes; les moines et autres prêcheurs attisoient le feu de la plus étrange sorte qu'il étoit possible; il n'y avoit boutique ni maison tant soit peu suspecte qui ne fût fouillée; le peuple, outre cela, étant de soi-même des plus stolides de France, étoit enragé et fasciné (*). »

Pendant près de deux ans, l'église réformée de Paris réussit à se dérober à la connaissance de ses ennemis, et comme tous les religionnaires entretenaient entre eux des communications actives, elle servit de modèle à de nouvelles églises, qui furent fondées dans un grand nombre de villes: à Meaux, à Angers, à Poitiers, à l'Ile-d'Arvert en Saintonge, à Agen, à Bourges, à Issoudun, à Blois et à Tours. Des ministres furent envoyés dans chacune de ces villes, de Paris ou de Genève. Plusieurs furent dénoncés

(*) Théodore de Bèze, liv. II, p. 99 et 100.

et condamnés au bûcher; mais leur mort n'arrêtait point le zèle de leurs successeurs, et la religion réformée continuait à faire des progrès. Le 4 septembre 1557, trois à quatre cents réformés s'étaient réunis la nuit dans une maison de la rue Saint-Jacques, derrière la Sorbonne, pour y célébrer leur culte. Quelques voisins qui les épiaient ameutèrent le peuple pour les empêcher de sortir. Lorsqu'à minuit la cène fut célébrée, et que les protestants voulurent se retirer en silence, ils furent accueillis par des cris de fureur et par une grêle de pierres. Ils rentrèrent dans la maison, mais après une courte délibération, les gentilshommes qui faisaient partie de cette assemblée, et qui étaient tous armés, résolurent de s'ouvrir un passage à travers la foule, l'épée à la main. Les bourgeois sans armes, les femmes et les vieillards devaient les suivre. Les gentilshommes réussirent en effet à traverser l'épée à la main cette foule ameutée qui leur lançait des pierres; mais le troupeau plus timide qui devait les suivre fut bientôt séparé d'eux et repoussé dans la maison. Il se composait d'environ cent cinquante personnes, qui s'attendaient à chaque instant à être massacrées par le peuple, lorsque le procureur du Châtelet arriva au point du jour avec des sergents, les fit lier deux à deux, et les conduisit en prison, au milieu des insultes du peuple. Douze commissaires choisis par le roi furent chargés de les juger; et quoique les prisonniers avouassent tout et se glorifiassent de leur foi, on leur donna la torture. Deux hommes et une femme furent ensuite brûlés le 27 septembre, deux autres le 2 octobre, et deux encore étranglés le même jour, avant d'être brûlés. Ceux qui restaient auraient été sans doute condamnés au même supplice, si les députés des cantons suisses et des princes protestants d'Allemagne n'avaient intercédé en leur faveur.

C'était un symptôme alarmant que cette réunion de la rue Saint-Jacques, où s'était trouvé un si grand nombre de gentilshommes. Ils étaient parvenus, eux, à se sauver grâce à leurs profonde révérence ; lui dit d'un visage courroucé : « Je vous avais fait « avertir de ne pas venir ici. » Le duc, avec la même contenance soumise qu'il avait affectée devant la reine, mais avec des paroles plus humbles, lui dit qu'il était venu se mettre sous la main de sa justice, pour se disculper des calomnies dont l'avaient chargé ses ennemis ; que toutefois il ne serait point venu, si on lui avait porté de la part de Sa Majesté un commandement exprès de ne pas le faire. Le roi, se retournant vers Bellièvre, lui demanda d'une voix altérée s'il n'avait pas annoncé au duc de Guise qu'il ne devait pas venir, sous peine d'être tenu pour l'auteur de tous les scandales et de tous les soulèvements des Parisiens. Bellièvre s'avança, et voulut rendre compte de son message ; mais, dès les premiers mots, le roi l'interrompit en disant : « Il suffit. » Puis, se tournant vers le duc de Guise, il lui dit qu'il ne savait pas que personne l'eût calomnié, mais que, en supposant qu'il en fût ainsi, son innocence paraîtrait clairement, si sa venue ne faisait naître aucun mouvement, et ne troublait point, comme il le prévoyait, la tranquillité publique. La reine, qui connaissait à fond le naturel du roi, comprit à son visage qu'il inclinait à prendre quelque résolution vigoureuse ; et, le tirant à part, elle lui dit en substance ce qu'elle avait remarqué du concours du peuple, ajoutant qu'il ne devait pas songer à prendre quelque parti violent, puisque le moment n'était pas favorable. La duchesse d'Usez, qui était près d'elle, répéta les mêmes choses au roi ; et le duc de Guise, qui observait attentivement tout ce qui se passait, comprit cette hésitation. Aussi, pour ne pas donner au roi le temps de délibérer, il se plaignit de la fatigue du voyage, et, prenant congé en peu de paroles, il sortit escorté de la même foule, mais sans être accompagné d'aucune personne de la cour, et il rentra dans sa maison rue Saint-Antoine (*). »

(*) Davila, liv. IX, p. 486 sq.

Pendant toute la nuit on fit la garde autour de sa maison, car il craignait d'être arrêté. Au Louvre et au palais de la reine mère on prenait les mêmes précautions. Le lendemain matin, mardi 10 mai, des groupes menaçants se formèrent dans les rues, et le duc de Guise se rendit au Louvre, accompagné de plus de quatre cents gentilshommes qui portaient des pistolets cachés sous leurs manteaux. Cette fois il parla au roi avec l'audace d'un homme sûr d'être appuyé par le peuple. Il lui rappela que son devoir était d'exterminer les hérétiques, qu'il l'avait promis, et que cependant il ne les avait jamais attaqués avec vigueur. Le roi lui répondit qu'aucun souverain n'avait autant haï les hérétiques que lui, mais que sans argent il ne pouvait leur faire la guerre ; et que les ligueurs étaient opposés à toute augmentation des impôts. Puis il se plaignit de l'insolence des Parisiens, ajoutant qu'il l'attribuait à la présence de quinze mille étrangers accourus à Paris pour y fomenter le désordre ; et priant le duc de Guise de l'aider à les faire renvoyer.

Le mercredi 11 mai, continuèrent les visites domiciliaires commencées les jours précédents. Mais les Parisiens étaient résolus de les rendre inutiles, car ils considéraient comme leurs défenseurs ces soldats du duc de Guise qu'on voulait les forcer à renvoyer. Le roi, averti que cette mesure ne produisait aucun effet, donna l'ordre de faire entrer dans Paris les Suisses et la compagnie des gardes qui étaient à Vincennes. Aussitôt le duc de Guise fit annoncer dans tous les quartiers que le roi appelait des troupes pour égorger cent vingt des principaux catholiques. Il en fit circuler la liste, à la tête de laquelle il s'était mis lui-même ; puis le président de Neuilly, le président le Maistre, Bussy-Leclerc, la Chapelle-Marteau, Hottmann, Rolland, Crucé, Compan et les autres membres du conseil des Seize ; puis les principaux curés et tous ceux qui n'avaient pas caché leur haine pour le roi. L'indignation devint générale, et le peuple résolut de prendre les armes.

Le jeudi 12 mai, une heure avant le jour, on entendit dans la rue Saint-Honoré les fifres et les tambours des Suisses qui entraient dans la ville, précédés par le maréchal de Biron, à cheval. Ils étaient quatre mille. Après eux venaient les compagnies des gardes françaises, la mèche allumée. Ils étaient deux mille, des meilleures troupes du royaume. Pendant qu'ils occupaient le cimetière des Innocents, la place de Grève, le Marché-Neuf, le Petit-Pont, le pont Saint-Michel et la porte Notre-Dame, les bourgeois prenaient les armes et se rapprochaient, ceux de l'Université, de la place Maubert ; ceux du Marais, de la place Saint-Antoine et de l'hôtel de Guise, qui devinrent les deux foyers de l'insurrection.

Aussitôt qu'on eut appris au Louvre que des rassemblements se formaient place Maubert et place Saint-Antoine, des troupes furent envoyées pour occuper ces deux points. Mais il était trop tard. Des chaînes avaient été tendues au coin de chaque rue, et les Parisiens s'empressaient d'apporter derrière elles des solives, des tonneaux remplis de terre ou de fumier, pour former des barricades. Ce furent les écoliers de l'université qui élevèrent la première barricade à l'entrée du pont Saint-Michel. Ils étaient commandés par Brissac, dont le roi s'était moqué un jour en disant : « *Brissac n'est bon ni sur terre ni sur mer.* » Aussi Brissac fut-il le premier qui commanda le feu sur les troupes royales, et il cria, en plaisantant, aux gardes françaises : « *Dites au roi que Brissac a trouvé son élément, et qu'il est bon sur le pavé.* »

Les troupes qu'on avait envoyées pour occuper les places Saint-Antoine et Maubert furent arrêtées par les barricades, et eurent de la peine à se réfugier dans le quartier de la Cité. Les Parisiens, encouragés par ce premier succès, commencèrent l'attaque des troupes que le roi avait fait venir de Vincennes. Les Suisses qui occupaient le marché des Innocents furent massacrés par la populace, ou faits prisonniers. Ceux qui campaient sur la place de Grève et sur le Marché-Neuf eurent le même sort. Les gardes françaises furent obligées d'éteindre leurs mèches et de mettre leurs armes en faisceaux. Les Parisiens se trouvèrent alors maîtres sur tous les points, et ils poussèrent leurs barricades jusqu'en face du Louvre, à trente pas de la garde royale.

Henri III était perdu. Ce fut une ruse de Catherine de Médicis qui le sauva, en lui donnant le temps de s'évader. Elle se fit porter en chaise à l'hôtel de Guise. On entr'ouvrait chaque barricade pour la faire passer, puis on la refermait aussitôt, en sorte que le trajet dura deux heures. Le duc de Guise demanda que le roi le nommât lieutenant général du royaume ; qu'il convoquât les états généraux à Paris ; que le roi de Navarre et ses parents fussent déclarés déchus de leurs droits à la couronne ; que d'Épernon, la Valette et les autres chefs dont le peuple suspectait les intelligences avec les huguenots, fussent privés de leurs gouvernements ; que six places de sûreté fussent accordées aux ligueurs. Catherine de Médicis lui répondit que ses conditions étaient exorbitantes, et que le roi s'avilirait pour toujours s'il cédait. Mais comme elle ne voulait que gagner du temps, elle entreprit de discuter chaque condition. Pendant que cet entretien se prolongeait, Maineville vint dire à l'oreille du duc de Guise que le roi s'était enfui de Paris. « Madame, s'écria « le duc, je suis trahi ; pendant que Vo- « tre Majesté cherche à m'amuser ici, « le roi est parti de son palais avec l'in- « tention de me faire la guerre. »

En effet, pendant que la reine partait pour l'hôtel de Guise, le roi était sorti de Paris, accompagné seulement de seize gentilshommes, et jurant qu'il n'y retournerait que par la brèche. « Ainsi que le roi sortoit par la porte Neuve, dit Palma Cayet, quelque quarante arquebusiers, que l'on avoit mis à la porte de Nesle, tirèrent vivement sur lui et sur ceux de sa suite ; le même peuple crioit, du bord de l'eau, mille injures contre le roi; et même comme ils virent que quelques-uns passoient le bac des Tuileries, pensant qu'il fût dedans, ils en coupèrent la corde. (*) » Henri III prit le chemin de Saint-Cloud; il coucha tout botté à Rambouillet, et arriva le lendemain à Chartres, où il fut reçu par Chiverny avec les marques du plus profond respect.

1588.
Du 16 mai au 24 décembre.

Édit d'union. — Seconds états de Blois.—Massacre des Guises.—Après la fuite du roi, le duc de Guise se trouva seul maître à Paris; et comme les provinces étaient disposées à suivre l'exemple de la capitale, il n'eût dépendu que de lui de se faire proclamer roi. Le peuple l'idolâtrait et l'appelait un *nouveau Gédéon,* un *nouveau Machabée.* Les nobles le nommaient *leur grand.* « La France étoit folle de cet homme-là, dit un historien de l'époque, car c'est trop peu dire amoureuse. » Déjà sa sœur, la duchesse de Montpensier, montrait des ciseaux d'or pour tondre, disait-elle, le dernier des Valois. Mais le duc de Guise préférait devoir le trône aux députés de la nation qu'à un soulèvement populaire. Il traita avec Henri III, qui déclara qu'il consentoit à assembler les états généraux du royaume à Blois. Un traité fut signé sous le nom d'*édit d'union.* Le roi promit de combattre les huguenots jusqu'à l'entière extirpation de l'hérésie en France. Il nomma le duc de Guise lieutenant général du royaume. Il donna au duc de Nevers le commandement de l'armée du Poitou; au duc de Mayenne celui de l'armée du Dauphiné, pour agir contre les huguenots.

Les élections se firent dans toute la France sous l'influence des ligueurs. Les Seize avaient fait circuler dans les provinces un écrit intitulé: *Articles pour proposer aux états et faire passer en loi fondamentale du royaume.* Cet écrit contenait les points sur lesquels les ligueurs étaient d'accord, et que les candidats devaient promettre de maintenir s'ils vouloient obtenir les suffrages des bons catholiques. Aussi les ligueurs arrivèrent-ils en majorité à Blois, animés des sentiments les plus hostiles contre le roi. Les états n'étaient pas encore ouverts, et déjà les députés ne parlaient que de la nécessité de contenir l'autorité royale dans de justes limites. « A quoi servira, disait-« on, suivant Palma Cayet, cette as-« semblée d'états, si les remèdes pour « restaurer la France, que nous pré-« sentons en nos cahiers, ne sont point « publiés ainsi que nous les résoudrons « sans y rien changer? Ne savons-nous « pas tous qu'aux états de l'an 1577 la « France espéroit qu'il seroit pourvu « sur toutes les remontrances qui y fu-« rent faites, et toutefois on n'en tira « le fruit que l'on auroit espéré, à cause « de la longueur de le conseil du roi « tînt à en arrêter une partie, sans rien « ordonner sur la plupart de nos plain-« tes. Le conseil du roi en pourra faire « autant encore à présent, et par ainsi, « cette présente assemblée des états « sera infructueuse aussi bien que « celle de 1577. C'est pourquoi il est « très-nécessaire que les remèdes que « nous proposerons pour la restaura-« tion de l'État ne passent pas par « les longues délibérations du conseil « du roi, et que ce qui en sera résolu « par l'assemblée des états soit incon-« tinent publié. Ne sont-ce pas les « états qui ont donné aux rois l'auto-« rité et le pouvoir qu'ils ont? Pour-« quoi donc faut-il que ce que nous « aviserons et arrêterons en cette as-« semblée soit contrôlé par le conseil « du roi? Le parlement d'Angleterre, « les états de Suède, de Pologne, et « tous les états des royaumes voisins « étant assemblés, ce qu'ils accordent « et arrêtent, leurs rois sont sujets de « le faire observer sans y rien changer. « Pourquoi les François n'auront-ils « pareil privilége? Et quand bien il « faudroit que nos cahiers fussent ré-« pandus et arrêtés au conseil privé « du roi, il y devroit donc au moins

(*) Palma Cayet, p. 127.

« assister un nombre de députés de
« chaque ordre (*). »

La séance d'ouverture avait été fixée pour le 16 octobre. Cent trente-quatre députés du clergé y assistèrent, avec quatre-vingt-seize de la noblesse et cent quatre-vingt-un du tiers état. Parmi ces derniers, on remarquait la Chapelle-Marteau, le président Neuilly et Compans, qui appartenaient tous trois à la faction des Seize. Le duc de Guise, en sa qualité de grand maître, était assis devant le trône, auquel il tournait le dos, et en face des députés. « En sa chaire, habillé de satin blanc, la cape retroussée à la bizarre, perçant de ses yeux toute l'épaisseur de l'assemblée, pour reconnaître et distinguer ses serviteurs, et d'un seul élancement de sa vue, les fortifier en l'espérance de l'avancement de ses desseins, de sa fortune et de sa grandeur, et leur dire sans parler : *Je vous vois.* Ensuite il se leva, et après avoir fait une grande révérence, suivi de deux gentilshommes et capitaines des gardes, il alla querir le roi, lequel entra plein de majesté, portant son grand ordre au col (**). »

Henri III adressa à l'assemblée des états généraux un long discours, dans lequel il demanda leur coopération pour rétablir l'ordre dans le royaume. Il invoqua le témoignage de plusieurs des députés « sur le zèle et bon pied « dont il avoit marché à l'extirpation « de l'hérésie et des hérétiques. » Il protesta qu'il y sacrifierait sa vie, disant qu'il ne pourrait s'ensevelir sous un plus superbe tombeau que les ruines de l'hérésie. « Se trouvera-t-il donc, « ajouta-t-il, des esprits si peu capa-« bles de la vérité, qu'ils puissent « croire que nul soit plus enflammé « à vouloir leur totale extirpation, ne « s'en étant rendu de plus certains ef-« fets que les miens ?... De qui est-ce « que les hérétiques occupent et dissi-« pent le patrimoine ? De qui est-ce « qu'ils épuisent les rentes ? De qui

(*) Palma Cayet, p. 246.
(**) Recueil des états généraux, t. IV, p. 42.

« aliènent-ils les sujets ? De qui mé-« prisent-ils l'obéissance ? De qui est-ce « qu'ils violent le respect, l'autorité et « la dignité ? Et je désirerois moins « qu'un autre leur ruine ! Dessillez vos « yeux, et que chacun de vous juge de « l'apparence qu'il y a...

« La juste crainte que vous auriez « de tomber, après ma mort, sous la « domination d'un roi hérétique, s'il « arrivoit que Dieu nous défortunât « tant que de ne me donner lignée, « n'est pas plus enracinée dans vos « cœurs que dans le mien.... C'est « pourquoi j'ai fait mon saint édit d'u-« nion.... Et je suis d'avis que nous « en fassions une des lois fondamen-« tales du royaume ; et qu'à ce pro-« chain jour de mardi, en ce même « lieu, et en cette notable assemblée « de tous mes états, nous la jurions « tous.... Mais par mon saint édit d'u-« nion, toutes les autres ligues ne se « doivent souffrir sous mon autorité ; « et quand cela n'y seroit assez claire-« ment porté, ni Dieu ni le devoir ne « le permettent... Je mets pour ce re-« gard tout le passé sous le pied ; mais « je déclare que je confirme dès à pré-« sent.... atteints et convaincus du « crime de lèse-majesté, ceux de mes « sujets qui ne s'en départiront pas ou « y tremperont sans mon aveu. »

Les paroles du roi produisirent sur l'assemblée une impression pénible. On voyait en effet qu'il conservait au fond du cœur de la rancune contre ceux auxquels il avait accordé une amnistie. Dans la séance du mardi 18 octobre, le comte de Brissac se rendit l'organe des mécontents, dans un discours où la majesté royale était entièrement foulée aux pieds. Après avoir développé cette thèse : « Que le roi et les nobles « avoient été ordonnés de Dieu pour « la lumière des peuples, comme le « soleil et la lune dans le ciel, telle-« ment que, quand advient éclipse d'en-« tre eux, toute la terre en demeure « obscure, » il ne craignit pas d'avancer que le peuple était « merveilleu-« sement refroidi en l'amour qu'il por-« toit jadis à ses princes:... » « La « maladie est extrême, dit-il, et la pos-

« sibilité d'y remédier est limitée à fort
« peu de temps ; car si cette assemblée
« est rendue illusoire, et ne produit un
« fruit certain et très-apparent, vous
« perdrez le reste de la foi et de l'a-
« mour que le peuple a encore pour
« vous. Or, Sire, si vous voulez ou-
« vrir vos sens, et déployer les dons
« que Dieu a mis en vous, je suis en
« espérance très-grande que vous sau-
« verez le péril de ce trop éminent nau-
« frage... Le premier moyen qu'il con-
« vient tenir, c'est qu'il faut vous
« adjoindre à Dieu... Le second, c'est
« qu'aux guerres que vous entrepren-
« drez, vous ayez en objet perpétuel de
« venger, non les injures à vous faites,
« mais l'honneur de Dieu... Il ne faut
« plus dissimuler les injures faites à
« l'honneur de Dieu, pour lesquelles
« seules venger vous êtes roi. Vous pen-
« sez par là détourner le mal qui est en
« France, et vous y courez de droit fil...
« Voyez-vous pas que depuis que l'hé-
« rétique n'est plus puni en France, il
« s'en prend à votre État ? Cette
« maxime est toujours vraie : Que,
« où le crime de lèse-majesté divine ne
« sera puni, là le crime de lèse-majesté
« humaine viendra à n'être plus crime...
« Jadis vos prédécesseurs rois sont allés
« chasser les hérétiques et mécréans
« jusques en Afrique, jusques en Asie,
« jusqu'au bout du monde, et ont pros-
« péré. Voulez-vous aujourd'hui souf-
« frir au milieu de votre royaume, à
« votre porte et à vos yeux, la plus
« pestilente hérésie qui oncques ait
« été ?...
« Pour le regard de votre police, et
« déportement civil envers les hommes,
« deux grosses fautes vous rendent
« comptable et sujet à l'ire de Dieu.
« L'une est que les évêchés et prélatu-
« res ecclésiastiques sont possédés par
« des femmes, par des hommes mariés,
« par des gens de guerre, et même
« suspects d'hérésie. C'est une horreur
« qu'aujourd'hui le peuple est sans con-
« duite de pasteur ni de berger....; l'au-
« tre est qu'on vend les puissances de
« judicature, et quiconque vous donne
« ce conseil vous trahit...Enfin, je vous
« avertis, Sire, que le plus grand fléau
« de ce royaume, après l'hérésie, a été
« l'étranger italien. Il a butiné et bu-
« tine cruellement toute la France.
« Vous le favorisez par trop ; il se rit
« de notre ruine et s'en agrandit. Il
« vous a déjà fait dépiter une partie de
« votre peuple, et fera révolter le reste.
« Si vous ne le chassez bientôt, il sera
« chassé par fureur et sédition popu-
« laire, avec grandissime danger de
« tous ceux qui le favorisent... Lon-
« gue patience méprisée est cause de
« rigueur sans pitié. »

A tant d'audace, le roi ne répondit
qu'en jurant de nouveau l'édit d'union.
Tous les députés le jurèrent après lui,
et l'assemblée se sépara aux cris mille
fois répétés de Vive le roi. L'édit d'u-
nion fut déclaré loi fondamentale du
royaume. Mais pour continuer la
guerre, le roi avait besoin d'argent.
Il proposa aux états d'augmenter les
tailles, et demanda trois millions pour
sa maison et deux millions pour
la guerre. Cette proposition excita de
violents murmures ; les députés déclarèrent qu'ils étaient venus pour obtenir une diminution des tailles, et qu'ils
ne consentiraient pas à les augmenter.
Contraint de céder, le roi convoqua
les trois ordres, et leur annonça qu'il
consentait à la réduction des impôts.
Un *Te Deum* fut chanté pour remer-
cier Dieu de cette réconciliation du roi
avec son peuple; mais elle ne fut pas
de longue durée. Trente-cinq trésoriers du roi protestèrent contre l'autorité que les états s'arrogeaient en
matière de finances. Les députés irrités exigèrent que chaque trésorier la-
cérât lui-même sa protestation, et ils
les condamnèrent en outre à mille
écus d'amende et à la prison. Ainsi
l'autorité royale était méconnue, avilie. Le duc de Guise, dont l'influence
sur les états était toute-puissante,
abreuva le roi de tant d'outrages,
qu'enfin, dit M. Michelet, il arracha
au plus timide des hommes une résolution hardie, celle de l'assassiner.

Le dimanche, 17 décembre, Henri III
communiqua son dessein à deux de ses
conseillers. « Mettre le Guisart en pri-
« son, leur dit-il, seroit tirer un ser-

« glier aux filets, qui se trouveroit
« possible plus puissant que nos cor-
« des ; là où , quand il sera tué, il ne
« nous fera plus de peine ; car homme
« mort ne fait plus peine (*). » Les
conseillers l'approuvèrent. Il n'y avait
en effet que ce moyen de se défaire du
duc de Guise, qu'aucun tribunal en
France n'aurait osé condamner.
Henri III s'adressa d'abord à Crillon, dont il connaissait la bravoure et
l'antipathie pour le duc de Guise.
Crillon lui répondit qu'il était prêt à
le défier à un combat singulier, mais
qu'il ne consentirait jamais à l'assassiner. Il promit cependant de garder le
secret. Le roi s'adressa alors à Lon-
guet, gentilhomme de sa chambre, qui
se chargea de l'exécution avec huit autres gentilshommes. On fixa le dimanche, 23 décembre, pour le jour de
l'exécution.

Cependant les avertissements n'a-
vaient pas manqué au duc de Guise.
La veille de sa mort, comme il se
mettait à table pour dîner, il trouva
sous sa serviette un billet dans lequel
était écrit : « Donnez-vous de garde,
« on est sur le point de vous jouer un
« mauvais tour. » L'ayant lu, il écrivit
au bas : « On n'oseroit, » et il le jeta
sous la table. « Voilà, ajouta-t-il, le neuvième d'aujourd'hui. » Malgré ces avertissements, il persista à se rendre au
conseil qui avait été convoqué pour le
lendemain dimanche.

Sitôt qu'il fut entré au château, on
en ferma les portes pour le séparer de
ses gardes; c'était à huit heures du
matin. Le duc de Guise sortait, dit-on,
d'un rendez-vous de galanterie avec
madame de Marmoutiers. Il paraissait
pâle et défait et se plaignit d'un fris-
son. Peut-être eut-il alors l'idée de
son danger, lorsqu'il se sentit absolu-
ment aux mains du roi. « Sur ce, dit
l'Étoile, le roi le manda par Revol,
l'un de ses serviteurs d'État, qui le
trouva comme il achevoit de serrer
dans un drageoir d'argent qu'il portoit, quelques raisins ou prunes qu'il
avoit pris pour son mal de cœur. Et

(*) L'Étoile, t. I, p. 267.

à l'instant, se levant du conseil pour
aller trouver Sa Majesté, comme il
entroit dans la chambre du roi, un
des gardes lui marcha sur le bout du
pied, et, combien qu'il entendît assez
ce que cela vouloit dire, néanmoins,
sans faire autre semblant, il poursuivit
son chemin vers le cabinet, comme ne
pouvant fuir à son malheur : et sou-
dain, par dix ou douze des quarante-
cinq, là disposés en embuscade, derrière une tapisserie, fut saisi aux bras
et aux jambes, et par eux poignardé
et massacré, jetant entre autres paroles et cris ce dernier qui fut clairement
entendu : « Mon Dieu, je suis mort,
« ayez pitié de moi, ce sont mes péchés
« qui en sont cause. » Sur ce pauvre
corps fut jeté un méchant tapis, et là
laissé quelque temps gisant et exposé
aux opprobres et moqueries des courtisans qui l'appeloient le beau roi de
Paris, nom que Sa Majesté lui avoit
donné. (*). »

Lorsque le roi entendit les cris, il
sortit de son appartement, insulta au
cadavre de sa victime; mais en con-
templant ses traits attentivement il
ne put s'empêcher de s'écrier : « Mon
« Dieu, qu'il est grand ! Il paroît en-
« core plus grand mort que vivant. »
Il fit arrêter sur-le-champ le cardinal
de Lorraine. On ne lui donna qu'un
instant pour faire sa prière. Il se mit
à genoux, couvrit sa tête de son manteau, et fut tué à coups d'arquebuse
par quatre soldats. Henri III ordonna
que l'on jetât les deux cadavres dans
de la chaux vive, de peur que le peuple n'en fît des reliques. Puis il se rendit à l'appartement de sa mère, le visage altéré. Catherine de Médicis était
malade dans son lit. Le roi lui demanda en entrant comment elle se
trouvait. Elle répondit qu'elle se trouvait mieux. « Moi aussi, reprit le roi,
« je me trouve beaucoup mieux, car ce
« matin je suis redevenu roi de France,
« ayant fait mourir le roi de Paris. »
« Dieu veuille, lui dit sa mère d'une
« voix mourante, que vous ne soyez
« bientôt roi de néant. »

(*) L'Étoile, t. I, p. 268.

Du 24 décembre 1588 au 2 août 1589.

Soulèvement de Paris et des provinces.—Réconciliation de Henri III avec le roi de Navarre. — Siége de Paris. — Assassinat de Henri III.— La nouvelle de la mort du duc de Guise arriva à Paris le 24 décembre, veille de Noël. Elle y répandit la terreur et la consternation. A l'instant les boutiques furent fermées, comme si l'on s'attendait à un pillage. Le peuple prit le deuil et adopta solennellement l'enfant que la veuve du duc de Guise venait de mettre au monde. Les églises furent tendues de noir. Les prêtres tonnèrent du haut de leurs chaires contre le tyran qu'ils ne désignaient plus que sous le nom de vilain Hérode (*). Le curé de Saint-Gervais déclara publiquement que les Français ne devaient plus reconnaître Henri III, le parjure, l'assassin. Il exigea de tous ses auditeurs le serment « d'employer jusqu'à la dernière goutte de leur sang, et jusqu'au dernier denier de leur bourse, pour venger la mort des deux princes lorrains, massacrés par le tyran, dans le château de Blois, à la face des états. » Tous levèrent la main et jurèrent. Le premier président, Achille de Harlay, était assis en face de la chaire. Il était connu par son attachement au roi, et l'on se souvenait des paroles qu'il avait adressées au duc de Guise, après la journée des barricades : « C'est grand'pitié, monsieur, « quand le valet chasse le maître ; au « reste, mon âme est à Dieu, mon cœur « à mon roi, et mon corps est entre les « mains des méchants. » Le curé, l'apercevant, le désigna de la main et s'écria : « Levez la main, monsieur le « président, levez-la bien haut, encore « plus haut, afin que le peuple la voie. » Et il fut obligé de jurer comme les autres. La *très-sainte faculté de théologie, assemblée au collége de Sorbonne, pour connaître quels étoient les droits du peuple vis-à-vis du roi*, prit une résolution qui étoit conçue en ces termes : « Première- « ment, le peuple de ce royaume est « délié et délivré du sacrement de fi- « délité et obéissance prêté au susdit « roi Henri. En après, le même peu- « ple peut licitement et en assurée « conscience être armé et uni, re- « cueillir deniers, et contribuer pour « la défense et conservation de l'Église « apostolique et romaine, contre les « conseils pleins de toute méchanceté « et efforts dudit roi et de ses adhé- « rens, quels qu'ils soient, depuis qu'il « a violé la foi publique, au préjudice « de la religion catholique, et l'édit « de la sainte union, ainsi que la na- « turelle liberté de la convocation des « trois ordres de ce royaume. »

Lorsque cette conclusion de la Sorbonne eut été publiée, l'indignation fut portée à son comble. Les prêtres défendirent unanimement qu'on priât Dieu pour le roi. « Nous n'avons plus de roi, » disaient-ils dans leurs sermons, et ils désignaient à la haine publique Henri de Valois. Des processions de petits enfants parcouraient les rues, avec des chandelles allumées qu'ils éteignaient ensuite avec leurs pieds, en criant : *Le roi est hérétique et excommunié*. Partout on déchirait ses portraits, et l'on rayait les armes de France jointes à celles de Pologne, aux lieux de la ville où le roi les avait fait mettre. Les tombeaux en marbre de Quélus, Saint-Mégrin et Maugiron, qu'il avait placés dans le chœur de l'église de Saint-Paul, furent brisés ; et le grand tableau qui représentait Henri III créant des chevaliers du Saint-Esprit, fut effacé. Le parlement seul hésitait encore à se déclarer contre l'autorité royale ; mais il n'eut plus assez de force pour lutter contre la volonté du peuple. Le gouverneur de la Bastille, Bussy-Leclerc, entra dans la grand'chambre, armé d'une cuirasse et le pistolet à la main. Les gardes l'attendaient à la porte. « J'ai bien du regret, dit-il, de « devoir mener en prison des personnes « aussi respectables que celles dont les « noms sont sur cette liste ; mais il faut « suivre mes ordres. » Et il commença l'appel par le premier président, Achille

---

(*) Anagramme de son nom Henri de Valois.

de Harlay. « De qui sont ces ordres ? » demanda le président.— « Obéissez et « suivez-moi, ou vous pourriez vous en « trouver mal. » Le président se leva et se remit entre les mains des gardes. Les présidents Pothier et de Thou le suivirent, avec cinquante à soixante conseillers. Bussy-Leclerc les conduisit à la Bastille au milieu des insultes du peuple. Le parlement ainsi *épuré* confirma le décret de la Sorbonne sur la déchéance du roi (30 janvier 1589).

Le décret de la Sorbonne, confirmé par le parlement, donna aux ligueurs toute l'apparence de l'autorité légale. Aussi les provinces se hâtèrent-elles de suivre l'exemple de la capitale. Meaux, Crespy, Corbeil, Melun, Saint-Denis, Pontoise, Senlis, se déclarèrent contre le roi ; et bientôt toute l'Ile de France, à la réserve du château de Vincennes, fut rangée sous l'autorité de la sainte ligue. Rouen se déclara pour la ligue le 9 février, et cet exemple fut bientôt suivi par Louviers, Mantes, Vernon, Lisieux, Pont-Audemer, Havre de Grâce, Honfleur, Évreux, Fougères, Falaise, Argentan, Dreux et toutes les autres villes de la Normandie, à la réserve de Coutances et de Caen. Amiens, Abbeville, et toutes les villes de la Picardie, se déclarèrent également pour la ligue. Dans le Midi, la ville de Toulouse donna l'exemple à Narbonne, Albi, Lavaur, Cahors, Castelnaudary, Gaillac. Le premier président du parlement de Toulouse, Duranti, et l'avocat général Daffis, qui s'opposèrent au décret de déchéance, furent massacrés par le peuple avec des circonstances atroces. La Bourgogne, la Champagne, le Dauphiné, la Provence, toutes les provinces du centre, accomplirent successivement leur révolution, pendant que Henri III recourait en vain aux états généraux qui refusaient de le défendre. Il prit enfin le parti de les congédier, et alors il se trouva seul et sans appui dans son royaume. Ses prisonniers même lui échappaient successivement, car il ne trouvait plus personne pour les garder. Dans sa détresse il s'efforça de gagner le duc de Mayenne, que la ligue venait de proclamer lieutenant général du royaume. Il lui offrait des conditions qui l'auraient rendu bien plus puissant dans le royaume qu'il ne l'était lui-même. En même temps il s'abaissait devant le pape jusque dans la poussière. Ses ambassadeurs furent chargés de lui exprimer le repentir de leur maître, de demander pour lui l'absolution et l'abrogation du décret de déchéance, prononcé par la Sorbonne. Mais il ne réussit ni auprès du duc de Mayenne, ni auprès du pape. Sa cause semblait perdue sans retour.

Il ne lui restait plus que de s'adresser au roi de Navarre, de faire alliance avec les huguenots, et de justifier ainsi toutes les défiances que le peuple avait conçues contre lui. Henri III tenta cette dernière chance, et contribua ainsi à relever le protestantisme qu'il aurait dû combattre. Le roi de Navarre accueillit avec empressement ses ouvertures, et Duplessis-Mornay rédigea en son nom un manifeste adressé aux trois états de France. Il y rappelait que les états de Blois n'avaient pas été des états vraiment généraux, parce qu'une partie de la nation n'y avait pas eu de représentants. Il rappelait ensuite que dans ces quatre dernières années, dix armées avaient été envoyées contre les protestants, et que Dieu les avait dissipées. Puis il ajoutait : « Je veux que « ces écrits crient pour moi, par tout « le monde, qu'aujourd'hui je suis « prêt à demander au roi, mon sei- « gneur, la paix, le repos du royaume « et le mien. J'avois, au commence- « ment de ces armemens, le respect « de ma conscience et de mon honneur, « que j'ai toujours supplié très-hum- « blement Sa Majesté de laisser en- « tiers ; les guerres n'ont rien diminué « de cela, mais elles n'ont rien ajouté « sur quoi aussi je puisse me rendre « difficile. Je l'en supplie donc très- « humblement.

« Je sais bien qu'en leurs cahiers, « vos députés ont pu insérer cette « maxime générale, qu'il ne faut « qu'une religion en un royaume, **et**

« que le fondement d'un État est la « piété, qui n'est point en lieu où Dieu « est diversement servi, et par consé- « quent mal. Je l'avoue, il est ainsi, « à mon très-grand regret : je vois « force gens qui se plaignent de ce « mal, peu qui veuillent y remédier... « Et moi, et tous ceux de la religion, « nous nous rangerons toujours à ce « que décernera un concile libre ; c'est « le vrai chemin, c'est le seul que de « tout temps on a pratiqué ; sous ce- « lui-là nous passerons condamnation. « Mais de croire qu'à coups d'épée on « le puisse obtenir de nous, j'estime « devant Dieu que c'est une chose « impossible, et de fait, l'événement « le montre bien...

« Or, laissons cela ; si vous désirez « mon salut simplement, je vous re- « mercie. Si vous ne souhaitez ma « conversion que pour la crainte que « vous avez qu'un jour je vous con- « traigne, vous avez tort ; mes actions « résistent à cela... Il n'est pas vrai- « semblable qu'une poignée de gens « de ma religion puisse contraindre « un nombre infini de catholiques à « une chose à laquelle ce nombre in- « fini n'a pu réduire cette poignée... « Je vous conjure donc tous par cet « écrit, autant catholiques, serviteurs « du roi mon seigneur, comme ceux « qui ne le sont pas ; je vous appelle « comme Français ; je vous somme « que vous ayez pitié de cet État et de « vous-mêmes....Nous avons tous assez « fait et souffert du mal ; nous avons « été quatre ans ivres, insensés et fu- « rieux ; n'est-ce pas assez ? Dieu ne « nous a-t-il pas assez frappés les uns « et les autres, pour nous faire reve- « nir de notre endurcissement, pour « nous rendre sages à la fin, et pour « apaiser nos furies ?...Comment peut- « on persuader notre roi de faire une « guerre civile, et contre deux, tout à « un coup ? Il n'y a point d'exemple, « point d'histoire, point de raison qui « lui promettent une bonne issue de « cela. Il faut qu'il fasse la paix, et la « paix générale avec tous ses sujets, « tant d'un côté que d'autre parti, « tant d'une que d'autre religion, ou « qu'il rallie au moins avec lui ceux « qui le moins s'écarteront de son « obéissance.

« J'appelle à cette heure tous les « autres de notre État qui sont assez « spectateurs de nos folies ; j'appelle « notre noblesse, notre clergé, nos « villes, notre peuple... Que fera la « noblesse, si notre gouvernement se « change, comme il fera indubitable- « ment, et vous le voyez déjà ; si les « villes, par la crainte des partisans, « sont contraintes de se renforcer « dans leurs portes, de ne souffrir « personne leur commander, et de se « cantonner à la suisse ? Il n'y en a « nulle de cette volonté, je m'en as- « sure ; mais la guerre les y forcera à « la longue, et à mon grand regret, « j'en vois déjà naître les commence- « mens (*). »

Le roi de Navarre envoya Duplessis-Mornay à Tours pour offrir toutes ses forces à Henri III. Il stipulait seulement que le roi lui accorderait un passage fortifié sur la Loire. C'est à ces conditions qu'un traité d'alliance et d'amitié fut conclu entre les deux princes, qui eurent une entrevue au château du Plessis. Le roi de Navarre raconte lui-même les détails de cette entrevue dans une lettre qu'il écrivit le même jour à Duplessis-Mornay.

« Monsieur Duplessis, la glace a été « rompue, non sans nombre d'avertis- « semens que si j'y allois j'étois mort. « J'ai passé l'eau en me recomman « dant à Dieu, lequel par sa bonté ne « m'a pas seulement préservé, mais « fait paraître au visage du roi une « joie extrême, au peuple un applau- « dissement non pareil, même criant « Vivent les rois, de quoi j'étois bien « marry. Il y a eu mille particularités « que l'on peut dire bien remarqua- « bles. Envoyez-moi mon bagage, et « faites avancer toutes nos troupes. « Le duc de Mayenne avait assiégé « Château-Regnault ; sachant ma ve- « nue, il a levé le siége, sans sonner « que la sourdine, et s'en est allé à « Montoise et Laverdin. Demain vous

(*) Duplessis-Mornay, t. IV, p. 322-340.

« saurez plus de nouvelles. Adieu:
« votre très-affectionné maître et
« meilleur ami. Du faubourg de Tours,
« 30 avril. »

Henri III se trouva ainsi en état de tenir tête aux ligueurs. Le duc de Mayenne essaya en vain de s'emparer de Tours: il fut repoussé. Le duc d'Épernon vint joindre le roi avec deux cents chevaux et douze cents fantassins. Le sieur de Sancy, que d'Aubigné a rendu si célèbre par sa confession satirique, lui amena douze mille Suisses, mille lansquenets, trois mille fantassins français et quelques cavaliers allémands. Ce fut à Conflans que le roi fit sa jonction avec cette belle armée ; et l'ayant passée en revue, il adressa publiquement des remercîments au sieur de Sancy. De là il marcha vers Paris et vint camper à Saint-Cloud, ayant une armée de quarante-deux mille hommes. Lorsqu'il aperçut Paris de sa demeure à Saint-Cloud : « C'est le cœur de la ligue, dit-
« il, c'est droit au cœur qu'il faut frap-
« per. Ce serait grand dommage de
« ruiner une si belle et bonne ville;
« toutefois, il faut que j'aie raison des
« rebelles qui sont dedans et qui m'en
« ont ignominieusement chassé. »
Suivant Davila, il aurait ajouté : « Dans
« peu de jours il n'y aura plus là ni
« murs ni maisons, mais les ruines
« seules de Paris. »

Assassinat de Henri III.—La ville de Paris se trouva bientôt investie de toutes parts, et un assaut général fut annoncé pour le 2 août. Henri III devait commander l'attaque du faubourg Saint-Honoré ; le roi de Navarre celle du faubourg Saint-Marceau et du faubourg Saint-Germain. Le succès paraissait assuré, lorsqu'un jeune homme de vingt-deux ans résolut de sacrifier sa vie pour sauver son parti. Jacques Clément se crut appelé par Dieu lui-même à délivrer la France de son tyran ; il crut avoir des révélations qui lui commandaient cette sainte œuvre. Ayant trouvé moyen d'obtenir pour le roi des recommandations du comte de Brienne et d'Achille de Harlay, il sortit de Paris le 31 juillet au soir, et se rendit au quartier du roi à Saint-Cloud. L'audience fut remise au lendemain.

« Il étoit environ huit heures du matin, dit l'Étoile, quand le roi fut averti qu'un moine de Paris vouloit lui parler ; il étoit sur sa chaise percée, ayant une robe de chambre sur ses épaules, lorsqu'il entendit que ses gardes faisoient quelque difficulté de le laisser entrer, dont il se courrouça, et dit qu'on le fît entrer, et que si on le rebutoit, on diroit qu'il chassoit les moines et ne les vouloit voir. Incontinent le jacobin entra, ayant un couteau tout nud dans sa manche; et ayant fait une profonde révérence au roi, qui venoit de se lever, et n'avoit encore ses chausses attachées, lui présenta des lettres de la part du comte de Brienne, et lui dit qu'outre le contenu des lettres, il étoit chargé de dire en secret à Sa Majesté quelque chose d'importance. Lors le roi commanda à ceux qui étoient près de lui de se retirer, et commença à lire la lettre que le moine lui avait apportée, pour l'entendre après en secret. Lequel moine voyant le roi attentif à lire, tira de sa manche son couteau, et lui en donna droit dans le petit ventre, au-dessous du nombril, si avant qu'il laissa le couteau dans le trou; lequel le roi ayant retiré à grande force, en donna un coup de la pointe sur le sourcil gauche du moine, et s'écria : « Ha ! le méchant moine, il m'a tué ; « qu'on le tue.» Auquel cri étant vitement accourus les gardes et autres, ceux qui se trouvèrent les plus près massacrèrent cet assassin de jacobin aux pieds du roi (*). » D'Aubigné ajoute que, pendant qu'on le frappait, il étendit ses deux bras contre une muraille, en contrefaisant le crucifix.

Au premier moment, les chirurgiens jugèrent la blessure peu grave ; et Henri III fit écrire une circulaire à tous les gouverneurs de province et à tous les souverains étrangers. «Dieu,
« disait-il, qui a soin des siens, n'a
« voulu que, pour la révérence que je

(*) L'Étoile.

« porte à ceux qui se disent voués à
« son service, je perdisse la vie ; ains
« me l'a conservée par sa grâce, et em-
« pêché son damnable dessein, faisant
« glisser le couteau de manière que ce
« ne sera rien, s'il plaît à Dieu, espé-
« rant que dans peu de jours il me
« rendra ma première santé. » Mais
quelques jours après les chirurgiens
ayant examiné de nouveau sa plaie, reconnurent que l'intestin était perforé,
et annoncèrent au roi qu'il n'avait plus
que peu d'heures à vivre. Il se confessa, reçut l'absolution, puis il fit ouvrir
toutes les portes de sa chambre et introduire la noblesse. Il dit à haute
voix qu'il ne regrettait point la vie,
mais qu'il s'affligeait de laisser son
royaume déchiré par la guerre civile;
il demanda qu'on ne vengeât pas sa
mort, parce qu'il avait appris, disait-
il, du Christ à pardonner les injures;
puis il exhorta toute la noblesse à reconnaître le roi de Navarre héritier
légitime du trône, malgré la différence
de religion. « Ce roi, disait-il, est
« d'un naturel trop sincère et trop
« noble pour ne pas rentrer à la fin
« dans le sein de l'Église catholique. »
Lorsqu'il eut achevé ces exhortations,
il expira, entre deux et trois heures
du matin, à l'âge de trente-huit ans
(2 août 1589). Avec lui s'éteignit la
dynastie des Valois, qui occupait le
trône depuis deux cent soixante et un
ans.

§ V. *Fin des guerres de religion.* —
*Triomphe de la royauté sous
Henri IV.*

HENRI IV.
(1589-1610).
1589.

*Joie du peuple à la nouvelle de la
mort de Henri III.* — La duchesse de
Montpensier, sœur du duc de Guise,
attendait sur la route la nouvelle de
l'assassinat de Henri III. En voyant
accourir le messager de Saint-Cloud
qui lui annonçait l'*heureuse* nouvelle,
elle lui sauta au cou et lui dit en
l'embrassant : « Ha ! mon ami, soyez
« le bienvenu ! Mais est-il vrai au
« moins ? Ce méchant, ce perfide, ce

« tyran est-il mort ? Dieu ! que vous
« me faites aise ! je ne suis marrie que
« d'une chose, c'est qu'il n'a su, avant
« de mourir, que c'étoit moi qui l'a-
« vois fait faire. » Puis, se tournant
vers ses demoiselles : « Que vous en
« semble, leur dit-elle, ma tête ne me
« tient-elle pas bien à cette heure ? Il
« m'est avis qu'elle ne branle plus
« comme elle faisoit. » A l'instant elle
monta en carrosse, presque folle de
joie, retourna à Paris et se mit à parcourir la ville pour annoncer la bonne
nouvelle. Partout où elle voyait du
peuple rassemblé, elle s'arrêtait et
criait à haute voix : « Bonnes nouvel-
« les, mes amis, bonnes nouvelles, le
« tyran est mort ! il n'y a plus de
« Henri de Valois en France(*). »

Aussitôt le peuple passa de l'abatte-
ment à l'allégresse la plus vive. On
offrit dans les églises l'image de Clément à l'adoration des fidèles. On le
proclama saint et martyr. Lorsque sa
mère, pauvre paysanne de Bourgogne,
fut venue à Paris, la foule se porta
au-devant d'elle en criant : *Heureux
le sein qui vous a porté et les mamelles qui vous ont allaité !*

La Sorbonne, qui avait prononcé la
déchéance de Henri III, fut unanime
pour déclarer le roi de Navarre hérétique et relaps, incapable de succéder
au trône. Après une mûre délibération, elle proclama son arrêt dans les
termes suivants :

*Il est de droit divin inhibé et dé-
fendu aux catholiques de recevoir
pour roi un hérétique ou fauteur
d'hérésie, et ennemi notoire de l'É-
glise ; et plus étroitement encore de
recevoir un relaps, et nommément
excommunié du saint-siége.*

*Que s'il échet qu'aucun, diffamé
de ces qualités, ait obtenu en jugement extérieur absolution de ces crimes et censures, et qu'il reste toutefois un danger évident de feintise et
perfidie, et de là ruine et subversion
de la religion catholique, icelui néanmoins doit être exclu du royaume par
le même droit.*

(*) Journal de l'Étoile, t. II, p. 1.

Et quiconque s'efforcera de faire parvenir un tel personnage au royaume, ou lui aide et favorise, ou même permet qu'il y parvienne, le pouvant empêcher et le devant selon sa charge, cestui fait injure aux sacrés canons, et le peut-on soupçonner d'hérésie, et d'être pernicieux à la religion et à l'Église ; et pour cette cause on peut et on doit agir contre lui, sans aucun respect de degré et de prééminence.

Partant, puisque Henri de Bourbon est hérétique ou fauteur d'hérésie, notoirement ennemi de l'Église, relaps, nommément excommunié par notre saint-père, et qu'il y auroit danger évident de feintise et de perfidie, et ruine de la religion catholique, au cas qu'il vint à impétrer extérieurement son absolution : les François sont tenus et obligés en conscience de l'empêcher de tout leur pouvoir de parvenir au gouvernement du royaume très-chrétien, et de ne faire aucune paix avec lui, nonobstant ladite absolution ; et quand ores tout autre successeur légitime de la couronne viendroit à décéder ou quitter de son droit, tous ceux qui le favorisent font injure aux canons, sont suspects d'hérésie, pernicieux à l'Église ; et comme tels doivent être soigneusement repris et punis à bon escient.

Or, comme ceux qui donnent aide ou faveur en quelque manière que ce soit audit Henri, prétendant au royaume, sont déserteurs de la religion, et demeurent continuellement en péché mortel : ainsi ceux qui s'opposent à lui par tous moyens à eux possibles, mus du zèle de religion, méritent grandement devant Dieu et les hommes ; et comme on peut à bon droit juger qu'à ceux-là étant opiniâtres à établir le royaume de Satan la peine éternelle est préparée, ainsi on peut dire avec raison que ceux-ci seront récompensés au ciel du loyer éternel, s'ils persistent jusques à la mort, et comme défenseurs de la foi remporteront la palme du martyre.

1589-1590.

Retraite de Henri IV en Normandie. — Combat d'Arques. — Que se passait-il pendant ce temps dans le camp ennemi ? Henri III, sur son lit de mort, avait exhorté les gentilshommes qui l'entouraient à reconnaître pour roi Henri de Navarre, sans s'arrêter à la différence de religion. Ils vinrent, en effet, saluer le Béarnais comme leur roi ; mais à quelques pas de là on les entendait dire : « Plutôt « mourir de mille morts que d'obéir à « un roi hérétique. »

Bientôt un grand nombre de gentilshommes catholiques abandonnèrent l'armée. Le duc d'Épernon donna le signal de la défection. En vain le baron de Givry s'écria, s'adressant au roi : « Sire, vous êtes le roi des bra« ves, et vous ne serez abandonné « que des poltrons. » L'exemple du duc d'Épernon et de plusieurs autres grands seigneurs entraîna les autres, et au bout de peu de jours cette armée de quarante-deux mille hommes se trouva réduite à six mille. Cette armée était trop faible pour continuer le siège de Paris. Henri IV devait craindre au contraire d'être attaqué par les Parisiens commandés par le duc de Mayenne, qui avait fait proclamer roi le cardinal de Bourbon, sous le nom de Charles X. Trop faible pour tenir tête aux armées de la sainte ligue, Henri IV leva le siège de Paris et se retira en Normandie. Il songeait à quitter la France et à se rendre en Angleterre pour solliciter l'appui de la reine Élisabeth. Mais d'Aubigné, Biron et les principaux gentilshommes de son parti le dissuadèrent de ce projet, en lui représentant que s'il quittait son royaume il aurait l'air d'y renoncer.

Cependant les catholiques qui lui étaient restés fidèles le pressaient vivement de se réconcilier avec l'Église. Le roi ayant pâli, de colère ou de crainte, leur répondit avec fermeté : « Parmi les étonnemens dont Dieu « nous a exercés... j'en reçois un de « vous, messieurs, que je n'eusse pas

« attendu. Vos larmes sont-elles déjà
« essuyées ? La mémoire de votre
« perte et les prières de votre roi...
« sont-elles évanouies avec la révé-
« rence qu'on doit aux paroles d'un
« ami mourant? Si vous quittez le
« chemin de venger le parricide, com-
« ment prendrez-vous celui de con-
« server vos vies et vos conditions ?...
« Il n'est pas possible que tout ce que
« vous êtes ici consentiez à tous les
« points que je viens d'entendre. Me
« prendre à la gorge sur le premier
« pas de mon avénement, à une heure
« si dangereuse; me cuider traîner à
« ce qu'on n'a pu forcer tant de sim-
« ples personnes, pour ce qu'elles ont
« su mourir ! Et de qui pouvez-vous
« attendre une telle mutation en la
« créance que de celui qui n'en auroit
« point? Auriez-vous plus agréable
« un roi sans Dieu? Vous assurerez-
« vous en la foi d'un athée, et aux
« jours des batailles suivrez-vous
« d'assurance les vœux et les auspices
« d'un parjure et d'un apostat? Oui, le
« roi de Navarre, comme vous dites,
« a souffert de grandes misères, et ne
« s'en est pas étonné ; peut-il dépouil-
« ler l'âme et le cœur à l'entrée de la
« royauté? Or, afin que vous n'appe-
« liez ma constance opiniâtreté, non
« plus que ma discrétion lâcheté, je
« vous réponds que j'appelle des juge-
« mens de cette compagnie, à elle-
« même, quand elle y aura pensé, et
« quand elle sera complète de plus de
« pairs de France et officiers de la
« couronne que je n'en vois ici. Ceux
« qui ne pourront prendre une plus
« mûre délibération, que l'affliction de
« la France et leurs craintes chassent
« de nous, et qui se rendent à la vaine
« et briève prospérité des ennemis de
« l'État, je leur baille congé librement
« pour aller chercher leur salaire sous
« des maîtres insolens. J'aurai parmi
« les catholiques ceux qui aiment la
« France et l'honneur (*). »

Ainsi l'armée de Henri IV devenait de plus en plus faible, tandis que celle de Mayenne grossissait tous les jours.

(*) D'Aubigné, t. III, chap. 186

Déjà la pénurie d'argent et de vivres commençait à se faire sentir dans les troupes royales. Henri IV eut besoin de toutes les ressources de son esprit pour soutenir le courage de ses partisans. « Il s'efforçoit, dit Davila, de satisfaire à tout le monde, et de se concilier la bienveillance de chacun, par la vivacité de son esprit, la promptitude de ses reparties, l'aisance de ses paroles et la familiarité de sa conversation. Il faisoit plus le compagnon que le prince, et il suppléoit à la pauvreté de ses moyens par la prodigalité de ses promesses. A chacun tour à tour il protestoit que c'étoit à lui seul qu'il devoit la couronne, et que la grandeur des récompenses seroit proportionnée à la grandeur des services qu'il confessoit. Aux huguenots, il protestoit qu'il leur ouvroit son cœur; aux catholiques, il témoignoit toutes les déférences extérieures ; il leur parloit avec une singulière vénération du souverain pontife et du siége apostolique. Avec eux il laissoit percer tant d'inclination pour la religion romaine, qu'il leur faisoit prévoir une prompte et indubitable conversion. Il témoignoit aux bourgeois des villes, aux paysans des campagnes, la pitié qu'il ressentoit pour leurs charges et pour les calamités dont la guerre les accabloit; il s'excusoit sur la nécessité de nourrir ses soldats, et il en rejetoit toute la faute sur ses ennemis. Il se faisoit le compagnon des gentilshommes, qu'il appeloit les vrais François, les conservateurs de la patrie, les restaurateurs de la maison royale. Il mangeoit en public, il admettoit chacun à parcourir ses plus secrets appartemens; il ne cachoit point sa pénurie actuelle, et il tournoit en plaisanterie tout ce qu'il ne pouvoit faire passer par des propos sérieux (*). »

Ce fut à Arques que se rencontrèrent les deux armées. Henri IV, avec sept mille hommes, ne recula point devant trente mille ligueurs, commandés par le duc de Mayenne. Il paya bravement de sa personne

(*) Davila, liv. x, p. 595.

et remporta une victoire complète.

Pendant que Mayenne se dirigeait vers Amiens, pour y faire sa jonction avec un corps de troupes que le prince de Parme envoyait à son secours, Henri IV reçut des secours d'Angleterre. Élisabeth lui envoya un corps d'infanterie de quatre mille Anglais et de mille Écossais. Avec cette armée, il partit de Dieppe le 19 octobre, et marcha sur Paris. Les duchesses de Montpensier et de Nemours avaient annoncé chaque jour au peuple parisien que le Béarnais était entouré de toutes parts avec sa poignée d'hérétiques, et qu'on avait pris des précautions pour l'empêcher de s'enfuir en Angleterre. Déjà les curieux avaient retenu des places aux balcons et aux fenêtres, pour le voir passer prisonnier et chargé de chaînes. Aussi l'effroi fut-il immense, lorsqu'on vit arriver ce prétendu fugitif à la tête d'une armée formidable.

L'attaque commença le 1er novembre. Les bourgeois qui garnissaient les remparts soutinrent vaillamment le combat pendant une heure, puis ils cédèrent sur divers points. La Noue pénétra dans le faubourg Saint-Germain, et descendant par la rue de Tournon, il poursuivit, l'épée dans les reins, les compagnies bourgeoises, qui eurent de la peine à rentrer dans la ville par la porte de Nesle. Les faubourgs de Saint-Victor, de Saint-Marceau, de Saint-Jacques et de Saint-Michel, furent forcés également par les troupes royales. Neuf cents Parisiens furent tués, quatre cents furent faits prisonniers. Henri IV promit à ses soldats le pillage des faubourgs; et ces soldats déguenillés, privés de solde, et qui avaient souffert d'une extrême misère, se trouvèrent enrichis en un jour. Mais des sauvegardes avaient été données à chaque église, car Henri IV voulait convaincre les Parisiens de son respect pour le culte catholique.

Lorsque le duc de Mayenne fut averti de la direction de l'armée royale, il revint en hâte vers Paris, et y entra le 8 novembre 1589. La position des royalistes dans les faubourgs cessa alors d'être tenable. Le 4, Henri donna le signal du départ. Il prit sa route par Montlhéry et Étampes, et mit ses troupes en quartier d'hiver dans les provinces qui lui étaient restées fidèles.

1590.

Seconde campagne. — Bataille d'Ivry. — Siége de Paris. — Famine et détresse des Parisiens. — Le duc de Parme force Henri IV à lever le siége. — Pendant l'hiver, les deux partis se préparèrent à recommencer la guerre avec une nouvelle vigueur. Le duc de Mayenne reçut du prince de Parme quinze cents lances et quatre cents carabiniers; il prit en outre à sa solde douze cents chevaux et douze mille fantassins allemands. Son armée se trouva alors forte de vingt mille fantassins et quatre mille cinq cents chevaux. Henri IV n'avait que trois mille cavaliers et huit mille fantassins. Il se retira en Normandie pour maintenir ses communications avec l'Angleterre; mais voyant son armée s'affaiblir par la désertion, il résolut de tenir tête à l'ennemi dans la plaine d'Ivry.

« Cette plaine où le roi voulait offrir la bataille aux ligueurs, s'étend, au couchant de la rivière d'Eure, entre Anet et Ivry : aucune digue, aucune haie, aucun obstacle naturel ne la coupe; mais le terrain s'abaisse au milieu par une courbe presque imperceptible, en sorte que l'armée royale, appuyée d'un côté au village de Saint-André, de l'autre à celui de Turcanville, ne pouvait être atteinte par l'artillerie ennemie. Henri IV, après avoir fait reposer ses troupes, vint occuper cette position, le mardi 13 mars, partageant sa cavalerie, presque toute composée de gentilshommes, et sur laquelle en conséquence il comptait le plus, comme plus accessible au point d'honneur, en sept corps, appuyés chacun par deux régiments d'infanterie. Le maréchal d'Aumont, le duc de Montpensier, le grand prieur, assisté de Givry, maréchal de camp, le baron de Biron, le roi, le maréchal de Biron, et Schomberg, commandant des reîtres, étaient à la tête de ces sept divisions. Pendant que l'armée prenait place sur le terrain, elle fut rejointe successivement par Duplessis, de Muy, la Trémoille, d'Humières et Rosny, qui, avec deux ou trois cents chevaux, arrivaient de Poitou, de Picardie et de l'Ile-de-France, pour prendre part à cette bataille, impatiemment attendue. Les derniers venus étaient presque tous huguenots. Jusqu'alors on n'en avait compté qu'un très-petit nombre dans l'armée.

« Le duc de Mayenne ne supposait pas que Henri voulût l'attendre; mais il se flattait de l'atteindre au passage de quelque rivière, dans sa retraite sur la basse Normandie, et il pressait sa marche dans cette espérance, non sans exposer ses propres troupes au désordre dans lequel il croyait trouver celles de l'ennemi. Mais, entré le 13 mars, après midi, dans la plaine d'Ivry, il vit devant lui les royalistes qui l'attendaient, et qui s'étaient rangés en bataille avec tout l'avantage du terrain. Il ralentit sa marche pour remettre de l'ordre dans son armée, et il n'arriva à portée des ennemis que le soir, lorsqu'il était déjà trop tard pour songer à engager le combat. Le temps était très-mauvais; et les soldats de la ligue, fatigués par les pluies froides qu'ils avaient essuyées pendant toute leur marche, furent obligés de coucher à découvert; quelques officiers seulement purent réussir à dresser leurs tentes, tandis que les royalistes se restaurèrent pendant la nuit dans les villages de Saint-André et de Turcanville.

« Le mercredi, 14 mars, au matin, l'armée royale vint reprendre la même position qu'elle occupait la veille. Les deux armées ne furent point rangées en bataille avant dix heures du matin. D'Aubigné rapporte qu'en mettant son casque, Henri adressa ce peu de mots à ses compagnons d'armes : « Mes « compagnons, Dieu est pour nous; « voici ses ennemis et les nôtres, « voici votre roi, donnons à eux. Si « vos cornettes vous manquent, ral« liez-vous à mon panache blanc, vous « le trouverez au chemin de la victoire « et de l'honneur. » Ces paroles furent accueillies par un cri général de *Vive le roi!* et la bataille commença. L'artillerie royaliste porta en plein sur les ligueurs, qui se découvraient sur le renflement du terrain; celle de la ligue, au contraire, ne put atteindre les royalistes, abrités dans son enfoncement. Le comte d'Egmont, qui était à l'extrême droite de l'armée de Mayenne, ne voulut pas attendre une troisième décharge de cette artillerie, et se précipita avec fureur sur la cavalerie légère du grand prieur, qui lui était opposée, et qu'il culbuta. Avec la même impétuosité, il parvint jusqu'aux canons du roi qui avaient maltraité sa troupe : « Compagnons, « cria-t-il, je vais vous montrer comme « il faut traiter cette armée de lâ« ches et d'hérétiques, » et faisant en même temps tourner son cheval, il vint frapper de la croupe contre la batterie royale. Il n'y eut pas un de ses hommes d'armes qui ne voulût se vanter d'en avoir fait autant. Ils ne perdirent pas seulement leur temps à cette bizarre manœuvre, toute la cavalerie d'Egmont se mit en désordre; elle n'avait plus l'élan qui avait fait sa force, lorsqu'elle fut chargée en même temps par le maréchal d'Aumont, le baron de Biron, le grand prieur et Givry. Egmont fut tué avec ses principaux officiers; tout le reste fut enfoncé et mis en pièces. Dans une autre partie de la ligne, le duc de Brunswick, qui conduisait les reîtres des ligueurs, fut également tué. Ces reîtres avaient coutume, après chaque charge, de passer dans les intervalles laissés à dessein entre chaque bataillon, pour aller se reformer derrière la ligne; mais le vicomte de Tavannes, que Mayenne avait chargé de ranger son armée en bataille, avait la vue si courte, qu'il s'était trompé sur l'intervalle qu'il devait laisser entre les corps, et que l'espace manquait pour cette manœuvre. Les reîtres, en revenant de la charge, vinrent donc donner dans l'escadron de lanciers du duc de Mayenne, et le mirent en désordre. Le duc fut obligé de les repousser à coups de lance; il ne put point faire prendre carrière à ses chevaux; et tandis qu'il s'efforçait en vain de les remettre en ordre, il fut chargé avec fureur par le roi, qui voyait son embarras. Il fut enfoncé, et forcé à s'enfuir vers le bois. Bientôt toute la cavalerie de la ligue fut entraînée dans la même déroute; les bataillons de fantassins qu'elle avait couverts se trouvèrent alors isolés au milieu de la plaine, et de toutes parts attaqués par les troupes du roi. Les Suisses, quoiqu'ils ne fussent point encore entamés, soulevèrent leurs armes en signe qu'ils voulaient se rendre, et furent aussitôt reçus à quartier par le maréchal de Biron. Les lansquenets, encouragés par cet exemple, et affaiblis en même temps par cette défection, levèrent à leur tour leurs piques et crièrent qu'ils se rendaient. Mais Henri IV et ses soldats nourrissaient contre eux une profonde rancune; plusieurs d'entre eux avaient déjà pris part à la trahison d'Arques, où ils avaient feint de se rendre; plusieurs, engagés par les princes protestants, pour renforcer l'armée de Henri IV, avaient passé à ses ennemis; le roi déclara qu'ils avaient forfait à la foi militaire, et qu'il ne leur accordait aucun quartier. Le massacre dura une heure entière; mais pendant qu'on les tuait sans défense, le roi criait : « *Sauvez les Français et main basse sur l'étranger.* » En effet, après la mêlée, il n'y eut plus de Français tués. Les fuyards de la ligue allèrent chercher un asile, les uns à Chartres, les autres à Mantes. Le pont d'Ivry, par lequel ils s'échappaient, fut rompu, et la cavalerie du roi, pour continuer à les poursuivre, fut obligée de faire un long détour, et d'aller passer l'Eure à Anet. La perte de l'armée de la ligue fut cependant fort considérable : Davila la fait monter à six mille hommes... Du côté du roi, le colonel Schomberg fut tué. Henri lui avait adressé des excuses au moment du combat, pour les paroles trop dures avec lesquelles il avait repoussé la veille ses demandes d'argent, et Schomberg, touché de cette condescendance, s'était écrié : « Votre Majesté me tue par « sa bonté, car c'est mon devoir désor- « mais de donner ma vie pour son ser- « vice (*). »

Depuis le commencement des guerres de religion, aucune victoire aussi brillante n'avait été remportée par les huguenots. Henri IV fut salué par les applaudissements de son armée, dont le dévouement pour lui devint sans bornes. Ses ennemis eux-mêmes célébrèrent sa valeur et son humanité. Les chefs de la ligue craignirent un instant que le peuple de Paris ne se déclarât pour lui, par découragement; c'est pourquoi ils chargèrent les prédicateurs d'annoncer la nouvelle en termes tels, que le peuple sentît se ranimer sa haine contre les huguenots. Don Christian de Nice remplit cette mission avec le plus d'habileté. Il avait choisi pour texte de son sermon ces paroles de l'Écriture, que Dieu châtie ceux qu'il aime; et, après avoir exposé avec éloquence et chaleur que les fidèles doivent supporter sans murmurer les châtiments de Dieu, il se fit interrompre par un messager qui lui apportait des dépêches. Lorsqu'il les eut lues à voix basse, il s'écria que Dieu avait voulu qu'en ce jour il fît l'office de prophète, parce que le moment de la tentation était arrivé; et il annonça la défaite d'Ivry. Tous les auditeurs, transportés d'enthousiasme, jurèrent qu'ils affronteraient la faim et la pauvreté pour maintenir la sainte ville de Paris dans sa fidélité au service de Dieu. Aussitôt on creusa des fossés, on ferma les brèches, on disposa l'artillerie sur les remparts, et l'on résolut d'attendre l'attaque des huguenots.

En effet, Henri IV marcha sur Paris. Il occupa Chevreuse, Montlhéry, Lagny, Corbeil, Melun, Provins, et parut devant la capitale le 8 mai 1590, avec une armée de douze mille fan-

(*) Sismondi.

tassins et trois mille cavaliers. La ville de Paris était en état d'opposer une longue résistance; elle avait eu le temps de s'approvisionner de vivres, et elle contenait une population nombreuse et ardente qui pouvait mettre jusqu'à cinquante mille hommes sous les armes. Les duchesses de Nemours, de Montpensier et de Mayenne ne négligeaient aucun moyen pour ranimer l'exaltation des passions religieuses, et les prédicateurs entretenaient et échauffaient tous les jours l'enthousiasme public. Des processions fréquentes ajoutaient encore à l'exaltation des Parisiens. Le 14 mai, le 30 mai et le 4 juin, les prêtres et les moines, revêtus de corselets et armés d'arquebuses, d'épées et de pertuisanes, parcoururent en procession les rues de Paris, et jurèrent à Sainte-Geneviève de défendre Paris jusqu'à la mort, plutôt que de se soumettre à un roi hérétique. Ces processions furent pour les soldats de Henri IV un grand objet de ridicule. Mais lorsqu'ils virent ces moines monter joyeusement sur les remparts et s'exposer sans trembler au feu, lorsqu'ils virent ces bourgeois supporter les fatigues et les privations, alors ils reconnurent tout ce qu'il y avait d'énergie et de dévouement dans ces hommes dont ils s'étaient raillés.

Cependant les vivres devenaient de jour en jour plus rares. Aucun travail n'était commandé ou récompensé, et la suspension de tous les métiers aggravait la famine. Le cardinal de Gondi, évêque de Paris, fit vendre toute l'argenterie des églises pour l'employer à des aumônes; le cardinal-légat obtint cinquante mille écus du pape, et il y joignit toute son argenterie, qu'il avait fait fondre, pour l'employer au même but. Tous les jours, l'ambassadeur d'Espagne distribuait de l'argent, du pain et d'autres aliments. Tous les seigneurs du parti de la ligue, et les dames elles-mêmes, contribuèrent de leurs dons à soulager la misère publique. Mais ce n'étaient là que des ressources précaires. Déjà le froment commençait à manquer; les soldats ne recevaient plus que de l'avoine pour la manger en soupe. On ne trouvait plus dans les boucheries que de la viande de cheval, d'âne et de chien, et encore ces viandes se vendaient-elles à des prix excessifs. Les pauvres étaient obligés de se contenter d'herbes qu'ils arrachaient dans les rues désertes, et qu'ils faisaient bouillir; quelquefois ils faisaient du pain avec des ossements de morts. Il y eut une mère qui mangea son enfant. On ne voyait plus dans les rues qu'une population hâve et décharnée; les maladies se multipliaient avec une effrayante rapidité; et à mesure que les maisons se vidaient, on s'empressait de les démolir pour brûler le bois de charpente, car il y avait aussi disette de bois. Les Parisiens, opprimés par leurs défenseurs, ne trouvaient de pitié que dans le prince qui les assiégeait. Henri IV laissa passer une grande partie des bouches inutiles : « *Faudra-t-il donc*, disait-il, « *que ce soit moi qui les nourrisse?* « *Il ne faut pas que Paris soit un ci-* « *metière; je ne veux pas régner sur* « *des morts.* » Et encore : « *Je res-* « *semble à la vraie mère de Salomon;* « *j'aimerais mieux n'avoir point de* « *Paris, que de l'avoir déchiré en* « *lambeaux.* » Le 27 juillet, il était mort déjà trente mille personnes de faim et de misère. Le peuple commençait à murmurer. Les ducs de Nemours et d'Aumale lui annoncèrent qu'on allait traiter, et lui demandèrent de redoubler de patience pendant quelques jours, pour ne pas porter dommage à leurs négociations. Mais ce n'était là qu'un moyen de gagner du temps; car les chefs de la ligue étaient déterminés à continuer la lutte jusqu'au bout. Paris ne fut délivré que par l'arrivée du prince de Parme, qui, par ses savantes manœuvres, força Henri IV de lever le siège, et retourna ensuite aux Pays-Bas sans se laisser entamer, et sans accepter le combat que lui offrait l'armée royale. Henri IV se retira sur Saint-Denis, humilié et presque découragé. Tout à coup il lui vint à la pensée que les Parisiens, dans l'excès de leur joie, auraient peut-être négligé leurs précautions. Il revint au milieu de la nuit, espérant les surprendre. Deux échelles furent appliquées en silence contre le mur du faubourg Saint-Marceau. Mais il y avait encore trop de deuil et de douleur dans la ville de Paris, pour que les habitants se fussent abandonnés à l'ivresse de leur délivrance. Les moines qui gardaient cette partie des remparts donnèrent l'alarme ; l'un d'eux renversa l'une des échelles, et arrêta bravement les assaillants qui montaient par l'autre, tandis qu'il appelait ses compagnons à son secours. Bientôt la muraille se trouva garnie de défenseurs, et Henri IV fut obligé de se retirer. De retour à Saint-Denis, il mit ses soldats en quartiers d'hiver.

1591.

Journée des farines. — Affaiblissement du parti de la ligue. — Au printemps de l'année suivante, Henri IV fit une nouvelle tentative pour reprendre Paris. Il savait qu'on y apportait le plus souvent les vivres sur le dos de bêtes de somme, et qu'on leur ouvrait les portes la nuit. Il fit charger de farine quatre-vingts mulets, et donna à chacun d'eux pour conducteur un soldat choisi parmi les plus braves, et déguisé en paysan. Le capitaine de Vic se mit à la tête dans la nuit du 20 janvier, et se présenta à la porte Saint-Honoré. Il espérait que sa petite troupe lui suffirait pour s'en saisir, et il comptait s'y maintenir sans peine jusqu'à ce que le roi pût venir le secourir. Mais les mouvements de l'armée de Henri IV n'avaient pu échapper à la vigilance du marquis de Belin, qui venait de remplacer le duc d'Aumale dans le commandement de Paris. Lorsqu'à trois heures après minuit, les fariniers se présentèrent à la porte Saint-Honoré, on leur répondit que des barques étaient préparées pour les embarquer à Chaillot. Mais de Vic ne fut pas dupe de cette ruse, et le tocsin qu'il entendit bientôt lui prouva que tout était découvert. Cette journée, connue sous le nom de *Journée des farines,* se termina ainsi, sans que les soldats eussent échangé un coup d'épée.

Pendant que la guerre se traînait en longueur, Henri IV apprit un jour que le jeune duc de Guise s'était sauvé du château de Tours, où il était en captivité depuis la mort de son père. « La nouvelle, d'abord, n'en toucha pas moins le roi qu'elle le surprit. Il redoutoit ce grand nom de Guise, qui lui avoit fait tant de peine. Il avoit peur que ce jeune prince ne recueillît l'amour des peuples, que son père avoit possédé à un si haut point ; et il regrettoit d'avoir perdu un gage qui lui pouvoit servir à beaucoup de choses. Toutefois, après qu'il y eut un peu rêvé, il diminua ses appréhensions, et dit à ceux qui étoient autour de lui, qu'il avoit plus de sujet de s'en réjouir que de s'en plaindre, parce qu'il arriveroit, ou que le duc de Guise se rangeroit auprès de lui, auquel cas il le traiteroit comme son parent, ou qu'il se jetteroit dans la ligue, et qu'alors il seroit impossible que le duc de Mayenne et lui pussent demeurer longtemps ensemble sans se brouiller et devenir ennemis.

« Ce pronostic fut très-véritable. Le duc de Mayenne ayant vu les réjouissances que toute la ligue témoignoit de cette nouvelle, les feux de joie qu'en firent les grandes villes, les actions de grâces que le pape en avoit rendues publiquement, et les espérances que les Seize concevoient de voir ressusciter en ce prince la protection et les qualités de son père, dont ils avoient été idolâtres ; le duc de Mayenne, dis-je, voyant tout cela, fut frappé d'une sorte de jalousie ; et, quoiqu'il lui envoyât de l'argent, avec prières qu'ils pussent s'entrevoir, néanmoins il ne le comptoit pas comme un nouveau renfort, mais comme un nouveau sujet d'inquiétude et de fâcherie pour lui.

« En effet, ce jeune prince noua aussitôt une grande liaison avec les Seize, et leur promit de prendre leur protection. Par ce moyen-là, et par l'appui des Espagnols, ils s'enhardirent de telle sorte, qu'ils résolurent de perdre le duc de Mayenne, ne cessant de décrier sa conduite parmi les peuples. On assure qu'il y en eut quelques-uns d'entre eux qui écrivirent une lettre au roi d'Espagne, par laquelle ils se jetoient entre ses bras, et le supplioient, s'il ne vouloit régner sur eux, de leur donner un roi de sa race, ou de choisir un gendre pour sa fille, qu'ils recevroient avec toute obéissance et fidélité. Ils s'avisèrent, outre cela, de donner un nouveau formulaire de serment pour la ligue, qui excluoit les princes du sang, afin d'obliger tous les suspects qui ne voudroient pas jurer une chose si contraire à leur sentiment, de sortir hors de la ville, et de leur abandonner leurs biens. Par cet artifice, ils chassèrent plusieurs personnes, entre autres le cardinal de Gondy, évêque de Paris, qu'ils avoient pris en haine, parce qu'avec quelques curés de la ville il travailloit adroitement à disposer les peuples en faveur du roi (*). »

Le parlement n'était pas moins suspect aux Seize à cause de ses opinions modérées. Le samedi 5 novembre, les plus violents d'entre eux s'assemblèrent chez le P. la Bruyère, sous prétexte d'obvier aux taxes et impôts que l'on vouloit faire frapper sur le peuple. Au milieu de la délibération, le curé de Saint-Jacques s'écria avec colère : « Messieurs, c'est assez connivé; il ne faut « jamais espérer ni justice, ni raison « de la cour du parlement : c'est trop « endurer, il faut jouer du couteau ! » Pendant qu'il parlait encore, un bourgeois vint lui dire quelques mots à l'oreille. Il reprit alors : « Messieurs, « je suis averti qu'il y a des traîtres en « cette compagnie; il faut les chasser « et jeter en la rivière. » Les meneurs se séparèrent, et dans une nouvelle assemblée plus restreinte, ils chargèrent un comité de dix membres de prendre toutes les mesures nécessaires au salut du parti. Ce comité chargea Bussy le Clerc et le curé de Saint-Côme de consulter la Sorbonne pour savoir s'il pourrait, en sûreté de

(*) Périfixe, Histoire de Henri le Grand, t. I, p. 162 sq.

conscience, exécuter l'entreprise qu'il méditait. Munis de l'approbation de la Sorbonne, ils rassemblèrent les compagnies bourgeoises, occupèrent toutes les rues qui conduisaient au palais de justice, et arrêtèrent le premier président Barnabé Brisson, Claude Larché, conseiller au parlement, et Jean Tardif, conseiller au Châtelet. On leur lut une sentence que le conseil des dix venait de prononcer contre eux sans les entendre, et qui les condamnait à être pendus et étranglés, comme fauteurs d'hérésie, ennemis et traîtres à la ville de Paris. Cette sentence fut exécutée sur-le-champ : on les pendit tous trois à la fenêtre de la chambre qui leur servait de prison. Leurs biens furent confisqués par ordre du prévôt des marchands et des échevins. Toutes les autorités municipales, les quarteniers et les colonels furent pareillement *épurés*, en sorte que le pouvoir se trouva entre les mains de la populace. Quelques-uns des Seize voulaient que l'on allât plus loin encore. Ils disaient qu'il fallait achever la tragédie, et se défaire du duc de Mayenne, s'il approchait de Paris ; qu'ensuite ils seraient les maîtres de la capitale, et qu'ils pourraient choisir un chef qui dépendît d'eux. Et certes, il y a apparence que, maîtres de la Bastille, dont Bussy était gouverneur, et ayant pour eux la populace et la garnison espagnole, ils eussent pu s'emparer du gouvernement à Paris, et traiter soit avec le duc de Guise, soit avec le roi d'Espagne ; mais ils manquèrent de résolution. Au lieu de rompre ouvertement avec Mayenne qui compromettait tout par sa lenteur, ils lui proposèrent des réformes. Les articles rédigés par le curé de Saint-Jacques portaient :

« Les catholiques demandent qu'il soit établi une chambre ardente de douze personnages qualifiés et gradués, d'un président, d'un substitut du procureur général, et un greffier, qui soient notoirement de la sainte ligue, pour faire le procès aux hérétiques, traîtres, leurs fauteurs et adhérents, qui seront nommés par le conseil des seize quarteniers de la ville.

« Que l'exécution faite contre les emprisonnés soit présentement avouée par messieurs du conseil, comme faite pour le bien de la religion, de l'État et de la ville.

« Qu'il soit établi un conseil de guerre en cette ville, composé de M. le gouverneur, de M. de Saulzay, de M. de Beaulieu, gouverneur du bois de Vincennes, du sieur de Bussy, capitaine du château de la Bastille, des deux colonels des garnisons espagnole et napolitaine, du sieur de Saint-Yon, commandant au régiment des Wallons, du sieur de Champagne, commandant au régiment de Picardie, et des colonels de cette ville qui seront nommés par le conseil des seize quarteniers ; ce conseil se tiendra au moins deux fois par semaine.

« Qu'il ne sera fait aucune conférence avec les ennemis, par aucune personne, de quelque qualité qu'elle soit, sans l'avis dudit conseil de guerre.

« Qu'il sera aussi promptement et présentement pourvu aux places des conseillers de ville qui sont absents, au profit de ceux qui seront nommés par le conseil des seize quarteniers.

« Qu'il soit élu et choisi en chacun des quartiers de la ville, un homme capable, pour tous ensemble ouïr les comptes des deniers qui ont été levés extraordinairement en cette ville, et ce par un bref état, à laquelle audition il sera procédé sans discontinuation.

« Que M. le gouverneur, enfin, est supplié de se fier aux bourgeois de cette ville, comme ils se fient à lui, et qu'à cette fin il n'ait autre garde que la fidélité et amitié desdits bourgeois. »

Lorsque le duc de Mayenne apprit que le pouvoir venait de passer aux mains d'une populace furieuse, que le parlement était foulé aux pieds, que ses amis les plus dévoués étaient déclarés suspects par des hommes si prompts à verser le sang, il fut singulièrement effrayé. Quelques jours après, son effroi redoubla, lorsqu'il sut que les Seize avaient écrit au roi d'Espagne la lettre suivante : « Nous « pouvons certainement assurer Votre « Majesté que les vœux et souhaits de « tous les catholiques sont de vous « voir, Sire, tenir le sceptre, et cette « couronne de France, et régner sur « nous, comme nous nous jetons très-« volontiers entre vos bras; ou bien « qu'elle établisse ici quelqu'un de sa « postérité, ou nous en donne un autre, celui qui plus lui est agréable; « ou qu'elle se choisisse un gendre, « lequel avec toutes les meilleures affections, toute la dévotion et obéissance qu'y peut apporter un bon et « fidèle peuple, nous recevrons roi et « lui obéirons (*). »

Mayenne se rendit aussitôt à Paris avec sept cents chevaux d'élite et deux régiments d'infanterie. Il affecta d'abord une grande modération; mais lorsqu'il eut pris toutes ses mesures, il força Bussy le Clerc à lui livrer la Bastille, et arrêta quatre des plus factieux d'entre les Seize, qui furent pendus immédiatement dans une salle basse du Louvre. Cinq autres, parmi lesquels se trouvait Bussy le Clerc, s'étaient sauvés en Flandre. Le greffier et le bourreau, qui avaient minuté et exécuté la sentence contre le président du parlement, furent également pendus. Ainsi, la bourgeoisie ressaisit le pouvoir qui lui avait été un instant enlevé par la populace. La victoire de Mayenne sur les exaltés n'en fut pas moins fatale à son parti. C'étaient eux qui faisaient la force des ligueurs et qui leur donnaient ce caractère populaire et national qui les rendait si redoutables. Leur chute marque l'affaiblissement du parti de la ligue, qui ne montra plus depuis la même ardeur et le même enthousiasme.

1591-1593.

Siége de Rouen par Henri IV.— États généraux de la ligue pour élire un roi.—Henri IV embrasse la religion catholique.—Pendant que le duc de Mayenne absent de son armée s'occupait de rétablir l'ordre à Paris, Henri IV assiégeait Rouen avec une armée formidable. L'attaque fut poussée avec

(*) Capefigue, d'après les archives de finances.

tant de vigueur, que la ville se serait vue obligée de capituler, sans l'arrivée des Espagnols. Le prince de Parme ayant déclaré qu'il secourrait les Rouennais pour la plus grande gloire de Dieu et pour la défense de la religion catholique, entra en France avec une armée de vingt-quatre mille fantassins et six mille chevaux. Henri IV marcha à sa rencontre pour le harceler pendant sa marche et lui couper les vivres. Mais l'excès de sa bravoure l'empêcha de rester fidèle à ce plan sagement conçu. A deux reprises, elle faillit même lui devenir fatale.

« Dès son arrivée à Folleville, il se trouva à portée des ennemis : emporté par le désir de bien reconnaître leur ordre de bataille, et plus encore de faire preuve de vaillance, il s'avança lui-même à la découverte avec moins de deux cents cavaliers ; il fit le coup de pistolet avec les gardes avancées et fut sur le point d'être enveloppé. Le surlendemain, 5 février, auprès d'Aumale, il retomba dans la même faute. Il avait pris, il est vrai, plus de monde avec lui, car, outre les archers de sa garde, il avait deux cents chevau-légers et trois cents gentilshommes d'élite ; mais aussi, il s'avança beaucoup plus imprudemment encore. Après avoir gravi une colline qui lui dérobait la vue de l'ennemi, il se trouva, sans s'y être attendu, dans une vaste plaine, aux prises avec les coureurs de la ligue et en face de toute l'armée du duc de Parme. Grâce à la valeur de son corps d'élite, il mit en fuite ceux avec lesquels il s'était d'abord engagé ; mais il voulut alors mieux voir la belle distribution de l'armée de la ligue. Il remarqua le duc de Parme, qui, pesant de corps et souffrant de la goutte, se faisait cependant porter rapidement, dans une chaise découverte, sur les divers points de sa ligne de bataille, où il avait quelque ordre à donner. Pendant que Henri, déjà retardé par le combat, s'amusait à l'observer, il ne remarqua point que la cavalerie légère espagnole et les cavaliers flamands l'avaient dépassé par les flancs et se reformaient derrière lui. Tout à coup il se vit presque entièrement enveloppé ; il donne le signal de la fuite ; mais presque aucun de ses gentilshommes n'avait eu le temps de lacer son casque en tête. Lui-même fut bientôt reconnu à ses plumes blanches, et de toutes parts il entendit retentir autour de lui le cri : *Au roi de Navarre!* Il redescendit au galop la colline malencontreuse qui lui avait caché l'approche de l'ennemi. Dans sa course il fut blessé aux reins, mais légèrement, la balle qui l'atteignit ayant auparavant percé l'arçon de sa selle. Les braves gentilshommes s'efforçaient, pour le sauver, d'arrêter l'ennemi par des charges hardies ; mais comme ils reprenaient ensuite leur course pour descendre la colline, leurs chevaux s'abattaient, embarrassés par des ceps traînants de vigne, et ils étaient aussitôt accablés par les ennemis qui les poursuivaient. Dans cette fuite, presque tous les archers de la garde et plus de la moitié des gentilshommes qui l'avaient accompagné furent tués. Henri IV était toujours le point de mire de tous les cavaliers de la ligue. Pour qu'il fût moins remarqué, le baron de Givry lui jeta son manteau sur les épaules. Il courut ensuite vers un corps de chevau-légers qui n'était pas éloigné, pour l'engager à s'avancer et à couvrir la retraite du roi. Mais ceux-ci avaient pris l'alarme à leur tour, et fuyaient à la débandade. Enfin, le duc de Nevers, avec un gros corps de cavalerie, arriva au secours du roi et le recueillit. Alors il engagea les gentilshommes, démontés ou blessés, qui arrivaient en grand désordre, à se retirer avec le roi, sur la lisière d'un petit bois à deux milles au delà d'Aumale, et prenant position derrière la petite rivière de Bresle, qui traverse cette ville, il y soutint quelque temps l'effort des ennemis. Il évacua enfin cette ville avant la nuit, et vint rejoindre le roi, qui, après s'être fait panser, avait poussé jusqu'à Neufchâtel, cinq lieues plus en arrière. Dans ce jour, le duc de Parme aurait tué ou fait prisonnier le roi avec tous ses compagnons d'armes, s'il n'avait fait des efforts inouïs pour modérer l'ardeur de ses troupes. Car, dès qu'il avait reconnu son adversaire, il n'avait pas douté qu'un piége ne lui fût tendu. Lorsqu'on lui reprocha ensuite une défiance qui lui avait été fatale, il répondit : « Je retomberais encore « dans la même faute; je croyais avoir « affaire à un roi, à un général d'une « grande armée; comment supposer « que ce n'était qu'un carabin (*) ? »

Le prince de Parme s'avança ensuite jusque sous les murs de Rouen, et força, par ses savantes manœuvres, l'armée royale à lever le siége. Henri IV se retira au Pont-de-l'Arche (20 avril 1592). Ce fut là une grande victoire pour la sainte ligue. Le duc de Mayenne résolut d'en profiter. Il convoqua les états généraux, espérant qu'on le proclamerait roi.

L'assemblée s'ouvrit dans la grande salle du Louvre, le 26 janvier 1593. Mayenne siégeait sous le baldaquin réservé jusqu'alors au roi ; il était entouré des grands officiers de la couronne et des présidents des cours judiciaires. Auprès de lui étaient rangés les députés des trois ordres ; mais ils étaient peu nombreux, parce que la guerre avait empêché un grand nombre de députés de se rendre à Paris. Mayenne prononça un discours d'ouverture, dans lequel il annonça aux états qu'il les avait assemblés pour trouver un remède aux calamités qui désolaient la France. Il dit, mais d'une voix mal assurée et presque tremblante, que le seul remède pour tant de souffrances était l'élection d'un roi, sincèrement catholique, doué de valeur, qui pût ramener à l'obéissance un peuple soulevé, et assez fort pour contenir à la fois les ennemis du royaume et ceux de l'Église. On crut comprendre que Mayenne avait la prétention de se faire nommer roi, mais qu'il n'avait pas le courage de l'avouer. Si les états eussent été unanimes, soit pour proclamer le duc de Mayenne, soit pour élever au trône le fils de Henri de Guise, nul doute que Henri IV ne serait jamais parvenu à faire prévaloir son droit et à relever l'autorité royale. Les rois catholiques de la chrétienté se seraient empressés à coup sûr de reconnaître l'élu de la nation ; le clergé, la noblesse et le peuple l'auraient accueilli avec enthousiasme, et auraient salué en lui le champion de la religion. Henri IV serait resté seul avec ses gentilshommes huguenots, et certes il aurait fini par être expulsé de France.

Heureusement les ligueurs étaient divisés. Les uns étaient pour le duc de Mayenne, les autres pour son neveu le duc de Guise. Le roi d'Espagne était porté par un parti nombreux. Mais craignant de ne pas réussir, s'il demandait la couronne pour lui-même, il avait enjoint à son ambassadeur à Paris, le duc de Féria, de la réclamer pour sa fille aînée, l'infante Élisabeth, comme *légitime reine, selon droit de nature divin et commun, puisqu'il n'avoit plu à Dieu de conserver en vie aucun légitime héritier mâle du roi Henri II son aïeul;* toutefois il consentait à ce qu'on y joignît l'élection, si l'on croyait qu'il en fût besoin. Cette proposition insolente choqua le sentiment national des Français, d'autant plus que Philippe II avait promis sa fille en mariage à l'archiduc Ernest, frère de l'empereur. Ses agents répandirent alors le bruit qu'ils étaient autorisés à choisir pour époux de l'infante un prince de la maison de Lorraine. Ce bruit causa une grande joie aux Parisiens ; mais Mayenne comprit bien que le roi d'Espagne ne cherchait qu'à gagner du temps, pour mieux assurer la réussite de ses projets. C'est pourquoi il fit rendre par le parlement un arrêt célèbre pour le maintien de la loi salique. Cet arrêt portait : Que de très-humbles remontrances seraient faites au duc de Mayenne, lieutenant général de la couronne, *pour protester contre tout traité qu'on voudrait faire, dans le but de transférer la couronne à des princesses ou des princes étrangers, contre la loi fon-*

(*) Sismondi.

27.

damentale du royaume ; déclarant de plus que tout transfert semblable, comme fait en violation de l'indépendance du royaume, serait nul et de nul effet.

Cet arrêt célèbre fut porté solennellement au duc de Mayenne. Il déconcerta les projets ambitieux du roi d'Espagne, et fit ajourner l'élection d'un roi. Dès lors le parti de la ligue s'affaiblit tous les jours. Le lien de ce parti avait été la haine de Henri III. Il avait préparé de loin sa propre dissolution, en assassinant ce prince. Depuis ce jour, les ligueurs s'étaient divisés en deux factions principales, celle des Guises, appuyée longtemps par la noblesse et le parlement, et celle de l'Espagne, appuyée en secret par les Seize et quelques obscurs démagogues, dont on s'est peut-être exagéré l'importance. Cette seconde faction avait été réprimée par Mayenne, qui, du même coup, avait ôté à la ligue son énergie démocratique. Les divisions qui éclatèrent aux états généraux de Paris achevèrent de désorganiser la ligue : la conversion de Henri IV lui porta le coup mortel (1593).

Sully raconte dans ses Mémoires que Henri IV lui ayant fait connaître ses intentions à ce sujet, il lui répondit : « De vous conseiller d'aller, à la « messe, c'est chose que vous ne de- « vez pas, ce me semble, attendre de « moi, étant de la religion ; mais bien « vous dirai-je que c'est le plus prompt « et le plus facile moyen pour renver- « ser tous ces monopoles, et faire al- « ler en fumée tous les plus malins « projets... De vous accommoder, « touchant la religion, à la volonté du « plus grand nombre de vos sujets, « vous ne rencontrerez pas tant d'en- « nuis, peines et difficultés en ce « monde ; mais pour l'autre, lui dit-il « en riant, je ne vous en réponds pas. » Dans le parti de la ligue, beaucoup de personnes ne croyaient pas à un pareil projet. L'envoyé de Savoie écrivait à cette époque à son maître : « Le Na- « varrais, de religion calviniste, si « aucune y en a, a grand désir de se « maintenir, par les calvinistes, en

« opinion de grand observateur de la « religion ; toutefois il a échappé sou- « vent, et croit toutes choses d'une « autre façon. Pour l'intérêt, il ne « changera pas de religion ; et s'il le « fait, il sera d'accord avec les siens et « feindra. Il est courageux et soldat, « mais sans discipline militaire, plu- « tôt comme chef de soudards et ban- « nis que comme général d'une armée. « Il est libéral, agréable, un peu mo- « queur et gausseur ; fait profession « de bon Français, grand amateur de « la noblesse ; et encore qu'il montre « d'oublier les injures, mais en effet « il en a bien souvenance. Il est adonné « surtout au plaisir de la chair ; mais « cela ne l'affectionne pas, et trouve « moyen de le conjoindre avec les ar- « mes (*). » Tous les seigneurs catholiques qui se trouvaient dans l'armée de Henri IV, le pressaient de se convertir. Les uns agissaient ainsi par conviction ; les autres, et c'était le plus grand nombre, par intérêt. Tous se déclaraient fatigués de la guerre et avides de repos. « D'O protestoit qu'il ne vouloit pas être plus longtemps trésorier sans trésor ; Bellegarde, Saint-Luc, Termes, Sancy, Crillon, et tous les anciens serviteurs du roi Henri III, déploroient leur mauvaise fortune, qui, après un roi d'or, leur envoyoit un roi de fer. L'un, en effet, les combloit de richesses ; l'autre, étroit de fortune, et non moins étroit d'âme et de naturel, ne leur offroit pour récompense que des guerres, des sièges et des batailles. Ils déclaroient ne vouloir pas soutenir plus longtemps la fatigue intolérable des armes, ou rester enfermés dans leurs cuirasses comme des tortues, avec du fer sur la poitrine et du fer sur les épaules. Un roi élevé à la huguenote, courant jour et nuit pour vivre de rapine avec ce qu'il pourroit trouver dans la chaumière des malheureux paysans, se chauffant à l'incendie de leurs maisons, et couchant à l'écurie avec leurs chevaux, ou dans la

(*) Capefigue d'après les manuscrits de Colbert.

puanteur d'une bergerie, n'étoit pas leur fait. A la bonne heure de faire la guerre un peu de temps pour obtenir le repos ; mais à présent ils servoient un prince qui ne se soucioit pas de mettre jamais un terme au travail des armes, et qui ne recherchoit d'autres délices qu'arquebusades, blessures, meurtres et batailles. Souvent le roi pouvoit entendre ces propos dans son antichambre, quelquefois entremêlés de juremens et de malédictions, plus souvent assaisonnés, à la manière française, d'épigrammes et de quolibets (*). »

Henri IV était alors entièrement résolu à changer de religion ; et, voulant donner à sa conversion autant d'éclat que possible, il se rendit, le 25 juillet, à neuf heures du matin, à l'église de Saint-Denis. Il était précédé par ses gardes-suisses, écossaises et françaises, et entouré d'un grand nombre de princes et de gentilshommes. Lorsqu'il se présenta aux portes du temple, il les trouva fermées. Le chancelier frappa à la porte principale, qui fut aussitôt ouverte. L'archevêque de Bourges, assis sur son siège pontifical, et entouré d'un grand nombre de prêtres, demanda au roi qui il était, et ce qu'il voulait. Le prince répondit qu'il était Henri, roi de France et de Navarre, et qu'il demandait à être admis dans le sein de l'Église. « Est-ce du fond du « cœur, lui demanda l'archevêque, et « êtes-vous vraiment repentant de vos « erreurs passées ? » Le roi, se mettant à genoux, répondit : qu'il était profondément affligé de ses erreurs, qu'il les abjurait et les détestait, et qu'il désirait désormais vivre et mourir dans la profession de la foi catholique, qu'il défendrait au péril de sa vie. Alors seulement il fut admis dans l'intérieur du temple, au milieu des cris de joie d'un peuple immense et au bruit de l'artillerie. Il s'agenouilla devant le maître-autel, et reçut l'absolution de l'archevêque de Bourges. Puis il reprit place sous le baldaquin, et assista à la messe de réconciliation qui fut célébrée par l'évêque de Nantes.

(*) Davila, liv. xiii, p. 870.

1593-1594.

Conséquences de la conversion du roi. — Cossé-Brissac lui ouvre les portes de Paris. — La conversion de Henri IV le plaça dans une position toute nouvelle. Elle lui attacha l'immense majorité des Français, qui vouloient le rétablissement de la paix, le maintien de la royauté légitime, l'ordre et la sécurité pour tous. Mais les plus ardents d'entre les ligueurs persistèrent à lui faire la guerre, et un grand nombre de gentilshommes huguenots, qui avaient combattu jusqu'alors pour sa cause, l'abandonnèrent. Parmi ces derniers, le plus illustre fut Duplessis-Mornay. Il s'éloigna de la cour de Henri IV, la regardant désormais comme souillée. Henri IV lui écrivit à plusieurs reprises, pour le presser de venir le rejoindre. Dans sa lettre du 7 août, il lui disait : « Je vous ai écrit « plusieurs fois de me venir trouver, « mais en vain ; et je vois bien que « c'est ; vous aimez plus le général (*) « que moi ; si serai-je toujours et votre « bon maître et votre roi. » Il termine plusieurs de ses lettres par ces mots : « Venez, venez, venez, si vous m'ai- « mez. » Duplessis-Mornay lui adressa en réponse un long mémoire, dans lequel il se faisait l'organe des craintes des huguenots. « Ils se voient, disait-il, « encore la corde au cou, demeurant « en pleine vigueur et rigueur les ty- « ranniques édits de la ligue, faits pour « sa ruine autant que pour la leur... « Ils demandoient tant seulement de « pouvoir posséder leurs consciences « en paix et leurs vies en sûreté... ce « qui est un droit commun, et non un « privilége... Maintenant, au bout de « leur longue patience, ils voient pour « tout résultat que, sans leur pour- « voir en sorte quelconque, Votre Ma- « jesté a changé de religion en un ins- « tant. Le vulgaire dit là-dessus, si « c'est de franche volonté, qu'atten- « dons-nous plus de son affection ? Ou, « si c'est par contrainte, attendons-en « encore moins, ou n'attendons que « mal, puisque notre mal est en puis-

(*) La généralité des huguenots.

« sance d'autrui, puisque notre bien
« n'est plus en sa puissance... De quoi
« fera-t-il plus de difficulté, s'il ne l'a
« faite d'offenser Dieu? Certes, il y a
« bien plus loin de la pure religion à
« l'idolâtrie, qu'il ne vous reste de
« l'idolâtrie à la persécution.
 « Voyez, Sire, par quels degrés on
« vous a mené à la messe. On vous di-
« soit, vous désirez la réformation,
« nous sommes pleins d'abus; entrez
« seulement dedans, vous les repurge-
« rez. Ores, premier que d'y entrer,
« on vous a obligé aux plus grossiers,
« aux moins tenables. Ceux qui sont
« crus d'un chacun ne croire point en
« Dieu vous ont fait jurer les images
« et les reliques, le purgatoire et les
« indulgences... Vos pauvres sujets,
« par ce même chemin, vous voient
« mener plus outre. Ils voient que vous
« envoyez faire soumission à Rome;
« ils savent que l'absolution ne peut
« être sans pénitence; ils lisent qu'en
« pénitence, les papes ont imposé à
« vos prédécesseurs de passer outre-
« mer contre les infidèles. Ils se ré-
« solvent donc, Sire, que le pape, au
« premier jour, vous enverra l'épée
« sacrée; qu'il vous imposera loi de
« faire la guerre aux hérétiques, et,
« sous ce nom, comprendra les plus
« chrétiens, les plus loyaux François,
« la plus sincère partie de vos sujets.
« Cet arrêt vous sera dur de prime
« face; il offensera votre bon naturel.
« — Faire la guerre à mes serviteurs!
« ceux de qui j'ai bu le sang en ma né-
« cessité! — Mais on a prou de moyens
« pour vous les adoucir. Sire, vous
« avez tant fait, il faut passer plus
« outre... Aux soupçons s'ajoutent des
« effets, indices des mauvais desseins
« de ceux qui vous possèdent, et pré-
« curseurs de plus dangereux à l'ave-
« nir. Le prêche déjà exilé de votre
« cour, afin de le bannir en consé-
« quence de votre maison; car qui le
« voudra n'y pourra vivre, ou vous y
« servir sans servir Dieu. Exilé même
« de vos armées, afin de les reculer
« de votre service, et conséquemment
« des charges et honneurs; car quel
« homme de bien y pourra subsister,

« en danger tous les jours d'être blessé,
« d'être tué, sans espoir de consola-
« tion, sans assurance seulement de
« sépulture? Qu'on minute d'exclure
« tous ceux de la religion des princi-
« pales charges de l'État, de la justice,
« des finances, de la police; de telles
« faveurs, selon leur modestie et pa-
« tience, ils prennent à témoin Votre
« Majesté qu'ils ne l'ont guère impor-
« tunée; mais vous supplient aussi de
« juger s'il est raisonnable qu'ils fassent
« ce tort à leurs enfans, de les en
« rendre privés... Vous ne prendriez
« plaisir de leur voir un protecteur;
« vous seriez jaloux s'ils s'adressoient
« ailleurs qu'à vous. Sire, voulez-vous
« bien leur ôter l'envie d'un protec-
« teur, ôtez-en la nécessité, soyez-le
« donc vous-même; continuez dessus
« eux ce premier soin, cette première
« affection; prévenez leurs supplica-
« tions par un plein mouvement; leurs
« justes demandes par un volontaire
« octroi des choses nécessaires (*). »
 Henri IV ne se montra nullement cho-
qué de cette liberté de langage. Il écrivit
de nouveau à Duplessis-Mornay : « Hâ-
« tez-vous de venir, hâtez-vous; votre
« voyage ne sera que de huit ou dix
« jours au plus; et je m'assure qu'à
« votre arrivée, vous ne me trouverez
« point changé de bonne volonté pour
« vous; alors vous n'ajouterez plus foi
« à tous les bruits que l'on va semant
« de moi partout. » Mornay ne reparut
jamais à la cour, malgré les avances
de Henri IV.
 Quelques ministres protestants lui
reprochèrent plus amèrement encore
ce qu'ils appelaient son apostasie. Dans
le midi de la France, les huguenots
allèrent jusqu'à choisir un nouveau
chef, le duc de Bouillon, et ils prirent la ferme résolution de recourir
encore aux armes, si le prince qu'ils
avaient placé sur le trône leur voulait
enlever la liberté de conscience et
l'exercice public de leur culte. D'Aubigné, la Force, et un grand nombre
de gentilshommes huguenots, conti-

(*) Mémoires de Duplessis-Mornay, t. V, p. 535 sq.

nuèrent cependant à le servir par un reste d'attachement pour sa personne; mais ils le faisaient de mauvaise grâce, et plusieurs d'entre eux finirent par se refroidir entièrement envers lui. D'Aubigné ayant reçu, pour prix de ses services, une tabatière avec le portrait de Henri IV, renvoya le portrait avec ce quatrain :

> Oh le roi d'étrange figure !
> Je ne sais qui diable l'a fait,
> Car il récompense en peinture
> Ceux qui l'ont servi en effet.

Le même d'Aubigné raconte, dans les mémoires de sa vie, qu'un jour, se trouvant avec la Force couché dans la garde-robe du roi, il dit à plusieurs reprises à son compagnon : « La « Force, notre maître est un ladre « vert, et le plus ingrat mortel qu'il y « ait sur la face de la terre. » La Force qui ne l'avait pas bien entendu, répliqua en sommeillant : « Que dis-tu, « d'Aubigné ? » Sur quoi, Henri IV, qui avait entendu tout ce dialogue, répondit : « Il dit que je suis un ladre « vert, et le plus ingrat mortel qu'il y « ait sur la face de la terre. » D'Aubigné ajoute qu'il fut très-effrayé, mais que le lendemain le roi ne lui fit pas plus mauvais visage, sans toutefois lui donner *non plus un quart d'écu davantage*.

Quant aux ligueurs, ils voyaient leur parti diminuer tous les jours, et Mayenne n'était pas homme à lui communiquer une vigueur et une énergie nouvelles. La comparaison que d'Aubigné établit entre Henri IV et Mayenne n'est point à l'avantage de ce dernier : « Le duc de Mayenne, dit-il, avoit une probité humaine, une facilité et libéralité qui le rendoit très-agréable aux siens. C'étoit un esprit judicieux, et qui se servoit de son expérience; qui mesuroit tout à la raison; un courage plus ferme que gaillard, et en tout se pouvoit dire capitaine excellent.

« Le roi avoit toutes ces choses, hormis la libéralité; mais, en la place de cette pièce, sa qualité arboroit des espérances de l'avenir qui faisoient avaler les duretés du présent. Mais il avoit, par-dessus le duc de Mayenne, une promptitude et une vivacité merveilleuse et par delà le commun. Nous l'avons vu mille fois en sa vie faire des réponses à propos, sans ouïr ce que le requérant vouloit proposer. Le duc de Mayenne étoit incommodé d'une grande masse de corps qui ne pouvoit supporter ni les armes ni les corvées; l'autre, ayant mis tous les siens sur les dents, faisoit chercher des chiens et des chevaux pour commencer une chasse; et quand ses chevaux n'en pouvoient plus, il forçoit une sandrille à pied. Le premier faisoit part de cette pesanteur et de ses maladies à son armée, n'entreprenant qu'au prix que sa personne pouvoit supporter; l'autre faisoit part aux siens de sa gaieté, et ses capitaines le contrefaisoient par complaisance et par émulation.

« Les deux sens externes, principaux officiers des actions, étoient merveilleux en ce prince : premièrement la vue, laquelle, mariée avec l'expérience, jugeoit de loin non-seulement la quantité des troupes, mais aussi les qualités, et d'après leurs mouvements, s'ils branloient ou marchoient résolus; et c'est sur quoi il a exécuté à propos. Mais l'ouïe étoit monstrueuse, par laquelle il apprenoit des nouvelles d'autrui et de soi-même, parmi les bruits confus de sa chambre, et même en entretenant autrui.

« Il avoit une maxime qu'il a le premier dite et pratiquée avec heureux succès : c'est qu'il se falloit bien garder de croire que l'ennemi eût mis ordre à ce qu'il devoit, et qu'un bon capitaine devoit essayer les défauts en les tâtant... Et comme il n'y eut aucun prince de la ligue à qui il ne fût arrivé quelque défaveur par les combats, le peuple, qui n'a rien de médiocre en sa bouche, exagéroit leurs défauts.... »

Henri IV devait prévaloir tôt ou tard. Le duc de Mayenne s'étant éloigné de Paris, pour faire sa jonction avec une armée d'Espagnols qui l'attendait à Soissons, sous les ordres du comte de Mansfeld, avait confié le gouvernement de cette ville au comte de Brissac. Celui-ci, voyant la puissance royale grandir tous les jours, entama en secret des négociations avec Henri IV, qui lui fit les plus magnifiques promesses : l'amnistie pour les crimes commis par les Parisiens durant la guerre civile; la confirmation de toutes les nominations faites par la ligue; l'interdiction du culte protestant à Paris et à dix lieues à la ronde; la liberté pour les troupes espagnoles de se retirer avec leurs bagages; enfin, le roi confirmait Brissac dans sa dignité de maréchal de France, et lui promettait la somme de deux cent mille écus, plus une pension annuelle de vingt mille francs. Lorsque tout fut convenu, Brissac sortit de Paris et eut une longue conférence avec Saint-Luc. De retour à Paris « il s'en alla trouver le légat, et, se prosternant à ses pieds, lui demanda humblement l'absolution de la faute qu'il avait faite d'avoir communiqué avec un hérétique, disant que c'était à son grand regret, mais qu'il y avait été forcé par la nécessité, et par le grand intérêt qu'il y avait. Le légat la lui donna, et loua hautement sa dévotion et soumission. » C'était cependant dans cette entrevue que Brissac était convenu avec Saint-Luc du moyen d'exécuter le traité. Le 21 mars au soir, quelques-uns des Seize vinrent le trouver à la hâte et lui dire qu'on apercevait un mouvement inaccoutumé dans Paris. Il leur répondit froidement qu'il le savait, qu'une trahison était organisée, mais qu'il était assuré de surprendre les traîtres. Tout était préparé : les régiments dont Brissac se défiait avaient été éloignés de Paris sous divers prétextes, lorsque, dans la nuit du 21 mars, le roi partit de Senlis à la tête de son armée pour se rendre à Saint-Denis. La nuit était orageuse; la pluie tombait avec abondance. A quatre heures du matin, le roi arriva enfin devant la porte Neuve où il fut reçu par Brissac, auquel il mit aussitôt l'écharpe blanche qu'il portait lui-même. Le prévôt présenta ensuite au roi les clefs de la ville, et le comte de Brissac lui ayant dit : « Il « faut rendre à César ce qui appartient « à César, » le prévôt lui répondit avec fierté : « Il faut le lui rendre et « non pas le lui vendre. » Henri IV feignit de ne pas entendre ces paroles, et s'étant avancé dans les rues de Paris, il fut accueilli par les cris de *vive le roi*, poussés par les bourgeois qui l'attendaient en armes sur le pont Saint-Michel et sur le Petit-Pont. Ces cris, répétés de rue en rue, apprirent bientôt à toute la population que Paris était soumis à Henri IV.

« Le roi, dit M. Capefigue, avait alors quarante et un ans. Les fatigues de la guerre avaient encore basané son teint du Béarn et des montagnes, sa barbe était épaisse et crépue; ses cheveux avaient blanchi sous son casque d'acier, surmonté de quelques plumes flottantes; il avait de petits yeux brillants, cachés sous des joues saillantes; un nez long et crochu, pendant sur de fortes moustaches grises. Son menton et sa bouche sentaient déjà la vieillesse au milieu de la vie. Il portait sa cuirasse de guerre sur son coursier, caparaçonné de fer comme en un jour de bataille; ses gardes brisaient la foule silencieuse à son passage (*)... Dans des gravures publiées quelques jours après l'événement, et qui devaient naturellement se ressentir des véritables impressions de la victoire, on représente Henri de Navarre armé de toutes pièces, la dague au côté; il est entouré d'une mer de têtes pressées sous le casque; les lansquenets ont la pique en main ou l'arquebuse sur l'épaule; à droite et à gauche marchent en éclaireurs de vieux arquebusiers à l'œil farouche, au teint basané; ils font feu sur des habitants qui fuient, ou se précipitent dans la rivière. Il n'y a point foule de peuple, mais des hommes d'armes qui se rangent autour de leur chef, et le protègent dans son entrée toute guerrière (**). »

Henri IV se rendit d'abord à Notre-Dame, où il fut reçu avec respect; et lorsqu'il sortit de l'église, les Parisiens l'accueillirent par les cris mille fois répétés de *vive le roi*. Les Espagnols seuls restaient en armes dans le quar-

(*) Capefigue, t. VII, p. 149.
(**) Ibidem, p. 131.

tier Saint-Antoine. On leur permit de sortir de Paris. Ils partirent le même jour pour se retirer à Soissons. « Le roi, dit Péréfixe, les voulut voir sortir, et les regarda passer d'une fenêtre d'au-dessus de la porte Saint-Denis. Ils le saluoient tous, le chapeau fort bas, et avec une profonde inclination. Il rendit le salut à tous les chefs avec grande courtoisie, ajoutant ces paroles: « Recommandez-moi bien à votre « maître; allez-vous-en, à la bonne « heure, mais n'y revenez plus. »

1594-1595.

Défection des principaux ligueurs. — Henri IV déclare la guerre à l'Espagne. — Dès que Henri IV se trouva maître de Paris, le parlement rendit un arrêt pour abolir tous les édits et serments contraires à l'autorité royale, révoquer le titre de lieutenant général du royaume, qui avoit été donné à Mayenne, et enjoindre à tous les Français de renoncer à la ligue sous peine d'être punis comme criminels de lèse-majesté. La Sorbonne ne montra pas moins d'empressement à reconnaître Henri IV. Elle rendit un décret portant que *Henri IV étoit vrai et légitime roi, seigneur et héritier naturel des royaumes de France et de Navarre, et que tous ses sujets étoient tenus de lui obéir, encore que les ennemis de cet État eussent jusqu'ici empêché le saint-siége de l'admettre à sa communion et de le reconnoître pour fils aîné de l'Église.* Quelques-uns des prédicateurs qui s'étaient le plus signalés par la violence de leurs attaques, se hâtèrent également de faire leur soumission. L'un d'eux, Lincestre, alla même se jeter aux pieds du roi et lui demander pardon; mais comme il s'approchait de près, le roi ne put s'empêcher de dire tout haut : *Gare le couteau.*

Toutefois, si Henri IV était maître de Paris, il ne l'était pas encore de la France. Les chefs de la ligue tenaient les gouvernements les plus importants du royaume. Le duc de Mayenne gouvernait la Bourgogne avec un pouvoir absolu ; le jeune duc de Guise régnait en Champagne ; le duc de Mercœur en Bretagne ; le comte de Villars-Brancas en Normandie ; Bois-Dauphin dans l'Anjou ; le duc de Joyeuse en Languedoc. Tous ces chefs s'appuyaient sur le parti des catholiques zélés qui ne voulaient pas se soumettre à Henri IV, parce qu'ils doutaient de la sincérité de sa conversion récente. Ils recevaient en outre des secours en hommes et en argent du roi d'Espagne, qui n'avait pas renoncé à ses espérances ambitieuses, et qui n'appelait Henri IV que le Béarnais.

Henri IV commença par combattre Mayenne, qui, mal secondé par les ducs de Guise et d'Aumale, et trahi par les Espagnols, fut obligé de demander la paix. Dans une entrevue qu'il eut avec le roi, il fit sa soumission et avoua ses torts. Henri IV lui pardonna ; mais l'ayant mené un jour à une partie de chasse, malgré son excessif embonpoint, et le voyant épuisé de fatigue : « Mon cousin, lui dit-il, voilà le seul « mal que je vous ferai de ma vie. » Les autres chefs de la ligue suivirent l'exemple de Mayenne : ils firent successivement leur soumission, et reçurent en récompense des pensions, des gouvernements, des honneurs. Quelques-uns, ne prenant conseil que d'eux-mêmes, n'avaient pas attendu l'exemple de Mayenne. Louis de l'Hôpital, baron de Vitry, qui commandait à Meaux pour la ligue, et qui se soumit le premier, obtint qu'on ne tolérerait nul autre culte dans cette ville que le culte catholique ; en outre le roi confirma toutes les nominations faites par le duc de Mayenne, toutes les confiscations qu'il avait prononcées, et laissa au baron de Vitry le gouvernement de cette ville, avec la survivance pour son fils. Bientôt Michel d'Estourmel, qui tenait les places de Péronne, Roye et Mondidier, arbora l'étendard du roi, qui lui conserva ces gouvernements. La Châtre, oncle du baron de Vitry, qui gouvernait Orléans et Bourges pour la ligue, se soumit aux mêmes conditions. Un agent de Philippe II, dans une dépêche adréssée à ce roi, s'étonne de la *trahison* de ces trois chefs, qui n'avaient pas même attendu l'exemple de Mayenne pour faire leur soumission. « Tout est compromis actuellement, « disait-il; Meaux s'est rendu. M. de « Mayenne ayant eu avis que Vitry « traitait avec l'ennemi, l'envoya quérir « à Paris, où lui ayant fait savoir l'avis « qu'il en avait, celui-ci répondit avec « tranquillité : *Je vous donne ma « parole, par tous les serments rece-« vables entre gens d'honneur, que « jamais je n'ai pensé à pareil des-« sein; et, si je nourrissais une sem-« blable idée, je le ferais encore avec « honneur, remettant entre vos mains « tout ce que j'en ai reçu.* Mais ce « n'étaient là que paroles dorées; car, « peu de jours après, ayant fait sortir « de Meaux, avec des lettres contre-« faites du duc de Mayenne, ceux qu'il « croyait les plus opposés à ses des-« seins, il dit au reste du peuple ce « que bon lui sembla. A quelques jours « de là, M. de la Châtre se trouvant « aussi à Paris, M. de Mayenne l'ap-« pela en pleine assemblée du conseil « de MM. le légat, le duc de Feria, et « autres ministres de Votre Majesté. « La Châtre n'était pas moins soup-« çonné que Vitry. Malgré le grand « bruit que fit M. de la Châtre sur le « tort que l'on avait de soupçonner sa « fidélité, M. de Mayenne, qui déjà « avait été trompé par Vitry, son neveu, « l'eût fait arrêter; mais M. de Guise, « qui l'aimait beaucoup, intercéda « malheureusement pour lui. En effet, « étant arrivé à Orléans, M. de la Châ-« tre s'empressa de conclure une trêve, « pour s'attirer par cet acte de dou-« ceur les bonnes grâces des habitants. « M. de Mayenne en étant instruit, lui « en fit de vifs reproches; mais l'autre, « sans doute pour se moquer, lui ré-« pondit que c'était pour faciliter les « vendanges. On vit bientôt sa four-« berie; car, moyennant soixante mille « écus et la promesse du bâton de « maréchal de France, le gouvernement « d'Orléans, et celui de la province de « Berry pour son fils, il rendit la ville. « Ensuite, le premier, il parcourut les « rues en criant : Vive le roi. (*) »

De tous les chefs de la ligue qui firent leur soumission, soit avant, soit après le duc de Mayenne, celui qui la vendit le plus cher fut le gouverneur de Normandie, le comte de Villars-Brancas, un des plus braves et des plus habiles généraux de la ligue. Il demanda le gouvernement de la Normandie; la place d'amiral de France, qui appartenait à Biron; la restitution de la ville de Fécamp, dont le capitaine royaliste Bois-René s'était emparé par un trait d'audace sans exemple dans les fastes de l'histoire. Il demanda en outre les abbayes de Jumiéges, Tirou, Bonport, Vallasse et Saint-Taurin, dont le roi avait déjà disposé en faveur de ses plus fidèles serviteurs, et celle de Montivilliers, pour la sœur de madame de Simiane. Enfin, il exigea douze cent mille livres pour payer ses dettes, et une pension annuelle de soixante mille livres. Ces conditions parurent si exorbitantes à Sully, qu'il conseilla au roi de les rejeter. Mais Henri IV jugeait avec beaucoup de raison qu'il en coûterait bien plus encore de réduire par la force des armes un chef aussi actif et aussi entreprenant. « Mon ami, » écrivit-il à Sully, qu'il avait chargé de la négociation, « vous êtes une bête d'user « de tant de remises, et apporter tant « de difficultés et de ménage en une « affaire de laquelle la conclusion m'est « de si grande importance pour l'éta-« blissement de mon autorité et le « soulagement de mes peuples. Ne « vous souvient-il plus des conseils « que vous m'avez tant de fois donnés, « m'alléguant pour exemple celui d'un « certain duc de Milan au roi Louis XI, « au temps de la guerre nommée *du « bien public*, qui étoit de séparer par « intérêts particuliers tous ceux qui « étoient ligués contre lui sous des « prétextes généraux; qui est ce que « je veux essayer de faire maintenant; « aimant beaucoup mieux qu'il m'en « coûte deux fois autant en traitant

(*) Capefigue, dépêche trouvée aux archives de Simancas.

« séparément avec chaque particulier,
« que de parvenir à mêmes effets par
« le moyen d'un traité général fait
« avec un seul chef, qui pût, par ce
« moyen, entretenir toujours un parti
« formé dans mon État? Partant, ne
« vous amusez plus à faire tant le res-
« pectueux pour ceux dont il est ques-
« tion, lesquels nous contenterons
« d'ailleurs; ni le bon ménager, ne
« vous arrêtant à de l'argent, car
« nous payerons tout des mêmes cho-
« ses que l'on nous livrera; lesquelles,
« s'il falloit prendre par la force, nous
« coûteroient dix fois autant.... De
« Senlis, ce 8 mars 1594 (*). »

Ainsi le traité fut ratifié. Villars-Brancas obtint ce qu'il voulut. Lorsqu'il eut pris toutes ses mesures, il passa à son cou l'écharpe blanche, au milieu de ses officiers, et s'écria, avec un gros jurement: « Allons, morbleu, « la ligue est perdue; que chacun crie « Vive le roi! » L'artillerie, les cloches et les acclamations du peuple, répondirent à ce signal.

L'exemple de la Normandie fut imité dans un grand nombre de provinces. Abbeville et Montreuil-sur-Mer se donnèrent au roi par le vœu libre des bourgeois, et malgré l'opposition du duc d'Aumale, gouverneur de la Picardie pour la ligue. La ville de Troyes fit également sa soumission, après avoir chassé la garnison du prince de Joinville. Sens, Riom et toute l'Auvergne retournèrent avec joie sous l'autorité royale. Agen, Villeneuve et Marmande protestèrent, à l'exemple des Auvergnats, qu'ils n'avaient résisté au roi que pour le motif de la religion, et que ce motif étant écarté, ils revenaient avec joie à leur ancienne affection pour la famille des Bourbons. Le duc d'Elbeuf, qui était gouverneur du Poitou pour la ligue, prêta également le serment de fidélité. Le roi le maintint dans son gouvernement, et lui permit de rétablir le culte catholique à Niort, à Fontenay et à la Rochelle, d'où les réformés l'avaient banni depuis long-temps. Joyeuse, Bois-Dauphin, le duc de Lorraine, le duc de Guise, se soumirent les derniers; tous reçurent de l'argent, des honneurs, et la confirmation de leurs gouvernements. Ces transactions successives avaient coûté au roi la somme de trente-deux millions.

La paix étant rétablie enfin entre le roi et ses sujets, Henri IV n'eut plus à combattre que le roi d'Espagne. Jusque-là, Philippe II avait prétendu agir comme allié de la couronne de France, représentée, disait-il, par le lieutenant général du royaume, le parlement et les états généraux. Henri IV avait longtemps respecté cette fiction, et n'avait exercé aucune hostilité contre les Pays-Bas, la Franche-Comté ou la frontière espagnole; mais après la soumission de Mayenne et des principaux chefs des ligueurs, il se crut assez fort pour déclarer solennellement la guerre à l'Espagne, espérant que la lutte perdrait dès ce moment le caractère religieux qu'elle avait eu jusqu'alors, pour prendre un caractère politique (1595). Cette déclaration de guerre était destinée en outre à rallier tous les Français contre l'ennemi commun. Elle fut publiée à Paris le 17 janvier. Philippe n'y répondit que deux mois plus tard. Il protesta que, malgré toutes les provocations du Béarnais, il ne ferait point la guerre à la France; il recommanda à tous ses sujets de respecter les Français catholiques, avec lesquels il voulait demeurer en paix; mais il s'engagea en même temps à poursuivre le Béarnais et les huguenots, ses adhérents, jusqu'à leur entière expulsion du sol français.

1595-1598.

Guerre contre l'Espagne. — Combat de Fontaine-Française. — Surprise d'Amiens par les Espagnols. — Edit de Nantes. — Paix de Vervins.

Philippe II redoubla d'efforts pour frapper un grand coup. Il ordonna au comte Charles de Mansfeld de conduire son armée de Flandre en Picardie, où le duc d'Aumale possédait encore quelques villes importantes; il envoya des renforts à tous les ligueurs

(*) Sully, Économies royales, t. II, p. 185.

qui n'avaient pas fait leur soumission, ou qui pouvaient être tentés de reprendre les armes ; enfin il ordonna au connétable de Castille d'entrer en Franche-Comté, avec une armée qu'il avait levée en Lombardie. Henri IV n'avait pas de troupes nombreuses à opposer aux Espagnols : il comptait sur son bonheur. A la tête de quatre cents gendarmes et de cinq cents arquebusiers à cheval, il résolut d'arrêter l'armée du connétable de Castille au passage de la Saône. Le maréchal de Biron commença l'attaque avec tant d'impétuosité, qu'il fit d'abord reculer l'ennemi ; mais bientôt, accablé par le nombre, il se retira vers le roi, qui occupait Fontaine-Française avec deux cents gentilshommes et soixante arquebusiers à cheval. Henri IV encouragea ses *compagnons* d'armes, et réussit, par des prodiges de valeur, à se maintenir contre l'ennemi. Le connétable de Castille commanda la retraite. Le roi avoua que si d'autres temps il avait combattu pour la victoire, cette fois il avait combattu pour sa vie.

Ce succès du roi en Bourgogne fut contre-balancé par les pertes qu'il essuya cette même année en Picardie. Le comte de Fuentès s'empara du Catelet, de Dourlens, de Cambrai, et après cette campagne brillante, il ramena son armée à Bruxelles et l'y mit en quartiers d'hiver.

Pendant l'année suivante (1596), la guerre ne fit que languir. Philippe II manquait d'argent ; Henri IV, de soldats. C'est à cette époque que le duc de Montpensier vint lui faire une proposition étrange qui aurait eu pour résultat le rétablissement de la féodalité. Il vint lui dire, de la part du connétable de Montmorency et d'un grand nombre de puissants seigneurs, « que plusieurs de ses meilleurs et plus qualifiés serviteurs avoient encogité le moyen de lui entretenir toujours *sur pied* une grande et forte armée bien soudoyée, qui ne se débanderoit jamais... Il s'agissoit seulement de trouver bon que ceux qui avoient des gouvernemens par commission les pussent posséder en propriété, les reconnoissant de la couronne par un simple hommage lige. » Il fallait que l'autorité royale fût bien abaissée, pour qu'un seigneur osât faire sérieusement une pareille proposition au roi.

En 1597, Henri IV se livrait aux plaisirs du carnaval, lorsqu'il apprit la nouvelle de la surprise d'Amiens par les Espagnols. « Le jeudi gras, 13 février, dit l'Étoile, il soupa et coucha chez Zamet, et le vendredi envoya dire aux marchands de la foire qu'ils n'eussent à détaler, pour ce qu'il y vouloit aller le lendemain ; comme il fit, et dîna chez Gondi avec madame la marquise, à laquelle il voulut donner sa foire d'une bague de huit cents écus qu'il marchanda pour elle ; mais il ne l'acheta pas... Il marchanda tout plein d'autres besognes à la foire ; mais de ce qu'on lui faisoit vingt écus il en offroit six, et ne gagnèrent guère les marchands à sa vue... Le dimanche gras, il dîna et soupa chez Sancy... Le dimanche 23, qui étoit le premier du carême, le roi fit une mascarade de sorciers, et alla voir les compagnies de Paris. Il fut chez la présidente Saint-André, chez Zamet, et en tout plein d'autres lieux, ayant toujours la marquise à son côté, qui le démasquoit et le baisoit partout où il entroit. Ballets, mascarades, musiques de toute sorte, pantalomismes, et tout ce qui peut servir d'amorces à la volupté suivirent ces beaux festins... Le mercredi, 12 mars, veille de la mi-carême, pendant qu'on s'amusoit à rire et à baller, arrivèrent les piteuses nouvelles de la surprise d'Amiens par l'Espagnol, qui avoit fait des verges de nos *ballets* pour nous fouetter. De laquelle nouvelle Paris, la cour, la danse et toute la fête fut fort troublée ; et même le roi, duquel la constance et magnanimité ne s'ébranle aisément, étant comme étonné de ce coup, et regardant cependant à Dieu, comme il fait ordinairement plus en l'adversité qu'en la prospérité, dit tout haut ces mots : « Ce coup est du ciel ! Ces « pauvres gens, pour avoir refusé une

« petite garnison que je leur ai voulu
« bailler, se sont perdus. » Puis, songeant un peu, redit : « *C'est assez fait
« le roi de France, il est temps de
« faire le roi de Navarre.* » Et se retournant vers la marquise qui pleuroit, lui dit : « Ma maîtresse, il faut
« quitter nos armes, et monter à che-
« val pour faire une autre guerre (*). »

Le gouverneur de Dourlens, Porto-Carrero, s'était emparé d'Amiens par une ruse de guerre qui est devenue célèbre. Ayant placé en embuscade une partie de ses troupes près d'Amiens, il envoya dans cette ville douze soldats habillés en paysans. Quatre d'entre eux conduisaient une charrette, les autres portaient des corbeilles de pommes et de noix. L'un d'eux se laissa tomber à dessein, et répandit ces fruits devant le corps de garde, pendant que les autres engageaient leur charrette sous la voûte et rompaient les traits des chevaux, de sorte qu'on ne put descendre la herse. Aussitôt le signal fut donné aux soldats espagnols placés en embuscade, et la ville fut prise avant que les bourgeois se fussent rassemblés en assez grand nombre pour essayer de résister.

Cette nouvelle, nous l'avons vu, fut pour le roi comme un coup de foudre. Les huguenots se tenaient à l'écart ; le duc de Mercœur et plusieurs autres gouverneurs de province voulaient profiter de la circonstance pour se rendre indépendants ou pour arracher au roi de nouvelles concessions. Le parlement refusa d'enregistrer quelques édits bursaux qui étaient nécessaires pour lui procurer de l'argent. « Messieurs de la cour, dit l'Étoile, allèrent trouver Sa Majesté qui étoit au lit. M. le premier président portoit la parole, contre lequel le roi, pour ne condescendre à ses demandes, entra en colère jusqu'aux démentis. Il leur dit qu'ils feroient comme ces fous d'Amiens, qui, pour lui avoir refusé deux mille écus, en avoient baillé un million à l'ennemi... Au premier président, qui lui dit que Dieu leur avoit

(*) Journal de l'Étoile.

baillé la justice en main, de laquelle ils lui étoient responsables, relevant cette parole, il lui repartit : qu'au contraire c'étoit à lui, qui étoit roi, auquel Dieu l'avoit donnée, et lui à eux. A quoi on dit que le premier président ne répliqua rien, outré, comme on présuppose, de dépit et de colère, dont il tomba malade et fut saigné. Ce que le roi ayant entendu, demanda si, avec le sang, on ne lui avoit point tiré sa gloire (*). »

Henri IV n'obtint que par des menaces l'enregistrement de ces édits. Mais le duc de Mayenne et plusieurs autres ligueurs le servirent si chaudement, qu'il ne put s'empêcher de dire que ces hommes n'avaient jamais été ennemis de sa personne, mais seulement de sa religion. Ils l'accompagnèrent dans cette expédition, et employèrent contre l'ennemi cette valeur à toute épreuve avec laquelle ils avaient jusque-là entretenu la guerre civile.

Le siège d'Amiens fut long et difficile ; et si Philippe II avait envoyé à Porto-Carrero de plus puissants renforts, Henri IV n'en serait jamais venu à bout. Mais Philippe II avait perdu cette activité qu'il avait déployée dans sa jeunesse. Vieux et infirme, il désirait le repos et ne se souciait plus de faire des conquêtes. L'archiduc d'Autriche ne laissa pourtant pas de tenter de grands efforts pour forcer les Français à lever le siège. Un jour il surprit avec son armée le quartier de Long-Pré, et jeta le désordre et l'épouvante dans l'armée française. Mais il manqua à sa fortune, et perdit une occasion qui ne se représenta plus.

« Le roi revenant de la chasse, où il étoit allé, trouva un effroi général dans son armée, et quelques-uns même des principaux chefs tout éperdus. Dans un si grand danger le cœur ni la tête ne lui manquèrent pas. Il dissimula sa crainte, donna les ordres sans s'émouvoir, et se fit voir partout avec un visage aussi gai et des discours aussi fermes qu'après une vic-

(*) Journal de l'Étoile.

toire. Il fait promptement marcher ses troupes au champ de bataille, qu'il avoit choisi trois jours devant, à huit cents pas delà les lignes. De cet endroit, ayant considéré le bel ordre de l'armée d'Espagne, le peu d'assurance de la sienne, et la foiblesse de son poste, où il n'avoit pas eu le loisir de se fortifier, il fut un peu ému, et douta du succès de la journée. Alors, appuyé sur l'arçon de la selle, ayant le chapeau à la main, et les yeux levés au ciel, il dit à haute voix : « Ah! Seigneur, si c'est aujourd'hui que tu me veux punir, comme mes péchés le méritent, j'offre ma tête à ta justice ; n'épargne pas le coupable ; mais, Seigneur, par ta sainte miséricorde, prends pitié de ce pauvre royaume, et ne frappe pas le troupeau pour la faute du berger. »

« On ne peut exprimer de quelle efficace furent ces paroles; elles furent portées en un moment dans toutes ces troupes, et il sembla qu'une vertu du ciel eût rendu le courage à tous les François. L'archiduc les ayant donc trouvés résolus et en bonne contenance, n'osa passer outre. Quelques autres tentatives qu'il fit ensuite ne lui réussirent pas, et il se retira la nuit dans le pays d'Artois, où il licencia ses troupes. Enfin, Hernand Teillo, ayant été tué d'un coup de mousquet, les assiégés capitulèrent, et le roi établit gouverneur dans la ville le seigneur de Vic, homme de grand ordre et d'exacte discipline, qui, par son commandement, commença d'y bâtir une citadelle.

« Au partir d'Amiens, le roi mena son armée jusqu'aux portes d'Arras, pour visiter l'archiduc. Il y demeura trois jours en bataille, et salua la ville de quelques volées de canon ; puis voyant que rien ne paroissoit, il se retira du côté de France, mal satisfait, disoit-il galamment, de la courtoisie des Espagnols, qui n'avoient pas voulu s'avancer d'un pas pour le recevoir, et avoient refusé de mauvaise grâce l'honneur qu'il leur faisoit (*). »

(*) Péréfixe, t. I ; p. 206 sq.

1598.

Paix de Vervins.—La reprise d'Amiens détermina le roi d'Espagne à demander la paix. Elle fut signée à Vervins, le 2 mai 1598, sur les bases de celle de Cateau-Cambresis. Ce traité entraîna la restitution, de la part de la France, du comté de Charolais, enclavé dans la Bourgogne, et que l'Espagne n'essayait jamais de défendre dans ses guerres contre nous ; de la part de l'Espagne, la restitution du Catelet, de Dourlens, de Cambrai et des autres villes de la Picardie conquises pendant la dernière guerre. A ces conditions *une confédération et perpétuelle alliance et amitié, avec promesse de s'entr'aimer comme frères*, fut établie entre les deux rois.

C'est ainsi que se termina la guerre avec l'Espagne. Philippe II renonça à ses anciennes prétentions sur le trône de France, et reconnut Henri IV. Ainsi le roi avait réussi à pacifier son royaume à l'intérieur et à l'extérieur. Il était en paix avec les catholiques et avec l'Espagne. Pour achever la pacification, il ne lui restait plus qu'à régulariser la position des huguenots ses anciens alliés.

Édit de Nantes (1598). Les chefs des huguenots étaient restés en armes, après la conversion de Henri IV, qui, de son côté, se défiait avec raison de ses anciens alliés. Sully raconte que peu de jours après le traité de Vervins, Henri IV vint lui dire, dans un moment de mauvaise humeur, que le huitième et le plus ardent de ses souhaits, était « de pouvoir anéantir, non la religion « réformée, car j'ai été, dit-il, trop « bien servi et assisté en mes angois- « ses et tribulations, de plusieurs qui « en font profession, mais la faction « huguenote, que MM. de Bouillon et « de la Trémouille essayent de ranimer « et rendre plus mutine et tumultueuse « que jamais ; sans rien entreprendre « néanmoins par la rigueur et violence « des armes, ni des persécutions, « quoique peut-être cela ne me seroit « pas impossible.... Et le dixième, de

« pouvoir réduire à ma mercy, avec un
« sujet légitime et apparent d'en faire
« punition fort exemplaire, ceux des
« miens qui malicieusement ont, sans
« cesser, envié et traversé ma fortune
« et mon contentement; dont les trois
« principaux et qui m'ont fait le plus
« d'ennui, sont : MM. de Bouillon,
« d'Épernon et de la Trémouille; non
« en intention de m'en venger sévère-
« ment, mais seulement de leur ramen-
« tevoir toutes les escapades et malices
« noires qu'ils m'ont faites (*). » Pendant l'agitation causée en France par la surprise d'Amiens, les députés des huguenots, assemblés à Châtellerault, avaient parlé de conditions avant de prendre les armes pour le roi. Ils demandaient la publication d'un édit fondé sur les bases adoptées par Charles IX et Henri III, toutes les fois qu'ils avaient voulu mettre fin à la guerre civile. Ils demandaient ensuite des places de sûreté, avec garantie de leur indépendance, car ils savaient fort bien qu'un édit ne suffirait pas pour les garantir de la tyrannie des gouverneurs de province, ni des violences populaires.

Le traité, connu sous le nom d'édit de Nantes, fut signé par le roi le 13 avril 1598. « Il se composait, dit Sismondi, de quatre-vingt-douze articles patents et de cinquante articles secrets. Ces articles reproduisaient, en général, à peu près les stipulations contenues dans tous les traités de paix intervenus pendant les troubles, depuis l'édit du 17 janvier 1561, donné à Saint-Germain, jusqu'à l'édit de Poitiers, de septembre 1577, que Henri III appelait sa paix. Il commençait aussi par un acte d'oubli de toutes les injures passées, et une défense de les rappeler. Il rétablissait l'exercice de la religion catholique dans toutes les parties du royaume, et il interdisait de l'interrompre de nouveau. Il accordait la liberté de conscience aux huguenots dans toute la France. Nulle part ils ne devaient être contraints de faire un acte religieux contraire à leur croyance. Mais quant au culte public, l'édit n'accordait l'exercice de la religion, tant pour eux, leurs familles et leurs sujets, et ceux qu'ils voudraient admettre à leurs assemblées, qu'aux gentilshommes ayant haute justice qui faisaient profession de la religion. L'ambassadeur d'Espagne écrivit à son maître, à cette occasion, qu'ils étaient au nombre de trois mille cinq cents. L'exercice public de la religion était encore permis dans toutes les villes où il était demeuré établi durant les années 1596 et 1597, et de plus, dans les places où il avait été accordé par les conventions de Nérac et de Fleix, encore qu'il eût été supprimé depuis. Pour assurer une exécution impartiale de la justice, le roi créait dans le parlement de Paris une chambre composée d'un président et seize conseillers, appelée Chambre de l'édit, pour connaître les causes et procès de ceux de la religion dans le ressort des parlements de Paris, de Normandie et de Bretagne; en même temps, une chambre mi-partie était conservée à Castres pour le ressort du parlement de Toulouse, et deux autres étaient créées dans le ressort des parlements de Bordeaux et de Grenoble. Enfin, il était ordonné à ceux de la religion de se désister, dès à présent, de toutes pratiques, négociations et intelligences, ligues et associations, tant au dehors qu'au dedans du royaume.

« L'édit de Nantes, qui désormais devait être la grande charte des huguenots en France, ne fut publié qu'une année entière après sa signature, le roi voulant attendre pour le faire que le légat, cardinal de Florence, eût quitté le royaume. D'ailleurs, il eut quelque peine à vaincre l'obstination des cours de justice, qui persistaient à le repousser, et il fut obligé de faire venir au Louvre des députés de chaque chambre du parlement, avant de pouvoir obtenir l'enregistrement. Le parlement de Paris s'y soumit enfin, le 2 février 1599, la chambre des comptes le 31 mars, et la cour des aides le 30 août(*). »

(*) Sully, Économies royales, t. III, p. 64.

(*) Sismondi, t. XXI, p. 486-488.

1598-1610.

Rétablissement du pouvoir royal. — Réforme financière de Sully. — La soumission de Mayenne, la paix de Vervins et l'édit de Nantes mirent fin aux guerres de religion qui, depuis près de cinquante ans, ensanglantaient la France. Pour la première fois, Henri IV put s'occuper du bonheur de ses sujets. Une nouvelle période commence dans l'histoire de notre patrie; les vieux partis s'effacent, les protestants et les catholiques cessent de se porter cette haine furieuse qui les avait animés jusqu'alors; Henri IV n'est plus le chef d'un parti, son rôle est changé, il sera le bienfaiteur de son pays. Presque tous les chefs qui jusqu'ici ont paru sur la scène, sont morts; et le petit nombre de ceux qui vont prendre part aux événements de la seconde période du règne de Henri IV, paraissent avoir revêtu un caractère tout nouveau.

Dès que la France se trouva entièrement pacifiée, elle se releva de sa longue humiliation, et des maux qu'elle avait soufferts pendant cinquante ans de guerres civiles; mais elle ne se releva que peu à peu. A la fin du seizième siècle, ce royaume présentait le spectacle le plus affligeant. Une foule de villes étaient dépeuplées, les campagnes étaient désertes, les champs en friche; le commerce et l'industrie étaient entièrement tombés; les finances se trouvaient dans l'état le plus déplorable.

Le surintendant d'O était mort en 1594 avec une fortune prodigieuse, mais laissant l'État endetté de *trois cent trente millions*, qui faisaient près de neuf cents millions de notre monnaie actuelle. Le peuple, dit Sully, payait annuellement cent cinquante millions, sans compter les dîmes et les droits féodaux; mais telles étaient les déprédations des financiers, que vingt-cinq millions seulement entraient tous les ans dans le trésor de l'État. Henri IV eut recours à toute sorte d'expédients pour remédier au manque d'argent dans lequel il se trouvait presque toujours. En 1596, il convoqua à Rouen une assemblée de notables. « Si « je faisois gloire, leur dit-il, de pas- « ser pour excellent orateur, j'aurois « apporté ici plus de belles paroles « que de bonne volonté; mais mon « ambition tend à quelque chose de « plus haut que de bien parler, j'as- « pire aux glorieux titres de libérateur « et de restaurateur de la France. Déjà, « par la faveur du ciel, par les conseils « de mes fidèles serviteurs, et par l'é- « pée de ma brave et généreuse no- « blesse (de laquelle je ne distingue « point mes princes, la qualité de gen- « tilhomme étant le plus beau titre que « nous possédions), je l'ai tirée de la « servitude et de la ruine. Je désire « maintenant la remettre en sa pre- « mière force et son ancienne splen- « deur. Participez, mes sujets, à cette « seconde gloire, comme vous avez « participé à la première. Je ne vous « ai point ici appelés, comme faisoient « mes prédécesseurs, pour vous obli- « ger d'approuver aveuglément mes « volontés; je vous ai fait assembler « pour recevoir vos conseils, pour les « croire, pour les suivre; en un mot, « pour me mettre en tutelle entre vos « mains. C'est une envie qui ne prend « guère aux rois, aux barbes grises et « aux victorieux comme moi; mais l'a- « mour que je porte à mes sujets, et « l'extrême désir que j'ai de conserver « mon État, me font trouver tout fa- « cile et tout honorable. »

L'assemblée, émue par ces nobles paroles, accorda au roi les fonds nécessaires pour faire avec succès la guerre à l'Espagne. Elle ordonna qu'on reculerait d'une année le payement des gages des officiers, et que, pour deux ans seulement, il serait imposé un sou pour livre sur toutes les marchandises qui entreraient dans les villes closes, excepté sur le blé, qui est la nourriture des pauvres. En même temps, Sully qui, depuis quelques années, aidait le roi de ses conseils, fit revenir dans ses coffres de grandes sommes que les financiers avaient détournées. Comme les abus ne diminuaient pas, et que ces ressources étaient bien précaires, Henri IV nomma un conseil de huit personnes pour remplacer la surintendance, espérant qu'ils se surveilleraient les uns les autres. Mais le désordre ne fit qu'augmenter. On peut en juger par une lettre confidentielle que Henri IV adressa à Sully.

« Amiens, 15 avril 1596.

« ... L'on m'a donné pour certain,
« et s'est-on fait fort de le vérifier,
« que ces huit personnes que j'ai mises
« dans mes finances (pensant bien
« faire, pour ce que l'on m'avoit fait
« croire que la ruine de mes revenus
« n'étoit provenue que de ce qu'un seul
« en disposoit avec autorité absolue),
« ont bien pis fait que leur devancier,
« et qu'en l'année dernière et la pré-
« sente, que j'ai eu tant d'affaires sur
« les bras, faute d'argent, ces mes-
« sieurs-là, et cette effrénée quantité
« d'intendants qui se sont fourrés avec
« eux par compère et par commère,
« ont bien augmenté les grivelées, et
« mangeant le cochon ensemble, con-
« sommé plus de quinze cent mille
« écus, qui étoit somme suffisante
« pour chasser l'Espagnol de France,
« en payement de vieilles dettes par
« eux prétendues... Je me suis résolu
« de reconnoître en vrai si les nécessi-
« tés qui m'accablent proviennent de la
« malice, mauvais ménage ou igno-
« rance de ceux que j'emploie, ou bien
« de la diminution de mes revenus et
« pauvreté de mon peuple, et pour
« cet effet convoquer les trois ordres
« de mon royaume... N'ai quasi pas un
« cheval sur lequel je puisse combat-
« tre... Mes pourpoins sont troués au
« coude; ma marmite est souvent ren-
« versée. »

Ces malversations étaient telles, qu'afin d'éviter une recherche, les financiers composèrent pour une somme de douze cent mille écus. Bientôt Sully, que le roi venait de nommer surintendant des finances, commença une réforme salutaire, et remédia aux abus.

D'abord il cassa les sous-fermes, et élevant en retour le bail des cinq grandes fermes, il enrichit le trésor de plusieurs millions par an. Par une seconde opération, il fit reprendre au roi les aliénations de ses revenus. Ces aliénations avaient été faites à la reine d'Angleterre, au comte palatin, au duc de Wurtemberg, à ceux de Strasbourg, au connétable de Montmorency. Ce dernier avait une assignation sur les revenus du Languedoc, qui ne lui rapportait que sept mille écus. Sully lui en paya neuf mille, et afferma l'assignation à cinquante mille écus. Sully supprima ensuite un grand nombre de brevets de noblesse surpris aux prédécesseurs du roi, ou fabriqués durant les guerres civiles, et diminua ainsi le poids des tailles, en augmentant le nombre des contribuables. Les créances et les pensions furent vérifiées, l'intérêt de plusieurs sortes de rentes réduit.

Grâce à ces réformes, Sully put remettre au peuple vingt millions d'arrérages, et abaisser d'autant l'impôt sur le sel, qui n'en devint que plus productif. Au bout de peu d'années, on put diminuer la taille de cinq millions.

Sully voulut aussi accroître le bonheur du peuple et la richesse nationale. « Le labourage et le pâturage, « disait-il, voilà les deux mamelles « dont la France est alimentée, les vrais « mines et trésors du Pérou. » C'est pourquoi il encouragea partout l'agriculture et le défrichement des campagnes, qui étaient restées désertes depuis le commencement des guerres civiles. Un édit contre-signé par le roi défendit de comprendre les instruments aratoires dans le nombre des objets exposés à la saisie. Tous les bras travaillèrent à la terre, et, au bout de peu d'années, l'abondance devint telle, qu'il fallut lever les conditions imposées autrefois à la sortie des blés du royaume. L'Espagne fut alors nourrie par la France; la Suisse et l'Angleterre vinrent s'approvisionner chez nous, quand leurs récoltes n'étaient pas suffisantes. Grâce à cette prospérité renaissante, on put rendre une loi qui fit tomber le taux de l'intérêt du denier dix au denier seize. Par là, on établit un juste équilibre entre les avantages du prêteur et les profits que pouvait faire celui qui empruntait.

Toute l'administration de Sully est empreinte d'un esprit libéral. Il s'oppose à la création de tout privilége, de tout monopole, et veut qu'il y ait liberté presque entière pour le commerce. Un jour il renvoya à Henri IV vingt-cinq édits qui tendaient tous à gêner la circulation des marchandises, en les chargeant de droits multipliés. En abaissant le taux de l'impôt sur les importations, Sully voulait que la France eût à bon marché les produits étrangers qu'il se refusait à naturaliser en France. Chaque climat, chaque sol, disait-il, est destiné à de certains produits. La France est un pays agricole; il faut donc qu'elle cultive le blé, et en nourrisse ses habitants et les nations voisines, qui, à leur tour, lui enverront leurs produits indigènes. Sully ne voyait pas que toute implantation dans un pays d'une industrie étrangère, est une conquête de l'homme sur la nature, et l'occasion d'un nouveau développement de son intelligence. Henri IV n'était pas, sur cette question, d'accord avec son ministre; mais ils se firent mutuellement quelques concessions. Le roi restreignit ses plans, et Sully fournit l'argent pour les ouvriers en soieries de Paris et de Lyon, et pour l'établissement aux Gobelins des tapissiers venus de Flandre.

Henri IV avait, comme François Ier, et Louis XIV, le goût des grandes constructions. Sully, nommé surintendant des bâtiments, se prêta aux goûts de son maître. Le Louvre fut continué, et la galerie qui le joint aux Tuileries commencée (*). Fontainebleau reçut de nouveaux embellissements. Le château de Saint-Germain, la place et la rue Dauphine, le collége royal, à Paris, le collége de la Flèche, furent construits; l'Hôtel-Dieu fut enrichi et l'hôpital de Saint-Louis fondé. Si Henri IV n'éleva pas l'hôtel des Invalides, le monument le plus national du règne de Louis XIV, il eut du moins l'idée d'assurer une retraite aux militaires blessés, et il leur donna le couvent de Sainte-Catherine, dans la rue de l'Oursine. Tous ces militaires reçurent une décoration consistant dans une bande de satin blanc sur velours noir, avec cette inscription: *Pour avoir bien servi la patrie.* Une autre des grandes gloires de Louis XIV, le canal du Languedoc, fut projeté par Henri IV et Sully. Le canal de Briare, qui joint la Seine et la Loire, fut entrepris et presque achevé. Le Pont-Neuf fut terminé. Des routes furent ouvertes de tous côtés, et plantées d'arbres fruitiers ou d'arbres destinés à la marine, qui conservèrent longtemps le nom du ministre de Henri IV (*). Le Berry était presque désert, par le défaut de communications; de vastes défrichements suivirent de près le percement des routes dont Sully le fit traverser. Partout des ponts furent jetés sur les rivières. Il s'en construisit plus, dit-on, pendant les douze années de l'administration de Sully, que dans le cours du siècle précédent. Il semble que Henri

(*) Cette construction, qui en réunissant les Tuileries au Louvre a enrichi Paris d'une seconde bastille, fut entreprise par Henri IV plutôt dans un but de sûreté personnelle que pour embellir la capitale. Le passage suivant de Tallemant des Réaux ne laisse aucun doute à cet égard. « Henri IV conçut fort bien que détruire Paris, c'était, comme on dit, se couper le nez pour faire dépit à son visage; en cela plus sage que son prédécesseur, qui disoit que Paris avoit la tête trop grosse, et qu'il la lui falloit casser. Henri IV voulut pourtant, à telle fin que de raison, avoir une issue pour sortir hors de Paris sans être vu, et pour cela il fit faire la galerie du Louvre, qui n'est point du dessin de l'édifice, afin de gagner par là les Tuileries, qui ne sont dans l'enceinte des murs que depuis 20 ou 25 ans. » Tallemant des Réaux, Historiette de Henri IV écrite en 1657.

(*) On les appelait des Rosny. « Il (Sully) étoit si haï, que par plaisir on coupoit les ormes qu'il avoit fait mettre sur les grands chemins pour les orner. « C'est un Rosny, « disoient-ils, faisons-en un Biron, » par allusion à la mort du maréchal, décapité en 1602. » Tallemant des Réaux, Historiette du duc de Sully.

IV devait précéder en tout Louis XIV. Il appela auprès de lui Casaubon, et lui donna un traitement de quatre cents livres. Par son ordre, Malherbe se fixa à la cour, qu'il voulait *dégasconner*. En attendant qu'il pût le porter sur la liste de ses pensionnaires, il le mit en pension chez le duc de Bellegarde.

Grâce à cette administration sage et bienfaisante, la France parvint à réparer les maux que cinquante ans de guerre civile lui avaient fait souffrir. En même temps, le pouvoir royal, si violemment ébranlé durant les règnes de François II, de Charles IX et de Henri III, se rétablissait et se consolidait entre les mains de Henri IV. Depuis que la paix de Vervins et l'édit de Nantes l'eurent affermi sur le trône, il ne songea plus qu'à établir en France l'unité du pouvoir. C'est à l'accomplissement de cette œuvre qu'il employa toute l'énergie de sa volonté et toute la puissance que lui donnait sa haute réputation militaire. La nation entière le conviait à exercer le pouvoir absolu. Chaque famille avait éprouvé durant la guerre tant de désastres, et les calamités avaient été si universellement étendues, depuis la cabane du pauvre jusqu'au palais du riche, que le premier vœu de la France était le repos et la sécurité.

Mais, pour que la France pût obtenir ce repos et cette sécurité, dont elle avait été si longtemps privée, il fallait une main ferme, une volonté immuable, qui ne craignît pas de briser tout ce qui faisait obstacle au bien général. Or, une féodalité nouvelle s'était organisée en France pendant les guerres civiles. Les calvinistes en avaient jeté les premiers fondements par leur résistance obstinée à l'action du pouvoir central. Après eux, les ligueurs avaient également secoué l'autorité royale. Enfin, Henri IV lui-même avait été contraint, par les circonstances, de contribuer à la puissance de ces chefs d'une féodalité nouvelle. Nous avons vu qu'il avait acheté la soumission des principaux ligueurs, en leur livrant des gouvernements, des forteresses, des troupes, de l'argent. Il avait donné la Provence au duc de Guise; il avait confirmé à Joyeuse le titre de maréchal de France, et la lieutenance générale d'une partie du Languedoc. Comme nous l'avons déjà vu, le duc de Mercœur, le duc de Mayenne, Brissac, Villars-Brancas, et une foule d'autres chefs, avaient obtenu de lui des gouvernements avec des villes fortifiées. L'ancien chef des politiques, Henri de Damville, maréchal de Montmorency, avait reçu la charge de connétable et le gouvernement du Languedoc, avec la survivance pour son fils, âgé seulement de douze ans. Le duc de Biron était maréchal de France, et gouverneur de Bourgogne. Le duc d'Épernon, l'ancien mignon de Henri III, possédait l'Angoumois, la Saintonge, le Limousin, les trois évêchés de Lorraine. Enfin, parmi les huguenots, on distinguait Lesdiguières, lieutenant général du Dauphiné, qui ne relevait que de Dieu et de son épée; le vicomte de Turenne, devenu, par son mariage, duc de Bouillon; Duplessis-Mornay, gouverneur de Saumur; Caumont-la-Force, gouverneur du Béarn; en outre, les Rohan en Bretagne; les la Trémouille en Poitou, qui tous n'obéissaient au roi que conditionnellement.

Ce qui faisait la force de tous ces chefs, c'étaient les habitudes féodales que la plupart des gentilshommes avaient conservées. Les nobles qui dépendaient d'eux croyaient qu'il était de leur honneur de les défendre, même contre l'autorité royale; ils adoptaient leurs préjugés, leurs passions, et étaient sans cesse prêts à prendre les armes pour le maintien de leur autorité usurpée. L'habitude des guerres civiles avait resserré encore les liens entre les vassaux et leurs suzerains féodaux. Ainsi, l'on retrouvait dans les provinces ce qu'on n'y avait plus vu depuis deux siècles, des princes qui se croyaient le droit de se soulever contre l'autorité royale, sans forfaire à l'honneur.

La grande pensée de Henri IV fut d'abaisser cette aristocratie nouvelle.

Il comprit bientôt que le peuple était pour lui. Lorsqu'il se mettait au-dessus des traités qu'il avait conclus avec ses anciens compagnons d'armes ou avec ses anciens adversaires, l'opinion publique, bien loin d'improuver sa conduite, l'engageait à persévérer. Henri IV persévéra en effet, et lutta avec succès contre cette féodalité renaissante. Heureusement pour lui, la puissance des gouverneurs de provinces était éparse et disséminée, et ils ne songèrent jamais à former contre lui *une ligue du bien public*, parce qu'ils savaient bien que le peuple voulait l'affermissement de l'ordre, qui était alors inséparable de l'autorité royale. Henri IV eut soin de leur opposer toujours une volonté unique, constante, énergique, devant laquelle ils furent bientôt forcés de fléchir. Il ne plaça dans son conseil que des hommes d'une expérience consommée : Hurault de Chiverny, de Bellièvre, Brulart de Sillery, Sully, Villeroy, de Fresne, Loménie, le président Jeannin. Henri IV les consultait, les faisait travailler sous ses ordres, mais il se réservait à lui seul la décision et l'exercice du pouvoir. Il avait l'intelligence prompte et vive, et saisissait rapidement ce qui lui était exposé; il prenait sur-le-champ son parti, et ne revenait jamais d'une décision qu'il avait prise. Aussi les affaires étaient-elles expédiées très-vite. Les conseils ne duraient pas plus de deux heures; et Henri IV ne renvoyait jamais une affaire d'une séance à l'autre.

C'est par cette conduite prudente autant qu'énergique que Henri IV parvint à relever l'autorité royale. Mais il n'y parvint pas sans faire de nombreux mécontents. Le connétable de Montmorency forma une alliance intime avec le duc de Savoie. Le duc d'Épernon ne prit point la peine de déguiser son antipathie pour le *Navarrin*, qu'il avait vu si *petit compagnon*. Toutefois, ces deux seigneurs ne songèrent jamais à la révolte. Il n'en fut pas de même du duc de Biron. Ce seigneur, qui avait rendu de si éminents services à Henri IV, aux batailles d'Arques et d'Ivry, aux combats d'Aumale et de Fontaine-Française, apprit un jour de la bouche du duc de Savoie que le roi lui avait dit : « que ce duc se trompait bien s'il attribuait les succès du roi à l'habileté et à la prudence de ses généraux ; qu'il avait eu moins de peine à vaincre ses ennemis qu'à maintenir l'union et la paix dans son parti ; et que l'humeur fière et intraitable des deux Biron, père et fils, était la circonstance qui lui avait le plus nui. » L'indignation de Biron fut d'autant plus grande, que les Espagnols lui avaient récemment témoigné une plus haute estime, lorsqu'il était venu en Flandre pour jurer, au nom du roi, la paix de Vervins. Le duc de Savoie, qui n'avait voulu qu'aigrir son ressentiment, réussit sans peine à se l'attacher. Il lui promit en mariage sa troisième fille, avec trois cent mille écus de dot. Biron s'engagea, de son côté, à reconnaître la suzeraineté de l'empereur, dont ce mariage allait le rendre cousin, et à ramener la royauté à l'état où elle avait été sous Charles VI. Fidèle à cette convention, Biron sonda les intentions des autres grands seigneurs, et les trouva, en général, disposés à le seconder. Il leur parut injuste que les ducs de France fussent de moindre qualité que ceux d'Allemagne et d'Italie ; et le pouvoir était à leurs yeux une chose si belle, qu'ils n'hésitèrent pas à faire cause commune avec l'étranger pour parvenir au but de leur coupable ambition. Le comte d'Auvergne, Charles de Valois, fils naturel de Charles IX, et le duc de Montpensier, entrèrent dans la conjuration. S'il faut en croire d'Aubigné, le projet fut communiqué aux principaux chefs des huguenots, et on leur promit, pour les séduire, la souveraineté des provinces de l'Ouest et du Dauphiné.

Henri IV eut quelque soupçon du complot qui se tramait. Il déclara la guerre au duc de Savoie, sous le prétexte de reprendre le marquisat de Saluces, que ce prince retenait injustement (1601). Le duc de Biron, entraîné par l'exemple des autres seigneurs, ne put s'empêcher de seconder le roi, qui enleva rapidement au duc de Savoie toutes ses possessions en deçà des montagnes. Biron se repentit alors, et résolut de tout découvrir au roi. Il vint le trouver à Lyon; et, pendant qu'il se promenait avec lui dans le cloître des Cordeliers, il lui raconta quelles offres le duc de Savoie lui avait faites, et le pria de lui pardonner cette négociation entamée à son insu, et quelques expressions de colère qui lui étaient échappées. Henri IV, étonné de cette confidence, le questionna sur toutes les circonstances de ses relations avec le duc de Savoie, et, satisfait de ses réponses, il lui accorda le pardon demandé.

Quelque temps après, Biron fut envoyé à Londres pour complimenter la reine d'Angleterre. Élisabeth le reçut avec beaucoup de faveur, car elle avait une haute opinion de son talent militaire. Un jour que Biron et la reine étaient ensemble à une fenêtre, leurs regards s'arrêtèrent sur la tour de Londres. On avait exposé, sur le portail, les têtes de plusieurs criminels, entre autres, celle du comte d'Essex, dont les qualités brillantes et la fin tragique préoccupaient alors tous les esprits. La reine dit à Biron que son orgueil l'avait perdu : « Il a cru, dit-elle, que je « ne pourrais me passer de lui; il a souf- « fert un juste supplice; et, si le roi « mon frère veut m'en croire, il doit « tenir à Paris la conduite que j'ai tenue « à Londres. Il faut qu'il sacrifie à sa « sûreté tous les rebelles et tous les « traîtres; je prie le ciel que la clé- « mence de ce prince ne lui soit pas fu- « neste. »

Cependant un certain Jacques Lafin, qui avait négocié avec le duc de Savoie au nom de Biron, avait repris ces négociations après le retour de son maître. En 1602, il se rendit à Paris, où il remit au chancelier tous les papiers qui pouvaient compromettre Biron. Il eut même une audience du roi, auquel il exposa tout le plan de la conspiration; et il dénonça, comme complices de Biron, le duc de Bouillon, le comte d'Auvergne, la Trémouille, la Noue, Constant, d'Aubigné, de Préaux, et Sully. Henri IV, quoique assez défiant de son naturel, accueillit les protestations de Sully. « Or bien, lui dit-il, aussi n'en ai-je « rien cru; et, pour vous le montrer, « j'ai commandé à Bellièvre et à Ville- « roy de vous aller trouver, et vous por- « ter toutes les accusations, tant contre « vous que contre tous les autres, et « faire voir les preuves. Même j'ai dit « à Lafin, qui est celui qui m'a décou- « vert la menée, que je voulois qu'il « vous vît et vous parlât librement de « tous ces desseins. »

On invita Biron à venir à Fontainebleau. Il s'y rendit sans défiance. Le roi le prenant à part, le pressa d'avouer sa faute, dont il était, disait-il, suffisamment informé, lui promettant son pardon, pourvu qu'il fût sincère. Biron, qui ne soupçonnait pas la trahison de Lafin, répondit hardiment qu'il n'était point venu à la cour pour se justifier, mais pour demander justice de ses accusateurs. Le soir, il fit la même réponse au comte de Soissons, qui le pressait de nouveau de tout avouer. Le lendemain, Henri IV le fit appeler au jardin, et, pendant la promenade, il le sollicita de nouveau, mais inutilement, de s'accuser lui-même. En le quittant, Henri IV donna des ordres à Vitry et à Praslin, capitaines de ses gardes, pour le faire arrêter. Cependant, Biron était si plein de confiance, qu'après souper il rentra dans la chambre du roi, et se mit à jouer à la prime avec la reine. Un peu avant minuit, Henri IV fit cesser le jeu, et comme la compagnie se retirait, Vitry s'approcha de Biron et l'arrêta au nom du roi.

« Tous les parents du duc de Biron s'étaient jetés aux genoux du roi pour demander sa grâce : il la refusa; il leur dit même que tant que le prévenu n'était pas convaincu, il leur permettait d'user de tous les moyens légitimes pour faire éclater son innocence, mais qu'après la sentence, ils se rendraient coupables d'un crime d'État en intercédant pour lui. La mère du duc demanda qu'on lui donnât un conseil, il lui fut refusé. Biron, dans une lettre au roi et dans son plaidoyer, invoqua le souvenir de ses services, des trente-deux blessures qu'il avait reçues en combattant pour lui; le pardon qui lui avait été accordé à Lyon, depuis lequel il n'avait plus failli; une de ses lettres même, produite par Lafin contre lui, où il déclarait que, depuis la naissance du dauphin, il avait renoncé à tous ses projets. Les juges furent inflexibles. Le parlement, à l'unanimité, le condamna à mort, le 29 juillet, avec confiscation de tous ses biens, réunion de sa pairie à la couronne, et dégradation de tous ses honneurs et dignités. Cent-vingt-sept juges signèrent cette sentence, qui était conforme aux conclusions des gens du roi; et, le 31 juillet, le malheureux Biron eut la tête tranchée dans la cour de la Bastille (*). »

La mort de Biron et de ses principaux complices effraya les nobles, qui ne songèrent plus à renouveler leurs intrigues, et désormais l'autorité royale put se consolider entre les mains de Henri IV. L'année précédente, Henri qui n'avait pas encore d'héritier, avait compris qu'il était urgent d'assurer la durée de sa dynastie. Il avait depuis longtemps répudié sa femme, Marguerite de Valois, qu'il n'avait jamais aimée, et il songea quelque temps à épouser la belle Gabrielle d'Estrées, sa maîtresse. Un jour il en parla à Sully, qui lui répondit avec autant de courage que de franchise, qu'un tel mariage ferait sa honte et n'aurait d'autre résultat que de troubler l'État. « Sire, lui dit-il, outre le blâme géné-
« ral que vous pourrez en encourir, et
« la honte qu'un repentir vous appor-
« tera, lorsque les bouillons d'amour
« seront attiédis, je ne puis imaginer
« nul expédient propre pour dévelop-
« per les intrigues et embarras, et con-
« cilier les prétentions diverses qui
« surviendront à cause de vos enfans,
« nés en si diverses manières et avec
« des formes tant irrégulières; d'au-
« tant que les beaux contes que l'on en

« a faits (dont vous en avez su le
« moins, et toutefois ne les avez pas
« entièrement ignorés, surtout celui
« de M. Alibour, qui a tant couru, car
« je sais que Regnardière vous en dit
« un jour quelque chose, en paroles
« couvertes, que vous entendîtes bien
« néanmoins, car, n'en voulant pas
« faire semblant, vous vous servîtes
« du dépit de M. l'Amiral pour le faire
« battre, afin qu'il se retirât de la
« cour), le premier de vos enfans,
« puisque vous les nommez tels, ne
« sauroit nier qu'il ne soit né dans un
« double adultère; le second, que vous
« aurez à présent, se croira plus avan-
« tagé, à cause que ce ne sera plus
« que sous un simple adultère; et ceux
« qui viendront après, lorsque vous
« serez marié, ne faudront à prétendre
« qu'eux seuls doivent être estimés lé-
« gitimes. A toutes lesquelles difficul-
« tés, je vous laisserai penser à loisir,
« avant que de vous en dire davan-
« tage (*). »

Peu de temps après, Gabrielle d'Estrées mourut d'une manière si rapide et si extraordinaire, que le bruit courut qu'elle avait été empoisonnée. Trois semaines après, le roi prit pour maîtresse Henriette, fille de François de Balzac d'Entragues. Elle était aussi belle que Gabrielle d'Estrées, et beaucoup plus enjouée, plus hardie et plus malicieuse. Le roi la fit marquise de Verneuil, et lui promit de l'épouser si, dans l'année, il avait d'elle un enfant mâle. Il montra cette promesse écrite à Sully, qui eut le courage de la déchirer. Henri IV alors épousa Marie de Médicis, qui vint en France accompagnée de Concini, d'Éléonore Dori, et de quelques autres Italiens qui exerçaient un grand ascendant sur son esprit. Elle débarqua à Marseille, et arriva à Lyon le 2 décembre 1600. Henri IV s'était rendu dans cette ville sans être connu. Il était devant sa porte à onze heures du soir par un froid rigoureux. On lui ouvrit enfin, et il entra en habit de guerre dans la chambre où Marie allait se coucher.

(*) Sismondi.

(*) Sully, Économies royales, t. III. p. 178.

Elle se jeta à ses pieds. Il la releva, s'excusa d'avoir tant tardé à se rendre auprès d'elle, l'embrassa et lui dit : « J'attends que vous me prêterez la « moitié de votre lit, car je n'ai pu « faire apporter le mien. »

Marie de Médecis n'arriva à Paris que le 9 février 1601 ; elle descendit à l'hôtel de Gondi, en attendant qu'on lui eût préparé ses appartements au Louvre. La princesse de Conti raconte que « le même jour que la reine arriva à Paris, le roi commanda à la duchesse de Nemours, surintendante de sa maison, d'aller querir la marquise de Verneuil et de la présenter à la reine. Cette vieille princesse s'en voulut excuser, disant cela lui ôteroit toute créance auprès de sa maîtresse ; mais le roi le voulut, et lui commanda assez rudement de le faire, contre sa coutume, qui étoit d'être fort courtois. Elle l'amena donc à la reine, qui, extrêmement surprise de cette vue, se trouva étonnée et la reçut très-froidement. Mais la marquise de Verneuil, fort hardie de son naturel, lui parla tant et fit si fort la familière, qu'enfin elle s'en fit entretenir.....

« Le roi, lassé d'aller deux ou trois fois par jour chez la marquise, quand il vit que la reine étoit radoucie pour elle, la fit venir dans le Louvre, où il lui fit faire sa chambre. Au bout de quelque temps, cela ralluma la jalousie de la reine, qui, d'ailleurs, étoit entretenue de plusieurs personnes des discours de la marquise de Verneuil, qui, à la vérité, parloit d'elle assez librement et avec peu de respect. Elles étoient toutes deux grosses, et le roi fort empêché d'être bien avec l'une et avec l'autre. Il portoit du respect à la reine, à quoi l'obligeoit le rang qu'elle tenoit, mais il se plaisoit davantage en la compagnie de la marquise. Chacun, ne lui voulant déplaire, alloit visiter celle-ci, ce que la reine trouvoit fort mauvais. Elles étoient logées si près l'une de l'autre que l'on ne s'en pouvoit cacher, et c'étoit une brouillerie perpétuelle (*). »

(*) Histoire des amours de Henri IV, Archives curieuses, t. XIV, p. 335.

Souvent des querelles violentes éclataient entre les deux époux. Sully arrêta un jour le bras de la reine levé sur son mari. Peut-être Henri IV l'aurait-il répudiée, si elle n'avait mis au monde un fils, qui régna depuis sous le nom de Louis XIII, et que Henri IV regardait comme la plus sûre garantie de son trône (27 septembre 1601). Cependant la haine que se portaient la reine et sa rivale n'était pas éteinte. « Il arriva un jour que la reine étant fort offensée des discours de la marquise, la menaça qu'elle sauroit bien réprimer sa méchante langue. La marquise se mit à faire la triste et la dolente, à fuir le roi, et à lui faire entendre qu'elle le supplioit de ne lui plus parler, parce qu'elle avoit peur que la continuation de ses faveurs ne lui fût trop préjudiciable, à elle et à ses enfans. Son dessein étoit d'enflammer plus fort sa passion, en se montrant plus difficile. Or, comme elle vit que son adresse n'avoit pas tout l'effet qu'elle espéroit, et que d'ailleurs la colère de la reine s'étoit accrue à tel point, qu'il y avoit en effet quelque danger pour elle et pour les siens, elle s'avisa d'une autre chose. D'Entragues, son père, demanda permission au roi de l'emmener hors du royaume, pour éviter la vengeance de la reine. Le roi lui accorda sa demande plus facilement qu'elle ne pensoit ; dont étant outrée au dernier point, son père et le comte d'Auvergne, son frère utérin, se mirent à traiter secrètement avec l'ambassadeur d'Espagne, pour avoir retraite sur les terres de son roi, et se jeter entièrement, mère et enfans, entre ses bras.

« L'ambassadeur crut que cette affaire seroit fort avantageuse à son maître, et qu'en temps et lieu il se pourroit servir de cette promesse de mariage que le roi avait donnée à la marquise. Ainsi, il leur accorda facilement tout ce qu'ils demandèrent, et y ajouta toutes les belles promesses dont les esprits foibles et légers se peuvent enivrer.

« Le roi leur avait accordé permission de se retirer hors de France, sans emmener pourtant les enfans, dans la croyance qu'il avoit qu'ils iroient en

Angleterre, devers le duc de Lenox et le comte d'Aubigny, de la maison de Stuart, qui étoient leurs proches parens. Mais lorsqu'il eut appris qu'ils méditoient leur retraite en Espagne, il resolut de les en empêcher, et, premièrement, d'y employer les voies de douceur. Il manda donc le comte d'Auvergne, qui étoit lors à Clermont, assez aimé dans la province, pour croire qu'il y pouvoit demeurer en sûreté. Il refusa de venir, qu'auparavant il n'eût son abolition scellée en bonne forme, de tout ce qu'il pourroit avoir fait. C'étoit une sorte de nouveau crime de capituler avec son roi. Toutefois, il la lui envoya, mais avec cette clause, *qu'il se rendroit aussitôt auprès de lui.*

« Sa défiance ne lui permit pas d'obéir à cette condition. Il demeura dans la province, où il se tenoit sur ses gardes avec toutes les précautions imaginables. Néanmoins il ne put être si fin que le roi ne le fît attraper, et par un artifice assez grossier. Il étoit colonel de la cavalerie françoise; on le pria d'aller voir faire montre à une compagnie du duc de Vendôme. Il y alla bien monté, se tenant assez éloigné pour n'être pas enveloppé; néanmoins d'Eurre, lieutenant de cette compagnie, et Nerestan, l'abordant pour le saluer, montés sur des bidets, de peur de lui donner du soupçon, mais avec trois soldats déguisés en laquais, le jetèrent à bas de son cheval et le firent prisonnier. On l'amena aussitôt à la Bastille, où il fut saisi d'une extrême frayeur, quand il se vit logé en la même chambre où avoit été le maréchal de Biron, son grand ami.

« Incontinent après, le roi fit aussi arrêter d'Entragues, qui fut mené à la Conciergerie, et la marquise, qui fut laissée dans son logis, sous la garde du chevalier du Guet. Puis, désirant faire connoître, par des preuves bien publiques, la mauvaise intention de l'Espagnol, qui séduisoit ses sujets, et qui incitoit et fomentoit à tout propos des conspirations dans son État, il remit les prisonniers entre les mains du parlement, lequel, les ayant convaincus d'avoir comploté avec l'Espagnol, déclara, par un arrêt du 1ᵉʳ de février, le comte d'Auvergne, Entragues, et un Anglois nommé Morgan, qui avoit été l'entremetteur de cette belle négociation, criminels de lèze-majesté, et comme tels, les condamna à avoir la tête tranchée; la marquise à être conduite sous bonne garde en l'abbaye des religieuses de Beaumont, près de Tours, pour y être recluse, et que cependant il seroit plus amplement informé contre elle, à la requête du procureur général.

« La reine n'avoit point épargné ses sollicitations pour faire donner cet arrêt, croyant que l'exécution satisferoit son ressentiment; mais la bonté du roi se trouva plus grande que sa passion. L'amour qu'il avoit pour la marquise n'étoit pas si fort éteint, qu'il pût se résoudre à sacrifier celle qu'il avoit si puissamment aimée. Il ne voulut pas qu'on leur prononçât l'arrêt; et à deux mois et demi de là, savoir, le 15 avril, il commua, par des lettres du grand sceau, la peine de mort du comte d'Auvergne et du seigneur d'Entragues en une prison perpétuelle, et celle de Morgan en un bannissement perpétuel. Quelque temps après, il changea encore la prison d'Entragues au séjour de sa maison de Malesherbes en Beauce. Il permit aussi à la marquise de se retirer à Verneuil; et sept mois s'étant passés sans que le procureur général eût trouvé aucune preuve contre elle, il la fit déclarer entièrement innocente du crime dont elle avoit été accusée (*). »

La conjuration d'Entragues et du comte d'Auvergne réveilla les anciens ressentiments de Henri IV contre l'Espagne. Il se souvint de la longue inimitié de Philippe II et des tentatives d'assassinat dont il avait failli être victime. Sully le poussait à déclarer la guerre à cette puissance ambitieuse, qui n'aspirait à rien moins qu'à la monarchie universelle, et à qui tous les moyens semblaient bons pour parvenir à ce but. Une guerre contre l'Espagne

(*) Péréfixe, p. 331 sq.

était d'ailleurs un moyen de prouver à l'Europe que la France avait repris son rang, qu'elle semblait avoir abdiqué. Henri IV résolut de suivre l'avis de Sully, malgré l'opposition de Jeannin, de Villeroy et de Sillery, qui demandaient que le roi, fidèle au serment de son sacre, fît alliance avec l'Espagne pour exterminer les hérétiques. Pour donner à Sully une nouvelle marque de sa confiance, il le nomma gouverneur du Poitou ; toutefois il ajournait encore ses projets de guerre à une époque plus éloignée. En attendant, Sully amassait l'argent nécessaire pour la faire avec vigueur. Au commencement de l'année 1604, il avait déjà accumulé à la Bastille vingt-cinq millions destinés à la guerre. « Mais, disoit-il au roi, pour que les « préparatifs nécessaires de votre part « correspondent à un si magnifique « dessein, il faut trouver encore vingt-« cinq millions de livres tout comp-« tant, outre les vingt-cinq que j'ai déjà « assemblés, et préparer des moyens « infaillibles pour faire encore un fonds « semblable pour la suite des années ; « ce dont je ne suis nullement en « doute, si l'on me laisse ménager ce « que j'ai en l'esprit, afin de pouvoir « entretenir trois ans durant (sans tou-« cher à vos revenus ordinaires, ni « surcharger vos peuples de la campa-« gne, ni les marchands, la protection « desquels j'ai surtout en recomman-« dation) cinquante mille hommes de « pied, desquels la dépense reviendroit « par mois à 900,000 livres ; six mille « chevaux soudoyés, pour lesquels aussi « il faudroit 340,000 livres ; pour qua-« rante canons, 150,000 livres ; pour « le déchet des vivres, pour les ou-« vrages et parties inopinées, 150,000 « livres ; tout cela revenant par mois à « 1,440,000 livres, et pour dix mois à « 14,400,000 livres ; outre laquelle « somme il faut encore ajouter pour la « première année 1,500,000 livres pour « les frais levées et achats de ce « qui pourroit manquer en vos provi-« sions faites de longue main. Pour « l'assemblage de toutes lesquelles cho-« ses, et le ménagement des personnes « dont l'on auroit besoin, il me faut « encore un loisir de deux années, et « un relâche de toutes dépenses non « actuellement nécessaires (*). »

Lorsque la nouvelle des projets de Henri IV contre l'Espagne se fut répandue, les vieux ligueurs se remirent à le décrier. Ils persistaient à ne voir en lui qu'un huguenot relaps, qui s'efforçait de les tromper, et qui ne montrait à l'Église qu'un respect extérieur, tandis qu'il complotait avec les hérétiques d'Allemagne, de la Suisse et des Pays-Bas, pour détruire le pouvoir du pape et abaisser les maisons d'Autriche et d'Espagne. L'animosité du roi contre ces deux puissances était arrivée au plus haut point, et sa résolution était fermement arrêtée de les combattre. « Les rois de France et d'Espagne, disoit-il souvent, sont comme posés dans les deux bassins d'une balance, desquels il est impossible que l'un hausse que l'autre n'abaisse. » Henri IV voulait réduire Philippe III à la monarchie d'Espagne et des Indes. Il se proposait de lui enlever la Lombardie pour la donner au duc de Savoie avec le titre de roi ; il voulait lui enlever les provinces catholiques des Pays-Bas qui lui étaient restées fidèles, pour en faire une seule république avec les Provinces-Unies ; il voulait conquérir pour lui-même la Franche-Comté. L'empire devait sortir de la maison d'Autriche pour redevenir entièrement électif ; les deux royaumes de Hongrie et de Bohême devaient recouvrer également leur ancien droit d'élire leur souverain.

Vainqueur de l'Espagne et de l'Autriche, Henri IV se proposait, suivant Sully, d'établir une sorte de *constitution européenne* propre à faire régner une *paix perpétuelle*.

« Les Turcs devaient être relégués en Asie ; le czar de Russie devait avoir le même sort, s'il refusait d'entrer dans l'association.

« Le nombre des puissances devait être réduit à quinze, savoir, six monarchies héréditaires, cinq monarchies

(*) Sully, Économies royales, p. V, p. 138.

électives, et quatre républiques souveraines (dont deux démocratiques, la Belgique et la Suisse, et deux aristocratiques, Venise et l'Italie).

« Les six monarchies héréditaires étaient la France, qui ne prenait pour elle-même que le duché de Limbourg, le Brabant, la juridiction de Malines, à charge d'en former huit pairies; l'Angleterre, qui ne devait rien acquérir sur le continent; la Suède et le Danemark; l'Espagne, qu'on voulait resserrer dans ses limites naturelles en Europe, en lui laissant ce qu'elle avait découvert et conquis dans les autres parties du monde. La maison d'Autriche devait perdre tout ce qui lui appartenait en Allemagne, dans les Pays-Bas et en Italie; enfin, on créait une nouvelle monarchie héréditaire dans le nord de l'Italie, en faveur du duc de Savoie, sous le nom de royaume de Lombardie, et, pour lui donner une masse d'États qui méritât de porter ce nom, on ajoutait à ses anciennes provinces le Milanais et le Montferrat.

« Les monarchies électives devaient être la Bohême (en y joignant la Moravie, la Silésie et la Lusace), la Hongrie, la Pologne, l'empire d'Allemagne, et l'État ecclésiastique, qu'on voulait décorer du titre de monarchie, et agrandir en y incorporant Naples, la Pouille et la Calabre; on conservait la république de Venise, en lui accordant la Sicile; la république helvétique, en la déclarant souveraine; on associait les Pays-Bas catholiques à la république des sept Provinces-Unies, et on lui donnait le nom de république belgique; enfin, on appelait république italique la réunion de tous les petits États d'Italie, de Gênes, de Florence, de Mantoue, de Modène, de Parme et de Lucques, qui devaient garder leur forme de gouvernement, de Bologne et de Ferrare, qui devaient être érigées en villes libres, et tous les vingt ans rendre hommage au pape.

« L'Europe ainsi partagée, toutes les puissances devaient accorder une liberté et une protection entières aux trois religions principales : la catholique, la luthérienne et la réformée; mais en même temps, bien loin de favoriser la licence des esprits, elles devaient s'opposer à la naissance des sectes nouvelles.

« La guerre, nécessaire pour amener ce bouleversement général, devait être la dernière de toutes. Ce nouvel ordre de choses une fois établi, pour le rendre permanent et invariable, on voulait substituer dans la grande association des États de l'Europe, le droit à la force, et organiser un tribunal suprême, qui décidât en dernier ressort de toutes les collisions d'intérêt, et dont toutes les puissances s'engageraient à faire exécuter les arrêts.

« Cette espèce de conseil général de l'Europe devait être composé de députés de tous les États. Les ministres, au nombre de soixante-dix, conserveraient leurs places pendant trois ans; les formes et la manière de procéder de ce sénat seraient déterminées par des lois organiques qui seraient son propre ouvrage. Il devait prononcer lui-même dans toutes les affaires d'une importance majeure, et celles d'une moindre importance devaient être soumises à la décision de six corps subalternes qui seraient placés sur différents points de la surface de l'Europe.

« Tels étaient les principaux traits du vaste plan de Henri IV. Quelque extraordinaire qu'il nous paraisse, ce qu'il a de singulier ne nous donne pas le droit de révoquer en doute son authenticité. Sully, l'ami et le confident de son maître, qui avait médité ce projet avec lui, et qui s'était chargé de le faire adopter par les puissances amies de la France, entre sur cet objet dans des détails qui ne permettent pas d'en nier la réalité (*). »

« Je ne doute pas, dit M. de Lacretelle, qu'un plan de cette nature n'ait été présenté en effet à Henri IV, et n'ait excité fortement son attention; mais ce qu'il me paraît impossible d'admettre, c'est qu'un monarque avancé en âge, éprouvé par la fortune, et toujours porté, par son amour pour

―――――
(*) Ancillon, Tableau des révolutions de l'Europe.

ses sujets, à composer avec les hommes et avec les événements, ait entrepris une guerre dans l'espoir de réaliser tant d'hypothèses difficiles; qu'il ait compté sur la fidélité immuable et sur les secours effectifs de tant de souverains catholiques et protestants; qu'il ait assigné un terme de trois années pour la consommation d'un projet si étendu, et qu'il ait jugé une longue série de conquêtes et de révolutions nécessaire à l'établissement d'une paix solide. »

Quoi qu'il en soit, Henri IV continuait ses immenses préparatifs contre l'Espagne. En 1608, il conclut avec la république des Pays-Bas un traité d'alliance offensive et défensive. Les Espagnols s'alarmèrent de cette alliance, et lorsque don Pedro de Tolède passa par la France pour se rendre dans les Pays-Bas, il adressa au roi les plaintes de son maître.

« Ce don Pedro, dit Péréfixe, selon l'humeur de la vraie noblesse espagnole, tenoit une morgue fière et grave, et étoit haut et magnifique en paroles, quand il s'agissoit de l'honneur et de la gloire de sa nation, et de la puissance de son roi; mais, hors de là, fort civil et courtois, soumis et respectueux où il le falloit être, galant, adroit et spirituel. Il se passa entre le roi et lui des choses assez remarquables, qu'il ne faut pas oublier.

« Comme le roi croyoit qu'il lui apportoit des menaces de guerre, et qu'il savoit que les Espagnols faisoient courir le bruit qu'il étoit tout estropié des gouttes, et ne pouvoit plus monter à cheval, il lui voulut faire connoître que sa vigueur n'étoit point diminuée. Il le reçut dans la grande galerie de Fontainebleau, et lui fit faire vingt ou trente tours à si grands pas, qu'il le mit hors d'haleine; puis il lui dit : « Vous voyez, Monsieur, comme je me porte bien. »

« A cette première audience, don Pedro portoit son chapelet à la main. Il représenta au roi l'intérêt général qu'avoient tous les princes catholiques à la ruine ou à la conversion des hérétiques, et les grandes guerres que son maître avoit faites à ce dessein. Puis changeant de propos, il lui dit que le roi catholique souhaitoit de s'allier plus étroitement avec lui, et de faire du mariage entre leurs enfans, pourvu que le roi quittât l'alliance et la protection des Pays-Bas. Le roi lui répondit franchement que ses enfans étoient d'assez bonne maison pour trouver parti; qu'il ne désiroit point des amitiés contraintes et conditionnées; qu'il ne pouvoit abandonner ses amis; et que ceux qui n'en voudroient pas être, se repentiroient d'avoir été ses ennemis.

« Don Pedro là-dessus exalta la grandeur et la puissance d'Espagne. Le roi, sans s'émouvoir, lui fit connoître que c'étoit la statue de Nabuchodonosor, composée de diverses sortes de matières, et qui avoit les pieds d'argile. Don Pedro en vint aux reproches et aux menaces. Le roi lui rendit bientôt son change, et lui dit que si le roi d'Espagne continuoit ses attentats, il porteroit le feu jusque dans l'Escurial; et que s'il montoit une fois à cheval, on le verroit bientôt à Madrid. L'Espagnol lui répondit arrogamment : « Le roi François y fut bien. » — « C'est pour cela, repartit « le roi, que je veux aller venger son « injure, celle de la France et les « miennes. »

« Après quelques paroles un peu hautes, le roi, abaissant le ton de la voix, lui dit : « Monsieur l'ambassa- « deur, vous êtes Espagnol et moi « Gascon, ne nous échauffons point. » Ils reprirent donc les termes de douceur et de civilité.

« Une autre fois, le roi lui montrant les bâtimens de Fontainebleau, et lui demandant : « Que vous en semble ? » il répondit qu'il lui sembloit qu'il avoit logé Dieu bien à l'étroit. Il n'y avoit encore pour lors que les deux chapelles qui sont dans la cour en ovale, et qui sont véritablement assez petites. Le roi ne put pas souffrir qu'il accusât sa piété, et lui répondit un peu vertement : « Vous, messieurs les Espagnols, « ne savez donner à Dieu que des tem- « ples matériels; nous autres, Fran- « çois, ne le logeons pas seulement

« dans des pierres, nous le logeons
« dans nos cœurs; mais quand il seroit
« logé dans les vôtres, j'ai peur qu'il
« ne seroit que dans des pierres. »

« De Fontainebleau ils vinrent à Paris, où le roi lui montrant un jour sa galerie du Louvre, et lui en demandant son avis : « L'Escurial est tout autre chose, dit don Pedro. » — « Je le « crois, repartit le roi, mais y a-t-il « un Paris au bout, comme à mes « galeries? »

« Un jour, don Pedro voyant au Louvre l'épée du roi entre les mains d'un porte-manteau, s'avança, mit un genou en terre, et la baisa, rendant cet honneur, disoit-il, à la plus glorieuse épée de la chrétienté (*). »

Henri IV n'en persista pas moins dans son union avec les Pays-Bas, et conclut des alliances étroites avec tous les ennemis de la maison d'Autriche. Un jour, le doge de Venise dit en pleine assemblée du sénat à l'ambassadeur de France : « que la seigneurie entrait « en nouvelle admiration de la sage « conduite du roi, lequel ne se trom-« pait jamais en ses mesures, et ne « jetait jamais son coup en vain ; qu'il « était le vrai appui du repos et du « bonheur de la chrétienté, et qu'il n'y « avait rien à désirer pour la félicité « de son règne, sinon qu'il fût perpé-« tuel. » Déjà les magasins étaient remplis de munitions de toute espèce; cent mille hommes étaient prêts à combattre. Le roi lui-même voulait commander l'armée destinée à attaquer les Pays-Bas espagnols. Celle qui était dirigée contre l'Italie devait marcher sous les ordres de Lesdiguières. Quarante millions, amassés dans les caves de la Bastille, assuraient la solde des troupes, jusqu'au moment où la victoire aurait créé de nouvelles ressources et permis de vivre aux dépens des vaincus. La succession litigieuse de Clèves et de Juliers devait servir de prétexte aux armées françaises. Jean-Guillaume, dernier duc de Clèves et de Juliers, venait de mourir sans laisser d'héritiers mâles, et sa succession était disputée par les maisons d'Autriche, de Brandebourg et de Neubourg. Henri IV allait favoriser ces deux dernières contre l'Autriche. Son entrée dans les États de Clèves serait devenue le signal de la guerre. Secondé par les princes protestants de l'Allemagne, il aurait abaissé la maison d'Autriche et rétabli l'équilibre européen. Le poignard de Ravaillac l'arrêta au moment même où il allait exécuter ces vastes projets.

1610.

Assassinat de Henri IV. — Dix-neuf tentatives avaient déjà été faites pour tuer le roi. Au moment même où il embrassait la religion catholique, un jeune batelier, nommé Barrière, avait formé le projet de lui donner la mort. Mais il fut découvert et expira dans les supplices. Son sort ne découragea point un nouvel assassin, Jean Châtel. C'était un jeune homme, âgé de dix-huit ans, qui avait vécu jusqu'alors dans la débauche, et qui, agité par le remords, avait résolu de sanctifier sa vie en tuant Henri IV, qu'il regardait comme un tyran ennemi de Dieu. Il parvint à pénétrer jusque dans l'intérieur du palais et frappa le roi de son couteau. Heureusement, le roi se baissait en ce moment pour embrasser un gentilhomme : le couteau ne fit qu'effleurer sa lèvre supérieure. L'assassin fut arrêté aussitôt, et on le fit périr dans les plus affreux tourments. Quelque temps après, le roi recevait dans son palais son ancien compagnon d'armes, Agrippa d'Aubigné, qui ne paraissait que rarement à la cour depuis la conversion de Henri IV. Il lui montra sa lèvre percée, et d'Aubigné, dans un accès de mauvaise humeur, lui dit : « Sire, jusqu'ici vous « n'avez renié Dieu que des lèvres, et « Dieu s'est contenté de percer vos « lèvres ; mais quand vous le renierez « du cœur, alors Dieu percera votre « cœur. » Le roi ne prit point ces paroles en mauvaise part, mais sa maîtresse, Gabrielle d'Estrées, s'écria : « Oh ! les belles paroles, mais mal em-

---

(*) Péréfixe, pag. 359-361. Paris, 1816; in-8°.

ployées. »—« Oui, Madame, répliqua d'Aubigné, parce qu'elles ne serviront de rien. »

Henri IV put prévoir depuis ce jour qu'il finirait par tomber sous le poignard d'un assassin. En effet, un grand nombre de fanatiques attentèrent successivement à sa vie. Comme on pensait que les jésuites étaient les instigateurs secrets de ces crimes, Henri IV les exila de son royaume. Mais sa position à l'égard des catholiques était trop délicate, et son autorité était d'ailleurs trop peu consolidée en France à cette époque, pour que cet ordre pût être exécuté pleinement. Les parlements de Toulouse et de Bordeaux refusèrent formellement de l'enregistrer, et bientôt le roi rappela lui-même les jésuites et leur bâtit le collége de la Flèche. Pendant les dernières années de sa vie, il était souvent agité de pressentiments sinistres. Un jour il dit à quelques-uns de ses gentilshommes : « Mes amis, je mourrai l'un de ces « jours, et quand vous ne m'aurez plus, « vous connoîtrez ce que je valois et « la différence qu'il y a de moi à un « autre homme. » Ces pressentiments l'agitèrent surtout au moment où il songeait à quitter Paris pour se mettre à la tête de son armée. On l'accusoit de ne songer qu'à secourir les luthériens allemands, parce que lui-même était protestant au fond du cœur.

« Tandis qu'il appliquoit son esprit à ces choses, dit Péréfixe, quelques personnes, entre autres Concini et sa femme, mirent dans l'esprit de la reine qu'il falloit, pour lui acquérir plus de dignité et plus d'éclat aux yeux des peuples, et pour autoriser davantage sa régence, qu'elle se fît sacrer et couronner avant le départ du roi. Pour les mêmes raisons qu'elle le désiroit, le roi ne l'avoit pas trop agréable; joint que cette cérémonie ne se pouvoit faire sans beaucoup de frais et sans y perdre beaucoup de temps, ce qui le retenoit à Paris et retardoit ses desseins. Il avoit une extrême impatience de sortir de cette ville. Je ne sais quel secret instinct le pressoit de s'en éloigner au plustôt. C'est pourquoi ce sacre le fâchoit; mais il ne put refuser cette marque de son affection à la reine, qui le désiroit passionnément (*). »

L'Étoile, Bassompierre et Sully racontent également que Henri IV avait la plus extrême répugnance pour le sacre de la reine, qu'il le repoussait avec une sorte de crainte superstitieuse. « Hé! mon ami, disait-il à Sul« ly, que ce sacre me déplaît! Je ne « sais ce que c'est, mais le cœur me « dit qu'il m'arrivera quelque mal« heur. » Puis, s'asseyant sur une chaise basse, faite exprès pour lui à l'Arsenal, rêvant et battant des doigts sur l'étui de ses lunettes, il se releva tout à coup, et frappant des deux mains sur ses deux cuisses, disait : « Pardieu ! je mourrai en cette ville, « et n'en sortirai jamais. Ils me tue« ront, car je vois bien qu'ils n'ont « remède en leurs dangers que ma « mort. Ah! maudit sacre, tu seras « cause de ma mort... Car, pour ne « vous en rien céler, l'on m'a dit que « je devois être tué à la première « grande magnificence que je ferois, et « que je mourrois dans un carrosse, « et c'est ce qui me rend si peureux. » — « Vous ne m'aviez, ce me semble, « jamais dit cela, sire ; aussi plusieurs « fois me suis-je étonné de vous voir « crier dans un carrosse, comme si « vous eussiez appréhendé ce petit pé« ril, après vous avoir vu tant de fois « parmi les coups de canon, les mous« quetades, les coups de lance, de « pique et d'épée, sans rien craindre. « Mais puisque vous avez cette opinion « et que votre esprit en est tant tra« vaillé, si j'étois que de vous, je par« tirois dès demain ; je laisserois faire « le sacre sans vous, ou le remettrois « à une autre fois, et je n'entrerois « de longtemps à Paris, ni en car« rosse (**). »

Malgré ces avertissements, le roi ne partit point. Il fit publier que le sacre et le couronnement auraient lieu à

(*) Péréfixe, p. 403.
(**) Sully, Économies royales, t. VIII, p. 364.

Saint-Denis, le 13 mai, et que la reine ferait son entrée solennelle à Paris, le 16. Le jeudi, 13 mai, la reine fut en effet sacrée et couronnée à Saint-Denis, par le cardinal de Joyeuse, avec une pompe extraordinaire. Le peuple l'applaudit avec transport, et l'on observa «son doux et grave déportement, et son visage merveilleusement joyeux, gai et content.» Mais quelques-uns des assistants remarquèrent que l'Évangile du jour était le chapitre X de saint Marc, verset II⁰ : *Alors il vint des Pharisiens qui, pour l'éprouver, lui demandèrent :* « *Est-il permis à* « *un homme de répudier sa femme?* » et que les prêtres l'avaient supprimé à dessein.

Or, il y avait à Paris, depuis deux ans, un certain François Ravaillac, né à Angoulême. Il avait commencé par être moine, mais ayant quitté le froc avant que d'être profès, il avait ouvert une école, puis il s'était fait solliciteur d'affaires et s'était établi à Paris. C'était un homme de vile extraction, rêveur et mélancolique, « une espèce de fainéant qu'on remarquoit à cause qu'il étoit habillé à la flamande plutôt qu'à la françoise. Il traînoît toujours une épée (*). » On ne sait s'il fut amené à Paris par le dessein de tuer le roi, ou s'il fut induit à cette misérable entreprise par des gens qui, ayant connu qu'il avait encore dans l'âme quelque levain de la ligue, et cette fausse persuasion que le roi allait renverser la religion catholique en Allemagne, le jugèrent propre à commettre ce crime.

Le lendemain du sacre, vendredi 14 mai 1610, Henri IV sortit du Louvre sur les quatre heures du soir, pour aller à l'Arsenal visiter Sully, qui était indisposé. Il voulait voir en passant les apprêts qui se faisaient sur le pont Notre-Dame et à l'hôtel de ville, pour la réception de la reine. Il était au fond d'un carrosse dont tous les panneaux étaient ouverts; à côté de lui, il avait le duc d'Épernon; vis-à-vis, le marquis de Mirebeau et Liancour, son premier écuyer; les maréchaux de Lavardin et de Roquelaure étaient à la portière de droite; le duc de Montbazon et le marquis de la Force à la portière de gauche. Lorsque le carrosse entra de la rue Saint-Honoré dans la rue de la Ferronnerie, qui était alors fort étroite, il fut arrêté par l'embarras de deux charrettes. Les pages et les valets de pied quittèrent le carrosse, et entrèrent dans les charniers du cimetière de Saint-Innocent, pour rejoindre le roi au bout de la rue. Il n'en resta que deux, dont l'un s'était baissé pour rajuster sa chaussure. Dans ce moment, un homme d'une physionomie sinistre, portant la barbe rouge et les cheveux « tant soit peu dorés (*), » qui suivait le carrosse depuis le Louvre, le manteau pendant sur l'épaule gauche, le couteau à la main, mit un pied sur une borne et l'autre sur un des rayons de la roue : c'était François Ravaillac. Il frappa le roi d'un coup de couteau. Le roi s'écria : « Je suis blessé! » et, par un mouvement naturel, il leva le bras gauche. Mais Ravaillac, sans s'effrayer, redoubla et le frappa au cœur. Le roi expira du coup. L'assassin était si résolu, qu'il voulut le frapper une troisième fois; mais ce coup ne porta que dans la manche du duc de Montbazon. Puis sans chercher à s'enfuir, ni à jeter son couteau, il resta là pour se faire voir et pour se glorifier de son crime. Il fut à l'instant arrêté.

Le duc d'Épernon, qui durant toute cette scène était resté impassible, couvrit le roi de son manteau, et s'écria qu'il était seulement blessé. La voiture fut aussitôt fermée et ramenée au Louvre. Là, le corps de Henri fut ouvert en présence de vingt-six médecins, et l'on en trouva toutes les parties si saines, que, dans le cours de la nature, il pouvait encore vivre trente ans.

(*) Tallemant des Réaux, Histoire de Henri IV.

(*) Tallemant des Réaux, ouv. cité.

CHAPITRE III. AFFERMISSEMENT DU POUVOIR ROYAL. — ABAISSEMENT DE LA MAISON D'AUTRICHE. — MAINTIEN DE L'ÉQUILIBRE EUROPÉEN.

LOUIS XIII.
(1610-1643.)

§ 1. *Réaction féodale et protestante.*

(1610.)

Régence de Marie de Médicis. — Au moment où la voiture du roi rentrait dans la cour du Louvre, le chancelier de Sillery, le président Jeannin et le secrétaire d'État Villeroy, qui venaient d'apprendre la fatale nouvelle, accoururent auprès de la reine. Elle s'écria, en les voyant : « Hélas ! le roi est « mort ! » — « Vous vous trompez, Ma- « dame, lui répondit aussitôt le chance- « lier, en France le roi ne meurt point. » Le fils de Henri IV, qui régna depuis sous le nom de Louis XIII, n'avait alors que huit ans et demi. Sa mère, Marie de Médicis, fut proclamée régente par un arrêt du parlement. Et cependant des soupçons graves planaient sur elle. Henri IV lui avait toujours reproché d'être Espagnole de cœur. Au moment même où ce prince se préparait à combattre l'Espagne, qui n'était pas en état de lui opposer une forte résistance, elle témoignait une grande déférence pour l'ambassadeur de cette puissance, et elle formait avec lui des projets de mariage pour ses enfants. Les Italiens qui l'entouraient entretenaient tous des relations secrètes avec l'Espagne. Le duc d'Épernon enfin, dont la conduite avait été si suspecte au moment de l'assassinat, et qui depuis avait particulièrement contribué à faire décerner la régence à Marie de Médicis, était le représentant de la politique espagnole ; à lui se rattachaient tous les vieux ligueurs, tous les catholiques ardents qui maudissaient une guerre entreprise contre une puissance catholique, avec l'aide des protestants d'Allemagne et de Hollande. Lorsque Sully fut monté à cheval pour se rendre au Louvre, il reçut en chemin une foule d'avis qui l'engageaient à se défier de la reine. « Monsieur, où allez-vous ? « lui disait-on ; aussi bien, c'en est « fait. Je l'ai vu mort ; et si vous en- « trez dans le Louvre, vous n'en ré- « chapperez pas, non plus que lui. » « Pensez à vous, lui disait l'autre, car « ce coup si étrange aura de terribles « suites. » Plus loin, Vitry, capitaine des gardes, lui dit : « Mais, Monsieur, « où allez-vous avec tant de gens ? « L'on ne vous laissera pas approcher « du Louvre, ni entrer dedans, qu'avec « deux ou trois ; et comme cela, je ne « vous le conseille pas, et pour cause.... « J'ai vu des personnages qui, appa- « remment, ont bien perdu, mais les- « quels, en effet, ne sauroient cacher « qu'ils n'ont point la tristesse au cœur « qu'ils y devroient avoir (*). » Sully fut si troublé qu'il retourna immédiatement à l'Arsenal, et de là, il se rendit à la Bastille, où il fit quelques préparatifs pour soutenir un siége. Mais le lendemain, voyant que Paris restait tranquille, et que l'autorité de la régente était reconnue par les ministres Sillery, Villeroy, Jeannin et Pontchartrain, qui l'entouraient et faisaient exécuter ses ordres, il jugea qu'il était temps de se soumettre, et s'étant rendu au Louvre avec une suite peu nombreuse, il fut admis en présence de Marie de Médicis, qui l'accueillit avec empressement. Elle affecta même de pleurer avec lui sur la mort de Henri IV, et lui ayant fait embrasser le petit roi : « Mon fils, lui dit-elle, c'est M. de Sully ; il vous le faut bien aimer, car c'est un des meilleurs et des plus utiles serviteurs du roi votre père, et le prier qu'il continue à vous servir de même. »

Exécution de Ravaillac. — Cependant Ravaillac avait été arrêté au moment où il se glorifiait de son crime. On avait trouvé sur lui un couteau à manche de corne de cerf, et un papier sur lequel étaient peintes les armes de France, avec cette devise écrite de sa main :

Ne souffre pas qu'on fasse en ta présence
Au nom de Dieu aucune irrévérence.

(*) Sully, Économies royales, tom. VIII, p. 374 sq.

Lorsqu'on l'interrogea pour le presser de déclarer ses complices, il répondit que ce qu'il avait fait venait de lui seul, et il protesta que jamais il n'aurait conçu un tel projet sans la guerre entreprise par le roi contre le pape. Toutefois, il reconnut qu'il avait commis une grande faute, dont il demandait pardon à Dieu; mais il ajouta qu'il ne désespérait pas que « Dieu, pour qui il l'avoit commise, lui fît la grâce de pouvoir demeurer jusqu'à la mort dans la foi, l'espérance et la charité, sa miséricorde étant plus grande pour le sauver, que son propre crime pour le damner. » Il disait aussi qu'il priait « la sainte Vierge, monsieur saint Pierre, monsieur saint Paul, monsieur saint François, monsieur saint Bernard et toute la cour céleste du paradis, d'être ses avocats auprès de Jésus-Christ, pour qu'il interposât sa croix entre le jugement de son âme et l'enfer. » Le parlement rendit un arrêt qui le déclarait *atteint et convaincu du crime de lèse-majesté humaine et divine au premier chef, pour le très-méchant, très-abominable et très-méchant parricide commis en la personne du feu roi Henri IV, de très-bonne et très-louable mémoire;* pour réparation duquel il le condamnait *à être tenaillé aux mamelles, bras, cuisses et gras des jambes, sa main droite, tenant le couteau duquel il avoit commis le parricide, brûlée par le soufre, et, sur les endroits où il auroit été tenaillé, jeté du plomb fondu, de l'huile bouillante, de la poix-résine brûlante, de la cire et du soufre fondus ensemble; cela fait, son corps tiré à quatre chevaux, ses membres consumnés au feu, et les cendres jetées au vent;* déclarait *ses biens acquis et confisqués au roi;* ordonnait *que la maison où il étoit né seroit démolie, le propriétaire d'icelle préalablement indemnisé, sans que sur la place il pût être fait à l'avenir autre bâtiment, et que, dans quinzaine, son père et sa mère videroient le royaume, avec défense d'y revenir jamais, à peine d'être pendus et étranglés, sans autre forme ni figure de procès;* défendait *à ses frères et sœurs, oncles et autres, de porter ci-après le nom de Ravaillac, leur enjoignant de le changer en un autre.*

« Avant l'exécution de l'arrêt qui devait se faire le même jour, dit M. Bazin, le condamné fut soumis à la question pour la révélation de ses complices. Au premier, au deuxième coin qu'on enfonça entre ses jambes fortement serrées, il s'écria que personne n'avait su son projet; au troisième, il perdit connaissance. Revenu à lui, soigné et repu, il répéta qu'il ne cachait rien, qu'il se croirait exclu de la miséricorde divine, s'il dissimulait la vérité, qu'il avait fait une grande faute par la tentation du diable, qu'il en demandait pardon à tout le monde. Remis entre les mains des prêtres, il leur fit sa confession pareille en tout point à ses déclarations, en exigeant qu'elle fût publiée, ce qu'il réitéra lui-même devant le greffier. On le conduisit dans un tombereau devant l'église de Notre-Dame, pour y faire amende honorable, et ensuite sur la place de Grève, au milieu des imprécations de la multitude, qui parurent l'étonner quelque peu; car, comme tous ceux qui ont ramassé les paroles haineuses des partis, il croyait trouver au moins de la compassion en mourant pour leur service. Arrivé sur l'échafaud, il reçut l'absolution du prêtre, consentant à être damné s'il n'avait pas dit la vérité. Il vit avec courage sa main brûler au feu du soufre. Les tenailles qui déchiraient sa chair, le liquide brûlant versé sur ses plaies, lui arrachèrent de grands cris, mais il n'en continua pas moins à dire qu'il avait tout avoué. Quand, au moment où les chevaux allaient être lancés, les prêtres voulurent prononcer les prières ordinaires, une clameur furieuse du peuple leur imposa silence. Alors les planches qui tenaient son corps attaché tombèrent, les chevaux excités se mirent à tirer; il y en eut un qui faiblit, un maquignon prêta le sien pour le remplacer; et l'exécuteur n'eut à brûler que la chemise du patient, car le peuple s'était rué sur ses restes, et chacun en avait emporté un morceau (*). »

1610-1614.

Changement de politique. — Alliance avec l'Espagne. — Troubles occasionnés par le mécontentement des grands. — Traité de Sainte-Menehould. — On crut d'abord que Marie de Médicis continuerait le système de politique de Henri IV. Une armée française, envoyée en Allemagne, reprit la ville de Juliers sur l'archiduc Léopold, et la remit entre les mains des deux princes prétendants, le margrave de Brandebourg et le duc de Neubourg. Mais bientôt la régente changea de système ; et il ne pouvait guère en être autrement. « Henri IV, dit M. Michelet, avait eu grand'peine à se tenir entre les protestants et les catholiques. Lorsqu'il mourut, cette indécision ne pouvait plus continuer ; il allait se jeter d'un côté, et c'eût été du côté protestant. La grande guerre d'Allemagne qui commençait lui offrait le rôle magnifique de chef de l'opposition européenne contre la maison d'Autriche, le rôle que prit, vingt ans plus tard, Gustave-Adolphe. Le roi mort, un enfant, Louis XIII, une régente italienne, Marie de Médicis, son ministre italien Concini, ne pouvaient continuer Henri IV. Cet enfant, cette femme, ne pouvaient monter à cheval pour aller guerroyer l'Autriche. » D'ailleurs, Marie de Médicis avait, du vivant de son mari, accepté un rôle politique. C'était à elle que se rattachait, sous le règne de Henri IV, le parti catholique, parti remuant, tracassier, exigeant, parce qu'il croyait que les desseins du roi s'écartaient de ses intérêts. Tous ses amis étaient, comme on disait alors, *catholiques à gros grains*, et sa cour particulière se maintenait compacte et serrée contre celle du roi son mari, composée à la fois de catholiques, de protestants et de politiques, animés des croyances et des vues les plus opposées. L'Espagne surtout la courtisait assidu-

(*) Bazin, Histoire de France sous Louis XIII, t. I, p. 59.

ment, et ne cessait de lui énumérer tous les avantages d'une longue paix que les deux couronnes pouvaient assurer par le mariage de leurs enfants. Déjà, du vivant de Henri IV, elle avait proposé le double mariage du dauphin avec une infante, et du prince des Asturies avec une fille de France. Elle renouvelait maintenant, auprès de la régente, cette proposition que le feu roi avait rejetée. Marie de Médicis souscrivit avec empressement aux propositions de l'Espagne. Les grands projets de Henri IV furent abandonnés. Au lieu de travailler à l'abaissement de la maison d'Autriche, on ne songea plus qu'à se réconcilier, à s'allier avec elle. Sully blâma vainement une politique injurieuse à la mémoire de Henri IV, et contraire aux intérêts de la France. Il ne fut pas écouté. Désespérant alors de faire le bien, il se démit de ses charges et se retira de la cour, qu'il laissa en proie aux intrigues des factieux.

Marie de Médicis avait amené de Toscane une femme de chambre, fille de sa nourrice et sa sœur de lait, Leonora Galigaï ; elle l'avait admise dans sa confidence, et Leonora Galigaï était parvenue bientôt à exercer le plus complet ascendant sur son esprit faible et incertain. C'était une jeune femme très-habile, capable de conseil, et d'un caractère résolu. Sa laideur lui laissait d'ailleurs tout loisir pour l'intrigue. Concini, jeune Florentin, bien fait, aimable et spirituel, qui était également venu en France à la suite de Marie de Médicis, sut plaire à Leonora et finit par l'épouser. Dès lors, la reine livra toute sa pensée aux deux époux, qui devinrent ses confidents les plus intimes, ses conseillers de tous les instants. Après la mort de Henri IV, leur funeste ascendant, jusque-là renfermé dans les limites du secret, s'accrut avec l'autorité de la reine, et se manifesta par des preuves éclatantes aux yeux de la France indignée. Au bout de quatre mois, Concini devint l'égal des plus puissants seigneurs, par ses titres, ses biens, ses emplois, ses dignités. Marie de Médicis lui avait abandonné un empire absolu sur ses volontés et sur les affaires. Parvenu au faîte du pouvoir et de l'opulence, Concini, pour faire oublier son origine étrangère et obscure, se fit appeler le marquis d'Ancre, du nom d'une terre qu'il avait achetée en Picardie, pour la somme de trois cent trente mille livres. Il se qualifiait lieutenant général aux villes de Péronne, Roye et Montdidier, qui lui avaient été cédées par le marquis de Créqui, pour cent vingt mille livres; puis premier gentilhomme de la chambre du roi, moyennant deux cent mille livres remboursées au duc de Bouillon. Il obtint, en outre, le gouvernement d'Amiens, de Dieppe, du Pont de l'Arche et de Bourg en Bresse. Enfin, quoiqu'il ignorât jusqu'aux lois françaises, il exerça les fonctions de premier ministre; et, quoiqu'il n'eût jamais porté les armes, il fut élevé au suprême honneur militaire, au rang de maréchal de France. « Anciennement ceux qu'on honoroit de cette dignité se faisoient présenter au parlement par un avocat, qui disoit dans une audience tout ce qui étoit de plus considérable en eux et en leurs prédécesseurs. Mais cela fut lors aboli, le marquis d'Ancre n'ayant pas de quoi faire parler de lui et des siens devant une compagnie telle que celle qui se trouvoit ordinairement dans la grand'chambre, en ces occasions-là, et ceux qui l'ont été depuis n'ayant pas songé à le faire rétablir (*). »

Cependant tout le monde murmurait contre Concini. Pour apaiser les mécontents, il leur ouvrit le trésor public. Les coffres, remplis par Henri IV, devaient suffire à leur cupidité, en attendant que le gouvernement eût pris assez de force pour n'avoir plus besoin de leur appui. Des princes du sang, des ducs, des pairs, des seigneurs du premier rang, ne rougirent pas d'accepter ces honteuses libéralités. Les finances furent dilapidées, et quarante millions amassés par Henri IV devinrent, en quelques mois, le butin de Concini et des grands, qui feignirent de tolérer à ce prix sa honteuse élévation.

« Ces profusions, dit Richelieu, étourdirent la grosse faim de leur avarice et de leur ambition; mais ne l'éteignirent pas. » Les grands ne voulaient pas seulement s'enrichir; ils voulaient aussi gouverner l'État. Plusieurs d'entre eux s'avisèrent de blâmer ouvertement la double alliance qui allait être conclue entre les maisons de France et d'Espagne. La reine, croyant « qu'en ôtant toute apparence de guerre étrangère, elle pourroit plus facilement tenir les princes du sang et les huguenots dans le devoir, et contenter, par le même moyen, tous les catholiques zélés de Paris et des autres grandes villes, qui avoient encore quelque pente vers les Espagnols à cause de la religion (*), » suivait ce projet avec ardeur. Ce fut en vain que le prince de Condé la combattit dans le conseil. Son avis ne fut pas écouté.

« Au jour fixé, le duc de Mayenne, grand chambellan de France, alla chercher l'ambassadeur d'Espagne en son logis, et le conduisit au Louvre, où toute la cour, rangée en grande pompe, avait quitté le deuil. Là, le chancelier proclama, en présence du prince de Conti, seul prince du sang, des autres princes, pairs, ducs et officiers de la couronne, la volonté du roi sur l'accord des deux mariages. L'ambassadeur formula dans les mêmes termes le consentement du roi son maître; et il fut annoncé que, de part et d'autre, un ambassadeur extraordinaire serait envoyé pour faire la demande des deux princesses, et régler les deux contrats. Cette proclamation devait descendre du Louvre dans le peuple, par des fêtes où allait se réveiller cette passion du luxe, de l'éclat et du plaisir, si longtemps ensevelie sous la triste livrée du regret. Pour cela, la reine avait commandé au duc de Guise, au duc de Nevers et au comte de Bassompierre, *d'être les tenants* d'un divertissement en forme de carrousel ou tournoi, mais seulement pour courir

(*) Mémoires de Fontenay-Mareuil.

(*) Ibid.

la quintaine et la bague, sans combat d'homme à homme, dont la lice serait dans la place Royale, depuis peu bâtie par Henri IV, « s'en rapportant, disait-elle, à ces trois seigneurs pour surpasser tout ce que pourraient faire, à Madrid, les Espagnols. » Les tenants, auxquels se joignirent le prince de Joinville et le comte de la Châtaigneraie, dressèrent ainsi le plan de leur spectacle. Ils s'intitulaient chevaliers de la gloire, gardant le temple de la Félicité, et prêts au combat contre quiconque se présenterait pour y pénétrer. Leur défi était signé : *Alcindor, Léontide, Alphée, Lysandre, Argant*; le lieu indiqué, *à la place Royale de l'abrégé du monde* ; et le jour, *au 25 du mois portant le nom du dieu qui les inspirait.* Alors, tout ce qu'il y avait à Paris de seigneurs alertes, galants, riches, ayant crédit chez les marchands, ou bonheur au jeu, se disposèrent à paraître dans cette joyeuse solennité. La place où devait se tenir le camp fut aplanie; on y dressa des barrières, et on y bâtit le palais allégorique, avec figures et devises de gentille invention.

« Au centre de la place, dans un enclos de barrières toutes bordées de soldats, étaient le camp et le palais. Autour, et à quelque distance des barrières, s'élevaient des échafauds qui montaient jusqu'au premier étage. Quatre échafauds, touchant à l'enceinte, avaient été réservés pour le roi et ses sœurs, pour la reine sa mère, pour la reine Marguerite, et pour les juges de camp, qui étaient le connétable et quatre maréchaux de France. Les fenêtres des maisons, les entablements des combles, et les échafauds des quatre faces, étaient garnis de spectateurs, sans compter le peuple entassé sur le pavé derrière les gardes. Il ne fallut pas moins de deux journées pour que tous ceux qui avaient à paraître pussent prendre leur tour et jouer leur rôle dans ce spectacle, que nous n'avons, du reste, nulle intention de décrire tout au long. La seule entrée des tenants présentait un équipage d'environ cinq cents hommes,

archers, trompettes, hérauts, estafiers, musiciens, pages, esclaves, écuyers ; de deux cents chevaux, avec un chariot d'armes monté de machines et personnages, un rocher roulant chargé de musique, et un char triomphal, d'où plusieurs divinités débitaient des vers. Après eux s'avancèrent, comme le sort les avait rangés, d'abord les chevaliers du Soleil, conduits par le prince de Conti, sous le nom d'Aristée, et se faisant annoncer en langue espagnole ; puis, les chevaliers du Lis, enrôlés avec le duc de Vendôme; les deux Amadis, représentés par les comtes d'Agen et le baron d'Uxelles ; Henri de Montmorency, fils du connétable, seul, et s'appelant le Persée français ; les chevaliers de la Fidélité, ayant à leur tête le duc de Retz ; le duc de Longueville, seul aussi, et s'intitulant chevalier du Phénix ; les quatre vents, réduits à trois, parce que l'un d'eux, le sieur de Balagny, venait d'être tué en duel ; ensuite, sous le nom et l'habit des nymphes de Diane, quatre seigneurs qui furent depuis maréchaux de France, et le marquis de Rosny ; deux chevaliers de l'Univers, et enfin neuf illustres Romains. Toutes ces troupes, où l'on comptait les descendants des plus illustres familles, des chefs militaires, des hommes ayant charge et emploi dans l'État, revêtus de costumes richement bizarres, déployaient chacune à leur tour, comme la première, un cortége de travestissements analogues à leur caractère, et traînaient avec elles des théâtres mobiles, où se groupaient de nombreux acteurs. Chacune avait aussi sa provision de poésie, qu'elle écoulait par le chemin en diverses places où se faisaient les stations. L'ordre était, à chaque entrée, de parcourir tout le tour de l'enceinte, après quoi l'on se rangeait en travers, et chaque assaillant s'accouplait avec un des tenants, pour courir contre lui la quintaine et disputer un prix. On estimait à quatre-vingt mille le nombre de personnes réunies sur la place Royale, à deux mille celui des figurants dans les diverses troupes, à mille ce-

29.

lui des chevaux. On avait vu passer plus de vingt grandes machines mouvantes tirées à roues, sans compter les géants, les éléphants, le rhinocéros, et un monstre marin. Quarante-sept assaillants, chevaliers de toute espèce, vents, nymphes et Romains, s'étaient mesurés avec les cinq tenants, à qui briserait le mieux une lance sur le poteau placé au bout de la lice; et un pareil nombre de prix, dont quelques-uns étaient évalués à quatre cents pistoles, avaient été remportés par les vainqueurs de chaque course. Le soir du second jour, un grand feu d'artifice s'échappa du palais de la Félicité, et deux cents pièces de canon l'accompagnèrent. Le troisième jour était destiné à la course de la bague. Les cinquante-deux chevaliers s'y trouvèrent en même appareil, sauf que deux de ceux qui avaient été confondus parmi les suivants du Lis, eurent ambition de faire cortége et dépense à part : c'étaient le marquis de la Valette, fils du duc d'Épernon, et le sieur Zamet, fils du riche Sébastien. Après trois épreuves, cinq chevaliers se trouvèrent égaux, et aucun d'eux ne pouvant l'emporter, la partie fût remise à une autre fois. Le soir, comme on avait fait la veille, la cavalerie tout entière, avec son long attirail, parcourut la ville à la lueur de mille lanternes, sans qu'il en résultât d'autre accident que deux incendies. Le détail de ces belles journées, « qui n'eurent pas, à proprement parler, de nuits entre elles, » fut uniquement consigné dans un volume in-quarto, que publia Honoré Laugier, sieur de Porchères. En tête du livre étaient gravés sur un double feuillet, vis-à-vis l'un de l'autre, le portrait de Louis XIII et celui d'Anne d'Autriche, sa future femme, de sorte qu'en le pliant, on faisait se toucher les deux figures; en raison de quoi le poëte disait ingénieusement au lecteur :

Ne trouble pas longtemps son aise!
Ce roi, bien qu'il soit enflammé,
Est si discret qu'il ne la baise
Que lorsque le livre est fermé (*).»

(*) Bazin, t. I, p. 191-196.

Pendant que Marie de Médicis perdait son temps en fêtes et en plaisirs, l'esprit de révolte, contenu sous la main ferme de Henri IV, éclatait de nouveau. Les grands conspiraient par ambition, quelquefois par habitude et par désœuvrement. En 1614, ils se déclarèrent ouvertement contre le nouveau gouvernement. Sans qu'il leur eût été fait aucune offense, ils s'éloignèrent subitement de la cour, et se retirèrent dans les provinces soumises à leur influence. Le duc de Nevers partit pour son gouvernement de Champagne, le prince de Condé pour Châteauroux, le duc de Mayenne pour Soissons, le duc de Longueville pour la Picardie, chacun d'eux entraînant avec lui tous les gentilshommes de sa suite. Le duc de Bouillon resta quelques jours de plus pour justifier leur départ, puis il feignit de vouloir les ramener, mais il ne revint pas. Le duc de Vendôme, arrêté et conduit à la Bastille, parce qu'il voulait suivre leur exemple, trouva bientôt moyen de s'échapper. La reine alarmée s'empressa d'écrire à tous les parlements et à tous les gouverneurs de villes et de provinces. « J'avois cru, disait-elle, « que cet éloignement des princes étoit « plutôt pour visiter leurs maisons et « se donner le plaisir de la chasse que « pour un autre dessein. Néanmoins, « ayant appris par le bruit commun « qu'ils montrent avoir quelque mé- « contentement, j'ai fait ce qui m'a été « possible pour m'en éclaircir, avec « d'autant plus de soin qu'ils me sem- « blent en avoir moins de sujet. En « effet, s'il s'agit de leur intérêt par- « ticulier, je peux dire avec vérité « qu'ils ont toujours été autant bien « vus, caressés, accueillis et honorés, « qu'ils le sauroient désirer raisonna- « blement. Pour ce qui touche l'admi- « nistration des affaires, il ne s'est « proposé, traité ou négocié aucunes « affaires importantes qu'ils n'y aient « été appelés; souvent même elles ont « été différées et remises pour attendre « leur commodité et présence. »

Les mécontents s'étaient donné rendez-vous à Mézières. Le prince de

Condé, qui était à leur tête, y publia un manifeste dans lequel il se plaignait du mauvais gouvernement des conseillers qui entouraient la régente. « Plût « à Dieu, disait-il, qu'il m'eût coûté « partie de mon sang et que vous « eussiez assemblé les états généraux « incontinent après le décès du roi, « que Dieu absolve ! vous seriez en plus « grande et aussi juste autorité au gré « de l'Église, de la noblesse et du « tiers état; la France n'eût perdu le « généreux nom d'arbitre de la chré- « tienté acquis si glorieusement par le « défunt roi. »

« Il énumérait ensuite tout ce qui lui semblait contraire aux intérêts de l'État; le mariage du roi et de sa sœur conclu avant l'âge fixé par la loi de Dieu, et sans que tous les ordres du royaume l'eussent approuvé; les parlements empêchés dans le libre exercice de leurs charges; les gouvernements confiés à des personnes incapables; les ecclésiastiques divisés par de vaines disputes; l'autorité des prélats violée; les emplois donnés par faveur et par argent; les ambassadeurs choisis de même et chargés d'instructions secrètes; les alliances politiques négligées; les traités avec le duc de Savoie rompus sans mûre délibération; les réformés excités à la révolte par des inquiétudes et des divisions; les places fortes appartenant au roi rachetées de ses deniers; les dons immenses prodigués à personnes indignes; les principales dignités distribuées entre un petit nombre. Il représentait ainsi les plaintes et clameurs des trois états : « L'église « n'a plus sa splendeur; nul ecclésias- « tique n'est employé aux ambassades « et n'a plus rang au conseil; la no- « blesse, appauvrie et ruinée, est main- « tenant taillée, bannie des offices de « judicature et de finances faute d'ar- « gent, privée de la paye des gens « d'armes, et esclave de ses créanciers; « le peuple est surchargé par des com- « missions extraordinaires, et tout « tombe sur les pauvres pour les gages « des riches.. » Quant aux princes et officiers de la couronne, « on les éloi- « gne, on les maltraite, et je suis pres-
« que désigné comme perturbateur du « repos public. On veut persuader à « Votre Majesté de s'armer; mais con- « sidérez que nous procédons, par très- « humbles supplications, et quelle ma- « lédiction la France donnera à ceux « qui mettront les premiers les armes « à la main. » Il finissait par supplier la reine, en sa qualité de premier prince du sang, en l'état qu'il était et sans armes, de convoquer les états généraux libres et sûrs dans trois mois au plus tard, et cependant de retenir toutes choses en état pacifique, promettant, de son côté, que ni lui ni les siens n'attenteraient rien contre la paix, s'ils n'étaient provoqués à repousser des injures faites par leurs ennemis au roi et à l'État; comme aussi il la suppliait de suspendre l'exécution des mariages conclus avec l'Espagne jusqu'à l'assemblée des états généraux (*). »

Tels étaient les prétextes des mécontents. Villeroi, qui avait été ministre sous quatre rois et témoin des fautes de Henri III, dont la perte tenait à ce qu'il n'avait point attaqué la ligue dans son origine « lorsqu'elle étoit plus armée de mauvaise volonté que de gens de guerre, » conseillait d'agir avec vigueur contre la ligue nouvelle. En effet, il fut question un instant de mesures énergiques. On leva une armée de six mille Suisses. Marie de Médicis répétait avec affectation qu'elle irait en Champagne avec trente-six mille hommes. Le jeune roi s'enflammait à l'idée d'une guerre, et un jour il se fit armer de toutes pièces, et refusa longtemps de se laisser ôter son casque pour se coucher. Mais bientôt ces démonstrations belliqueuses firent place à des négociations qui avilirent de nouveau l'autorité royale. Les conférences ouvertes à Sainte-Menehould amenèrent un traité favorable aux grands. On tira de la Bastille, pour payer les mécontents, un million de livres, qu'on avait demandé à la chambre des comptes pour les combattre. Le prince de Condé se fit donner Amboise et quatre cent cinquante mille

(*) Bazin, t. I, p. 245 sq.

livres d'argent comptant, le duc de Mayenne trois cent mille livres *pour se marier*, le duc de Longueville cent mille livres de pension; enfin, sous couleur du bien public, il fut stipulé que la régente convoquerait les états généraux.

1614.

États généraux. — Les états généraux s'assemblèrent à Paris, le 26 octobre 1614, quelques semaines après que la régente eut fait reconnaître au parlement la majorité de Louis XIII. Cent quarante membres du clergé se trouvèrent réunis sous la présidence du cardinal de Joyeuse, et choisirent pour orateur Richelieu, qui était à cette époque évêque de Luçon. Cent trente-deux gentilshommes, présidés par le marquis de Beaufremont, et cent quatre-vingt-deux députés, ayant à leur tête Miron, prévôt des marchands de Paris, composèrent la représentation de la noblesse et celle du tiers état. Toutes les séances furent consumées en discours d'apparat, en plaintes stériles ou en vaines disputes. Ces trois ordres, divisés d'intérêt, et votant séparément, cherchaient mutuellement à se nuire. Le clergé sollicitait la publication des décrets du concile de Trente, simple déclaration de foi religieuse, suivant lui, mais où les plus défiants croyaient voir l'établissement de l'inquisition : le tiers état s'y opposait. La noblesse, toujours disposée à s'attribuer tout ce qui se donne, s'élevait contre la vénalité et l'hérédité des offices de judicature; elle prétendait qu'en établissant *la paulette* ou droit annuel on avait laissé la porte ouverte aux plus grands désordres, que bientôt toutes les charges se trouveraient entre les mains du peuple, que les enfants des *bonnes familles* ne feraient plus à l'avenir leurs études, parce qu'il n'y avait plus moyen d'en tirer parti, et qu'il faudrait murer les colléges pour ne pas peupler la France de savants inutiles et misérables. Les députés du tiers état, presque tous officiers de justice ou de finance, se vengeaient de ces attaques en insistant sur le retranchement des pensions que la cour prodiguait à l'intrigue et quelquefois même à la rébellion. La cour, de son côté, aurait craint de mécontenter la noblesse, en écoutant les plaintes du tiers état; et elle ne pouvait pas non plus faire droit aux réclamations des gentilshommes, qui disaient qu'il fallait décerner les emplois au mérite et à la vertu, parce que cette taxe lui rapportait quatorze cent mille livres, et qu'il n'eût pas été facile de les trouver ailleurs aussi facilement.

On était arrivé au mois de février 1615, et les états généraux n'avaient encore rien fait. La cour avait hâte d'en finir. Une lettre d'un secrétaire d'État, adressée le 20 février au gouverneur de Saumur, montre quel désir on avait de voir les états se séparer. « Ils assu-« rent, y était-il dit, que leurs cahiers « vont être achevés, encore qu'ils s'a-« musent quelquefois à certaines « positions bien éloignées de celles qui « les doivent occuper. Mais s'ils ne sont « pressés de la considération du bien « public, ils le seront dorénavant de « celle du respect qu'ils doivent à « Madame, sœur du roi, qui fait un « superbe ballet, et ne le peut danser « que dans la même salle de Bourbon « où le roi doit recevoir leurs cahiers. » L'assemblée se sépara enfin après avoir présenté d'énormes cahiers de doléances, auxquels on ne fit pas de réponse. Ainsi furent terminés les états généraux de 1614, les derniers qui aient été convoqués en France avant 1789. Réunis au milieu des discordes, et destinés, suivant les espérances de chacun, à servir ou à réprimer des passions turbulentes, ils ne firent ni le mal qu'on pouvait en craindre, ni le bien qu'on pouvait en espérer, parce que les députés n'avaient ni unité de vues et de principes, ni unité d'intérêts. « La proposition, dit Richelieu, en avoit été faite sous de spécieux prétextes, sans aucune intention d'en tirer avantage pour le service du roi et du public, et la conclusion en fut sans fruit, toute cette assemblée n'ayant eu d'autre effet que de surcharger les provinces de la taxe qu'il falloit payer à leurs députés (*). »

1615-1617.

Nouvelle tentative de guerre civile. — Traité de Loudun. — Arrestation de Condé. — Origine de la faveur de Luynes. — Mort de Concini. — Les états généraux s'étaient séparés sans avoir rien fait. Les grands, trompés dans leur attente, eurent recours à la force. On les vit une seconde fois quitter la capitale pour aller assembler des troupes. Le duc de Bouillon se rendit dans ce but à Sedan, le duc de Mayenne dans le Soissonnais, le comte de Saint-Pol dans son duché de Fronsac en Guienne. En même temps, le prince de Condé dénonçait les hostilités par un manifeste. « Chacun sait, di-
« sait-il, comme par plusieurs fois j'ai
« fait entendre au roi et à la reine sa
« mère les causes des désordres qui
« travaillent ce royaume. Ce fut le
« sujet des remontrances que je fis
« l'an passé, et dont la France eût
« senti les effets, si la bonté de la
« reine régente n'eût été prévenue par
« l'artifice des mauvais conseillers que
« nos ennemis entretiennent près de sa
« personne. La sainte résolution de
« convoquer les états généraux fit re-
« tirer tous ceux qui m'assistoient,
« espérant qu'en cette assemblée se
« trouveroient les moyens pour remé-
« dier aux maux de cet Etat. Mais,
« par le choix qu'on avoit fait de Paris
« pour les réunir, par les menées pra-
« tiquées dans les provinces contre la
« liberté des élections, cette assemblée
« n'avoit eu des états que le nom,
« toutes choses y étant disposées de
« manière à supprimer les plaintes des
« sujets du roi, à favoriser l'impunité
« des crimes, à autoriser toutes sortes
« de larcins pour le passé, à les provi-
« gner pour l'avenir, et à rendre le
« nom d'états pour toujours odieux et
« abominable aux François. Le tiers
« état, qui en étoit la partie la plus
« saine, avoit voulu pourvoir à la sû-
« reté de son roi par un remède ap-

(*) *Mémoires de Richelieu.*

« prouvé de tous les gens de bien ; mais
« les mauvais conseillers avoient sus-
« cité des gens aussi déloyaux qu'eux,
« lesquels avoient fait de la vie des
« rois le sujet d'une question problé-
« matique, de sorte qu'un arrêt du
« conseil ayant imposé silence aux trois
« ordres sur cette matière, l'inviolabi-
« lité de la personne royale demeuroit
« indécise et à la disposition d'une
« autre puissance, partant la vie des
« rois exposée à la fureur des assassins
« qui voudroient les tenir pour tyrans,
« suivant l'opinion et le commande-
« ment qu'ils en pourroient avoir. » Le prince assurait ensuite qu'on avait fait effacer des cahiers un article qui portait « la recherche du détestable parri-
« cide commis sur le feu roi, dont la
« plaie encore sanglante crioit ven-
« geance contre les perfides auteurs de
« sa mort. » Cette insinuation était dirigée contre le duc d'Épernon, que la rumeur publique et les dépositions d'un témoin avaient accusé de complicité avec Ravaillac. Ensuite venait une attaque directe contre le maréchal d'Ancre, devenu depuis longtemps un objet de haine et d'envie pour les grands qu'il avait écartés du pouvoir. « On a vu, disait le prince de Condé,
« le maréchal d'Ancre, que la faveur
« seule, non le mérite, l'extraction,
« ni les services rendus à la France, a
« introduit aux premières charges con-
« tre les lois du royaume, entreprendre
« audacieusement, à la fin des états,
« des assassinats contre la noblesse,
« avec telle impunité que les plaintes
« en ont été tenues pour crimes, pen-
« dant que des gentilshommes françois,
« pour des causes légères, comme pour
« s'être ressentis de la perfidie d'un
« domestique, subissoient des pour-
« suites rigoureuses. On a bien fait
« pis ; on a introduit dans Paris des
« personnes détestables envers Dieu et
« les hommes, comme juifs, magi-
« ciens, empoisonneurs, meurtriers,
« par le ministère desquels on a fait
« plusieurs entreprises contre ma vie
« et celle de mes amis ; lesquels ont leur
« retraite et refuge au logis du maré-
« chal d'Ancre, et, par sa faveur, en-

« trée aux plus grandes maisons. Cet
« étranger, depuis la mort du roi, a
« tiré par divers moyens plus de six
« millions en deniers clairs. Il dispose
« des bénéfices, offices et gouverne-
« ments, des pensions, des grâces, de
« la vie même et de la mort des sujets
« du roi, suivant les rémissions qu'il
« dispense; tout cela pour se faire des
« créatures, ce qu'il obtiendra bien
« mieux quand le droit annuel sera
« aboli. Je n'ai pu entrer aux états
« pour y dénoncer tous ces maux. Les
« déloyaux conseillers ont employé le
« nom du roi pour m'en empêcher. On
« a délibéré même de se saisir de ma
« personne et de désarmer les Pari-
« siens. Et lorsque le parlement a
« voulu faire ce que les états généraux
« avoient négligé, ces mêmes conseil-
« lers ont essayé d'étouffer la vérité
« par la violence, d'ôter la plainte à
« ceux qui souffrent contre la loi de
« nature. Chaque jour, ils reçoivent
« des propositions et inventions pour
« fouler le peuple, malgré les ordon-
« nances de nos rois qui punissent les
« donneurs d'avis. Ils pressent le ma-
« riage du roi, pour s'acquérir la
« bonne grâce et protection de la reine
« future contre la haine universelle et
« la malédiction de toute la France.
« On sait, en outre, quel mépris on a
« fait des autres alliances, en faveur
« de l'Espagne, qui en tirera tout le
« profit. Les réformés s'en inquiètent,
« eux qui ne désirent que le repos, et
« prévoient qu'on veut les extermi-
« ner. » Après la longue énumération
de tous ces griefs, venait une formule
solennelle, par laquelle « Henri de
« Bourbon, premier prince du sang
« et premier pair du royaume, assisté
« de plusieurs autres princes, ducs,
« pairs, officiers de la couronne, gou-
« verneurs de provinces, seigneurs,
« chevaliers, gentilshommes, provin-
« ces, villes et communautés, déclaroit
« qu'il ne consentoit et participoit au-
« cunement aux pernicieux conseils
« dont on usoit pour le gouvernement
« du royaume; qu'il se sentoit obligé
« de s'y opposer, par tout ce que Dieu
« lui avoit donné au monde, pour tirer
« le roi de l'oppression, faire entretenir
« les édits de pacification, et procurer
« le soulagement du peuple; qu'il étoit
« contraint de prendre les armes pour
« le roi et les lois fondamentales du
« royaume, et ne les poseroit que
« quand Sa Majesté plus libre, mieux
« conseillée, auroit pourvu à ses plain-
« tes et surtout aux remontrances du
« parlement; que si on faisoit marcher
« les forces du roi contre lui, personne
« ne devoit trouver mauvais qu'il op-
« posât une légitime défense; priant
« les princes, pairs, seigneurs et gen-
« tilshommes, les parlements, les villes
« et communautés, et généralement
« tous ceux qui se disent François, de
« le secourir et assister en une occasion
« aussi juste, comme aussi tous les
« princes et États alliés de lui prêter
« aide et assistance. »

Ainsi les grands eurent de nouveau
recours à la force. Le vieux parti féodal releva la tête, et, par un instinct
de sa position, il demanda l'appui des
protestants. Condé écrivit aux réformés, que le maréchal de Lesdiguières
avait assemblés à Grenoble, pour les
prier de se joindre à lui; il protestait
de son zèle pour les intérêts de la religion, pour le maintien des articles
de l'édit de Nantes, et il les invitait
à le soutenir pour le bien du royaume.
Le maréchal d'Ancre résolut alors
d'employer contre lui les formes les
plus sévères de l'autorité royale. Une
déclaration donnée à Poitiers le proclama, lui et ses partisans, déchus de
tous honneurs, états, offices, pouvoirs,
gouvernements, charges, pensions,
priviléges et prérogatives, comme dé-
sobéissants, rebelles et criminels de
lèse-majesté.

C'était l'époque où la cour devait
se rendre à Bordeaux pour célébrer le
double mariage convenu entre les
maisons de France et d'Espagne. Les
rebelles se dirigèrent en conséquence
vers la Guienne pour disputer le passage au cortége militaire des noces
royales. Leur projet était sans doute
de s'emparer de la personne de Louis
XIII, et de régner ensuite en son
nom. Cependant le roi persista dans

son projet et partit pour Bordeaux, sous la protection d'une armée commandée par le duc de Guise, qu'on avait nommé lieutenant général du royaume. C'était un spectacle étrange de voir un roi de France voyageant dans son royaume à la tête d'une armée, et faisant son entrée dans ses bonnes villes, précédé de canons avec les mèches allumées. Le duc de Guise accompagna Louis XIII avec ce cortége jusqu'à Bordeaux, et de là jusqu'à la frontière d'Espagne.

« Le même jour, la sœur du roi et l'infante s'étaient mises en chemin pour arriver, l'une à Saint-Jean de Luz, et l'autre à Fontarabie, d'où elles devaient s'avancer l'une et l'autre vers la rivière de la Bidassoa qui sépare les deux États. Un pavillon s'élevait sur chaque rive, pour se mettre à l'abri pendant que se feraient les préparatifs du passage, et, dans le milieu de la rivière, deux ou trois pavillons se tenaient joints pour y consommer l'échange. On raconte que les Espagnols furent les derniers à placer une couronne sur celui qui leur appartenait, afin d'y en mettre une plus grande que celle de France et surmontée encore d'un globe avec une croix. Les Français s'offensèrent fort de cette inégalité faite à dessein, et ils obligèrent leurs voisins à démonter au moins leur globe et la croix qu'il portait. Le roi d'Espagne était venu avec sa fille jusqu'à Fontarabie, et fit attendre encore deux jours sa future belle-fille à Saint-Jean de Luz, ayant peine à se séparer de l'infante. Enfin il la quitta pour retourner à Saint-Sébastien, et les deux cortéges descendirent des montagnes opposées, dont le pied est baigné par la Bidassoa. La fille d'Espagne parut la première, et ceux qui l'accompagnaient, ne voyant pas encore vis-à-vis d'eux la litière de la princesse française, « jetèrent de tels cris, dit une relation du temps, que si toute l'Espagne eût été perdue, ils n'en eussent pu faire davantage. » Les deux escortes s'étant aperçues, mesurèrent constamment la marche de façon à ne pas s'approcher plus vite l'une que l'autre de leur pavillon où elles arrivèrent ensemble. On observa la même mesure pour l'entrée des deux princesses dans le bac qui les conduisait aux pavillons du milieu de l'eau, et dans chacun de ces pavillons. Deux secrétaires d'État les y avaient précédées et s'étaient communiqué les contrats de mariage. Alors les seigneurs des deux nations saluèrent la princesse qu'on leur donnait; les deux jeunes filles s'embrassèrent; le duc de Guise et la duchesse de Nevers firent échange de courtoisies avec le duc d'Usseda et la duchesse de Seca qui avaient conduit l'infante. Après un court entretien, les épousées se séparèrent pour achever la traversée du fleuve, et l'escorte de chacune d'elles reprit sa route. A Bayonne, la reine Anne d'Autriche reçut une lettre de son mari. Elle lui était portée « par Luynes, l'un de ses plus confidents serviteurs, qu'il la priait de recevoir favorablement. » Aussi eut-il l'accueil le plus gracieux qu'elle eût encore fait à personne. Elle poursuivit sa route avec l'armée, comme avait fait sa belle-sœur, et par les mêmes villes. Cette fois il y eut sur le chemin un léger combat. La garnison de Castel-Jaloux, ville des réformés, assez proche de la route, ayant voulu sortir pour escarmoucher, fut vivement repoussée dans sa place, de sorte que la reine put entendre, avant d'arriver à Bazas, quelque peu de mousqueterie. Là, elle vit arriver à sa rencontre le gouverneur de Bordeaux avec la noblesse, les députés du parlement et de la ville, qui la suivirent jusqu'à Podensac où elle coucha; et, le lendemain, comme elle traversait le bourg de Castres, pendant que le duc d'Épernon, rétabli de sa maladie, s'entretenait avec elle, le roi, mêlé dans un groupe de cavaliers, vint la regarder sans être connu d'elle, puis il retourna l'attendre à Bordeaux, où elle entra le soir à la lueur des flambeaux. La bénédiction nuptiale fut donnée aux deux époux, quatre jours après, par l'évêque de Saintes, en remplacement du cardinal de Lourdis, et le soir on les fit coucher en même lit, *mais pour la forme seulement*, leurs deux nourrices restant dans la chambre des mariés (*). »

Le mariage conclu, l'armée royale ramena Louis XIII à Paris. Ce prince avait hâte d'en finir au plus tôt avec cette guerre qui n'avait pas de motif sérieux. Par le traité de Loudun, conclu le 6 mai 1616, il accorda aux factieux des conditions plus avantageuses encore qu'à Sainte-Menehould. Le prince de Condé reçut cinq villes de sûreté, et 1,500,000 livres pour les frais de la guerre. Tous ses partisans obtinrent des gouvernements, des charges, des pensions. Pour comble de honte, le roi se soumit à déclarer que les mécontents n'avaient pris les armes que pour la cause du bien public.

Le prince de Condé revint à Paris, tout fier du triomphe qu'il venait de remporter sur l'autorité royale. Les courtisans s'empressèrent autour de lui et s'éloignèrent de Marie de Médicis et du maréchal d'Ancre. Les ennemis de ce dernier devenaient de jour en jour plus nombreux et plus hardis. Le cordonnier Picard osa le braver à la porte du Louvre, et ce trait d'audace lui valut une grande célébrité. Il fut regardé, dans toute la rue de la Harpe, comme l'ennemi personnel du maréchal. Son véritable ennemi, c'était Condé qu'on accusait d'aspirer au trône. Mais cette accusation n'était basée que sur un misérable jeu de mots, ramassé dans les propos bavards d'une orgie. On avait crié plusieurs fois, dans un festin, « *barre à bas,* » pour inviter le prince à supprimer la barre oblique que la maison de Condé portait entre ses trois fleurs de lis.

Le maréchal d'Ancre pensa que le seul moyen de conserver le pouvoir, c'était de s'emparer de chefs du parti qui lui était opposé. Le 1ᵉʳ septembre, le prince de Condé fut arrêté au Louvre où il s'était rendu sans défiance; le capitaine des gardes, Thémines, reçut, pour prix de cet exploit, la somme de 120,000 écus et la dignité de maréchal de France. Le prisonnier fut conduit à Vincennes, pendant que le peuple, indigné, se soulevait à la voix du cordonnier Picard, et pillait le somptueux hôtel de Concini, dans la rue de Tournon.

Cette émeute n'eut pas de suite, et bientôt la puissance et l'orgueil de Concini ne connurent plus de bornes. Il renvoya tous les anciens ministres de Henri IV, Sillery, Villeroy et Jeannin, qu'on nommait les *barbons*, et il composa un nouveau ministère dans lequel la maréchale d'Ancre fit entrer Richelieu, évêque de Luçon, sa créature. Mais pendant ce temps les ducs de Vendôme, de Nevers, de Mayenne, de Guise, le maréchal de Bouillon et les autres seigneurs mécontents de Concini, s'étaient retirés dans leurs provinces pour lever des troupes et organiser la guerre civile. « Ainsi, dit Richelieu, il n'avoit servi de rien que M. le prince eût reçu, depuis six ans, trois millions six cent soixante-cinq mille neuf cent quatre-vingt-dix livres; M. le comte de Soissons, et après sa mort, monsieur son fils et madame sa femme, plus d'un million six cent mille livres; M. et madame la princesse de Conti, plus d'un million quatre cent mille livres; M. de Longueville, douze cent et tant de mille livres; MM. de Mayenne père et fils, deux millions et tant de mille livres; M. de Vendôme, près de six cent mille livres; M. d'Épernon, et ses enfants, près de sept cent mille livres; M. de Bouillon, près d'un million; sans y comprendre ce qui leur avait été payé des gages et appointemens de leurs charges, des deniers du taillon pour leurs compagnies de gendarmes, de l'extraordinaire des guerres pour les garnisons de leurs places, outre les pensions qu'ils avoient fait accorder à leurs amis et domestiques (*). »

Cette nouvelle guerre civile ne fut pas plus sérieuse que les précédentes. Au moment où les armées allaient en

---

(*) Bazin, t. I, p. 385.

(*) Mémoires de Richelieu.

venir aux mains, un événement imprévu termina la guerre.

Il y avait à la cour de Louis XIII un gentilhomme nommé Charles-Albert de Luynes, issu d'une chétive maison du comtat d'Avignon. Arrivé à la cour à l'âge de trente-six ans, il y vécut obscurément d'abord dans la domesticité royale, partageant son mince revenu avec deux frères, comme lui de belle mine et de maigre équipage, lorsqu'un talent heureux le fit sortir de sa longue pénurie. Il excellait à dresser des oiseaux de proie pour l'espèce de chasse qu'on appelait « *la volerie,* » et bientôt on créa, en sa faveur, une charge de « *maître des oiseaux du cabinet,* » qui lui donna une grande familiarité avec le roi. Le maréchal d'Ancre, bien loin de redouter le favori, regarda sa bonne fortune comme un rejeton de la sienne, et lui confia le gouvernement de la ville et du château d'Amboise. Mais bientôt de Luynes, maître de la confiance du roi, osa former le projet de renverser le maréchal d'Ancre pour gouverner à sa place. Il représenta au roi que le Louvre était pour lui une prison où il était tenu sous l'œil de sa mère et gardé par les affidés du maréchal; il fit passer pour injures et marques de servitude les précautions qui semblaient ne concerner que sa santé. Louis XIII n'avait pas besoin de ces insinuations pour haïr Concini qui le tenait en tutelle, lui défendait de sortir de Paris, et ne lui permettait guère de distraction que la promenade aux Tuileries. « Le roi se voyoit réduit, dit Pontchartrain, depuis plus de six mois, à se promener dans les Tuileries, où il avoit pour compagnie un valet de chiens et quelques jardiniers, quelque fauconnier, ou autre ayant charge d'une volière qu'il y avoit fait faire. Il passoit son temps à faire faire quelques élévations de terre, s'amusoit à en faire porter les gazons, et y faire travailler en sa présence, voire lui-même conduisoit et menoit les charrois et tombereaux sur lesquels on portoit de la terre, et faisoit ces vils exercices et passe-temps, pendant qu'il méditoit d'autres desseins. Il se voyoit entièrement éloigné et exclu de tous conseils et de toutes affaires, et même faisoit-on courir malicieusement des bruits qu'il en étoit incapable, qu'il avoit l'esprit trop foible et trop peu de jugement, et que sa santé n'étoit pas assez forte pour prendre ces soins.... Il étoit tellement abandonné que même aucuns de ses domestiques, qui n'avoient bien, honneur ni soutien que de lui, voire même sa propre nourrice, le trahissoient et rapportoient ce qu'il disoit... Il méditoit depuis longtemps de s'ôter de cette tyrannie(*). » Ce fut le baron de Vitry que Louis XIII et de Luynes chargèrent d'arrêter le maréchal d'Ancre, avec ordre de le tuer en cas de résistance. Pour prix de ce service on lui promit le bâton de maréchal.

« La victime désignée venait d'arriver à Paris lorsque cette communication se fit. Le maréchal d'Ancre avait été appelé, dit-on, de Normandie par des avis qui lui étaient parvenus de plusieurs démarches faites auprès de la reine à son préjudice; du moins, c'est ainsi que le roi prit la peine d'expliquer son retour, ce qui pourrait faire croire que les conjurés n'y étaient pas étrangers. Il logeait à Paris, hors et près du Louvre, où il ne venait guère que pour voir la reine; et, comme le roi ne voulait pas qu'il fût tué chez sa mère, il fallait qu'il se chargeât lui-même de l'attirer dans son appartement, ou qu'on le prît au passage, depuis la porte du château jusqu'à l'escalier de la reine. Une première fois, l'occasion parut se présenter. C'était trois jours après l'ouverture faite au baron de Vitry, un dimanche, jour où tout le monde était disposé, et où l'on attendait la visite du maréchal. Mais celui-ci arriva tard, et resta peu de temps chez la reine mère; de sorte que le roi n'eut pas le temps de le joindre pour le conduire au cabinet des armes, où il voulait toujours que l'exécution se fît. Ce contre-temps pouvait tout découvrir, car l'attitude des

(*) Mémoires de Pontchartrain.

gens apostés par le baron de Vitry avait été remarquée; heureusement pour les conjurés, cette remarque avait frappé seulement des gens à qui l'entreprise qu'elle faisait deviner était fort agréable. On y persista donc, en ayant soin d'envoyer un faux avis au maréchal, qui le reçut avec dédain. Le soir, on apprit chez le roi que la garde venait d'être doublée sans son ordre : il courut chez sa mère pour en savoir la cause; elle lui dit qu'elle avait eu soupçon du cardinal de Guise; qu'elle voulait le faire arrêter s'il venait au Louvre, et qu'elle ne l'en avait pas prévenu, parce qu'elle le croyait endormi. Après cette alarme, l'exécution resta fixée au lendemain.

« Ce matin-là, le roi était de bonne heure levé. Il avait annoncé une partie de chasse, pour laquelle on lui tenait un carrosse et des chevaux prêts au bout de la galerie qui mène du Louvre aux Tuileries; son projet était, dit-on, de s'en servir pour la fuite, si le coup venait à manquer. Le baron de Vitry avait placé dans la cour du Louvre, en différents postes, les gens de main qu'il avait choisis, non pas gardes du corps obéissant régulièrement à un ordre de leur chef, mais bons et notables gentilshommes, faisant service volontaire, comme il était d'usage aux actions d'éclat; de ce nombre étaient son frère et son beau-frère. La grande porte du Louvre était fermée; mais l'ordre avait été donné de l'ouvrir quand le maréchal paraîtrait, et de la pousser aussitôt derrière lui; quelques hommes sûrs devaient renforcer là les archers de garde; et l'un d'eux, placé au-dessus du passage, était chargé d'annoncer, par un signal, que la victime entrait dans le piége. Vers dix heures, le maréchal d'Ancre sortit de son logis, et vint au Louvre, accompagné de cinquante personnes environ, qui, presque toutes, le précédaient. Après avoir passé la porte, il se trouvait sur un pont dormant, joignant un pont-levis qui menait à la basse-cour. Ce fut là que le baron de Vitry le rencontra, après avoir traversé, sans dire mot, l'escorte qui le précédait, et lui dit brusquement qu'il avait ordre de l'arrêter. Le maréchal n'eut le temps que de faire un mouvement de surprise, et de s'écrier, dans la langue de son pays : « Moi! » Aussitôt cinq coups de pistolet partirent; trois seulement l'avaient atteint, et il était tombé sur ses genoux; les derniers venus le frappèrent à l'envi de leurs épées; le baron de Vitry s'assura de sa mort en l'étendant par terre d'un coup de pied. Aussitôt on le dépouilla de ses habits; un des meurtriers prit son épée; un autre, son anneau; celui-ci son écharpe; celui-là son manteau; et tous coururent porter au roi ces dépouilles dont il leur fit don.

« Le roi était enfermé dans son cabinet des armes, assez inquiet de l'événement, lorsque le colonel des Corses, Jean-Baptiste d'Ornano, qu'il avait mis du complot, et attaché spécialement à la garde de sa personne, vint lui en apprendre le succès. Alors il se sentit en merveilleuse envie de guerroyer; il demanda sa grosse carabine, prit son épée; et, entendant les cris de « Vive le roi! » qui retentissaient dans la cour, il fit ouvrir les fenêtres de la grande salle, s'y montra, soulevé par le colonel corse, et criant : « Grand « merci à vous, mes amis, maintenant « je suis roi. » Aussitôt il donna l'ordre qu'on allât lui chercher les vieux conseillers de son père. Des gentilshommes partirent à cheval pour les avertir, et pour répandre dans la ville la nouvelle que « le roi était roi; » car le mot avait réussi.

« La reine mère avait entendu de son lit les coups de pistolet; et une de ses femmes ayant ouvert une fenêtre pour savoir d'où venait ce bruit, avait appris du baron de Vitry lui-même ce qu'il venait de faire. Dès lors elle se tint en quelque sorte pour condamnée, et se résigna. Il est difficile de savoir ce qu'aurait produit sa présence, sa voix, son autorité de mère, si elle eût tenté, dans le premier moment, de se faire jour jusqu'au roi. Elle ne l'essaya pas; elle resta chez elle à gémir, à pleurer, à s'emporter assez vilainement contre ces deux serviteurs qui l'avaient perdue; à envoyer vers le roi, pour le supplier de lui accorder un entretien. Le jeune roi avait eu le temps de s'affermir; il fit dire à sa mère qu'il la respecterait toujours, mais qu'il voulait régner; qu'il l'engageait à ne pas quitter son appartement, d'où le baron de Vitry fit sortir aussitôt la garde particulière de la reine pour y mettre des gardes du roi. Quant à la maréchale d'Ancre, qui demeurait au Louvre, au premier bruit de l'événement, elle avait fait demander asile à la reine. N'en ayant reçu qu'un refus cruel, elle s'était déshabillée et mise au lit pour couvrir de son corps ses pierreries qu'elle y avait cachées, et même les « bagues de la couronne » dont elle était dépositaire. Mais les archers envoyés par le baron de Vitry la firent lever, découvrirent dans la paillasse l'argent et les bijoux; dérobèrent à leur profit tout ce qui n'était pas dans les coffres qu'on saisissait pour le roi, et la conduisirent prisonnière dans la chambre où l'on avait tenu quelque temps le prince de Condé. Même recherche et même pillage se faisaient au logis du maréchal d'Ancre, où son jeune fils, âgé de douze ans, fut gardé tout le jour, sans vêtements, sans lit et sans pain.

« Cependant la foule se pressait au Louvre; les anciens ministres, rappelés, n'avaient pas été des derniers à s'y rendre. Le duc d'Anjou, frère du roi, le comte de Soissons, le cardinal de Guise, le duc de Nemours, récemment arrivé de Savoie; le grand prieur de Vendôme, entouraient le monarque émancipé; le nombre des visiteurs, s'accroissant toujours, étouffait le roi, qu'on fit monter sur une table de billard, « comme sur un pavois, » disent les relations du temps. En cette posture, il était vu de tout le monde, recevait les compliments, et distribuait les paroles d'affection (*). »

1617-1621.
Procès de la maréchale d'Ancre.— Puissance de Luynes.— Troubles suscités par Marie de Médicis. — Révolte

(*) Bazin, t. I, p. 500-505.

des huguenots.— Siége de Montauban. — Mort de Luynes. — Le corps de Concini fut déterré par la populace, et mis en lambeaux. Le parlement condamna sa mémoire, et fit le procès à sa veuve. La sorcellerie et la magie furent les principaux griefs imputés à la maréchale. Cette femme si faible, si crédule, qui ne pouvait supporter les regards d'un inconnu dans la crainte d'en être ensorcelée, retrouva, en présence de la mort, la force d'esprit et l'énergie de caractère auxquelles elle avait dû son élévation. Le commissaire du parlement lui ayant demandé de quel charme elle s'était servie pour ensorceler la reine mère, elle répondit : « *De l'ascendant qu'un esprit supérieur a toujours sur un esprit faible.* » Malgré cette réponse victorieuse, elle fut condamnée à la peine capitale. L'arrêt du parlement déclarait Concini et sa veuve criminels de lèse-majesté divine et humaine; il condamnait la mémoire du mari à perpétuité, et la veuve à *avoir la tête tranchée; son corps et tête brûlés et réduits en cendres; leurs biens féodaux, tenus de la couronne, réunis au domaine; leurs autres fiefs, immeubles et biens de toute sorte, même ceux hors le royaume, acquis au roi, prélèvement fait de quarante-huit mille livres pour amende.* Quand elle sortit de la conciergerie pour monter en charrette, elle s'écria, en voyant l'immense multitude accourue sur son passage : « Que de peuple pour voir une pauvre affligée ! » Ayant reconnu dans la foule un gentilhomme qu'elle avait autrefois offensé, elle lui demanda pardon. Le peuple, dont elle réclama les prières, fut touché jusqu'aux larmes à la vue de tant de résignation; et l'on assure que la duchesse de Nevers, son ennemie déclarée, ne put retenir ses larmes.

Le nouveau favori s'appropria la dépouille du maréchal d'Ancre, malgré l'arrêt du parlement, qui la confisquait au profit du trésor. Il fit part à ses deux frères de ses richesses et de sa puissance. A l'aîné, Cadenet, il donna un million comptant, et une pension de soixante mille livres, avec la dignité de maréchal de France, et la main de la plus riche héritière du royaume. Le second reçut un présent de six cent mille écus, et épousa l'héritière du Luxembourg. Bientôt tout le pouvoir se trouva entre les mains de Luynes. « Bien qu'il n'eût jamais entendu parler d'affaires, dit Fontenay-Mareuil, ni vu autre chose que des chiens et des oiseaux, d'où il avoit tiré tout son avancement, ne connoissant ni le dedans, ni le dehors du royaume, il en prit néanmoins le gouvernail avec autant de hardiesse que s'il n'eût jamais fait d'autre métier, rien ne se faisant que par ses ordres, et les vieux ministres lui servant plutôt de couverture que de guides (*). » Aussi le mécontentement devint-il général, et les grands lui portèrent bientôt la même haine qu'ils avaient portée à Concini. Marie de Médicis en conclut que le moment était venu pour elle de recouvrer le pouvoir. Secondée par le duc d'Épernon, elle s'échappa de Blois où elle avait été reléguée ; et, s'étant rendue à Angoulême, elle leva des troupes pour commencer la guerre civile. Mais l'évêque de Luçon, qui, quoique disgrâcié par le roi depuis la mort de Concini, son premier protecteur, était d'intelligence avec de Luynes, ménagea une réconciliation entre le roi et sa mère. Marie de Médicis renonça aux prétentions exagérées qu'elle avait annoncées d'abord, et se trouva trop heureuse d'obtenir le gouvernement de l'Anjou, avec les villes d'Angers, de Chinon, et le Pont de Cé, qu'on lui livra comme places de sûreté.

Toutefois, le traité d'Angoulême ne fut qu'une trêve de courte durée. La petite cour d'Angers devint le point de ralliement de tous les mécontents. En 1620, les deux partis reprirent les armes ; mais, cette fois, le jeune roi, qui était brave de sa personne, et qui aimait la guerre, déploya tant d'activité qu'il força Marie de Médicis à se soumettre, et à ratifier de nouveau les conditions du traité d'Angoulême.

Toutes ces guerres civiles, comprimées sans peine, mais toujours renaissantes, n'avaient pu troubler le repos de la nation. Il n'en fut pas de même de celle contre les huguenots, qui commença cette même année. Depuis le double mariage avec l'Espagne, les huguenots s'étaient défiés de la cour, et ils avaient pris part aux révoltes des grands, espérant que l'affaiblissement de l'autorité royale serait la meilleure garantie de leur indépendance. Ce qui acheva de les aigrir, ce fut l'édit de 1620, qui réunissait le Béarn à la couronne, et rétablissait la religion catholique dans l'ancien royaume de Jeanne d'Albret. L'édit portait que les biens ecclésiastiques, dont les protestants s'étaient emparés, devaient être restitués aux catholiques ; et Louis XIII se rendit lui-même avec une armée dans le Midi, pour assurer l'exécution entière de l'édit. Les huguenots, encouragés d'ailleurs par l'exemple de leurs coreligionnaires d'Allemagne, prirent les armes, malgré les sages conseils de Sully et de Duplessis-Mornay. Une assemblée générale fut convoquée à la Rochelle, et, le 10 mai 1621, cette assemblée publia une espèce de *déclaration d'indépendance*, qui partageait la France protestante en huit départements ou *cercles* (*), dont le commandement était remis au duc de Bouillon, au duc de Soubise, au duc de la Trémouille, au marquis de la Force, à son fils, au duc de Rohan, gendre de Sully, au marquis de Châtillon, et au duc de Lesdiguières. Une autorité supérieure fut confiée au duc de Bouillon. « Ils avoient, dit Richelieu, fait entre eux un département de toutes les provinces de la France, dans lesquelles ils étoient dispersés ; lequel faisoit le partage non-seulement des villes qu'ils appeloient de sûreté, mais de tout le royaume qu'ils avoient divisé en dix-huit églises subdivisées, les unes en d'autres églises simples, les autres en colloques qui avoient nombre d'églises simples sous eux. En chacune de ces églises, ils avoient nommé et ordonné des chefs pour

---

(*) Mémoires de Fontenay-Mareuil.

(*) Voyez l'Atlas joint à ce volume.

commander les armées, avec des conseillers qui les devoient assister, et pouvoir d'établir un ou plusieurs lieutenans sous eux, et donner toutes les autres charges, à condition, toutefois, qu'on prendroit les provisions de l'armée générale. Ils avoient aussi ordonné des gouverneurs de toutes les places particulières, et fait des lois de police et de gouvernement, tant en paix qu'en guerre. Ils ordonnoient le duc de Bouillon pour leur chef général ; mais il se garda de se méprendre ; et la charge, enfin, demeura au duc de Rohan et à son frère, qui n'en eurent pas l'issue qu'ils espéroient. Cet acte de rébellion, et dessein formé d'établissement d'une république dans le royaume, anima vivement le roi contre eux (*). »

Louis XIII résolut de faire la guerre en personne. Il conféra la dignité de connétable au duc de Luynes, et s'étant mis à la tête de ses troupes, il marcha contre les huguenots. Saumur, où commandait le vieux Duplessis-Mornay, reçut garnison royale. De là, il marche vers Saint-Jean d'Angely, qui était le rendez-vous des protestants de l'Ouest. Toutes les villes réformées du Poitou et de la Touraine firent leur soumission à son approche. Lorsqu'il fut arrivé à Niort, il publia une proclamation par laquelle il promettait pardon à tous les réformés qui reconnaîtraient l'autorité royale, et menaçait de sa colère et de ses vengeances ceux qui obéiraient aux décrets de l'assemblée de la Rochelle. Puis il mit le siège devant Saint-Jean d'Angely. Le duc de Soubise ayant refusé de se rendre, le feu fut ouvert contre les remparts, et après une résistance de vingt-deux jours, la ville fut réduite à capituler. Louis XIII en fit raser les fortifications, combler les fossés, et révoqua tous les privilèges dont elle avait joui jusqu'alors. Après ces succès, qui faisaient augurer une issue prompte et heureuse de la guerre, l'armée du roi se dirigea vers Montauban, la citadelle et le sanctuaire du parti huguenot dans le Midi. Le marquis de la

(*) Mémoires de Richelieu.

Force s'y était enfermé, et le duc de Rohan avait promis de le secourir avec toutes les forces qu'il pourrait rassembler dans le bas Languedoc et dans les Cévennes. Dès le commencement du siège, le duc de Mayenne fut frappé d'une balle qui le blessa mortellement. Cette nouvelle causa dans toute la France la plus vive douleur. « Les feux de la ligue semblèrent se rallumer, comme on parlait alors, pour servir de torches funèbres à ses obsèques. » Partout des malédictions éclatèrent contre les huguenots. A Paris, la populace se porta sur le chemin de Charenton, le dimanche qui suivit cette nouvelle, et massacra un grand nombre de huguenots qui revenaient du prêche.

Cependant, le duc de Rohan s'était jeté dans la place, et sa présence avait doublé le courage des assiégés. Toutes les attaques furent repoussées. Déjà la mauvaise saison était arrivée, et chaque jour les maladies faisaient des vides dans les rangs de l'armée. Un conseil de guerre fut assemblé pour aviser aux moyens de terminer cette entreprise. Le comte de Bassompierre eut le courage de prononcer le mot qui était dans la pensée de tous : il proposa de lever le siège. Cet avis fut suivi : l'armée royale se retira après avoir perdu huit mille hommes. Le connétable de Luynes luttait alors contre une fièvre purpurine ; le chagrin qu'il conçut de cet échec aggrava le mal. Il mourut le 15 décembre 1621, dans un village. « Il ne fut guère plaint du roi, dit Bassompierre, et sa mémoire resta chargée de tous les reproches que les contemporains adressent d'ordinaire aux favoris. »

1621-1624.

Pacification de Montpellier. — État de la France avant l'avénement de Richelieu. — Après la honteuse issue du siége de Montauban, la guerre civile continua dans les provinces de l'Ouest et du Midi, mais elle ne fit que languir. Ce fut en vain que les réformés offrirent cent mille écus par mois au connétable de Lesdiguières pour qu'il se mît à leur tête et organisât leur armée. « Le vieux soldat ne voulut pas à quatre-vingts ans, quitter sa petite royauté du Dauphiné, pour accepter la conduite de ce parti indisciplinable.(*) » Les catholiques, de leur côté, ne firent pas de grands efforts pour terminer la guerre. La lassitude générale amena enfin une pacification qui fut signée à Montpellier. Les articles de la paix que le roi octroya aux huguenots portaient le maintien de l'édit de Nantes dans toutes ses parties. Il fut stipulé seulement, qu'à l'avenir ils ne pourraient plus se réunir pour un but politique sans l'expresse permission du monarque.

Ainsi le gouvernement restait dans le même état de faiblesse et d'abaissement. La Vieuville, qui succéda à de Luynes, n'eut pas la force de le relever (**). Cependant, il faudrait se garder de le juger d'après les mémoires de Richelieu. Celui-ci accuse la Vieuville de ne l'avoir appelé au ministère que pour s'y maintenir, et pensant se servir de lui comme d'une *marotte*. Ce fut Richelieu, suivant Bassompierre, qui fit enfin prendre au roi la résolution d'éloigner la Vieuville de la cour. Il ne faudrait donc pas le condamner sur les reproches qu'adresse Richelieu à sa mauvaise administration, pour tout ce qui concerne le gouvernement de l'intérieur du royaume. On doit même dire à sa louange, que le premier il comprit le système de politique que la France devait suivre à l'extérieur.

Au reste, que le jugement de Richelieu sur la Vieuville et sur les autres ministres qui gouvernèrent la France dans l'intervalle de 1621 à 1624, soit vrai ou faux, il n'en demeure pas moins certain que la réforme des abus n'avait pas commencé à l'intérieur. Les prétentions des princes et des grands subsistaient toujours, et la cour ne pouvait satisfaire aux nombreuses réclamations qu'ils lui adressaient. La révolte d'un seul gouverneur de province pouvait mettre en péril le salut de la royauté et de la France. L'organisation militaire était mauvaise; on éprouvait une difficulté extrême à faire des levées d'hommes; les finances étaient également mal administrées. Il n'existait ni marine, ni commerce. Les côtes de l'Ouest étaient infestées par des pirates qui allaient vendre leurs prises à la Rochelle. Cette situation précaire de la France, cet abaissement de l'autorité royale, ressortent de la lecture de tous les documents contemporains. Ajoutez qu'il y avait deux religions en France, deux partis hostiles toujours prêts à recourir aux armes. Qui donc pouvait remédier à ces maux, rétablir l'ordre en France, et relever l'autorité royale?

Était-ce le roi? Mais sa conduite, sous les ministères de Concini et du connétable de Luynes, avait suffisamment démontré quel serait le caractère de ce prince, lorsqu'il serait arrivé à l'âge de gouverner par lui-même. Tout faisait présumer que Louis XIII, abandonné à ses propres moyens, ne reconstituerait pas la monarchie. Bassompierre dit de ce prince : « En ce temps-là, le roi qui étoit fort jeune (il avait près de onze ans), s'amusoit à force petits exercices de son âge, comme de peindre, de chanter, d'imiter les artifices des eaux de Saint-Germain....., de faire de petites inventions de chasse, de jouer du tambour, à quoi il réussissoit fort bien (*). » Madame de Motteville, en parlant des dernières années de son règne et de ses occupations journalières, nous apprend, qu'il vécut dans sa précoce vieillesse, comme dans sa jeunesse,

---

(*) Michelet, Précis de l'hist. de France.
(**) Voyez les Mémoires qui portent le nom de Gaston, duc d'Orléans. Collection Petitot, 2ᵉ série, t. XXXI, p. 47.

(*) Mémoires de Bassompierre. « Un jour, dit ailleurs le même écrivain, je le louois de ce qu'il étoit fort propre à tout ce qu'il vouloit entreprendre, et que n'ayant jamais été montré à battre du tambour, il y réussissoit mieux que les autres. Il me dit : « Il « faut que je me remette à jouer du cor de « chasse, ce que je fais fort bien, et veux « être tout un jour à sonner. » Louis XIII avait alors seize ans.

adonné à de tristes occupations. Après avoir énuméré ce qu'elle regarde comme ses grandes qualités, elle ajoute : « Il savoit mille choses auxquelles les esprits mélancoliques ont accoutumé de s'adonner, comme la musique et tous les arts mécaniques, pour lesquels il avoit une grande adresse et un talent particulier. » Ces deux passages, si insignifiants en apparence, sont la peinture la plus vraie, la plus caractéristique de ce roi qui, à quarante-trois ans, couché sur son lit de mort, « publioit enfin à haute voix qu'il ne vouloit plus de gouverneur. » Et cependant Louis XIII ne manquait pas d'un certain courage personnel. On l'avait vu, l'épée à la main, marcher avec sang-froid sous le feu meurtrier des batteries de Saint-Jean d'Angely. Plus tard, on le vit, à la tête de son armée, conduire les soldats au feu et forcer le pas de Suse. Quand les Espagnols vinrent en France et pénétrèrent jusqu'à Corbie, il fit tête à l'orage et ne désespéra pas de sa fortune. A la journée des Dupes, en 1630, il fit preuve d'un genre de courage plus rare encore. Jamais il n'avait aimé le cardinal. Il se sentait, comme le dernier de ses sujets, pressé par cette main de fer, réduit à l'inaction, à la nullité la plus complète, et cependant il laissa le sceptre dans cette main si pesante pour lui. Certes, il ne faut pas un courage ordinaire pour reconnaître ainsi publiquement d'une manière si éclatante sa propre incapacité, et se rendre justice à son détriment. Ce courage-là est peut-être plus rare et plus difficile que celui qui consiste à braver la mort dans les combats. Et ce que Louis XIII avait fait en 1630, il le fit depuis lors tous les jours de sa vie, jusqu'au moment où on vint lui annoncer la mort de Richelieu. Toutefois ce n'était pas ce courage d'abnégation qui pouvait sauver la France et la tirer de la mauvaise route où elle était engagée depuis la mort de Henri IV. Il fallait pour cela un ministre qui fût capable de suppléer en tout la royauté, un roi actif pour cacher le roi inactif.

Avant d'arriver au ministère de Richelieu, nous avons encore une question à nous poser.

Était-il donné aux états généraux de remédier aux maux de la France?

Les assemblées des états généraux se composaient de prêtres, de nobles et de gens de robe. C'est à dessein que nous ne prononçons pas le mot *tiers état ;* car tous ces hommes qui étaient censés représenter le tiers état, étaient revêtus d'offices de judicature. Nous verrons, en parlant de la Fronde, que toutes les familles qui appartenaient à la justice formaient une caste à part, aussi séparée de la masse du peuple, que du clergé et de la noblesse. Or, à cette époque, le roi avait l'initiative en tout ; il avait à la fois le pouvoir législatif et le pouvoir exécutif. Lui seul avait le droit de convoquer les états généraux ; mais, comme ces assemblées s'enquéraient des abus et que les abus étaient le plus souvent du fait de la royauté, il les convoquait le moins possible, et seulement quand il y était forcé par quelque nécessité. Les nobles, qui avaient conservé une certaine puissance par l'esprit d'association, forçaient quelquefois le roi à cette révision de ses actes et à l'audition des cahiers de doléances qui lui étaient transmis par les trois ordres. Mais jusqu'alors les résultats avaient été si peu appréciables, que personne n'attachait sérieusement une grande importance à la convocation des états généraux.

Le grand vice de ces assemblées c'était que les trois ordres délibéraient à part, en sorte que la scission entre eux était toujours imminente. On peut s'en convaincre en voyant ce qui se passa aux états de 1614. Quelques questions graves furent posées, discutées, mais non point résolues (*). La noblesse s'unit au clergé pour réclamer l'abolition de la paulette, qui rendait héréditaires les offices de judicature, *faisait*

(*) Voyez les Mémoires de Pontchartrain, collection Petitot, liv. II, t. XVII, p. 59, 62, 65, 69, 73, 74, 75 sqq., et Mémoires de Richelieu, ibid., t. XXI (bis) ad an. 1614-15.

la justice domaniale à des personnes particulières, et la mettait aux mains de certaines familles qu'on accusait de corruption. Lors de l'incendie du Palais de Justice, en 1618, un plaisant avait fait ce quatrain burlesque qui vient à l'appui de l'accusation portée contre les gens de robe :

> Certes ce fut un triste jeu
> Quand à Paris, dame Justice,
> Pour avoir mangé trop d'épice
> Se mit le palais tout en feu.

Nous avons montré plus haut avec quelle opiniâtreté le tiers état, ou plutôt les officiers de justice réclamèrent contre cette demande. En revanche, une demande du tiers état suscita de violentes invectives de la part de la noblesse et du clergé. Les députés du tiers avaient inséré dans leur cahier un article, « par lequel ils faisoient instance que Sa Majesté fût suppliée de faire arrêter dans l'assemblée de ses états, pour loi fondamentale du royaume, qu'il n'y a puissance sur terre, soit spirituelle, soit temporelle, qui ait aucun droit sur ce royaume pour en priver la personne sacrée de nos rois, ni dispenser leurs sujets de l'obéissance qu'ils lui doivent, pour quelque cause que ce soit; que tous les bénéficiers, docteurs et prédicateurs seroient obligés de l'enseigner et publier, et que l'opinion contraire seroit tenue de tous pour impie, détestable et contre vérité, et que s'il se trouve aucun livre où discours écrit qui contienne une doctrine contraire, directement ou indirectement, les ecclésiastiques seroient obligés de l'impugner et contredire. »

Cet article de garantie que le tiers état appelle loi fondamentale du royaume, nous fait entrevoir la véritable situation des affaires, et les craintes qui agitaient les esprits. Les magistrats qui l'avaient composé étaient les fils, les héritiers de la satire Ménippée, de ceux qui avaient couvert de ridicule les prétentions et les projets ambitieux des princes et des prélats. Ils voulaient à tout prix se prémunir contre des désordres semblables qui ne pouvaient venir que de la haute noblesse et du haut clergé.

Les états proposèrent encore d'une manière générale des réformes d'abus, des projets d'une meilleure administration, des plans d'économie pour les finances. Tout cela se trouvait mentionné dans les cahiers des trois ordres. Mais rien ne fut changé : il y a plus : personne n'en fut étonné, personne ne se plaignit de ce résultat de la tenue des états généraux. Nous concluons de là que les états généraux, tels qu'on les concevait alors, ne pouvaient remédier en rien aux maux de l'État.

Le roi Louis XIII et les états généraux étant convaincus d'impuissance, l'œuvre de la réforme et du progrès devait-elle être confiée au parlement ? C'est une question que nous n'avons pas à résoudre ici. Le parlement, de 1610 à 1643, ne fit que quelques tentatives partielles, isolées ; promptement réprimées, surtout sous l'administration de Richelieu. Il faut attendre la régence d'Anne d'Autriche : c'est là l'époque où le parlement fera essai de son pouvoir. Lorsque nous serons arrivés à cette époque, nous montrerons combien le parlement était isolé et incapable d'agir avec énergie et suite. Si l'on admet en ce moment ce fait pour prouvé, il demeure constaté que le parlement, aussi bien que les états généraux et le roi, était impuissant et hors d'état d'accomplir l'œuvre de la réforme, et que, par conséquent, cette œuvre demandait un ministre roi, comme Richelieu, ou un roi ministre, comme Louis XIV.

§ II. *Avénement de Richelieu au ministère. — Il relève l'autorité royale en abaissant les grands, et en anéantissant le parti protestant comme parti politique. — Il relève l'autorité de la France au dehors, par l'abaissement de la maison d'Autriche.*

1624-1642.

Richelieu, dans sa *Succincte narration des grandes actions du roi*, adressée à Louis XIII, a tracé le tableau suivant de l'état où se trouvait la France, quand il fut appelé au ministère :

« Lorsque Votre Majesté se résolut
« de me donner en même temps et
« l'entrée de ses conseils et grande
« part en sa confiance, pour la direc-
« tion de ses affaires, je puis dire avec
« vérité que les huguenots partageoient
« l'État avec elle; que les grands se
« conduisoient comme s'ils n'eussent
« pas été ses sujets, et les plus puis-
« sants gouverneurs des provinces,
« comme s'ils eussent été souverains
« en leurs charges.

« Je puis dire que chacun mesuroit
« son mérite par son audace.... et que
« les plus entreprenans étoient estimés
« les plus sages, et se trouvoient sou-
« vent les plus heureux; je puis dire
« encore que les alliances étrangères
« étoient méprisées; les intérêts parti-
« culiers préférés aux publics; en un
« mot... la dignité de Votre Majesté
« royale, tellement ravalée..... qu'il
« étoit presque impossible de la recon-
« noître. »

Les actes du ministère de Richelieu
peuvent se ramener à deux chefs principaux. Ces actes, les plus petits
comme les plus grands, se groupent
autour de deux idées, qui le préoccu-
pèrent incessamment et qui présidè-
rent à tous les travaux de sa vie politique. Richelieu ne systématisa peut-
être pas sa règle de conduite comme
nous pouvons la systématiser aujour-
d'hui; mais il est permis d'affirmer,
quand on s'appuie sur des faits et sur
des documents contemporains, que le
cardinal se proposa ces deux buts:

1°-De niveler la France sous l'autorité royale, en donnant à l'État la plus
stricte unité;

2° De rendre à la France le rang
qu'elle devait occuper dans le système
de l'équilibre européen, et qu'elle avait
perdu pendant les guerres de religion.

Richelieu ne pouvait donner l'unité
à la France que par deux moyens:

1° L'abaissement de tous les pouvoirs qui étaient en position de contre-
balancer l'autorité royale, cette personnification de l'unité du pays.

2° L'anéantissement du parti protestant, comme parti politique.

*Abaissement des grands et des par-
lements.* — Voici ce qu'il fit pour l'abaissement des pouvoirs qui gênaient l'autorité du roi:

Il y avait à la cour de Louis XIII
de jeunes seigneurs, désordonnés dans
leur conduite, qui ne respectaient
guère la majesté royale, et ne vouloient
plier sous l'autorité de personne. Parmi
eux se trouvait Châlais, qui avait coutume de faire la grimace derrière le
roi, lorsqu'il l'habillait. Ce fut là, in-
dépendamment de ses menées avec
Monsieur, un grand crime aux yeux
de Richelieu. Il le fit décapiter. Puis,
lorsque Châlais eut été publiquement
supplicié, ce fut le tour de Bouteville-
Montmorency. La fureur des duels
était alors arrivée à son comble. On
comptait près de huit mille lettres de
grâce accordées en moins de vingt ans,
à des gentilshommes qui avaient tué
leurs adversaires dans des combats
singuliers. Henri IV, effrayé de l'excès
de cette manie, avait défendu les duels
en 1602, sous peine de mort. Mais cette
défense était tombée bientôt en désuétude. Louis XIII la renouvela en 1626.
Cependant l'année suivante, le comte
de Chapelles et le duc de Bouteville,
père du maréchal de Luxembourg, tirèrent l'épée sur la place Royale contre deux autres seigneurs, dont l'un
fut tué dans le combat. Ils furent tous
deux condamnés à mort et exécutés
publiquement. Ce terrible exemple dé-
montra aux grands qu'à l'avenir ils ne
se joueraient plus impunément des lois
de l'État. Il faut lire dans les Mémoires
du cardinal avec quel sang-froid il parle
de ces exécutions, comme il pèse avec
calme la vie ou la mort des victimes
qu'il a choisies. Il dit, en parlant de
Bouteville: « Le cardinal lui-même
étoit bien agité en son esprit. Il étoit
impossible d'avoir le cœur noble, et
ne pas plaindre ce pauvre gentilhomme,
dont la jeunesse et le courage émou-
voient à grande compassion.... Le cardinal avoit, en son particulier, grande
aversion à sa perte, et grande inclination à porter le roi à lui pardonner;
mais il étoit retenu, que conserver la
vie de ce gentilhomme; qu'il avoit déjà

30

fait perdre à plusieurs autres, l'ôteroit à la meilleure noblesse de cet État, qui estimeroit ne devoir pas être plus malheureuse que lui en suivant son exemple (*). »

Il vint un moment où Richelieu, qui avait accepté la solidarité de tant de meurtres juridiques, faillit être renversé par des intrigues de femmes et de courtisans. Nous raconterons ailleurs comment il sortit triomphant de cette lutte. Il continua l'œuvre de la réforme du royaume, qu'il se croyait appelé par Dieu lui-même à accomplir. Voici ce qu'il dit dans ses Mémoires : « Le cardinal est celui dont Dieu se sert pour donner ses conseils à Sa Majesté, auxquels ses ennemis mêmes ne s'osent pas opposer publiquement. Ils s'y opposent secrètement par cabales traîtresses. Il faut avec dextérité merveilleuse démêler toutes ces fusées. Le cardinal est seul à y coopérer avec le roi; il y expose sa vie, et par des soins continuels y consomme sa santé, méprisant son propre bien et toutes les choses du monde, pourvu qu'il fasse sortir glorieusement son maître de cette entreprise, comme Dieu enfin lui donne la grâce de faire... »

Devenu le maître, et le maître pour toujours, Richelieu attaqua non plus seulement les seigneurs, mais la famille même du roi. Gaston d'Orléans se vit contraint de chercher un asile hors de la France, et la mère du roi fut chassée du royaume pour n'y plus rentrer. On sait qu'elle mourut à Cologne dans la misère. Le ministre déshonora la famille de son maître, en accusant la sœur de Louis XIII, la duchesse de Savoie, d'avoir un amant, et il fit saisir publiquement et retenir prisonnier en France celui sur qui étaient tombés ses soupçons. Le maréchal de Marillac, et après lui Montmorency, portèrent leur tête sur l'échafaud. Ceux qui voulaient éviter une fin si ignominieuse sortaient du royaume. C'est ce que firent le duc de Vendôme et la Valette. Le supplice de Cinq-Mars et de Thou fut le dernier sacrifice que Richelieu

(*) Mémoires de Richelieu, année 1627.

fit à son système. Le duc de Bouillon aurait eu le même sort, si la raison d'État ne l'avait emporté, et si la remise de Sedan, entre les mains du roi, n'avait pas été plus avantageuse au royaume que la mort d'un grand.

Ce que Richelieu dit un jour à un des favoris de Gaston d'Orléans, nous fait comprendre, d'une manière terrible, comment il entendait le rôle dont il s'était chargé. C'était au moment où il venait de découvrir les projets de Cinq-Mars. Le duc d'Orléans, qui avait trempé dans la conspiration, craignait une terrible punition. Il envoya un de ses familiers, l'abbé de la Rivière, pour sonder le cardinal. Voici un fragment de la conversation entre la Rivière et Richelieu, telle qu'elle est rapportée dans les Mémoires de madame de Motteville, qui tenait ces détails de l'abbé lui-même : « Le cardinal lui demanda s'il ne savoit point ce que Monsieur avoit fait; il répondit que non et qu'il ne connaissoit que les complaisances qu'il avoit eues pour les plaintes de M. le Grand. Le cardinal lui répondit : « Eh bien, pensez tout ce que vous pourrez imaginer de pis, et *souvenez-vous qu'il a fait une chose infâme à un fils de France, et qui mérite la mort* (*). » On ne sauroit dire si Richelieu aurait poussé la logique de son système jusqu'à faire tomber la tête du frère du roi. Mais ce mot est le complet résumé et la conclusion rigoureuse de ses principes politiques.

Voyons quelles furent les conséquences de cette conduite énergique.

Lorsque Richelieu arriva au pouvoir, il y avait en France dix-neuf gouverneurs (**), c'est-à-dire, dix-

(*) Mémoires de madame de Motteville, collection Petitot, 2ᵉ série, t. XXXVI, p. 412.

(**) Voici la liste de ces gouverneurs telle que la donne M. de Saint-Aulaire dans l'introduction de son histoire de la Fronde, p. 9.

Isle de France	Le duc de Montbazon.
Orléanais	Le comte de Saint-Pol.
Berry	Le prince de Condé.
Bretagne	Le duc de Vendôme.
Normandie	Le duc de Longueville.

neuf rois indépendants qui administraient, au gré de leur caprice, le pays qu'on leur avait confié, levant des impôts et des hommes pour leurs intérêts particuliers. Plusieurs, il est vrai, de ces gouverneurs ne se sentaient pas assez forts pour résister à l'autorité royale. Ceux-là ne prévariquaient que peu ou point, et Richelieu ne les inquiéta guère. Mais ceux qui par le sang tenaient de plus près au trône, ou qui par leur puissance se croyaient en droit de gouverner le gouvernement lui-même, ceux-là Richelieu ne les ménageait point. Rappelons seulement Montmorency décapité, le duc de Vendôme obligé de chercher un asile en pays étranger, le duc de la Valette condamné à mort par contumace, le vieux d'Épernon frappé par la disgrâce de son fils, le comte de Soissons tué à la Marfée ; la reine douairière, qui avait le gouvernement de l'Anjou, forcée de vivre hors du royaume ; les ducs de Rohan et de la Force, déchus de leur puissance par l'anéantissement du parti protestant comme parti politique. Les autres gouverneurs de provinces n'avaient, nous le répétons, ni assez de force, ni assez d'influence, pour tenter une révolte à leur profit. On voit quel immense changement s'était opéré sous Richelieu. Ce résultat seul suffirait pour justifier les mesures sanglantes auxquelles il eut recours. En effet, il n'était pas bon que, dans une monarchie bien administrée, le roi eût à livrer souvent quelque bataille de Castelnaudary ou de la Marfée.

Quand le cardinal eut ainsi plié sous le joug royal les grands et les princes, cette force armée qui, depuis la mort de Henri II, avait été le perpétuel soutien du désordre, il songea à mettre dans la même dépendance les autres ordres de l'État, et avant tout le parlement.

Les lits de justice tenus sous Marie de Médicis n'avaient pas imposé silence au parlement. Sa puissance était grande d'ordinaire, quand l'autorité royale était faible. On n'avait obtenu qu'à grand'peine l'enregistrement de plusieurs édits dans les premières années du règne de Louis XIII. Il n'en fut pas de même sous Richelieu. On changea de système et de langage à l'égard des magistrats. Dans les remontrances faites par le parlement au roi, 16 mars 1615, on lit ces mots : « Votre parlement de Paris, sire, tient « la place du conseil des princes et « barons qui, de toute ancienneté, « étoient près de la personne des rois ; « pour marque de ce, les princes et pairs « du royaume y ont toujours séance « et voix délibérative. Les lois, or- « donnances et édits, créations d'of- « fices, traités de paix et autres plus « importantes affaires du royaume, « lui sont envoyés pour en délibé- « rer, en examiner le mérite, et y « apporter en toute liberté les modifica- « tions raisonnables. » Telles étaient les prétentions du parlement. Or, Richelieu ne voulait ni contre-poids, ni contrôle à l'autorité royale. Les jugements par commission étaient une grave atteinte portée aux privilèges du parlement, et tout nous porte à croire que si Richelieu en fit un si fréquent usage, ce fut autant pour se passer des magistrats et leur ôter toute espèce de pouvoir et d'influence, que pour trouver des voies qui le conduisissent à son but d'une manière plus prompte et plus expéditive.

Il arriva sous son ministère que le parlement de Paris refusa d'enregistrer les condamnations qui frappaient le comte de Moret, les ducs d'Elbeuf, de Bellegarde et de Roannis. Richelieu fit emprisonner quelques conseillers et manda le parlement au Louvre.

Picardie.	Le duc de Luynes.
Champagne.	Le duc de Nevers.
Metz, Toul et Verdun.	Le duc de la Valette.
Bourgogne.	Le duc de Bellegarde.
Auvergne.	Le duc de Chevreuse.
Le Maine.	Le prince de Guéméné.
Anjou.	La reine douairière.
Dauphiné.	Le comte de Soissons.
Provence.	Le duc de Guise.
Languedoc.	Le duc de Montmorency.
Guyenne.	Le duc de Mayenne.
Limousin, Saintonge et Angoumois.	Le duc d'Épernon.
Poitou.	Le duc de Rohan.
Béarn.	Le duc de la Force.

Les magistrats traversèrent Paris tête nue pour faire amende honorable. Arrivés devant le roi, ils se mirent à genoux, « et Louis XIII menaça sept ou huit d'entre eux de les placer dans un régiment de mousquetaires pour y apprendre l'obéissance. » Plusieurs actes semblables constatèrent la complète nullité du parlement en matière politique. En effet, il ne prit plus part dès lors au gouvernement du royaume.

C'est ainsi que Richelieu mit sous les pieds du roi les grands et le parlement, ces deux pouvoirs qui avaient tant influé sur les dernières révolutions de la France. Mais nous n'avons examiné encore qu'une partie des efforts qu'il fit pour arriver à la centralisation gouvernementale et administrative, c'est-à-dire, à l'unité de la monarchie. Disons par quels moyens il parvint à enlever au parti protestant son influence politique.

Anéantissement du parti protestant. Depuis la publication de l'édit de Nantes, les calvinistes formaient en France tout autant un parti politique qu'un parti religieux. Ils avaient leur gouvernement à eux, indépendant de celui du roi. Ils s'étaient partagés en cercles, ils avaient subdivisé leurs églises. Chaque endroit où se faisait le prêche était le chef-lieu d'une administration locale. Les calvinistes avaient des armes, des places de sûreté où ils dominaient d'une manière exclusive. Chaque fois que le roi voyageait dans ses provinces du Midi, il était obligé de se faire escorter d'une armée comme en pays ennemi. Ainsi, lorsque Louis XIII alla chercher sa fiancée sur les frontières d'Espagne, la jeune reine Anne d'Autriche, avait vu dans le Béarn et en Gascogne une armée rebelle marcher sur les flancs de l'armée du roi et surveiller tous ses mouvements. Quand le roi voulait traiter avec les calvinistes, il se faisait accompagner de son artillerie pour entrer dans les villes. Le parti huguenot avait ses chefs reconnus, et qui étaient d'autant plus dangereux qu'ils tenaient à de grandes familles, les Lesdiguières, les Rohan, les la Force. Ajoutez qu'ils possédaient des villes centrales où se tenaient les assemblées et consistoires de ceux de la religion. En un mot, c'était un gouvernement à part, gouvernement fédératif entièrement indépendant de celui du roi, ennemi irréconciliable de la monarchie catholique de Louis XIII, et qui ne se faisait pas faute d'appeler les Anglais quand il s'agissait de résister aux ordres du roi de France. On sait que les habitants de la Rochelle demandèrent et obtinrent, à plusieurs reprises, les secours du roi d'Angleterre. Richelieu sentit combien le parti calviniste abaissait cette majesté royale qu'il voulait environner de tant de puissance et de respect. Il comprit combien était dangereux pour ce pouvoir unique qu'il voulait constituer, un pouvoir rival qui se faisait obéir dans quelques-unes des plus belles provinces de la monarchie. Il était urgent de se hâter et d'anéantir d'un coup, non la réforme, non les croyances religieuses, non pas même l'édit de Nantes, mais le parti politique et féodal qui prenait ses croyances religieuses et ses priviléges pour prétexte de ses hautes trahisons contre l'État.

Toutefois, Richelieu n'attaqua pas les huguenots dès l'abord; il leur laissa, pendant plusieurs années, leurs priviléges, ne voulant pas combattre plusieurs ennemis à la fois. Mais en 1627, lorsqu'il se sentit affermi, il n'hésita plus à se déclarer et menaça la Rochelle, le principal siége du protestanisme.

Siége et prise de la Rochelle (1627-1628). — A la nouvelle des projets de Richelieu, les habitants de la Rochelle appelèrent les Anglais à leur secours. Une flotte anglaise portant seize mille soldats, et commandée par le duc de Buckingham, vint débarquer dans l'île de Ré. Le commandant publia un manifeste portant que « le roi d'Angleterre, zélé « comme ses prédécesseurs pour le « bien des églises réformées, après avoir « refusé de grands avantages qu'il pou-

« voit trouver ailleurs, pour contracter
« avec la France une alliance dont le
« but étoit de restituer ces églises en
« leur ancienne splendeur, garant des
« promesses faites par le roi de France
« à ses sujets de la religion, et voyant
« les grands préparatifs qui se faisoient
« contre la Rochelle, avoit cru qu'il im-
« portoit à son honneur de faire un
« prompt armement, non par aucun
« désir de conquête, ce que la circons-
« tance du temps et le nombre modique
« de ses soldats prouvoient assez, mais
« à titre de secours, et pour le seul bien
« des églises qu'il étoit obligé devant
« les hommes de protéger et défendre. »
L'île de Ré n'était pas préparée à
cette attaque. Elle fut emportée par
les Anglais, malgré la belle défense du
baron de Toiras, et le duc de Buckingham en fit sortir tous les habitants
catholiques. Les Français ne se maintinrent que dans la citadelle. Le cardinal de Richelieu crut devoir cacher
cet événement fâcheux au roi qui était
malade. Il se chargea lui-même de
tous les ordres, « au hasard, dit-il, de
sa fortune et de sa réputation. » C'é-
tait lui qui faisait marcher les troupes,
qui achetait les munitions de guerre,
qui équipait les vaisseaux. Il venait
de supprimer la charge d'amiral de
France, et de la prendre pour lui sous
le titre de surintendant général de la
navigation. Un écrit du temps dit
« que la France étoit assurée d'une
« marine puissante depuis que l'ami-
« rauté s'étoit arborée d'un chapeau
« rouge. » Il donna le commandement
de la flotte au duc de Guise, et accepta
le secours de vaisseaux qu'offrait le
roi d'Espagne. Quand tous les préparatifs furent achevés, le cardinal se
mit lui-même à la tête de l'armée, et
vint en personne, ayant le roi sous
ses ordres, pour assiéger et ruiner la
Rochelle. La France entière l'accompagnait de ses vœux ; quand un
poète (*) adressait ces vers à Louis
XIII :

Donc un nouveau labeur à tes armes s'apprête ;
Prends ta foudre, Louis, et va comme un lion,
Donner un dernier coup à la dernière tête
De la rébellion.

(*) Malherbe.

ce n'était point là une vaine déclama-
tion, mais un chant vraiment national,
populaire, l'expression la plus vraie
de la pensée de tous les contemporains, qui sentaient, avec Richelieu,
que la ruine du parti réformé était le
salut de la France.

« Le roi, dit M. Bazin, étant arrivé
au camp devant la Rochelle, reprit le
commandement des mains de son
frère, visita son armée, donna des ordres pour la construction des forts, et
s'occupa aussitôt du secours que le
comte de Toiras demandait. Le courage des assiégés dans l'île de Ré
venait d'être ranimé par l'heureuse
arrivée d'un convoi qui, la veille même
du jour où ils devaient se rendre s'ils
n'étaient secourus, avait traversé la
flotte ennemie, sous la conduite d'un
habile et brave gentilhomme de
Bayonne, nommé le capitaine d'Audouin. Cet officier rapporta au roi des
lettres du gouverneur, et la résolution
fut aussitôt prise de faire passer dans
l'île un nombre de troupes suffisant
pour en chasser les Anglais. Les difficultés étaient grandes ; on avait devant soi la flotte ennemie, par derrière
une ville révoltée ; les périls de la mer
avec ceux d'un combat. De plus, la
flotte royale n'était pas prête ; les
Espagnols ne tenaient pas leurs promesses. On venait encore d'apprendre
que les Anglais étaient entrés jusque
dans le Texel, où les Hollandais,
contre la foi des traités, les avaient
aidés à s'emparer d'un vaisseau cons-
truit pour le roi. Cependant l'amitié
du roi pour le comte de Toiras fut
plus forte même que l'opinion du cardinal, qui trouvait l'entreprise trop
hasardeuse. On fit venir des régiments
qui ne servaient pas au siége de la
Rochelle, pour les employer à cette
expédition. L'île d'Oléron fut le principal lieu du rendez-vous. Quelques
centaines d'hommes, détachés en avant
pour préparer la descente, arrivèrent
sans dommage au fort de la Prée. Le
roi surveillait lui-même l'embarquement, « choisissant les troupes soldat
à soldat, » et leur remettant des armes à l'épreuve. L'élite de chaque

régiment, au nombre de quatre mille trois cents hommes, et trois cents maîtres pris dans les compagnies des gardes du roi, de la reine mère et du duc d'Orléans, montèrent sur les barques qui avaient été amenées de tous les ports voisins. Toute cette armée se mit en prières pour le succès de l'entreprise, et les mousquetaires, entre autres, se préparèrent au combat par la communion. Une foule de gentilshommes volontaires vinrent demander leur part du péril « avec une telle gaieté, qu'il faut avouer n'être permis qu'à la nation françoise d'aller si librement à la mort pour le service de son roi ou pour son honneur. » Les troupes embarquées au lieu appelé le Plomb, près de la Rochelle, descendirent les premières sans être atteintes par le canon de la flotte ennemie. Elles ne trouvèrent à terre qu'une faible résistance, et s'établirent dans le fort de la Prée. Le duc de Buckingham résolut, à ce moment, de tenter un dernier effort contre la citadelle. Cette place, gardée depuis trois mois et demi, par une poignée de soldats exténués de fatigue et de maladie, repoussa vigoureusement l'assaut des Anglais, sans que les troupes débarquées eussent besoin de les secourir. Cependant le convoi principal, parti d'Oléron, qui portait le maréchal de Schomberg, commandant de l'expédition, avait été dispersé par le vent et rejeté sur plusieurs points du rivage. Il se passa plusieurs jours avant que toute l'armée fût réunie dans l'île de Ré, ce qui ne put se faire que successivement. Alors le maréchal se mit à la tête de ses troupes et en quête de l'ennemi. On le trouva en pleine retraite, ayant déjà levé le siège de la citadelle et se dirigeant vers l'île de l'Oie, où il comptait s'embarquer. Le comte de Toiras, qui avait à venger la mort de deux frères, tués dans les premiers combats, voulait qu'on en vînt promptement aux mains. Mais le maréchal se contenta de suivre les Anglais en attendant une occasion sûre de les attaquer avec avantage.

Cette occasion se trouva lorsqu'ils arrivèrent à une étroite chaussée qui conduisait à l'île de l'Oie. Une charge furieuse de la cavalerie française culbuta leur arrière-garde et mit le désordre dans leurs rangs. Les Français s'élancèrent à la poursuite des fuyards et en firent un grand carnage. La nuit seule arrêta leur victoire, et le jour leur montra les Anglais remontés sur leurs vaisseaux, laissant la terre jonchée de leurs morts, quatre canons, plus de quarante drapeaux, et de nombreux prisonniers entre les mains des vainqueurs (*). »

Telle fut l'issue honteuse de cette entreprise des Anglais. Le duc de Buckingham retourna en Angleterre, abandonnant à la vengeance du roi les habitants de la Rochelle qu'il avait excités à la révolte. Bientôt cette ville se trouva assiégée par terre et par mer. Pour fermer la mer aux Rochelois et l'entrée du port aux Anglais, le cardinal de Richelieu fit construire cette digue prodigieuse de quinze cents toises, dont on distingue encore les restes à la mer basse. Cette digue, située hors de la portée des canons de la Rochelle, n'avait à redouter que les flots et une attaque par mer. Pour échapper à ce dernier péril, on fit venir la flotte du roi que commandait le duc de Guise; et, quoiqu'on ne comptât pas beaucoup sur celle d'Espagne, on résolut de s'en servir, dit Richelieu, à la mode des Espagnols, c'est-à-dire se prévaloir de l'apparence pour étonner les Rochelois par l'union des deux couronnes. En même temps, l'ordre le plus rigoureux, la discipline la plus parfaite régnaient dans l'armée. Les grands eux-mêmes, qui sentaient combien la prise de la Rochelle allait ajouter à l'autorité royale, se plièrent à l'obéissance. « Nous serons assez fous, disait le maréchal de Bassompierre à ses collègues, pour prendre la Rochelle. »

Cependant les Rochelois se défendaient avec un rare courage. Leur chef,

---

(*) Histoire de Louis XIII par M. Bazin, t. II, p. 362 sq.

Guiton, leur inspirait l'audace et l'enthousiasme religieux dont il était animé. Élu maire par ses concitoyens, il avait refusé d'abord cet honneur; enfin, cédant à leurs instances, il avait saisi un poignard, et leur avait dit: « Vous le voulez, je serai maire ; mais « c'est à condition qu'il me sera per- « mis d'enfoncer ce fer dans le cœur « du premier qui parlera de se rendre ; « qu'on s'en serve contre moi, si ja- « mais je songe à capituler. » Le poignard demeura sur la table, dans la salle du conseil, jusqu'à la fin de la guerre. Les femmes elles-mêmes partageaient l'enthousiasme général. La duchesse douairière de Rohan, renfermée dans les murs de la Rochelle, écrivit à son fils, qui n'avait pas besoin d'encouragement, en lui recommandant de suivre toujours la vieille devise de Jeanne d'Albret : « Paix assurée, victoire entière, ou mort honnête. »

Dans la première douleur que causa aux habitants de la Rochelle la retraite des Anglais, ils avaient adressé à Charles Ier une lettre écrite en termes énergiques et touchants: « Vos « gens, lui disaient-ils, nous ont aban- « donnés contre vos magnanimes ins- « tructions, n'ayant pas osé seulement « halener et envisager le péril pour « l'exécution de votre parole sacrée. « Quelle sorte de prodige peut avoir « ainsi conjuré contre la dignité de « votre nom et l'état de notre patrie ? « Nous vous parlons, Sire, les larmes « aux yeux. Pour demeurer en l'hon- « neur de votre protection, les choses « étant en leur entier, nous avons mé- « prisé le conseil de nos amis, et, s'il « faut l'exprimer ainsi, les respects de « notre naissance. Au coup que tout « est perdu, que trouvions au « moins dans votre justice ce que « nous n'avons plus moyen de recou- « vrer en la personne du roi notre « souverain! Dieu nous fournit en- « core assez de vie et de vigueur, en « ces blessures toutes fraîches, pour « attendre votre renfort un bon mois. « Que Votre Majesté seconde ce mi- « racle! Ce sont là nos très-humbles « et très-ardentes supplications, ou, « pour mieux dire en un mot, notre « testament, que nous laissons écrit « sur votre trône, devant le ciel et la « terre, pour un mémorial à la pos- « térité de la plus étrange désolation « qu'un peuple innocent ait soufferte, « et dont l'occasion puisse jamais « sommer la puissance d'un grand « roi. »

Le roi d'Angleterre fit de nouveaux armements pour secourir les assiégés. Cette nouvelle soutint leur courage, et donna un prétexte aux plus violents de sévir contre les plus timides, c'est-à-dire, les plus affamés. « Quelques habitants, qui avaient parlé d'accommodement, furent jetés en prison : on en fit mourir trois ou quatre, et leurs têtes furent placées sur une des portes de la ville, comme pour apprendre au camp du roi qu'il y avait encore dans la Rochelle de l'énergie contre les traîtres. Assez de récits ont été faits des misérables ressources où sont réduits les hommes privés de la nourriture ordinaire, pour qu'il soit inutile de les rapporter ici. Il suffira de dire que les plus nécessiteux en étaient déjà venus à dévorer des morceaux de cuir bouillis avec du suif ou de la cassonade ; car les mousquets des assiégeants ne leur permettaient plus même d'aller chercher, dans la vase de leurs marais, les coquillages et les reptiles abandonnés par le reflux. Il ne manquait pourtant pas de gens qui s'échappaient de la ville et venaient demander aux assiégeants leur pardon et du pain. Mais l'ordre avait été donné de les repousser sans pitié, ce que faisaient les soldats, en mettant les hommes et les femmes en chemise, pour les chasser ensuite devant eux avec des bâtons ou des courroies. Un déserteur n'était pas alors un ennemi de moins; en le forçant à rentrer dans la ville, c'était un homme de plus qu'on lui donnait à nourrir. Il fallait sans doute une autorité puissante pour maintenir tout ce peuple contre l'impérieux aiguillon de la faim; la forte volonté du maire y pourvut. Les magistrats du présidial ayant voulu faire quelque entreprise contre son pouvoir, il fit jeter en prison le chef de ce tribunal, quelques-uns disent après l'avoir chargé de coups en pleine séance, et causa une telle peur aux autres que deux conseillers se risquèrent à chercher asile dans le camp du roi, où ils coururent fortune d'être pendus. Les détails fournis par ces deux hommes sur la détresse de la ville engagèrent le roi à lui faire une nouvelle sommation, cette fois avec l'appareil convenable, et par le ministère du roi d'armes au titre de Montjoie Saint-Denis, revêtu de sa cotte d'armes, le bonnet en tête et le sceptre à la main, précédé de deux trompettes chevauchant avec leurs banderoles déployées. Cette solennité fut assez mal reconnue par les habitants de la Rochelle; car le héraut, après avoir longtemps attendu seul devant la porte où il s'était présenté, vit arriver, au lieu du maire qu'il avait demandé, une quarantaine d'hommes, bourgeois ou soldats, dont le chef lui ordonna en jurant de s'éloigner aussitôt, sans vouloir ni parler à lui ni le laisser parler aux autres, appuyant cette injonction par les arquebuses de ses gens, toutes prêtes à tirer. Après cet accueil incivil, Montjoie Saint-Denis n'eut rien de mieux à faire que de se retirer à petit pas, laissant tomber expressément « par terre » les deux proclamations dont il s'était muni (*). »

Cependant les secours promis par les Anglais n'arrivaient pas, et l'on apprit bientôt à la Rochelle que l'assassinat du duc de Buckingham avait fait manquer l'expédition. En même temps, les mesures prises contre les habitants qui voulaient s'échapper, devenaient de jour en jour plus sévères. Des potences étaient disposées sur la ligne de circonvallation, pour recevoir ceux qui préféreraient cette mort aux tourments de la famine. Lorsqu'il s'en présentait un trop grand nombre, on les faisait tirer au sort: ceux dont les noms sortaient de l'urne étaient pendus, et l'on renvoyait les autres dans la ville. Enfin, la famine triompha de l'opiniâtre résistance des habitants. Ils demandèrent à capituler. Les articles de la capitulation portaient « que les habitants de la Rochelle, reconnaissant l'extrême faute qu'ils avaient commise, non-seulement en résistant aux justes volontés du roi et en refusant de lui ouvrir leur ville, mais encore en adhérant aux étrangers qui avaient pris les armes contre l'État, suppliaient le roi avec toute humilité de leur pardonner ce crime et de recevoir pour satisfaction l'obéissance présente qu'ils désiraient lui rendre, lui ouvrant les portes de leur ville, qu'ils remettaient dès à présent entre ses mains, pour en disposer ainsi qu'il lui plairait, et leur prescrire telle façon de vivre qu'il jugerait à propos pour l'avenir, sans autres conditions que celles qu'ils espéraient de sa bonté. Ayant égard à leur repentance et protestations, le roi leur promettait le pardon de leur faute et l'exercice de leur religion; la restitution de tous leurs biens saisis et confisqués, sauf les fruits perçus sans fraude; même grâce pour les gens de guerre, sujets du royaume mais étrangers à la ville, qui s'y trouvaient renfermés; lesquels en sortiraient, savoir: les officiers et gentilshommes l'épée au côté, et les soldats un bâton blanc à la main; amnistie pour toutes hostilités et négociations, sous la réserve des cas exceptés par les édits, aussi bien que pour toutes fontes de canons, fabrication de monnaies, saisies de deniers, levée de contributions et contraintes; décharge aussi de tous jugements rendus contre eux à l'occasion de leur rébellion, comme aussi de tout recours à raison de ceux qu'ils auraient obtenus de leurs juridictions. »

« Le même jour, dit M. Bazin, douze députés sortirent de la Rochelle pour se rendre au logis du roi, et prièrent le maréchal de Bassompierre de leur fournir des chevaux, la fatigue d'un si long jeûne ne leur permettant pas de marcher. Ils furent ainsi conduits jusqu'à deux cents pas de la maison où le roi les attendait, et là ils mirent

(*) Bazin, t. II, p. 408-410.

pied à terre, le maréchal restant à cheval avec les siens. Introduits devant le roi par le cardinal de Richelieu, ils se jetèrent à genoux, et l'un d'eux prononça quelques phrases de supplication et de repentir. La réponse du roi fut sèche et sévère; cependant il leur promit d'être bon prince s'ils témoignaient lui être fidèles sujets. Ensuite on leur servit à dîner, ce qui était, en ce moment, autre chose pour eux qu'une civilité; et le lendemain, les troupes que le roi avait désignées entrèrent dans la Rochelle, ayant à leur tête le maréchal de Schomberg et le duc d'Angoulême. Suivant la capitulation, les gens armés qui n'appartenaient pas à la ville en sortirent dès le matin. Mais le nombre en avait été réduit à soixante-quatorze Français et soixante-deux Anglais. Le maire n'avait pas encore paru, quoiqu'il eût signé la ratification des articles de paix; et pour l'excuser de ne pas s'être rendu auprès du roi, les députés avaient dit que son devoir le retenait dans la ville, afin d'en ouvrir lui-même les portes, ou de faire abattre un pan de muraille quand il plairait au roi de s'y présenter. Les généraux trouvèrent en effet, à quelques pas devant la porte, l'intrépide Guiton, qui leur adressa une courte harangue. Le maréchal de Schomberg lui répondit qu'il n'était plus maire. Il ne répliqua rien et se retira froidement dans sa maison. Le même jour, le cardinal de Richelieu vint prendre possession du logis qui lui avait été marqué. Guiton alla encore à sa rencontre, escorté de six archers attribués à sa charge. Il est impossible de croire que le maréchal n'ait pas senti ce qu'il y avait de grand dans ce caractère; cependant, il lui enjoignit de renvoyer ses archers, et de ne plus se qualifier maire sous peine de la vie, « le roi étant désormais seul maire et maître de la Rochelle. »

« On peut s'en rapporter aux relations du temps, lorsqu'elles parlent de la joie avec laquelle les vainqueurs furent reçus dans la ville. Ils apportaient du pain, et la plus grande partie des habitants n'en avaient pas vu depuis cinq mois; aussi dit-on que les soldats qui passaient devant eux, avec leur pitance de la journée sur le dos, eurent grand' peine à la défendre contre ces bouches affamées qui en demandaient leur part, et finirent par l'abandonner volontiers. Une distribution de dix mille pains apaisa cette première avidité, et le lendemain trois mille chariots de vivres, plusieurs troupeaux de bœufs et de moutons, furent amenés par les vivandiers, qui eurent ordre de les vendre au prix ordinaire. Pendant que les habitants mangeaient, on nettoyait les rues, les places et les maisons, où gisaient les cadavres qu'ils n'avaient pas eu la force d'ensevelir; la mort les avait reçus tellement maigres et décharnés, qu'ils échappaient à la corruption. Le cardinal s'était logé au couvent de Sainte-Marguerite, dont les assiégés avaient fait un magasin de guerre. Il le fit évacuer pour y rétablir les Pères de l'Oratoire. L'archevêque de Bordeaux, Henri de Sourdis, le même qui, s'appelant évêque de Maillezais, avait utilement servi sur la flotte royale, purifia l'église dans laquelle plusieurs personnes avaient été tuées; et le lieutenant général de l'armée du roi, revêtant l'habit sacerdotal, y célébra la messe, où le maréchal de Schomberg et le garde des sceaux reçurent de sa main la communion.

« Ce jour-là, le roi fit son entrée dans la ville à cheval et avec ses armes. Ce fut le cardinal de Richelieu qui lui en présenta les clefs; ce prélat marcha ensuite seul de son rang devant le roi, qui se rendit à l'église au milieu des habitants agenouillés sur son passage. Puis il y eut une procession solennelle, et l'on planta en cérémonie une grande croix devant la maison qu'avait habitée la duchesse de Rohan. Cette dame, si l'on en croit son fils, n'avait pas voulu être comprise dans le traité; elle fut conduite avec sa fille au château de Niort. Le maire eut ordre de quitter la ville pour six mois, ainsi que le ministre Salbert, un autre ministre appelé Vatinier, et dix bourgeois désignés comme les plus séditieux. On raconte que le cardinal de Richelieu ayant proposé au maire de se retirer en Angleterre, reçut de lui cette noble réponse : « J'aime mieux être sujet du roi qui a pris la Rochelle que de celui qui n'a pas su la sauver (*). ».

Ainsi tomba cette ville fameuse par sa puissance et par ses révoltes contre l'autorité royale, qui depuis l'an 1568 avait été à peu près indépendante de ses souverains. Il en avait coûté quarante millions pour la réduire à l'obéissance; et Richelieu ne crut pas sa ruine trop chèrement achetée, même à ce prix. La Rochelle ne se releva jamais de ce grand désastre. Ses fortifications furent rasées, ses priviléges abolis. On laissa aux habitants leurs biens et le libre exercice de leur religion; mais de trente mille habitants, il en restait à peine cinq mille. Bientôt la fondation de Rochefort leur porta le dernier coup (1628).

Après la prise de la Rochelle, le parti réformé ne subsista plus que par le duc de Rohan, qui entretenait dans le Languedoc une sorte de guerre civile. Le parlement de Toulouse le déclara criminel de lèse-majesté, perturbateur du repos public, ennemi du roi et de son État. « En réparation desquels excès le parlement le déclarait déchu des titres de duc et pair; le condamnait à être délivré ès-mains de l'exécuteur de la haute justice, lequel le traînant sur une claie, ensemble ses armoiries, lui ferait faire le tour accoutumé dans la ville, en chemise, tête et pieds nus, la hart au col et une torche de cire en ses mains, pour être ensuite, sur un échafaud dressé à cet effet, tiré à quatre chevaux jusqu'à ce que son corps en fût démembré, ses restes brûlés au feu d'un bûcher et les cendres jetées au vent : cent cinquante mille livres à prendre sur ses biens devaient être la récompense des communautés ou particuliers qui le livreraient mort ou vif. » Le duc de Rohan fut en effet exécuté en effigie.

Toutefois la guerre ne fut plus de longue durée. Une pacification fut conclue à Alais, le 27 juin 1629; les huguenots obtinrent une amnistie complète, et le prince de Rohan reçut cent mille écus pour rétablir sa maison ruinée. On exigea seulement qu'il sortît du royaume, jusqu'à ce qu'il plût au roi de le rappeler. La pacification d'Alais conserva aux calvinistes le libre exercice de leur culte, mais on démolit les fortifications de leurs villes, et ils cessèrent de former un corps dans l'État.

Nous avons vu par quels moyens Richelieu atteignit son premier but, celui de donner l'unité à la France et de relever l'autorité royale. Nous arrivons au second but qu'il se proposa, celui de rendre à la France le rang qu'elle devait occuper en Europe.

Richelieu rend à la France son influence au dehors. — Dans ses relations à l'extérieur, le cardinal devait se trouver plus d'une fois en contravention avec les maximes rigoureuses de son gouvernement à l'intérieur. Comment, en effet, rendre à la France la considération qui lui était due en Europe? Il n'y avait qu'un moyen : c'était d'abaisser l'Autriche. Mais l'Autriche représentait le principe du catholicisme en Europe. Richelieu ne recula point devant cette considération. Il changea complètement le langage de la diplomatie française, répondit par des actes aux menaces qu'on lui faisait, et se moqua de l'excommunication. « C'est une chose étrange et « scandaleuse, lui dit un jour le nonce « du pape, que ce soit par les conseils « d'un cardinal que tous les hérétiques « de l'Europe sont aidés au détriment « des catholiques, dans une cause sur- « tout qui intéresse la religion.....; » et l'ambassadeur d'Espagne ajouta même, suivant l'abbé Scaglia, ambassadeur de Savoie : « Comme auteur d'une guerre « déplorable, vous laisserez le souve- « nir d'un cardinal d'enfer. » — « Je suis « prêtre, répondit Richelieu, cardinal « et bon catholique, né en France, « royaume qui ne produit pas de mé- « créants : mais je suis aussi ministre « du souverain de cet État, et comme « tel, je ne dois ni ne puis me proposer « d'autre but que sa grandeur, et non

(*) Bazin, t. II, p. 425-428.

« celle du roi d'Espagne, dont on con-
« noît les vues pour la domination uni-
« verselle. Je ne veux point, monsieur
« l'ambassadeur, vous cacher ces sen-
« timents, parce qu'il est temps de ces-
« ser de dissimuler. Quant à ce qui est
« de la religion, vous faites profession
« en Espagne d'écrire sur les cas de
« conscience, mais en France nous en
« pratiquons les décisions. »

Ce ne fut point de la part du cardinal une vaine jactance. Les effets suivirent de près les paroles, et jamais il ne s'écarta de la ligne de conduite qu'il s'était tracée à l'égard de l'Espagne, en entrant au ministère. Cependant au commencement de son ministère il ne se crut pas encore assez fort pour rompre ouvertement avec l'Espagne. Il avait trop d'ennemis à combattre à l'intérieur, pour s'engager dans une guerre extérieure qui aurait ajouté à ses embarras. Il temporisa donc, et, en attendant l'occasion de lui faire la guerre, il traitait avec les Provinces-Unies qui étaient en lutte avec l'Espagne, et se moquait du pape qui favorisait cette puissance et réclamait la Valteline. En même temps, il mariait la sœur du roi très-chrétien au roi d'Angleterre qui était protestant. Enfin, après la prise de la Rochelle, quand il se sentit assez fort pour n'avoir plus à craindre ni les complots des grands ni ceux des huguenots, il conduisit Louis XIII contre le duc de Savoie, qui avait renoncé à l'alliance de la France. Les passages des montagnes furent forcés, Pignerol conquis, et cette place resta à la France. Nous empruntons à l'excellent livre de M. Bazin le passage suivant, dans lequel il décrit le mémorable combat à la suite duquel le roi força le pas de Suse.

« Déjà le roi était arrivé près de la frontière, lorsque le prince de Piémont, son beau-frère, vint à sa rencontre; le cardinal le reçut aux avant-postes, et le pressa de conclure au plus tôt un accommodement. Le prince parut accepter les conditions qu'on lui faisait, et promit de revenir le lendemain avec la ratification de son père. Mais on l'attendit vainement; un envoyé du duc n'apporta que de nouvelles propositions qui furent rejetées, et le cardinal donna l'ordre aux troupes de forcer le passage qu'on ne voulait pas lui tenir ouvert.

« Aussitôt le roi, qui était à trois lieues en arrière, dans un bourg appelé Oulx, partit la nuit pour se trouver au lieu du premier combat. La vallée où le village de Chaumont est placé, et au milieu de laquelle se trouvaient les limites de la France et du Piémont, s'étend, une demi-lieue environ au delà, jusqu'à une profonde barrière de rochers qui la ferment et couvrent la ville de Suse. A travers ces rocs, couronnés alors de chaque côté par un fort, s'ouvre une gorge étroite et sinueuse qu'on appelle le Pas de Suse, et où le duc de Savoie avait fait construire trois rangs de barricades épaisses, garnies de soldats. C'était là l'obstacle qui s'offrait à l'armée du roi. Lorsqu'on fut arrivé près de ces défenses, un officier des gardes alla sommer les troupes du duc de Savoie de faire place au roi de France. La réponse fut un défi. Alors toute l'armée du roi se porta en avant. Immédiatement après les enfants perdus, marchait une troupe de volontaires commandés par le duc de Longueville, et parmi lesquels on remarquait le comte de Soissons, le comte d'Harcourt, frère du duc d'Elbeuf, le comte de Moret, bâtard de Henri IV, le marquis de la Valette, le marquis de Brézé, beau-frère du cardinal, le marquis de la Meilleraye, son cousin, le duc de la Trémouille, et plus de deux cents seigneurs ou gentilshommes. Ils étaient suivis des gardes du roi et des régiments. Deux autres corps devaient tourner les montagnes pour débusquer l'ennemi des forts et des positions qu'il occupait, pendant que le gros de l'armée enfoncerait les barricades. L'attaque fut vive et le succès rapide. Les trois barricades furent emportées en un instant avec cette furie française qui n'est pas toujours sans désordre. Le maréchal de Schomberg et le chevalier de Valençay, pour n'avoir pas voulu tenir leur rang de généraux, y reçurent chacun une mousquetade. Les maréchaux de Créquy et de Bassompierre, rivaux de gloire et d'imprudence, se trouvèrent aussi exposés parmi les premiers combattants. Le duc de Savoie et son fils, qui assistaient au combat, eurent à peine le temps de fuir, grâce au courage d'un capitaine espagnol qui protégea leur retraite. On rapporta que le duc, voyant en ce moment devant lui des Français qui étaient à son service, leur cria : « Messieurs, laissez-moi passer, car vos gens sont en colère (*). »

Mais ce n'était pas tout d'attaquer et de vaincre en Italie un allié de l'Espagne, il fallait attaquer l'Autriche, car l'Espagne se trouvait encore là avec ses projets de conquête. Le cardinal qui avait abaissé les protestants en France, les encourage en Allemagne; il paye des subsides à leurs princes, et comme ils ne sont pas assez puissants pour résister à l'Autriche, il fait venir du fond de la Suède le roi Gustave-Adolphe, qui, pour quelques milliers d'écus par an, livrera de bonnes batailles et humiliera l'empereur. Peu importe ensuite au cardinal qu'un prince protestant domine là où dominaient les catholiques, pourvu qu'il obtienne à ce prix l'abaissement de l'Espagne et de l'Autriche.

Le traité entre la France et la Suède fut signé le 23 janvier 1631, à Bernvald, par le baron de Charnacé pour Louis XIII, et le feld-maréchal Gustave de Horn pour Gustave-Adolphe. Le roi de Suède s'engageait à maintenir en Allemagne une armée de trente mille hommes; le roi de France à lui payer quatre cent mille écus par an pour l'entretien de ces troupes. Le but de l'alliance était, disait-on, la défense des opprimés, la sûreté du commerce, le rétablissement des princes et états de l'Empire comme ils étaient avant le commencement de la guerre. Richelieu voulait d'abord que ce traité fût tenu secret, mais Gustave-Adolphe désirait se faire honneur de ses amis, et dès qu'il eut le traité entre les mains, il le montra aux princes de l'Empire, qu'il voulait attirer dans son parti.

Ainsi Richelieu allait accomplir enfin les grands projets de Henri IV, et il le pouvait sans craindre le poignard d'un Ravaillac. Comment, en effet, soupçonner le vainqueur de la Rochelle, un prince de l'Église, un cardinal, de favoriser la cause du protestantisme, alors qu'il n'avait en vue que l'abaissement de l'Espagne et l'exaltation de la France? Toutefois, il y eut un parti qui se déclara contre cette politique nouvelle, par zèle pour la religion. On peut juger des vues de ce parti par une lettre que la reine mère adressa au roi du fond de son exil : « On allait, disait-elle, tout mettre à feu et à sang par la rupture des couronnes, et livrer la France à l'inondation des barbares. Le pays était déjà couvert et mangé des gens de guerre, sans que personne lui en donnât sujet et lui demandât rien. Depuis trente ans que la paix était faite, il n'avait rien manqué à l'observation des traités, et cependant, par les projets d'un furieux et d'un mélancolique qui n'avait pas quatre mois à vivre, on allait voir les nations aigries, les peuples passés au fil de l'épée, les villes saccagées, les églises abattues, la religion bannie, la noblesse ruinée, et les maisons royales par terre. Ce qu'il fallait à la France, c'était la paix et le repos, non pas des conquêtes imaginaires contre des puissances fondées et établies de longue main, et qui avaient du temps pour se défendre. Le cardinal de Richelieu ne risquait rien à ce hasard, que quatre cents livres de rente qu'il pouvait avoir de légitime; mais Louis XIII y jouait le royaume de France, ayant de son côté le roi de Suède seul contre tout l'Empire, la Savoie seule contre toute l'Italie; et si ceux qui paraissaient ennemis, maintenant venaient à se réconcilier, ce serait encore sur la France qu'ils retomberaient tous deux. En attendant, il faudrait supporter la dépense et la charge de tous ces préparatifs de guerre, protéger cinq cents lieues de frontières, entretenir six ou

---

(*) Bazin, t. III, p. 19-21.

sept armées, deux flottes, des garnisons, munitions et fortifications ; et alors la porte serait ouverte à toutes les violences, exactions et rapines dans lesquelles, jusqu'à présent, on avait été obligé de garder quelques formes. Il n'y aurait plus ni officiers de justice, ni lois, ni magistrats. Tout serait soumis au caprice d'un homme avide, haineux, craignant tout le monde, parce qu'il avait fait mal à tous. »

C'étaient là les dernières protestations d'un parti qui s'affaiblissait tous les jours. La France n'en persista pas moins dans la voie tracée par Richelieu. Lorsque Gustave-Adolphe eut péri à Lutzen en 1632, le marquis de Feuquières fut chargé de renouveler l'alliance de la France avec la Suède, représentée par le chancelier Oxenstierna (1633). En même temps, Richelieu se rapprochait toujours davantage des réformés des Provinces-Unies. En 1630, il conclut avec eux un traité par lequel il leur promettait des subsides. En 1635, cette alliance fut resserrée : il y eut une ligne offensive et défensive contre l'Espagne.

Ce fut en 1635 que Richelieu se mit enfin lui-même à la tête de l'Europe protestante, pour marcher contre l'Europe catholique. « L'ambassadeur d'Espagne, dit M. Bazin, se retira de France pour prendre congé. C'était tenir la guerre pour déclarée ; mais le cardinal de Richelieu voulait qu'elle le fût avec toute la solennité possible. Une commission fut donnée au héraut d'armes de France, sous le titre d'Alençon, de se rendre à Bruxelles, pour y trouver le cardinal-infant, et lui dire ce qui était la volonté du roi de France. Arrivé à la porte de Bruxelles, il se revêtit de sa cotte d'armes violette, semée de fleurs de lis en or, avec les armes de France et de Navarre par devant et par derrière, et fit sonner par un trompette les chamades accoutumées. On le conduisit dans la ville, où il attendit longtemps que le cardinal-infant fut prêt à le recevoir, ce qui était toujours retardé sous divers prétextes. Enfin, voyant la journée se passer sans qu'il eût audience, il tira de sa poche la déclaration écrite dont il était porteur, et voulut la remettre aux hérauts du pays qui l'étaient venus trouver. Ceux-ci ayant refusé de la prendre, il sortit avec eux du logis où on l'avait mené, et jeta sa déclaration par terre à leurs pieds. Elle portait que « le cardinal-infant n'ayant pas voulu rendre la liberté à l'archevêque de Trèves, électeur de l'Empire, qui s'était mis sous la protection du roi, alors qu'il ne pouvait en recevoir de l'empereur ni d'aucun prince, et s'obstinant, contre la dignité de l'Empire et le droit des gens, à retenir prisonnier un prince souverain qui n'avait pas de guerre avec l'Espagne, le roi de France était résolu de tirer raison par les armes de cette offense qui intéressait tous les princes de la chrétienté. » Cela fait, il traversa la ville, reprit le chemin de France, et arrivé au dernier village des Pays-Bas sur la frontière, il planta en terre un poteau portant copie de la même publication (*). »

Ainsi, l'année 1635 fut le commencement de la guerre générale. Richelieu avait attendu dix ans avant de s'engager dans cette grande lutte. En 1635, il croyait la maison d'Autriche assez matée pour pouvoir entrer en partage de ses dépouilles. « Il avait, dit M. Michelet, acheté le meilleur élève de Gustave-Adolphe, Bernard de Saxe-Weimar. Cependant cette guerre fut d'abord difficile. Les Impériaux entrèrent par la Bourgogne, et les Espagnols par la Picardie. Ils n'étaient plus qu'à trente lieues de Paris ; on déménageait : le ministre lui-même semblait avoir perdu la tête. Les Espagnols furent repoussés (1636). Bernard de Saxe-Weimar gagna, au profit de la France, ses belles batailles de Rhinfeld et de Brisach ; Brisach, Fribourg, ces places imprenables, furent prises pourtant. La tentation devenait forte pour Bernard ; il souhaitait, avec l'argent de la France, se former une petite souveraineté sur le Rhin ; son maître, le grand Gustave,

(*) Bazin, t. III, p. 384.

n'en avait pas eu le temps; Bernard ne l'eut pas davantage. Il mourut à trente-six ans, fort à propos pour la France et pour Richelieu (1639). L'année suivante (1640), le cardinal trouva moyen de simplifier la guerre; ce fut d'en créer une à l'Espagne, chez elle, et plus d'une. L'est et l'ouest, la Catalogne et le Portugal prirent feu en même temps. Les Catalans se mirent sous la protection de la France (*). »

De 1635 jusqu'à la mort du cardinal, les Français se battirent sans relâche et avec gloire sur toutes les frontières; en Flandre, en Lorraine, en Franche-Comté, sur le Rhin, en Italie, aux Pyrénées. Vingt ans auparavant, on n'aurait jamais cru la France capable d'un si grand effort, de cet esprit de suite, de cette persistance dans ses projets. C'est avec les soldats disciplinés par Richelieu qu'on battit les Espagnols et les Impériaux à Rocroi, à Fribourg, à Lens, aux Dunes, à Nordlingen. C'est à ces victoires et à l'idée que la France avait donnée de ses forces et de ses ressources qu'on dut le traité de Westphalie, qui donna trois provinces à la France (**); car le traité des Pyrénées n'est que l'entier accomplissement de celui de Westphalie. Encore pouvons-nous dire que Richelieu avait d'avance aplani les obstacles que rencontra Mazarin.

Mais Richelieu ne travailla pas seulement par la force ouverte à l'abaissement de l'Autriche et de l'Espagne. Il y travailla aussi par ses négociations et ses intrigues. Les relations qu'il entretenait avec les mécontents d'Angleterre et d'Espagne peuvent nous donner une idée de la suite qu'il mettait dans ses projets, et de l'activité prodigieuse de son esprit.

En 1638, il envoya en Angleterre le comte d'Estrades pour engager Charles Ier à ne pas s'opposer à la France et aux Provinces-Unies, dans le cas où l'on attaquerait les villes maritimes de la Flandre. Charles Ier refusa; mais d'Estrades écrivit à Richelieu que le roi son maître pouvait poursuivre ses desseins, parce que le roi d'Angleterre était assez embarrassé par les troubles de son royaume; que lui s'était abouché avec deux Écossais de marque qui tenaient au parti des mécontents. Richelieu lui répondit : « L'année ne se « passera que le roi et la reine ne se re-« pentiront d'avoir refusé les offres « que vous leur avez faites de la part « du roi. » Brienne parle, lui aussi, de la part active que Richelieu prit à la révolution d'Angleterre. Il en éprouve même quelque honte pour le cardinal, et bien qu'il ne l'aime point, il cherche à le disculper en ces termes : « Que « les choses allèrent plus loin que le « cardinal ne l'avait prévu et qu'il ne « l'eût souhaité (*). »

Ce n'est pas en Angleterre seulement que Richelieu se montre fauteur des révolutions; il les protège et les provoque partout où elles menacent ses ennemis.

En 1640, la Catalogne se souleva et demanda des secours à Louis XIII. Le cardinal fit remettre à Duplessis-Besançon une instruction en date du 29 août 1640, pour traiter au nom du roi avec les députés des états de la Catalogne. Il s'agissait d'établir une république sous la protection du roi de France, et dont Barcelone aurait été la capitale. Un traité fut conclu (**): le roi s'engageait à protéger les Catalans, et à les assister de ses armes toutes les fois que le roi d'Espagne voudrait les opprimer et les priver des droits et franchises qui leur appartenaient. On sait comment Richelieu traitait les priviléges et les franchises en France : mais, à l'aide des troubles de la Catalogne, il acheva la soumission du Roussillon (1642).

Richelieu attaqua l'Espagne d'un autre côté encore, par le Portugal. Ses négociations sont plus ténébreuses ici que partout ailleurs. Il n'en est pas moins certain qu'il prit une part ac-

---

(*) Michelet, Précis de l'histoire de France, p. 239.
(**) L'Alsace, l'Artois et le Roussillon.

(*) Mémoires de Brienne.
(**) Voyez Florian Histoire de la diplomatie, t. III, p. 58.

tive à la révolution qui éclata le 1er décembre 1640, et qui plaça Jean de Bragance sur le trône de Portugal.

« Quoiqu'on ne trouve pas une suite d'actes qui attestent que la cour de France ait préparé cette révolution, il existe cependant une instruction en date du 15 août 1638, donnée par le cardinal à Saint-Pé, espèce d'agent secret qu'il envoyait en Portugal. L'article 3e de cette instruction portait que Saint-Pé s'informerait si les Portugais étaient disposés à se révolter ouvertement, supposé que les Français allassent avec une armée navale prendre tous les forts situés entre l'embouchure du Tage et la tour de Bélem, pour les leur remettre..... L'article 4e portait que si le chancelier et les autres à qui l'on ferait cette proposition demandaient un plus grand secours, il leur offrirait cinquante vaisseaux et une armée de douze mille hommes de pied et mille chevaux, la France ne prétendant qu'à la gloire de les secourir sans aucun intérêt (*)... »

Ainsi, Richelieu eut la satisfaction d'atteindre son but avant de mourir. La maison d'Autriche était abaissée pour toujours. L'Espagne, déchirée par des troubles intérieurs, était obligée de rester chez elle. La Catalogne et le Portugal étaient en insurrection. La Lombardie était menacée depuis que les Français étaient en possession du passage des Alpes. La révolte de Naples était imminente. La Flandre se trouvait pressée entre la France et la Hollande. Ainsi, la France, sous Richelieu, acquit la prépondérance en Europe; et cette prépondérance, personne ne songea à la lui contester lors des négociations de Munster et d'Osnabruck, quoiqu'en ce moment même elle fût en proie à des agitations intérieures.

Tels sont les faits généraux qui caractérisent la grande réforme opérée par Richelieu, réforme dont le résultat fut l'unité de la France et sa puissante influence sur les destinées de l'Europe.

Pour atteindre ce double but, Richelieu eut encore un grand nombre de réformes partielles à opérer. Nous allons signaler les plus importantes, parce qu'elles serviront à constater la marche progressive de la civilisation en France.

1° D'abord il fallut réformer l'armée. Les mémoires des premières années de Louis XIII, ceux de Bassompierre entre autres, nous donnent une bien triste idée de ce que c'était qu'une armée à cette époque, de la manière irrégulière dont se faisaient les levées de soldats, de la faiblesse des régiments, etc.

Richelieu, dans sa Succincte narration, ce panégyrique si bien mérité qu'il fit de sa propre administration, dit en s'adressant au roi :

« Les préparatifs de l'année 1640 étonneront sans doute la postérité, puisque, lorsque je les remets devant les yeux, ils font le même effet en moi, bien que sous votre autorité j'en aie été le principal auteur.

« Toutes les dépenses de la guerre des années précédentes, qui avoient été faites par extraordinaire, furent converties cette année en ordinaires.

« Toutes les troupes qui avoient été auparavant levées sur la fin des campagnes, pour suppléer au dépérissement qui arrive toujours ès armées, après qu'elles ont été quelque temps sur pied, eurent quartier d'hyver comme les autres, pour être en état de servir au printemps. Ainsi, vous eûtes, dès le commencement de l'année, cent régiments d'infanterie en campagne et plus de trois cents cornettes de cavalerie (*). »

2° Pour suppléer aux frais des armées, des expéditions et des subsides qu'on payait aux princes d'Allemagne et au roi de Suède, il fallait de grandes sommes d'argent. Aussi les impôts qu'on demandait aux états des pro-

(*) Voyez Flassan, Histoire de la diplomatie, t. III, p. 62. Il cite pour cette instruction le Recueil d'Aubéri, t. II.

(*) Succincte narration, collection Petitot, t. XI, p. 231. *Nota.* Le manuscrit de la Succincte narration n'est point écrit de la main de Richelieu, mais il a été annoté par lui.

vinces devenaient-ils chaque année de plus en plus onéreux. Le cardinal recourut à des créations d'offices ; il mit un droit sur le tabac ; il établit un tarif sur les soies de Lyon et en retira un grand profit. Les règlements que Henri III avait faits sous *prétexte de perfection* furent supprimés, parce qu'ils nuisaient au but du gouvernement qui est la consommation. « Dans les années 1636, 1637 et 1638, le roi fut obligé de mettre sur pied cinq grandes armées ; il eut recours au clergé, dont l'assemblée éluda ses propositions. Elle fit des remontrances très-vives et très-touchantes sur sa pauvreté, mais on ne lui laissa pas le choix de la délibération. Le roi fit réponse aux députés « que les nécessités de son État étoient « réelles et effectives, et que celles qui « lui étoient représentées de l'Église « étoient telles qu'on vouloit et chimé- « riques ; qu'il avoit arrêté les armées « ennemies sur la frontière ; que, s'il ne « l'eût fait, elles eussent porté la guerre « au cœur du royaume, et que lors les « églises et les ecclésiastiques, en étant « ruinés, eussent voulu avoir donné « trois fois plus qu'il ne leur deman- « doit, et que le mal eût été empêché « comme il l'a été ; qu'il avoit défendu « la religion, l'avoit rétablie en plusieurs « endroits, et fait augmenter les biens « ecclésiastiques, et qu'il se promettoit « que l'assemblée se contenteroit. » Ce qu'elle fit, le 9 avril, par un subside de trois millions six cent mille livres, en un contrat de trois cent mille livres de rentes remboursables au roi au denier douze. La subvention annuelle de un million trois cent mille livres fut aussi renouvelée pour dix ans. »

On voit que Richelieu faisait bon marché du clergé, quand les circonstances le demandaient. Cependant les impôts allaient augmentant chaque année, et Richelieu laissa les finances de l'État dans une grande détresse. Mais il faut songer que cet argent fut employé pour l'honneur et le salut de la France.

On voit par le testament politique de Richelieu que le total des impositions était de soixante-dix-neuf millions, dont trente-trois environ entraient dans l'épargne. Il restait, par conséquent, quarante-six millions de charges. A la mort de Henri IV, les revenus avaient été de vingt-six millions, les charges de six, donc les parties de l'épargne de vingt. Ainsi, dans l'espace de trente-trois ans, l'imposition s'était accrue de cinquante-trois millions, les charges de quarante. Le gouvernement ne touchait que treize millions de plus à raison de l'augmentation de ses dépenses, dont la majeure partie était forcée.

3° « Richelieu conçut la nécessité de séparer les matières judiciaires de celles qui touchent à l'administration proprement dite. La confusion qui existait entre ces choses si distinctes de leur nature, et l'attribution des unes et des autres aux mêmes autorités, était une des causes du désordre et de la faiblesse du gouvernement. Chacun peut concevoir en effet pourquoi il est bon et utile que le magistrat, investi du droit de la justice, soit inamovible et indépendant ; mais, lorsque l'agent chargé de maintenir la police, de faire réparer les routes et rentrer les impôts, prétend aux mêmes privilèges, l'administration n'a plus aucun moyen de se faire obéir et d'assurer le service public. Pour remédier à cet abus, Richelieu établit dans chaque province des intendants de police et de finance, et leur donna les attributions du trésorier de France et des élus. Les intendants étaient commissaires et non pas officiers, c'est-à-dire que, n'ayant pas acquis leurs charges, ils pouvaient en être privés à la volonté du ministre qui les avait nommés. Ils n'étaient astreints à aucune forme de justice, et prononçaient d'une manière sommaire sur toutes les matières de leur compétence. Le ministre seul pouvait réformer leurs décisions.

« La création des intendants fut une innovation de la plus haute importance. Elle changeait la forme de l'administration intérieure, portait l'ordre, la célérité, l'économie, là où il n'existait auparavant que confusion, lenteur et gaspillage. Malheureusement, ces avantages furent le prix d'une grande iniquité. Les trois mille trésoriers de France et élus qui avaient acheté des droits utiles et honorifiques, et qui comptaient les transmettre à leurs enfants, se plaignirent avec justice d'une banqueroute qui les ruinait (*). »

Telles sont les principales réformes que Richelieu accomplit à l'intérieur et à l'extérieur. Il nous reste à donner l'histoire des vicissitudes de son ministère.

§ III. *Histoire des vicissitudes du ministère de Richelieu.*

(1624-1642.)

La grande œuvre accomplie par Richelieu paraît plus admirable encore, si l'on songe aux difficultés immenses et sans cesse renaissantes contre lesquelles il eut à lutter ; à l'inimitié des grands, de la reine mère, du frère du roi ; à l'indécision enfin du caractère de Louis XIII. Nous allons présenter un exposé rapide des intrigues qu'il eut à déjouer pendant les dix-huit années de son ministère.

Ce ne fut que trois ans après la mort du connétable de Luynes que la reine mère parvint à introduire Richelieu au conseil (1624). Zélée pour la fortune du cardinal qu'elle regardait comme sa créature, et qui cachait adroitement la soif de commander dont il était animé, Marie de Médicis disgracia successivement les principaux adversaires de son protégé, et réussit enfin à triompher de l'antipathie du roi pour cet homme, dans lequel il semblait pressentir un maître. Elle s'applaudit alors d'une victoire qui depuis lui coûta bien des larmes. « La reine mère, dit madame de Motteville, ayant élevé à la dignité de premier ministre le cardinal de Richelieu, son favori après le maréchal d'Ancre, elle le regarda comme sa créature, et qu'elle régneroit toujours par lui ; mais elle se trompa, et fit une expérience cruelle du peu de fidélité qui se rencontre en ceux qui ont une ambition démesurée (**). »

(*) Saint-Aulaire, Histoire de la Fronde, t. I, p. 17, Introduction.
(**) Mémoires de Madame de Motteville.

Les princes et les grands seigneurs comprirent, à son avénement, que leur règne était fini ; que, désormais, on ne payerait plus leurs révoltes, et que la loi serait appliquée à tous, sans acception de personnes. Aussi s'efforcèrent-ils, par les plus misérables intrigues, d'entraver l'exécution de ses grands projets. A leur tête se trouvait Gaston d'Orléans, frère de Louis XIII ; ou plutôt il y avait un parti qui mettait en avant ce prince, dont le caractère était léger et faible, pour s'en faire un instrument contre Richelieu. Le colonel d'Ornano, et les autres jeunes seigneurs qui entouraient le prince, voulaient lui donner un appui au dehors, en lui faisant épouser une princesse étrangère. Richelieu, au contraire, et la reine mère, voulaient le marier à mademoiselle de Montpensier, la plus riche héritière de la cour. Pour parvenir à son but, Richelieu essaya d'abord de gagner les jeunes seigneurs qui exerçaient de l'influence sur l'esprit du prince. Il donna le bâton de maréchal à d'Ornano, gouverneur du duc. Mais, au lieu de se l'attacher, il ne fit que l'enhardir et à lui donner de lui-même une opinion exagérée. D'Ornano et ses partisans allèrent jusqu'à comploter la mort du cardinal. On croit que leur intention était de placer ensuite Monsieur sur le trône, pour le tenir en tutelle et régner sous son nom. Richelieu, instruit de la conspiration, fit venir le jeune Chalais, leur principal complice, mais ne put obtenir aucune révélation. Alors il changea de conduite ; et, ayant livré Chalais à une commission du parlement de Bretagne, il le fit décapiter (1626). D'Ornano fut arrêté, conduit à la Bastille, et il y mourut bientôt, peut-être empoisonné. Pendant ce temps, Gaston d'Orléans épousait, sans mot dire, mademoiselle de Montpensier. « Telle était, dit M. Michelet, la politique du temps ; telle nous la lisons dans le Machiavel du dix-septième siècle, Gabriel Naudé, bibliothécaire de Mazarin. La devise de ces politiques, telle que la donne Naudé, c'est : *Salus populi suprema lex esto.* Du reste, ils s'accordent sur le choix des moyens. Cette doctrine semble n'avoir laissé à Richelieu ni doutes, ni remords. Comme il expirait, le prêtre lui demanda s'il pardonnait à ses ennemis : « Je n'en ai jamais eu d'autres, répondit-il, que ceux de l'État. » Il avait dit, à une autre époque, ces paroles qui font frémir : « Je n'ose rien entreprendre sans « y avoir bien pensé; mais, quand « une fois j'ai pris ma résolution, je « vais droit à mon but; je renverse « tout, je fauche tout, et, ensuite, je « couvre tout de ma robe rouge (*). »

Jusque-là Richelieu n'avait eu qu'une garde de cent hommes à cheval. Après le danger qu'il venait de courir, il augmenta sa garde de deux cents mousquetaires. Ainsi son pouvoir s'affermit par les efforts infructueux de ses ennemis pour le renverser.

Cependant Marie de Médicis commençait à s'apercevoir que Richelieu n'avait plus pour elle la docilité et le dévouement qu'elle se croyait en droit d'attendre d'un homme comblé de ses bienfaits. La guerre de Mantoue, entreprise contre sa volonté, fit éclater enfin l'inimitié qu'elle lui portait. Marie de Médicis condamnait cette entreprise par un motif de vanité personnelle. Elle savait que le duc d'Orléans, veuf de sa première épouse, songeait à demander la main de Marie de Gonzague, fille du nouveau duc de Mantoue; et, comme elle lui destinait une princesse florentine, elle s'offensa du zèle de Richelieu pour la cause du prince italien. Le roi n'en partit pas moins pour l'Italie. Il força le Pas de Suse (**), délivra Casal assiégé par les Espagnols, et les contraignit à reconnaître le nouveau duc de Mantoue. Après cette courte et brillante expédition, il revint en France achever la soumission des huguenots.

Mais bientôt les Espagnols violèrent le traité de Suse qu'ils venaient de conclure, et recommencèrent la guerre contre le duc de Mantoue. Louis XIII était parti une seconde fois pour l'Italie, lorsqu'une maladie le força de retourner à Paris. Marie de Médicis redoubla d'efforts dans cette circonstance pour perdre Richelieu. Ses importunités, ses larmes l'emportèrent enfin sur la conviction du roi, qui lui promit la disgrâce du cardinal. Mais il s'effraya bientôt des suites de sa promesse, et à peine rétabli, il essaya de réconcilier sa mère avec son ministre. Ses efforts furent inutiles.

Journée des dupes (1630, 11 *novembre*). — « Tout ce que put faire le roi pour son ministre, dit M. Bazin, fut de l'engager à se mettre bien avec la reine mère. Celle-ci, se croyant sûre de son triomphe, prit sur elle de dissimuler ses ressentiments et de paraître sensible aux empressements du cardinal. Il fit tout le voyage avec elle, descendant la Loire, depuis Roanne jusqu'à Briare, sur le même bateau, « en grande privauté, » comme dit Bassompierre. En arrivant à Paris, il sembla que chacun voulût prendre son poste pour l'action qui allait s'engager. Le garde des sceaux se mit en retraite au couvent des carmélites, rue Notre-Dame des Champs. La reine mère s'enferma dans le Luxembourg, où elle ne vit personne. Le cardinal de Richelieu se logea au petit Luxembourg, que la reine mère lui avait vendu. Le roi s'était arrêté à Versailles; mais il fit préparer son logis dans l'ancien hôtel du maréchal d'Ancre, rue de Tournon; de sorte que tous les personnages intéressés dans la querelle se trouvaient réunis sur un même point.

« L'engagement commença le jour même où le roi vint de Versailles à Paris. La reine mère avait trop longtemps étouffé sa colère pour ne pas être pressée de la répandre, quand elle touchait au terme de la patience qu'on lui avait imposée. A peine son fils fut-il auprès d'elle qu'elle le somma de sa parole. Sa haine se partageait alors entre le cardinal et la nièce de celui-ci, qui lui servait de dame d'atours; et l'expulsion de madame de Combalot devait être le signal de la

(*) Michelet, Précis d'histoire de France, p. 236.

(**) Voyez plus haut, p. 477.

disgrâce qui frapperait son oncle. Le roi pria sa mère de différer encore, et lui promit de l'écouter bientôt plus à loisir. Le lendemain, en effet, la mère et le fils étaient de bonne heure en conférence secrète au Luxembourg, lorsque le cardinal de Richelieu vint frapper à la porte du cabinet. Comme il la trouva fermée, il se dirigea par une autre issue qui menait à l'oratoire de la reine, et il apparut tout à coup au milieu de l'entretien. « Le voici ! » s'écria le roi tout éperdu. « Vous parliez de moi ! » dit froidement le cardinal.

« Revenue d'un premier étonnement qui l'avait réduite au silence, la reine éclata en reproches et en injures contre le cardinal. C'est tout ce qu'on peut dire, avec quelque certitude, de cette conversation que beaucoup d'historiens ne se sont pas fait faute de vouloir raconter. Ce qu'il y a encore de constant, c'est qu'après une scène aussi orageuse, il ne parut rien qui pût instruire la cour de ce qui s'était passé. Le cardinal accompagna le roi au sortir du Luxembourg; et, le soir même, le duc d'Orléans, qui s'était tenu jusque-là malade et retiré dans son logis, étant venu visiter son frère, le roi lui présenta le cardinal, en le priant de l'aimer comme un de ses bons serviteurs. « Personne, s'il faut en croire Bassompierre, même parmi les plus intéressés, n'avoit eu le moindre soupçon » de cette déclaration violente, après laquelle il fallait de toute nécessité ou que le cardinal succombât, ou qu'il prît une éclatante revanche.

« Le jour suivant, on apprit, au lever du roi, que la nuit lui avait apporté quelque nouveau dessein. Il avait dit, la veille, qu'il resterait à Paris; le matin, il ordonna son départ pour Versailles. Alors on commença à se demander quelle pouvait être la cause de ce changement. Chacun l'expliquait suivant ses appréhensions ou ses désirs Le bruit de la disgrâce du cardinal prit bientôt le dessus, lorsqu'on sut que le garde des sceaux était allé du même côté que le roi. Il paraît même que le cardinal laissa voir quelques préparatifs qui annonçaient l'intention de s'éloigner au plus vite. La foule se rua au Luxembourg, et le cardinal monta en voiture, mais pour aller à Versailles.

« Malgré tout ce qu'on en a écrit, rien ne prouve que le cardinal se soit cru perdu, et qu'il ait fallu beaucoup de conseils pour l'engager à ne pas abandonner la partie. Si le départ du roi n'était pas concerté avec lui, du moins doit-on penser qu'il en avait été prévenu. Car il avait, dans l'intime confidence du roi, un homme dévoué à ses intérêts, le chevalier de Saint-Simon, qui, suivant le témoignage des contemporains, confirmé par son fils, défendit chaudement le cardinal. Celui-ci, arrivé à Versailles, n'eut presque rien à faire qu'à reprendre possession du roi. Il fallut chercher aussitôt sur qui l'on ferait tomber le ressentiment de tout ce trouble. On avait en quelque sorte sous la main le garde des sceaux qui attendait tranquillement, dans une maison voisine de Versailles, que le roi l'envoyât chercher pour lui remettre toute l'autorité. Dès le soir, il apprit que le cardinal avait passé l'après-dîner avec le roi, qui, n'ayant pas voulu se séparer de lui, l'avait fait coucher dans une chambre au-dessous de la sienne. Le lendemain matin, il vit arriver chez lui le sieur de la Ville-aux-Clercs, qui venait lui redemander les sceaux. Prévoyant quelque chose de semblable, il avait écrit d'avance une lettre pour offrir sa démission; il la remit, avec les sceaux, à l'envoyé du roi. Mais sa surprise fut grande, lorsqu'il s'aperçut qu'on ne le tenait pas quitte à ce prix; qu'un exempt l'attendait à sa porte avec des gardes; et qu'il devait se rendre, ainsi accompagné, à Châteaudun, lieu de son exil. De là, le sieur de la Ville-aux-Clercs se rendit à Paris pour annoncer à la reine mère ce qu'il venait d'exécuter; et, en arrivant au Luxembourg, il le trouva si rempli de monde « qu'il aurait bien voulu, dit-il, ne pas reconnaître les figures, de peur qu'on ne le questionnât à son retour. » Les nouvelles qu'il apportait se répandirent bientôt, et rendirent ce palais désert. Chacun se ressouvint alors de la crédulité empressée qu'il avait montrée la veille; et comme il y a toujours, en France, une plaisanterie toute prête contre les mauvais succès, ce jour-là fut appelé la *journée des dupes* (*). »

Les deux premières victimes de la journée des dupes furent les deux frères Marillac, dont l'un était garde des sceaux et surintendant des finances, et l'autre maréchal de France. Le premier, d'accord avec la reine mère, avait différé, sous divers prétextes, de fournir l'argent nécessaire pour la dernière expédition d'Italie, qu'il voulait faire échouer; et le maréchal n'avait pas envoyé les recrues qu'il était chargé d'y faire passer. Après la journée des dupes, le garde des sceaux fut, comme nous l'avons vu, dépouillé de sa charge, arrêté et banni de la cour. Le maréchal, arrêté en Italie, fut traduit devant une commission dont plusieurs membres étaient ses ennemis personnels; et, chose plus odieuse, l'instruction fut faite à Ruel, dans la maison même du cardinal. Le grief véritable ne fut point articulé; mais on reprocha au maréchal des concussions et des profits illicites. « C'est « une chose bien étrange, disait-il, qu'on « me poursuive comme on fait. Il ne « s'agit, dans mon procès, que de foin, « de paille, de bois, de pierre et de « chaux. Il n'y a pas de quoi fouetter « un laquais. » Il fut condamné à mort, et eut la tête tranchée en place de Grève. « Lorsqu'on vint dire au cardinal de Richelieu que le maréchal étoit condamné à la mort, il dit qu'il n'auroit pas cru que cette affaire en dût venir jusque-là; mais qu'il paroissoit que les juges avoient des lumières que les autres n'avoient pas. C'est ainsi qu'après avoir employé tous les moyens possibles pour perdre celui qu'il n'aimoit point, il voulut se justifier en apparence, en rejetant sur les juges la haine d'une condamnation que tout le public a attribuée à lui seul (**). » Son frère, l'ancien garde des sceaux, sembla frappé du même coup. Il en mourut de douleur.

Ainsi les grands étaient avertis désormais du sort qui attendait les ennemis du ministre. Toutefois, ils ne désespéraient pas de le renverser un jour, avec l'aide de la reine mère. Richelieu profita d'une démarche inconsidérée du duc d'Orléans pour se délivrer de la reine mère, son ancienne protectrice. Ce prince, excité par sa mère, s'était retiré en Lorraine, pour se soustraire, disait-il, à la tyrannie du cardinal. Richelieu persuada au roi de s'affranchir par une disgrâce irrévocable de la funeste influence qu'elle avait trop longtemps exercée sur lui. En effet, dans la nuit du 23 février 1631, elle fut arrêtée; mais on la laissa s'évader, et elle se retira à Bruxelles.

Pendant ce temps, le duc d'Orléans avait préparé la guerre civile en Lorraine. Mais le roi ayant paru avec une armée sur les frontières de ce duché, le duc Charles IV se soumit à recevoir garnison française dans ses meilleures forteresses, et ordonna à Gaston d'Orléans de sortir de ses États. Le prince se retira auprès de sa mère à Bruxelles, d'où il se mit en relation avec tous les mécontents du royaume. Le duc de Montmorency, gouverneur du Languedoc, s'engagea à le seconder. « Il étoit, dit Richelieu, le premier des grands du royaume, mais de l'humeur de ceux qui y avoient vécu depuis cent ans, lesquels transportoient à leur grandeur et à leurs intérêts, l'affection que leurs prédécesseurs portoient à leurs rois et à l'État(*). » L'auteur des mémoires de Pontis prête un motif plus noble au duc de Montmorency. Après avoir fait l'éloge de ce seigneur, il ajoute : « On peut dire, en quelque sorte, de ce dernier engagement où il s'est trouvé, qu'il a paru un peu excusable de n'avoir pu vivre en voyant la reine, mère du roi, chassée de France, le frère unique de Sa Majesté, éloigné de la cour, et tant de grands, ou exilés, ou

---

(*) Bazin, t. III, p. 102.
(**) Mémoires de Pontis.

(*) Mémoires de Richelieu.

emprisonnés, ou exécutés à mort, par la violence d'un seul ministre, et que ç'a été un grand malheur pour lui, d'avoir cru pouvoir rendre un service considérable à son prince en prenant les armes contre ce ministre (*). »

Quoi qu'il en soit, le duc de Montmorency promit son appui au duc d'Orléans, malgré les sages remontrances que lui adressa le président des états du Languedoc. Le duc d'Orléans, à la tête de quelques milliers d'aventuriers, pénétra en France et se dirigea vers le Midi pour faire sa jonction avec le duc de Montmorency. Partout, sur son passage, il publiait une déclaration contre le cardinal, se donnant le titre de *lieutenant général du roi, pour la réformation des désordres introduits dans le gouvernement par le cardinal de Richelieu.* Il s'imaginait qu'il lui suffirait de paraître pour opérer une révolution; mais personne ne se déclara en sa faveur. Les villes lui fermaient leurs portes, les villages devenaient déserts à son approche. Lorsqu'il passa près de Dijon, on tira sur lui le canon du haut des remparts. Ses troupes vivaient de pillage; aussi personne ne venait se joindre à elles. Le prince arriva dans le Rouergue, sans qu'un seul gentilhomme se fût armé pour sa cause. Enfin, il joignit, dans le Languedoc, le duc de Montmorency; et leurs armées réunies marchèrent contre l'armée royale, qu'ils rencontrèrent à Castelnaudary.

Bataille de Castelnaudary (1632). « A trois lieues environ de Castelnaudary, est un bourg appelé Saint-Félix de Carmain, défendu alors par un château dont s'étaient emparés quatre frères, gentilshommes du Lauraguais, pour le compte du duc d'Orléans. Le maréchal de Schomberg, appelé par les habitants du bourg, ne voulut pas, à son entrée dans la province, refuser une occasion de faire respecter les armes du roi, et, quoiqu'il n'eût ni canons, ni outils, il mit le siége devant ce château. Au moins avait-il de l'argent, car il donna dix mille livres à ces gentilshommes pour lui rendre la place : ils en avaient déjà reçu douze cents du duc d'Orléans pour la prendre; ainsi c'était une bonne affaire. Le duc de Montmorency, qui ne prévoyait pas sans doute ce moyen d'accélérer la fin d'un siége, s'était mis en devoir de secourir la place; il arrivait avec deux mille hommes de pied, trois mille chevaux, beaucoup de gentilshommes et trois canons. Le duc d'Orléans l'accompagnait, escorté des principaux seigneurs de son parti. Cette armée marcha droit sur Castelnaudary, dans le dessein de s'en saisir, pendant que le maréchal de Schomberg serait occupé à Saint-Félix. Il en revenait déjà, se dirigeant aussi vers Castelnaudary, lorsqu'à une demi-lieue de la ville, il aperçut, à même distance, sur l'autre route, les troupes du duc d'Orléans. Le maréchal était fort inférieur en nombre; cependant il résolut de livrer combat, et, passant le premier un ruisseau, qui séparait les deux armées de la plaine, devant la ville, il s'y établit au lieu le plus avantageux. L'armée du duc d'Orléans ayant traversé le même ruisseau, il s'en détacha deux cavaliers qui vinrent de fort près reconnaître l'armée du roi. L'un des deux était le duc de Montmorency, monté sur un cheval gris tout couvert de plumes aux couleurs du duc d'Orléans, mi-parties de bleu et d'isabelle. Après cette bravade, le duc rejoignit ses troupes dont il prit la droite, et laissa la gauche au comte de Moret. Telle était la prudence de ces deux généraux, qu'il y eut entre eux dispute à qui commencerait l'attaque. Les premiers coups de feu s'étant fait entendre du côté où marchait le comte de Moret, le duc de Montmorency, impatient d'en venir aux mains, se met à la tête d'un escadron de cavalerie, franchit un fossé qui arrête sa troupe, et se jette dans un chemin étroit, suivi seulement de quelques gentilshommes; de ce nombre était un vieil officier, le comte de Rieux, qui, ne pouvant le retenir, avait promis de mourir à ses pieds, ce à quoi il ne manqua pas. Le

(*) Mémoires de Pontis.

duc reçoit, sans s'arrêter, le feu de l'infanterie opposée, dont un mousquet le blesse à la gorge, et se trouve en face de quelques chevau-légers du roi, accourus à sa rencontre. D'un coup de pistolet, il casse le bras de celui qui les commandait, et qui lui décharge en même temps deux balles dans la bouche. Il pousse encore plus avant, culbute deux chevau-légers, le père et le fils, qui tirent sur lui leurs pistolets, jusqu'à ce qu'enfin son cheval, percé de coups, le renverse sous lui dans un champ, perdant son sang par dix blessures, et jetant à ceux qui l'entourent, comme cri de détresse, le nom de Montmorency.

« Ce fut à peine un combat; car il n'y eut qu'une très-petite partie des deux armées qui en vint aux coups. Le rapport du maréchal de Schomberg ne compte de son côté que huit morts et deux blessés. L'infanterie de part et d'autre ne s'étant pas approchée, l'engagement avait eu lieu entre cavaliers épars et presque à la façon des duels. Comme, du côté du duc d'Orléans, la mêlée avait commencé par les chefs, le gros des troupes ne remua pas. La chute du duc de Montmorency, arrivée dès le premier engagement, parut à tout le monde la fin de l'action. L'armée du duc d'Orléans se retira du champ de bataille en emportant ses morts, presque tous seigneurs et gentilshommes du premier rang. De ce nombre était le comte de Moret, atteint d'une balle dans le ventre, et qu'on a fait revivre soixante ans plus tard sous l'habit d'un ermite. L'armée du roi continua son chemin vers Castelnaudary, où elle conduisit son prisonnier. Le duc de Montmorency, tombé sous son cheval dans un champ, à quelque distance de ceux qui l'avaient combattu, en avait été retiré par les soins d'un archer des gardes du roi. Sa première pensée fut pour la mort, et il demanda à se confesser. Puis il tira de son doigt une bague en priant cet archer de la remettre à la duchesse sa femme. Lorsqu'il fut soulagé de son armure, l'archer et son camarade le portèrent sur leurs bras jusqu'à une métairie voisine, où l'aumônier du maréchal de Schomberg reçut sa confession. Un chirurgien vint laver et bander ses plaies, puis on plaça une planche avec de la paille sur une échelle; les gardes du roi y étendirent leurs manteaux; et, couché sur ce lit, le duc fut porté à Castelnaudary, où l'émotion fut telle, à l'aspect de ce gouverneur bien-aimé, dans un si misérable état, qu'il fallut user de quelque violence pour empêcher la douleur populaire de devenir séditieuse. Le chirurgien et le valet du duc étant arrivés avec passe-port du maréchal de Schomberg, on le remit à leurs soins, en tenant bonne garde dans la maison, et l'on apprit bientôt qu'il ne devait pas mourir de ses blessures (*). »

Le duc d'Orléans se réfugia à Béziers et signa un traité d'accommodement par lequel il s'engageait « *à aimer tous les ministres du roi, et particulièrement le cardinal de Richelieu.* » Il n'intercéda que faiblement en faveur du duc de Montmorency, qui fut condamné à mort par le parlement de Toulouse. Louis XIII résista à toutes les sollicitations en faveur de l'illustre condamné. Inspiré par l'inexorable génie de Richelieu, il resta inflexible, et le duc de Montmorency porta sa tête sur l'échafaud (30 octobre 1632). « Plusieurs, dit Richelieu, murmuroient de cette action, et la taxoient de quelque sorte de rigueur; mais les plus sages estimoient le courage du cardinal, qui méprisoit la propre sûreté de sa personne et la haine de tous les grands, pour satisfaire à la fidélité qu'il devoit au roi, qui se confioit en lui; outre que ce n'est que depuis la foiblesse de l'État et les guerres civiles, qui avoient quasi anéanti l'autorité royale, que les grands pouvoient commettre impunément toutes sortes de crimes, et qu'ils sembloient être au-dessus des lois (**). »

La mort du duc de Montmorency et l'exil de la reine mère ne découragèrent pas entièrement les grands.

(*) Bazin, t. III, p. 212 et suiv.
(**) Mémoires de Richelieu.

Plusieurs conspirations furent formées encore contre le cardinal. En 1640, au moment même où il créait des embarras à l'Espagne, en suscitant la révolte du Portugal et de la Catalogne, l'Espagne voulut, elle aussi, lui ménager une guerre intérieure. Cette fois encore, le duc Gaston d'Orléans prêta son nom aux conjurés. Le comte de Soissons, qui se déclara trop tôt, fut obligé de se sauver chez les Espagnols, et il fut tué en combattant pour eux près de Sedan (1641). Toutefois la faction ennemie du cardinal ne renonça pas à ses desseins. Un nouveau complot fut tramé de concert avec l'Espagne. Le jeune Cinq-Mars, fils du marquis d'Effiat, avait été placé par le cardinal auprès de Louis XIII en qualité d'écuyer. Bientôt il devint le favori du roi, et l'ambition étouffant en lui la reconnaissance, il se jeta avec étourderie dans le complot et proposa de faire assassiner le cardinal. Le discret de Thou, fils de l'historien, sut l'affaire et ne dit mot. Chose étrange! le roi lui-même n'ignorait pas qu'on tramait la perte du ministre. Richelieu le savait : il était alors malade à Tarascon, et ne doutait pas de sa prochaine disgrâce. Il parvint cependant, à force d'argent, à se procurer une copie du traité conclu avec les Espagnols. Cinq-Mars et de Thou furent arrêtés, condamnés à mort, et ils eurent la tête tranchée. On appliqua à de Thou une loi de Louis XI, tombée en désuétude, qui assimilait la non-révélation d'un crime à la complicité. Le duc de Bouillon, qui se voyait menacé, se racheta en cédant sa ville de Sedan, qui avait été le principal foyer des intrigues.

Ce fut la dernière victoire de Richelieu. Il mourut l'année suivante (1642), admiré de l'Europe et haï des grands, qui avaient été forcés de plier sous sa volonté de fer.

Nous terminerons en donnant le portrait de Richelieu, tel qu'il est tracé par ses contemporains.

Madame de Motteville n'avait pas à se louer du cardinal. Elle était d'ailleurs la confidente d'Anne d'Autriche, qui fut l'ennemie irréconciliable de Richelieu pendant toute sa vie. Ainsi elle ne saurait être taxée de partialité. Le jugement qu'elle porte sur lui doit être regardé comme le résumé exact de ce que pensaient du cardinal amis et ennemis.

« La reine et quelques particuliers qui avoient senti les rudes effets des cruelles maximes de ce ministre avoient sujet d'avoir de la haine pour lui. Mais outre qu'il étoit aimé de ses amis, parce qu'il les considéroit beaucoup, l'envie certainement étoit la seule qui pût avoir part à la haine publique, puisqu'en effet il ne la méritoit pas; et malgré ses défauts et la raisonnable aversion de la reine, on doit dire de lui qu'il a été le premier homme de son temps, et que les siècles passés n'ont rien pour le surpasser. Il avoit la maxime des illustres tyrans; il régloit ses desseins, ses pensées et ses résolutions sur la raison d'État et sur le bien public, qu'il ne considéroit qu'autant que ce même bien public augmentoit l'autorité du roi et ses trésors. La vie et la mort des hommes ne le touchoient que selon les intérêts de sa grandeur et de sa fortune, dont il croyoit que celle de l'État dépendoit entièrement. Sous ce prétexte de conserver l'un par l'autre, il ne faisoit pas difficulté de sacrifier toutes choses pour sa conservation particulière, et quoiqu'il ait écrit la Vie du chrétien, il étoit néanmoins bien éloigné des maximes évangéliques. Ses ennemis se sont mal trouvés de ce qu'il ne les a pas suivies, et la France en a beaucoup profité; *pareille en cela à ces enfants heureux qui jouissent ici-bas d'une bonne fortune où leurs pères ont travaillé en se procurant peut-être à eux-mêmes un malheur éternel.* Ce n'est pas que je veuille faire un mauvais jugement de ce grand homme; il faut avouer qu'il a augmenté les bornes de la France, et par la paix de la Rochelle diminué les forces de l'hérésie, qui ne laissoient pas d'être encore considérables dans toutes les provinces où les restes des guerres passées les faisoient subsister. Sa grande attention à découvrir les cabales qui se faisoient dans la cour, et sa diligence à les étouffer dans le commencement, lui a fait maintenir le royaume. C'est enfin le premier *favori* qui a eu le courage d'abaisser la puissance des princes et des grands, si dommageable à celle de nos rois, et qui peut-être, dans le désir de gouverner seul, a toujours détruit ce qui pouvoit être contraire à l'autorité royale, et perdre ceux qui pouvoient l'éloigner de la faveur par leurs mauvais offices (*). »

Au jugement de madame de Motteville ajoutons celui de Voiture.

« Je ne suis pas de ceux qui, ayant « dessein, comme vous dites, de con- « vertir des éloges en brevets, font des « miracles de toutes les actions de « M. le cardinal, portent ses louanges « au delà de ce que peuvent et doivent « aller celles des hommes, et à force de « vouloir trop faire croire de bien de « lui, n'en disent que des choses in- « croyables. Mais aussi n'ai-je pas « cette basse malignité de haïr un « homme à cause qu'il est au-dessus « des autres, je ne me laisse pas non « plus emporter aux affections ni aux « haines publiques, que je sais être « toujours quasi fort injustes. Je le « considère avec un jugement que la « passion ne fait pencher ni d'un côté « ni d'un autre, et je le vois des mêmes « yeux dont la postérité le verra. Mais « lorsque dans deux cents ans ceux qui « viendront après nous liront en notre « histoire que le cardinal de Richelieu « a démoli la Rochelle et abattu l'hé- « résie, et que par un seul traité, « comme par un coup de rets, il a pris « trente ou quarante de ces villes pour « une fois; lorsqu'ils apprendront que « du temps de son ministère les An- « glais ont été battus et chassés, Pi- « gnerol conquis, Cazal secouru, toute « la Lorraine jointe à cette couronne, « la plus grande partie de l'Alsace mise « sous notre pouvoir, les Espagnols

(*) Mémoires de Madame de Motteville, collection Petitot, 2ᵉ série, t. XXXVI, p. 358.

« défaits à Veillane et à Avein, et qu'ils « verront que tant qu'il a présidé à nos « affaires, la France n'a pas eu un « voisin sur lequel elle n'ait gagné des « places ou des batailles; *s'ils ont quel-* « *ques gouttes de sang françois dans* « *les veines, et quelque amour pour la* « *gloire de leur pays, pourront-ils lire* « *ces choses sans s'affectionner à lui?* « et, à votre avis, l'aimeroient-ils ou « l'estimeroient-ils moins, à cause que « de son temps les rentes de l'hôtel de « ville se sont payées un peu plus tard, « ou que l'on aura mis quelques nou- « veaux officiers dans la chambre des « comptes?...

« Voyons-le dans la mauvaise for- « tune, et examinons s'il y a eu moins « de hardiesse, de sagesse et de pré- « voyance... Nos ennemis sont à quinze « lieues de Paris et les siens sont de- « dans. Il a tous les jours avis que l'on « y fait des pratiques pour le perdre. « La France et l'Espagne, par manière « de dire, sont conjurées contre lui « seul. Quelle contenance a tenue parmi « tout cela cet homme que l'on disoit « qui s'étonneroit au moindre mauvais « succès, et qui avoit fait fortifier le « Havre pour s'y jeter à la première « mauvaise fortune? Il n'a pas fait une « démarche en arrière pour cela. Il a « songé au péril de l'État, et non pas au « sien; et tout le changement qu'on a « vu en lui durant ce temps-là, est « qu'au lieu qu'il n'avoit accoutumé de « sortir qu'accompagné de deux cents « gardes, il se promena tous les jours, « suivi seulement de cinq ou six gen- « tilshommes (*). »

Eh bien, malgré tout ce que Richelieu avait fait pour la France, sa mort fut célébrée comme un bonheur public. Le peuple respira; on fit des chansons. Louis XIII les chanta lui-même; mais il ne tarda pas à suivre au tombeau le grand ministre qui avait illustré son règne.

(*) Cette lettre de Voiture fut écrite lors de la reprise de Corbie. Elle se trouve insérée dans la collection Petitot, 2ᵉ série, t. XI, p. 351.

ANNALES DE L'HISTOIRE DE FRANCE.

TABLE ANALYTIQUE DU PREMIER VOLUME.

LIVRE Ier.

DEPUIS LES TEMPS LES PLUS RECULÉS JUSQU'A L'AVÉNEMENT DE HUGUES CAPET. 1
Chap. Ier. La Gaule indépendante (1600-481 av. J. C.). ibid.
§ Ier. Diverses populations de la Gaule. ibid.
§ II. Émigration des Gaulois en Espagne, en Italie, en Illyrie, en Asie, etc. 2
§ III. Guerre de l'indépendance. 9
Chap. II. La Gaule romaine (48 av. J. C. — 48 après J. C.). 15
§ Ier. Organisation de l'administration impériale.—Tentative de révolte, etc. ibid.
§ II. La Gaule depuis les premières invasions des barbares jusqu'à la fondation de l'empire des Francs. — Julien. — Attila, etc. 18
Chap. III. France mérovingienne. 22
§ Ier. Clovis et ses fils (481-561). ibid.
§ II. Depuis le second partage de l'empire des Francs jusqu'à la mort de Dagobert, qui en avait encore une fois réuni toutes les parties (561-638). 24
§ III. Depuis la mort de Dagobert jusqu'à la bataille de Testry (638-688). Rois fainéants. 28
§ IV. Depuis la bataille de Testry jusqu'au couronnement de Pepin (688-752). 29
Chap. IV. France carlovingienne. 31
§ Ier. Rois carlovingiens de France et d'Allemagne réunies. ibid.
Pepin (752-768). ibid.
Charlemagne, roi (768-800). 33
§ II. Empereurs carlovingiens de France, d'Allemagne et d'Italie réunies. 37
Charlemagne, empereur (800-814). ibid.
Louis le Débonnaire (814-840). 38
§ III. Rois carlovingiens de France. 40
Charles le Chauve (840-877). ibid.
Louis II, dit le Bègue (877-879). 42
Louis III (879-882) et Carloman (884). ibid.
Charles le Gros (884-887). ibid.
§ IV. Tentatives pour substituer une dynastie nouvelle à celle des Carlovingiens. 42
Eudes (888-898). 43
Charles le Simple (898-929). 44
Raoul (929-936). 45
Louis IV, d'outre-mer (936-939). ibid.
Lothaire (954-986). 47
Louis V le Fainéant (986-987). ibid.

LIVRE II.

FRANCE FÉODALE. — De l'avénement de Hugues Capet jusqu'à la mort de Louis XI. ibid.
Introduction. ibid.
Chap. Ier. Chronologie historique des grands fiefs. 50
§ Ier. Sud-ouest de la France. — Fiefs de l'ancien royaume d'Aquitaine restés français, entre la Loire, le Rhône inférieur, les Pyrénées et l'Océan (Navarre, Gascogne, Béarn, Foix, Languedoc, Roussillon, Guienne, Poitou, Auvergne, Angoumois, Saintonge, Périgord, Marche, Limousin, Berry et Bourbonnais). ibid.
Comté, puis royaume de Navarre. ibid.
Duché de Gascogne. 53
Vicomté de Béarn. 54
Seigneurie, puis duché d'Albret. 55
Comté de Comminges. 57
Comté de Bigorre. 58
Comté de Fezensac. ibid.
Comté d'Armagnac. ibid.
Vicomté de Fezenzaguet. 63
Comté de Lectoure. ibid.
Comté d'Astarac. 64
Comté de Pardiac. ibid.
Comté ou duché de Toulouse. ibid.
Comté de Rouergue. 71
Comté de Carcassonne et de Béziers. 72
Comté de Narbonne. ibid.
Comté de la Marche d'Espagne. ibid.
Comté de Foix. 73
Comté de Maguelone, de Substantion et de Melgueil. 77
Seigneurie de Montpellier. ibid.
Comté de Roussillon. ibid.

Comté de Poitiers.	78
Comté d'Auvergne.	ibid.
Dauphiné d'Auvergne.	80
Comté d'Angoulême.	ibid.
Comté de Périgord.	ibid.
Comté de la Marche.	81
Vicomté de Limoges.	ibid.
Vicomté de Turenne.	82
Comté de Bourges.	ibid.
Comté de Sancerre.	ibid.
Baronnie, puis duché de Bourbon.	ibid.
§ II. Sud-est de la France. — Fiefs de l'ancien royaume de Bourgogne et d'Arles, restés français, entre la Méditerranée, les Alpes, le Rhône inférieur, la Loire, le Jura et les frontières de la Champagne et de la Lorraine (Provence, Comtat Venaissin, Dauphiné, Lyonnais, Nivernais, Bourgogne et Franche-Comté).	84
Royaume de Bourgogne ou d'Arles.	85
Comté de Provence.	86
Comté de Forcalquier.	87
Comté et principauté d'Orange.	ibid.
Comté et dauphiné de Viennois.	ibid.
Comtés de Valentinois et de Diois.	ibid.
Comtés de Lyonnais et de Forez.	88
Baronnie de Beaujolais.	ibid.
Seigneurie de Bresse.	ibid.
Comté de Mâcon.	89
Duché de Bourgogne.	ibid.
Comté de Neufchâtel.	91
Comté de Montbéliard.	ibid.
Comté de Bourgogne, et plus tard Franche-Comté.	92
Comté de Châlons-sur-Saône.	93
Seigneurie de Salins.	ibid.
Comté de Ferrette.	94
§ III. Nord-est de la France. — Fiefs de l'ancien royaume de Lorraine restés français, entre la Meuse et le Rhin (Lorraine et Alsace).	95
Royaume, puis duché de Lorraine.	ibid.
Comté de Vaudemont.	97
Comté, puis duché de Bar.	ibid.
Duché d'Alsace.	ibid.
§ IV. Nord de la France. — iefs des provinces de Flandre, d'Artois et de Picardie.	98
Comté de Flandre.	ibid.
Comté d'Artois.	100
Comté d'Hesdin.	101
Comté de Saint-Pol.	ibid.
Comté de Guines.	102
Comté de Boulogne.	ibid.
Comté de Ponthieu.	ibid.
§ V. Nord-ouest de la France. — Fiefs des provinces de Normandie, Anjou, Maine et Bretagne.	103
Duché de Normandie.	ibid.
Comté d'Alençon.	104
Comté du Perche.	105
Comté, puis duché d'Aumale.	ibid.
Comté d'Eu.	106
Comté d'Évreux.	ibid.
Comté, puis duché de Vendôme.	ibid.
Comté d'Anjou.	109
Comté du Maine.	110
Seigneurie, puis comté de Laval.	ibid.
Comté, puis duché de Bretagne.	112
Comté, puis duché de Penthièvre.	113
§ VI. Centre de la France. — Fiefs des provinces de Nivernais, Champagne, Orléanais et Ile-de-France.	114
Comtés d'Auxerre, de Nevers et de Tonnerre.	ibid.
Baronnie de Donzi.	115
Comté de Bar-sur-Seine.	116
Comté de Sens.	ibid.
Comté de Joigny.	ibid.
Seigneurie de Joinville.	ibid.
Comtés de Champagne et de Blois.	118
Comté de Rethel.	121
Comté de Grand-Pré.	ibid.
Comté de Roucy.	ibid.
Seigneurie de Sedan.	ibid.
Baronnie de Coucy.	122
Comté de Soissons.	123
Comtés de Clermont en Beauvaisis.	124
Comtés de Valois et de Vermandois.	ibid.
Comté de Dammartin.	125
Comté du Vexin.	ibid.
Baronnie, puis comté de Montfort-l'Amaury.	ibid.
Comté de Dreux.	ibid.
Baronnie, puis comté d'Étampes.	126
Seigneurie de Baugenci.	ibid.
Comté de Meulent.	ibid.
Comté de Corbeil.	ibid.
Seigneurie de Montlhéry.	ibid.
Baronnie de Montmorency.	127
Duché de France.	ibid.
Chap. II. Église.	ibid.
Introduction.	ibid.
§ Ier. Sud-ouest de la France. — Siéges métropolitains de l'ancien royaume d'Aquitaine, entre la Loire, le Rhône inférieur, les Pyrénées et l'Océan.	128
Archevêché d'Auch.	ibid.
Archevêché de Narbonne.	130
Archevêché de Toulouse.	131
Archevêché de Bordeaux.	132
Archevêché de Bourges.	133
§ II. Sud-est de la France. — Siéges	

TABLE DU PREMIER VOLUME.

	Pages.
métropolitains de l'ancien royaume de Bourgogne.	134
Archevêché d'Arles.	ibid.
Archevêché d'Aix.	135
Archevêché d'Embrun.	ibid.
Archevêché de Vienne.	136
Archevêché de Lyon.	137
Archevêché de Besançon.	141
§ III. Siéges métropolitains des provinces situées entre la Loire et la Meuse.	ibid.
Archevêché de Reims.	ibid.
Archevêché de Sens.	143
Archevêché de Tours.	145
Archevêché de Rouen.	146
Influence de la puissance territoriale du clergé au moyen âge.	148
Tableau des monastères fondés en France jusqu'au dix-huitième siècle.	150
CHAP. III. DES VILLES.	151
Introduction.	ibid.
§ Ier. Villes municipales.	153
§ II. Communes.	156
CHAP. IV. LA ROYAUTÉ.	163
§ Ier. Obscurité et inertie des premiers rois capétiens.	ibid.
HUGUES CAPET (987-996).	ibid.
ROBERT II (996-1031).	164
HENRI Ier (1031-1060).	165
PHILIPPE Ier (1060-1108).	ibid.
§ II. Activité de la nation française sous les premiers Capétiens.	167
Conquête de l'Italie méridionale et de la Sicile par les Normands.	168
Conquête de l'Angleterre par les Normands.	171
Fondation du royaume de Portugal par Henri de Bourgogne, et expéditions des Français au delà des Pyrénées.	172
Première croisade.	ibid.
§ III. Réveil de la royauté. — Accroissement de ses domaines et de son pouvoir, depuis Louis VI jusqu'à la consolidation du pouvoir monarchique sous Philippe le Bel et ses fils.	176
LOUIS VI dit le GROS (1108-1137).	ibid.
LOUIS VII (1137-1180).	178
Deuxième croisade.	ibid.
PHILIPPE II, AUGUSTE (1180-1223).	179
Troisième croisade.	ibid.
Quatrième croisade.	183
LOUIS VIII (1223-1226).	185
SAINT LOUIS (1226-1270).	ibid.
Régence de Blanche de Castille.	ibid.
Cinquième croisade (première de saint Louis).	186

	Pages.
Administration et législation de saint Louis.	187
Sixième croisade (deuxième de saint Louis) et mort de ce prince.	190
Conquête du royaume de Naples par le frère de saint Louis.	ibid.
PHILIPPE III, LE HARDI (1270-1285).	197
PHILIPPE IV, LE BEL (1285-1314).	ibid.
Première guerre avec l'Angleterre.	ibid.
Guerre de Flandre.	198
Querelle du roi avec Boniface VIII.	ibid.
Abolition de l'ordre des templiers.	200
LOUIS X, LE HUTIN (1314-1316).	201
PHILIPPE V (1316-1322).	ibid.
CHARLES IV (1322-1328).	ibid.
§ IV. Guerre de cent ans avec l'Angleterre. — Défaites de Crécy et de Poitiers. — Révolution de 1357. — Première expulsion des Anglais.	202
PHILIPPE VI (1328-1337).	ibid.
Commencement de la guerre de cent ans.	203
Guerre de Bretagne.	ibid.
Bataille de Crécy.	204
Prise de Calais.	ibid.
JEAN LE BON (1350-1364).	205
Bataille de Poitiers.	206
États généraux; tentatives pour opérer une révolution politique.	207
Paix de Brétigny.	209
CHARLES V dit le SAGE (1364-1380).	210
Guerre de Castille.	ibid.
Première expulsion des Anglais.	ibid.
§ V. Troubles intérieurs de la France jusqu'à la bataille d'Azincourt. — Renouvellement de la guerre avec l'Angleterre. — Défaite d'Azincourt. — Détresse de la France. — Expulsion définitive des Anglais.	213
CHARLES VI (1380-1422).	ibid.
Croisade de Nicopolis.	216
Démence de Charles VI.	217
Assassinat du duc d'Orléans.	ibid.
Bataille d'Azincourt.	218
Massacre des Armagnacs.	219
Meurtre du duc de Bourgogne.	ibid.
Traité de Troyes.	ibid.
Mort de Henri V et de Charles VI.	220
Revers de Charles VII.	ibid.
Jeanne d'Arc. Levée du siège d'Orléans.	ibid.
Prise et mort de Jeanne d'Arc.	221
Revers des Anglais.	ibid.
Praguerie.	222
Expulsion définitive des Anglais.	ibid.

	Pages.
Mort de Charles VII.	223
§ VI. Triomphe de la royauté et ruine définitive du régime féodal.	ibid.
Louis XI (1461-1483).	ibid.
Traité de Conflans.	225
Rupture du traité de Conflans.	ibid.
Entrevue et traité de Péronne.	226
Réconciliation de Louis XI avec son frère.	229
Louis XI appuie les tentatives de Warwick.	ibid.
Annulation du traité de Péronne.	230
Mort du duc de Guienne.	231
Reprise des hostilités. — Prise et massacre de Nesle par le duc de Bourgogne. — Belle défense de Beauvais.	ibid.
Louis XI est attaqué de tous côtés et fait tête à l'orage. — Captivité du duc d'Alençon. — Assassinat du duc d'Armagnac.	ibid.
Louis XI détache Édouard IV du duc de Bourgogne. — Traité de Pecquigny.	235
Supplice du connétable de Saint-Pol.	236
Défaite et mort de Charles le Téméraire. — Conquête de la Bourgogne.	237
Mariage de Marie de Bourgogne avec Maximilien d'Autriche. — Supplice du duc de Nemours. — Bataille de Guinegate. — Traité d'Arras. — Réunion de la Provence à la France.	239
Mort de Louis XI.	242

LIVRE III.

FRANCE MONARCHIQUE. 246

CHAP. Ier. LA ROYAUTÉ, DEVENUE PLUS PUISSANTE, ASPIRE AUX CONQUÊTES EXTÉRIEURES. — GUERRES D'ITALIE. — INFLUENCE DE L'ITALIE SUR LES PROGRÈS DE LA CIVILISATION EN FRANCE. ibid.

§ Ier. Réaction passagère de la féodalité contre la royauté. — Commencement des guerres d'Italie.	ibid.
CHARLES VIII (1483-1498).	ibid.
Régence d'Anne de Beaujeu.	ibid.
Convocation des états généraux.	ibid.
Fuite du duc d'Orléans en Bretagne. — Ligue des seigneurs contre Anne de Beaujeu. — Défaite et captivité du duc d'Orléans.	248
Majorité de Charles VIII. — Son mariage avec Anne de Bretagne.	250
Commencement des guerres d'Italie. — Marche de l'armée française jusqu'à Rome.	251

	Pages.
Entrée de Charles VIII à Rome et à Naples. — Sa retraite. — Bataille de Fornovo. — Traité de Verceil.	258
Les Français évacuent le royaume de Naples. — Préparatifs pour une nouvelle expédition. — Mort de Charles VIII.	262
Louis XII (1498-1515).	264
Avénement de Louis XII. — Son mariage avec Anne de Bretagne. — Première conquête du Milanais.	265
Seconde conquête du Milanais. — Traité de Grenade. — Conquête du royaume de Naples.	268
Guerre du duc de Nemours contre Gonsalve de Cordoue; sa défaite et sa mort. — Destruction d'une nouvelle armée française au Garigliano. — Les Français abandonnent le royaume de Naples.	274
Mort d'Alexandre VI. — Revers de César Borgia.	276
Traités de Blois. — Révolte et punition des Génois.	ibid.
Ligue de Cambrai. — Bataille d'Aignadel. — Commencement de la guerre de Louis XII contre le pape Jules II.	ibid.
Guerre de Louis XII contre le pape Jules II. — La sainte ligue. — Victoires et mort de Gaston duc de Nemours. — Bataille de Novarre.	
Mort de Louis XII.	283
§ II. Fin des guerres d'Italie. — Commencement de la rivalité des maisons de France et d'Autriche. — Influence de l'Italie sur la France. — Renaissance des arts et des lettres.	287
FRANÇOIS Ier (1515-1547).	ibid.
Avénement de François Ier. — Son caractère. — Situation de la France. — Bataille de Marignan.	ibid.
Concordat avec le pape. — Origine de la rivalité entre François Ier et Charles-Quint. — Défaite de Lautrec à la Bicoque. — Les Français évacuent le Milanais.	290
Trahison du connétable de Bourbon. — Expédition de Bonnivet dans le Milanais. — Entrée de Bourbon en Provence. — Retour des Français en Italie. — Bataille de Pavie. — Captivité du roi.	294
Suite de la captivité de François Ier. — Traités de Madrid et de Cambrai.	298
Renouvellement de la guerre avec Charles-Quint. — Ce prince en Provence. — Sa retraite. — Trêve de Nice.	300

TABLE DU PREMIER VOLUME.

L'empereur traverse pacifiquement la France. — Dernière guerre avec ce prince. — Séjour de Barberousse en Provence. — Victoire de Cerisoles. — Paix de Crépy. 303
Traité de Boulogne. — Mort de Henri VIII et de François Ier. 307
§ III. Suite de la lutte de la France contre la maison d'Autriche. — La France s'efforce de reporter ses limites orientales jusqu'au Rhin. 311
Henri II (1547-1559). ibid.
Avénement et caractère de Henri II. 312
Révolte de la Guyenne. — Traité de Chambord. — Prise de Metz, Toul et Verdun. 313
Suite de la guerre entre Henri II et Charles-Quint. — Siége de Metz. — Revers et abdication de Charles-Quint. 317
Trêve de Vauxelles. — Henri II la rompt, à la sollicitation du pape, pour attaquer Philippe II. — Expédition du duc de Guise en Italie. — Batailles de Saint-Quentin et de Gravelines. — Prise de Calais. — Paix de Cateau-Cambresis. — Mort de Henri II. 320
Chap. II. Réaction féodale et protestante contre la royauté. — Guerres de religion sous François II, Charles IX et Henri III. — Triomphe de la royauté sous Henri IV. 325
François II (1559-1560). ibid.
§ Ier. Histoire de la réforme en France sous François Ier et Henri II. 326
§ II. Règne de François II. — Conjuration d'Amboise. 335
§ III. Commencement des guerres de religion. — La Saint-Barthélemy. 345
Charles IX (1560-1574). ibid.
Minorité de Charles IX. — Régence de Catherine de Médicis. — Édits de juillet et de janvier. — Résistance du peuple. — Massacre de Vassy. ibid.
Première guerre civile. — Bataille de Dreux. — Pacification d'Amboise. 351
Seconde guerre civile. — Paix de Longjumeau. 362
Troisième guerre civile. — Bataille de Jarnac. — Mort de Condé. — Bataille de Moncontour. — Paix de Saint-Germain. 365
Avances faites par la cour aux protestants. — Mariage de la sœur du roi avec le prince de Béarn. — Massacre de la Saint-Barthélemy. 369
Quatrième guerre de religion. — Siége de la Rochelle. — Prise de la Rochelle. — Cinquième guerre. — Mort de Charles IX. 374
§ IV. La sainte ligue. 377
Henri III (1574-1589). ibid.
Avénement de Henri III. — Son caractère. — Continuation de la cinquième guerre civile. — Paix de Monsieur. ibid.
Mécontentement du peuple. — Origine de la sainte ligue. — Premiers états de Blois. — Sixième guerre de religion, mollement soutenue par les deux partis. — Sixième paix. 381
Guerre des amoureux. — Paix de Fleix. 386
Anéantissement de l'autorité royale. — Mort de Monsieur. 389
Conséquences de la mort du duc d'Alençon. — Articles de Nemours. — Révocation des édits de tolérance. 391
Guerre des trois Henri. — Bataille de Coutras. 393
Journée des barricades. 395
Édit d'union. — Seconds états de Blois. Massacre des Guises. 400
Soulèvement de Paris et des provinces. — Réconciliation de Henri III avec le roi de Navarre. — Siége de Paris. 404
Assassinat de Henri III. 407
§ V. Fin des guerres de religion. — Triomphe de la royauté sous Henri IV. 408
Henri IV (1589-1610). ibid.
Joie du peuple à la nouvelle de la mort de Henri III. ibid.
Retraite de Henri IV en Normandie. Combat d'Arques. 409
Seconde campagne. — Bataille d'Ivry. — Siége de Paris. — Famine et détresse des Parisiens. — Le duc de Parme force Henri IV à lever le siége. 411
Journée des farines. — Affaiblissement du parti de la ligue. 415
Siége de Rouen par Henri IV. — États généraux de la ligue pour élire un roi. — Henri IV embrasse la religion catholique. 417
Conséquences de la conversion du roi. — Cossé-Brissac lui ouvre les portes de Paris. 421
Défection des principaux ligueurs. — Henri IV déclare la guerre à l'Espagne. 425

	Pages.
Guerre contre l'Espagne. — Combat de Fontaine-Française. — Surprise d'Amiens par les Espagnols. — Édit de Nantes.	427
Paix de Vervins.	430
Rétablissement du pouvoir royal. — Reforme financière de Sully.	432
Assassinat de Henri IV.	444
CHAP. III. AFFERMISSEMENT DU POUVOIR ROYAL. — ABAISSEMENT DE LA MAISON D'AUTRICHE. — MAINTIEN DE L'ÉQUILIBRE EUROPÉEN.	447
Louis XIII (1610-1643).	ibid.
§ Ier. Réaction féodale et protestante.	ibid.
Régence de Marie de Médicis.	ibid.
Exécution de Ravaillac.	ibid.
Changement de politique. — Alliance avec l'Espagne. — Troubles occasionnés par le mécontentement des grands. — Traité de Sainte-Menehould.	449
États généraux.	454
Nouvelle tentative de guerre civile. — Traité de Loudun. — Arrestation de Condé. — Origine de la faveur de Luynes. — Mort de Concini.	455
Procès de la maréchale d'Ancre. — Puissance de Luynes. — Troubles suscités par Marie de Médicis. — Révolte des huguenots. — Siège de Montauban. — Mort de Luynes.	461
Pacification de Montpellier. — État de la France avant l'avénement de Richelieu.	463
§ II. Avénement de Richelieu au ministère. — Il relève l'autorité royale en abaissant les grands, et en anéantissant le parti protestant comme parti politique. — Il relève l'autorité de la France au dehors, par l'abaissement de la maison d'Autriche.	466
Abaissement des grands et des parlements.	467
Anéantissement du parti protestant.	470
Siège et prise de la Rochelle.	ibid.
Richelieu rend à la France son influence au dehors.	476
§ III. Histoire des vicissitudes du ministère de Richelieu.	483
Journée des dupes.	484
Bataille de Castelnaudary.	487
Mort de Richelieu.	489

FIN DU PREMIER VOLUME.

ERRATA.

Page 179, colonne 2, ligne 20, 1227, *lisez :* 1223.
» 258, » 1, » 26, Tornovo, *lisez :* Fornovo.
» 417, » 2, note, finances, *lisez :* Simancas.
» 457, » 2, ligne dernière, Lourdis, *lisez :* Sourdis.
» 480, » 2, note 2, Florian, *lisez :* Flassan.

www.ingramcontent.com/pod-product-compliance
Lightning Source LLC
Chambersburg PA
CBHW060221230426
43664CB00011B/1503